Prof. Dipl.-Ing. Wolfgang Pohl
Dipl.-Ing. Bernd Strey + Partner
Architekten und Stadtplaner
Fürstenwall 61 · 4000 Düsseldorf 1
Tel. 0211 393055 · Fax 0211 393095

Prof. Dipl.-Ing. Wolfgang Pohl
Dipl.-Ing. Bernd Strey + Partner
Architekten und Stadtplaner
Fürstenwall 61 · 4000 Düsseldorf 1
Tel. 0211 393055 · Fax 0211 393095

Rolf Ridky

Handbuch Siedlungsökologische Eckwerte zum Bebauungsplan

Mit Gestaltungshilfen zur Topographieanpassung
für umweltschonende Wohnbaumaßnahmen

Dortmund 1991

Rolf Ridky
Handbuch   Siedlungsökologische Eckwerte zum Bebauungsplan -
Mit Gestaltungshilfen zur Topographieanpassung für umweltschonende Wohnbaumaßnahmen

Zugleich Dissertation am Fachbereich Architektur/Raum- und Umweltplanung/Bauingenieurwesen der Universität Kaiserslautern zur Erlangung des akademischen Grades Doktor-Ingenieur (Dr.-Ing.). Titel des Dissertationsthemas: "Siedlungsökologische Eckwerte zum Bebauungsplan mit Gestaltungshilfen zur Topographieanpassung für umweltschonende Wohnbaumaßnahmen".

© Verlag/Vertrieb:
DORTMUNDER VERTRIEB FÜR BAU- UND PLANUNGSLITERATUR
Rolf Froessler/Heinz Klewe
Gutenbergstr. 59 · 4600 Dortmund 1 · ☎ 0231/146565 · Fax 0231/147465

Dortmund 1991

ISBN 3-924352-59-3

Einführung

Die zunehmende Bedeutung der Umweltvorsorge verstärkt die Forderung nach projektbegleitender Prüfung der Umweltverträglichkeit von Vorhaben spätestens ab der Ebene der Regionalplanung. Werden heute Grundzüge ökologisch orientierter Planung diskutiert, so wird über Fragen der Eingriffsregelung bei der Ausweisung von Standortbereichen und deren Schutzwürdigkeit hinaus das Fehlen konkreter Vorgaben für den gesetzlichen Auftrag des flächensparenden und schonenden Umgangs mit dem Naturgut Boden deutlich. Somit rückt der fundierte Nachweis von Eckwerten, Qualitätszielen und Bewertungsmaßstäben verstärkt in den Mittelpunkt wissenschaftlichen Interesses.

Methodisch fundierte und an konkreten Beispielen abgesicherte siedlungsökologische Eckwerte zum Bebauungsplan und zum städtebaulichen Entwurf im Wohnungsbau zu erarbeiten war das Ziel der vorliegenden Arbeit. Mit der Konkretisierung des Vorhabens gewinnen dabei gestalterische Aspekte über den inhaltlich und formal eng gefaßten gesetzlichen Rahmen der Umweltverträglichkeitsprüfung hinaus zunehmend an Bedeutung. Dazu werden vertieft die in der Literatur bisher unzureichend berücksichtigten Probleme der Hangneigung untersucht und durch die Auswertung zahlreicher realisierter Vorhaben systematisch analysiert.

Mit der Verknüpfung gestalterischer Aspekte und ökologischer Anforderungen an die Leistungsfähigkeit des Naturhaushaltes, insbesondere die Bodenfunktion, wurde weitgehend Neuland betreten. Aus einer Wirkungsanalyse zwischen quantitativer und qualitativer Flächeninanspruchnahme, zwischen Nutzungsintensität, Versiegelungsgrad und Hangneigung werden Parameter für eine bereits in die Bauleitplanung integrierte Grünplanung als Grundlage der Eingriffsregelung aufgezeigt. Sie geben dem Abwägungsprozeß zwischen Baulandbedarf, daraus resultierendem Grad der Beeinträchtigung und hierfür erforderlichem Ausgleich die gewünschte Transperenz.

Die hierzu erarbeiteten Handlungsanweisungen sind weder als Instrument für die weitere Inanspruchnahme von Flächen noch zu deren Verhinderung zu verstehen; vielmehr werden Möglichkeiten aufgezeigt, den gestalterischen Spielraum für einen möglichst umweltfreundlichen Lösungsansatz zu nutzen. Verfahren und Eckwerte sind hierzu bei einer anzustrebenden gesetzlichen Verankerung neuerlich zu diskutieren. Insbesondere in Anbetracht einer zwingend erforderlichen Bautätigkeit im Wohnungsbau sowohl auf dem Gebiet der bisherigen Bundesrepublik wie insbesondere bei Neubau- und Sanierungsvorhaben in den fünf "neuen" Bundesländern.

Essen, im November 1990   Prof. Dipl.-Ing. Henning Riese

Vorwort

Zu einem Zeitpunkt als das umweltverträgliche Planen von der gegenwärtigen Aktualität noch erheblich entfernt war, habe ich mich an Herrn Prof. Dipl.-Ing. H. St. Wüst der Universität Kaiserslautern mit dem Anliegen gewandt, auf breiter Basis Orientierungshilfen für umweltschonendes Bauen zu erstellen. Prof. Wüst setzte während meiner Recherchen und Ausarbeitungen wichtige Impulse, die für die Entwicklung meiner Ideen eine wertvolle Hilfe waren. Ich danke ihm für seine Unterstützung, die es mir ermöglichte, nicht nur meine Überlegungen umzusetzen sondern auch die in den letzten Jahren erheblich zugenommene Aktualiät der Gesamtproblemstellung in die Arbeit aufzunehmen. Mein Dank gilt außerdem Herrn Prof. Dipl.-Ing. A. Speer, der meine Arbeit mit kritischem Interesse verfolgte. Aus den stets konstruktiven und motivierenden Gesprächen stammen essentielle, richtungsweisende Hinweise und Anregungen. Herrn Prof. Dr. H. Kistenmacher, der den Prüfungsvorsitz übernommen hat und dieser Arbeit aufgeschlossen gegenüberstand, möchte ich in diesem Zusammenhang ebenso meinen Dank aussprechen. Dies gilt gleichfalls Herrn Prof. Dipl.-Ing. H. Riese der GHS Essen für die Erstellung der Einführung.

Die **Aktualität** der gesamten Thematik geht aus den zahlreichen Fachartikeln sowie aus Forschungsarbeiten zur Problemstellung der "Bodenversiegelung" und aus der stärkeren Verankerung der Umweltbelange im BauGB, der novellierten BauNVO sowie dem Referentenentwurf zum BNatSchG hervor. Die Forderung aus Fachkreisen nach einer weitergehenden Absicherung hat entsprechend dem Entwurf vom 2.3.1989 zur Novellierung der BauNVO (S. 50) zu einer Ermittlung des diesbezüglichen Regelungsbedarfes im Rahmen der Ressortforschung des Bundesministers für Raumordnung, Bauwesen und Städtebau geführt. Im Bereich der verbindlichen Bauleitplanung wird mit diesen Ausarbeitungen ein wesentlicher Teil der diesbezüglichen Grundlagen erstellt.

Im Laufe meiner fünfjährigen Arbeit habe ich Hilfe in Form von Ratschlägen, Informationen und Unterlagen in Anspruch genommen, für die ich mich bei den **nachfolgend angeführten Personen bedanken** möchte:
Auf der Suche nach Untersuchungsgebieten unternahm ich mehrere Rundreisen im deutschsprachigen Raum. Es wurden dabei über 20 000 Kilometer zurückgelegt und mehr als 300 Beispiele und Einzelsituationen fotographisch festgehalten. Aus dieser über 10 000 Fotos bestehenden Sammlung wurden drei Untersuchungsbeispiele ausgewählt. Die Architekten - Dipl.-Ing. D. Grüneke ("Herdecke"-BRD), Dipl.-Ing. H. Plörer und Mag. G. Ramminger ("Sistrans"-A), Dipl.-Ing. H. Schenker ("St. Gallen"-CH) - waren mit der wissenschaftlichen und kritischen Auseinandersetzung ihrer Projekte im Rahmen einer Dissertation einverstanden und überließen mir die dafür notwendigen Planunterlagen. Diesbezüglich ist für das Anwendungsbeispiel ebenso das Entgegenkommen der Stadtverwaltung von Marburg hervorzuheben. Bei den zahlreichen - im weiteren Verlauf der Arbeit herangezogenen fotographisch dokumentierten - Situationen war es nicht möglich, die Architekten in dieser Form ausfindig zu machen. Diese angeführten Beispiele dienen nur zur Veranschaulichung der Gesamtproblemstellung und der Schaffung eines stärkeren Problembewußtseins bei dem Umgang mit der Geländeneigung als "dritter Dimension". Es ist keine Kritik an Einzelobjekten beabsichtigt, sondern es sollen die grundsätzlich angeführten komplexen Problemstellungen, bzw. die teilweise bereits vorhandene Lösungsansätze aufgezeigt werden.

Für die einzelnen Themenschwerpunkte stand ich mit weiteren Fachleuten in Kontakt, die mir in vielen kritischen Gesprächen wertvolle Informationen gaben und mir dadurch halfen, die Arbeit in gewissen Punkten abzusichern. Im speziellen möchte ich dabei meinen Vater - Herrn Dipl.-Ing. E. Ridky - erwähnen, der mir bei meiner Auseinandersetzung mit den grünspezifischen Aspekten immer ein anregender und geduldiger Gesprächspartner war.

Bei meiner Nachforschung, ob und inwieweit große Teile meiner Arbeit in naher Zukunft mittels EDV aufbereitet werden können, gaben mir die Herren Dr. K.-H. Müller und Dipl.-Ing. W. Schweighofer wesentliche Informationen. Sie verschafften mir einen Überblick über die weitere Entwicklung auf diesem Sektor. Die Herren Dr. K. Schano, Prof. Dr.-Ing. D. Boeminghaus und Dr.-Ing. R. Bertig haben meine Arbeit in vielen Gesprächen durch ihre Diskussionsbereitschaft in besonderer Weise gefördert. Die Herren Dipl.-Ing. Ch. Jacoby und Dipl.-Ing. V. Oedinger waren mir in bezug auf themenbezogene Einzelschwerpunkte stets offene Ansprechpartner. Ihre kritische Stellungnahme, ihre Ratschläge sowie ihr Einsatz bei der Besorgung schwer zugänglicher Unterlagen waren mir eine wertvolle Hilfe auf meinem Weg. In diesem Zusammenhang ist der Bereich der "UVP" besonders hervorzuheben.

In formaler Hinsicht habe ich ebenfalls viel Hilfe beansprucht. Besonders erwähnen möchte ich dabei Herrn D. Mühl, der mit äußerster Genauigkeit und Geduld die langwierige Spezialausarbeitung der Fotodokumentationen durchgeführt hat. Herr R. Künster hat davon anschließend die Druckformate hergestellt. In gleicher Weise möchte ich die mühevolle Arbeit des letzten Korrekturlesens hervorheben, die von Frau RKRn. K. Freihals vorgenommen wurde. Die Übersetzung der gekürzten Zusammenfassung ins Englische erfolgte durch Herrn A. Holdsworth. Den Ausdruck dieser Arbeit mit einem Laserdrucker ermöglichte mir Herr Prof. Dr.-Ing. R. Gälzer. Dies wurde in organisatorischer Hinsicht von seiner Assistentin, Frau Dipl.-Ing. S. Zech, maßgeblich unterstützt.

Bei der Präsentation der gesamten Themenstellung verhalfen mir viele weitere Anregungen und Vorschläge zu wertvollen Impulsen. In diesem Zusammenhang möchte ich Frau Prof. Dr. I. Dirmhirn, die Herren Prof. Dr.-Ing. R. Breit, Dipl.-Ing. A. Winkelbrandt, Dipl.-Ing. V. Dürr, Dipl.-Ing. K.-H. Grohs, Dr.-Ing. R. Beckmann und Frau Dipl.-Ing. J. v. Reis erwähnen.

Ganz besonders möchte ich meiner Frau, Mag. U. Ridky, danken. In den vielen fachlichen Gesprächen hat sie mir durch ihre Reaktion, ihre äußerst kritische Stellungnahme, bzw. teilweise sogar durch die entgegengebrachte Skepsis, wertvolle Gedankenanstöße geliefert. Ihr Verständnis, ihre Geduld und Liebe haben mir geholfen die vielen langwierigen und mühevollen Arbeitsschritte bis zuletzt durchzuhalten und somit maßgeblich zum Gelingen dieser Arbeit beigetragen.

Kaiserslautern, im Juni 1990   Rolf Ridky

INHALTSANGABE

Die Zusammengehörigkeit der Kapitel ist durch Symbole dargestellt:

▽ ○ ◐   △ ▽ ▼   ⊖ ◗ ●

I. Zielsetzung, Problemstellung und Arbeitsmethode

Landschaftsverbrauch, Bodenbelastung durch Versiegelung, infolgedessen vermehrte Abführung von Wasser in die Kanalisation mit erhöhter Hochwassergefährdung, einhergehend mit sinkendem Grundwasserspiegel sowie steigende klimatische Belastungen sind kennzeichnend für die Folgen von Siedlungsmaßnahmen.

Obwohl die gesamten Umweltbelastungen eine völlige Einschränkung weiterer Flächeninanspruchnahmen erfordern, wird mittelfristig eine anhaltende Wohnbaulandnachfrage bis 1995 prognostiziert /20, S. 12/. Außerdem ist das vorherrschende Wohnungsdefizit infolge der politischen Veränderungen mit dem erheblich angestiegenen Zustrom von Aus- und Übersiedlern weiter erhöht worden. Somit ist auch längerfristig ein erheblicher Baulandbedarf zu erwarten, der durch einen sparsamen Umgang mit Grund und Boden zu decken ist. Bezüglich der Umweltverträglichkeit sind andererseits die Grenzen des flächensparenden Bauens abzuwägen, um den ebenso im BauGB § 1 Abs. 5 festgelegten schonenden Umgang mit dem Naturgut "Boden" zu erreichen. In den Bebauungsplänen sind daher grundsätzlich die Folgebelastungen durch entsprechende Festsetzungen für Ausgleichsmaßnahmen zu berücksichtigen, die eine umweltschonende Siedlungsweise gewährleisten.

Die aus diesem Problemdruck resultierenden Forderungen nach einer verstärkten Berücksichtigung der ökologischen Belange in der Baunutzungsverordnung wurden bei der Novellierung nicht umgesetzt, unter anderem aufgrund erheblicher fachwissenschaftlicher Defizite /22, S. 78-79/. Es wurde außerdem auf den Bedarf an Hilfen für die Planungspraxis hingewiesen. Auf diesen Mangel ist auch das Vollzugsdefizit bei der Anwendung der gesetzlichen Regelungen zurückzuführen.

Die Erarbeitung von **Orientierungshilfen für die Umweltverträglichkeitsstudie** - im Anschluß an die Ausweisung von Wohnbaulandflächen - und für den **landschaftspflegerischen Begleitplan zum Bebauungsplan** soll diesem Forschungsbedarf gerecht werden.

A Zielsetzung

Einen Schwerpunkt der vorliegenden Untersuchung bildet die Analyse der Einzelursachen von Umweltbeeinträchtigungen bei Wohnbaumaßnahmen, die mit ihren gegenseitigen Wechselwirkungen und vielfältigen Verflechtungen ein vernetzendes System bilden. Es werden Möglichkeiten für die Verringerung bzw. den Ausgleich dieser Belastungen aufgezeigt, um im Sinne des Vorsorgeprinzips die Verschärfung der ökologischen Situation zu begrenzen.

Gesetzliche Rahmenbedingungen sowie planerische Steuerungsinstrumente werden berücksichtigt, um den Handlungsbedarf zu ermitteln und methodische Verbesserungen zu erarbeiten. Die Veränderung der Ausgangssituation durch bauliche Maßnahmen wird auf planerischer Ebene mit Hilfe von "Vergleichsgrößen" erfaßt. Die **Faktoren des Naturhaushaltes** und des **Landschaftsbildes** werden mit ihren **gestalterischen Aspekten** und unter Berücksichtigung der bei **Geländeneigungen zusätzlich auftretenden Probleme** in die **Analyse der Wirkungszusammenhänge einbezogen.** Orientierungshilfen mit Handlungsanweisungen für eine umweltbezogene Planung werden ausgehend von der ebenen Lage für die verschiedenen Neigungsspektren erarbeitet. Sie enthalten sowohl Gestaltungshinweise für das Bebauungskonzept und die Objektplanung als auch Bewertungshilfen für die Umweltverträglichkeitsstudie und den Bebauungsplan. Zur Festsetzung umweltbezogener Belange wird die durch das geänderte Wertbewußtsein der Öffentlichkeit und die ständig zunehmenden umweltorientierten Erkenntnisse wieder aktualisierte **Diskussion der ökologischen Eckwerte /2/** aufgegriffen. Das zum Ziel gesetzte **siedlungsökologische Regelwerk** zur Begrenzung der Folgebelastungen auf das unumgänglich Notwendige wird durch einen **Maßnahmenkatalog für die verbindliche Bauleitplanung** abgeschlossen.

B   Problemstellung

1   Aktueller Stand der Diskussion

Im Mittelpunkt steht das umweltpolitische Instrument der **Umweltverträglichkeitsprüfung (UVP)**. Der **juristisch-administrative Themenbereich**, bei dem es um die Untersuchung der rechtlichen und verwaltungsmäßigen Voraussetzungen für ein effektives Prüfsystem geht, ist durch die Diskussionen zur Umsetzung der EG-Richtlinie in das Bundesrecht gekennzeichnet. Die UVP wurde dabei mit der Änderung des ROG als vertikal gestuftes Verfahren verankert. Auf jeder Prüfungsebene soll das für sie Spezifische untersucht werden. Bei dem eingeführten Raumordnungsverfahren ist mit der UVP die grundsätzliche Eignung von Standorten zu klären. Im eigentlichen "Gesetz über die Umweltverträglichkeitsprüfung (UVPG)" (§ 17) ist die Aufstellung von Bebauungsplänen, die im Mittelpunkt dieser Arbeit stehen, aber wie bisher nach Vorschriften des BauGB durchzuführen. Diese erfüllen die Anforderungen der EG-Richtlinien zur UVP /108, S. 72/.

Die Baurechts-Novelle von 1976 hat zu einer Erweiterung des Baurechts um die Aspekte der Umweltvorsorge geführt, die durch das BauGB (1986) weiter gestärkt wurden. Der Bebauungsplan kann nach geltendem Städtebaurecht in seiner Verknüpfung mit den naturschutzrechtlichen Vorschriften über die Landschaftsplanung nur aufgrund einer UVP zustande kommen /108, S. 83/. Nach der rahmenrechtlichen Regelung in § 8 BNatSchG sind **Eingriffe in Natur und Landschaft** Veränderungen der Gestalt oder Nutzung von Grundflächen, die die Leistungsfähigkeit des Naturhaushalts oder das Landschaftsbild erheblich oder nachhaltig beeinträchtigen können. Die vorherrschenden **Unsicherheiten bezüglich des Verhältnisses der Eingriffsregelung zur Bauleitplanung** können dahingehend interpretiert werden, daß bei der Erarbeitung von Festsetzungen des Bebauungsplans die Eingriffswirkung der damit zugelassenen baulichen und sonstigen Vorhaben zu berücksichtigen ist /108, S. 84/. Da sie keine unmittelbaren Veränderungen von Grundflächen bewirken, unterliegen sie jedoch keiner Eingriffsprüfung. Es sind aber somit entsprechend § 8 Abs. 2 BNatSchG vermeidbare Beeinträchtigungen zu unterlassen und unvermeidbare auszugleichen. Zur Beilegung der angesprochenen Rechtsunsicherheiten ist die in Diskussion stehende Novelle zum BNatSchG /89/ mit einem vorgesehenen Geltungsbereich der Eingriffsregelung für alle Planfeststellungsverfahren und somit auch für den BP (§ 8a) zu begrüßen. Außerdem soll es dabei auch zu einer stärkeren Absicherung der Ausgleichs- und Ersatzmaßnahmen kommen (§ 8b). Beinträchtigungen für die Tier- und Pflanzenwelt sowie ihrer Biotope werden zusätzlich als Eingriffe angeführt (§ 8 Abs. 1). Es ist im Zuge der Novellierung der BauNVO ebenfalls eine **stärkere Verankerung der ökologischen Belange im Baurecht gefordert** worden /84, S. 20/. Mit einer Freiflächenziffer sollte eine effektivere Begrenzung von Beeinträchtigungen durch Versiegelungen sowie der klimatische Ausgleich durch Festlegung eines Grünvolumens erzielt werden.

Demgegenüber führt in der **novellierten BauNVO** (§ 19 Abs.4) die Begrenzung von Nebenanlagen, einschließlich der Stellplätze und ihrer Zufahrten, auf 50 % der zulässigen GRZ und die zusätzliche Beschränkung der Gesamtversiegelung auf 80 % des Grundstückes zu **keiner nennenswerten Verbesserung**, außer in hochverdichteten Kerngebieten. Wie eine Untersuchung nach Wohnsiedlungsformen ergeben hat, liegen nur in diesen Bereichen höhere Durchschnittswerte der Gesamtversiegelungen vor /25, S. 378/ als auch nach diesen Höchstgrenzen zulässig ist. Ansonsten sind die ermittelten Maximalwerte nur in einigen Fällen knapp darüber. Das politische Bestreben für eine tatsächliche Umweltvorsorge wird daher in der Planungspraxis in dem Maße deutlich, in dem die in der BauNVO vorgegebenen Maximalwerte gesenkt und entsprechend § 9 Abs. 1 BauGB zusätzlich natur- und landschaftsbezogene Festsetzungen getroffen werden. Der erreichte Grad an Gesamtbelastungen der Umwelt erfordert eine solche der Gesetzgebung vorauseilende Vorgangsweise.

Eine stärkere Verankerung der ökologischen Belange im Baurecht ist aber grundsätzlich erforderlich, um die natur- und landschaftsbezogenen Festsetzungen als Inhalte des BP vorzuschreiben, damit sie nicht auf Einzelfälle beschränkt bleiben. Die vorherrschende Unsicherheit bei der Ausfüllung der Möglichkeiten zur Umweltvorsorge, die durch die gesetzlichen Rahmenbedingungen gegeben sind, werden bei der Formulierung solcher Festsetzungsinhalte deutlich /107, S. 183/. Dies ist auch auf fehlende wissenschaftliche Grundlagen und Orientierungshilfen für die Planung zurückzuführen. Die fachwissenschaftlichen Defizite, speziell was Maßstäbe zur Bewertung betrifft, stellen bei der Novellierung der BauNVO einen wesentlichen Aspekt dafür dar, daß die Forderungen aus der Landschaftsplanung nicht aufgegriffen wurden /22, S. 78-79/.

Mit dem **Bedarf an allgemein ausgerichteten Arbeitshilfen** ist die **zentrale Problemstellung des inhaltlich-methodischen Teilkomplexes** angesprochen. Entsprechend dem vertikal gestuften UVP-Verfahren laufen nun Forschungsprojekte zur Integration der UVP in den Regionalplan /62/, den FNP /28/ sowie im Zusammenhang mit dem BP dem in dieser Arbeit näher betrachteten Anwendungsbereich der Kommunalen UVP /24; 109/. Mit dem Ziel, die UVP inhaltlich methodisch vorzuschreiben, wird außerdem versucht, eine TA UVP auszuarbeiten /41/.

Im Zusammenhang mit den Bestrebungen nach einer Standardisierung der UVP-Verfahren sind in den letzten zwei bis drei Jahren die Erfordernisse zur Ermittlung und Festlegung von Umweltqualitätszielen bewußt geworden /61/. Eine Tagung zu dieser Themenstellung an der Universität Hannover Ende 1989 weist auf die Aktualität dieser Fragestellung hin. Dies geht ebenso aus dem im gleichen Zeitraum vom BMBau ausgeschriebenen Forschungsprojekt zur "Normierung ökologischer Standards im Städtebau" hervor, durch die Umweltqualitätsziele erst anwendbar und operationalisierbar gemacht werden. Ansätze zu Indikatoren gehen bereits auf die siebziger Jahre zurück /92, S. 245-246/. Die Diskussion wurde in den letzten Jahren wieder aktualisiert /2/. Bei der Ausarbeitung solcher Standards, die die Effektivität der Landschaftsplanung steigern sollen, ist die rein fachlich begründete Formulierung von der politischen Entscheidung über ihre Akzeptanz und verbindliche Festsetzung zu unterscheiden. Von dem politischen Willen, inwieweit wirklich Umweltvorsorge betrieben werden soll, ist die tatsächliche Umsetzung in die Planungspraxis abhängig.

2 Folgebelastungen der Flächeninanspruchnahme

Trotz stagnierender Einwohnerzahlen werden bei der besiedelten Fläche seit 1970 zu Lasten der übrigen Nutzungen weiter große Zuwächse verzeichnet /70, S. 45/ mit täglich 120 ha in den Jahren 1981 - 1985. Sie erstreckte sich 1985 auf 12,5 % des Bundesgebietes /21, S. 26, 28/. Die darin enthaltene Gebäude- und Freifläche von 48 %, die zu 57 % Wohnzwecken dient /88, S. 33/, hat seit 1970 mehr als die doppelte Zuwachsrate der Siedlungsfläche und weist eine sechs- bis zehnmal höhere Zunahme gegenüber den Verkehrsflächen auf /25, S. 2/. Die **Wohngebäudeflächen**, mit einem Anteil von fast zwei Drittel am Landschaftsverbrauch in den letzten Jahren, stellen auch weiterhin den **dominierenden Zuwachsbereich** dar /74, S. 28, 44/. Daher ist die weitere Betrachtung auf den Wohnungssektor begrenzt.

Die derzeitige Bruttowohnbaulandnachfrage von täglich etwa 85 ha soll auf 65 - 82 ha bis 1995 und danach noch stärker auf 30 - 65 ha /71, S. 125/ absinken. Diese Zahlen wurden bereits als zu niedrig betrachtet /82, S. 1331/ und fallen durch die Einwanderungswelle seit Ende 1989 wesentlich höher aus. Der Bedarf ist durch eine **koordinierte Außen- und Innenentwicklung** zu decken. In Anlehnung an eine Fallstudie im Umlandverband Frankfurt sind dafür die vorhandenen Flächenpotentiale zur Erfassung der Baulandreserven im besiedelten Bereich zu ermitteln /74/. Die **Abwägung** zwischen dem **bestandsorientierten Städtebau** und einem **weiteren Landschaftsverbrauch** muß die Umweltbelastungen, aber auch die Wohnqualität sowie die städtebaulichen und ökonomischen Gesichtspunkte einbeziehen.

Dies kann nur mit **Kenntnis der ökologischen Auswirkungen** vorgenommen werden, die im folgenden erörtert werden. Inwieweit Maßnahmen zum Ausgleich auch die Anforderungen der anderen Themenkreise, wie der Wohnqualität usw., erfüllen und durch diese untermauert werden können, wird bei der Bearbeitung nur am Rande angesprochen und erfordert weitere Forschungsprojekte /siehe auch 109/.

Die Wohnbaumaßnahmen sind einerseits mit diesem Flächenverbrauch und andererseits durch die Veränderungen der Gestalt sowie Nutzung dieser Bereiche mit Beeinträchtigungen für den Boden, die Vegetation und das Wasser verbunden. Dies wird unter dem Problemkomplex "Bodenversiegelung" zusammengefaßt. Außerdem kommen die aus den Bedürfnissen der Bewohner resultierenden Problemstellungen im Zusammenhang mit der Wasserver- und Entsorgung sowie dem Energieverbrauch hinzu.

2.1 Problemkomplex Bodenversiegelung

Die Zunahme an Siedlungsfläche wird unter dem Aspekt der **quantitativen Flächeninanspruchnahme** betrachtet. Dabei wird der Bruttobaulandbedarf pro Einwohner im Zusammenhang mit der Flächenausnutzung in Form der GFZ herangezogen. Die durch die Eingriffe in das ursprüngliche Gelände verursachten Veränderungen der Gestalt und Nutzung dieser Bereiche sowie die vorgenommen Ausgleichsmaßnahmen werden unter dem Begriff der qualitativen Flächeninanspruchnahme zusammengefaßt /vgl. auch 114, S. 9-10/. Die Berücksichtigung und Abwägung zwischen beiden Aspekten der Flächeninanspruchnahme ist die Voraussetzung für die Erfüllung des gesetzlichen Auftrages, mit Grund und Boden sparsam (quantitativer Aspekt) und schonend (qualitative Betrachtung) umzugehen (§ 1 Abs. 5 Satz 3 BauGB).

Die **qualitative Flächeninanspruchnahme** beinhaltet die Beeinträchtigungen, die infolge von Siedlungsmaßnahmen aus der Bodenbeanspruchung resultieren. Dies betrifft sowohl die Folgebelastungen der Versiegelung für den Boden, die Vegetation und das Wasser als auch die Konsequenzen für die Artenvielfalt, die sich aus der Nutzungsänderung bzw. dem überwiegenden Rasenanteil der noch verbliebenen Freifläche ergibt. Diese Beeinträchtigungen können begrenzt werden durch eine Beschränkung des befestigten Areals, die Wahl wasserdurchlässiger Materialien sowie die Sicherung extensiv genutzter Strukturen. Ebenso sind die klimatischen Veränderungen einbezogen, die durch die Baumasse hervorgerufen und durch eine Erhöhung des Vegetationsvolumens ausgeglichen werden können. In gleicher Weise wird die erhöhte Ableitung des Oberflächenwassers in die Kanalisation - durch die Ausarbeitung von Rückhaltekonzepten zur Limitierung der anfallenden Wassermenge - berücksichtigt. Die steigende Belastung des Kanals führt zu einer höheren Hochwassergefährdung sowie zu einer Steigerung der Überläufe von ungeklärten Abflüssen in die Oberflächengewässer. Durch den Bau von Rückhaltebecken wird dieser Entwicklung im gesamten Bundesgebiet unter erheblichem Kapitaleinsatz entgegengewirkt.

2.2 Problemkomplex Wasserver- und Entsorgung

Die erhöhte Abführung von Niederschlägen zieht aber auch eine verminderte Grundwasserneubildung nach sich. Dieser Problematik steht ein ständig steigender Bedarf an Trinkwasser gegenüber, der überwiegend aus diesen Ressourcen gedeckt wird. Durch künstliche Verrieselung wird dieses Defizit mit hohem Kostenaufwand von den Wasserwerken zum Teil ausgeglichen, was besonders im Einzugsbereich von Ballungsgebieten zu erheblichen Belastungen führt.

Um den Bedarf von durchschnittlich 140 l/Person/Tag zu verringern bestehen Einsparungsmöglichkeiten /7, S. 21/. Durch den Einbau von Durchflußbegrenzungen in Brause-,

Wasch- und Spülbeckenarmaturen wird der Verbrauch auf den Wert des Mindestausflusses begrenzt. Wassersparende Klosettkombinationen ermöglichen eine Reduktion auf ca. 1/3 des normalen Volumens /47, S. 11-28/. Dadurch werden auch die Problemstellungen auf seiten der Entsorgung entschärft. Eine erheblich größere Entlastung für die Umwelt ist aber von der Rückhaltung der Niederschläge - unter Heranziehung für den Brauchwasserbedarf - zu erwarten. Die Klärung der Abwässer oder zumindest des Brauchwassers bereits im Baugebiet kann zusätzlich einer Senkung der Schmutzstoffbelastung dienen.

2.3 Problemkomplex Energie

Neben dem Schadstoffausstoß durch Hausbrand, ein die Luftverschmutzung erheblich steigernder Faktor, werden die klimatischen Veränderungen durch die Abwärme von Heizungen weiter verschärft. Durch die Deckung des Energiebedarfes mit Strom oder bei entsprechender Versorgungsstruktur mit Fernwärme können diese Umweltbelastungen im Bereich des Baugebietes vermieden werden. Eine solche Vorgangsweise ist aber mit energiesparenden bzw. -gewinnenden Konzepten zu verbinden, die auf ihre effektivste Wirksamkeit im Winter auszurichten sind, um nicht nur eine räumliche Problemverlagerung zu bewirken.

Dazu können alle Möglichkeiten der Wärmedämmung ausgeschöpft werden. Dieser Effekt wird auch bei Dachbegrünungen aufgrund der Erdbedeckung erzielt und ist bei Gebäudeteilen, die direkt ans Erdreich grenzen, besonders effektiv. Der Boden wirkt wie ein Temperaturdämpfer, der im Sommer die Wärmeaufnahme und im Winter ihre Abgabe bremst. Die direkte Nutzung der Erdwärme, die Temperaturunterschiede zwischen dem Gebäudeinneren und der Außenluft sowie die Abwasserwärmegewinnung bieten außerdem Einsatzgebiete für Wärmetauscher. Eine Anpassung an die jahreszeitlichen klimatischen Schwankungen durch den Anbau eines demontablen Wintergartens ermöglicht ebenso Einsparungen. Wenn er im Sommer geöffnet und berankt ist, werden auch die Innenräume gekühlt. Im Winter dient er in geschlossenem Zustand durch die Nutzung des Treibhauseffektes als Wärmepuffer, der mit Hilfe von Wärmetauschern oder entsprechenden Heizsystemen zur passiven Energiegewinnung genutzt werden kann.

Der Einbau von Sonnenkollektoren kann bei vegetationslosen Dachbereichen dafür ebenso herangezogen werden. Sofern am Baukörper keine Maßnahmen zur Verringerung der Aufheizung getroffen werden, können Energieabsorber aus Beton die Erhitzung und Speicherkapazität der Außenwände nutzen. Durch die Koppelung mit einer Wärmepumpe wird den im Mauerwerk verlegten Rohren gekühltes Wasser, das gleichzeitig die Temperatur der Baumasse senkt, zugeführt /95, S. 15-16/. Solararchitektonische Konzepte und geeignete Materialien bieten bereits erhebliche Möglichkeiten zur Senkung des Energiebedarfes, die von den klimatischen Verhältnissen abhängig sind. Die Effektivität der beschriebenen passiven Energiegewinnungssysteme ist abhängig, inwieweit der Benutzer in seinem Verhalten auf die dadurch gegebenen Möglichkeiten Rücksicht nimmt. Die gewonnene Energie kann mit Hilfe eines Batteriespeichers auch längerfristig zur Verfügung gestellt werden. Überschüsse dieses Versorgungssystems können in das öffentliche Stromnetz eingespeist werden. Dagegen stellt bei zu geringer Leistungsbereitstellung das Netz die ausreichende Stromversorgung des Haushaltes sicher /85/. Der Verbrauch an Ressourcen wird durch ein stärkeres Heranziehen dieser alternativen Energiequellen ebenso gesenkt.

2.4 Arbeitsschwerpunkt

Die angeführten Beeinträchtigungen, die vom Siedlungswesen ausgehen, sind im Zusammenhang mit dem komplexen Wirkungsgefüge der Umwelt zu betrachten. Die Folgen für die Tier- und Pflanzenwelt kommen beispielsweise in der enormen Abnahme der Artenvielfalt zum Ausdruck.

Die Einzelursachen von Belastungen weisen dabei **komplexe Wechselbeziehungen** auf und haben insgesamt zu einer **Beeinträchtigung aller Naturfaktoren geführt**. Die Luft ist durch Schadstoffe belastet, die mit dem Regen ausgewaschen werden und sich im Boden ansammeln. Das Waldsterben steht damit ebenso im Zusammenhang wie die Belastung des Oberflächen- sowie des Grundwassers aber auch in zunehmendem Maße der Flüsse, Seen und Meere. Beim Zusammentreffen mehrerer Einzelfaktoren können Extremsituationen in Form von Smog oder Hochwasser aber auch von Murenabgängen mit großflächigen Verwüstungen auftreten, die längst keine Ausnahmen mehr sind. Für den Menschen kommt es durch diese zunehmende Zerstörung seiner Lebensgrundlagen ebenso zu klima- wie zu lärmbedingten Belastungen, die wie die Beeinträchtigungen durch Luftschadstoffe oder Trinkwasserverunreinigungen zu schweren Erkrankungen führen können /97, S. 511/.

Die gesamte Umweltsituation ist aufgrund der komplexen Wirkungszusammenhänge so belastet, daß das **Vorsorgeprinzip** in allen Teilbereichen, die Folgeschäden nach sich ziehen, **absolute Priorität** erfordert. Im **Siedlungswesen ist der Flächenverbrauch** soweit wie möglich **einzuschränken**. Die **unvermeidbaren Eingriffe**, die durch den Bebauungsplan gesetzlich abgesichert werden, sind dabei **innerhalb des einzelnen Baugebietes auszugleichen**. Hierbei ist zwischen der quantitativen und der qualitativen Flächeninanspruchnahme abzuwägen. In der Folge wird geklärt, welche Veränderungen dabei zu erfassen sind und inwieweit methodische Ansätze für eine solche Abwägung als Grundlage einer diesbezüglichen Handlungsanleitung für die verbindliche Bauleitplanung vorliegen.

Der Themenbereich wird dabei auf den Problemkomplex "Bodenversiegelung" eingegrenzt, der die Hauptursache für die Beeinträchtigungen im Bereich des Siedlungswesens darstellt und mit Hilfe des Bebauungsplanes in entsprechend starkem Maße reglementiert werden kann. Die Zusammenhänge zwischen den drei angeführten Themenkreisen machen aber auch eine Einbeziehung ihrer wichtigsten Aspekte in dem für eine umfassende Bearbeitung erforderlichen Maß notwendig. Diese Problemkomplexe sind in weiteren Arbeiten analog aufzubereiten. So stellt die Rückhaltung von Niederschlägen die Voraussetzung für eine Verringerung des Trinkwasserbedarfs dar. Demgegenüber können die energiebezogenen Ausgleichsmaßnahmen doch in stärkerem Maße abgegrenzt werden.

3 Problemkomplex Bodenversiegelung

Diese Themenstellung ist in den letzten Jahren in den Mittelpunkt der fachlichen Diskussion gerückt. So wurden Typologien entwickelt und ermittelt, inwieweit den verschiedenen Siedlungsformen ein gewisser Versiegelungsgrad zugeordnet werden kann /11, S. 93-94/. In einer weitergehenden Arbeit mit Vorschlägen für Wohnumfeldverbesserungen ist das Potential für Belagsänderungen und Entsiegelungen mit dem Schwerpunkt Straßenraum behandelt worden /23/. In einer differenzierteren Untersuchung wird die Eingriffsintensität in den Boden im Vergleich zur Flächenausnutzung für die Bewertung von Wohnsiedlungsformen herangezogen /25/. Bei diesem noch nicht abgeschlossenen Projekt sollen in der Folge auch die Qualitäten der Bodenfunktionen anhand des Vergleiches der vorliegenden mit der potentiell an dem einzelnen Standort möglichen Artenvielfalt einbezogen werden. Daraus werden auch Maßnahmen für den Siedlungsbestand sowie für Neubebauungen abgeleitet.

Darüberhinaus besteht noch Bedarf an Arbeiten mit systematischer Erfassung der Eingriffe, die im Bebauungsplan rechtlich abgesichert werden. Diese Veränderungen der Gestalt oder Nutzung von Grundflächen mit Beeinträchtigungen für den Naturhaushalt oder das Landschaftsbild können an letzterem - der informellen Ebene des Umweltsystems - erfaßt werden. In der Folge sind Rückschlüsse für die Belastungsintensität der Naturfaktoren möglich. Darauf aufbauend sind für die verbindliche Bauleitplanung Arbeitshilfen als Entscheidungsgrundlagen zur Berücksichtigung der ökologischen Belange erforderlich.

3.1 Erfassung der Flächeninanspruchnahme am Landschaftsbild

Die gestalterischen Merkmale, die die informelle Ebene am nachhaltigsten prägen, sind die von der Natur vorgegebenen Oberflächenformen und die Vegetationsausstattung sowie die aus der Nutzung resultierenden Strukturen /1, S. 13/. Diese Merkmale können mit den Kriterien **"Höhengestalt"** und **"Oberflächenbeschaffenheit"** erfaßt werden. Dadurch ist es möglich, die durch Eingriffe verursachten Veränderungen der Gestalt oder der Nutzung von Grundflächen durch einen Situationsvergleich vor und nach der Bebauung zu ermitteln.

Der Aspekt "Höhengestalt" erfordert die Hinterfragung jener Problemstellungen, die sich infolge der Geländeneigung der Oberfläche im Zusammenhang mit Siedlungsmaßnahmen ergeben. Prinzipiell beinhaltet der Begriff "Hang" alle Neigungen mit Ausnahme von 0°. Der Spezialfall, die Ebene mit 0° ohne jegliches Gefälle, ist jedoch kaum zu finden. Da ab 6° andere Erschließungs-Voraussetzungen gegeben sind /110, S. 10/, wird in der Folge von "Ebene" bzw. von **"überwiegend ebenem Gelände" bis zu einem Gefälle von 5°** und bei stärkerem Abfall von Hanglage gesprochen. Zur übersichtlichen Gestaltung werden den wesentlichen Aspekten dieser Arbeit Piktogramme zugeordnet. Dies gilt auch für die Begriffe "Ebene" und "Hang" (Abb. 1). Dabei wird die maximale Geländeneigung von 100 %, dies entspricht 45°, zugrunde gelegt.

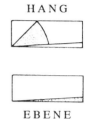

A B B. 1   Ebene - Hang

Das große Sichtfeld mit Fernblick ins Tal und ein erheblich gekürztes Wahrnehmungsfeld in Richtung Hang kennzeichnet im Vergleich zur Ebene den stark erhöhten Erlebniswert. Dies hat unter anderem zur vermehrten Bebauung der weithin sichtbaren Hanglagen geführt. Dabei müssen die **mit dem Landschaftsbild zusammenhängenden gestalterischen Aspekte** verstärkt Beachtung finden. Gestaltungsmängel in Baukörpern treten daher meist stärker in Erscheinung als beim Bauen in der Ebene. Ein geringer Anteil an Vegetation kann zu stärkeren Beeinträchtigungen des Landschaftsbildes führen als in der Ebene. Die Begrünung mit dem Effekt der visuellen Verdeckung löst aber nicht die entstandenen Probleme. Die Ausführung der Objektplanung führt zu den Veränderungen der bisherigen Oberflächengestaltung und auch der Beschaffenheit der Geländeoberfläche. Es ist bei der Planung eine Berücksichtigung der topographischen Verhältnisse der Ausgangssituation erforderlich. Um dies zu erreichen, sind die von den Einzelgestaltungen im Bereich der Erschließung, des Gebäudes sowie im Außengelände ausgehenden Einflüsse gesondert zu betrachten.

Die Anpassung der Architektur, beispielsweise durch einen höhenversetzten Anschluß an das Gelände und Böschungen mit weichen Übergängen zu der ursprünglichen Geländeneigung, soll das Ausmaß an Erdbewegungen möglichst gering halten /123, S. 11/. Die Piktogramme zur **Einzel-** als auch zur **Gesamtgestaltung**, die in ihrer Gesamtheit dem Landschaftsbild des ganzen Baubietes entsprechen, bringen diese Grundsätze und die angestrebte Berücksichtigung der Geländeneigung zum Ausdruck (Abb. 2).

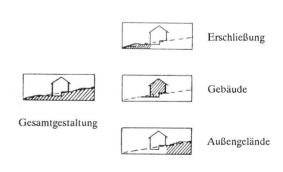

A B B. 2   Gestalterische Aspekte

Im Rahmen von umfassenden **Arbeitshilfen** für die Planung werden neben der **Quantifizierung jener Belastungen, die den Naturhaushalt betreffen,** auch die **gestalterischen Aspekte zur Topographieanpassung** berücksichtigt. Wie der Vergleich der Problemkomplexe von Ebene und Hang deutlich macht, sind die Veränderungen, die infolge der Flächeninanspruchnahme erfaßt werden, auch in bezug zum hängigen Gelände zu analysieren.

7

3.2 Problemkomplexe in der Ebene im Vergleich zum hängigen Gelände

Neben dem gesteigerten Erlebniswert sprechen die klimatischen Verhältnisse zum Teil für eine Bebauung von Hanglagen. Die aus den Berg- und Talwinden resultierende Luftzirkulation läßt keine drückende Schwüle aufkommen und erhöht somit zusätzlich die Wohnqualität. Südlich orientiertes Gelände ist außerdem durch die vorteilhaftesten Besonnungsverhältnisse und die günstigsten Energiebilanzen gekennzeichnet. Demgegenüber ist aus gesundheitlichen Gründen die Siedlungstätigkeit bei Nord- und Osthängen aufgrund geringerer Sonneneinstrahlung und höherem Energieverbrauch als ungünstig einzustufen. Dieselben Argumente sprechen gegen eine Ansiedlung in engen Talbereichen, die zur Bildung von Kaltluftseen, welche in Kessellagen am stärksten auftreten, neigen. In Muldenlage treten dadurch die größten Wärmeverluste bei den Gebäuden auf. Kuppen weisen nach der Beckenlage die zweitschlechteste Energiebilanz auf, gefolgt von ebenem Gelände /81, S. 11-13/.

Da die direkte Versickerung in ebenen Bereichen einen größeren Beitrag leisten kann, ist unter dem Aspekt der Grundwasserneubildung die Freihaltung dieser Flächen anzuregen. Die Entscheidung für oder gegen eine Wohnbebauung am Hang entfällt vielerorts, da oft potentielle Wohnbaulandreserven nur mehr in hängigem Gelände verblieben sind (z.B. in Marburg). Ein baulicher Eingriff muß aber den stärkeren Abfluß von Wasser und die darauf beruhende Sensibilität des Wasserhaushaltes beachten. Der Abfluß von Oberflächen- und Sickerwasser nimmt mit steigender Geländeneigung zu. Eine Hangbebauung ist daher nur unter Berücksichtigung der hier verstärkt auftretenden Problemkomplexe zu vertreten.

Die quantitative und qualitative Flächeninanspruchnahme geht aus dem durch Baumaßnahmen neu gestalteten Teil des Landschaftsbildes hervor. Der **quantitative** Aspekt spiegelt sich in der durch Veränderungen betroffenen Gesamtfläche wieder, die mit der Anzahl an Einwohnern sowie der GFZ verglichen wird.

Die **qualitative Flächeninanspruchnahme** kommt bei der Umsetzung der geplanten Bodennutzung auf dem gesamten Baugrundstück durch die Art des Eingriffs in die Geländeoberfläche und ihrer Gestaltung zum Ausdruck. Diese umfaßt die Errichtung von Bauwerken, die Umgestaltung des Reliefs, Befestigungen für Straßen, Wege oder Freibereiche, Gestaltung von Grünzonen mit Rasen-, Pflanz- und Wasserflächen sowie von Dachbereichen mit verschiedenen Deckungsmaterialien oder Vegetation. Der qualitative Aspekt wird durch die Art der Bodenbeanspruchung, ob es sich um eine Grünfläche oder einen versiegelten Bereich handelt, sowie durch die Gesamtausstattung mit pflanzlichem Material gegenüber dem Gebäudevolumen bestimmt. Neben der Geländeform prägt das Verhältnis zwischen den Vegetationsanteilen und den befestigten Bereichen sowie zwischen dem Grünvolumen und der Baumasse das Landschaftsbild.

Durch die Flächeninanspruchnahme kommt es gegenüber der Ausgangssituation zu einer Minderung der **Regelleistungen des Naturhaushaltes**. Bei diesen Funktionen ist besonders der Lebensstandort für Tiere und Pflanzen mit selbständiger Erneuerung und evolutionärer Weiterentwicklung der biotischen Substanz hervorzuheben. Hinzu kommen die Wirkungen durch die Vegetation in bezug auf die Aufnahme und Verdunstung von Wasser sowie die Rückhaltung und Speicherung im Boden aber auch die Versickerung und Grundwasserneubildung. Die Festlegung, Neutralisation und der Abbau von Schadstoffen des Wassers, des Bodens und der Luft infolge der Auswaschung bei der Niederschlagsbildung sind in diesem Zusammenhang ebenso zu erwähnen. Außerdem zählen die klimatischen Leistungen durch die Abkühlung infolge der Verdunstung oder auch die Frischluftzufuhr sowie die Filterung und Reinigung der Luft durch die Vegetation dazu. Bei dieser Aufzählung ist auch die Lärmminderung durch Pflanzenbestände anzuführen. Bei einem der natürlichen Selbstentwicklung überlassenen Gelände kann es zur Minderung dieser Leistungen durch die Umgebung kommen. Die Nutzung der Flächen steigert diesen Effekt. Die Beeinträchtigungsstärke ist von der Intensität der Bodenbeanspruchung abhängig.

Die **Veränderungen der Ausgangssituation** und die Wirkungen auf den Naturhaushalt werden in Abb. 3 anhand der Vergleichsgrößen, die in überwiegend ebenem Gelände im Zusammenhang mit der qualitativen Flächeninanspruchnahme zu erfassen sind, dargestellt. Da die Wirkungszusammenhänge des Naturhaushaltes sehr komplex sind, wird der Themenbereich auf die siedlungsökologischen Aspekte eingegrenzt. Im Mittelpunkt steht die Behandlung des Bodens und in der Folge der Vegetation unter Einbeziehung des Wassers.

Der im Zuge von Siedlungsmaßnahmen **steigende Versiegelungsgrad** führt zur Verringerung der Grünbereiche (I). Die Nutzungsänderung zieht zusätzlich ein anderes Verhältnis zwischen **extensiv und intensiv genutzter Vegetationsfläche** nach sich (II). Dies wird in dem Piktogramm durch die unterschiedliche Darstellung der Pflanzenhöhe veranschaulicht. Intensiv genutzter Rasen ist niedriger als extensiv genutzte Wiesen- oder Grünbereiche. Die Veränderung des Verhältnisses zwischen der **Vegetationsmasse** und dem erheblich zunehmenden **Bauvolumen** ist dabei ebenso wesentlich (III).

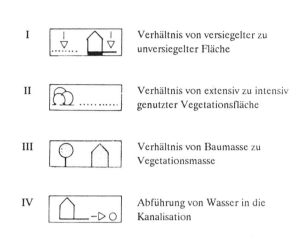

I — Verhältnis von versiegelter zu unversiegelter Fläche

II — Verhältnis von extensiv zu intensiv genutzter Vegetationsfläche

III — Verhältnis von Baumasse zu Vegetationsmasse

IV — Abführung von Wasser in die Kanalisation

A B B. 3 Vergleichsgrößen in der Ebene

Die Versiegelung führt zur Störung vieler Bodenfunktionen, z.B. der Speicherung und Versickerung. Der höhere Anteil abfließenden Niederschlages ist die Ursache der **veränderten Wasserentsorgung** (IV). Die Folge der verstärkten Ableitung in die Kanalisation schränkt die Verdunstung und somit die Abkühlung ein. Die Verwendung von Flächenbelägen, die stärker als Vegetation oder offener Boden erwärmt werden, sowie eine Änderung des Verhältnisses von Blatt- zu Baumasse heben zusätzlich die Wärmewerte der Luft.

Die Eingriffsintensität, die so gering wie möglich zu halten ist, und die daraus resultierenden Folgen für den Naturhaushalt werden auf der informellen Ebene des Umweltsystems, dem Landschaftsbild, widergespiegelt. Davon sind nicht nur die Bereiche unter den Erschließungs- und Gebäudeflächen, sondern auch die späteren Vegetationszonen betroffen. Erschließungssysteme schneiden ebenso wie Baugründungen auch tieferliegende Bodenschichten an und führen zu einer Störung des Wasserregimes im Boden. Ein derartiger Eingriff, der in hängigem Gelände kaum vermieden werden kann, ist aber in seiner Stärke beeinflußbar. In der Regel kommt es zu einer Dränung und Ableitung des Wassers. So fällt sowohl zusätzliches Oberflächen- als auch Sickerwasser in der Kanalisation an.

Die Höhe der Beeinträchtigungsstärke in den späteren Grünflächen, die größtenteils die Randzonen jener Bereiche darstellen, in denen die Bebauungsmaßnahmen erforderlich sind, hängt erheblich von der Berücksichtigung des ursprünglichen Geländes ab. Dies gilt für die planerische Gestaltung aber auch für die bauliche Durchführung der Objektplanung. Diesbezüglich sind die Veränderungen im Zusammenhang mit der gesamten Energie- sowie Wasserver- und Entsorgung ebenso anzuführen. Bei Erdbewegungen mit nachfolgender Errichtung von Stützwänden kann eine Dränung erforderlich sein, um einen Wasserstau und somit Rutschungen zu vermeiden. Bei einem direkten Anschluß an den Kanal wird in diesen Fällen Oberflächen- und auch Sickerwasser von Grünflächen zusätzlich abgeleitet. Inwieweit in den verbleibenden Vegetationsbereichen das Sickerwasser noch zur Grundwasserneubildung beitragen kann, ist außerdem von den Bodenverhältnissen, aber in stärkerem Ausmaß auch von den geologischen Gegebenheiten abhängig. Die Erhaltung der Funktionsfähigkeit des Bodenwasserregimes muß im Vordergrund stehen, um die Belastungen für die angrenzenden Bereiche nicht zu verschärfen.

In der Ebene sind die Flächenversiegelung (I) und ihre Entwässerung mit Hilfe der Kanalisation (IV) die Hauptursachen für Umweltprobleme (Abb. 4). Das Verhältnis zwischen der Vegetations- und der Baumasse (III) hat eine ebenso große Bedeutung. In diesem Zusammenhang ist auch die Größe und das Ausmaß der extensiv genutzten Grünflächen (II) zu beachten.

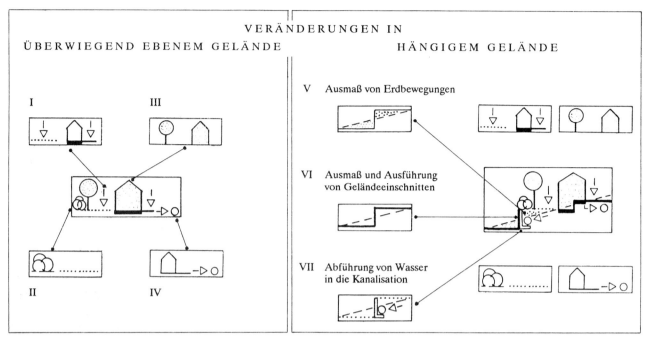

A B B. 4   Vergleich der Veränderungen der Ausgangssituation: Ebene - Hang

In hängigem Gelände kommt es zu weiteren Eingriffen in den Boden. Mit Hilfe der drei zusätzlichen Vergleichsgrößen (Abb. 4) kann die Beeinträchtigungsstärke eingeschätzt werden:

V   **Veränderungen der Geländeneigung** durch Erdbewegungsmaßnahmen haben nicht nur weithin sichtbare Auswirkungen auf das Landschaftsbild, sondern sind auch durch den gravierenden Einfluß auf den Bodenwasserhaushalt von Bedeutung. Sie haben ebenfalls direkte Folgen für den Fortbestand der vorhandenen Vegetation .

VI   **Geländeeinschnitte mit Stützwänden** unterbrechen die Sickerwasserwege. Ihr Ausmaß und ihre Verteilung sind ausschlaggebend für die daraus resultierende Störung des Bodenwasserhaushaltes.

VII   Bei der **Abflußsituation** ist im Zusammenhang mit der Ausführung der Stützwände die Dränung von Sickerwasser und die anschließende Einleitung in den Kanal zu erfassen. Ebenso ist die zusätzliche Ableitung des Oberflächenwassers von versiegelten Flächen und Vegetationsbereichen zu betrachten.

Die Beeinträchtigungsstärke von Wohnbaumaßnahmen kann mit Hilfe der abgeleiteten Vergleichsgrößen durch die Gegenüberstellung der Ausgangssituation mit der Bebauung oder der Planungsvariante eingeschätzt werden. Die Veränderungen in der Ebene (Vergleichsgrößen I - IV) stellen dabei eine Teilmenge der in Hanglage zu erfassenden Fragestellungen (I - VII) dar (Abb. 4). Die möglichen Veränderungen des Landschaftsbildes werden in den angefügten Prinzipskizzen veranschaulicht. Eine umfassende Bearbeitung der Themenstellung erfordert somit die Heranziehung der Vergleichsgrößen und der gestalterischen Aspekte im Zusammenhang mit der Geländeneigung. Dabei sind ebenso die Anforderungen in überwiegend ebenem Gelände beinhaltet. In weiterer Folge werden die Veränderungen in bezug auf die Vergleichsgrößen detailliert erörtert. Anschließend wird hinterfragt, inwieweit bereits methodische Ansätze vorliegen, um die im Rahmen von Siedlungsmaßnahmen verursachten Umweltbelastungen zu erfassen.

3.3 Siedlungsökologische Vergleichsgrößen in überwiegend ebenem Gelände

Die in ebener Lage durch Baumaßnahmen hervorgerufenen Veränderungen werden gesondert von den in hängigem Gelände zu berücksichtigenden Eingriffen betrachtet. Es werden den Belastungen des Naturhaushaltes Möglichkeiten zum Ausgleich gegenübergestellt, die auch weiterführende Ansätze für umweltschonende Lösungen beinhalten.

3.3.1 Verhältnis von versiegelter zu nicht versiegelter Fläche (I)

Der Wechsel von offenem Erdreich mit oder ohne Vegetationsschicht zu einer befestigten Oberfläche hat eine **Beeinträchtigung der Bodenfunktionen** zur Folge. Die Aufnahme und Speicherung von Wasser bzw. ihre Abgabe für die Verdunstung oder Versickerung ist betroffen. Der Eintritt von Niederschlag, der als Haftwasser in den Kapillaren zwischen den Bodenteilchen festgehalten wird oder als Sickerwasser in tieferliegenden Schichten dem Grundwasser zufließt, ist von dem Befestigungsgrad des Belages abhängig. Eine direkte Versickerung des Niederschlages von der Oberfläche bis zum Grundwasser findet aber gewissermaßen nicht statt. Im Untergrund entstehen vielmehr Zonen unterschiedlicher Feuchte, die sich langsam verschieben. Ein Großteil der Einzelniederschläge gelangt wegen zu geringer Intensität weder zum Oberflächenabfluß noch zur Versickerung, da zuerst das zur Verdunstung herangezogene Bodenwasser ersetzt werden muß /65, S. 93/.

Veränderungen der Belagsstruktur führen **mit zunehmendem Versiegelungsgrad** zu einer verstärkten Ableitung. Durch die schnelle und **quantitativ verstärkte Abführung der Niederschläge** in die Kanalisation gehen sie am Anfallsort für die Grundwasserneubildung verloren. In verschiedenen Regionen hat dies zu einer Verschiebung des Gleichgewichtes zwischen dem Verbrauch und der Neubildung von Grundwasser mit negativen Folgen für die Vegetation und die Trinkwasserversorgung geführt. Für die Verdunstung steht außerdem eine geringere Menge zur Verfügung. Andere Oberflächenbeläge als Wasser, Vegetation oder offener Boden führen dadurch neben der verstärkten Aufheizung zu einer Anhebung der Außentemperatur mit nachfolgenden klimatischen Belastungen. Bei einer Funktionsbeeinträchtigung, die im Zusammenhang mit der Vegetation steht, ist die Eignung des Bodens als Lebensgrundlage und Standort für Organismen der Fauna und Flora von dem Grünanteil abhängig. Dieser wird ebenso wie die Artenzusammensetzung mit zunehmendem Versiegelungsgrad immer stärker reduziert. Bei Asphalt- oder Dachflächen ohne Bodensubstrat sind diese Funktionen vollständig unterbunden.

Die Beeinträchtigungen für das Wasser und die Vegetation mit nachfolgenden klimatischen Auswirkungen sind so gering wie möglich zu halten. Dazu sind flächensparende Erschließungs- und Gebäudeformen heranzuziehen und Mindestabmessungen für die Verkehrs- und Wegeflächen in Abstimmung auf die Nutzung zu wählen. Der **Versiegelungsgrad** ist aber grundsätzlich **auf jenes Maß zu begrenzen,** das den **Ausgleich der Folgebelastungen innerhalb des Baugebietes ermöglicht.** Diesbezüglich besteht aber noch erheblicher **Forschungsbedarf.** Eine Differenzierung der vertretbaren Gesamtversiegelung nach Siedlungsformen scheint in Anlehnung an die siedlungstypenspezifischen Vorschläge für Entsiegelungspotentiale zweckmäßig /23, S. 14/. Dabei sind in Abhängigkeit vom Siedlungstyp entsiegelnde Maßnahmen auf 0 - 13 % bzw. Belagsänderungen auf 1 - 16 % der Gesamtfläche möglich.

Daher sind die Oberflächenmaterialien speziell bei Neubebauungen in stärkerem Maße auf die Nutzung abzustimmen, um die Niederschlagsanteile für Verdunstung, Versickerung, Auffüllen von Mulden und Benetzung der Oberfläche hoch zu halten. Oberflächenstrukturen mit geringem Befestigungsgrad und hohem Grünanteil sollten dazu verstärkt Anwendung finden.

Es ist jedoch unter Materialien mit hohem Fugenanteil grundsätzlich eine höhere Grundwasserneubildung zu verzeichnen als unter bewachsenen Freilandflächen. Dies trifft im Sommerhalbjahr sogar unter stärker versiegelten Bereichen, beispielsweise bei Kunststeinen zu, die nur einen Fugenanteil von 10 % aufweisen. Diese höhere Grundwasserneubildung ist aber mit einer verkürzten Verweilzeit des Sickerwassers in der ungesättigten Bodenzone gleichbedeutend /119, S. 536-537/. Grundsätzlich ist daher ein hoher Vegetationsanteil zu forcieren aufgrund der stärkeren Reinigungswirkung für das Sickerwasser. Die höhere Verdunstungsrate, die sich in einer gesteigerten klimatischen Ausgleichsfunktion äußert, spricht ebenso dafür.

Flächen mit Betonverbundsteinen, Gras-Betonsteinen, Mosaik-Pflaster mit Verdunstungsschutz weisen einen Fugenanteil von ca. 30 % und die höchste Grundwasserneubildung auf. Darauf folgen Pflastersteine und (konventionelles) Mosaikpflaster mit einem Anteil der Fugen von ca. 10 - 20 %. Demgegenüber lag bei den versiegelten Flächen im Falle von Kunststeinen die geringste Neubildungsrate vor /119, S. 537/. Diese Materialien sind anstatt Asphalt, Bitumen- oder Betondecken, Materialien ohne Fugen oder mit Fugenverguß bzw. mit Betontragschicht und Vermörtelung, die demgegenüber wasserundurchlässig sind, soweit wie möglich zu verwenden. Bei fugenhaltigen Belägen und wassergebunden Decken mildern Vegetationsanteile die Materialaufheizung erheblich /48, S. 165/ und tragen auch zur Steigerung der Wasserrückhaltung durch Benetzung der Oberfläche bei.

Die **Erhaltung** einer so weit wie möglich **geschlossenen Pflanzendecke** gewährleistet weiterhin die Wasserrückhaltung trotz baulicher Nutzung. In diesem Zusammenhang sind Dachflächen als Pflanzenstandort verstärkt aufzuwerten. Bei Gebäuden unter der Geländeoberkante mit Anschluß der Dachbegrünung an angrenzende Vegetationsbereiche kann die unterbundene Versickerung teilweise ausgeglichen werden. In diesem Fall besteht die Möglichkeit einer Biotopvernetzung. Einschränkungen für die Ansiedlung pflanzlicher Elemente sind nur von der Höhe des aufgetragenen Bodens und der Wasserversorgung abhängig.

Ein **geringer Eingriff in den Boden** und eine weitgehend unbeeinträchtigte Versickerung auf weniger stark beanspruchten Flächen kann einem Sinken des Grundwasserstandes in den bebauten Bereichen entgegenwirken. Dazu bieten sich **Stützkonstruktionen** über der Geländeoberkante an. Diese sind zur Gestaltung von Fußwegen und Treppen, zur Erschließung in privaten Freibereichen und auch für Stellplätze geeignet. Dabei ist die Versickerung nicht eingeschränkt, und die Voraussetzung für einen Vegetationsstandort mit eingeschränkter Eignung ist gleichzeitig gegeben. Begrünungsversuche von Flächen unter Brücken haben beispielsweise gezeigt, daß unter diesen Wachstumsbedingungen weniger der Lichteinfluß als vielmehr das Bodensubstrat einschließlich der Wasser- und Nährstoffversorgung für das Pflanzenwachstum ausschlaggebend sind /117/.

Für diese Konstruktionen kann in Abhängigkeit des Abstandes zur Geländeoberkante und bei entsprechender Materialwahl der erforderliche Lichteinfall gewährleistet werden. Dies ist bei geneigtem Gelände vorteilhafter. Gleiches gilt bei entsprechender Gestaltung für die Wasserzufuhr aus den oberhalb angrenzenden Bereichen. Auf diese Weise können die Beeinträchtigungen der Bodenfunktionen trotz der Nutzung als Erschließungsflächen erheblich vermindert werden.

Die Gebäude- und Erschließungsflächen sowie die Terrassen im privaten Freibereich führen zu einer Reduzierung der Vegetationszonen. Die Ansprüche nach Rasen ziehen zusätzlich eine Nutzungsänderung in den verbliebenen Grünbereichen nach sich.

3.3.2 Verhältnis von intensiv zu extensiv genutzter Vegetationsfläche (II)

Die Zunahme versiegelter Bereiche und intensiv genutzten Rasens geht zu Lasten landwirtschaftlicher Gebiete, aber auch extensiv genutzter Zonen, die Wiesen mit und ohne Gehölzvolumen umfassen. Flächen, deren Vegetationsmasse jener eines Waldes entspricht, werden für Siedlungsmaßnahmen kaum mehr freigegeben. Mit welcher Intensität die ursprüngliche Situation genutzt wird, ist ausschlaggebend für den Anteil extensiv genutzter Grünflächen, der für die Artenvielfalt entscheidend ist. Im bebauten Bereich wird der Lebensraum für Fauna und Flora eingeschränkt, und das Artenspektrum wird während der Siedlungsmaßnahmen sowie durch die veränderten Lebensbedingungen erheblich verringert. Bei der Bautätigkeit in naturnahen Gebieten kommt es zur Zerstörung der Existenzgrundlagen freilebender Tiere und wildwachsender Vegetation. Auf befestigten Flächen können sich in Abhängigkeit von dem Grad der Bodenversiegelung nur wenige Pflanzenarten ausbreiten. Aber auch bei den in den privaten Freibereichen vorherrschenden Rasenflächen wird durch Pflegemaßnahmen wie Düngung, Pestizideinsatz und regelmäßigem Schnitt eine Ansiedlung anderer Pflanzen erschwert und größtenteils unterbunden. Bei Einsatz schwerer Geräte kommt es auch zu Bodenverdichtungen, die ebenso wie die intensive Beanspruchung mit Trittbelastungen die Artenvielfalt weiter erheblich einschränken. Als **Gradmesser für die Belastung einer Landschaft** können die **Veränderungen des Artenspektrums** herangezogen werden /111, S. 265/. So ist bei der Veränderung in der Artenzusammensetzung der Fauna unter zunehmendem urbanem Belastungsdruck der Rückgang lebensraumtypischer und die Dominanz ökologisch anspruchsloser und damit als unempfindlich einzustufender Spezien auffällig. Es tritt eine Überfremdung mit speziell an die menschliche Umgebung angepaßten Arten auf /105, S. 519/.

Bei der Zusammensetzung der Flora verringert sich die Anzahl der seltenen Arten pro Flächeneinheit vom Stadtrand zur Innenstadt hin. Demgegenüber steigen von der äußeren Randzone von Berlin (West) über die aufgelockerte zur geschlossenen Bebauung jene Arten, die unter Mitwirkung des Menschen in das Gebiet eingewandert sind /66, S. 18/. Die einheimische Flora geht in der Umgebung von Städten stark zurück. Es treten aber in Ballungsräumen deutlich höhere Artenzahlen gegenüber Gebieten gleicher Größe in ihrem Umland auf, da die nicht einheimischen Arten mit steigender Siedlungsgröße zunehmen /112/.

Von den um 1900 im Gebiet der BRD vorhandenen Arten sind nur mehr 60 % vorzufinden, und von diesen ist weit über die Hälfte vom Aussterben bedroht /121, S. 524/. Als Naturschutzgebiete sind derzeit, mit Ausnahme des Wattenmeeres, etwas mehr als 1 % der Wirtschaftsfläche der BRD ausgewiesen. In diesen Gebieten kommen über 50 % der in den "Roten Listen" angeführten gefährdeten Arten nicht mehr vor /38, S. 179-180/. Bestandsbedrohte Arten sind mit wenigen Ausnahmen nur in den Randbereichen der Städte zu finden. Einen Sonderstatus nehmen hier größere innerstädtische Ruderalflächen ein /23, S. 150/.

Der **Artenschutz** ist aber nicht nur aus ökologischen Gründen, **sondern auch aus ökonomischer Sicht erforderlich**. Die Erhaltung der Stabilität von Ökosystemen, der biologischen Filter- und Entgiftungsfunktion, der Evolution und ihres Anpassungsvermögens, des Erholungspotentials sind nur einige Argumente, die künftig neben der biologischen Schädlingsbekämpfung, den biochemischen Methoden bei der Altlastenentsorgung und den biotechnischen Verfahren bei der Energiegewinnung eine bedeutendere Stellung einnehmen werden /38, S. 183/.

Um dem **drastischen Rückgang der Artenvielfalt** effektiv **entgegenzuwirken**, ist ein wesentlich höherer Anteil des Bundesgebietes unter Schutz zu stellen. Der **Aufbau eines feinmaschigen Biotopverbundsystems** stellt einen realitätsnahen Kompromiß gegenüber der Forderung nach einem System großer Schutzzonen dar. Diese sind aber langfristig als vordringliche Aufgabe anzustreben, da sie zur Erhaltung von Pflanzen und Tieren wildlebender Arten erforderlich sind.

Grundsätzlich wird unter dem Begriff **"Biotop"** der Lebensraum von Tieren und Pflanzen verstanden. In der vorliegenden Arbeit sind diese Bereiche auf naturnahe oder dementsprechend gestaltete extensiv genutzte Standorte begrenzt, die zudem eine noch näher festzulegende Mindestgröße aufweisen und traditionell als "wertvoll" eingestuft werden. Um den Flächenbedarf für einen wirkungsvolleren Artenschutz zu begrenzen, müssen die von der Nutzungsintensität ausgehenden Belastungen auf der gesamten Fläche des Bundesgebietes deutlich verringert werden /38, S. 179-180, 193/. Unter dieser Zielsetzung ist der **Siedlungsraum in das Vernetzungskonzept einzubeziehen**. Bezüglich der **Flächenansprüche** der Grünvernetzung im besiedelten Bereich besteht über die Sicherung des Biotopbestandes hinausgehend noch weitgehender **Bedarf an Vorgaben** für die Planung.

Da neben der Zusammensetzung der Flora die Größe von Grünzonen den wesentlichen Einfluß auf die Eignung als Standort für die Fauna ausübt, sind die **Anteile extensiv genutzter Vegetationsbereiche** möglichst hoch anzusetzen. Für die Erhaltung oder Wiederherstellung eines funktionsfähigen Lebensraumes sind Einzelflächen zu einem Verbundsystem zusammenzuschließen. In dieses sind zum Zwecke der Arealvergrößerung die intensiver beanspruchten Zonen einzubinden. Dabei sind artenreiche Zierrasen oder nach Möglichkeit mehrmals gemähte Wiesen vorzusehen. Neben Verbindungszonen sind größere Vegetationsbereiche als Biotopzellen einzurichten.

Die Herstellung geeigneter Ausgangsbedingungen für die selbständige Besiedlung durch standorttypische Arten bzw. Artengemeinschaften ist dabei zu beachten /98/. Innerhalb des für die Baumaßnahmen vorgesehenen Gebietes sind die Grünbestände mit extensiver Nutzung zu erhalten, um die Vernetzung daran anzubinden. Geeignete Biotoptypen in der Nachbarschaft, die als Ausbreitungszentren für eine Neubesiedlung dienen können, sind ebenso wichtig für den Erfolg solcher Maßnahmen.

Von den **Ausgangsverhältnissen** ist es aber abhängig, inwieweit der Faunenwandel in diesem Bereich beeinflußt werden kann. Auf landwirtschaftlichen Flächen werden mit zunehmender Bewirtschaftungsintensität die Standortvoraussetzungen für Flora und Fauna begrenzt. Gleiches gilt für viele Stadtlandschaften, bei denen ebenso Verbesserungen zu erzielen sind. Der Schutz von Vegetationsbeständen und ihre flächenmäßige Vergrößerung oder die Schaffung von Regenerationsbereichen, die neben einer gewissen Mindestgröße weitere näher festzulegende Kriterien aufweisen müssen, mildern zumindest die Belastungen in Gebieten, die vor Baumaßnahmen eine den naturnahen oder wenig beeinträchtigten Bereichen entsprechende Artenzusammensetzung aufgewiesen haben. Es können aber weder die Isolationstendenzen der verschiedenen Arten im besiedelten Bereich kompensiert noch ihre Zusammensetzung, wie sie in weitgehend unberührter Natur auftritt, erzielt werden.

Die Veränderung des Artenspektrums der Flora zugunsten wärmeliebender Arten, mit einem Anteil von 20 - 25 % oder mehr in einem geschlossen bebauten Gebiet /97, S. 514/, ist ein deutliches Zeichen für die klimatischen Veränderungen infolge der Versiegelungen und der hinzugekommenen Baumasse. Dies geht auch aus der Verbreitung des Götterbaumes als einem Wärmezeiger besonders in den stark versiegelten Berliner Innenstadtbereichen hervor /15/. Die Effektivität einer Grünvernetzung ist nicht zuletzt auch von einem Ausgleich dieser Belastungen abhängig.

3.3.3 Verhältnis von Baumasse zum Vegetationsvolumen (III) [♀ ⌂]

Offene unversiegelte Zonen können aufgrund ihrer kompensierenden klimatischen und öko-logischen Wirkung als Ausgleichsflächen des städtischen Gesamtgebietes eingestuft werden. Demgegenüber gehen von versiegeltem und überbautem Areal Belastungen aus. Urbane Oberflächenstrukturen haben Wirkungen auf die Einstrahlung, Temperatur, Luftzirkulation und führen zu Strahlungs- und Energieveränderungen. Die Folge der verstärkten Ableitung von Wasser in die Kanalisation schränkt die Verdunstung und somit die Abkühlung ge-genüber Wald- oder Grünzonen ein. Zur Lufterwärmung trägt auch der Wechsel der Oberflächenbeläge bzw. die Verwendung anderer Materialien als Vegetation bei. Die Ver-änderung des Verhältnisses von Blatt- zu Baumasse - zugunsten des baulichen Volumens - und der Rückgang von öffentlichen innerstädtischen Grün- und Freibereichen verstärken den klimatischen Wandel. Dieser kommt in einer **eingeschränkten Produktion von Kaltluft** und einer **schlechteren Durchlüftung** mit allgemeiner **Anhebung der Temperatur** und steigender **Schwülehäufigkeit** zum Ausdruck. Ebenso nimmt die Gas-, Staub- und Lärmbelastung zu.

Die gesamtklimatische Einstufung weist im Bereich von Verkehrsflächen ein ungünstiges, bei offener Bebauung ein günstiges Mikroklima auf. Es ist bei Blockbauweise mit Abstands-grün - je nach Bebauung und Lage - noch verhältnismäßig günstig bis ausgeglichen. Bei ge-schlossenen Blockbebauungen tritt eine extrem ungünstige Ausprägung des Stadtklimas auf. Die Zunahme der Versiegelung ohne ausgleichende Maßnahmen mittels Vegetation kann mit einer Zunahme der Gesamtbelastung für den Menschen in Zusammenhang gebracht werden /99, S. 136-138/.

Die **klimatische Gesamtbewertung** ergibt, daß mit zunehmender Grünmasse der ökologi-sche Ausgleich erhöht wird. Offenes Terrain mit und ohne Bewuchs sowie Wasserbereiche wurden unterschieden. Vegetationszonen wurden nach Gehölzstrukturen, unter Berücksichti-gung der unterschiedlichen Blattmasse gegliedert. Flächen ohne Pflanzenmaterial sind gerin-ger einzustufen als solche mit niedriger Vegetationsdecke /99, S. 141/. Das zunehmende Vo-lumen von Büschen oder kleineren Bäumen wird in einer höheren Bewertung ausgedrückt. Sie ist gleichrangig mit jener von Wasserflächen, deren klimatische Ausgleichswirkung insbe-sondere bei der Temperaturminderung, der Luftfeuchteerhöhung und der damit zusammen-hängenden Kaltluftproduktion sowie dem Beitrag der Luftzirkulation zum Ausdruck kommt. Als weitere Leistungen der Flora sind die Einstrahlungs- und Lärmminderung, die Windberu-higung sowie die Gas- und Staubfilterung hinzuzufügen. Bäume haben die größte klimatisch ausgleichende Wirkung.

Waldbereiche haben im Verhältnis zu Flächen mit niedriger Vegetationsschicht eine dop-pelt so hohe ökologische Produktivkraft. Diese Einschätzung erfolgte anhand von Angaben aus der Fachliteratur über die Zunahme des Grünvolumens, der Transpiration, der Energie- und Sauerstoffbindung von Grasland, von Kultur- und Kletterpflanzen im Vergleich zu Wäl-dern. Das **ökologische Leistungsvermögen** einzelner Pflanzenformationen untermauert somit die **Einstufung in Abhängigkeit von der Vegetationsmasse** /99, S. 854/.

Bäume absorbieren in Abhängigkeit von der Dichte der Grünmasse zwischen 60 % und 90 % der einfallenden Strahlung /77, S. 144/. Vegetation kann auf diese Weise zur gezielten Verminderung der Aufheizung bei Baukörpern aber auch bei Erschließungsflächen ver-wendet werden. Die klimaverbessernde Wirkung von Grün ist hauptsächlich im Sommer von Bedeutung, obwohl die klima- und lufthygienische Belastung im Winter, z. B. durch die Haus-brandemissionen, höher ist. Da in dieser Jahreszeit die ökologische Aktivität von Pflanzenflä-chen herabgesetzt bzw. kaum vorhanden ist, sind einem Ausgleich von Beeinträchtigungen gewisse Grenzen gesetzt /18, S. 69/.

Die **Kompensationsmöglichkeiten auf seiten der Vegetation** verfügen aber über eine große Breitenwirkung, so daß sie dennoch vollständig einzusetzen sind. Sie sind durch begleitende Maßnahmen zu ergänzen, um die Belastungen im Winterhalbjahr, die vorrangig durch die Beheizung entstehen, zu verringern. Gute Wärmedämmung aller Außenteile, große Speichermasse der Innenwände und Kastenfenster mit Klappläden vermindern den Energieverbrauch.

Hauswände sollten stärker begrünt werden, um mehr pflanzliches Volumen zu erreichen und die Temperatur im Sommer zu senken. Bei strahlungsintensiven Wetterlagen kann eine **Wandflächenbegrünung** eine Abkühlung an der Fassade von 10°-20° tw. sogar bis 30° bewirken. Die Wärmewerte des davor liegenden Luftpolsters fallen im Tagesmittel zwischen 1° und 2,5°. Es wurden Versuche mit Verschattungssystemen, bei denen mittels Rankhilfe Außenwände begrünt wurden, durchgeführt /9/. Die Temperatur und ihre Schwankungen wurden vor und hinter dem berankten Schutzsystem gemessen. Maximale Unterschiede liegen in den frühen Nachmittagsstunden und können bis 4,3° betragen. Die Wärmegrade der Luft hinter dem Verschattungssystem sinken zu den Zeitpunkten der größten thermischen Belastung sogar unter die Außentemperatur. Bei geringer Sonneneinstrahlung sind aber kaum Abweichungen gegenüber einer unbegrünten Fassade zu verzeichnen /9, S. 92-96/.

Neben der Hitzeentlastung wird das Vegetationsvolumen ohne zusätzlichen Flächenbedarf erhöht. Die ausgleichenden Funktionen gelten vorrangig bei der **Anpflanzung von Bäumen**. Die Verschattung vermindert die Materialerwärmung im Straßenraum und bei anderen Befestigungen. Es sollten auch Gehölze in intensiv genutzte Grünflächen einbezogen werden. Ein klimatischer Ausgleich in Form einer Wärmeminderung wird tagsüber durch Transpiration und Verschattung, die bei entsprechender Anordnung auch die Gebäude positiv beeinflussen können, erreicht. Rasen trägt nachts zur Kaltluftbildung bei. Die Verwendung laubabwerfender Vegetation als wandbegrünende Elemente auf der Südseite ermöglicht auch weiterhin durch die Einstrahlung im Winter eine Erwärmung des Baukörpers. Diese vermindert den Energiebedarf. Die gleiche Wirkung wird mit Laub- anstatt Nadelbäumen bei der Gebäudeverschattung erzielt. Dachbegrünungen und damit zusammenhängende Erdbedeckkungen verstärken die wärmespeichernde Wirkung im Winter bzw. die Hitzeentlastung im Sommer.

Da mit zunehmender Versiegelung der Grad der Belastungen zunimmt und die Wirkung von Ausgleichsflächen im Verhältnis zur Grünmasse in stärkerem Maße steigt, wird die **Baumasse dem Vegetationsvolumen gegenübergestellt**. Ihr gegenseitiges Verhältnis ist in der Planung verstärkt zu berücksichtigen, um den kompensierenden Effekt der Pflanzen zu nutzen /122, S. 455/.

Es besteht ein planerischer **Forschungsbedarf**, welches **Verhältnis** zwischen der **baulichen Substanz** und dem **pflanzlichen Volumen** vertretbar ist und in **welcher Form die Ausgangssituation einzubeziehen ist**. Mit dem angestrebten Ausgleich durch Vegetationsmasse kann mit der Bindung von Wasser zur Benetzung der Blattoberfläche ein großes Volumen zum Zeitpunkt des Regenereignisses aufgenommen und eine Entschärfung auf seiten der Entsorgung erzielt werden.

3.3.4 Abführung von Wasser in die Kanalisation (IV)

Die **vermehrte Direktableitung** wirkt sich besonders in Ballungsräumen in **zunehmender Hochwassergefährung** und **abnehmender Neubildung des Grundwassers**, dessen Spiegel durch die hinzukommende Nutzung der Reserven weiter absinkt, stark aus. In der BRD wurde 1984 die jährliche Trinkwasserversorgung von knapp 5 Mrd. m³ zu ca. 75 % aus Grund- und nur zu ca. 25 % aus Oberflächenwasser einschließlich Uferfiltrat gedeckt /65, S. 10/. Das Ausmaß der Verschärfung hängt von der Gesamtsituation, dem Anteil der Bebauung, ihrer räumlichen Verteilung sowie den natürlichen Gegebenheiten ab.

Die Menge abfließenden Wassers steigt im Vergleich zur Zunahme an befestigten Bereichen überproportional an. Das Zusammenwirken von Versiegelung, Glättung der übrigen Flächen in Ortsgebieten, Verkürzung der ober- und unterirdischen Fließwege sowie der Dränung des Kanalnetzes ist dafür ausschlaggebend. Das Volumen der Hochwasserwelle steigt gegenüber einem völlig unbefestigten Gebiet bei den üblichen Versiegelungsgraden in der Größenordnung von 50 -100 % und bei den Abflußspitzen um 100 - 200 % an /103, S. 543/. Die schnellere Abflußreaktion führt zudem zu einer Vorverlegung der Hochwasserscheitel /116, S. V/.

Die Ableitung bereitet im Vorfluter zunehmend **auch qualitative Probleme**. Das auftreffende Niederschlagswasser hat bereits durch atmosphärische Einflüsse belastende Stoffe aufgenommen. Neben festen Bestandteilen gelangen auch gasförmige Verunreinigungen auf die Erdoberfläche. Im zeitlichen Verlauf eines Regenereignisses nimmt die gemessene Spurenstoffkonzentration ab, da nach etwa 3 mm Niederschlag die Tropfen den größten Teil der Fremdgase und des Staubes ausgewaschen haben /65, S. 97/. Insbesondere kurze Schauer mit einer Intensität, die dazu ausreicht, die Ansammlungen der Trockenperioden von versiegelten Flächen abzuschwemmen, führen zu **Schmutzstoffwellen in der Regenwasserkanalisation**. Die Wasserqualität des Vorfluters wird dadurch bis zu 50 % stärker belastet /76, S. 571-572/. Bei größeren Niederschlagsmengen kommt es zu einer direkten Einleitung ungereinigter Stoffe des häuslichen und gewerblichen Schmutzwassers bei Mischkanalisationen mit fünf- bis achtmal so hohen Belastungen wie beim Trennsystem /102, S. 4/.

Um die Überstauhäufigkeit und den ungeklärten Abfluß zu verringern, werden Regenüberlaufbecken ebenso wie Regenrückhaltebecken bei der Trennkanalisation eingesetzt. Es gibt auch Versuche in Großstädten, die Kanalnetze zur Ausnutzung der Stauraumreserven heranzuziehen.

Die bereits erreichte Belastungsintensität erfordert aber zusätzlich **Maßnahmen zur Begrenzung des Oberflächenabflusses**. Neben einer Senkung des Versiegelungsgrades verringert die künstliche Regenversickerung die Anfallsmenge. Die Verwendung als Brauchwasser reduziert den Trinkwasserbedarf und gleicht die Grundwasserbilanz weiter aus. Diese Nutzung setzt die Speicherung von Wasser voraus. Ebenso verfügen Versickerungsanlagen über ein erhebliches Fassungsvermögen. Die Abflußspitzen können auch gedämpft werden durch Behälter mit stark reduziertem Ablauf zwischen den Fallrohren der Dachflächen und bei den Entwässerungsleitungen des Grundstückes. Die Formen der alternativen Regenentwässerung - Verzögerung des Ablaufes sowie Speicherung der Niederschlagsabflüsse mit eventuell anschließender Brauchwassernutzung und die Versickerung - mit ihren ineinander übergreifenden Wirkungsweisen entlasten die Kanalisation durch die Funktion der Rückhaltung und werden in der Folge unter diesem Begriff zusammengefaßt.

Die **Speicherung** der Dachabflüsse in Tonnen oder Zisternen bzw. im Anschluß daran in offenen Wasserflächen dient der Bewässerung. Somit ist die Einsparung beim Trinkwasserbedarf gegeben, der zusätzlich durch ein getrenntes System für das Brauchwasser gesenkt wird. Naturnah gestaltete Rückhaltebereiche können in extensiv genutzte Vegetationszonen integriert werden. Verdunstung und Transpiration tragen zur Reduzierung der Wassermenge ebenso bei.

Die Rückhaltung ist auch im Zusammenhang mit der **Absetzung der Feststoffe** zu betrachten. Da das Niederschlagswasser aus dem Abschwemmen der Erdoberfläche ungelöste mineralische und organische Bestandteile sowie gelöste organische Stoffe beinhaltet, die zu 50 % aus der Luft stammen, ist eine mechanische Reinigung vor dem Abfluß in den Vorfluter notwendig. Bei ca. 3 % der Meßergebnisse wäre aufgrund der erhöhten organischen Verschmutzung eine biologische Klärung sinnvoll /16, S. 102-103/, die bei einer naturnahen Gestaltung gegeben ist. Diese Maßnahmen werden zusätzlich durch neuere Messungen untermauert, die beim Trennsystem anhand des Schmutzparameter CSB (Chemischer Sauerstoffbedarf) eine deutlich stärkere Verschmutzung nachweisen als der Schwellenwert (20 mg/l) des novellierten Abwasserabgabengesetzes für Abgabenfreiheit angibt /103, S. 544/.

Es kann eine verzögerte Wasserabgabe an **Versickerungsanlagen** oder an Oberflächengewässer erfolgen, andernfalls sind Überlaufanschlüsse zu erstellen, die in Verbindung mit der Kanalisation stehen. Eine **unterschiedliche Bewertung der Schadstoffbelastung von Dach-bzw. Terrassen- und Straßenabflüssen** ist dabei aus qualitativen und quantitativen Gründen in bezug auf eine Grundwassergefährdung gerechtfertigt. Die Schwermetalle Arsen, Blei, Cadmium, Zink und Kupfer mit ihren toxischen Eigenschaften wurden neben organischen Verbindungen als straßenspezifische Belastungsstoffe, die als Spurenelemente auftreten, erkannt /45, S. 332/. Eine Schädigung durch versickerndes Oberflächenwasser hängt wesentlich vom Reinigungsvermögen des Untergrundes ab. Nach einer Bodenpassage von ca. 1,5 m entspricht die Qualität von verrieselndem Wasser im Fußwegbereich dem vorhandenen Grundwasser /65, S. 126/. Bei stark belasteten Verkehrsflächen wurde der größte Teil der Stoffe in der oberen Schicht von 0 - 4 cm angelagert. In 10 - 25 cm Tiefe ist die Schadstoffansammlung bereits erheblich geringer, und im Grundwasser wurden Werte unterhalb der zulässigen Obergrenze für Trinkwasser gemessen /46, S. 185/. Die Selbstreinigungskraft des Bodens durch Filterwirkung und Sorption ist abhängig vom Mineralgehalt und Gefüge der verschiedenen Sedimente.

Die Verrieselung des auf befestigten Flächen anfallenden Oberflächenabflusses bietet sich in Wohnbereichen mit versickerungsfähigem Untergrund bei Gewährleistung des Grundwasserschutzes an. Eine mechanische Vorklärung von Schwebbestandteilen, Sandpartikeln etc. über Schlammeimer oder Sandfänge usw. ist grundsätzlich aufgrund der zunehmenden Verschmutzung der Oberflächenabflüsse bei einer anschließenden Versickerungsanlage zur Vermeidung einer Selbstabdichtung durchzuführen. Dies ist auch vor einer Brauchwassernutzung anzuwenden. Es können auch gering belastete Straßen einbezogen werden, bei denen ein Benzin- oder Ölabscheider vorzulagern ist. In diesem Zusammenhang ist auch die Versickerung von Abflüssen bei Straßen außerhalb der Ortsgebiete zu erwähnen. Bei starker Frequentierung ist aber in Siedlungsbereichen von einer Verrieselung Abstand zu nehmen. Bei Grundwasserschutzgebieten sind verstärkte Auflagen insbesondere bei der Entsorgung von Verkehrsflächen zu berücksichtigen /46, S. 191-193/.

Die Einrichtung dezentraler Anlagen auf dem einzelnen Grundstück - die Versickerungsmulde stellt diesbezüglich die geeigneteste Methode dar - ist zum Schutz des Grundwassers zu fördern, da so die Belastung auf eine wesentlich größere Bodenfläche verteilt wird, und somit die Verschmutzungsgefahr insgesamt gesenkt wird /101, S. 202/. Die **Selbstreinigungskraft von Versickerungsbereichen mit natürlicher Vegetationsschicht** weist auch auf den teilweisen Abbau von Schadstoffansammlungen im Boden hin.

Die **Variante der Verrieselung** durch einen durchlässigen, befestigten Belag, z.B. bei Betongittersteinen oder einer wassergebundene Decke, weist kein Speichervermögen auf und ist deshalb mit einem größeren Flächenbedarf verknüpft. Die Einleitung in einen kiesgefüllten Graben (Rigolenversickerung) oder unterirdisch in einen in Kies gebetteten perforierten Rohrstrang (Rohrversickerung) stellen weitere Möglichkeiten der Zwischenspeicherung dar. Es wird dabei eine verzögerte Abgabe in den Untergrund - entsprechend der Durchlässigkeit des umgebenden Bodens - erreicht. Die Untergrundverrieselung ist mit einem stärkeren Eingriff in den Boden verbunden. Sie kann durch parallel im Boden verlaufende Ableitungen als Variante der Rohrversickerung erfolgen. Bei der Versickerung durch einen Schacht muß der Sohlenabstand mindestens einen Meter zum höchsten Grundwasserstand betragen /49, S. 127/. Das Eindringen des Wassers von der Oberfläche ist aber aufgrund der größeren Reinigungs- und Filterwirkung vorzuziehen.

Die Aufnahmefähigkeit versickerungsfähiger Strukturen ist bis zur Sättigung der Porenräume tieferliegender Bodenschichten am größten. Danach wird Wasser an den Untergrund abgegeben, und die weitere Aufnahme ist auf die mögliche Versickerungsrate beschränkt. Bei anhaltenden oder kurz aufeinanderfolgenden Niederschlägen kommt es, solange der Boden noch gesättigt ist, zu einem verstärkten Oberflächenabfluß. Um die Wirkung der **Wasserrückhaltung** auch **bei langandauernden** oder in kurzer Folge auftretenden Ereignissen **zu verstärken** und den Gesamtflächenbedarf zu begrenzen, sind zusätzlich versiegelte oder teilweise versiegelte Bereiche heranzuziehen. In Randzonen von gering befestigten Oberflächen bzw. unter Konstruktionen auf Stützen ist eine flächenhafte Versickerung durchführbar. Bereiche, bei denen die Nutzung und/oder ein zu hoher Versiegelungsgrad dies unterbinden, können mit einer Untergrundverrieselung in frostfreier Tiefe versehen werden. Dies ist auch unter Flächen im privaten Freibereich, unter Gehwegen, aber auch unter Straßen zu erwägen. Voraussetzung ist, wie bei allen Versickerungsmaßnahmen, der erforderliche Grundwasserabstand und der Schutz von Gebäudeteilen gegen Wassereintritt. Es können auch Nebengebäude oder Anbauten auf Stützen errichtet werden. Auf diese Weise ist zusätzlich eine Nutzung durch Versickerungseinrichtungen möglich. Das bietet sich besonders im Zuge von Nachverdichtungen an.

Das **Versickerungspotential**, d.h. jener Teil der versiegelten Flächen, der für einen Verzicht auf einen Kanalanschluß bzw. für eine diesbezügliche Abkoppelung in Frage kommt, wird auf ca. 30 % an der Gesamtfläche geschätzt /103, S. 544/. Dies bietet die größten Ausgleichsmöglichkeiten im Baubestand. Demgegenüber wird das Potential für Entsiegelungen je nach Siedlungsform auf ca. 0 - 13 % bzw. bei Belagsänderungen auf ca. 2 - 16 % geschätzt /23, S. 14/. Die Verringerung der angeschlossenen Flächen beispielsweise um 30 % führt im Falle eines Regenüberlaufbeckens zu einer Reduzierung der Überlaufhäufigkeit um 40 % und des Abflußvolumens sogar um 50 % /103, S. 546/. Solche Maßnahmen weisen somit eine überproportional ansteigende Effektivität auf, die zu Kosteneinsparungen bei der Erstellung künstlichen Rückhalteraumes aufgrund geringerer Dimensionierungen führen. Dieses Geld sollte zur Unterstützung von Versickerungsmaßnahmen zur Verfügung gestellt werden. Diese Abkoppelung kann außerdem den Bau aufwendiger Regenüberlaufbecken bzw. die Umwandlung eines problematischen Mischnetzes in ein Trennsystem vermeiden, da das auf diesen Flächen anfallende Wasser für die Versickerung herangezogen werden kann /103, S. 544/. Es besteht für die Bebauungsplanung aber noch ein **Forschungsbedarf für Vorgaben**, die entlastende Maßnahmen **auf seiten der Rückhaltung** betreffen. Zur Einschätzung der Abflußsituation in hängigem Gelände sind auch die weiteren, vorrangig in Hanglage zu beachtenden Vergleichsgrößen, heranzuziehen.

3.4 Hangspezifische Vergleichsgrößen

Bei den weithin sichtbaren Hängen sind die Auswirkungen von Siedlungsmaßnahmen nicht nur am Landschaftsbild erkennbar, sondern nehmen bezüglich des Naturhaushaltes in ihrer Komplexität erheblich zu. Die einzelnen Größen sollen daher zur Einschätzung der Topographieanpassung dienen, um damit bei künftigen Planungen zur Senkung der Belastungsintensität beizutragen.

3.4.1 Erdbewegungen

Abgrabungen und Aufschüttungen haben Einfluß auf die vorhandene Flora sowie auf die Verhältnisse des Bodenwasserhaushaltes. Bei befestigten Flächen wurden die Folgebelastungen bereits erörtert. Die Stärke der Auswirkungen auf die späteren Grünbereiche ist davon abhängig, ob oberflächennahe oder auch tieferliegende Bodenschichten betroffen sind.

Die Erhaltung ganzer Vegetationsbestände ist gefährdet. Gehölze können bei geringen Eingriffen - unter Beibehaltung der Wasserverhältnisse - erhalten werden. Die oberste 40 - 60 cm tiefe Schicht kommt durch das ständige Wachsen von Wurzeln nie vollständig zur Ruhe /53, S. 31/. Beeinträchtigungen des Wasserhaushaltes, z.B. durch die Unterbrechung von Sickerwasserwegen oder durch Bodenverdichtungen infolge von Aufschüttungen oder Abgrabungen werden bis zu dieser Tiefe durch die Wurzeltätigkeit größtenteils ausgeglichen. Wenn tieferliegende Schichten im Bereich von Gehölzen betroffen sind, ist eine Erhaltung nur durch kostenaufwendige Verpflanzungsmaßnahmen möglich. In diesem Fall kann die ursprüngliche Geländesituation mit den Vegetationsbeständen nicht erhalten werden. Durch die Veränderung der Ausgangsverhältnisse wird das vorliegende Bodenprofil durch ein mehr oder weniger einheitliches Bodengemisch ersetzt. Die Sickerwasserwege der tieferliegenden Schichten werden unterbrochen. Es besteht ein **Forschungsbedarf, welche Profile** als **schutzwürdig** einzustufen sind /60, S. 167/ und **unter welchen Ausgangsbedingungen Erdbewegungsmaßnahmen** eine **bodenverbessernde** oder **beeinträchtigende Wirkung** für den Wasserhaushalt herbeiführen.

Ein Maschineneinsatz kann zu Unterbodenverdichtungen führen. Diese können durch Gehölze, aber auch durch krautige Gewächse wie Ackerunkräuter durchwurzelt werden. Sickerwasserwege können so unter Mitwirkung des Bodenwassers zu tieferliegenden Schichten wiederhergestellt werden. Auf diese Weise hat die angepflanzte Vegetation durch ihre Wurzeltätigkeit eine ausgleichende Wirkung. Rasenbereiche übernehmen diese Funktion nur nahe der Oberfläche, weil ihre Durchwurzelungstiefe gering ist, max. 30 - 40 cm. Da sich dabei außerdem 80 - 90 % der Gesamtwurzelmasse im Bereich von 0 - 5 cm befinden /96, S. 85/, ist auch nur ein geringer Schutz gegen Rutschungen gegeben. Verminderte Versickerung oder gesteigerter Oberflächenabfluß hängen auch davon ab, in welchem Ausmaß bei Geländeeinschnitten Stützwände errichtet werden.

Jene **Erdbewegungsmaßnahmen**, die bei einer Bautätigkeit infolge einer unzureichenden Topographieanpassung auftreten, werden betrachtet. In **hängigem Gelände** sind sie auf ein **gewisses Mindestmaß** zu **reduzieren**, um die Beeinträchtigungen des Bodenwasserhaushaltes zu begrenzen und eine Geländeaufnahme zu erreichen. Abgrabungen und Aufschüttungen sind **in extensiv genutzten Vegetationsbereichen** und in daran angrenzenden Flächen zu **vermeiden** oder auf oberflächennahe Schichten zu beschränken. Die bisherige Wasserversorgung der Pflanzen ist außerdem zu sichern. Bei bis zu max. 40 cm starken Erdbewegungen ist es noch möglich, Vegetationsbestände und das vorliegende Bodenprofil weitgehend zu erhalten. Das Wurzelwachstum bewirkt bei Verdichtungen unter Einwirkung des Bodenwassers einen weitestgehenden Ausgleich von Beeinträchtigungen.

Bei einer geringeren Geländeveränderung in extensiv genutzten Grünflächen ist in der Folge auch in **intensiv genutzten Bereichen** eine stärkere Anpassung möglich. Für diese sind aufgrund der Nutzungsansprüche überwiegend ebene bis leicht geneigte Flächen notwendig, die erst in den Randzonen auch ein stärkeres Gefälle aufweisen können. Um die angestrebte Berücksichtigung der Topographie und somit ein zu starkes Abweichen vom ursprünglichen Gelände nicht in Frage zu stellen, sollten aber in intensiv genutzten Grünzonen **Erdbewegungen über 80 cm vermieden werden**. Der meist vorherrschende Rasen kann zudem durch seine Wurzeltätigkeit nur oberflächennah und nur in begrenztem Maße bei Bodenverdichtungen ausgleichend wirken. Es sollten deshalb tieferliegende Schichten nicht geschädigt werden. Bei angrenzenden Erschließungs- aber auch Gebäudeflächen sind die Erdbewegungsmaßnahmen ebenfalls auf ein mögliches Mindestmaß zu beschränken. In der Planung sind aus diesen Gründen daher generell weniger starke Abweichungen vom ursprünglichen Gelände vorzusehen.

3.4.2 Geländeeinschnitte mit Stützwänden

Diese Eingriffe sind bei der Errichtung von Gebäuden kaum vermeidbar. Demgegenüber sind in Siedlungsbereichen bei Verkehrsflächen, speziell aber im Außengelände, derartige Vorkehrungen zur Vermeidung von Rutschungen durch Anpassung an die topographischen Verhältnisse oft nicht erforderlich. Da die Hangsicherung in der Fachliteratur breiten Raum findet, wird sie hier nicht behandelt.

Die Errichtung von Stützwänden führt zu einer Unterbrechung der Sickerwasserwege. Dies wirkt sich in hängigem Gelände besonders stark aus. Die Anfallsmenge aus den angrenzenden Flächen und das Hangwasser aus den höher gelegenen Bereichen ist abhängig von der Eingriffstärke und der Quantität der Einschnitte im gesamten Gelände. Das Ausmaß der Dränung und der in die Kanalisation abgeleiteten Wassermenge ermöglicht Rückschlüsse auf die Störung des Bodenwasserhaushaltes. Bei einer Vernachlässigung dieser Zusammenhänge können Baumaßnahmen in hängigem Gelände diese Folgebelastungen wesentlich steigern. Da diese Aspekte in der Fachliteratur weitgehend unberücksichtigt sind, **fehlt es an Untersuchungen zur Quantifizierung dieser Auswirkungen.**

Stützwände sollten **in extensiv genutzten Flächen vermieden** bzw. bei **intensiv genutzten Grünbereichen** nach Notwendigkeit **nur in unmittelbarer Gebäudenähe** errichtet werden. Horizontale Zerschneidungen des Geländes in der gesamten Breite sind zu unterlassen.

3.4.3 Abflußsituation in hängigem Gelände

In Hanglage sind alle Eingriffe im Zusammenhang mit der Ableitung zu betrachten. Dabei sind die Bodenversiegelung, Erdbewegungsmaßnahmen und Stützwände beeinflussende Faktoren. Neben dem bisher betrachteten Oberflächenabfluß ist auch das Sickerwasser betroffen. Es ist von entscheidender Bedeutung, ob das gesamte Gelände durch Sicherungsbauwerke und Gebäudeaußenwände eingeschnitten wird, bzw. inwieweit in der Fallinie ein ungestörter Abfluß versickernden Wassers möglich ist. In welchem Ausmaß bei Stützwänden Durchlässe vorgesehen sind und ob ingenieurbiologische Bauweisen zur Anwendung kommen, ist mitentscheidend für die in der Dränung anfallende Menge. Das Gesamtentwässerungskonzept verdeutlicht den Anteil, der in die Kanalisation abgeführt wird. Das Hangwasser der höher liegenden Bereiche kann zu einer erheblichen Steigerung des Abflußvolumens mit einer Verschärfung der Folgebelastungen führen. Aus diesem Grunde wird beispielsweise bei Kanalrohren auf der Hangseite eine Dränung geführt, um den Fremdwasseranteil zu begrenzen, der wieder dem Untergrund oder den Vegetationsflächen zugeführt wird.

Ausgleichende Maßnahmen bei Erdbewegungen und Geländeeinschnitten mit Stützwänden verringern die abzuleitende Menge an Sickerwasser. Dabei gewinnt die Erhaltung von ungestörten Bereichen in der Fallinie an Bedeutung. Hangsicherungsbauwerke sind in **ingenieurbiologischen Bauweisen** mit hohem Vegetationsanteil nach Möglichkeit in Lebendverbau auszuführen. Dies trägt auch zur besseren Einbindung in das Landschaftsbild bei. Ebenso wird die anfallende Wassermenge durch die Transpiration verringert. Extensiv genutzte horizontale Grünstreifen können in Bereichen oberhalb von Stützeinrichtungen die Wasserrückhaltung und die Befestigung im Untergrund steigern. Auf jeden Fall sollte aber ein Durchlaß für versickerndes Wasser vorgesehen sein, das bei oberflächennaher Ansammlung und ungünstigen Bodenverhältnissen unterhalb der hangsichernden Bauwerke aufgefangen werden kann. Erschließungs- und Gebäudeflächen auf Stützen ermöglichen neben den bereits für die Versickerung angeführten Aspekten die Aufrechterhaltung des Sickerwasserflusses. Bei einem starken Anfall von Hangwasser kann die Errichtung von Streifenfundamenten in der Fallinie bis über die Geländoberkante auch aus Gründen des Gebäudeschutzes vor eindringendem Wasser notwendig sein. Demgegenüber ist bei einer Rutschungsgefährdung eine möglichst große Fläche auf tragendem Untergrund zu errichten. Das kann die Einbeziehung eines Kellergeschosses erfordern.

Die in der Dränung anfallende Menge ist aufgrund der höheren Güte auch stärker zur Deckung des Brauchwasserbedarfes heranzuziehen. Abzuleitendes Oberflächen- und Sickerwasser kann auch in hängigem Gelände durch **Rückhaltemaßnahmen** verringert werden. Bei der Versickerung ist jedoch darauf zu achten, daß das Wasser nicht oder nur in geringem Umfang durch Dränung wieder gesammelt wird. Es tritt aber auch in diesem Fall eine gewisse Verzögerung und Reduzierung der Gesamtmenge ein. Bei den Voraussetzungen einer Verrieselung muß die Gefährdung des Unterliegers geprüft werden. Ein Vorstoßen in tiefere Bodenschichten kann eventuell unvermeidbar sein. Es ist auch möglich, daß eine gesteigerte Versickerung vermieden werden muß. In diesem Falle ist die Rückhaltung und Speicherung zu verstärken. Zusätzlich ist das Wasser oberflächennah bis in jene Bereiche zu führen, die eine Einleitung in Oberflächengewässer oder eine Versickerung ohne Gefährdung ermöglichen. In diesem Zusammenhang sind zur Überbrückung von Höhendifferenzen stufenförmig angelegte Wasserläufe möglich, die durch die erhöhte Luftzufuhr den Reinigungseffekt verstärken.

Die angeführten möglichen **Folgebelastungen in Hanglage** können aber aufgrund **fehlender naturwissenschaftlicher Erkenntnisse quantitativ nicht zum Ausdruck** gebracht werden. Darüberhinaus besteht ein planerischer **Forschungsbedarf** für **Arbeitshilfen** zur **Begrenzung von Umweltbeeinträchtigungen**, die sich im **Zusammenhang** mit der **Geländeneigung** ergeben. Um die mit den Vergleichsgrößen zu erfassenden Aspekte in die Planung einzubeziehen, wird auf die UVP als Instrumentarium zur Beurteilung der Belastungen zurückgegriffen.

4 Verfahren und Ansätze zur Erfassung von Umweltbelastungen

In der fachwissenschaftlichen Diskussion hat die Analyse der bisherigen Untersuchungen zu den beiden Themenkomplexen der UVP ergeben, daß in den **nächsten Jahren** weniger der juristisch-administrative als vielmehr der **inhaltlich-methodische Schwerpunkt im Vordergrund** stehen sollte /26, S. 88/. Die Erarbeitung von erforderlichen allgemein ausgerichteten Arbeitshilfen zur Durchführung konkreter Prüfungen ebenso wie Bestrebungen hinsichtlich einer TA UVP /41/ sollen dabei der Standardisierung solcher Verfahren dienen, sowie deren Effektivität im Entscheidungsprozeß steigern. Auf diese Weise ist auch ein Vergleich von Umweltverträglichkeitsprüfungen möglich. Dies wird derzeit durch die angewandten unterschiedlichen Methoden und auch die differierende inhaltliche Qualität erheblich erschwert.

4.1 Umweltverträglichkeitsprüfung in der Bauleitplanung

Die Forschung beschäftigt sich entsprechend dem im Bundesrecht verankerten gestuften UVP-Verfahren auf allen Entscheidungsebenen mit den dafür erforderlichen Methoden und Inhalten. **Es ist bereits bei dem Regionalplan eine UVP zu integrieren,** um die Summenwirkung von parallelen oder zeitlich nacheinander folgenden Eingriffen in die Umwelt zu prüfen. So können möglicherweise tolerierbare Einzelprojekte in ihrer Gesamtheit nicht mehr vertretbar sein /33, S. 3/.

Diese Fragestellungen begründen für die **Plan-UVP** in der Regional- und Bauleitplanung den Bedarf für ein praxisorientiertes Anforderungsprofil, das in einem Forschungsprojekt an der Universität Kaiserslautern entwickelt wird. Es werden dabei methodische Ansätze zur Prüfung der Umweltverträglichkeit ausgewählter Ziele der Regionalplanung erarbeitet /62/.

Im Rahmen des experimentellen Städtebaus ist im Jahre 1987 das Forschungsfeld "Stadtökologie und umweltgerechtes Bauen" vom BMBau eingerichtet worden und in dem Forschungsschwerpunkt "UVP in der Stadt- und Dorfplanung" werden mehrere Modellvorhaben gefördert. Bei dem Stadtverband Saarbrücken dient ein solches Vorhaben der Neuaufstellung des **FNP mit integrierter UVP** /28/.

Die unterste Prüfungsebene ist die Projekt-UVP, die Gegenstand der EG-Richtlinie und des UVPG ist. Unter dem Begriff **"Kommunale UVP"** wird der **über die gesetzlich vorgeschriebene Projekt-UVP hinausgehende Anwendungsbereich** innerhalb kommunalen Planens und Handelns verstanden, insbesondere die **UVP in der Bauleitplanung.** Die hier näher betrachteten Bebauungspläne sind aber entsprechend UVPG (§ 17) nach Vorschriften des BauGB über das Bauleitplanverfahren durchzuführen. Durch die Entwicklung ökologischer Planungskonzepte wurden Grundlagen für die Bebauungsplanung nach dem Baugesetzbuch geschaffen, die zur Einschätzung der räumlichen Wirkung und Bedeutung von Maßnahmen dienen /24/. Dieses Vorhaben soll durch weitere Handlungsanweisungen zur Berücksichtigung der stadtökologischen Forderungen, unter Einbeziehung der humanökologischen und soziologischen Aspekte, ergänzt werden /109/. Ein weiteres vom BMBau gefördertes Projekt zur Normierung ökologischer Standards im Städtebau, das Ende 1989 ausgeschrieben wurde, weist mit diesen beiden Arbeiten inhaltliche Berührungspunkte auf. Dieser Forschungsansatz geht in Richtung der zentralen Problemstellung bei einer UVP, dem **Bedarf an Maßstäben zur Bewertung von Veränderungen** der ursprünglichen Situation.

Es ist auch die generelle Skepsis und Zurückhaltung von seiten des Naturschutzes gegenüber diesem Quantifizierungs- und Normierungsdruck anzusprechen /61, S. 95/. Dies beruht auf der objektiven Begrenztheit der Erfassung und Prognose komplexer lebender Systeme. Andererseits ermöglicht eine solche Vorgangsweise eine verbindliche, flächendeckende und für ihre Aufgaben ausreichend ausgerüstete Landschaftsplanung. Dem Bedarf an Standards als Grundlage für Umweltqualitätsziele auf allen Planungsebenen ist somit, unter **Berücksichtigung der Begrenztheit solcher Methoden,** nachzukommen. Damit können Instrumente der prozessualen Entscheidungsfindung erarbeitet werden, die allein den zu lösenden Umweltproblemen angemessen sind /61, S. 99/.

Daher stehen in der weiteren Folge nicht die vorliegenden unterschiedlichen Verfahren und Methoden, sondern Maßstäbe zur Bewertung im Vordergrund. Diese sind die Voraussetzung für die Durchführung einer UVP, bei der die Umweltbeeinträchtigungen und deren Ausgleich anhand von Bebauungskonzepten einzuschätzen sind. Es werden die in der fachlichen Diskussion stehenden Verfahrensansätze herangezogen, die eine Einbeziehung der mit den Vergleichsgrößen angesprochenen Aspekte ermöglichen.

4.2 Verfahrensansätze zur Einbeziehung der Vergleichsgrößen

Die zunehmend an Bedeutung gewinnende Flächenbilanzierung der Versiegelung mit siedlungsökologisch begründeten Verfahren /124, S. 44/ ist beispielsweise unter Einbeziehung der Funktionsbeeinträchtigung mit der Bodenfunktionszahl (BFZ) möglich /100, S. 23-40/. Mit der Erstellung der BFZ wurde versucht, einen Wert für das Grün- und Naturpotential analog zu den bereits in der Bauleitplanung vorhandenen Größen - Grundflächenzahl (GRZ), Geschoßflächenzahl (GFZ) und Baumassenzahl (BMZ) - zu erarbeiten. Gleiches gilt für den Biotopflächenfaktor (BFF), der weitgehend an das Bewertungssystem der BFZ angelehnt ist und eine Vereinfachung auf vier Stufen darstellt /17/. Hierbei werden aber auch, begründet in der landschaftsplanerischen Zielpriorität für städtische Bereiche, Fassadenbegrünungen zusätzlich einbezogen. In der fachwissenschaftlichen Diskussion befinden sich ferner Kennzifferverfahren zur Ermittlung des Biotoppotentials wie die Landschaftsfunktionszahl (LFZ) /27/ oder die Biotoppotentialzahl (BPZ) /10, S. 46-47/. Es handelt sich bei allen angeführten Verfahren um Bewertungssysteme zwischen 1,0 als bestem Wert, der potentiell den höchsten Grad der natürlichen Funktionen darstellt, und 0,0 als dem schlechtesten Wert mit der stärksten Beeinträchtigung. Durch Bezugnahme auf die Gesamtfläche erhält man einen mittleren bioökologischen Funktionswert. Bei dem Artenschutzprogramm für Berlin wurde das biotische Potential auch anhand der Nutzungsintensität unter Einbeziehung des Versiegelungsgrades eingeschätzt /113/.

Das durchschnittliche Vegetationsvolumen einer festgelegten Flächeneinheit wird mit der Grünvolumenzahl (GVZ) zum Ausdruck gebracht /100, S. 74-87/. Mit dem klimatologischökologisch-hygienischen Wert (KÖH-Wert) wird auch die Baumasse einbezogen /99/. Abschließend ist noch die Berechnung des Oberflächenabflusses mit Hilfe des Abflußbeiwertes anzuführen. In der Folge werden die Verfahrensansätze detaillierter ausgeführt, die bei der Erfassung von Teilaspekten der Vergleichsgrößen (I-IV) Anwendung finden.

4.2.1 Bodenkennwert (BKW) und Bodenfunktionszahl (BFZ) - (I)

Mit Hilfe der BFZ wurde versucht, den Grad der Funktionseinschränkung zu erfassen. Zur Bewertung, inwieweit bei unterschiedlichen Strukturen wie unbefestigter, natürlich anstehender Boden oder befestigter Oberfläche eine Beeinträchtigung gegeben ist, wurden den **unterschiedlichen Belägen Bodenkennwerte (BKW) zugeordnet** /100, S. 23-25/.

Die Definition dieser Kennwerte basiert auf Einschätzungen und ist in einer Skala mit den Werten 1,0 und 0,0 dargestellt (Tab. 1). Die obere Grenze stellt mit 1,0 potentiell den höchsten Grad der natürlichen Funktionen dar. Demgegenüber beinhaltet 0,0 die maximale Beeinträchtigungsstärke, die sozusagen der Zerstörung gleichkommt. Es wird neben dem Versiegelungsgrad, der Einfluß auf den Gas- und Wasserhaushalt nimmt, die Eignung als potentieller Pflanzenstandort berücksichtigt. Die im Zusammenhang mit der Vegetation anzuführenden Funktionen wurden auf dieses Kriterium zusammengefaßt. Unbefestigter, natürlich anstehender Boden ohne direkte künstliche Funktionsminderung wurde mit dem Wert 1,0 eingestuft. Eine Unterscheidung in bezug auf Verdichtungen aufgrund von intensiver Nutzung wurde nicht vorgenommen. Bei Bereichen, die durch menschliche Nutzung verändert wurden und andere Oberflächenstrukturen als Vegetation, offenen Boden oder Wasserflächen aufweisen, wurde die Versiegelung und die Wirkung auf die Bodenverdichtung sowie die Reduzierung von Standorten einzelner Pflanzenformationen als so wesentliche Beeinträchtigung angesehen, daß in Abhängigkeit von dem eingeschätzten Grad der Funktionsstörung Werte zwischen 0,6 und 0,0 vergeben wurden /100, S. 25-40/.

Die angeführten Bodenkennwerte dienen als Planungsgrundlage zur Ermittlung der BFZ. Diese wird durch Multiplikation des jeweiligen Flächenwertes (m²) mit dem zugehörigen BKW berechnet. Die Summe der Produkte wird durch die Gesamtbezugsfläche geteilt.

T A B.   1   Übersicht über die Bodenkennwerte   /100, S. 25-26/

1,0   Natürlich anstehender Boden und Gewässer ohne direkte künstliche Beeinträchtigung.

0,9   Künstlich geschaffene dauerhafte Wasser- und Feuchtgebiete einschließlich standortgerechter Vegetation mit künstlichem Unterbau.

0,6   Wassergebundene Decken (Schotterrasen, Kiesflächen, Tennenflächen u.a.) und Rasengittersteine auf natürlich anstehendem Untergrund.

0,4   Mosaik- und Kleinpflaster mit großen offenen Fugen auf natürlich anstehendem Untergrund oder Sand-/Kiesunterbau.

0,3   Mittel- und Großpflaster mit offenen Fugen und Sand-/Kiesunterbau.

0,2   Verbundpflaster, Plattenbeläge (Kantenlänge über 16 cm), naturferne nicht permanente Wasserflächen, Dachbegrünungen.

0,1   Asphalt, Bitumen- oder Betondecken, Pflaster- und Plattenbeläge mit Fugenverguß bzw. festem Untergrund.

0,0   Oberflächen von Gebäuden ohne Bodensubstrat als Vegetationsträger.

Auf diese Weise erhält man einen durchschnittlichen Wert der BFZ, z.B. für ein ganzes Baugebiet oder auch für ein einzelnes Grundstück, so daß die ursprüngliche Situation mit den Bebauungslösungen verglichen werden kann. Dabei ist sowohl die durch Versiegelungen betroffene Fläche als auch der Oberflächenbelag entsprechend den mit der Vergleichsgröße (I) - Verhältnis von versiegelter zu unversiegelter Fläche - zu erfassenden Aspekten beinhaltet.

Die **BFZ** basiert neben der Einschätzung der Funktionen des Bodenwasserhaushaltes auf jenen der Vegetation. Daher soll ein **pflanzlicher Bestand**, sofern er bei wassergebundenen Decken oder bei Belägen mit Fugenanteil vorliegt, zusätzlich aufgenommen werden und somit ist die angeführte Wertskala zu erweitern. Auf diese Weise werden die von dem Bewuchs ausgehenden ausgleichenden Wirkungen mitberücksichtigt. Aus ähnlichen Überlegungen wird auch eine höhere Bewertung von Dachbegrünungen angeregt /55, S. 33/, bei der zusätzlich differenziert werden sollte, inwieweit eine Anbindung der Vegetationsflächen an angrenzende Grünbereiche möglich ist. Außerdem sind **weitergehende Ansätze zur Aufrechterhaltung der Bodenfunktionen**, beispielsweise mit Hilfe von Stützkonstruktionen, einzubeziehen. Bei einer solchen **Weiterentwicklung der Wertskala des BKW** sollte die Erhaltung oder Beeinträchtigung der einzelnen Bodenfunktionen in stärkerem Maße begründet werden, um die Nachvollziehbarkeit zu erleichtern. Dagegen wird von der Aufstellung einer weiteren Kennziffer, wie dies mit dem Biotopflächenfaktor (BFF) vorgenommen wurde /17/, Abstand genommen. Bei diesem Wert wurde die geforderte Anhebung von Dachbegrünungen aber bereits vollzogen.

4.2.2   Biotisches Potential - (II)

Das Verhältnis zwischen intensiv und extensiv genutzter Vegetation soll entsprechend Vergleichsgröße (II) direkt in der Planung Anwendung finden. Im Zusammenhang mit der Verteilung der extensiv genutzten Flächen kann jener Anteil, der im Sinne einer Grünvernetzung anrechenbar ist, ebenso wie die Nutzungsintensität insgesamt abgeleitet werden. Unter Hinzuziehung des bereits bei der Berechnung der BFZ erfaßten Versiegelungsgrades kann das biotische Potential ermittelt werden. Dagegen wird von Bewertungssystemen mit einem durchschnittlichen flächenbezogenen bioökologischen Funktionswert wie der Landschaftsfunktionszahl (LFZ) /27/ und der Biotoppotentialzahl (BPZ) /10, S. 46-47/ Abstand genommen. Es handelt sich dabei um gesonderte Berechnungsverfahren zur Gesamteinschätzung von Veränderungen, die nur begrenzt integriert werden können. Die LFZ ist außerdem eher für großräumigere Untersuchungen geeignet.

Das "Berliner Artenschutzprogramm" hat als eine der Hauptaufgaben des städtischen Naturschutzes die **Sicherung des biotischen Potentials** zum Ziel /113/. Da dieses bei der Versiegelung nahezu vollständig vernichtet wird, stellt der Befestigungsgrad ein wichtiges Kriterium bei der Beurteilung der Schutzwürdigkeit dar. Diese wurde bei den natur- und auch bei den kulturgeprägten, überwiegend unbefestigten, unversiegelten und durch intensive Flächennutzung beanspruchten Biotoptypen anhand der Refugialfunktion erhoben. Dabei wurde das Vorkommen seltener und gefährdeter Pflanzen- und Tierarten herangezogen sowie ihre Bindung an den betreffenden Biotoptyp. Bei jenen, die kulturgeprägt und stark versiegelt sind, ist die **biotische Vielfalt ein gleichwertiges Bewertungskriterium** neben dem biotischen Potential. Dieses beschreibt die mögliche biotische Vielfalt unabhängig vom Artenbestand. Indikatoren hierfür sind die Nutzungs- und Pflegeintensität und der Versiegelungsgrad.

Die Skalierung der Teilkriterien erfolgte ordinal in 3 Stufen; sie wurden zu den 3 Wertstufen "hohes", "mittleres" und "geringes" biotisches Potential aggregiert (Abb. 5). Dem Versiegelungsgrad wird dabei die größere Bedeutung beigemessen, da die Lebensbedingungen der Standorte nachhaltiger beeinflußt werden /113, S. 121/.

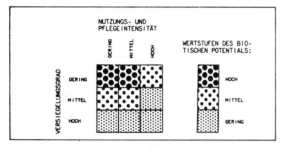

Abstufung der Versiegelungsgrade in /113, S. 121/

- gering   = 20 - 49 % Versiegelung

             (0 - 20 % Versiegelung entspricht den natur- und den kulturgeprägten, weitgehend unbe festigten - Biotoptypen)

- mittel   = 50 - 74 % Versiegelung

- hoch   = 75 - 100 %   "

A B B. 5 Aggregation der Teilkriterien "Nutzungs- und Pflegeintensität" und "Versiegelungsgrad"zum Kriterium "Biotisches Potential" /113, S. 122/

Im Rahmen des Artenschutzprogrammes wurde die **Nutzungs- und Pflegeintensität** anhand der durchschnittlichen Bewohnerdichte und der Intensität der gärtnerischen Eingriffe eingeschätzt. Durch die Verteilung und den Anteil extensiv genutzter Vegetationsflächen kann bei einem Bauvorhaben die Einschätzung erfolgen. Die Abstufung des Versiegelungsgrades bezieht sich im vorliegenden Fall auf den hochverdichteten Stadtbereich von Berlin und ist bei einer Anwendung in Verdichtungsrandzonen, speziell aber im ländlichen Raum, in bezug auf ihre Gültigkeit zu hinterfragen und entsprechend abzuändern. Dies ist auch in Anbetracht des großmaßstäblichen Einsatzes dieses Verfahrens bei der Bewertung der Schutzwürdigkeit von Biotopen auf den gesamten Stadtbereich im Unterschied zu der kleinräumigen Anwendung bei einem Baugebiet zweckmäßig.

Für Arbeitshilfen in der Bauleitplanung, die die Voraussetzungen für den Artenschutz sichern sollen, ist die **Einschätzung des biotischen Potentials ohne Berücksichtigung der tatsächlichen Vielfalt ausreichend.** Diese ist zusätzlich durch Anleitungen für geeignete Ausgangsbedingungen in den extensiv genutzten Bereichen sowie Vorgaben zur Artenzusammensetzung grundsätzlich zu gewährleisten. Daher wird auf die Biotoptypenbewertung beim Artenschutzprogramm unter Hinzuziehung der biotischen Vielfalt nicht näher eingegangen.

Der **Vergleich von Bebauungsprojekten mit der Ausgangssituation** kann anhand des Anteils von intensiv zu extensiv genutzter Vegetationsfläche vorgenommen werden. Vor der Bebauung handelt es sich um natur- oder kulturgeprägte, weitgehend unbefestigte Biotoptypen, die in Anlehnung an die Abstufung des Versiegelungsgrades beim Artenschutzprogramm weniger als 20 % versiegelt sind. Grundsätzlich liegt bei diesen ein hohes biotisches Potential vor, das aber von der Intensität der Flächennutzung abhängig ist. Das Aggregationsmodell wurde für kulturgeprägte, stark versiegelte Biotoptypen entwickelt und findet für ein Befestigungsausmaß unter 20 % keine Anwendung.

Eine Begrenzung der Einschätzung auf bebautes Gebiet ist ausreichend, da hier ein hohes biotisches Potential gesichert werden soll. Durch den **Vergleich** des Verhältnisses zwischen **intensiv und extensiv genutzten Vegetationsflächen** sind Rückschlüsse möglich, inwieweit gegenüber der Ausgangssituation eine weitgehende Beibehaltung der Lebensbedingungen im Falle hochwertiger Biotoptypen gegeben ist. Dabei wird außerdem der Versiegelungsgrad hinzugezogen. Gleiches gilt zur Feststellung von Verbesserungen, sofern ursprünglich ausgeräumte intensiv genutzte Flächen, z.B. im Falle von Landwirtschaft, vorgelegen haben.

4.2.3 Grünvolumenzahl (GVZ) - (III)

Mit der Grünvolumenzahl (GVZ) wird die Blattmasse der unterschiedlichen Vegetationskörper einbezogen /100, S. 74-87/. Bei Gehölzen wird das Volumen der Baumkrone unter Vereinheitlichung der Kronenformen auf Kugel, Kegel- oder Säulenform herangezogen. Im Falle von Grünflächen wird die gemessene durchschnittliche Vegetationshöhe mit der Grundfläche multipiziert. Die GVZ ermöglicht den Vergleich der Ausgangssituation mit einer geplanten Bebauungsvariante.

Mit dem **klimatologisch-ökologisch-hygienischen Wert** (KÖH-Wert) wird neben dem Vegetationsvolumen auch die Baumasse methodisch einbezogen /99/. In einem Bewertungsmodell wird die für den Menschen belastende Wirkung von versiegeltem Terrain als Ungunstflächen den im klimatisch-ökologisch-hygienischen Sinne günstigen Einflüssen von offenen, unversiegelten Zonen als Gunstflächen gegenübergestellt. Dieses Verfahren wurde zur Erfassung von Belastungen in bebauten Bereichen entwickelt. Für bestimmte Bauweisen und Dichtewerte wurden anzustrebende KÖH-Werte ermittelt, bei deren Unterschreitung Sanierungsmaßnahmen zur Verbesserung des Grünvolumenanteils vorzunehmen sind.

Die **Einbeziehung** der versiegelten Bereiche und der **Baumasse** beim KÖH-Wert kann aber aufgrund des aufwendigen Berechnungsverfahrens und der eher für großmaßstäbliche Bewertungen abgezielten Eignung nur als **richtungsweisend** aufgefaßt werden. Dieses Verfahren dient zur Auswahl von Vorranggebieten für Wohnumfeldverbessserungsmaßnahmen. Da zudem der Versiegelungsgrad bereits mit Vergleichsgröße (I) ermittelt wird, ist zur Abdekkung aller mit Vergleichsgröße (III) angesprochenen Aspekte eine direkte **Gegenüberstellung von Vegetations- und Baumasse** zielführender. Die GVZ gibt an, wieviel Grünvolumen über jedem m^2 Grundstücksfläche durchschnittlich vorhanden ist. Dadurch wird dieser direkte Vergleich mit der Baumassenzahl (BMZ) ermöglicht, die den umbauten Raum je m^2 zum Ausdruck bringt.

Die GVZ ist eine "Prozeßzahl", da im Unterschied zu einem Baukörper Zuwachs- und Abgangsprozesse das Grünvolumen von Jahr zu Jahr gegenüber der konstant bleibenden BMZ verändern /100, S. 79/. Für die **Ermittlung der pflanzlichen Masse bei Neubebauungen** wurde, aufgrund gewisser Vorschriften wie Garantieleistungen und Bauabnahme, der Berechnungszeitpunkt von zwei Jahren nach dem Vollzug der Planung gewählt /100, S. 82/. Ein Vergleich zwischen groß- und kleinkronigen Junggehölzen ergibt, daß kleinkronige einen wesentlich höheren Prozentsatz ihres endgültigen Kronenvolumens aufweisen. Die Blattmasse großkroniger Bäume ist in dieser Wachstumsphase geringer und wird in diesem Stadium schlechter bewertet. Außerdem macht sie nur einen geringen Anteil des zu erwartenden Volumens aus. Da für den Ausgleich der hinzukommenden Baumasse aber in verstärktem Maße Gehölze und vor allem großkronige heranzuziehen sind, ist auch eine **mittelfristige Betrachtung des sich entwickelnden Grünpotentials von Jungpflanzen** sinnvoll. Eine diesbezügliche Weiterentwicklung des Verfahrens betrifft auch Vegetationsflächen, um insgesamt ein praktikables Verhältnis zwischen Bau- und Vegetationsmasse vorzugeben. Es ist außerdem zu ermitteln, in welcher Form das Grünvolumen der Ausgangssituation einzubeziehen ist.

Abschließend ist auch eine Stellungnahme aus dem Naturschutzbereich zu erwähnen, in der die Zweckmäßigkeit eines in der Planung vorgegebenen Grünvolumens in Zweifel gezogen wurde, da die Zusammensetzung der Pflanzenarten das Wesentliche ist /97, S. 512/. Es scheint aber eine Kombination mit einer solchen Vorgabe sinnvoll, die in den stärker versiegelten und intensiv genutzten Bereichen maßgebend sein sollte. Demgegenüber sollte in extensiv genutzten Bereichen eine fachlich begründete Artenzusammensetzung der Flora Vorrang vor dem Grünvolumen haben.

4.2.4 Abflußbeiwert - (IV)

Dieser wird für die Bestimmung der Reibungsverluste, des Gefälles und der Dichte verschiedener Oberflächenmaterialien herangezogen. Diese Größe gibt den Prozentsatz der Wassermenge an, die entsprechend der Permeabilität des Belages abfließt. Der Anteil des oberirdisch abrinnenden Gesamtniederschlages beträgt, beispielsweise bei Asphaltflächen 90 %. Dies entspricht einem Abflußbeiwert von 0,9. Zur Ermittlung des Gesamtabflusses finden verschiedene Tabellen Anwendung, die zu unterschiedlichen Bodenoberflächen Bezug nehmen. Die in der DIN 1986 /30, Tab. 13/ aufgelisteten Werte erscheinen widersprüchlich, so daß eine Tabelle unter zusätzlicher Heranziehung der Aussagen zum BKW erstellt wurde, die zur Verifizierung aber noch weiterer Forschungstätigkeit bedarf /50, S. 25-27/. Diese wird, aufgrund der weitgehenden Übereinstimmung bei den angeführten Oberflächenstrukturen zu den Belagskategorien des BKW, in der Folge verwendet (Tab. 2). Zwischen der Abstufung des Abflußbeiwertes und des BKW liegen einige Übereinstimmungen vor, so daß eine solche Vorgangsweise auch bei der Weiterentwicklung des BKW zweckmäßig ist. Die Skala des BKW verläuft aber in umgekehrter Richtung von 1,0 als bestem Wert hin zu 0,0 mit der stärksten Beeinträchtigung.

T A B. 2   Abflußbeiwert   /50, S. 26/

1,00	Dachflächen
0,90	Pflaster mit Fugenverguß, Schwarzdecken oder Beton
0,80	Flachdächer mit Kiesschüttung
0,80	Verbundpflaster, Klinker und Plattenbeläge
0,70	Mittel- und Großpflaster mit offenen Fugen
0,60	Mosaik- und Kleinpflaster mit offenen Fugen
0,50 - 0,40	Poröser Asphalt
0,50 - 0,40	Wassergebundene Decken, Tennenflächen sowie Betongittersteine
0,30	Begrünte Dachflächen
0,30 - 0,20	Schotterrasen
0,25	Sportplatzrasen
0,20 - 0,00	Vegetationsflächen

Der mittlere Abflußbeiwert eines Siedlungsgebietes wird durch Multiplikation mit der Flächenausdehnung der einzelnen Oberflächenbeläge und Addition der Einzelsummen errechnet. Die Summe wird dann durch die Gesamtfläche dividiert.

Dagegen ist eine intensivere Auseinandersetzung mit der sehr umfangreichen Fachliteratur für die **Berechnung des Abflußvolumens** speziell für den Vergleich der ursprünglichen Verhältnisse mit jenen der bebauten Situation notwendig. Dies ist zur Ermittlung der von Siedlungsmaßnahmen ausgehenden Belastungen erforderlich. Dabei ist auch das Relief und bei einer detaillierteren Berechnung die Bodenart sowie der Bewuchs einzubeziehen. Dies ist für die **Planung zu vereinfachen**, damit bereits bei der Aufstellung von Bebauungsplänen die Konsequenzen des Oberflächenabflusses stärker Berücksichtigung finden.

4.3 Forschungsbedarf

Durch den Zusammenschluß der verschiedenen Verfahrensansätze, die die Aspekte der einzelnen Vergleichsgrößen erfassen, sind die Grundzüge einer umfassenden Untersuchungsmethode in überwiegend ebenem Gelände aufgezeigt. Darauf aufbauend kann die **Weiterentwicklung** zur Reduzierung der angeführten Defizite erfolgen. Bezüglich der **hangspezifischen Aspekte** ist aber ein **vollständiger Aufbau eines Verfahrens** notwendig, da diese Problemstellungen bisher unberücksichtigt geblieben sind. Dies gilt auch für **Gestaltungshilfen** zur Bebauung hängigen Geländes unter der Prämisse einer weitgehenden Aufnahme der ursprünglichen Topographie bei den unterschiedlichen Neigungsspektren. Darüberhinaus gibt es grundsätzlich einen Forschungsbedarf in bezug auf **Bewertungshilfen zur Einschätzung von Umweltbelastungen**. In der Folge fehlt es ebenso an **Umweltstandards**. Diese werden im Anschluß an die methodische Erfassung der Veränderungen für die Einschätzung der Folgebelastungen in der Planung benötigt.

Ohne solche Planungshilfen ist ein Ende der zunehmenden Umweltbelastungen bei der Siedlungsentwicklung nicht absehbar. Um dem gesetzlichen Auftrag der Umweltvorsorge, gemäß § 1 Abs. 5 BauGB, in der Bauleitplanung gerecht zu werden, sind daher Angaben zu erarbeiten, die als **Entscheidungshilfen** bei der Abwägung zwischen der quantitativen und der qualitatven Flächeninanspruchnahme dienen können. Dabei ist die Begrenztheit solcher Methoden bezüglich der Erfassung des komplexen "lebenden" Systems zu berücksichtigen. In der Folge sind daher Arbeitshilfen dieser Art bei der Anwendung in der Planungspraxis bezüglich ihrer Umsetzbarkeit zu überprüfen und, falls erforderlich, entsprechend anzupassen. In diesem Zusammenhang ist auch das erhebliche Forschungsdefizit in bezug auf die komplexen Wirkungszusammenhänge und die daraus resultierenden Folgebelastungen anzusprechen. Ihre tatsächliche, mit naturwissenschaftlicher Grundlagenforschung abgesicherte Quantifizierung über das bereits angeführte Maß hinaus kann nicht im Rahmen dieser Arbeit erfolgen. Da in absehbarer Zeit eine Verringerung dieser Defizite nicht zu erwarten ist, sollte die **Begründung** der einzelnen **Umweltstandards auf den Wirkungszusammenhängen basieren**. Dazu ist das Wirkungsgefüge zwischen den einzelnen mit den Vergleichsgrößen angesprochenen Aspekten zu ermitteln.

Ein solches bereits in der fachlichen Diskussion gefordertes siedlungsökologisches Regelwerk /40, S. 433-435/ ist mit entsprechenden "Eckwerten" zu versehen, die sich in der fachlichen Diskussion als Synonym für Standards, den Naturschutz betreffend, durchgesetzt haben. Zur Eingrenzung der Themenstellung auf die mit den Vergleichsgrößen angesprochenen Aspekte wird in weiterer Folge von **"siedlungsökolgischen Eckwerten"** gesprochen. Der verbleibende Forschungsbedarf, beispielsweise zu Einzelproblemstellungen im Naturschutzbereich, wie die Ermittlung der Belastungen auf seiten des Artenschutzes und demzufolge die Erarbeitung detaillierterer diesbezüglicher Vorgaben kann nicht in dieser Arbeit erfolgen, sondern ist im Anschluß daran zu decken. Im Zusammenhang mit dieser thematisch begründeten Abgrenzung der Umweltstandards ist aus Gründen der Vollständigkeit auch eine kritische Stellungnahme von Knauer zur Verwendung des Begriffes "ökologischer Eckwerte" im Bereich des Natur- und Artenschutzes zu erwähnen /63, S. 55-56/. Dieser Zusatz gilt dabei für alle Standards, und es erscheint seiner Meinung nach nicht günstig, wenn sich ein Fachgebiet begrifflich von den anderen Sektoren der Umweltpolitik abhebt. Zudem wird auf die Herleitung des Eckwert-Begriffes aus der Wirtschaftspolitik hingewiesen.

C Arbeitsmethode

Es wird ein Verfahren erstellt, das auf den Grundlagen einer FNP-UVP aufbaut und im Anschluß an die Ausweisung von Wohnbauflächen einsetzt. Dieses **Instrumentarium** dient der Erfassung der siedlungsökologischen Vergleichsgrößen unter Weiterentwicklung der angeführten Ansätze. Die vorliegende Untersuchungsmethode leistet einen erheblichen Beitrag zur **Abdeckung der Forschungsdefizite auf seiten der hangspezifischen Aspekte.** Neben der Erfassung der Flächeninanspruchnahme stellt die Gestaltung bei der Bearbeitung der Problemstellungen zur Topographieanpassung einen gleichwertigen Schwerpunkt dar. Die Untersuchungsmethode wird an drei Hangbebauungen angewandt und der jeweiligen Ausgangssituation gegenübergestellt. Eine abschließende Bewertung durch Einschätzung der Folgebelastungen schafft die Grundlage für die Aufstellung der geforderten Standards. Die Untersuchungen an Beispielen, bei denen alle Vergleichsgrößen zur Anwendung kommen, dienen vorwiegend der Grundlagensammlung für Arbeitshilfen.

Auf der **Basis** der daran anschließenden **Wirkungsanalyse** und der Abwägung zwischen qualitativer und quantitatver Flächeninanspruchnahme, deren Aspekte dazu ebenso in das Verfahren einbezogen sind, werden Anforderungen an **Orientierungshilfen** zur Verringerung der Umweltbelastungen formuliert. Auf den Untersuchungsergebnissen aufbauend werden bezüglich der Topographieanpassung die **gestalterischen Aspekte** für die **verschiedenen aufeinanderfolgenden Neigungsspektren** in einer umfangreichen **Systematik ermittelt.** Die Gestaltungshinweise werden durch weitere, mit Fotos dokumentierte Beispiele zusätzlich veranschaulicht. Die daraus hervorgehenden Vorgaben zu den Tiefen der Freibereiche in Abhängigkeit vom Gefälle decken für das Bebauungskonzept den gestalterischen Teil der Bewertungshilfen ab. Diese werden durch **siedlungsökologische Eckwerte zu den Vergleichsgrößen** ergänzt, die auf der Grundlage der Wirkungsanalyse und den Erhebungsergebnissen aufbauen und teilweise auch durch Zielsetzungen und Ergebnisse aus der Fachliteratur unterstützt werden. Da die Eckwerte zu den einzelnen Vergleichsgrößen, die eine Orientierung für die Bebauungsplanung darstellen sollen, trotzdem zum Teil nicht auf diese Weise abgeleitet werden können, erfolgt die weitere Absicherung mit Hilfe von **Planungsvarianten** an einer **unbebauten Situation.** Eine Zusammenfassung in einem **Maßnahmenkatalog** dient als **Grundlage** für **textliche Festsetzungen im Bebauungsplan.** Die Gestaltungshilfen sollen die Möglichkeiten zur Einhaltung der Vorgaben aufzeigen und dienen als Orientierung für die Objektplanung.

II. Untersuchung, Analyse, Auswertung

A Untersuchungsmethode

Von den prägenden Merkmalen des Landschaftsbildes wurden die **Untersuchungskriterien** "Höhengestalt" und "Oberflächenbeschaffenheit" der Geländeoberfläche abgeleitet. Mit Planunterlagen und Feldmessungen können beide Kriterien ermittelt werden. Dadurch ist der Vergleich zwischen dem Ausgangsgelände mit einer Planungsvariante und ebenso zwischen einer bebauten Situation mit der rekonstruierten ursprünglichen Gegebenheit möglich.

1   Höhengestalt

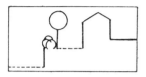

2   Oberflächenbeschaffenheit

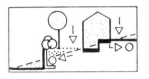

3   Vergleichsgrößen I - VII

A B B. 6 Untersuchungskriterien

Zur Erfassung von Reliefveränderungen ist die **Höhengestalt der Geländeoberfläche** ohne jegliche Bodenbedeckung von Interesse. Durch den Vergleich des Reliefs vor und nach Baumaßnahmen werden die Erdbewegungen und Geländeeinschnitte, die oft mit Stützwänden verbunden sind, ermittelt (Abb. 6/1).

Bei einem unbebauten Gebiet ohne befestigte Flächen sind die Vegetation, offener Boden sowie Wasserbereiche als Oberflächenstrukturen zu erfassen. Eine bebaute Situation weist zusätzlich auch unterschiedliche Materialien auf. Alle Belagsstrukturen und das Grünvolumen sowie die Baumasse werden mit dem Kriterium **Oberflächenbeschaffenheit** erfaßt (Abb. 6/2).

Aus den Ergebnissen der Oberflächenbeschaffenheit geht außerdem auch das Verhältnis von intensiv zu extensiv genutzen Vegetationsflächen hervor. Ebenso kann aus den vorhandenen Belägen die Ableitung der Wassermenge in den Kanal ermittelt werden. Durch die Kombination der Erhebungsergebnisse beider Untersuchungskriterien werden alle Aspekte der Vergleichsgrößen (I-VII) erfaßt (Abb. 6/3; vgl. auch Abb. 4, S. 10). So kann auch die Abflußsituation in hängigem Gelände ermittelt werden.

Diese so ermittelte **qualitative Flächeninanspruchnahme** wird mit der Einzelgestaltung in der Objektplanung verglichen, bei der die Veränderungen durchgeführt werden. Diesem qualitativen Aspekt wird der **quantitative als Abwägungsfaktor gegenübergestellt,** der sich anhand des betroffenen Gesamtareals und der baulichen Dichte ergibt. Auf diese Weise soll auch das Wirkungsgefüge zwischen den einzelnen Vergleichsgrößen, das im Zusammenhang mit der Topographieanpassung steht, bei gleichzeitiger Einbeziehung der quantitativen Gesichtspunkte erfaßt werden. Da hierzu infolge vollkommen fehlender Grundlagen das größte Forschungsdefizit besteht, stellt dies den Schwerpunkt der Untersuchung dar.

Die Untersuchung beginnt mit der Erfassung der gestalterischen Aspekte an jeweils einer bebauten Situation. Die Gebietspräsentation, die vorrangig mit Fotos erfolgt, ermöglicht auch eine bessere Veranschaulichung der Auswertungskarten und Tabellen zur qualitativen und quantitativen Flächeninanspruchnahme. Aufgrund fehlender Bewertungshilfen werden abschließend die Probleme bei der Einschätzung der Ergebnisse erörtert.

1 Gestalterische Aspekte

Die mit den beiden Untersuchungskriterien erfaßte **Gesamtgestaltung** wird jeweils zu Beginn jedes Gebietes mit Fotos, Lageplan und Planometrie dargestellt. Im Anschluß daran wird die **Untersuchung unterteilt nach der Erschließungs-, Gebäude- und Außengeländegestaltung** und wiederum jeweils mit Ausschnitten aus dem Lageplan und der dreidimensionalen Darstellung sowie durch Fotos dokumentiert. Es werden auch die Gebäudegrundtypen sowie abgeänderte Varianten mit den dazugehörenden Grundrißabläufen gezeigt.

Ebenso werden Einzelinformationen zur Veranschaulichung der qualitativen Flächeninanspruchnahme vermittelt. Anhand dieser Unterlagen wird die Aufnahme des Geländes erörtert, und erste Rückschlüsse auf Zusammenhänge zwischen den drei Einzelgestaltungen erarbeitet. Dabei wird die prinzipielle Berücksichtigung hängigen Geländes ohne Beachtung der tatsächlich vorliegenden ursprünglichen Steigung gesondert von der Aufnahme des wirklichen Neigungsgrades beurteilt. Im Anschluß daran wird die Topographieanpassung der Gesamtgestaltung eingeschätzt. Dadurch werden die Wirkungen und Zusammenhänge zwischen den drei Einzelgestaltungen aufgezeigt und ermittelt, inwieweit Rückschlüsse auf die Erdbewegungen und die Geländeeinschnitte mit Stützwänden möglich sind.

2   Instrumentarium zur Erfassung der siedlungsökologischen Vergleichsgrößen

Bei der Untersuchung werden die hangspezifischen Eingriffe in den Boden vorangestellt, damit mögliche Zusammenhänge zu den gestalterischen Aspekten der Topographieanpassung besser zum Ausdruck kommen. In der Folge werden die Vergleichsgrößen nach den jeweils betroffenen Naturfaktoren (Boden: ▨▨▨, Vegetation: ▭♀▭, Wasser: ▤▤▤) abgehandelt. Daher wird im Anschluß daran das Verhältnis von versiegelter zu unversiegelter Fläche (I) ermittelt.

▨▨▨   Boden

▭◿▭ Die Erfassung der **Erdbewegungen** erfordert eine dreidimensionale Darstellung des ursprünglichen Geländes mit einer gleichzeitigen Überlagerung der bebauten Situation sowie eine quantitative Auswertung der Veränderungen. Da diesbezügliche Hilfsmittel fehlen, ist ein entsprechendes Verfahren auszuarbeiten.

▭◿▭ Das Ausmaß und die Verteilung der **Stützwände** kann aus der räumlichen Darstellung der Auf- und Abtragungen abgeleitet werden. Dies kommt ebenso bei der zu erstellenden Auswertungskarte zur Ermittlung der Abflußsituation in hängigem Gelände zum Ausdruck und erfordert dadurch keine gesonderte graphische Aufbereitung.

▭⬇⬆▭ Das **Verhältnis von versiegelter zu unversiegelter Fläche** wird mit Auswertungskarten veranschaulicht. Die prozentuale Auswertung wird den Werten der Ausgangssituation gegenübergestellt. Dabei wird zwischen Gebäude-, Erschließungs- und unversiegelten Flächen unterschieden. Ferner sind die Oberflächenbeläge mit den dazugehörenden Bodenkennwerten zur Ermittlung der BFZ differenziert dargestellt. Die Skala zum BKW wird dazu in der geforderten Weise (S. 25) weiterentwickelt.

▭♀▭   Vegetation

▭🏠▭ Die Bilanzierung des **Verhältnisses zwischen intensiv und extensiv genutzten Vegetationsflächen** wird ebenso wie ihre Verteilung in einer entsprechenden Auswertungskarte dokumentiert. Bei den extensiv genutzten, miteinander verbundenen Bereichen wird die Anrechnung für eine Grünvernetzung von einer Mindestbreite von 3 m abhängig gemacht. Dies erfolgt in Anlehnung an /56, S. 100/. In bezug auf den Artenschutz werden die Veränderungen auf die Flächenanteile und die Verteilung von extensiv genutzten Grünflächen als Merkmal für die Nutzungsintensität reduziert. Unter Heranziehung des Versiegelungsgrades wird damit wie beim Artenschutzprogramm für Berlin /113, S. 122/ das biotische Potential eingeschätzt. Jedoch bezieht sich dies nicht auf ganze Stadtteile, sondern ausschließlich auf das Bebauungsbeispiel, bei dem die Voraussetzungen für den Artenschutz grundsätzlich zu bewerten sind. Die Veränderungen gegenüber der Ausgangssituation werden durch die Anteile und das Verhältnis zwischen intensiv und extensiv genutzten Vegetationsflächen eingeschätzt.

▭♀🏠▭ Bei der Ermittlung des **Verhältnisses zwischen Gebäudemasse und Vegetationsvolumen** ist für die BMZ die Höhe der Vollgeschosse heranzuziehen und mit der Grundfläche der Baukörper zu multiplizieren. Die GVZ wird ebenso erstellt. Für die ursprüngliche Vegetationsausstattung werden Kartenunterlagen herangezogen. Die von Straßen ausgehenden klimatischen Belastungen bleiben in diesem Zusammenhang unberücksichtigt, um Überschneidungen mit der BKW-Bewertung zu vermeiden. Das Grünvolumen der ursprünglichen Situation - GVZ (urspr.) - wird der nun vorliegenden GVZ gegenübergestellt. Dies erfolgt in Anlehnung an die Anwendungsbeispiele, die im Zusammenhang mit der Aufstellung des Ansatzes zur Ermittlung der GVZ angeführt sind /100, S. 88-99/. Unter Bezugnahme auf das Verfahren zum KÖH-Wert /99/ wird die GVZ mit der BMZ verglichen. Um die Veränderungen sowie die daraus resultierenden Belastungen gegenüber der Ausgangssituation einzuschätzen, wird die Gegenüberstellung BMZ : GVZ - GVZ (urspr.) in die Diskussion um diesbezügliche Planungsvorgaben einbezogen. Das Verfahren zur Ermittlung der GVZ bei Neubebauungen wird in der geforderten Form (S. 27) weiterentwickelt. Dies dient einem möglichst objektiven Vergleich unter Einbeziehung des Endvolumens der Neuanpflanzungen.

Wasser

Die Veränderungen bei der **Ableitung von Niederschlagswasser in den Kanal** von befestigten, an den Kanal angeschlossenen Flächen werden mit Hilfe des Abflußbeiwertes ermittelt. Dazu wird das Berechnungsverfahren erläutert und wie gefordert (S. 28) für die Untersuchung vereinfacht (S. 28). Die weitere Aufbereitung für die Anwendung in der verbindlichen Bauleitplanung erfolgt bei der Ausarbeitung von diesbezüglichen Planungsvorgaben.

Bei der Einschätzung der Veränderungen der **Abflußsituation in hängigem Gelände** werden außerdem die Oberflächenabflüsse aus den Vegetationsbereichen, die zusätzlich im Kanal anfallen, berücksichtigt. Die Eingriffe sind auf seiten des Sickerwassers durch das Ausmaß, die Verteilung und Ausführung von Stützwänden bestimmt. Es werden diese Einschnitte mit dem daraus resultierenden, in der Dränung aufgefangenen Wasseranteil eingeschätzt. Dabei werden auch die Abflüsse aus den oberhalb an das Baugebiet anschließenden Bereichen einbezogen. Diese Einschätzungen werden anhand von Planunterlagen vorgenommen, bei denen die Geländeeinschnitte mit Stützwänden eingezeichnet sind. Eine Messung dieser Beeinträchtigungen ist nur im Falle von entsprechenden Untersuchungen möglich, die bereits bei der unbebauten Situation durchzuführen und der veränderten Abflußsituation nach der Bebauung gegenüberzustellen sind.

Sofern die Verhältnisse des ursprünglichen Geländes nicht verbal ausreichend beschrieben werden können, sind sie zusätzlich zu den Werten in den Tabellen graphisch dargestellt.

2.1 Ermittlung der Erdbewegungen

Die Veränderungen werden durch den Vergleich der Oberflächengestalt des ursprünglichen und des bebauten Geländes ermittelt. Dazu sind die Gebäude, Treppen und Stützwände entsprechend den Möglichkeiten der CAD-Programme, die im Architekturbereich eingesetzt werden können, darzustellen. Das Außengelände sowie die ursprüngliche Situation sind dagegen aufzurastern. Um die Erdbewegungen besser zu erkennen, sind die einzelnen Rasterpunkte zwischen dem ursprünglichen und dem bebauten Gelände zu verbinden. Diese Darstellung stellt die Voraussetzung zur Quantifizierung der Geländeveränderungen dar. Zum **Zeitpunkt der Erstellung** dieser Unterlagen war ein **solches Programm nicht verfügbar**. Daher wurde diese Aufgabenstellung zeichnerisch konstruktiv gelöst.

Die Lesbarkeit der Gesamtdarstellung und die unverzerrte Veranschaulichung der Erdbewegungen, die eine Abbildung aller drei Koordinatenrichtungen in wahrer Länge erfordert, konnte mit der **planometrischen Projektion parallel zum Hang** am besten gelöst werden. Die bebaute Situation als Arbeitsgrundlage für den Geländevergleich wird auch zur Veranschaulichung des Baugebietes bei den gestalterischen Aspekte herangezogen. Sofern Stützwände nicht knapp über der Oberfläche enden, werden sie in ca. 20 cm Höhe geschnitten.

Gleiches gilt für die Gebäude, deren Wände in Brüstungshöhe bei ca. 90 cm enden. Auf diese Weise wird das Außengelände nicht mehr als erforderlich verdeckt. Im Bereich der Baukörper wird zudem nicht die tatsächliche Erdbewegung dargestellt, was eine Einbeziehung des Kellergeschoßes erfordern würde, sondern die an die Außenflächen durch die Ausgänge angeschlossene Geschoßebene. Diese Anbindung erstreckt sich bei vertikalen Zeilen auf das Erdgeschoß. Bei horizontalen Reihen sind bei einem Versprung von einem ganzen Geschoß sowohl das Ober- als auch das Erdgeschoß betroffen. Dabei ist das Gebäude dann schräg angeschnitten und zeigt nur einen Teil der oberen Fläche. In ähnlicher Weise sind in einem solchen Fall auch im Lageplan beide Ebenen dargestellt.

Damit die verkleinerte Darstellung im DIN A4 Format lesbar ist, wird bei der Aufrasterung der Flächen die Seitenlänge der einzelnen Rasterquadrate mit 2 m bemessen. Aus Gründen der Lesbarkeit wurden sowohl Treppen als auch die Innenräume der Gebäude nicht aufgerastert. Die Rasterpunkte zwischen der ursprünglichen Geländeoberfläche, die gestrichelt dargestellt ist, und der bebauten Situation sind miteinander verbunden. Diese Unterschiede sind im Sinne eines Geländeschnittes in einzelnen Bereichen hervorgehoben. Die **Auswertung der Erdbewegungen** erfolgt pro Rasterquadrat, also für jeweils 4 m². Eine Erfassung der Veränderungen in aufeinanderfolgenden Kategorien, die Abstände von 0,5 m aufweisen, hat sich als zweckmäßig erwiesen. Dabei erfolgt z.B. die Zuordnung zu der 0 m-Kategorie bis ca. 25 cm und zur 0,5 m-Kategorie ab 0,25 m bis 0,75 m. Mit Hilfe der Länge der Verbindungen zwischen den Knotenpunkten der Raster werden die durchschnittlichen Auf- und Abtragungen berechnet. Bei diesen gibt es aber keine Unterscheidung, da die grundsätzliche Topographieaufnahme anhand der Erdbewegungen wesentlich ist. Mit einer Planometrie wird die Auswertung veranschaulicht. Zur besseren Orientierung werden dabei die Gebäude- und Erschließungsflächen durch Rasterfolien dargestellt. Veränderungen über 1,5 m werden als so gravierend betrachtet, daß sie stärker hervorgehoben sind.

Die Ermittlung der Veränderungen bei zwei gleichzeitig in einem Rasterfeld zu berücksichtigenden Ebenen ist erheblich erschwert, beispielsweise im Außengelände bei zueinander versetzten Flächen im Falle einer Stützwand. Dies kann auch innerhalb des Gebäudes bei Split-Level-Typen auftreten. Speziell bei horizontalen Zeilen, bei denen in der Gebäudemitte sowohl die untere als auch die obere Geschoßebene heranzuziehen sind, treten bei einem Höhenunterschied von einem Geschoß Einschätzungsprobleme auf. Zur Quantifizierung der Topographieanpassung ist die neue Geländeoberfläche mit den an die Ausgänge anschließenden Ebenen im Gebäude gleichzusetzen. Somit wird in diesen Bereichen die Geländeanpassung ermittelt. In diesem Zusammenhang können bei den Baukörpern die tatsächlichen Erdbewegungen, die durch eine entsprechende Aufnahme des ursprünglichen Geländes sowie durch fehlende oder nur teilweise ausgeführte Unterkellerung nur zum Teil vermeidbar sind, nicht berücksichtigt werden. Aber im Rahmen der Geländeeinschnitte mit Stützwänden sowie bei der Einschätzung der Abflußsituation in hängigem Gelände werden diese Eingriffe ebenso wie bei Tiefgaragen, die im Falle einer Dachbegrünung den Außengeländeflächen zugerechnet werden, mit berücksichtigt.

Bei der abschließenden **tabellarischen Gesamtauswertung** der Veränderungen wird für jede Einzelgestaltung der Prozentsatz an Flächenanteilen in den verschiedenen Kategorien berechnet. Bei der Erschließung und im Außengelände ist die stärkste Aufnahme des Geländes möglich. Daher werden in diesen Bereichen alle Veränderungen ab der 1 m-Kategorie, die somit über 0,75 m liegen, stärker hervorgehoben. Wenn Auf- und Abtragungen dieser Höhe unmittelbar nebeneinander liegen, sind somit auch Bewegungen von insgesamt 1,5 m beinhaltet. Diese Differenzierung erfolgt bei den Gebäuden ab der 1,5 m-Kategorie, da die Aufnahme der Topographie im Inneren der Baukörper nur eingeschränkt möglich ist. Die beschriebenen Berechnungsprobleme sind auch ein Grund für diese Unterscheidung. Die Höhe der Flächenanteile in der Kategorie von 0 m und 0,5 m bei der Erschließung und im Außengelände bzw. die Geländeaufnahme bei den Gebäuden einschließlich der 1 m-Kategorie, die sogar Veränderungen bis 2,5 m beinhaltet, sind von Interesse.

2.2 Bodenkennwertfestsetzungen

2.2.1 Potentieller Vegetationsstandort unter dem Flächennutzungsaspekt

Die BKW - Festsetzungen basieren auf der Einschätzung von Beeinträchtigungen auf seiten des Wassers sowie der potentiellen Eignung als Pflanzenstandort /100, S. 25/. Die Ansiedlung und das Wachstum von Grünelementen ist z.B. bei einer wassergebundenen Decke auf der gesamten Fläche gegeben. Nicht nur dieser Bereich, sondern auch Befestigungen mit breiten Fugen stellen eine mögliche Zone für Pflanzenentwicklungen dar (Abb. 7/1-6). Gleiches gilt bei Oberflächen mit schmalen Belagsspalten aber hohem Versiegelungsgrad. Dieser bleibt unverändert, nur der Vegetationsanteil nimmt zu (Abb. 7/7-9). Der abgegrenzte Detailausschnitt von 20 x 20 cm ist seitlich in der 50 x 50 cm großen Abgrenzung angeordnet.

Ein Bewuchs ist abhängig von dem Grad der Befestigung und der Stärke der Beanspruchung der betroffenen Fläche. Grundsätzlich ist eine Überwucherung bei Flächen, die kaum oder gar nicht genutzt werden, sogar bei niederen Bodenkennwerten möglich, z.B. bei Asphalt mit einem BKW von 0,1. Dazu kann es bei einer dem Versiegelungsgrad entsprechenden Nutzung - als stark befahrene Straße - nicht kommen. In welchem Ausmaß bei einer der Nutzung entsprechenden Materialwahl die Ansiedlung pflanzlicher Elemente möglich ist, wird bei Pflastersteinen mit breiten (Abb. 8) und Verbundpflaster mit schmalen Fugen (Abb. 9) aufgezeigt.

ABB. 7

35

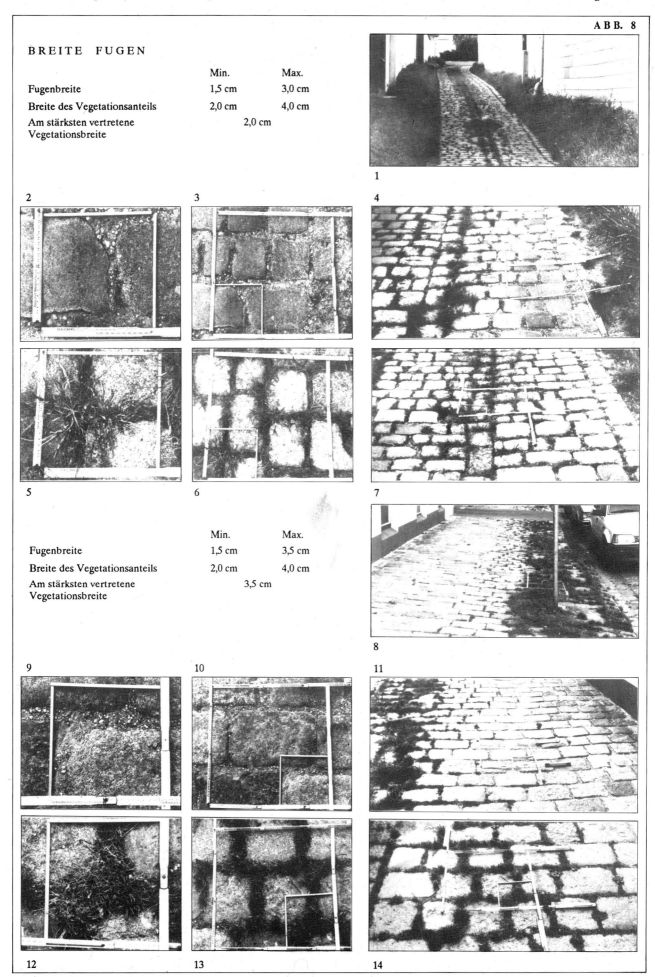

ABB. 8

BREITE FUGEN

	Min.	Max.
Fugenbreite	1,5 cm	3,0 cm
Breite des Vegetationsanteils	2,0 cm	4,0 cm
Am stärksten vertretene Vegetationsbreite		2,0 cm

1

2

3

4

5

6

7

8

	Min.	Max.
Fugenbreite	1,5 cm	3,5 cm
Breite des Vegetationsanteils	2,0 cm	4,0 cm
Am stärksten vertretene Vegetationsbreite		3,5 cm

9

10

11

12

13

14

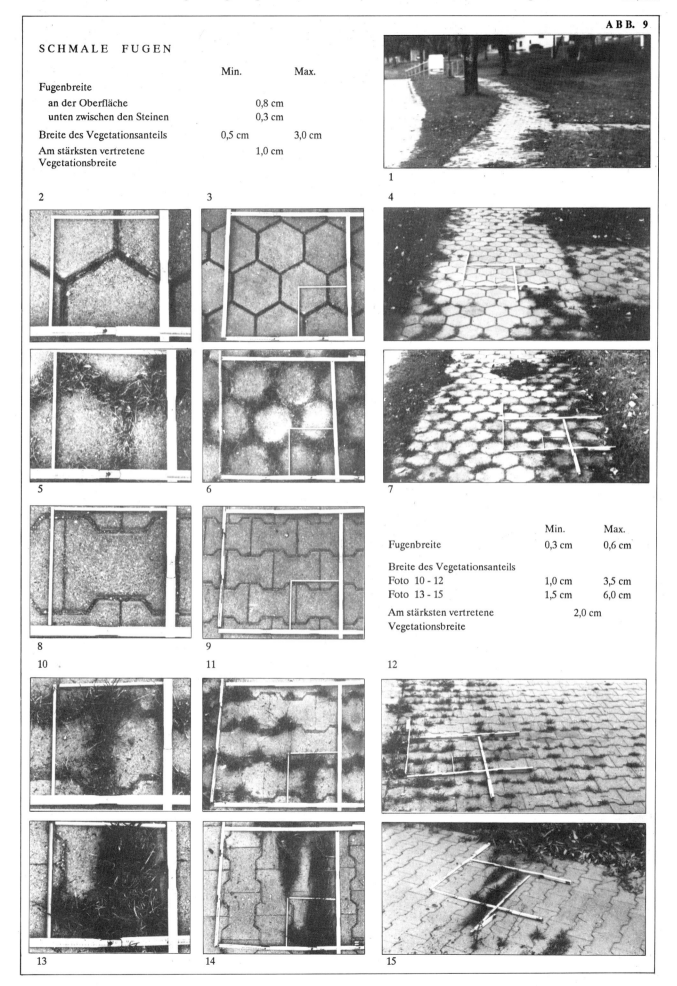

ABB. 9

SCHMALE FUGEN

	Min.	Max.
Fugenbreite		
an der Oberfläche	0,8 cm	
unten zwischen den Steinen	0,3 cm	
Breite des Vegetationsanteils	0,5 cm	3,0 cm
Am stärksten vertretene Vegetationsbreite	1,0 cm	

	Min.	Max.
Fugenbreite	0,3 cm	0,6 cm
Breite des Vegetationsanteils		
Foto 10 - 12	1,0 cm	3,5 cm
Foto 13 - 15	1,5 cm	6,0 cm
Am stärksten vertretene Vegetationsbreite	2,0 cm	

1 2 3 4 5 6 7 8 9 10 11 12 13 14 15

Die potentielle Eignung als Pflanzenstandort ist in Abhängigkeit vom Befestigungsgrad der Oberflächenstruktur, die auf die Nutzungsintensität abzustimmen ist, zu sehen. Diesbezüglich ist eine geringe Versiegelung und ein hohes Maß an pflanzlichen Elementen erstrebenswert. Dabei ist zum **Zeitpunkt der Baufertigstellung zwischen Strukturen mit und ohne Vegetationsanteilen zu unterscheiden.** Sind diese bei der Erstellung des Belages bereits vorhanden, bleibt es nicht dem Zufall überlassen, ob dieses Potential für eine Ansiedlung beansprucht wird. Der Pflanzenanteil, z.B. bei Schotterrasen, ist nach der Bauphase im Gegensatz zu wassergebundenen Decken, die auf der gesamten Oberfläche eine mögliche Existenzgrundlage für pflanzliche Elemente darstellen, bereits genutzt. Rasengittersteine oder Strukturen mit ähnlichen Versiegelungsmerkmalen weisen noch erhebliche Vegetationsanteile auf. Ein weiter zunehmender Befestigungsgrad führt zu einer erheblichen Einschränkung der Eignung als Pflanzenstandort. Die Anteile an Vegetation bewirken einen teilweisen Ausgleich auf seiten der Wasserrückhaltung, der geringeren Materialerwärmung und höheren Verdunstung. Wenn **pflanzliche Elemente** bereits bei der **Ausführung als Bestandteile vorgesehen** sind, ist der diesbezügliche **BKW aufzuwerten.** Die Erhöhung um **0,1 bei breiten Fugen bzw. um 0,05 bei schmalen,** wie sie bei Verbundpflaster auftreten, scheint durch Abb. 8/9 gerechtfertigt. Eine weitergehende Differenzierung wird zugunsten der Durchführbarkeit in der Planungspraxis nicht vorgenommen. Die Ansiedlung von Vegetation ist vollkommen unterbunden bei einer Fläche, die keine Spalten aufweist. Die Artenzusammensetzung nimmt mit zunehmender Intensität der Nutzung und des Versiegelungsgrades ab. Bei intensiver Beanspruchung und den damit verbundenen Pflegemaßnahmen bieten sich nur Standortmöglichkeiten an für einige Gräser und Moose und vereinzelt für Acker- und Wiesenunkräuter.

2.2.2 Zusammenhänge zwischen BKW und Abflußbeiwert

Die Abflußbeiwerte nach DIN 1986 /30, Tab. 13/ wurden mit Hilfe der Zusammenhänge zum BKW abgeändert /50, S. 26/. Natürlich anstehender Boden mit dem BKW 1,0 hat den größten Durchlässigkeitsgrad und bei einer Vegetationsdecke den geringsten Oberflächenabfluß (Abflußbeiwert 0,20 - 0,0). Daraus ist ersichtlich, daß die Werteskalen mit umgekehrter Wertigkeit verlaufen. Analoge Einstufungen zum BKW sind in Tab. 3 unterstrichen.

Der Abflußbeiwert von 0,30 - 0,20 für Schotterrasen, dessen Wasserableitung 30 - 20 % gegenüber 50 - 40 % bei wassergebundener Decke beträgt, unterstützt die Forderung nach einer Aufwertung von Oberflächenstrukturen, die zum Zeitpunkt der Baufertigstellung bereits einen Vegetationsanteil aufweisen. Die Durchlässigkeit des Belages bzw. das Wasserrückhaltevermögen des pflanzlichen Bestandes ist ausschlaggebend für die Menge des aufzunehmenden Wassers.

Beim Abflußbeiwert bleibt die Eignung als Pflanzenstandort unberücksichtigt. Obwohl eine enge Verbindung zum BKW besteht, die auf die Wichtigkeit der wasserbezogenen Funktionen hinweist, wurden **begrünte Dachflächen** mit einem **BKW von 0,2 niedrig eingestuft** - stark abweichend vom Abflußbeiwert mit nur 30 % Oberflächenabfluß (Tab. 3). Dies wurde mit der eingeschränkten Biotopeinbindung und der unterbundenen Versickerung begründet. Die Möglichkeit einer Vegetationsansiedlung und die gesteigerte Rückhaltekapazität stellen aber Ausgleichsleistungen dar, die gegenüber Verbundpflaster zu einer höheren Bewertung führen sollten. So wurde bei der stark an den BKW angelehnten vierteiligen Skala zum Biotopflächenfaktor (BFF) hierfür der Wert 0,6 vorgesehen /17/. Dieser ist aber für Gebäude unter der Geländeoberkante mit Anbindung des Daches an angrenzende pflanzliche Bereiche heranzuziehen. Der Grund liegt in der möglichen Biotopvernetzung und dem direkten Abfluß von Sickerwasser in unmittelbar benachbartes Vegetationsareal.

BODENKENNWERT		ABFLUSSBEIWERT	
Natürlich anstehender Boden und Gewässer ohne direkte künstliche Beeinträchtigung	1,0	0,20 - 0,00	Vegetationsflächen
Künstlich geschaffene dauerhafte Wasser- und Feuchtgebiete einschließlich Vegetation (künstlicher Unterbau)	0,9		
		0,25	Sportplatzrasen
		0,30 - 0,20	Schotterrasen
		0,30	begrünte Dachflächen
Wassergebundene Decken (Schotterrasen, Tennenflächen u.a.), Rasengittersteine	0,6	0,50 - 0,40	Wassergebundene Decken, Tennenflächen sowie Betongittersteine
		0,50 - 0,40	Poröser Asphalt
Mosaik- und Kleinpflaster mit großen offenen Fugen	0,4	0,60	Mosaik- und Kleinpflaster mit offenen Fugen
Mittel- und Großpflaster mit offenen Fugen	0,3	0,70	Mittel- und Großpflaster mit offenen Fugen
Verbundpflaster, Plattenbeläge, Naturnahe nicht permanente Wasserflächen, Dachbegrünungen	0,2	0,80	Verbundpflaster, Klinker und Plattenbeläge
		0,80	Flachdächer mit Kiesschüttung
Asphalt, Bitumen- oder Betondecken, Pflaster- und Plattenbeläge mit Fugenverguß bzw. festem Untergrund	0,1	0,90	Pflaster mit Fugenverguß, Schwarzdecken oder Beton
Oberflächen von Gebäuden ohne Bodensubstrat als Vegetationsträger	0,0	1,00	Dachflächen
/100, S. 25,26/		/50, S. 26/	

T A B. 3   Gegenüberstellung von Bodenkennwert und Abflußbeiwert

2.2.3 Erweiterung der Bodenkennwertfestsetzungen

Es werden Maßnahmen einbezogen, welche die Eingriffe in den Boden und die Folgebelastungen für die Faktoren Boden, Wasser, Vegetation auf das mögliche Mindestmaß reduzieren und einen weitgehenden Ausgleich ermöglichen. Daher sind die bisherigen BKW - Festsetzungen /100/ ergänzt bzw. teilweise abgeändert worden. Übernommene Angaben sind gekennzeichnet. Die nachfolgende Gliederung erfolgte mit den Kriterien "Versickerung" und "Oberflächenabfluß". Eine Eignung als Pflanzenstandort unter Berücksichtigung der Flächennutzung ist den Funktionen des Wasserhaushaltes gleichgestellt. Die Leistungen der Versickerung und der Rückhaltung werden eingeschätzt und somit auch die Veränderungen auf seiten der Verdunstung einbezogen. Die einzelnen Bodenfunktionen sind in ihrem komplexen Wirkungsgefüge kaum erfaßt. Die nachfolgende Einstufung des BKW ist daher noch durch diesbezügliche Untersuchungen zu untermauern. Mit den Bodenkennwerten 1,0 und 0,9 wurden bisher Oberflächen erfaßt, die keine Beeinträchtigung nach sich ziehen. Zu dieser Kategorie sind aber auch punktuelle Eingriffe zu zählen, bei denen ein Ausgleich gesichert ist. Bei einem flächenhaften Eingriff (BKW 0,6 - 0,0) sind die Belagsstrukturen, die keinen potentiellen Pflanzenstandort darstellen, mit den Werten 0,1 und 0,0 zu unterscheiden. Darauf basiert die Einteilung in drei Gruppen, bei denen ausgleichende Maßnahmen in Abhängigkeit von den veränderten Bodenstrukturen und den Funktionen zugeordnet werden.

I. Oberflächen mit einem Eingriff in den Boden

I.1 Strukturen ohne Eignung als potentieller Pflanzenstandort

- Vollkommene Unterbindung der Versickerung, außer bei porösem Asphalt
- Erhöhung des Oberflächenabflusses fast um die gesamte anfallende Niederschlagsmenge, außer bei wasserdurchlässigem Asphalt
- Zerstörung als Pflanzenstandort (im Zusammenhang mit der entsprechenden Flächennutzung)

0,0   Oberflächen von Gebäuden ohne Bodensubstrat als Vegetationsträger /100, S. 38-39/.

0,1   Asphalt, Bitumen- oder Betondecken, Pflaster- und Plattenbeläge mit Fugenverguß bzw. mit festem Unterbau /100, S. 38/.

0,15 Poröser Asphalt

Obwohl dieser Baustoff wasserdurchlässig ist, liegt er unter den Versickerungsergebnissen von Betonverbundstein /65, S. 124/. Bei entsprechender Nutzung ist keine Möglichkeit für eine Pflanzenansiedlung gegeben. Damit fällt er auch nicht in die Gruppe der Kategorie I.2 und wird mit dem Wert 0.15 wesentlich niedriger als beim Abflußbeiwert (0.50 - 0.40) eingestuft.

I.2 Strukturen mit einer Eignung als potentieller Pflanzenstandort

- Teilweise Unterbindung der Versickerung
- Erhöhung des Oberflächenwasserabflusses
- Eingeschränkte Nutzung als Pflanzenstandort

0,2   Verbundpflaster, Kunststein- und Plattenbeläge (Kantenlänge der Einzelkomponente beträgt über 16 cm) u. Unterbau in körniger, ungebundener Form (Sand) /100, S. 34/.
Aufwertung um 0,05 bei konstruktivem Vegetationsanteil aufgrund geringer Fugenbreite (Kap. II.A 2.2.1).

Naturferne, nicht permanente Wasserflächen /100, S. 34/

0,3   Mittel- und Großpflaster mit offenen Fugen und Sand-/Kies-Unterbau, deren Kantenlänge 8 - 16 cm beträgt /100, S. 33/.
Aufwertung um 0.1 bei konstruktivem Vegetationsanteil aufgrund breiter Fugen (Kap. II.A 2.2.1)).

0,4   Mosaik und Kleinpflaster mit großen Fugen auf natürlich anstehendem Untergrund mit einer Kantenlänge von 4 - 8 cm /100, S. 32/.
Aufwertung um 0,1 bei konstruktivem Vegetationsanteil.

Diese Oberfläche ist in der Lage, die Niederschläge von 90 % der Regenereignisse zu verrieseln /65, S. 124/. Wegebefestigungem mit niedrigem Versiegelungsgrad können zu einer Erhöhung der Versickerung gegenüber einer Ausgangssituation mit Vegetation beitragen. Dies ist z.B. bei einer teildurchlässigen Pflasterstruktur gegeben, die außerdem die Verdunstung praktisch nicht behindert. Gegenüber einer unbefestigten vegetationslosen Fläche besteht diesbezüglich nur ein geringfügiger Unterschied /65, S. 93/. Dadurch ist auf seiten des Wassers ein weitgehender Ausgleich gegeben.

Gebäude auf Stützen
- begrenzte Störung der tieferliegenden Sickerwasserwege
- Möglichkeit der Nutzung als Versickerungsbereich
- Eingeschränkte Eignung als Pflanzenstandort

Diese Lösungsansätze einer umweltschonenden Bauweise reduzieren die Eingriffe in den Boden und die Störung des Wasserhaushaltes auf ein Mindestmaß und ermöglichen die Nutzung für eine weitgehend unbeeinträchtigte Versickerung. Dadurch bleiben in hängigem Gelände die Sickerwasserwege ohne Unterbrechung durch Stützwände erhalten. Die Dränung ist in geringerem Maße erforderlich. Bei entsprechender Gebäudehöhe ist durch die Belichtungsverhältnisse die Möglichkeit für das Gedeihen einer Pflanzendecke - zumindest in Teilbereichen - gegeben.

Dachbegrünungen
- keine Versickerung
- Oberflächenabfluß ist etwas höher als bei ungestörtem Gelände mit Vegetationsschicht
- Pflanzenstandort ohne die Möglichkeit einer Biotopvernetzung

Der Grünanteil auf dem gesamten Dachbereich, der für den geringen Oberflächenabfluß von 30 % maßgebend ist, erfordert eine höhere Einstufung als von Schulze u.a. /100, S. 34/ vorgenommen und dem BKW von Verbundpflaster (0,2) gleichgestellt wurde. Meßergebnisse unter Rasenflächen haben ergeben, daß im Sommer praktisch keine Versickerungstätigkeit aufgrund der hohen Verdunstungsrate gegeben ist. Es ist sogar anzunehmen, daß dem Boden in diesem Fall zusätzlich Wasser entzogen wird /65, S. 125/. Dies wirkt sich stärker auf die Eignung als Pflanzenstandort auf seiten der Verdunstung aus, da kein Bodenwasser aus tieferen Schichten herangezogen werden kann. Daher treten die Beeinträchtigungen, die sich aus der Wasserableitung ergeben, bei einer Dachbegrünung vorrangig im Winter zutage. Die niedrigere Klassifizierung als beim Abflußbeiwert, dem analog ein BKW von 0,7 entsprechen würde, resultiert zudem aus der unterbundenen Möglichkeit einer Biotopvernetzung (siehe auch S. 38).

0,5 Mosaik- und Kleinpflaster mit konstruktivem Vegetationsanteil

0,6 Wassergebundene Decken (Kies- und Tennenflächen u.a.m.) /100, S. 29/.

- Aufwertung um 0,1 bei konstruktivem Vegetationsanteil.

Rasengittersteine /100, S. 29/

Beläge mit ähnlichem Versiegelungsgrad und konstruktivem Vegetationsanteil auf natürlich anstehendem Boden, einschließlich Holzkonstruktionen.

Gebäude unter der Geländeoberfläche mit mindestens 1 m Bodensubstrat auf der Dachfläche und Anbindung an angrenzende Vegetationsbereiche.

Bei dieser Vernetzung kann die Versickerung, im Gegensatz zu Dachbegrünungen über der Geländeoberfläche, durch die umgebenden Bereiche teilweise miterfüllt werden. Einschränkungen als Pflanzenstandort für Gehölze ergeben sich aber infolge einer begrenzten Mächtigkeit des Bodenkörpers und einer Unterbrechung der Kapillarverbindung zum Grundwasser. Daher auch die niedrigere Einstufung als beim Abflußbeiwert. Der vorgegebene BKW entspricht der Bewertung beim Biotopflächenfaktor (BFF) für Dachbegrünungen (siehe auch S. 38). Die Folgeerscheinungen auf seiten des Wassers und der Vegetation durch den Eingriff in den Boden sind durch diese Maßnahme teilweise ausgeglichen.

0,7 Schotterrasen, der eine ungebundene Decke mit einem erheblichen Grünanteil darstellt

(dies entspricht der Einstufung des Abflußbeiwertes /50, S. 26/)

Fahrspuren mit Vegetationsmittelstreifen auf natürlich anstehendem Untergrund.

Die eingeschränkte Eignung als Pflanzenstandort in den Fahrrinnen wird durch den Mittelstreifen kompensiert. Diese Oberfläche ist, auch in bezug auf das Versickerungsverhalten, mit einem Schotterrasen vergleichbar.

0,8 Gebäude auf Stützen mit begrünter Dachfläche

Die Einschränkung der Funktionsleistung auf seiten des Wassers und die unterbundene Biotopvernetzung von Dachbegrünungen kann durch die Möglichkeit einer fast unbeeinträchtigten Versickerung unterhalb der Gebäudeflächen größtenteils kompensiert werden. Der geringere Eingriff in den Boden und die Aufrechterhaltung der Sickerwasserwege bilden die Grundlage für die höhere Einstufung gegenüber Gebäuden, die sich unter der Geländeoberkante befinden.

II. Oberflächen ohne oder mit geringem Eingriff in den Boden

- Die Versickerung ist ungestört möglich oder im Falle einer Verrieselungsanlage erhöht, sofern es keine Wasserfläche ist.
- Pflanzenstandort oder diesbezüglich vorhandenes Potential auf der gesamten Fläche.

0,9 Künstlich geschaffene dauerhafte Wasser- und Feuchtgebietsflächen einschließlich standortgerechter Vegetation (Unterbau: Folie, Beton) /100, S. 25, 28/.

Wasserdurchlässige Konstruktionen über der Geländeoberkante mit eingeschränkter Eignung als Vegetationsstandort infolge eines geringen Abstandes zur Geländeoberfläche. Diese Lösungen bieten sich z.B. im privaten Freibereich, bei Fußwegen oder Parkplätzen an.

Sie dürfen keinen flächigen, nur einen punktuellen Eingriff in den Boden nach sich ziehen oder müssen der Erstellung einer Versickerungsanlage unterhalb der Konstruktion dienen.

1,0 Natürlich anstehender Boden einschließlich Gewässer ohne direkte künstliche Beeinträchtigung /100, S. 26/.

Flächen für Wasserrückhaltung und Versickerungsanlagen mit einer Deckschicht aus Vegetation oder offenem Boden. Wurzelraumentsorgungs- und Pflanzenkläranlage.

Konstruktionen über der Geländeoberfläche z.B. auf Stützen, mit Ausnahme von Gebäuden, die keine beeinträchtigende Wirkung für die Versickerung und für die Eignung als Pflanzenstandort haben (nur punktuelle Eingriffe).

Diese Lösungen z.B. auf Stützen weisen einen größeren Abstand zur Geländeoberkante auf, wie sie sich speziell in hängigem Gelände bei der Nutzung als Wege-, Park- und private Freiflächen ergeben.

2.3 Grünvolumenberechnung bei Neubebauungen

Für die geforderte mittelfristige Betrachtung des sich entwickelnden Grünpotentials bei Jungpflanzen wird bei **Gräsern, Kräutern und Sträuchern die endgültige Vegetationsmasse** herangezogen, da sie nach einer kurzen Dauer von maximal 3 - 5 Jahren meist vollständig ausgebildet ist. Bei **Bäumen** sind die **gerichtlich anerkannten Verfahren der Gehölzwertermittlung** als **Grundlage** zur Bestimmung des dazu **erforderlichen Zeitraumes** heranzuziehen.

Im Regelfall befindet sich das gepflanzte Gehölz in den ersten drei Jahren im Stadium des Anwachsens. Das weitere Wachstum ist zunächst schwächer, nimmt erst im Laufe der Jahre allmählich und dann überproportional zu. Die Funktionserfüllung ist erfahrungsgemäß nach 20 % der biologischen Gesamtlebensdauer erreicht. Der Wert der GVZ bleibt ab diesem Zeitpunkt so lange unverändert, bis das Gehölz tatsächlich seinen standortbedingten vollen Wuchs erlangt hat. Dies ist ungefähr nach weiteren 20 % der Lebenserwartung der Fall /64, S. 109-110/. Sie liegt bei Bäumen zwischen 50 (z.B. Grauerle) und 1000 Jahren (z.B. Linde) abgesehen von einigen Ausnahmen, wie z.B. der Libanonzeder mit 1200 oder dem Mammutbaum mit 2000 Jahren /64, S. 108/. Ein Großteil wird 200 bis 300 Jahre alt. Dabei ist die Altersminderung durch die verstärkte Umweltverschmutzung nicht berücksichtigt.

Für eine prozentuale Berechnung, um die Gehölzmasse in den einzelnen Wachstumsphasen in Prozent ausdrücken zu können, gibt es keine Grundlagen. Dabei spielt das Verhältnis zur Lebensdauer - aber auch die Standortbedingungen - eine wesentliche Rolle. Bei dem Großteil der Gehölze kann die Ausbildung von ca. 20 % des endgültigen Volumens aber mittelfristig mit ca. 8 - 15 Jahren angenommen werden. Dies unterscheidet sich nach Gehölz und Lebenserwartung. Die Größe der Jungpflanze wirkt sich zusätzlich aus.

Um das mittelfristig zu erwartende Vegetationsvolumen einbeziehen zu können, scheint bei **Bäumen** als praktikabler Bemessungsansatz die **Anrechnung von 20 % der Grünmasse des Endzustandes** bei der Baufertigstellung gerechtfertigt. Dies ist in Anbetracht der weiteren noch stärkeren Zunahme zu sehen. Dieser weitere Zuwachs, der sich aber erst langfristig einstellt, dient dann der Verbesserung der Gesamtsituation. Die Blattmasse von ausgewachsenen Bäumen kann zu dieser Bemessung Abb. 10 entnommen werden. Für die nicht angeführten Arten sind die in den Baumschulkatalogen angegebenen Endabmessungen heranzuziehen.

Gleiches gilt zur **Bestimmung des Endvolumens von flächigem Grün**. Bei Gräsern, Kräutern oder Sträuchern sind 100 % der Endhöhen anzurechnen. Für Neupflanzungen sind die Durchschnittshöhen der i.d.R. vertretenen flächigen Grünelemente in Tab. 4 vereinheitlicht. Diese Zusammenfassung dient der Begrenzung des Arbeitsaufwandes bei der Anwendung in der Planungspraxis. Es sind aber auch Vegetationsstrukturen einbezogen, die der Ermittlung des Bestandes bei der ursprünglichen Situation dienen.

Für Rasen ebenso wie für Weiden aber auch für begrünte Wandbereiche ist eine Durchschnittshöhe von 10 cm anzusetzen /100, S. 78/. Wegen der sich ständig verändernden Grünmasse gilt dieselbe Berechnungsgrundlage auch für Ackergebiete. Bei diesen wird zusätzlich 30 % abgezogen, was ca. 1/3 des Gesamtvolumens entspricht, da nicht das ganze Jahr eine Vegetationsschicht vorhanden ist. Somit werden 70 % angerechnet. Rasengittersteine werden durch die teilweise Versiegelung in gleicher Weise wie Ackerflächen eingestuft. Bei Wegen mit Grünstreifen in der Fahrbahnmitte als linearer Vegetationsstruktur beträgt der Vegetationanteil ca. 50 % bei einer Anrechnung von 10 cm an Vegetationshöhe. Dagegen ist bei Schotterrasen durch die geschlossene, aber nicht so dichte Vegetationsdecke wie bei Rasen nur ein Anteil von 10 % des Endwertes nicht anzurechnen, der sich bei einer Rasenfläche ergeben würde. Für Wiesen wird ebenso wie bei gut eingewachsenen Brachflächen eine Durchschnittshöhe von 30 cm angesetzt.

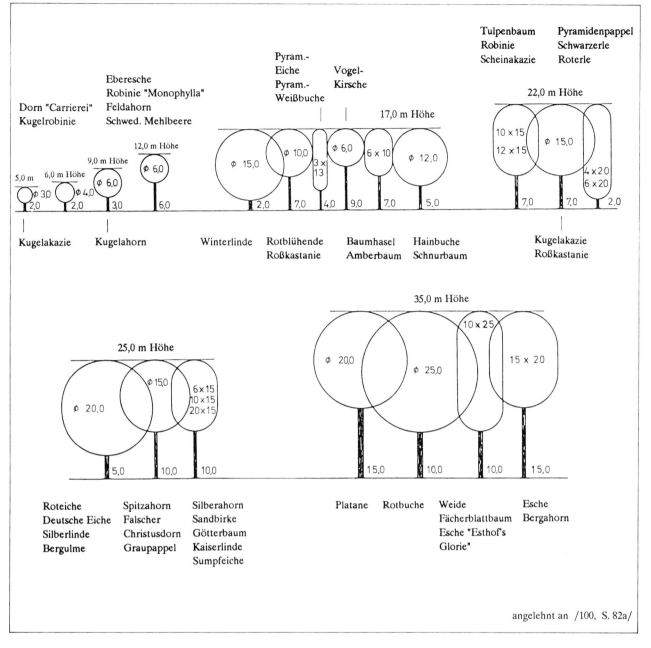

A B B. 10   Vereinfachtes Formspektrum ausgewachsener Baumarten zur GVZ - Ermittlung

Einzelne oder Gruppen von Strukturelementen

| Junggehölze | 20 % | des Endvolumens |
| Einzelsträucher | 100 % | des Endvolumens |

Flächige oder lineare Grünelemente		**Neupflanzungen**	
Rasen, Weide, Wandbegrünungen.	0,1 m	Bodendecker	0,5 m
Wege mit Mittelgrünstreifen	0,1 m x 0,5	Bodendecker und vereinzelt niedrige Sträucher	0,7 m
Ackerflächen, Rasengittersteine.	0,1 m x 0,7	Bodendecker und vereinzelt hohe Sträucher, Obsträucher.	1,0 m
Schotterrasen	0,1 m x 0,9	Niedrige und hohe Sträucher (je ca. 50 %)	1,5 m
Wiese, gut eingewachsene Brachfläche.	0,3 m	Anteil hoher Sträucher (60 % - 80 %), Hecken.	2,0 m
		Überwiegend hohe Sträucher (mind. 80 %)	2,5 m

T A B. 4   Berechnung des Volumens von Vegetationsstrukturen

2.4   Erfassung von Veränderungen des Oberflächenabflusses

Das ursprüngliche Gelände, das einen geregelten Abfluß aufgewiesen hat, ist der bebauten Situation gegenüberzustellen. In beiden Fällen wird das Gesamtabflußvolumen ermittelt sowie die Anteile, die von befestigten Flächen in den Kanal abgeleitet werden und jene, die aus den Vegetationsflächen abfließen. Alle Berechnungen sind zur Veranschaulichung der Größenordnungen der anfallenden Wassermengen soweit wie möglich vereinfacht. Vor der näheren Beschreibung des Berechnungsvorganges wird aber noch der Abflußbeiwert im Zusammenhang mit den Bodenverhältnissen, dem Bewuchs und dem Gefälle betrachtet.

Bei unversiegelten Flächen ohne Bewuchs wird im Winter ein **Abflußbeiwert** von 0,4 gewählt /52, S. 40/. Für den Sommer liegt dieser in Abhängigkeit von den Bodenverhältnissen zwischen 0,1 und 0,4. Dadurch wird berücksichtigt, daß beispielsweise Schotter, Kies und Sand den geringsten und Ton sowie Lehm den größten Abfluß aufweisen. Im Winter können bei einem auf Frost folgenden Regen aber generell höhere Abflußwerte auftreten. Aufgrund dieses stärkeren Abflusses ist durch eine zusätzliche Bebauung die relative Änderung im Winter geringer als im Sommer /52, S. 11/. Bei den Folgebelastungen durch Versiegelung ist aber besonders der Sommer maßgebend mit den Starkregen sowie der Häufigkeit der Niederschlagsereignisse. Dabei ist neben den Untergrundverhältnissen auch der sich abflußmindernd auswirkende Bewuchs einzubeziehen. In der Folge wird generell der für **Vegetationsflächen** angegebene **höhere Wert von 0,2**, der gemäß Tab. 3 zwischen 0,0 und 0,2 liegt, herangezogen. Dieser Wert ist im unteren Bereich der oben angeführten Abflußbeiwerte von 0,1 und 0,4. Er liegt aber über jenen Größen von 0,15 - 0,05, die sonst im Zusammenhang mit Vegetationsflächen vorgesehen werden. Damit wird dem **höheren Abfluß bei längeranhaltenden Regenfällen Rechnung getragen**.

Bei einem Gefälle von mehr als 5 % ist der Abflußbeiwert um 20 % bis 50 % zu erhöhen /52, S. 41/. Da hier die Ermittlung von Größenordnungen im Vordergrund steht, werden für die **überwiegend ebene Lage** (0° - 5°) **um 20 %** und im **hängigem Gelände um 50 % höhere Werte** zugrunde gelegt. Dies macht bei Grünflächen mit dem Abflußbeiwert von 0,2 eine Erhöhung um 0,04 bzw. 0,1 aus.

Die Summe der Produkte von Abflußbeiwert und den nach Belägen differenzierten Einzelflächen, die aufgrund der relativ kleinen Teilbereiche wie beim BKW in m² angegeben sind, ist durch die Gesamtfläche zu dividieren. Daraus ergibt sich der **mittlere Abflußbeiwert** ψ_m. Grundlage der **Berechnung des Oberflächenabflusses** (Q) ist das Blockregenprinzip. Dies ist ein Berechnungsregen von 15 Minuten mit einer nur einmal im Jahr vorkommenden Intensität ($r_{15(1)}$), die in Abhängigkeit von der Lage des Ortes unterschiedlich groß ist und sich aus langjährigen Untersuchungsreihen ergibt. Die Höhe dieses in l/(s x ha) angegebenen Bemessungsregens mit neueren Auswertungsergebnissen ist dem ATV-Arbeitsblatt 118 zu entnehmen /5, S. 12/ und liegt ebenso bei den jeweiligen Wasserwirtschaftsämtern vor.

Bei den nachfolgend erläuterten drei Untersuchungsbeispielen liegt nur das Gebiet von Herdecke, das an den Verdichtungsraum um Dortmund angrenzt, in der BRD. Da die beiden anderen Hangsituationen in der Schweiz und in Österreich liegen, ist bezüglich des Bemessungsregens das Problem der in diesen Ländern abweichenden Berechnungsgrundlagen hinzugekommen. Dies hat unrealistisch starke Abweichungen zur Folge, die nicht auf die jeweilige geographische Lage zurückgeführt werden konnten.

Daher ist für den 15 Minuten dauernden Bemessungsregen bei allen drei Beispielen auf den in Dortmund geltenden relativ hohen Wert von $r_{15(1)} = 130\ l/(s \times ha)$ Bezug genommen worden. Somit ist ein Vergleich zwischen allen drei Gebieten bzw. zwischen den unterschiedlich hohen Folgebelastungen infolge des Versiegelungsgrades und der verschiedenen Belagsstrukturen möglich. Die Wassermenge dieses Berechnungsregens wird auch im süddeutschen Raum zur Grundlage gemacht, so daß es vertretbar erscheint, auch für die Gebiete in der Nähe von Innsbruck und St. Gallen die gleichen Annahmen zu treffen.

Zur Berechnung der abfließenden Wassermenge wird die maßgebende Regenspende ($r_{T(n)}$) herangezogen. Der Bemessungsregen von 15 Minuten Dauer ($r_{15(1)}$) wird dabei mit dem Zeitbeiwert (φ) multipliziert. Dieser Wert, der dem ATV-Arbeitsblatt 118 entnommen werden kann /5, S. 10/, ist ein Korrekturfaktor und macht im Falle einer Dauer von 15 Minuten bei einem nur einmal im Jahr auftretenden Ereignis (Regenhäufigkeit n = 1/Jahr) die Größe 1 aus. Die für Deutschland in etwa gleichbleibende Funktion des Zeitbeiwertes bringt die Beziehung zwischen Regenspende sowie Dauer (T) und Häufigkeit des Niederschlages (n) zum Ausdruck.

$$r_{T(n)} = r_{15(1)} \times \varphi_{T(n)}$$

Die Abflußmenge (Q) in Liter wird durch die Multiplikation dieser Regenspende mit der Niederschlagsdauer (T) in Minuten, der gesamten Bezugsfläche A_g - die nun ebenfalls zur Vermeidung von anschließenden Umrechnungen in ha angegeben ist - sowie dem mittleren Abflußbeiwert ψ_m nach dem folgenden Rechenansatz ermittelt:

$$\text{Abflußmenge (Q) in l} = r_{T(n)} \times T \times 60 \times A_g \times \psi_m$$

Um die Nachvollziehbarkeit dieser Berechnung im Rahmen der Untersuchung ebenso wie bei der Anwendung in der Planungspraxis zu gewährleisten wird dieser Ansatz wie folgt vereinfacht und mit den erforderlichen Erläuterungen versehen:

Berechnung des Oberflächenabflusses

$$r_{15(1)} = 130\ l/(s \times ha)$$

Zeitbeiwert (φ) mit der Häufigkeit von n = 1/Jahr beträgt bei 20 min 0,828

$$\text{Abflußmenge (Q) in l} = (r_{15(1)} \times \varphi) \times 20\ (\text{min}) \times 60 \times A_g \times \psi_m$$

In der Planungspraxis finden bereits teilweise Ansätze unter Einbeziehung eines verstärkten Bemessungsregens mit einer Dauer von 20 Minuten Anwendung, um auch im Falle eines stärkeren oder längeranhaltenden Regenereignisses größere Sicherheiten besonders bei Anlagen für die Rückhaltung zu erzielen. Darauf wurde in dem voranstehenden Rechenansatz Bezug genommen. Bei 20 Minuten beträgt dieser Wert 0,828 entsprechend ATV-Arbeitsblatt 118 /5, S. 10/.

Bei dem **Vergleich zwischen der unbebauten mit der bebauten Situation** stellt der Gesamtabfluß des ursprünglichen Geländes die Bezugsgröße von 100 % dar. In dieser Form werden nach der Bebauung die Größenverhältnisse aller Veränderungen - der Abfluß des gesamten Gebietes, die im Kanal anfallende Menge und der aus den Restflächen abzuführende Anteil - zum Ausdruck gebracht.

3   Quantitative Flächeninanspruchnahme und typische Gebietsausschnitte

Alle im Zusammenhang mit dem **Flächenverbrauch** relevanten Größen werden ermittelt. Welche Werte davon für die Abwägung mit der qualitativen Flächeninanspruchnahme wesentlich sind, ist im Rahmen der Wirkungsanalyse und der Auswertung zu klären. Die Gesamtfläche, die GFZ, die Anzahl an Wohneinheiten sowie die Stellplatzversorgung werden berücksichtigt. Außerdem wird der Bruttobaulandbedarf pro Einwohner erfaßt. Bei allen Untersuchungsgebieten stellte die gleiche Belegungsziffer für die einzelnen Wohneinheiten dafür die Grundlage dar. Andernfalls kommt es zu Verzerrungen zwischen den Beispielen, die bereits durch Probleme bei der Baugebietsabgrenzung grundsätzlich auftreten. Es wurde ein auf der Volkszählung von 1987 basierender Wert herangezogen, um realitätsnahe Ergebnisse zu erzielen. Damit in der gesamten Arbeit Vergleiche zwischen den Untersuchungsgebieten möglich sind, wurde die im Zusammenhang mit dem Anwendungsbeispiel in Cappel, einem Stadtteil von Marburg ermittelte Belegungsziffer von 2,6 EW/WE bei allen Berechnungen zugrunde gelegt. Bezüglich der Siedlungsstruktur liegen weitgehend vergleichbare Verhältnisse zu den Untersuchungsgebieten Herdecke und St. Gallen vor.

Zur Ermittlung aller wesentlichen Zusammenhänge, die in der Folge das Grundlagenmaterial für Vorgaben im Bebauungsplan darstellen können, wird in diesem Rahmen zusätzlich die Versiegelung auf der Ebene des Bebauungsplanes auch dem endgültigen Befestigungsgrad, der sich im Zuge der Objektplanung ergibt, gegenübergestellt. Dabei werden die öffentlichen Erschließungsflächen sowie die Grunderschließung zu den einzelnen Parzellen mit einbezogen. Bei diesem Untersuchungsansatz wird das Bebauungskonzept, auf dessen Grundlage der Bebauungsplan erstellt wird, als BP-Konzept bezeichnet. Bezugnehmend auf die Anrechnung von Gebäuden unter der Geländeoberkante auf die GRZ im Zuge der novellierten BauNVO (§ 19 Abs. 4), werden diese Flächen in diesem Rahmen ebenso einbezogen. Da diese Bereiche im Falle von begrünten Tiefgaragen in den Flächenbilanzen als Vegetationsflächen verzeichnet sind, konnten sie bisher nur im Rahmen des Bodenkennwertes einbezogen werden.

Die Problematik bei der Vergleichbarkeit der einzelnen Beispiele, speziell im Zusammenhang mit Dichtewerten, ergibt sich aufgrund der generell auftretenden Schwierigkeiten bei der Abgrenzung der Bruttowohnbaulandfläche. Dieser Umstand wird durch die zusätzliche Aufbereitung der Ergebnisse anhand von **typischen Gebietsausschnitten** entschärft. Es handelt sich dabei um typische Ausschnitte der Siedlungsstruktur. Für die Abgrenzung werden einzelne oder auch mehrere Parzellen herausgegriffen einschließlich der Erschließung zu dem einzelnen Grundstück. Im Falle von Doppelzeilen wird die Erschließungsfläche anteilsmäßig angerechnet. Mit Hilfe einer sogenannten "Inneren Dichte" (ID), die analog zur GFZ aber innerhalb des abgegrenzten Ausschnittes das Verhältnis von Bruttowohnbaulandfläche zur Grundstücksfläche wiedergibt, können die Flächenansprüche der einzelnen Bebauungsformen gegenübergestellt werden /43, S. 14,56/. Außerdem werden die Größen zu den Aspekten der Versiegelung sowie zur Nutzung der Vegetationsflächen ermittelt, um auch im Rahmen der qualitativen Flächeninanspruchnahme den Gebietsvergleich zu erleichtern.

4 Bewertung der Ergebnisse

Zur Einschätzung von Umweltbelastungen fehlen Bewertungsmaßstäbe. Aus diesem Grunde werden die Ergebnisse durch den Vergleich der Untersuchungsgebiete bewertet. Dies erfolgt einheitlich in drei Stufen und wird auch mit Hilfe der vorgestellten Symbole in den Tabellen eingeschätzt.

☐ beispielhaft

◩ vertretbar

■ problematisch

Im Gegensatz dazu ist die gebräuchliche Abstufung mit den Kriterien "gering", "mittel", "hoch" bei den gestalterischen Aspekten unzweckmäßig. Außerdem weist sie für die Einschätzung der verschiedenen Vergleichsgrößen eine uneinheitliche Wertordnung auf. So korrespondiert z.B. ein "geringer" Versiegelungsgrad mit dem Begriff "beispielhaft". Demgegenüber ist eine Vegetationsmasse, die "gering" ist, mit "problematisch" identisch. Aus diesen Gründen ist die gewählte Einteilung zur Aufrechterhaltung einer einheitlichen Bewertungsfolge erforderlich. Im Rahmen der Bewertung des biotischen Potentials ist jedoch die vorliegende Abstufung den Bezeichnungen "gering", "mittel", "hoch" zuzuordnen.

B   Untersuchung von verdichteten Wohnbebauungen am Hang

1   Abgrenzung der zu untersuchenden Siedlungstypen

In den Jahren 1981-85 lag mit 74 % der neu bebauten Flächen der Schwerpunkt der Siedlungsentwicklung im ländlichen Bereich /21, S. 30-31/. Ebenso wie in den Randzonen der
Ballungsräume dominieren dabei Ein- und Mehrfamilienhaussiedlungen niedriger Dichte,
die im gesamten Bundesgebiet der BRD mit einem Anteil von ca. 38 % an den vorherrschenden Siedlungstypen überwiegen /19/. Demgegenüber sind sowohl Reihenhäuser mit ca. 18 %
als auch Dorfkerne und Einfamilienhaussiedlungen mit hoher Dichte von ca. 17 % nur halb
so häufig vertreten. Der **Wohnungsneubau**, der bis zum Jahre 2000 noch mehr vom **Einfami-
lienhausbau** getragen wird, **konzentriert sich auch in Zukunft** auf das **Umland der Agglome-
rationen** /74, S. 44-45/. In diesen Bereichen stellt das Reihenhaus eine Alternative zum freistehenden Einfamilienhaus dar. Bei niedriggeschossigen Varianten des verdichteten Flach-
baues wie Atrium und Teppichbebauung liegt zwar auch ein privater Außenraum vor, aber
der größte Freiflächengewinn ist von der eingeschossigen zur zweigeschossigen Bebauung hin
zu verzeichnen /44, S. 43/. Die wesentlich geringere Ausnutzung der Gebäudezonen kommt
außerdem in einer erheblich höheren Flächenversiegelung zum Ausdruck. Diese Siedlungstypen des verdichteten Flachbaus mit einem durchschnittlichen Befestigungsanteil von 73 % am
Bruttowohnbauland gegenüber 57 % bei Reihenhausbebauungen /25, S. 377/ sind aus Aspekten des schonenden Umganges mit dem Boden nicht zu forcieren.

Die bei freistehenden Einfamilienhäusern mit einer GFZ von ca. 0,3 benötigte Fläche
kann bei gleicher Nettowohnbaufläche durch Reihenhäuser mit einer GFZ von 0,5 - 0,7 auf
ca. die Hälfte gesenkt werden /8/. Dabei kommt der flächensparende Aspekt in vertretbarem
Maße zur Geltung. Dieser wird mit zunehmender Bebauungsdichte in der Flächenbilanz eines Gebietes immer weniger wirksam und ab einer GFZ von 0,8 sind keine nennenswerten
Verringerungen des Flächenbedarfs mehr erkennbar /42, S. 290/. Eine weitere Verdichtung
bringt nicht nur ökologischen Nachteile sondern auch ökonomische /72, S. 489-490/. **Reihenhäuser** bieten sich bei entsprechender Begrünung, die auch die Akzeptanz für diese Siedlungsform erhöht, ebenso aus Gründen einer guten Integration in das Landschaftsbild am
ehesten für die **Umsetzung flächensparender Bauformen** in ländlichen Bereichen oder Randzonen der Verdichtungsräume an, wo der stärkste Siedlungsdruck zu erwarten ist.

2   Untersuchungssystematik und Gebietsauswahl

Im Randbereich von Verdichtungsräumen wurden **Reihenhaussiedlungen in hängigem Gelände untersucht,** um die Wirkungszusammenhänge an dieser komplexeren Problemstellung
zu ermitteln. Die bisherigen Arbeiten zu Hangbebauungen sind auf systematischer, modell-
hafter Grundlage erstellt und auf die Aspekte der Baukosten in Abhängigkeit von der Bauform und der Hangneigung sowie der Ausnutzung des Geländes unter Einbeziehung der
Grünflächenanteile pro Einwohner ausgerichtet worden /110/. Sie wurden Ende der sechzi-
ger und Anfang der siebziger Jahre veröffentlicht, sind aber nicht an einer konkreten Planung
angewandt worden. Neben der optischen Störung durch Einsicht wurde auch die Nutzbarkeit
der Freibereiche im Zusammenhang mit dem Gefälle und der Bauweise abgehandelt /35/. Es
wird dabei nach freistehenden Einfamilienhäusern, ein- und zweizeilig errichteten Reihenhäusern sowie Teppichbebauungen nach horizontaler und vertikaler Gruppierung unterschieden. Mit der Erstellung von Planungsgrundlagen für Terrassenbebauungen wird in diesen stärker bearbeiteten Themenbereich übergeleitet /13/.

Bei der modellhaften Erarbeitung der grundsätzlichen Aussagen zur Eignung der einzelnen Bauformen sind die mit den hangspezifischen Vergleichsgrößen angesprochenen Aspekte unberücksichtigt geblieben. Dazu ist die Einzelgestaltung an Bebauungsbeispielen zu untersuchen, um die mit der Topographie zusammenhängenden Problemstellungen zu analysieren.

Der **Gesamtarbeitsumfang** erfordert zugunsten der Erfassung der gestalterischen Detailausführung, an der die Eingriffsstärke abgelesen werden kann, die **Begrenzung** der Untersuchungsbeispiele **auf drei Situationen**. Alle wesentlichen Geländeneigungen einschließlich der überwiegend ebenen Lage werden, unter Einbeziehung des Anwendungsbeispieles an einer unbebauten Situation, im Rahmen der Folgerungen abgedeckt (Tab. 5). Dabei **erstrecken sich die untersuchten Gebiete auf alle für die Hanglage wesentlichen Neigungen bis 27°.** Es können davon Rückschlüsse für ein noch stärkeres Gefälle abgeleitet werden.

Es werden die beiden grundsätzlichen Möglichkeiten, die horizontale und vertikale Gruppierung von Hangbebauungen betrachtet. Am Südhang wird die bei der Erschließung parallel zu den Höhenlinien idealste Form, die zum Tal orientierte einfache Zeilenbebauung, untersucht. Bei vertikaler Erschließung ist unter den bereits geäußerten gesundheitlichen Vorbehalten auch bei Hängen mit nördlicher Orientierung eine Bebauung möglich /vgl. 110, Tafel 18b/. In dieser Lage werden sowohl einfache Zeilen als auch eine Doppelzeile untersucht.

Anwendungsbeispiel zur modellhaften Umsetzung

| BRD : | Marburg | 0° | - | 11° |

Untersuchungsbeispiele

BRD:	Herdecke	7°	-	13°	Horizontale	-	Einfache Zeilen	-	Südhang
Österreich:	Sistrans	15°	-	18°	Vertikale	-	Doppelzeile	-	Nordhang
Schweiz:	St. Gallen	20°	-	27°	Vertikale	-	Einfache Zeilen	-	Nordhang

TAB. 5 Untersuchungsgebiete, Anwendungsbeispiel

Die Gebiete sind so gewählt, daß sie die wesentlichen Variationsmöglichkeiten der Erschließungs-, Gebäude- und Außengeländegestaltung erfassen und die Wirkungen auf das Landschaftsbild veranschaulichen. Zur Ermittlung des Spektrums an Ausführungsvarianten und der breiteren Absicherung der Arbeit werden bei der Ausarbeitung der gestalterischen Hinweise noch weitere Bebauungsbeispiele mit Fotos herangezogen.

Pläne und Photos sind erforderlich, um die Ausführung und insbesondere die Veränderungen zu demonstrieren. Diese können am besten durch Aufnahmen während der Bauphase oder kurz nach der Fertigstellung zum Ausdruck gebracht werden. Übersichts- und Detailabbildungen bieten zu diesem Zeitpunkt, aufgrund der niedrigeren Vegetationshöhe, noch einen Einblick in die privaten Freibereiche. Die großräumige Einordnung der Untersuchungsbeispiele soll den Einblick in den geographischen Gesamtraum ermöglichen. Die Darstellung der einzelnen Siedlung im Maßstab 1 : 2000 stellt die Verbindung zwischen der überregionalen Eingliederung, der Gebietsübersicht und der Einzelgestaltung dar. Die Beispiele wurden aus dem deutschsprachigen Raum (BRD, Österreich, Schweiz) in den Randzonen von Verdichtungsräumen ausgewählt und sind nach der Hangneigung gereiht.

3   Horizontale einfache Zeilen 7° - 13°: Südhang in Herdecke - BRD

Dieses Gebiet wurde bei einer Gesamtfläche von 7,5 ha mit 22 Wohneinheiten bebaut. Mit diesem Entwurf ist 1983/84 der Bundeswettbewerb zum kosten- und flächensparenden Bauen gewonnen worden. Anhand dieses Untersuchungsbeispieles werden nicht nur die Problemstellungen bei einer horizontalen Bebauung erörtert, sondern auch jene der kosten- und flächensparenden Bauweise in hängigem Gelände.

Herdecke befindet sich am südlichen Rand des Ballungsraumes um Dortmund in verkehrsmäßig äußerst zentraler Lage. Der Ort liegt an der Schnellstraße, die direkt in den Stadtkern von Dortmund führt und ist außerdem durch die Autobahn A 1 in südlicher bzw. die A 45 in nördlicher Richtung sehr gut erschlossen. Im Nordwesten grenzt das Stadtgebiet von Witten an und südlich der Ruhr der Verdichtungsraum um Hagen (Abb. 11). In Kirchende und Westende, den nördlichen Ortsteilen von Herdecke, kam es zu einer umfangreichen Bautätigkeit. Der Grund liegt in der guten Infrastruktur und der attraktiven Wohnlage mit strukturreichen Freiräumen und größeren Waldbereichen in der Umgebung (Abb. 12). In den letzten Jahren hat dies zur weiteren Versiegelung der noch verbliebenen Freiflächen sowohl in leicht geneigtem Gelände als auch bei Hängen mit starkem Gefälle geführt.

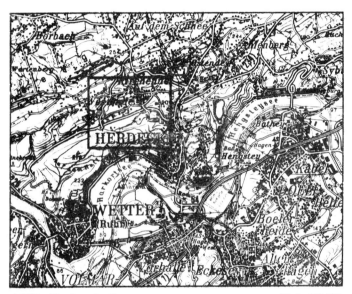

ABB. 11   Lage im Raum   M 1 : 100 000

Dieser Siedlungsdruck hält auch noch an. Bei den Neubebauungen ist die Terrassen- und Reihenbauweise und ein auffallend hoher Anteil von freistehenden Einfamilienhäusern vertreten.

An den untersuchten Südhang, der durch einen Pfeil markiert ist (Abb. 12), grenzt ebenfalls ein Bereich mit hoher landschaftlicher Vielfalt an. Der Gehölzsaum, an den westlich eine kleinere Waldfläche anschließt, stellt die Eingrünung für den Bachlauf am Hangfuß dar. Durch die zunehmende Besiedlung des gesamten Hanges wurden die Wiesen auf einen Streifen in der Fallinie reduziert. Dieser wird durch das untersuchte Baugebiet zusätzlich unterbrochen. Nur eine größere Wiesenfläche ist in südlicher Richtung verblieben, die mit dem Bachlauf abschließt.

Die oberhalb angrenzenden Baugebiete weisen eine geringe Vegetationsausstattung und erhebliche Eingriffe in das Hangwasserregime in Form von langen durchgehenden Stützwänden auf.

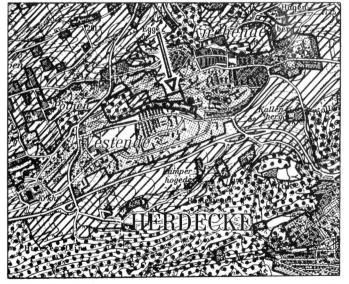

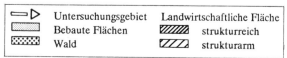

	Untersuchungsgebiet	Landwirtschaftliche Fläche
	Bebaute Flächen	strukturreich
	Wald	strukturarm

ABB. 12   Flächennutzung, Freiraumstruktur   M 1 : 25 000

50

1.1 Gestalterische Aspekte der Objektplanung

Diese mit Breithäusern errichteten horizontalen Zeilen wurden in gestalterischer Hinsicht auch deshalb für die Untersuchung gewählt, weil die einzelnen Reihen mit Hilfe von zahlreichen Geländeschnitten in ihren Höhen festgelegt wurden. Dadurch sollten möglichst geringe Aushubarbeiten verursacht werden. Die Gestaltung der Sammelstellplatzanlage soll als Anregung für die Lösung von Parkeinrichtungen in hängigem Gelände dienen. Als weitere Aspekte für die Auswahl dieses Beispiels sind auch die Verwendung wasserdurchlässiger Oberflächenbeläge sowie die ursprünglich geplanten Grasdächer zu erwähnen.

Die Kriterien der Gestaltung werden mit Fotos, Lageplan und Planometrie dargestellt. Auf diese Weise wird im Rahmen der Gebietsübersicht das Gesamtgebiet präsentiert und in der Folge nach Erschließung, Gebäude und Außengelände differenziert erörtert. Dabei steht die Anpassung an die Topographie sowohl in prinzipieller Form als auch an die tatsächlich vorliegende Geländeneigung im Mittelpunkt. Um die umfangreichen Untersuchungen für jedes Untersuchungsbeispiel so übersichtlich wie möglich zu gestalten, wurden die drei Einzelgestaltungen - Erschließung, Gebäude, Außengelände - durch die Piktogramme in den Kopfzeilen zusätzlich gegliedert. Gleiches gilt für das bei jedem Gebiet wiederkehrende Kapitel "Erfassung der siedlungsökologischen Vergleichsgrößen", in dem die diesbezüglichen Erhebungsergebnisse systematisch nach Boden, Vegetation und Wasser angeführt werden. Da diese Unterteilung, bei der auch das betreffende Gebiet jeweils in der Kopfzeile angeführt wird, ohne Unterkapitel erfolgt, ist sie der Inhaltsangabe nicht zu entnehmen. Jede Einzelgestaltung wird dabei mit Ausschnitten im Maßstab 1 : 500 von Lageplan und Planometrie veranschaulicht. Diese Detailbereiche können durch weitere Ausschnitte von Lageplänen im M 1 : 1000 und 1 : 2000 in die Gesamtsituation eingeordnet werden.

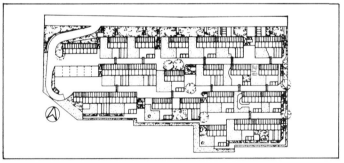

A B B. 13 Lageplan   M 1 : 2000

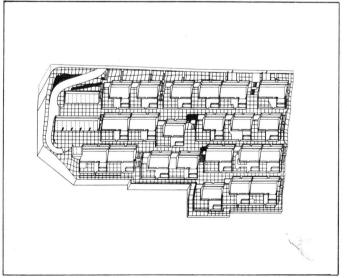

A B B. 14 Planometrie   M 1 : 2000

Bei Lageplänen und Planometrien zum Gesamtgebiet erfolgte dann eine Abweichung vom M 1 : 500 auf 1 : 600, wenn es für das Format DIN A 4 erforderlich war, um die ganze Bebauungssituation zu zeigen.
Die gestalterischen Aspekte werden bei jedem Gebiet wie folgt untergliedert:

Gebietsübersicht

Erschließung

Gebäude

Außengelände

Die Erschließung erfolgt durch befahrbare Wohnwege mit einem Querschnitt von 3 m (Abb. 13, 16) und ebenen Übergängen zur Sammelstellplatzanlage (Abb. 14, 17). Somit weisen alle hangseitigen Eingänge die gleichen Höhen auf und Unterschiede von einem Geschoß zu den talseitigen Ausgängen zum Garten. In der Planometrie sind die Baukörper schräg angeschnitten mit einem ca. 1 m breiten Streifen im OG (Abb. 14).

1

2   A B B. 15/1-8

3

4

Foto 1 - 4: Diese Übersichtsfotos, von Süden aus hang-aufwärts aufgenommen, geben Einblick in die Gesamtsituation. Foto 1 zeigt die unterschiedlichen Siedlungstypen des benachbarten Umfeldes, unter anderem auch eine als "problematisch" einzustufende Turnhalle. In Foto 2 wird die oberhalb an das Untersuchungsbeispiel angrenzende dichte Bebauung des Hanges deutlich, bei der eine Einbindung in das Landschaftsbild durch Vegetationselemente weitgehend fehlt.

Das Untersuchungsgebiet stellt eine Unterbrechung für den Wiesenstreifen in der Fallinie dar (Foto 1,4). Diesen Fotos ist der an die verbliebene Wiesenfläche (Foto 3) anschließende Gehölzstreifen zu entnehmen, der am Hangfuß entlang des Baches verläuft. Südlich davon grenzen überwiegend ebene bis leicht geneigte Geländelagen an (Foto 1).

5   6

Foto 5 - 8: Die Baufotos stellen den Bereich der nördlichsten Reihe von Osten (Foto 5,6) und Westen (Foto 7) dar. Durch die dichte Bebauung mit den relativ kleinen Vegetationsflächen ist die gesamte Fläche durch Eingriffe bei der Ausführung der Objektplanung beeinträchtigt.

Die einzelnen Zeilen führen zu Abgrabungen parallel zu den Höhenschichten, die nur in den Bereichen mit den späteren Treppenanlagen (Foto 6) unterbleiben. An diesen verbleibenden Streifen ist die Neigung des ursprüngliche Geländes zu erkennen.

Foto 8 mit der von der Südseite aufgenommenen untersten Reihe läßt Aufschüttungen vor den unterhalb anschließenden Wiesenflächen erkennen.

7   8

A B B. 15/9-16

9

Foto 9, 10, 12 - 14: Die Erschließungsstraße dient ebenso der Zufahrt zu den etwas weiter westlich gelegenen Siedlungsanlagen und war zu Baubeginn bereits vorhanden (Foto 9). An dieser von Osten nach Westen ansteigenden Straße sind bei den ersten beiden Gebäuden die Stellplätze direkt zugeordnet, die als Carport ausgebildet sind (Foto 9). Foto 10 zeigt den Einfahrtsbereich zu der Stellplatzanlage. Die Überdachung der hangseitig aneinandergereihten Carports ist dabei zu erkennen. Die gegenüberliegende obere Ebene der zweigeschossigen Stellplatzanlage und der eben daran anschließende Wohnweg ist Foto 13 zu entnehmen. Foto 12 zeigt beide Geschoßebenen sowie den unteren Wohnweg mit wassergebundener Decke.

Foto 15, 16: Der Höhenunterschied von einem Geschoß zwischen den hang- und talseitigen Eingängen und die doppelte Erschließung der einzelnen Grundstücke geht besonders aus Foto 16 hervor.

10

11   Lageplan mit Fotowinkeln   M 1 : 1000

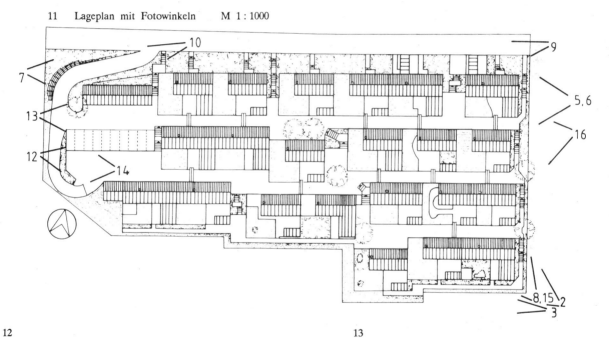

12

13

14

15   16

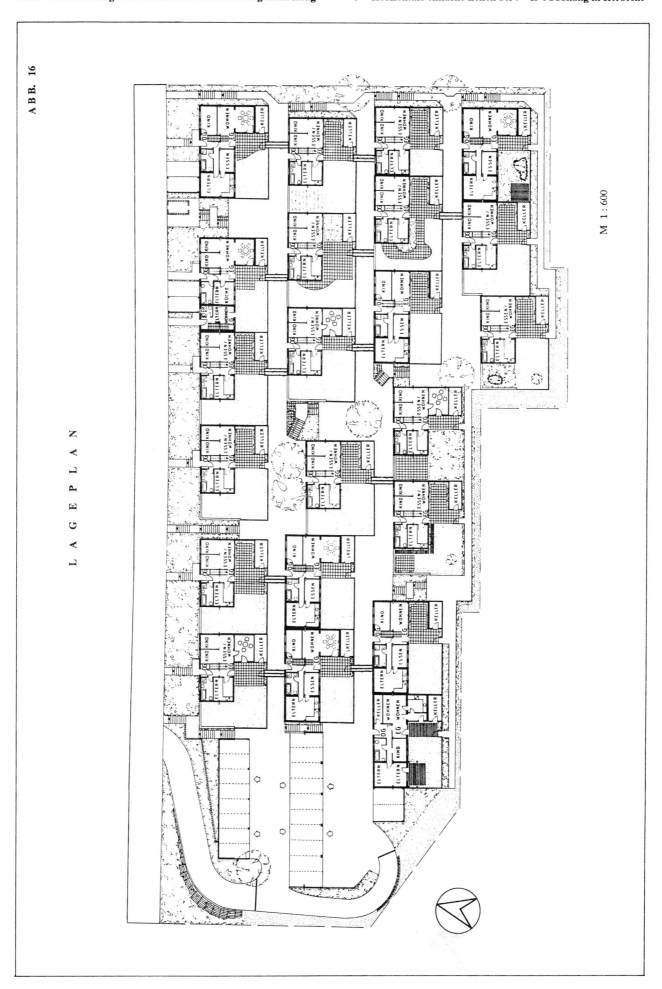

L A G E P L A N

ABB. 16

M 1 : 600

ABB. 17

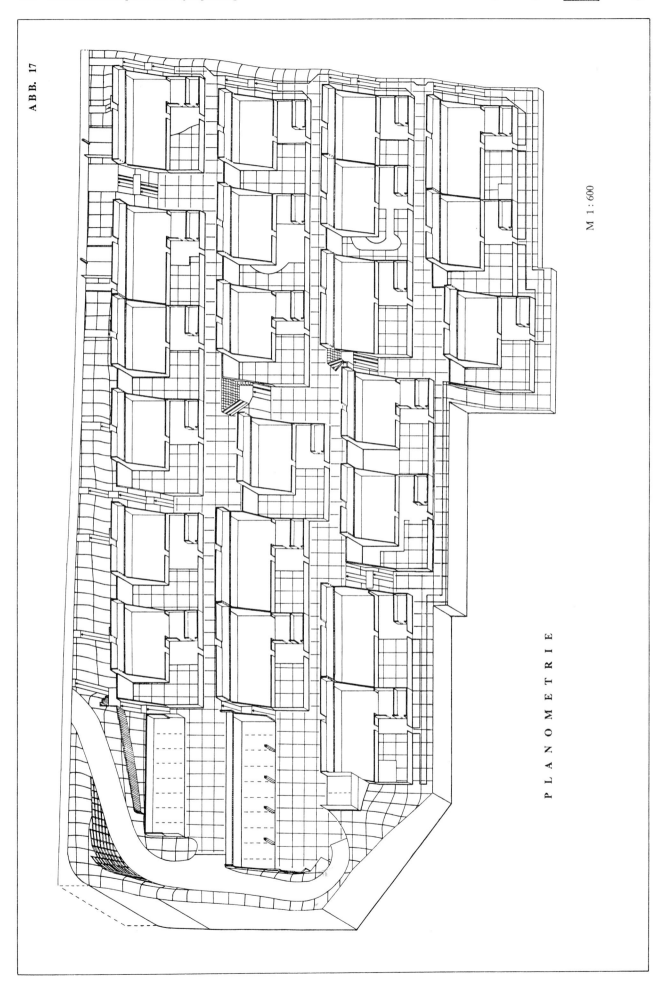

M 1 : 600

P L A N O M E T R I E

1   M 1 : 500

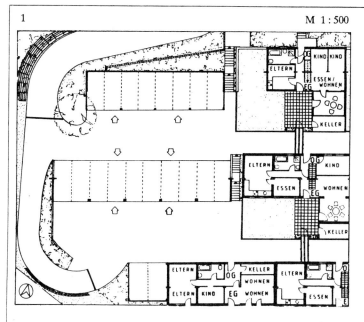

A B B. 18/1-3

Plan 1 - 3, Foto 4 - 8: Die Stellplatzanlage mit Parkplätzen auf zwei Geschoßebenen und der Erschließung sowohl zur Straße als auch zu den daran angebundenen Wohnwegen demonstriert ein für hängiges Gelände beispielhaftes gestalterisches Prinzip. Auf diese Weise ist im Notfall auch jedes Gebäude mit einem Fahrzeug zu erreichen. Diese Gestaltung ist außerdem für gehbehinderte Personen und Rollstuhlfahrer besonders geeignet.

Eine solche Lösung hat nicht unmittelbar die in dieser Erschließungszone vorliegenden Geländeeinschnitte zur Folge. Diese erstrecken sich sowohl auf das ingenieurbiologische Hangsicherungsbauwerk entlang der Zufahrt von der Erschließungsstraße als auch auf den Bereich der oberen Carports und die Abstützung durch die darüber anschließende Pallisade. Diese Maßnahmen sind zu einem Teil auf das geringe Vegetationsausmaß zwischen den einzelnen Flächen der Erschließung zurückzuführen, so daß eine stärkere Abböschung des Geländes kaum möglich war.

Außerdem besteht bei den obersten und untersten Stellplätzen die Möglichkeit, statt der Carports die Oberfläche mit Rasengittersteinen auszuführen. Durch eine Abschrägung der oberen Fläche sowie eine Aufstützung im untersten Bereich, beispielsweise mit Gitterrosten, kann auch das Gelände noch stärker aufgenommen werden. In beiden Fällen können Stützwände dadurch in stärkerem Maße vermieden und die Vegetationsfläche erhalten werden. Durch eine höhere Ausstattung mit Grünelementen in den Randzonen, aber auch bei der zweigeschossigen Parkeinrichtung, ist eine weitere Einbindung in das Landschaftsbild möglich.

Bei der zweigeschossigen Anlage sind auf der unteren Ebene die Stellplatztiefen um 0,5 m und die Fahrbahnbreite um 1,5 m größer als es bei der Senkrechtaufstellung erforderlich ist. Dadurch wird der Neigungswinkel, für den diese Ausführung geeignet ist, geringer. Dies wird durch den Versprung, der sich an der Geschoßhöhe des benachbarten Gebäudes ausrichtet und mit 2,6 m um ca. 20 cm höher als notwendig ist, teilweise ausgeglichen. Bei einem ebenen Anschluß der Vegetationsflächen ohne Stützwände an die oberen und unteren Carports, von dem bei einer Ermittlung der geeigneten Neigung auszugehen ist, besteht eine Eignung für ein ca. 5° geneigtes Gelände. Durch eine Abböschung kann auch noch eine etwas stärkere Neigung überbrückt werden, wie beispielsweise die im unteren Bereich der zweigeschossigen Parkeinrichtung vorliegenden 7°.

Die Ausführung weist somit nur für den unteren Bereich eine Eignung auf. Auf der oberen Ebene lag ein stärker geneigtes Gelände von 10°, aber auch von ca. 26° vor, das durch die gestrichelte Linie dargestellt ist. Dieses starke Gefälle ist aber auf einen Geländesprung zurückzuführen und konnte daher nur begrenzt aufgenommen werden.

Trotz des erheblichen Planungsaufwandes ist es somit zu relativ starken Geländeveränderungen gekommen (Schnitt 3). Die zweigeschossige Stellplatzanlage ist mit den Anschlüssen an die ursprüngliche Neigung angepaßt und dadurch auf der Höhe der zweiten Gebäudezeile errichtet. Durch die direkte Anbindung an die Wohngebäude ohne größeren Vegetationsbereich sind auf der unteren Ebene die größeren Breiten der Erschließungsflächen erforderlich gewesen.

2   M 1 : 500

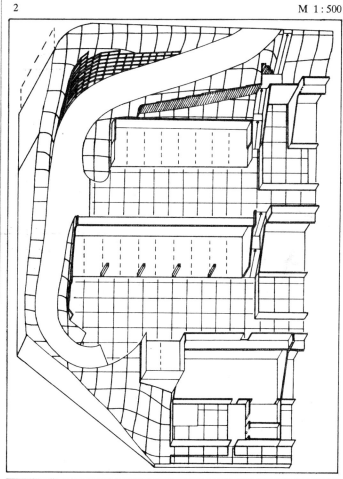

3   M 1 : 500

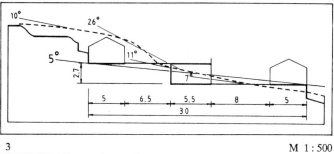

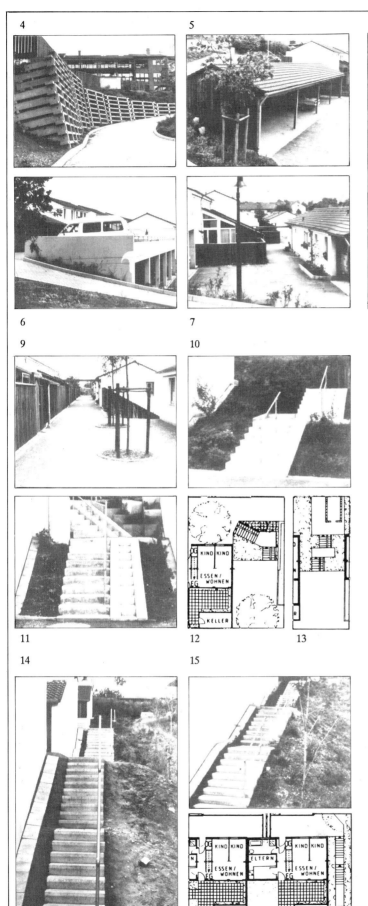

A B B.   18/4-16

4

5

6   7   8

9   10

11   12   13

14   15

16   Planausschnitte   M 1 : 500

Foto 9, 11 und Plan 12: Die 3 m breiten Wohnwege sind mit wassergebundener Decke versehen und weisen somit ein versickerungsförderndes Oberflächenmaterial auf. Im Bereich der Treppenverbindungen sind sie als Gemeinschafts- und Spielflächen etwas breiter dimensioniert. Die Vorteile das einzelne Gebäude auch mit einem Fahrzeug zu erreichen, führt aber zu einem erheblichen Erschließungsaufwand. Dies trifft bei den vorliegenden einfachen Zeilen mit einer Doppelerschließung, der Möglichkeit, die einzelne Parzelle auch auf der Gartenseite zu betreten, in besonderem Maße zu.

In der Gebietsmitte sind mehrere größere Gemeinschaftsbereiche hintereinander angeordnet, und durch die versetzten Zeilen und die Gehölze kommt es hier zu einer Raumbildung. In diesem Bereich weisen die zwei Treppenanlagen schräg zu den Höhenschichten angeordnete Läufe auf, um die erforderlichen Erschließungsflächen zu verringern. Eine solche Lösung eignet sich aber auch, um stärkeres Gefälle, das in der Fallinie nicht mehr überwunden werden kann, zu bewältigen. In dem vorliegenden Fall wird in diesem Bereich eine Neigung von 28° überbrückt. Die Stützwände mit bepflanzten Winkelsteinen zählen zu den ingenieurbiologischen Lösungen.

Foto 10, Plan 13: Sowohl die beschriebene Ausführung als auch die in den anderen Bereichen vorliegenden Treppen in der Fallinie mit einer Abböschung der Vegetationsbereiche sind prinzipiell als "beispielhaft" zu bezeichnen. Sie sind zwar für stärker geneigtes Gelände geeignet, stellen aber auch bei der vorliegenden Situation eine "vertretbare" Lösung dar.

Foto 14 - 15, Plan 16: Die Treppenläufe am östlichen Randbereich mit einer Abböschung zu dem angrenzenden Baugebiet sind ebenfalls als "beispielhaft" einzuschätzen. Der Abstand zum Gebäude und somit der verbleibende Grünstreifen ist aber etwas zu gering dimensioniert. Von dieser Lösung ist aber, wie bereits angemerkt, besonders bei stärker geneigtem Gelände Gebrauch zu machen. Mit der vorliegenden Ausführung kann ein Gefälle von 22° - 23° überwunden werden.

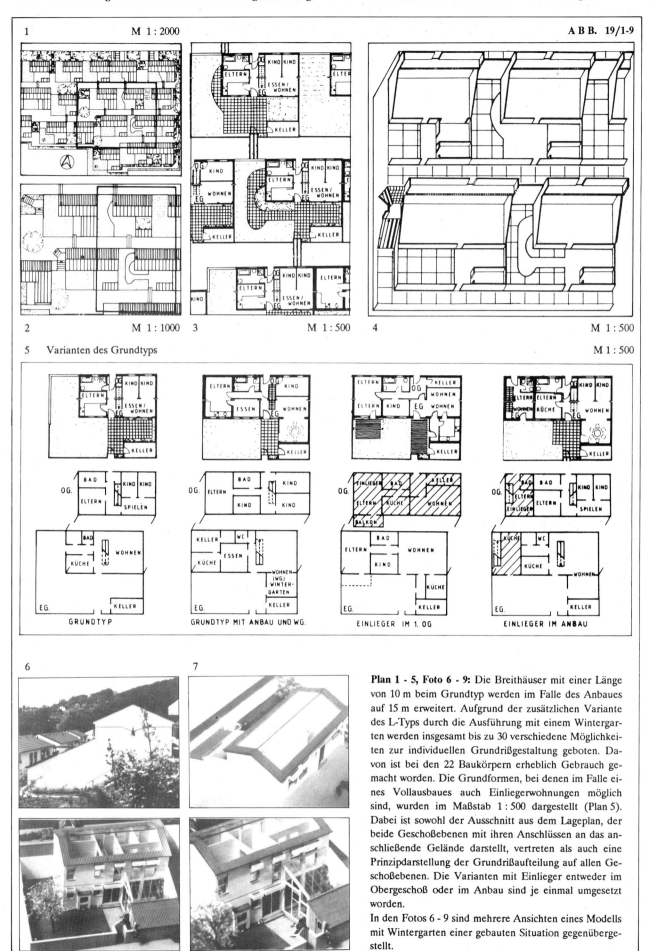

1   M 1 : 2000

ABB. 19/1-9

2   M 1 : 1000   3   M 1 : 500   4   M 1 : 500

5   Varianten des Grundtyps   M 1 : 500

GRUNDTYP   GRUNDTYP MIT ANBAU UND WG.   EINLIEGER IM 1. OG   EINLIEGER IM ANBAU

6   7

Plan 1 - 5, Foto 6 - 9: Die Breithäuser mit einer Länge von 10 m beim Grundtyp werden im Falle des Anbaues auf 15 m erweitert. Aufgrund der zusätzlichen Variante des L-Typs durch die Ausführung mit einem Wintergarten werden insgesamt bis zu 30 verschiedene Möglichkeiten zur individuellen Grundrißgestaltung geboten. Davon ist bei den 22 Baukörpern erheblich Gebrauch gemacht worden. Die Grundformen, bei denen im Falle eines Vollausbaues auch Einliegerwohnungen möglich sind, wurden im Maßstab 1 : 500 dargestellt (Plan 5). Dabei ist sowohl der Ausschnitt aus dem Lageplan, der beide Geschoßebenen mit ihren Anschlüssen an das anschließende Gelände darstellt, vertreten als auch eine Prinzipdarstellung der Grundrißaufteilung auf allen Geschoßebenen. Die Varianten mit Einlieger entweder im Obergeschoß oder im Anbau sind je einmal umgesetzt worden.

In den Fotos 6 - 9 sind mehrere Ansichten eines Modells mit Wintergarten einer gebauten Situation gegenübergestellt.

8   9

10

11

12   13

Foto 15 - 20: Gegenüber der Situation während des Baues wird die Raumbildung innerhalb der einzelnen Zeilen durch die Zäune erheblich gemindert. Durch die Pergolen wird der Eingangsbereich in den Garten etwas aufgelockert.

Plan 14: Das ursprüngliche Gelände war von 7° bis 13° geneigt. Bei der Einschätzung jener Steigung, die für diese Zeilen mit 5,5 m breiten Gebäuden und einem Versprung von einem Geschoß zwischen dem hang- und talseitigen Ausgang prinzipiell geeignet sind, ist die Breite der an die Ausgänge eben anschließenden Bereiche einzubeziehen. Dadurch ist der 3 m breite Wohnweg und die Terrasse mit 3,3 m hinzuzurechnen. Bei einer Abböschung der daran anschließenden 2,2 m breiten Restfläche besteht prinzipiell eine Eignung dieser Zeilen für eine Neigung von 13°.

Die Anpassung an das ursprüngliche Gelände, das nur in den steilsten Abschnitten einen Abfall von 13° aufweist, kann durch eine geringere Höhendifferenz zwischen den Ausgängen vorgenommen werden. Dies kann beispielsweise durch einen seitlichen Versprung auf der Längsachse des Baukörpers erfolgen. Hier ist dies eventuell auch im Eingangsbereich durch einen mit einer entsprechenden Treppenführung verbundenen tieferliegenden Eingang möglich.

Um trotz des Höhenunterschiedes von einem Geschoß eine Anpassung der Zeilen an die ursprüngliche Neigung zu erzielen, wurde der im Anschluß an die Terrasse verbleibende 2,2 m breite Streifen eben ausgeführt, so daß innerhalb der einzelnen Reihe eine Neigung von 11° vorliegt. Der Abstand zwischen den Zeilen beträgt 8,5 m und die Tiefe der Freibereiche 5,5 m.

Foto 10 - 13: Der Grundtyp incl. Kelleranbau ist sowohl durch Baufotos als auch in fertiggestellter Ausführung mit Terrasse festgehalten. Der Ausbau dieses Bereiches als Wintergarten (Foto 13), der als Wohnraum oder auch Küche genutzt wird, kann aber auch zu einem späteren Zeitpunkt vorgenommen werden. Gleiches gilt für den Anbau, der aufgrund der im Außengelände durchgehenden Stützwand ohne neuerlichen Erdaushub ausgeführt werden kann. Dies kommt den im zeitlichen Verlauf sich ändernden Nutzeransprüchen entgegen.

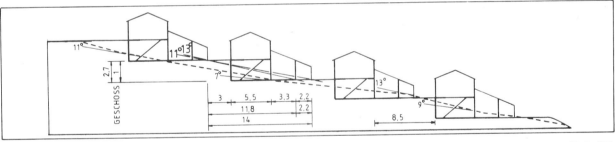

14   M 1 : 500

15   16   17

18   19   20

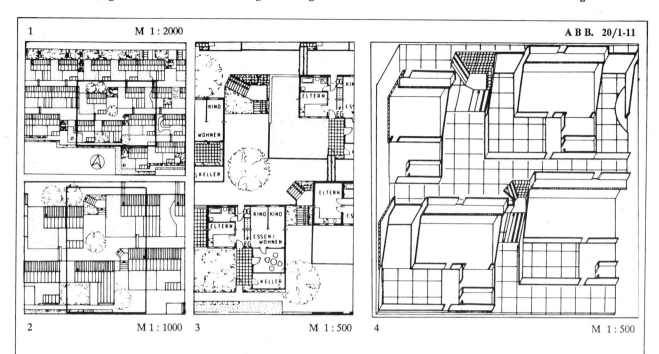

Plan 1 - 4: Der dreidimensionale Teilausschnitt mit den wesentlichen Details der Einzelgestaltung, in diesem Fall des Außengeländes, stellt gegenüber dem Lageplan (M 1 : 500) einen etwas größeren Bereich dar. In der Planometrie zeigt sich, daß der Geländeeinschnitt mit Stützwand auch bei dem Grundtyp ohne Anbau vorhanden ist, um einen späteren Ausbau zu ermöglichen. Außerdem ist dadurch kein extensiv genutzter Böschungsbereich zwischen dem Wohnweg und dem Rasen notwendig.

Plan 5: Die Folge dieser intensiven Flächennutzung sind ebene Vegetationsbereiche mit einer gänzlichen Einschränkung der Topographieanpassung.

Foto 6 - 8: Nur in den Randzonen, beispielsweise den Anschlußflächen zur Erschließungsstraße, sind Böschungen vorhanden. In diesem Bereich ist die prinzipielle Aufnahme des Geländes "beispielhaft". Die Treppenläufe sind aufgrund der schräg verlaufenden Straße unterschiedlich lang.

Foto 9 - 11: Innerhalb der Zeilen ist nur bei einzelnen Treppenläufen eine Abböschung erfolgt (Foto 10). Bei einem Vollausbau verbleibt nur eine kleine Restfläche für die Vegetation. Auch im Falle eines Wintergartens kann, wie aus der Planometrie hervorgeht, durch eine zusätzliche Terrasse im Bereich des Anbaus die gleiche Situation entstehen. Auf die Abschirmung der größtenteils intensiv genutzten Freibereiche durch Zäune ist nur bei den untersten Zeilen teilweise verzichtet worden (Foto 11). Diese Lösungen des Sichtschutzes ist eine Folge der geringen Gartentiefen.

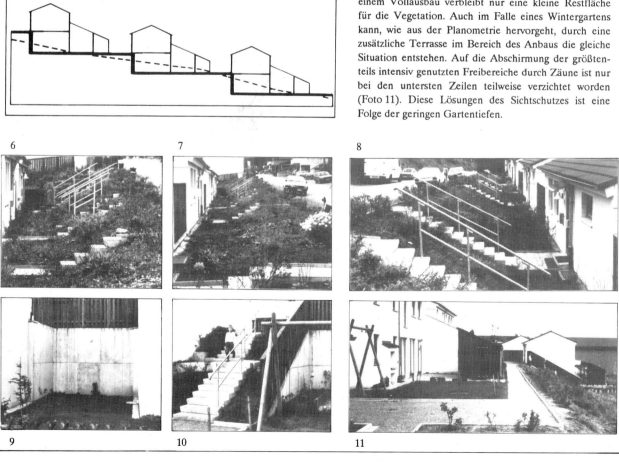

| 12 | 13 | 14 | A B B. 20/12-16 |

Foto 12 - 16: Die Baufotos 12 - 14 lassen auf die zu erwartenden Problemstellung auf seiten des Sickerwassers schließen, da die Stützwände in den Freibereichen nicht unterbrochen sind und entsprechende Durchlässe sowie Böschungsbereiche nur bei den Treppenanlagen vorhanden sind. Es ist auch belastend, daß diese Unterbrechungen der durchgehenden horizontalen Stützwände seitlich versetzt sind und keine Verbindungen in der Fallinie verbleiben (Plan 3).

15   16

Bei der Planung sind die Höhen der einzelnen Zeilen mit Hilfe zahlreicher Geländeschnitte festgelegt worden. Dabei wurde die Zielsetzung verfolgt, ein Mindestmaß an Aushub im Gebäudebereich und ebensowenig Aufschüttungen in der Erschließungszone aber auch im Außengelände zu erzielen. Um die Kosten für Erdbewegungsmaßnahmen zu senken, ist der Aushub der untersten Zeile über der obersten Reihe gelagert worden, um sie dieser später für die Auffüllung zur Verfügung zu stellen. Anschließend wurden die Abgrabungen jeder Zeile für Aufschüttungen bei der nächst tieferliegenden verwendet. Das kostengünstige Bauen stand auch bei der Flexibilität des Grundrisses mit einem Grundtyp und je nach Finanzkraft unterschiedlichen Ausbauformen im Vordergrund. Soweit wie möglich wurden natürliche Baumaterialien verwendet, und durch die Wahl von versickerungsfördernden Belägen sollten die Folgeerscheinungen auf seiten der Versiegelung gesenkt werden. Deshalb waren bei den Gebäuden auch Grasdächer geplant, die aber aus politischen Gründen nicht genehmigt wurden. Die an dem Südhang horizontal angeordneten Breithäuser dienen außerdem der passiven Ausnutzung der Sonnenenergie. Dies wird durch die Erfahrungen der Bewohner bezüglich der anfallenden Heizkosten bestätigt. Die auf einer Geschoßebene an das Erdreich grenzende hangseitige Außenwand trägt dazu ebenso bei. Zusätzlich wurde durch die Installation von Elektroheizungen die emmissionsfreie Beheizung der Siedlung forciert.

Durch die Erreichbarkeit der Parzellen auf hangparallelen Wohnwegen wurde versucht, ein behindertengerechtes Umfeld zu schaffen. Dazu ist auch die Möglichkeit vorgesehen, nur eine Geschoßebene zu bewohnen wie bei der Variante mit Vollausbau und Einlieger. Das Erschließungskonzept ist von seinem Grundprinzip her "beispielhaft", jedoch sind die 3 m breiten Wohnwege mit einem beträchtlichen Befestigungsausmaß verbunden.

Bei der Einschätzung der **Erschließung** ist die Stellplatzanlage prinzipiell als "beispielhaft" zu bezeichnen (Abb. 18). Die vorliegende Ausführung ist für eine Neigung um 5° geeignet. In den Bereichen der Carports kann auch ein stärkeres Gefälles aufgenommen und Vegetationsflächen teilweise erhalten werden, beispielsweise durch eine Abschrägung der hangseitigen und Aufstützung der talseitigen Parkplätze. Außerdem kann eine solche Anlage durch einen höheren Anteil an Grünelementen, der bei der vorliegenden Ausführung fast völlig fehlt, gut in das Landschaftsbild eingefügt werden. Die durch die hohe Flächenausnutzung teilweise erforderlichen Stützwände stellen zwar erhebliche Eingriffe dar, aber die Anpassung an die Steigung ist aufgrund des in dieser Zone ursprünglich vorliegenden Geländesprunges als "vertretbar" zu bezeichnen (Abb. 21). Was die Treppenführungen anbetrifft, sind sie prinzipiell für Neigungen von 22° - 28° geeignet und dabei als "beispielhaft" einzuschätzen.

Topographieanpassung:	Erschließung	Gebäude	Außengelände	Gesamtgestaltung	Freibereich - Tiefe
prinzipiell	5°, 22-28° □	13° □			5,5 m
an vorliegende Neigung (7-13°)	◩	◩	■	■	Abstand zwischen d. Zeilen 8,5 m
Einschätzung	□ beispielhaft	◩ vertretbar	■ problematisch		

A B B.   21   Einschätzung der gestalterischen Aspekte

Es kann aber auch in diesem Fall in bezug auf die ursprüngliche Situation von einer "vertretbaren" Gestaltung gesprochen werden.

Die **Gebäude** sind mit einem Höhenunterschied von einem Geschoß zwischen dem hang- und dem talseitigen Eingang, der Tiefe von 5,5 m, der Breite der Terrasse von 3,3 m bzw. jener des Wohnweges von 3 m prinzipiell für ein 13° steiles Gelände geeignet (Abb. 19). Bei einer geringer dimensionierten Erschließung ist auch noch eine Eignung für ein stärkeres Gefälle gegeben. Da nur in eher klein bemessenen Teilbereichen die Steigung 13° beträgt, ist die vorliegende Gestaltung bei ausschließlicher Betrachtung der Geländeaufnahme im Gebäudebereich noch als "vertretbar" zu bezeichnen.

Im **Außengelände** liegen in den privaten Freibereichen, mit Ausnahme der Vorgärten entlang der Erschließungssstraße, ebene Flächen vor (Abb. 20). Da dies in hängigem Gelände als "problematisch" einzuschätzen ist, erfolgt somit die gleiche Bewertung bei der vorliegenden Neigung von 7° - 13°. Die im Anschluß an die Gebäude, auch bei einer Ausführung ohne Anbau, durchgehenden Stützwände sind zum Teil auch die Ursache einer derartigen Gestaltung. Diese Maßnahme dient dazu, auch zu einem späteren Zeitpunkt den geänderten Nutzerinteressen durch die Möglichkeit einer Hauserweiterung entsprechen zu können. Da nur kleine Freibereiche mit geringer Tiefe ohne daran anschließende zusätzliche öffentliche Vegetationsflächen verbleiben, sind dadurch die Möglichkeiten einer Berücksichtigung der Topographie grundsätzlich eingeschränkt.

Ein etwas geringerer Höhenunterschied zwischen den Gebäudeeingängen könnte der vorliegenden Steigung besser gerecht werden. Da auf dem gesamten Hangbereich kein einheitliches Gefälle vorliegt, ist eine Anpassung an die überwiegend auftretende Neigung zweckmäßig. In Teilbereichen ist zur stärkeren Aufnahme des ursprünglichen Abfalles nach Möglichkeit davon abzuweichen. Im Außengelände können zudem diese Unterschiede des Gefälles ausgeglichen werden, sofern dies nicht wie bei dieser Situation durch die Gebäude- und Erschließungsgestaltung eingeschränkt oder unterbunden ist. Die bauliche Ausführung der Häuser hat im Zusammenhang mit der Wahl der Erschließungsbreite Wirkung auf die Topographieanpassung in den Freibereichen. Dabei ist auch die verbleibende Tiefe des Gartens, die aus dem Abstand zwischen den Zeilen und der Dimensionierung der Wohnwege resultiert, ausschlaggebend. In dem vorliegenden Fall verbleibt eine Breite von 2,2 m für den Streifen im Anschluß an die Terrasse. Auch wenn diese Fläche nicht für einen Anbau in Form des Kellers genutzt wird, sind hier die Möglichkeiten einer Topographieanpassung stark eingeschränkt. Dies kann bei einer verminderten Erschließungsbreite durch einen an die private Freifläche anschließenden öffentlichen Vegetationsstreifen verbessert werden. Dies gilt besonders bei dem relativ geringen Abstand von 8,5 m zwischen den Zeilen, der bei dem Wintergarten und dem Kelleranbau in dieser Zone sogar auf 3 m sinkt. Auf diese Weise besteht auch die Möglichkeit, den Freibereich durch Pflanzungen abzuschirmen.

Die Topographieanpassung der vorliegenden **Gesamtgestaltung** ist als "problematisch" einzuschätzen, da das Hanggelände in den überwiegenden Teilen in ebene, terrassierte Flächen gegliedert wurde und Bereiche, die die ursprüngliche Neigung aufweisen, vollkommen fehlen. Die Veränderungen gegenüber der Ausgangssituation sind mit Hilfe der Vergleichsgrößen zu quantifizieren, zu bewerten und der auf der Gestaltung beruhenden Einschätzung gegenüberzustellen. Es ist auch zu klären, inwieweit Wirkungszusammenhänge zu verzeichnen sind.

3.2 Erfassung der siedlungsökologischen Vergleichsgrößen

Die untersuchten gestalterischen Aspekte sollen Einblick geben über die Ursache der hervorgerufenen Folgebelastungen. Das Ausmaß der **Erdbewegungsmaßnahmen** ermöglicht dabei flächendeckend Rückschlüsse auf die Topographieanpassung. Der Schnitt in der Gebietsmitte (Abb. 22/2) veranschaulicht die Überlagerung zwischen der jetzt vorliegenden und der ursprünglichen, gestrichelt dargestellten Oberfläche. Gleiches gilt für die planometrisch dargestellte Abb. 23, bei der die Unterschiede zwischen der Situation vor und nach der Bebauung durch einzelne Schnittflächen verdeutlicht ist. Da innerhalb der Baukörper das neue Gelände nicht aufgerastert ist, um die Lesbarkeit der Darstellung in diesen Bereichen nicht zu gefährden und kaum durchgehende Vegetationsstreifen in der Fallinie vorliegen, ist die räumliche Erfassung der Gesamtsituation für den Betrachter erschwert.

Mit Hilfe von Abb. 24, bei der die Gebäude- und Erschließungszonen durch Rasterflächen unterschieden sind, ist auch eine quantitative Einschätzung der Erdbewegungen in allen Teilbereichen möglich. Alle Veränderungen sind in 0,5 m-Kategorien dargestellt. Jene Bereiche, die über 1,5 m liegen, sind stärker hervorgehoben. Dabei ist zwischen Auf- und Abtragungen nicht differenziert. Bei den Wohnwegen und dem direkt daran anschließenden Außengelände ist eine starke Anpassung vorhanden. Dieses wird aus dem geringen Ausmaß an Erdbewegungen ersichtlich. Bei den Baukörpern wird nicht der Umfang der Geländeveränderungen bewertet, sondern inwieweit bei den an die Gebäudeausgänge angrenzenden Geschoßebenen eine Anpassung an die Neigung der Ausgangssituation erfolgt. Bei den Grundtypen ohne Anbau liegt dadurch im Außengelände eine gegenüber der unmittelbar anschließenden Gebäudefläche geringere Berücksichtigung der Topographie vor. Die erheblichen Erdbewegungen werden durch die fortlaufenden Stützwände verursacht, die auch noch zu einem späteren Zeitpunkt die Erweiterung des Hauses ermöglichen.

Im oberen Bereich der Stellplatzanlage lag ein Geländesprung mit stärkerer Abböschung vor (Abb. 23), so daß größere Eingriffe kaum vermeidbar waren (Abb. 24). Dies ist größtenteils die Ursache dafür, daß in der prozentualen Geamtauswertung bei allen drei Einzelgestaltungen Veränderungen mit einer Stärke von 3,5 m bis zu 4,5 m auftreten. Es kann somit nicht aufgrund dieser starken Erdbewegungen auf eine unzureichende Berücksichtigung der ursprünglichen Situation geschlossen werden. Zur Einschätzung des Ausmaßes an Erdbewegungen sind bei den Erschließungsflächen und im Außengelände diese Veränderungen bis zur Kategorie von 0,5 m bzw. bei den Baukörpern ist die Anpassung der an die Gebäudeausgänge angeschlossenen Geschoßebenen bis 1,0 m differenziert dargestellt. Die Bewertung erfolgt bei dem Vergleich der Ergebnisse zwischen den Untersuchungsgebieten.

Das Ausmaß an **Geländeeinschnitten mit Stützwänden** geht aus der Planometrie (Abb. 23) und der Auswertungskarte (Abb. 27/1) hervor, mit deren Hilfe auch die Abflußsituation in Hanglage eingeschätzt wird. Stützwände sind im Bereich der **Gebäude** kaum zu vermeiden, können aber in der Eingriffstärke durch nur teilweise oder sogar fehlende Unterkellerung reduziert werden.

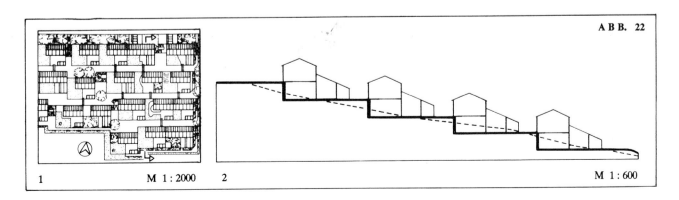

A B B. 22

1   M 1 : 2000   2   M 1 : 600

ABB. 23

PLANOMETRISCHE ÜBERLAGERUNG DER BEBAUTEN SITUATION MIT DEM URSPRÜNGLICHEN GELÄNDE

M 1 : 600

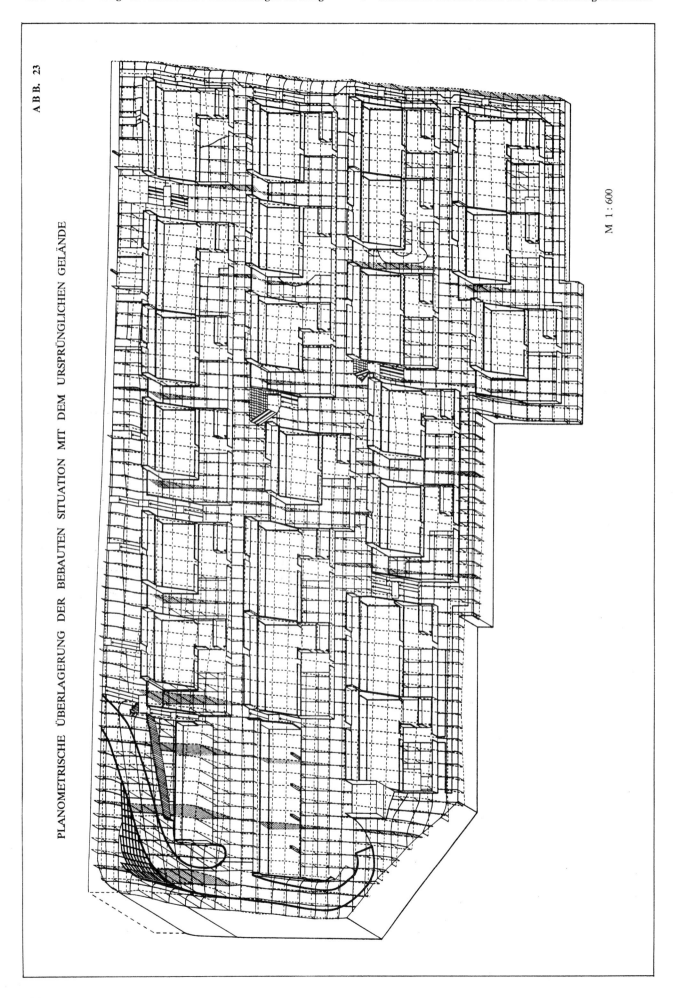

Boden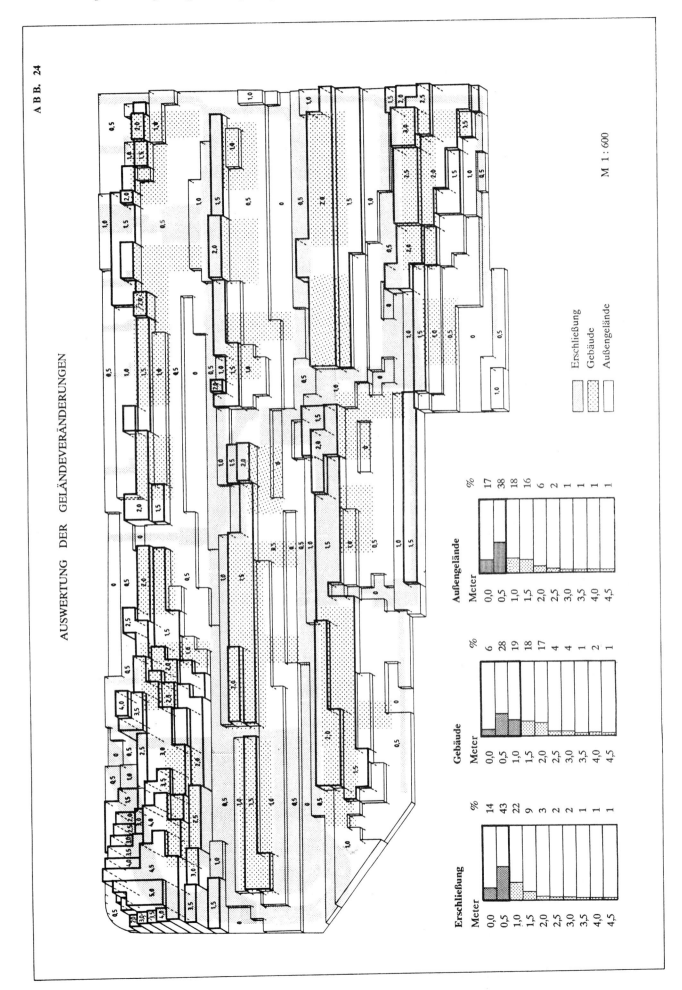

1   Gebäude und Erschließungsflächen   M 1 : 1000   A B B. 25

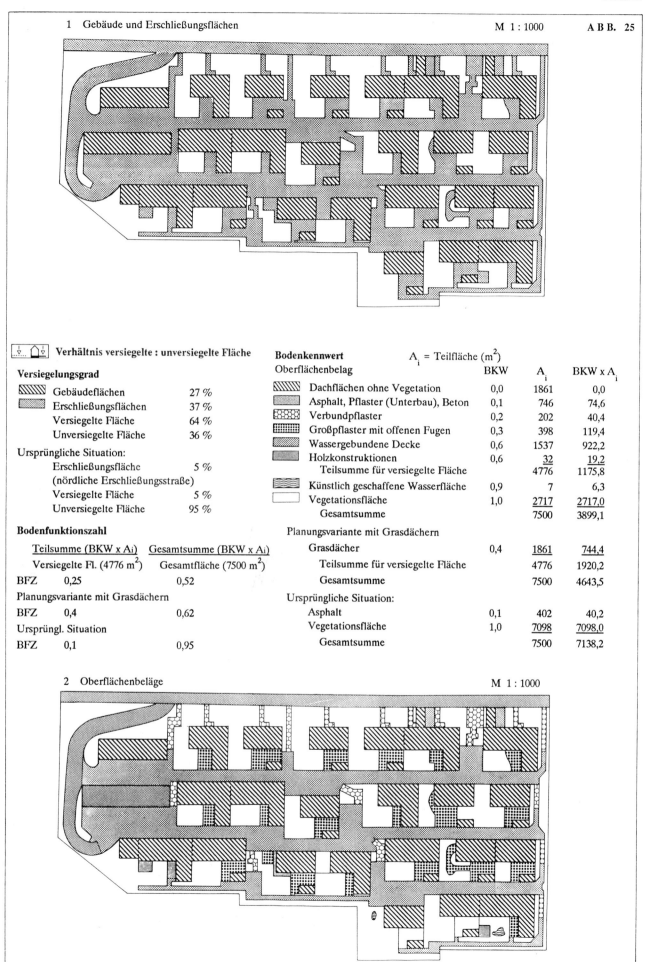

Verhältnis versiegelte : unversiegelte Fläche

Versiegelungsgrad

Gebäudeflächen	27 %	
Erschließungsflächen	37 %	
Versiegelte Fläche	64 %	
Unversiegelte Fläche	36 %	

Ursprüngliche Situation:

Erschließungsfläche	5 %
(nördliche Erschließungsstraße)	
Versiegelte Fläche	5 %
Unversiegelte Fläche	95 %

Bodenfunktionszahl

	Teilsumme (BKW x A_i) Versiegelte Fl. (4776 m^2)	Gesamtsumme (BKW x A_i) Gesamtfläche (7500 m^2)
BFZ	0,25	0,52

Planungsvariante mit Grasdächern

BFZ	0,4	0,62

Ursprüngl. Situation

BFZ	0,1	0,95

Bodenkennwert A_i = Teilfläche (m^2)

Oberflächenbelag	BKW	A_i	BKW x A_i
Dachflächen ohne Vegetation	0,0	1861	0,0
Asphalt, Pflaster (Unterbau), Beton	0,1	746	74,6
Verbundpflaster	0,2	202	40,4
Großpflaster mit offenen Fugen	0,3	398	119,4
Wassergebundene Decke	0,6	1537	922,2
Holzkonstruktionen	0,6	32	19,2
Teilsumme für versiegelte Fläche		4776	1175,8
Künstlich geschaffene Wasserfläche	0,9	7	6,3
Vegetationsfläche	1,0	2717	2717,0
Gesamtsumme		7500	3899,1

Planungsvariante mit Grasdächern

Grasdächer	0,4	1861	744,4
Teilsumme für versiegelte Fläche		4776	1920,2
Gesamtsumme		7500	4643,5

Ursprüngliche Situation:

Asphalt	0,1	402	40,2
Vegetationsfläche	1,0	7098	7098,0
Gesamtsumme		7500	7138,2

2   Oberflächenbeläge   M 1 : 1000

1   Nutzung der Vegetationsflächen   M 1 : 1000   A B B. 26

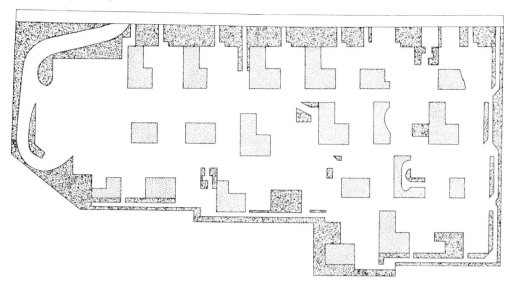

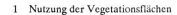 **Verhältnis   intensiv : extensiv genutzter Vegetationsfläche**

                                                    ursprüngl. bebaut

Anteil der

		ursprüngl.	bebaut
	Vegetationsfläche / Gesamtfl.	95 %	36 %
	int. Nutzung / Vegetationsfl.	0 %	35 %
	ext. Nutzung / Vegetationsfl.	100 %	65 %
	extensiven Nutzung / Gesamtfl.	95 %	23 %
	Nutzungs- u. Pflegeintensität		■

Verhältnis Baumasse : Vegetationsvolumen

	Masse in m^3	$\dfrac{\text{Masse}}{\text{Gesamtfläche (7500 m}^2\text{)}}$	
Gebäude	8577	1,14	BMZ
Vegetation	1792	0,24	GVZ

Urspr. Situation

Vegetation	2668	0,36	GVZ (urspr.)

Verhältnis

GVZ (urspr.) : GVZ	1 (0,36) :	0,66 (0,24)
BMZ : GVZ	1 (1,14) :	0,21 (0,24)
BMZ : GVZ - GVZ (urspr.)	1 (1,14) :	0,0 (0,24 - 0,36)

Vegetationsmasse   Masse in m^3

7 Junggehölze mit kugelförmiger Krone (Ø 6 m = 113,1 m^3)

7 x 113,1 m^3 = 792 m^3	20 % von 792 m^3 =	158
2 Einzelsträucher		4
	Teilsumme	162

Vegetationsfläche A_i Teilfläche, unterteilt nach Vegetationshöhe

	Höhe in m	A_i in m^2	Höhe x A_i in m^3
Rasen	0,1	955	96
Wiese	0,3	244	73
Bodendecker u. vereinzelt niedrige Sträucher	0,7	306	214
Bodendecker und vereinzelt hohe Sträucher	1,0	1142	1142
Niedrige und hohe Sträucher (je ca. 50 %)	1,5	70	105
	Teilsumme		1630
	Gesamtsumme		1792

Ursprüngliche Situation

Wiese	0,3	7098	2129
3 Gehölze mit kugelf. Kronen (Ø 7 m = 179,6 m^3)			539
		Summe	2668

2   Lageplan zur Grünvolumenberechnung   M 1 : 1000

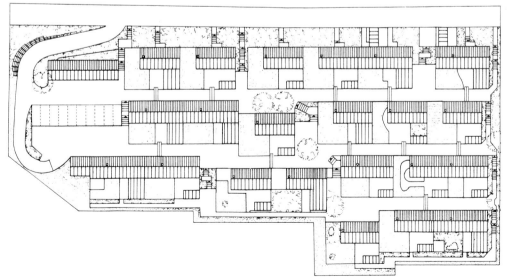

67

Abführung von Wasser in die Kanalisation

ABB. 27

Berechnung des mittleren Abflußbeiwertes

Flächen mit Anschluß an den Kanal

Oberflächenbelag	ψ_i	A_i in m^2	$\psi_i \times A_i$ in m^2
Planungsvariante mit Grasdächern:			
Asphalt, Pflaster mit festem Unterbau, Betondecke	0,9	745	670,5
Ungebundene Decke	0,5	338	169,0
Summe		1083	839,5

Summe $\psi_i \times A_i$ (839,5) : A_g (1083) = 0,78 ψ_m

Bestand:

Dachflächen ohne Vegetation	1,0	1861	1861,0
Gesamtsumme		2944	2700,5

Summe $\psi_i \times A_i$ (2700,5) : A_g (2944) = 0,92 ψ_m

A_i Teilfläche, unterteilt nach Oberflächenbelag
A_g Gesamte Bezugsfläche
ψ_i zur Teilfläche A_i gehöriger Abflußbeiwert
ψ_m mittlerer Abflußbeiwert zu A_g

Oberflächenabfluß von den restlichen Flächen

Oberflächenbelag	ψ_i	A_i in m^2	$\psi_i \times A_i$ in m^2
Verbundpflaster	0,8	202	161,6
Großpflaster mit offenen Fugen	0,7	398	278,6
Wassergebundene Decken	0,5	1199	599,5
Holzkonstruktionen	0,2	32	6,4
Künstlich geschaffene Wasserfl.	0,0	7	0,0
Rasenfläche	0,2	954	190,8
Extensive Vegetationsfläche	0,24	1762	422,9
Summe		4554	1659,8

Summe $\psi_i \times A_i$ (1659,8) : A_g (4554) = 0,37 ψ_m

Planungsvariante mit Grasdächern:

Begrünte Dachflächen	0,3	1861	558,3
Summe		6415	2218,1

Summe $\psi_i \times A_i$ (2218,1) : A_g (6415) = 0,35 ψ_m

Ursprüngliche Situation

Asphalt	0,9	402
Vegetationsfläche	0,3	7098

Berechnung des Oberflächenabflusses

Zeitbeiwert (φ) mit der Häufigkeit von n = 1/Jahr beträgt bei 20 min 0,828

Abflußmenge (Q) in l = $(r_{15(1)} \times \varphi) \times 20$ (min) $\times 60 \times A_g \times \psi_m$ $r_{15(1)}$ = 130 l/(s x ha)

	A_g in ha	ψ_m	Abflußmenge in l
Abfluß in den Kanal	0,2944	0,92	34985
Im Falle von Grasdächern	0,1083	0,78	10911
Abfluß von den Restflächen	0,4554	0,37	21765
Im Falle von Grasdächern	0,6415	0,35	29002
Ursprüngliche Situation			
Abfluß in den Kanal	0,0402	0,9	4673
Abfluß von den Vegetationsfl.	0,7098	0,3	27505

Vergleich (in m^3)	Ursprüngl. Situation		Bebautes Gebiet		Variante mit Grasdächern
Gesamtabfluß	**100 % (32,2 m^3)**	:	**176 % (56,8 m^3)**	:	**124 % (39,9 m^3)**
Abfluß in den Kanal	15 % (4,7 m^3)	:	108 % (35,0 m^3)		34 % (10,9 m^3)
Abfluß von den Restflächen	85 % (27,5 m^3)	:	68 % (21,8 m^3)		90 % (29,0 m^3)

Abflußsituation in hängigem Gelände

Ableitung von	Erschl.	Gebäude	Außengelände
Sickerwasser	◪	◪	◼
Oberflächenwasser der Restflächen			◪

Legende

▨ Vegetationsfläche
---- Stützwände mit Sickerwasserdurchlaß
—— Stützwände ohne Sickerwasserdurchlaß

1 Einschnitte mit Stützwänden   M 1 : 1000

Bei den vorliegenden Breithäusern erscheint die Einschnitthöhe von einem Geschoß "vertretbar". Beim Grundtyp ohne Anbau werden die an die Baukörper angrenzenden Stützwände dem **Außengelände** angerechnet und sind für diesen Bereich als "problematisch" einzuschätzen. Bei den Treppen sind die Vegetationsflächen teilweise abgeböscht, und die Hangsicherungsbauwerke mit Sickerwasserdurchlässen liegen in einem vertretbaren Ausmaß vor. Die Stützwände im Bereich der Sammelstellplatzanlage sind durch die Anordnung der Fahrzeuge auf zwei Ebenen nicht zu vermeiden. Die Hangsicherungen entlang der Zufahrtsstraße sowie im Bereich oberhalb der Carports resultieren dagegen teilweise aus dem geringen Anteil an Vegetationsflächen und den damit zusammenhängenden eingeschränkten Möglichkeiten der Abböschung. Bei der **Erschließung** sind aber die gesamten Geländeeinschnitte "vertretbar".

Die **Versiegelung** ist in Abb. 25/1 nach Gebäude- und Erschließungsbereichen und in Abb. 25/2 nach den unterschiedlichen Belagsstrukturen entsprechend dem Bodenkennwert differenziert dargestellt. Aufgrund der intensiven Flächennutzung mit einer Gesamtversiegelung von 64 % verbleiben nur relativ kleine, nicht miteinander verbundene Vegetationszonen, die nur am Gebietsrand etwas größer dimensioniert sind. Da die ursprüngliche Situation mit einer Wiese und drei nicht erhaltenen Gehölzen ausreichend beschrieben ist, wurde sie nicht in einem zusätzlichen Plan dargestellt. Um die Erreichbarkeit der sowohl westlich als auch nördlich des Bebauungsbeispieles liegenden Siedlungen zu gewährleisten, lag bereits eine Zufahrtsstraße vor. Aus diesem Grunde wird nur der Bereich bis zur Fahrbahnmitte angerechnet, der bei der ursprünglichen Situation den Anteil von 5 % an befestigter Fläche ausmacht. Die Bodenfunktionszahl (BFZ) wurde sowohl für die versiegelten Bereiche als auch für die Gesamtfläche ermittelt, um Rückschlüsse auf Lösungen zur Verringerung der Belastungsintensität zu ermöglichen. Aus dem gleichen Grunde wurde die Planungsvariante mit Grasdächern sowohl in diesem Zusammenhang als auch bei der Ermittlung des Oberflächenabflußes mit herangezogen. Im Bereich der Wohnwege und auch der Anschlußflächen bei der Stellplatzanlage ist durch die wassergebundene Decke ein versickerungsfördernder Belag gewählt worden. Dies gilt weitgehend auch für das Großpflaster mit offenen Fugen bei den Terrassen, die bei zwei Parzellen sogar mit Holzkonstruktionen ausgeführt wurden. Ebenso sind bei zwei Grundstücken kleine Wasserflächen mit naturnah gestalteter Vegetation angelegt worden.

Bei den verbliebenen **Vegetationsflächen** sind in Abb. 26/1 die Rasen- und extensiv genutzten Grünbereiche zur Ermittlung der **Nutzungs- und Pflegeintensität** unterschieden. Mit Ausnahme der Vorgartenzonen entlang der Erschließungsstraße sind die privaten Außenanlagen, abgesehen von vier Parzellen, ausschließlich mit Rasen bepflanzt. In einem Fall verbleibt dabei aber auch nur ein kleines Rechteck in der Größe einer Terrasse. Die extensiv genutzten, teilweise sehr schmalen Randzonen, führen aber doch zu einem Anteil von 65 % am pflanzlichen Areal und zu 23 % an der Gesamtfläche. Die Anschlußbereiche an die Sammelstellplatzanlage leisten für das Erreichen dieser Prozentsätze einen wesentlichen Beitrag. Da weder ein größerer extensiv genutzter Bereich verbleibt noch eine Vernetzung besteht, wird die Nutzungs- und Pflegeintensität mit "problematisch" eingeschätzt.

Bei der ursprünglichen Situation mit einer Wiese und drei Gehölzen lag eine Grünvolumenzahl (GVZ) von 0,36 vor. Um die Ermittlung der **Vegetationsmasse** bei dem bebauten Gelände zu veranschaulichen, wurde der Lageplan herangezogen (Abb. 26/2). Ein direkter Bezug zu den Teilflächen mit den unterschiedlichen Vegetationshöhen wurde aus Gründen der Lesbarkeit nicht hergestellt. Bei den 7 Junggehölzen wird ein Anteil von 20 % des Endvolumens angerechnet. Mit der GVZ von 0,24 ist aber nur ein Ausgleich von 66 % des ursprünglichen pflanzlichen Bestandes bzw. von ca. 20 % der Baumasse gegeben. Sofern aber beide Faktoren kompensiert werden sollen, verbleibt nach Abzug der ursprünglichen GVZ von 0,36 bei dem Vergleich BMZ : GVZ - GVZ (urspr.) die GVZ von theoretisch 0,12. Dies läßt gegenüber der Ausgangssituation auf eine Verschlechterung schließen.

Um die **Abführung von Wasser in die Kanalisation** einzuschätzen, wird der Gesamtabfluß vor und nach der Bebauung betrachtet (Abb. 27). Dabei wird der mittlere Abflußbeiwert sowohl für das an den Kanal angeschlossene versiegelte Areal als auch für die restlichen Bereiche, die Grün- und befestigte Flächen umfassen, ermittelt. Von der Erschließungsstraße des unbebauten Geländes erfolgte eine Einleitung in den Kanal. Demgegenüber floß der in der Vegetation anfallende Regen oberflächennah in tieferliegende Abschnitte und wurde anschließend in den unterhalb angrenzenden Bach eingespeist. In beiden Fällen kann zur Berechnung der Abflußmenge der Abflußbeiwert direkt herangezogen werden. Dieser beträgt bei Grünbereichen in ebener Lage 0,2 und wird bei leichter Neigung um 25 % und bei stärkerem Gefälle um 50 % erhöht. Um die Veranschaulichung zu erleichtern, wurde für die verschiedenen Neigungsspektren keine Differenzierung vorgenommen (vgl. S. 44). Aus dem gleichen Grund und, um eine bessere Übersichtlichkeit zu erreichen, wurden bei der Berechnung des mittleren Abflußbeiwertes die flächenbezogen Werte in m^2, im Zusammenhang mit dem Abflußvolumen aber in ha angegeben. Es war bei der Planungsvariante mit Grasdächern vorgesehen, die Dachentwässerung nicht wie bei der jetzt vorliegenden Bebauung in den Kanal einzuleiten, sondern in die tieferliegenden Vegetationsbestände zu führen. Dadurch wird hierbei die abfließende Wassermenge den restlichen Flächen zugeordnet. Aufbauend auf dem berechneten Oberflächenabfluß (siehe S. 45), ist der Vergleich des Gesamtabflusses zwischen der ursprünglichen Situation, die mit 100 % die Bezugsgrundlage darstellt und dem bebauten Gebiet mit 176 % sowie der Variante mit Grasdächern mit 124 % möglich. In der Folge ist die Ansammlung im Kanal sowie in den Restflächen differenziert zu betrachten und durch den Vergleich zwischen den Untersuchungsgebieten einzuschätzen. Die erhebliche Verringerung des gesamten abzuführenden Volumens, insbesondere aber der in die Kanalisation abzuleitenden Menge, wird bei den Grasdächern deutlich.

Die Abführung in den Restflächen ist aber erst im Zusammenhang mit der **Abflußsituation in hängigem Gelände** abschließend zu bewerten (Abb. 27/1). Die weitgehend ebenen Flächen wirken abflußmindernd. Außerdem kann der Niederschlag bei einem größeren Anfall nur erschwert oberflächennah abfließen, da außer den schmalen Randzonen keine Vegetationsstreifen in der Fallinie vorliegen. Da das Wasser auch nicht in Rinnen gesammelt wird, kann es nur infolge einer verstärkten Versickerung, besonders in den diesbezüglich begünstigten Bereichen vor den Stützwänden, in der Dränung aufgefangen und in die unterhalb an das Gebiet grenzenden Grünbereiche geleitet werden. Aufgrund der nicht zusammenhängenden Vegetationsflächen und der Stützwände im Anschluß an die Gebäude erfolgt im Außengelände dieselbe Ableitung des Sickerwassers. Dieser Problemkomplex wird daher insgesamt als "problematisch" eingeschätzt. Nur bei den Treppen und der Zufahrt zu den Stellplätzen sind ingenieurbiologische Maßnahmen mit entsprechenden Öffnungen zur Vermeidung der Dränung vorhanden. Bei der Erschließung ist die Ableitung "vertretbar", da die an den Wohnweg angrenzenden Stützwände entweder den Gebäuden oder den Gartenflächen angerechnet werden. Bei Heranziehung nur der Gebäudezonen ist der Anteil von Sickerwasser in der Dränung noch "vertretbar". Wie die Gesamtbelastung durch die Geländeeinschnitte insgesamt und die Ableitung des Sickerwassers aus den oberhalb angrenzenden sehr weitläufigen Hangbereichen zu beurteilen ist, bleibt bei der Analyse zu klären.

3.3 Quantitative Flächeninanspruchnahme

Bei den 22 Parzellen wurde auf einer Gesamtfläche von 7500 m^2 eine GFZ von 0,39 erreicht. In zwei Fällen ist die Variante mit Einlieger durchgeführt worden, so daß auf die insgesamt 24 Wohneinheiten jeweils 1,4 Stellplätze entfallen. Daraus ergibt sich der Bruttobaulandbedarf von 120 m^2/EW. Bei dem Bebauungskonzept beträgt die Gesamtversiegelung 58 %. Die Erschließung überwiegt dabei mit 33 % am Gesamtgebiet gegenüber 25 % an Gebäudeflächen. Bei den gebietstypischen 204 m^2 großen Einheiten ändert sich dieses Verhältnis zugunsten der Baukörper. Die Gesamtversiegelung steigt dabei aber auf 67 %, und bei der

Objektplanung kommen im privaten Freibereich weitere 5 % hinzu. Nach Abzug des Wohnweges verbleibt eine Parzellengröße von ca. 170 m².

Die versiegelte Fläche, die als Mittelwert der gebietstypischen Ausschnitte ersichtlich ist,
schwankt zwischen 68 % beim Grundtyp (Variante 1), der an 11 Parzellen umgesetzt wurde
und 80 % bei dem Vollausbau mit Anbau und Wintergarten (Variante 4). Dieser kam sechs-
mal zur Anwendung. Die Grundfläche mit durchschnittlich 92 m² liegt zwischen 62 m² (1)
ohne den 9 m² großen Keller und 112 m² (4). Die Geschoßflächenausnutzung als wesentlich-
stes Merkmal der quantitativen Flächeninanspruchnahme ist bei der Variante 4 mit einer Inneren Dichte (ID; S. 46) von 0,9 mehr als doppelt so hoch wie bei der mittleren GFZ von
0,39 des Bruttobaugebietes. Da der eingeschossige Wintergarten auch als Wohnraum genutzt
wird, ist dieser Bereich als Geschoßfläche angerechnet. Der Durchschnittswert der ID liegt
bei 0,72, und sie beträgt bei dem Grundtyp (1) 0,61.

Die Bodenfunktionszahl der versiegelten Bereiche beträgt bei den ausgewählten Einheiten
durchschnittlich 0,41 und wird im Falle der ursprünglich geplanten Grasdächer sogar auf fast
0,6 erhöht - bei einem Anteil der Vegetationsfläche von nur 28 %. Diese wird bei den gebietstypischen Ausschnitten zur Gänze intensiv genutzt. Nur bei drei Parzellen und einer an Variante III anschließenden Einheit verbleiben größere extensiv genutzte Teilbereiche.

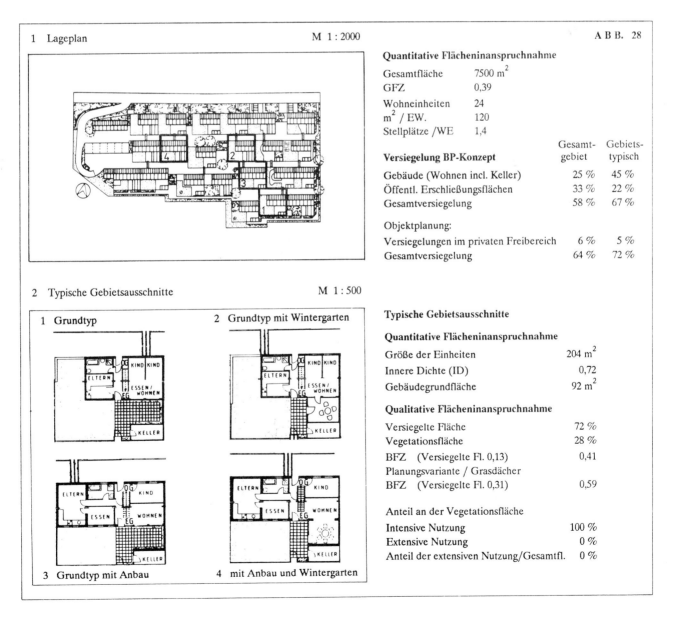

1   Lageplan   M 1 : 2000   A B B. 28

Quantitative Flächeninanspruchnahme

Gesamtfläche	7500 m²
GFZ	0,39
Wohneinheiten	24
m² / EW.	120
Stellplätze /WE	1,4

Versiegelung BP-Konzept	Gesamt-gebiet	Gebiets-typisch
Gebäude (Wohnen incl. Keller)	25 %	45 %
Öffentl. Erschließungsflächen	33 %	22 %
Gesamtversiegelung	58 %	67 %

Objektplanung:		
Versiegelungen im privaten Freibereich	6 %	5 %
Gesamtversiegelung	64 %	72 %

2   Typische Gebietsausschnitte   M 1 : 500

1 Grundtyp   2 Grundtyp mit Wintergarten

3 Grundtyp mit Anbau   4 mit Anbau und Wintergarten

Typische Gebietsausschnitte

Quantitative Flächeninanspruchnahme

Größe der Einheiten	204 m²
Innere Dichte (ID)	0,72
Gebäudegrundfläche	92 m²

Qualitative Flächeninanspruchnahme

Versiegelte Fläche	72 %
Vegetationsfläche	28 %
BFZ (Versiegelte Fl. 0,13)	0,41
Planungsvariante / Grasdächer	
BFZ (Versiegelte Fl. 0,31)	0,59

Anteil an der Vegetationsfläche

Intensive Nutzung	100 %
Extensive Nutzung	0 %
Anteil der extensiven Nutzung/Gesamtfl.	0 %

71

4   Vertikal gruppierte Bebauungsbeispiele

4.1   Doppelzeile bei 18° - 19°: Nordhang in Sistrans/Innsbruck - Österreich

Dieses Gebiet umfaßt insgesamt 23 projektierte Wohneinheiten auf einer Kuppe und einem daran anschließenden stark geneigten Gelände. Die Auswahlkriterien stellen dabei unter anderem die zweireihige vertikale Erschließung und das vorliegende Gefälle als Ergänzung zu den beiden anderen Bebauungsbeispielen dar. Die flächensparende Gebäude- und Erschließungsform sowie die Grundstücksparzellierung bei dem untersuchten Hangausschnitt wurde auch zur Gegenüberstellung mit der horizontalen Bebauung gewählt, die ähnliche Merkmale aufweist. Anhand dieser Situation in Nordlage soll im Anschluß an die Untersuchung außerdem die Frage diskutiert werden, unter welchen Umständen eine Siedlungstätigkeit in nördlicher Exposition vertretbar ist. Diese Siedlung auf einer Seehöhe von ca. 920 - 940 m befindet sich am Rande der stärker besiedelten Region um Innsbruck, die auf ca. 500 m liegt (Abb. 29). Da die Stadt aufgrund gut ausgebauter Straßen leicht erreichbar ist bietet die Wohnlage im alpinen Bereich sowohl ländliche als auch städtische Vorteile.

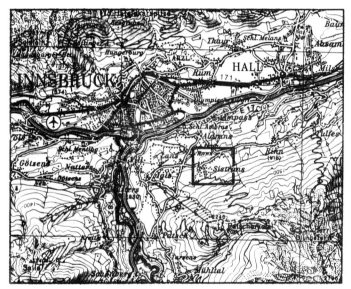

A B B.   29   Lage im Raum   M 1 : 200 000

A B B.   30   Flächennutzung, Freiraumstruktur   M 1 : 25 000

Diese Höhenlage ist auch deshalb attraktiv, da der Bereich um Innsbruck durch die Tallage zudem in stärkerem Maße auch aufgrund der erheblichen Verkehrsbelastungen durch Smog gefährdet ist.

Die an Sistrans angrenzenden landwirtschaftlich genutzten Wiesen und Weiden mit einer eher als strukturarm einzustufenden Ausstattung an Grünelementen reichen bis in den Ortsbereich (Abb. 30). Es liegt im gesamten Gebiet sehr bewegtes Gelände vor. Die Bewaldung der anschließenden stark geneigten Hänge, die überwiegen, sorgt aber für eine hohe Vegetationsausstattung im gesamten Siedlungsraum. Im östlichen Bereich nehmen die Strukturelemente auch in den Weide- und Wiesenflächen zu.

Es wurde der in Abb. 30 mit einem Pfeil markierte Teilbereich einer Neubausiedlung untersucht, der an der nördlichen Ortszufahrtsstraße liegt. Sowohl in Sistrans als auch in dieser Randsiedlung herrscht die offene Bauweise vor. Die in der Folge näher betrachtete Reihenhausbebauung hebt sich davon ab.

	Untersuchungsgebiet	Landwirtschaftliche Fläche
	Bebaute Flächen	strukturreich
	Wald	strukturarm

2.1.1   Gestalterische Aspekte

Dieses Gebiet wurde in die vorliegende Arbeit auch deshalb einbezogen, da in dem untersuchten Hangausschnitt eine Berücksichtigung der ursprünglichen Topographie bei der Bautätigkeit direkt erfolgte. Diese Geländeaufnahme in der Doppelzeile war auch das Hauptargument für die in Aussicht gestellte Förderung aus Bundesmitteln. Da diese aber infolge politischer Änderungen ausblieb und der Bauträger bereits durch andere Projekte stark belastet war, folgte ein Konkurs und in den Jahren 1980 - 1982 kam es zu einer verzögerten Baufertigstellung auf der Kuppe sowie bei der untersuchten Reihe. Die Errichtung des fehlenden Teiles ist aber bisher an Finanzierungsproblemen gescheitert.

Da im Vordergrund der Untersuchung die aus der Steigung resultierenden Problemkomplexe stehen, konzentrierten sich die Erhebungen auf den bebauten Hangbereich. So bezieht sich der Lageplan im M 1 : 500 (Abb. 34) auf das gesamte hängige Gelände, aber alle Auswertungskarten zur Erfassung der siedlungsökologischen Vergleichsgrößen nur auf den bebauten Abschnitt. Die Kuppe wurde nur, soweit es zweckmäßig war, in die Übersichtspläne im M 1 : 2000 (Abb. 31), aber auch im M 1 : 1000 (Abb. 36/2) einbezogen. Gleiches gilt für Berechnungen, die sich auf das Gesamtgebiet beziehen und einem direkten Vergleich der Untersuchungsgebiete dienen, beispielsweise bei der Ermittlung der quantitativen Flächeninanspruchnahme. Da die Zufahrtsstraße auch der Erschließung der angrenzenden Neubausiedlung dient, wurde sie erst ab dem Beginn des Hangbereiches berücksichtigt (Abb. 31). Diese Fläche wurde bei der Untersuchung der gebauten Zeile anteilsmäßig bis zur Straßenmitte angerechnet. Die Treppenanlage ist dagegen zur Gänze einbezogen, obwohl sie bei Fertigstellung der Doppelzeile beide Reihen erschließt. Dafür sind wesentliche Anteile an der Erschließung, die im Kuppenbereich für die Stellplätze bei der Tiefgarage anfallen, nur beim Gesamtgebiet angerechnet. Um den bebauten Hang mit seiner Oberflächengestalt vollständig zu erfassen, wird er von Norden aus betrachtet (Abb. 32, 35). Das war die Voraussetzung, um die gewünschten Aussagen bezüglich der Erdbewegungen anhand der dreidimensionalen Darstellung ableiten zu können. Um den Lageplan (Abb. 31) aber direkt mit der Planometrie (Abb. 32) vergleichen zu können, ist bei allen nachfolgenden Plänen die Exposition nur anhand des Nordpfeiles zu erkennen.

Auf der Kuppe liegt eine zentral erschlossene eingeschossige Reihenhausbebauung mit teilweise ausgebautem Dach vor. Zwischen den gegenüberliegenden Gebäudereihen erstreckt sich unter den Vegetationsflächen eine Tiefgarage, die die Stellplatzversorgung für das Gesamtgebiet abdeckt.

A B B. 31   Lageplan   **A B B. 32**   Planometrie

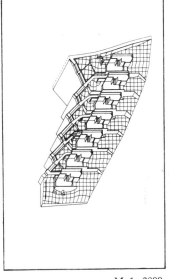

M 1 : 2000   M 1 : 2000

In dem Hangbereich werden die sieben bereits erstellten und auch die sechs geplanten Häuser auf zwei Geschossen genutzt. Die Neigung ist sowohl zwischen den Baukörpern als auch im Gebäudeinneren jeweils durch einen Versprung von einem halben Geschoß aufgenommen. Durch die Anpassung der endgültigen Höhen bei der Bautätigkeit im Gelände differieren aber die Höhenunterschiede zwischen den Baukörpern etwas.

73

1

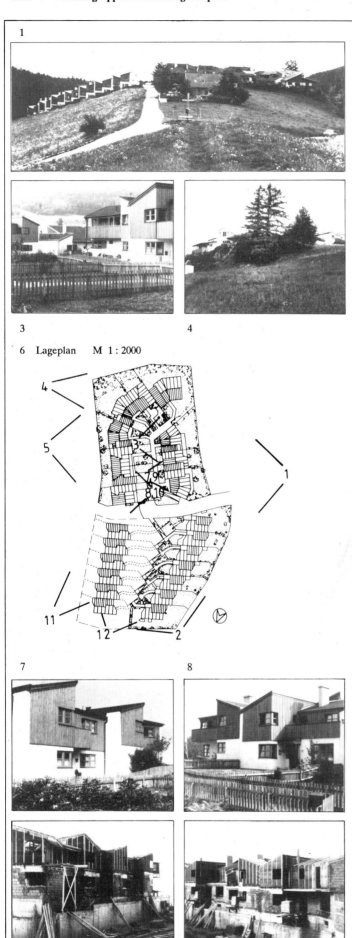

2   A B B.   33/1-10

3   4   5

6   Lageplan   M 1 : 2000

Foto 1 - 5, Plan 6: Die ursprüngliche Situation ist in der Bildmitte oberhalb der Baumreihe zu erkennen (Foto 2). Die bebaute Kuppe mit überwiegend ebenem Gelände (Foto 5), das nur in den Randbereichen stärker abfällt (Foto 4), und der untersuchte Hangabschnitt sind dem Übersichtsfoto 1 zu entnehmen. Die unterschiedlichen Fotostandpunkte sind in dem Lageplan (Plan 6) dargestellt. Die eingeschossige zentral erschlossene Gebäudegruppe auf der Kuppe mit teilweise ausgebautem Dachgeschoß ist in Foto 3 festgehalten.

Foto 7 - 10: Auf der Kuppe sind die gegenüberliegenden Gebäude im Anschlußbereich an die Zufahrtsstraße im fertiggestellten Zustand und als Baufotos dargestellt, die auch den Bereich der Tiefgarage erkennen lassen. Diese befindet sich zwischen den Zeilen unter der Vegetationsfläche und deckt die Parkplätze für das gesamte Gebiet ab.

Foto 11 - 15, Plan 16: Der bebaute Hangbereich und die Gebäude auf der Kuppe (Foto 12) sind wie das Übersichtsfoto mit dem unbebauten Gelände (Foto 2) vom unteren Gebietsrand aufgenommen. Aufgrund des Konkurses sind bei der zweiten Hälfte der Doppelzeile erst bei einem Gebäude die Stützwände des Kellergeschosses zum Teil errichtet (Foto 11). Dadurch ist es auch in diesem Hangabschnitt zu Veränderungen gekommen. Sofern es für die Übersichtlichkeit zweckmäßiger war, sind einzelne Fotostandpunkte sowohl im Lageplan mit dem M 1 : 1000 (Plan 16) als auch im Übersichtsplan 6 im M 1 : 2000 festgehalten. Die fertiggestellte Zeile ist von mehreren Seiten aus aufgenommen (Foto 13 - 15).

Foto 17, 18: Durch das Übersichtsphoto und eine Detailaufnahme ist die untersuchte Gebäudereihe mit der Vorgartenzone und der Treppenanlage, die der Erschließung der gesamten Doppelzeile dient, zum Großteil festgehalten.

Foto 19 - 21: Die Hangzeile mit der Gestaltung des Freibereiches sowie den angrenzenden Wiesen schließt die Gebietsübersicht ab.

7   8

9   10

A B B.   33/11-21

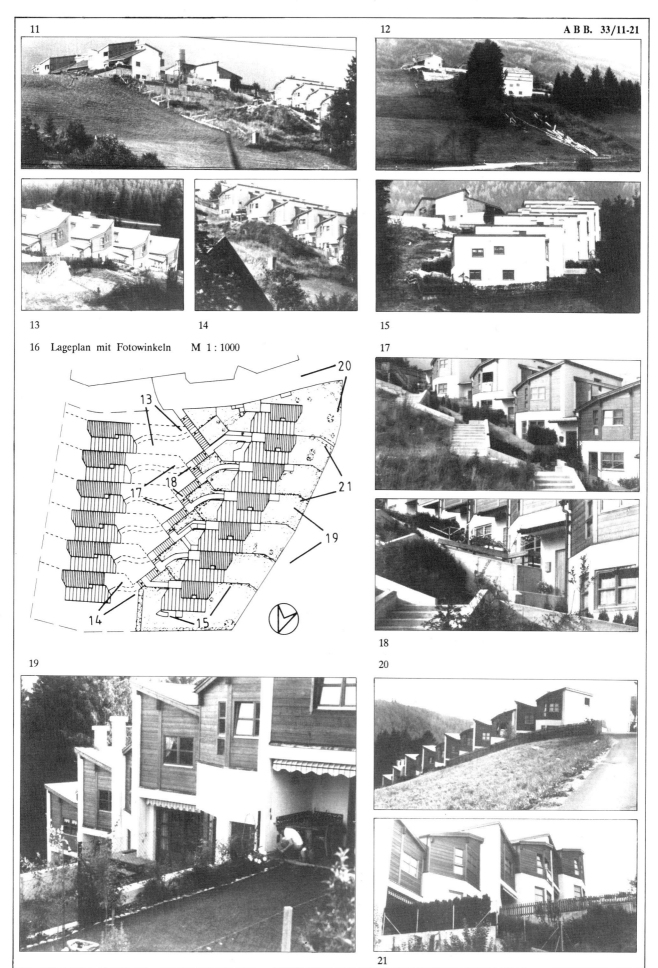

11

12

13   14   15

16   Lageplan mit Fotowinkeln   M 1 : 1000   17

18

19   20

21

ABB. 34

LAGEPLAN

M 1 : 500

P L A N O M E T R I E

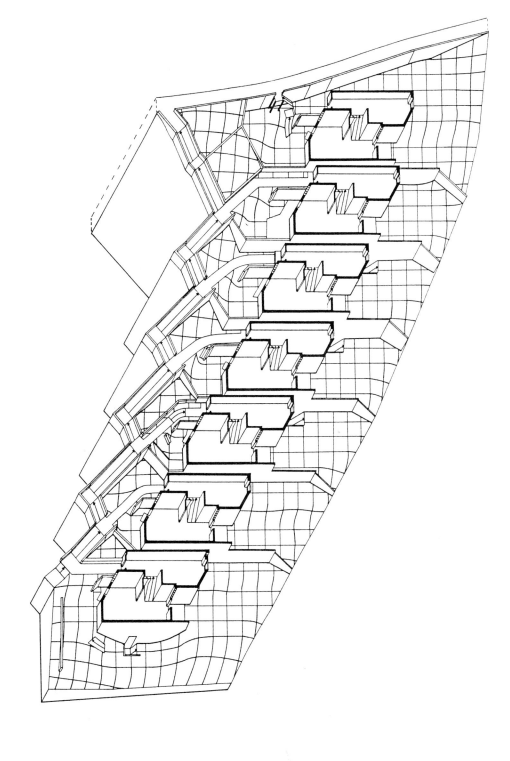

M 1 : 500

1   Lageplan   M 1 : 2000   A B B. 36/1-7

2   Lageplan mit Tiefgarage   M 1 : 1000

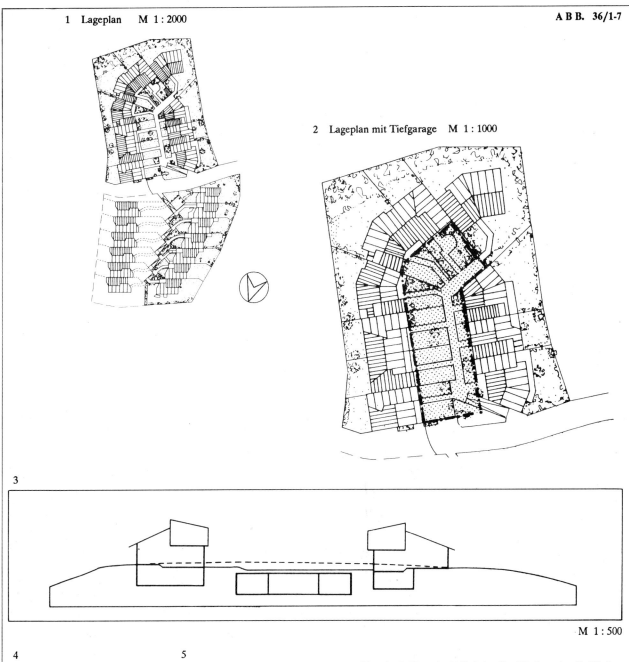

3

M 1 : 500

Plan 1 - 3, Foto 4 - 7: Bei der Erschließung ist die Tief-garage, die im Kuppenbereich zwischen den Gebäu-dereihen liegt und im Lageplan durch ein Punktraster hervorgehoben wird, auch einbezogen (Plan 2). Trotz er-heblicher Eingriffe durch die komplette Abtragung der Kuppe infolge der Nutzung für die Tiefgarage (Foto 4) ist die Höhe der Geländeoberkante der Vegetationsbe-reiche gegenüber der Ausgangssituation nur unwesent-lich verändert (Plan 3). So erforderte die Zufahrt zu den Stellplätzen auch keine zusätzlichen Erdbewegungen (Foto 6,7). Das Gelände wurde bei den ersten an die Er-schließungsstraße angrenzenden Gebäuden geschnitten (Plan 3).

Plan 8 - 11, Foto 12 - 14: Die Endhöhen für die Podeste der Treppenanlage wurden bei der Bautätigkeit an die Neigung von 15° - 18° angepaßt. Dies wird durch die fast unveränderte Topographie in dem noch nicht gebauten Bereich deutlich (Foto 13). Die Einbindung dieser "bei-spielhaften" Lösung wird dagegen durch die Breite von 2 m sowie die seitlichen Stützwände erschwert.

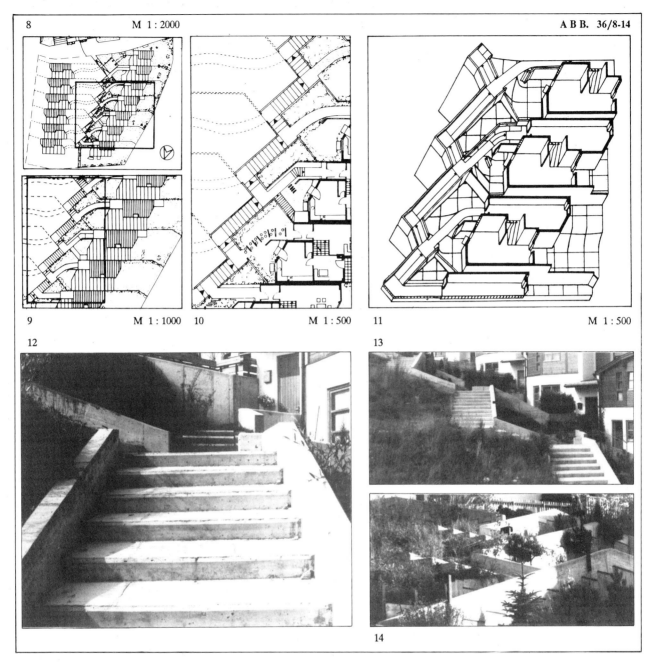

Bei der **Erschließung** ist die Kuppe aufgrund der Tiefgarage miteinbezogen worden. Da diese Lösung zwischen die Zeilen eingefügt ist, wird die Eingriffsstärke zusätzlich zu den durch die Gebäude betroffenen Flächen erheblich erhöht (Abb. 36/2). Durch die teilweise Abtragung der Kuppe ist, bei gleichzeitiger Ausnutzung der Topographie durch das leicht abfallende Gelände, die Zufahrt ohne weiteren Aufwand möglich gewesen. Dieser Bereich ist auch gleichzeitig zur Anbindung der Treppenanlage am Hang und des Fußweges bei der zentralen Bebauung genutzt worden (Abb. 36/1). Durch diese effiziente Erschließung ist ein ausgewogenens Verhältnis zum Gebäudebereich zu erwarten. Bei der Kuppe ist außerdem die ursprüngliche Gestalt der Geländeoberfläche in den Randzonen erhalten oder nach den durch die Tiefgarage verursachten Eingriffen im wesentlichen wiederhergestellt worden. Dies ist bei der hier vorliegenden überwiegend ebenen Lage ohne größere Anforderungen an die Gestaltung möglich, sofern nicht eine höhere Ausnutzung des Kellergeschoßes angestrebt wird. Infolge eines ursprünglich stärkeren Abfalles liegen größere Erdbewegungsmaßnahmen nur in dem stärker bepflanzten, der Zufahrtsstraße gegenüberliegenden Randbereich vor.

79

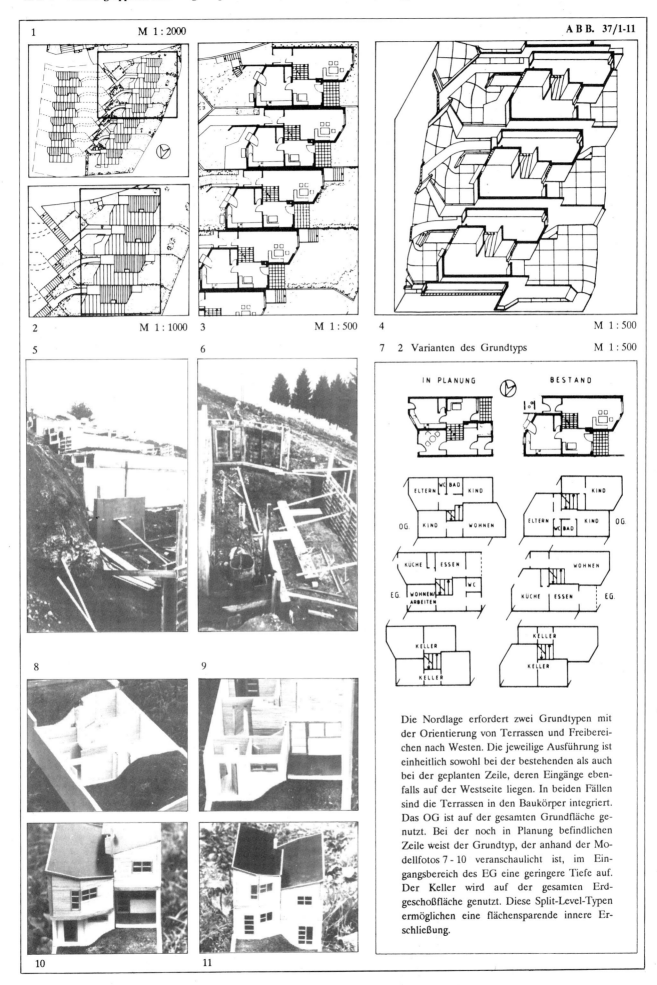

1   M 1 : 2000

A B B. 37/1-11

2   M 1 : 1000

3   M 1 : 500

4   M 1 : 500

5

6

7   2 Varianten des Grundtyps   M 1 : 500

IN PLANUNG   BESTAND

8

9

Die Nordlage erfordert zwei Grundtypen mit der Orientierung von Terrassen und Freibereichen nach Westen. Die jeweilige Ausführung ist einheitlich sowohl bei der bestehenden als auch bei der geplanten Zeile, deren Eingänge ebenfalls auf der Westseite liegen. In beiden Fällen sind die Terrassen in den Baukörper integriert. Das OG ist auf der gesamten Grundfläche genutzt. Bei der noch in Planung befindlichen Zeile weist der Grundtyp, der anhand der Modellfotos 7 - 10 veranschaulicht ist, im Eingangsbereich des EG eine geringere Tiefe auf. Der Keller wird auf der gesamten Erdgeschoßfläche genutzt. Diese Split-Level-Typen ermöglichen eine flächensparende innere Erschließung.

10

11

12

13   A B B. 37/12-15

Foto 12 - 14: Sowohl von der Erschließungs- als auch von der Freibereichsseite zeigt die Fassadengestaltung die Aufnahme des Geländes zwischen den Baukörpern und im Gebäudeinneren. Die Länge der Zeile mit 7 Einheiten ist aber als obere Grenze für in der Fallinie zusammenhängend errichtete Gebäude ohne eine Unterbrechung durch Vegetationsflächen anzusehen. Dabei spielt die Belastung des Landschaftsbildes auch eine beträchtliche Rolle. Aufgrund der Neigung sind bezüglich ihres Abflusses die mit Kies beschütteten Pultdächer ähnlich wie die mit Dachpfannen gedeckten Flächen einzustufen, obwohl es zu einer gewissen Verzögerung der Wasserabgabe kommen dürfte. Aufgrund der ungewöhnlichen Neigung beider Dachflächen nach innen erscheinen jeweils die Hälften von zwei verschiedenen Gebäuden als eine in sich geschlossene Einheit.

14

Die Gebäude mit einem Achsmaß von 8 m weisen auf den versetzten Geschossen unterschiedliche Raumbreiten auf. So ist beispielsweise bei der bestehenden Situation die Küche breiter als der Eßbereich. Außerdem sind die Geschoßebenen auch in der Tiefe versetzt zueinander angeordnet. Dieses Abweichen des Gebäudegrundrisses von der Rechteckform erleichtert die schräge Anordnung der Gebäude. Dadurch war es möglich, dem Zuschnitt des Baugebietes gerecht zu werden. Es konnten zwischen den Zeilen Distanzen bis zu 30 m erzielt werden, um bei der Nordlage die Belichtungs- und Besonnungsverhältnisse für die geplante Reihe zu verbessern. Am Hangfuß beträgt der geringste Abstand 15 m.

Foto 5 und 6, Plan 15: Ein Versprung von jeweils einem halben Geschoß zwischen den Einheiten und im Gebäude ist prinzipiell für 18° geeignet. Infolge des Neigungsspektrums von 15° - 18° wurden die endgültigen Unterschiede zwischen den Häusern bei den Bauarbeiten festgelegt (Foto 5,6). Plan 15 veranschaulicht die zwischen 0,7 m und 1,4 m differierenden Versprünge. Es werden aber auch die erheblichen Eingriffe in das Bodenprofil im Gebäudebereich deutlich. Der Verlauf der ursprünglichen, gestrichelt dargestellten Oberfläche und die Geschoßhöhen der im Treppenbereich geschnittenen Gebäude bringen die "beispielhafte" Topographieanpassung zum Ausdruck. In dem Baufoto 6 wird dies anhand des im Hintergrund erkennbaren abgeschobenen Geländes deutlich, das für die Bestimmung der Eingangshöhe herangezogen wurde.

15   M 1 : 500

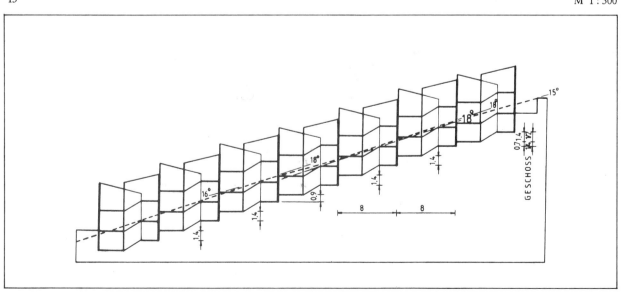

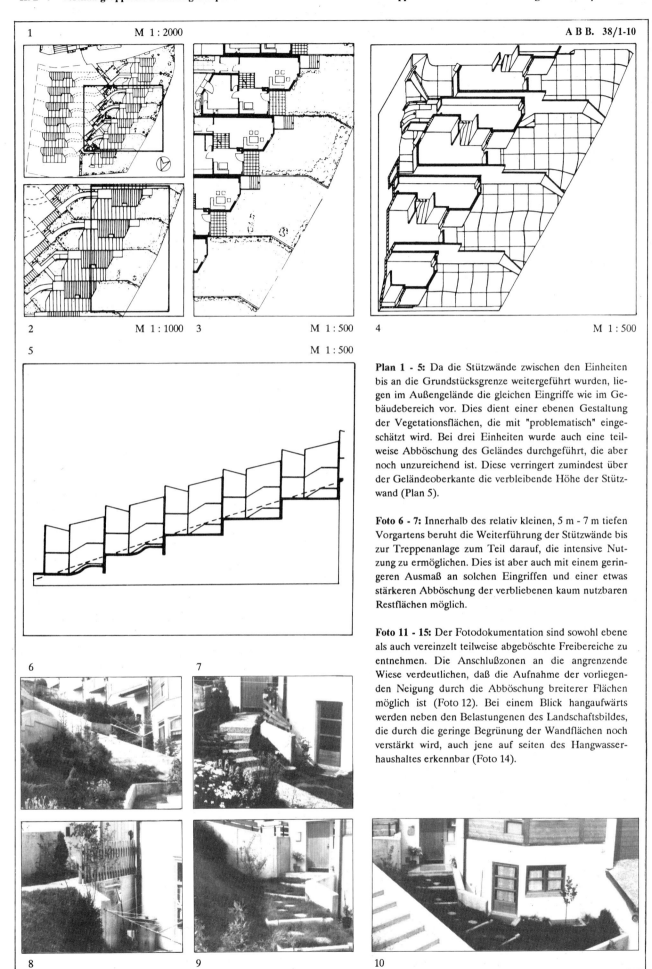

1 M 1 : 2000   A B B. 38/1-10

2 M 1 : 1000 **3** M 1 : 500   **4** M 1 : 500

5 M 1 : 500

Plan 1 - 5: Da die Stützwände zwischen den Einheiten bis an die Grundstücksgrenze weitergeführt wurden, liegen im Außengelände die gleichen Eingriffe wie im Gebäudebereich vor. Dies dient einer ebenen Gestaltung der Vegetationsflächen, die mit "problematisch" eingeschätzt wird. Bei drei Einheiten wurde auch eine teilweise Abböschung des Geländes durchgeführt, die aber noch unzureichend ist. Diese verringert zumindest über der Geländeoberkante die verbleibende Höhe der Stützwand (Plan 5).

Foto 6 - 7: Innerhalb des relativ kleinen, 5 m - 7 m tiefen Vorgartens beruht die Weiterführung der Stützwände bis zur Treppenanlage zum Teil darauf, die intensive Nutzung zu ermöglichen. Dies ist aber auch mit einem geringeren Ausmaß an solchen Eingriffen und einer etwas stärkeren Abböschung der verbliebenen kaum nutzbaren Restflächen möglich.

Foto 11 - 15: Der Fotodokumentation sind sowohl ebene als auch vereinzelt teilweise abgeböschte Freibereiche zu entnehmen. Die Anschlußzonen an die angrenzende Wiese verdeutlichen, daß die Aufnahme der vorliegenden Neigung durch die Abböschung breiterer Flächen möglich ist (Foto 12). Bei einem Blick hangaufwärts werden neben den Belastungen des Landschaftsbildes, die durch die geringe Begrünung der Wandflächen noch verstärkt wird, auch jene auf seiten des Hangwasserhaushaltes erkennbar (Foto 14).

6   **7**

8   **9**   **10**

Der geplante Abschnitt, besonders aber die Ausführung der **Treppenanlage**, weist in speziellem Maße eine Berücksichtigung der vorliegenden Geländeneigung auf (Abb. 36/8-14). Bei der Bautätigkeit im Gelände wurden die endgültigen Höhen und somit auch die Länge der einzelnen Läufe festgelegt. Diese Aufnahme des Gefälles tritt auch bei der Anschlußzone an das unveränderte Gelände der geplanten zweiten Hälfte der Doppelzeile deutlich hervor. Diese Hangerschließung ist somit "beispielhaft" an die ursprüngliche Situation angepaßt und eignet sich auch prinzipiell für das vorliegende Neigungsspektrum von 15° - 18° (Abb. 39). Durch die schräg zu den Höhenschichten verlaufenden Treppen, die in einem Winkel von 90° aufeinanderstoßen, kann bei einer geringeren Auftrittfläche auch stärker geneigtes Gelände überwunden werden. Wird ein geringerer Neigungswinkel gewählt, können noch größere Neigungen überbrückt werden. Diese Lösung ist somit für steile Hangbereiche geeignet, besonders dann, wenn eine Führung in der Fallinie nicht mehr möglich ist. Die Breite von 2 m wirkt dagegen störend auf das Landschaftsbild und auch bei der Fertigstellung der Doppelzeile etwas überdimensioniert. Die Vollversiegelung durch Beton, aber auch die beidseitigen Stützwände entlang der gesamten Treppenanlage verstärken diesen Effekt. Gleichzeitig ist ein ungleiches Verhältnis zwischen der zu starken Belastung des Bodens im Vergleich zur Nutzung gegeben. Durch eine ebenso starke Berücksichtigung der Neigung in den anschließenden Vegetationsflächen können diese massiven hangsichernden Einrichtungen weitgehend vermieden werden.

Die **Gebäude** mit einem Höhenunterschied zwischen den Baukörpern und einem Geschoßversprung innerhalb der Einheit von jeweils 1,4 m weisen prinzipiell bei einer Achsbreite von 8 m eine Eignung für eine Neigung um 18° auf (Abb. 37). Durch kleinere Höhendifferenzen zwischen den Häusern erfolgte innerhalb der Zeile eine "beispielhafte" Anpassung an die in Teilbereichen vorliegenden geringeren Neigungen bis 15°. Auf diese Weise wird gezeigt, wie eine flexible Aufnahme von Geländeunterschieden möglich ist. Ebenso ist eine Vergrößerung der Höhenunterschiede bei stärkerem Gefälle zweckmäßig. Durch eine Veränderung des Achsmaßes besteht diese Flexibilität auch innerhalb des Baukörpers. Mit dem vorliegenden Beispiel wurde auch die Möglichkeit aufgezeigt, durch wechselnde Raumbreiten auf den verschiedenen Ebenen, ohne Einschränkungen für die Nutzung, ein Achsmaß von 8 m zu erzielen. Auf diese Weise können auch noch geringere Gebäudebreiten beispielsweise um 7,5 m erreicht werden.

83

Topographieanpassung:	Erschließung	Gebäude	Außengelände	Gesamtgestaltung	Freibereich - Tiefe
prinzipiell	15-18° ☐	15-18° ☐			10 m
an vorliegende Neigung (15-18°)	☐	☐	■	■	Abstand zwischen d. Zeilen
			■		15 - 31 m
Einschätzung	☐ beispielhaft	◩ vertretbar	■ problematisch		

A B B. 39   Einschätzung der gestalterischen Aspekte

Durch die **horizontale Weiterführung der Stützwände** zwischen den Parzellen im **Außengelände** ist es zu einer "problematischen" Gestaltung mit einer unterbliebenen oder nur teilweisen Anpassung an das Gefälle gekommen (Abb. 38). Da sowohl bei der Erschließung als auch
bei den einzelnen Baukörpern sowie in der gesamten Zeile eine Aufnahme des Geländes
vorliegt, ist die Ursache außerdem zum Teil in der verbliebenen geringen Tiefe der Freibereiche von 10 - 11 m zu sehen. Da die Terrasse in den Baukörper integriert ist und somit
nicht mehr auf den Garten entfällt, sind die Ansprüche einer eben auszuführenden Fläche
überdies verringert. Für die intensive Nutzung besteht aber trotzdem die Notwendigkeit einer
überwiegend ebenen Fläche, die aber auch in leicht geneigte Zonen übergehen kann. Bei
dem vorliegenden Abfall von 15° - 18° ist es zweckmäßig, daß die Steigung mit zunehmender
Distanz zum Gebäude auch in den Rasenflächen erhöht wird, um dann in der Folge das ursprüngliche Gefälle aufzunehmen. Diese stärker geneigten Abschnitte sind ebenso wie die bei
einer Lösung ohne oder mit einem geringen Anteil an Stützwänden erforderlichen Böschungen zwischen den einzelnen Grundstücken extensiv zu nutzen. Auf diese Weise können
bei der vertikalen Erschließung zusammenhängende vernetzende Elemente sowie extensive
Grünstreifen in der Fallinie eingerichtet werden. Bei einer Aufnahme des Gefälles in dieser
Form wird die Breite der überwiegend ebenen Flächen verringert. Durch eine entsprechende
Gartentiefe ist diesbezüglich ein Ausgleich zu schaffen, der aber durch den Abstand von
10 m - 11 m erheblich eingeschränkt ist. So wurde die zwar einfachere, aber gestalterisch problematische Lösung mit durchgehenden Stützwände bis zur Grundstücksgrenze gewählt. Die
damit zusammenhängenden Problemstellungen werden bei dem kleinen 5 - 7 m tiefen Vorgarten noch deutlicher. Die Errichtung der massiven hangsichernden Einrichtungen bis zur
Erschließungstreppe beruht zum Teil darauf, die intensive Nutzung auch in diesem Bereich zu
gewährleisten. Dies ist aber auch mit einem geringeren Ausmaß an solchen Eingriffen und einer etwas stärkeren Abböschung der verbliebenen, kaum nutzbaren Restflächen möglich.

Ein wesentlicher Grund für die schräg angeordnete Zeile ist in dem Zuschnitt des Baugebietes zu sehen. Durch die Bebauung des gesamten Geländes liegt bei den untersten Parzellen ein Abstand von 15 m zwischen den gegenüberliegenden Gebäuden vor. Dies stellt bei der
Nordlage eine geringe Distanz dar, die im oberen Hangbereich auf 30 m erweitert wird. Die
Erzielung möglichst großer Entfernungen zwischen den Reihen zur ausreichenden Belichtung
und Besonnung des geplanten Bereiches, sowie die Errichtung von Wohneinheiten in der gesamten Fallinie haben zu den vorliegenden Tiefen der Freibereiche geführt.

Durch die schräg verlaufende Zeile kann aber auch die Topographie noch besser aufgenommen werden als bei einer exakt in der Fallinie geführten Reihe, wie dies bei dem noch in
Planung befindlichen Teil der Fall ist. Diese Gestaltung, die eine Einbindung in die Landschaft fördert, wird durch die von der Rechteckform abweichenden Gebäudegrundrisse erleichtert. Dagegen führen die geringe Ausstattung mit Vegetationselementen, besonders aber
die Stützwände in den Freibereichen und der Erschließungszone, zu einer erheblichen Störung des ortstypischen Charakters. Diese Folge einer unterbliebenen Geländeberücksichtigung in den Freibereichen dominiert in einem solchen Maße, daß die **Gesamtgestaltung** als
"problematisch" einzuschätzen ist. Auch sofern die angeführten Aspekte für eine vollständige
Einfügung der gesamten Zeile Beachtung finden, ist die Länge von 7 Einheiten ohne Unterbrechung durch horizontale Grünflächen für die landschaftliche Einbindung als obere Grenze
zu betrachten.

4.1.2   Erfassung der siedlungsökologischen Vergleichsgrößen

Die Berechnung der Veränderungen zwischen der Oberflächengestalt vor und nach der Bebauung ermöglicht im Rahmen der **Erdbewegungsmaßnahmen** die Quantifizierung der eingeschätzten Topographieanpassung. Der Geländeschnitt (Abb. 40/2), dessen Verlauf dem Lageplan zu entnehmen ist (Abb. 40/1), verdeutlicht nochmals die beispielhafte Berücksichtigung des ursprünglichen Geländes bei den Baukörpern und die starken Abweichungen in den eben gestalteten Vegetationsflächen. Demgegenüber werden aber in den Randbereichen von drei Parzellen durch die Abböschung die Möglichkeiten einer Geländeaufnahme gezeigt. Die erheblichen Eingriffe vor den Stützwänden gehen aus der planometrischen Darstellung der Gesamtsituation deutlich hervor (Abb. 41). Gleichzeitig wird darin die starke Anpassung in der Erschließungszone gezeigt. Durch die Stützwände und die erschließenden Flächen sind die Veränderungen in den Vorgärten etwas schwieriger zu erfassen.

Die Aufnahme des Geländes innerhalb der Reihe durch unterschiedliche Versprünge zwischen den Gebäuden wird beim Zusammentreffen zweier Häuser durch die verschieden hohen Wandstreifen sichtbar. Dies ist besonders deutlich bei einem Vergleich zwischen den beiden ersten Gebäuden am oberen Zeilenende gegenüber den anderen Einheiten zu sehen. Wie aus der Gesamtauswertung (Abb. 42) hervorgeht, liegt bei der Topographieanpassung die Kategorie von 0,0 m im Gebäudebereich nicht vor. Der Grund liegt unter anderem in den innerhalb der Baukörper notwendigen ebenen Flächen, die nur bedingt an die Neigung angepaßt werden können. Aus diesem Grunde werden bei den Baukörpern zur Einschätzung des Ausmaßes an Erdbewegungen nicht die Kategorien bis 0,5 m, wie dies bei der Erschließung und im Außengelände der Fall ist, sondern bis 1,0 m herangezogen. Der Anteil von 82 % macht die starke Berücksichtigung der Topographie im Gebäudebereich deutlich. Die Festlegung der Endhöhen, die bei den Bauarbeiten erfolgte, zeigt sich bei der Treppenanlage an den geringen Erdbewegungen, so daß der hohe Anteil von 59 % auf die Kategorie von 0,0 m entfällt. Dieselbe Kategorie weist im Außengelände nur 14 % auf und steigt einschließlich der stärkeren Geländeveränderungen bei 0,5 m nur auf 50 % an. Im Freibereich sind Erdbewegungen von 1,5 m und 2,0 m massive Eingriffe, da gerade hier eine Anpassung am ehesten möglich ist. Dies wurde nur bei den beiden untersten Parzellen teilweise vorgenommen. In der Endauswertung beträgt die Maximalstärke der Auf- und Abtragungen 2,0 m bei jeder Einzelgestaltung, so daß dadurch die stärkere Berücksichtigung des Geländes insgesamt zum Ausdruck kommt.

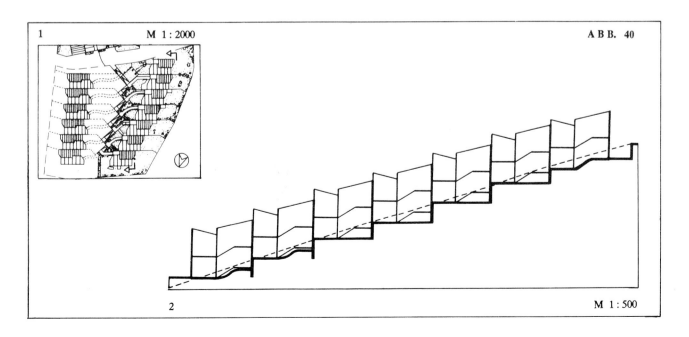

1   M 1 : 2000   A B B. 40

2   M 1 : 500

85

PLANOMETRISCHE ÜBERLAGERUNG DER

BEBAUTEN SITUATION MIT DEM URSPRÜNGLICHEN GELÄNDE

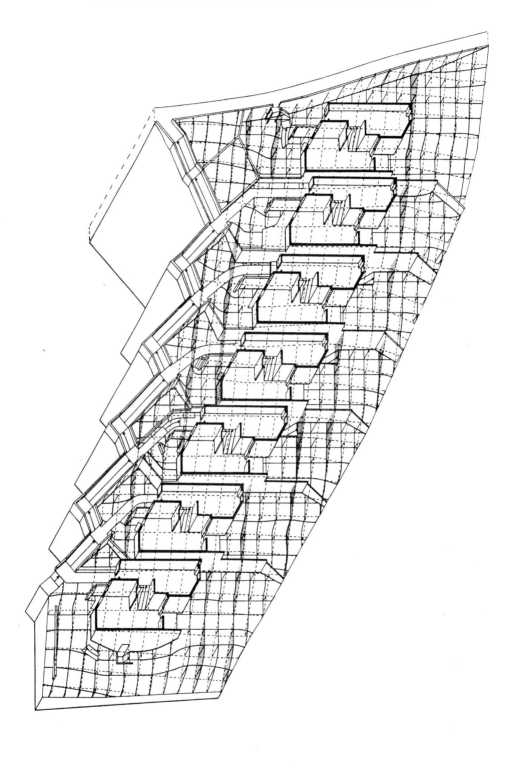

M 1 : 500

A B B. 42

AUSWERTUNG DER GELÄNDEVERÄNDERUNGEN

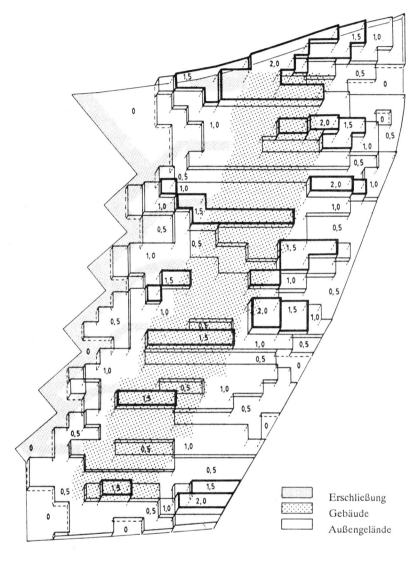

	Erschließung
	Gebäude
	Außengelände

M 1 : 500

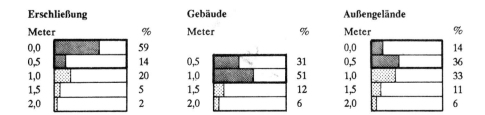

Erschließung

Meter		%
0,0		59
0,5		14
1,0		20
1,5		5
2,0		2

Gebäude

Meter		%
0,5		31
1,0		51
1,5		12
2,0		6

Außengelände

Meter		%
0,0		14
0,5		36
1,0		33
1,5		11
2,0		6

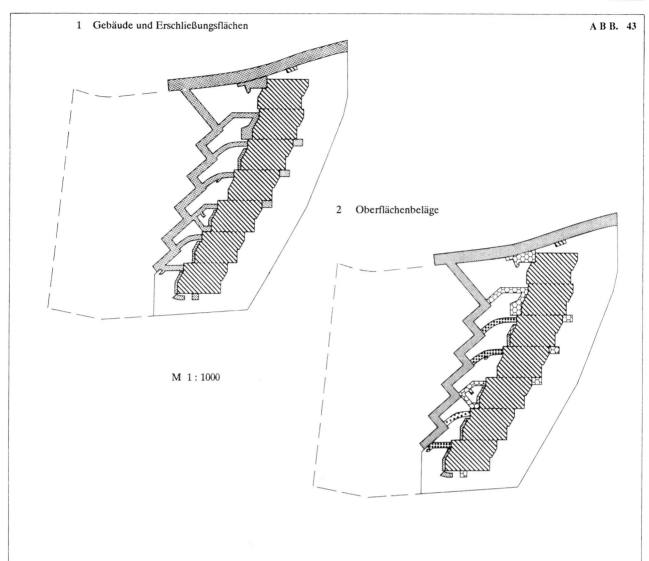

1   Gebäude und Erschließungsflächen

A B B.   43

2   Oberflächenbeläge

M 1 : 1000

Verhältnis versiegelte : unversiegelte Fläche

Versiegelungsgrad

Gebäudeflächen	28 %	
Erschließungsflächen	19 %	
Versiegelte Fläche	47 %	
Unversiegelte Fläche	53 %	

Ursprüngliche Situation:

Versiegelte Fläche	0 %
Unversiegelte Fläche	100 %

Bodenfunktionszahl

	Teilsumme (BKW x A_i)	Gesamtsumme (BKW x A_i)
	Versiegelte Fl. (1065 m^2)	Gesamtfläche (2263 m^2)
BFZ	0,06	0,56

Ursprüngl. Situation
BFZ   1,0

Bodenkennwert A_i = Teilfläche (m^2)

Oberflächenbelag	BKW	A_i	BKW x A_i
Dachflächen ohne Vegetation	0,0	647	0,0
Asphalt, Beton	0,1	286	28,6
Verbundpflaster	0,2	77	15,4
Großpflaster mit offenen Fugen	0,3	35	10,5
Wassergebundene Decke	0,6	11	6,6
Belag ähnlich Rasengittersteinen	0,6	9	5,4
Teilsumme für versiegelte Fläche		1065	66,5
Vegetationsfläche	1,0	1198	1198,0
Gesamtsumme		2263	1264,5

Ursprüngliche Situation:

Vegetationsfläche	1,0	2263	2263,0

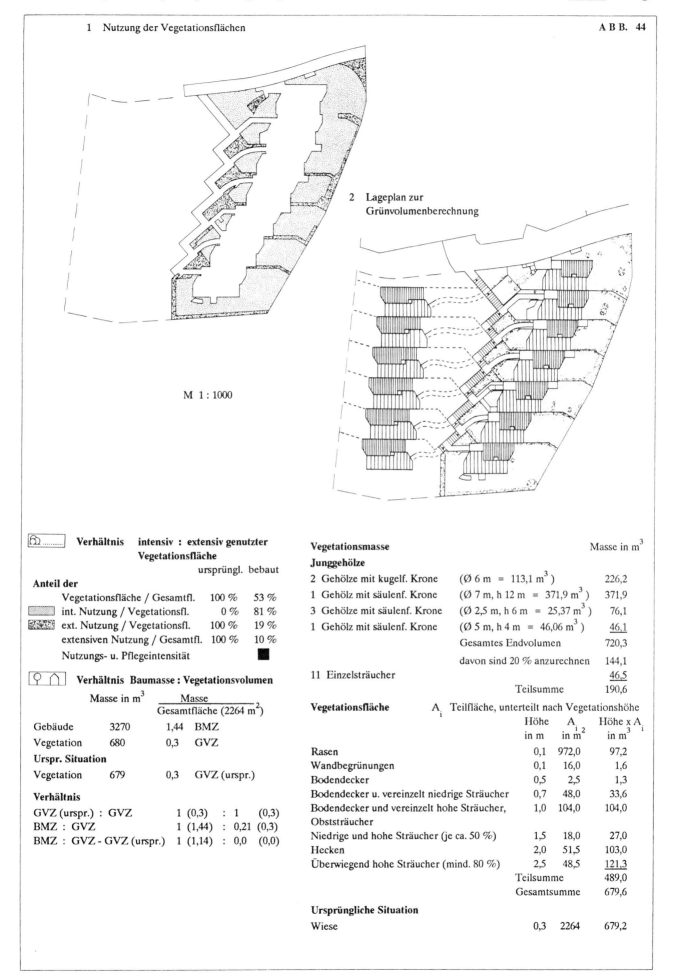

1 Nutzung der Vegetationsflächen A B B. 44

M 1 : 1000

2 Lageplan zur Grünvolumenberechnung

Verhältnis intensiv : extensiv genutzter Vegetationsfläche

	ursprüngl.	bebaut
Anteil der		
Vegetationsfläche / Gesamtfl.	100 %	53 %
int. Nutzung / Vegetationsfl.	0 %	81 %
ext. Nutzung / Vegetationsfl.	100 %	19 %
extensiven Nutzung / Gesamtfl.	100 %	10 %
Nutzungs- u. Pflegeintensität		■

Verhältnis Baumasse : Vegetationsvolumen

	Masse in m^3	$\dfrac{\text{Masse}}{\text{Gesamtfläche (2264 m}^2)}$	
Gebäude	3270	1,44	BMZ
Vegetation	680	0,3	GVZ
Urspr. Situation			
Vegetation	679	0,3	GVZ (urspr.)

Verhältnis

GVZ (urspr.) : GVZ	1 (0,3)	:	1	(0,3)
BMZ : GVZ	1 (1,44)	:	0,21	(0,3)
BMZ : GVZ - GVZ (urspr.)	1 (1,14)	:	0,0	(0,0)

Vegetationsmasse Masse in m^3

Junggehölze

2 Gehölze mit kugelf. Krone	(Ø 6 m = 113,1 m^3)	226,2
1 Gehölz mit säulenf. Krone	(Ø 7 m, h 12 m = 371,9 m^3)	371,9
3 Gehölze mit säulenf. Krone	(Ø 2,5 m, h 6 m = 25,37 m^3)	76,1
1 Gehölz mit säulenf. Krone	(Ø 5 m, h 4 m = 46,06 m^3)	46,1
	Gesamtes Endvolumen	720,3
	davon sind 20 % anzurechnen	144,1
11 Einzelsträucher		46,5
	Teilsumme	190,6

Vegetationsfläche A_i Teilfläche, unterteilt nach Vegetationshöhe

	Höhe in m	A_i in m^2	Höhe x A_i in m^3
Rasen	0,1	972,0	97,2
Wandbegrünungen	0,1	16,0	1,6
Bodendecker	0,5	2,5	1,3
Bodendecker u. vereinzelt niedrige Sträucher	0,7	48,0	33,6
Bodendecker und vereinzelt hohe Sträucher, Obststräucher	1,0	104,0	104,0
Niedrige und hohe Sträucher (je ca. 50 %)	1,5	18,0	27,0
Hecken	2,0	51,5	103,0
Überwiegend hohe Sträucher (mind. 80 %)	2,5	48,5	121,3
		Teilsumme	489,0
		Gesamtsumme	679,6

Ursprüngliche Situation

Wiese	0,3	2264	679,2

Abführung von Wasser in die Kanalisation   A B B. 45

Berechnung des mittleren Abflußbeiwertes

Flächen mit Anschluß an den Kanal

Oberflächenbelag	ψ_i	A_i in m^2	ψ_i x A_i in m^2
Dachflächen ohne Vegetation	1,0	647	647,0
Asphalt	0,9	138	124,2
Summe		785	771,2

Summe ψ_i x A_i (771,2) : A_g (785) = 0,98 ψ_m

Oberflächenabfluß der restlichen Flächen

Beton	0,9	148	133,2
Verbundpflaster	0,8	77	61,6
Großpflaster mit offenen Fugen	0,7	35	24,5
Ungebundene Decken	0,5	11	5,5
Belag ähnlich Rasengittersteinen	0,4	9	3,6
Vegetationsfläche	0,24	1198	287,5
Summe		1478	515,9

Summe ψ_i x A_i (515,9) : A_g (1478) = 0,35 ψ_m

Ursprüngliche Situation

Vegetationsfläche	0,3	0,2263

A_i Teilfläche, unterteilt nach Oberflächenbelag

A_g Gesamte Bezugsfläche

ψ_i zur Teilfl. A_i gehöriger Abflußbeiwert

ψ_m mittlerer Abflußbeiwert zu A_g

Berechnung des Oberflächenabflusses

Zeitbeiwert (φ) mit der Häufigkeit von n = 1/Jahr beträgt bei 20 min 0,828

Abflußmenge (Q) in l = $(r_{15(1)}$ x φ) x 20 (min) x 60 x A_g x ψ_m $r_{15(1)}$ = 130 l/(s x ha)

	A_g in ha	ψ_m	Abflußmenge in l
Abfluß in den Kanal	0,0785	0,98	9937
Abfluß von den Restflächen	0,1478	0,35	6682

Ursprüngliche Situation

Abfluß von den Vegetationsfl.	0,2263	0,3	8769

Vergleich (in m^3)	Ursprüngl. Situation		Bebautes Gebiet
Gesamtabfluß	100 % (8,8 m^3)	:	189 % (16,6 m^3)
Abfluß in den Kanal	0 % (0,0 m^3)	:	113 % (9,9 m^3)
Abfluß von den Restflächen	100 % (8,8 m^3)	:	76 % (6,7 m^3)

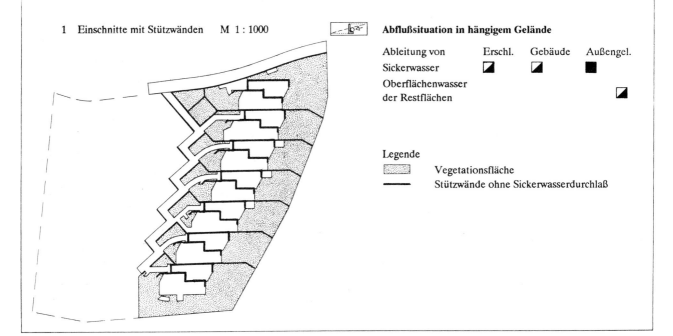

1   Einschnitte mit Stützwänden   M 1 : 1000

Abflußsituation in hängigem Gelände

Ableitung von	Erschl.	Gebäude	Außengel.
Sickerwasser	◪	◪	◼
Oberflächenwasser der Restflächen			◪

Legende

▨ Vegetationsfläche

— Stützwände ohne Sickerwasserdurchlaß

Die **Geländeeinschnitte mit Stützwänden**, die in der planometrischen Darstellung (Abb. 41) besonders deutlich werden, sind im **Außengelände** als "problematisch" einzustufen. Diese Eingriffe sind im **Erschließungsbereich** zwar auch in zu starkem Maße zur Anwendung gekommen, nehmen aber noch eine "vertretbare" Größenordnung ein. Demgegenüber sind sie bei den Baukörpern durch die Unterkellerung aller **Gebäude**, besonders bei der starken Geländeneigung von fast 20°, als "problematisch" zu bewerten (Abb. 45/1).

Die Eingriffe in den Boden durch die **Flächenversiegelung** machen einen Anteil von 47 % aus (Abb. 43). Die unbebaute Situation mit einer Wiese auf der Kuppe und am Hang ist nicht abgebildet. Aufgrund des vorliegenden geringen Anteils von wasserdurchlässigen Materialien beträgt bei einer Vegetationsfläche von 53 % die BFZ 0,56. Die Vollversiegelung der Gebäude sowie der Zufahrtsstraße, die für die Berechnung bis zur Straßenmitte einbezogen wurde, und der Treppenanlage führen bei den befestigten Bereichen zu einer niedrigen BFZ von 0,06. Bei der privaten Erschließung liegt nur auf einer Parzelle ein Weg mit hohem Grünanteil vor. Dabei sind runde Waschbetonplatten in einem Rasenstreifen verlegt. Dies wird ähnlich wie Rasengittersteine eingestuft.

Die **Vegetationsflächen**, die 53 % des untersuchten Hangabschnittes betragen, liegen aufgrund der Einschnitte durch die Stützwände nicht als zusammenhängendes Areal vor. Dies gilt auch für die tieferen Freibereiche, obwohl es eventuell in Abb. 44/1 den gegenteiligen Anschein hat. Diese auf dem Baugebiet verbleibenden kleinen Einzelbereiche sind zum Großteil mit Rasen bepflanzt. Nur 19 % sind mit extensiv genutzten Grünbeständen versehen, die aber nur 10 % der untersuchten Situation ausmachen. Da sie außerdem als isolierte Reststreifen vorhanden sind, ist die Nutzungs- und Pflegeintensität insgesamt als "problematisch" zu bewerten.

Das **Grünvolumen** der ursprünglich vorliegenden Wiese mit einer GVZ von 0,3 ist unter Heranziehung von 20 % des Endvolumens der Junggehölze ausgeglichen worden. Die hohe Ausnutzung durch zweigeschossige Gebäude mit einem Flächenanteil von 28 % führt zu der erheblichen **Baumasse** und einer BMZ von 1,44. Nur ca. 20 % dieses Bauvolumens wird durch Vegetation ausgeglichen. Bei Betrachtung der Ausgangssituation verbleibt nach Abzug des ehemaligen Pflanzenbestandes kein Volumen für den Ausgleich der hinzugekommenen Gebäude.

In gleicher Weise wie die Veränderungen auf seiten von Boden und Vegetation ist der Gesamtabfluß und die **Abführung von Wasser in die Kanalisation** untersucht worden (Abb. 45). Bei der ehemaligen Wiese ist der bei einem 20 Minuten dauernden Niederschlagsereignis mit der Wiederkehrhäufikeit von einmal im Jahr anfallende Oberflächenabfluß von 8,8 m^3, der die Bezugsgröße von 100 % darstellt, in die tieferliegenden Bereiche und anschließend in den unterhalb angrenzenden Bach abgeflossen. Durch die Baumaßnahmen kam es zu einer Steigerung um ca. 90 %. Von der nun insgesamt anfallenden Menge von 192 % werden 114 % in den Kanal abgeleitet. Mit Hilfe des Gebietsvergleiches kommt es zur Einschätzung dieser Veränderungen.

Der Abfluß aus den Restflächen, der 78 % des ursprünglichen Volumens beträgt, ist im Zusammenhang mit der **Abflußsituation am Hang** zu betrachten (Abb. 45/1). Gegenüber der Ausgangssituation wird durch die weitgehend ebenen Freibereiche die Quantität des oberflächennah abfließenden Wassers gemindert. Darüberhinaus kann die verbleibende Menge durch die Einschnitte mit Stützwänden nicht mehr ungehindert in tieferliegende Bereiche gelangen. Da diese Abflüsse in dem vorliegenden Fall nicht in einer Dränung gesammelt und auch nicht in den Kanal abgeleitet werden, sondern in die angrenzenden Wiesen fließen, ist diese Situation noch als "vertretbar" einzuschätzen. In den Vorgärten liegt aufgrund der noch nicht gebauten zweiten Zeile eine ähnliche Situation vor. In diesen Bereichen kommt es aber im Zuge der projektierten Baumaßnahmen durch die weiteren Geländeeinschnitte im Außengelände doch noch zu einer stärkeren Gesamtbelastung - auch auf seiten des Oberflächenabflusses.

In der Annahme, daß der Anfall von Sickerwasser aus dem Kuppenbereich und der relativ kurzen Hangzone nicht so groß ist, wurde bei der errichteten Zeile vor den Stützwänden auf Dränrohre verzichtet. Da bereits während der Baumaßnahmen diesbezüglich Probleme aufgetreten sind, ist bei der noch in Planung befindlichen Zeile eine Dränung vorgesehen. Normalerweise wird bei einer derartigen Häufung von Stützwänden, besonders bei der vorliegenden Ausführung ohne Wasserdurchlässe, eine solche Ableitung vorgenommen. Da diese fehlen, fließt das Sickerwasser in die benachbarten Wiesen ab. Eine zu starke Anfallsmenge kann dabei teilweise auch die Ursache für eine Erhöhung der Rutschungsgefährdung sein. Bei einer derartigen Eingriffsintensität in den Freibereichen ist die Ableitung mit "problematisch" zu beurteilen. Wenn nur die Dränung vor den Gebäuden alleine betrachtet wird, stellt sie noch ein "vertretbares" Ausmaß dar. Gleiches gilt für die Geländeeinschnitte bei der Erschließung, die nur eine schmale Fläche in der Fallinie betreffen und somit kaum zur Wirkung kommen. Dadurch ist hier ebenso eine "vertretbare" Belastung auf seiten des Sickerwassers gegeben. Bei der Gesamtbeurteilung kommt es aber auch auf die Gestaltung prinzipiell an. Sofern die oberhalb angrenzenden Bereiche weitläufiger als die vorliegende Kuppe sind, wird bei dem vorhandenen Ausmaß an Stützwänden das aus diesen Zonen anfallende Sickerwasser vollständig abgeleitet. Dem stehen keinerlei Ansätze zu einer Wasserrückhaltung gegenüber.

4.1.3   Quantitative Flächeninanspruchnahme und typische Gebietsausschnitte

In Sistrans ist für einen diesbezüglichen Gebietsvergleich auch der sich noch in Planung befindliche Hangbereich sowie die Kuppe miteinbezogen worden. Dies betrifft auch die Versiegelungen im Rahmen des BP - Konzeptes.

Der ganze Hang, zuzüglich der projektierten Reihe, erstreckt sich ungefähr auf das halbe Baugebiet. Die insgesamt vorgesehenen 13 Wohneinheiten stellen etwas mehr als die Hälfte der Gebäudeanzahl dar. Mit 120 m²/EW liegt der gleiche Siedlungsflächenverbrauch wie in Herdecke vor. Dieser Wert steigt bei den bereits errichteten 7 Parzellen auf 126 m²/EW an. Die hier vorliegende GFZ von 0,53 ist gegenüber dem gesamten Hangbereich mit 0,54 fast gleichbleibend. Bei Einbeziehung der Kuppe sinkt aber die GFZ auf 0,37 ab, und der Bruttowohnbaulandbedarf steigt hier auf fast 140 m²/EW an.

Auf der Ebene des BP - Konzeptes sinkt die Gesamtversiegelung von 41 % des untersuchten Abschnittes auf 36 % bei der kompletten Doppelzeile ab. Einschließlich der Kuppe beträgt der Wert für das Gesamtgebiet 37 %. Die Tiefgarage, die im Kuppenbereich unter den Vegetationsflächen der zentral erschlossenen Bebauung liegt, weist 1,7 Stellplätze pro Wohneinheit auf. Durch diese bauliche Maßnahme sind weitere 10 % des Baugebietes betroffen, und die Eingriffe erstrecken sich somit auf eine Fläche von insgesamt 47 %. Sofern nur die bebaute Reihe betrachtet wird, beträgt der Befestigungsanteil an der Erschließung 13 %. Wird jedoch der gesamte Hang einbezogen, reduziert sich diese Größe auf 7 %. Bei dem Gesamtgebiet liegt mit 6 % ein ebenso niedriger Wert vor. Die Zufahrtsstraße fällt kaum ins Gewicht, da sie nur ein kurzes Stück in das Gebiet hineinragt und die Doppelzeile sowie die zentrale Erschließung mit Fußwegen und Treppen äußerst flächensparende Möglichkeiten bieten.

In Bezug auf das BP - Konzept weist der typische Gebietsausschnitt mit zwei nebeneinander angeordneten Einheiten von jeweils ca. 250 m² mit 42 % fast die gleiche Gesamtversiegelung auf wie der bebaute Hangbereich mit 41 %. Der Anteil der öffentlichen Erschließungsflächen von 5 % ist gering. Die Größe der einzelnen Parzelle macht somit ca. 240 m² aus. Da nur im Vorgartenbereich bei der oberen Parzelle größere befestigte Flächen vorliegen, entfallen die Versiegelungen im privaten Freibereich von 10 % zu einem großen Teil auf die Wegeverbindungen zu der Treppenanlage. Bei diesem Wert ist die Terrasse ausgeschlossen, da sie in den Baukörper integriert ist.

1   Lageplan   M 1 : 2000   A B B. 46

Quantitative Flächeninanspruchnahme

	Hang		Kuppe
	Bestand	Planung (incl.)	(incl.)
Gesamtfläche in m²	2263	4077	8322
GFZ	0,53	0,54	0,37
Wohneinheiten	7	13	23
m² / EW.	126 m²	120 m²	139 m²
Stellplätze /WE			1,7

Versiegelung im BP-Konzept

				Gebiets-typisch
Gebäude	28 %	29 %	31 %	37 %
Öffentl. Erschließungsfl.	13 %	7 %	6 %	5 %
Gesamtversiegelung	41 %	36 %	37 %	42 %

Einschl. Tiefgarage (10 % d. Gesamtfl.)
auf BP-Ebene betroffene Fläche   47 %

Objektplanung:

Angaben bezogen auf Bestand / Hang	Gesamt-gebiet	Gebiets-typisch
Versiegelungen im privaten Freibereich	6 %	10 %
Gesamtversiegelung	57 %	52 %

Typischer Gebietsausschnitt

Quantitative Flächeninanspruchnahme

Größe der Einheiten	250 m²
Innere Dichte (ID)	0,7
Gebäudegrundfläche	92 m²

Qualitative Flächeninanspruchnahme

Versiegelte Fläche	52 %
Vegetationsfläche	48 %
BFZ (Versiegelte Fl. 0,06)	0,51

Anteil an der Vegetationsfläche

Intensive Nutzung	81 %
Extensive Nutzung	19 %
Anteil der extensiven Nutzung / Gesamtfl.	9 %

2   Typische Gebietsausschnitte   M 1 : 500

Dies ist ebenso wie der eingeschossige Gebäudeausgangsbereich der Grund, daß die Gebäudegrundfläche von 92 m² nicht vollständig ausgenutzt wird. Die Innere Dichte (ID; S. 46) beträgt 0,7.

Bei einem Vegetationsflächenanteil von 48 % ist die BFZ von 0,51 nur geringfügig höher, als bei einer Vollversiegelung der befestigten Areale zu erwarten ist. Die BFZ dieser Bereiche beträgt 0,06. Die extensive Nutzung macht 19 % der Grünzonen und 9 % des gesamten gebietstypischen Ausschnittes aus. Sie liegt in den Freibereichen nur in schmalen Randstreifen vor bzw. in den Vorgärten auf Restflächen, die aufgrund der Neigung und der Einschnitte durch Stützwände nicht nutzbar sind.

93

4.2   Einfache Zeilen bei 20° - 27° : Nordhang in St. Gallen - Schweiz

Dieses Baugrundstück ist mit 12 ha und 20 Gebäuden, die in den Jahren 1985 -1986 errichtet worden sind, das größte untersuchte Beispiel. Es ist unter anderem aufgrund von Ansätzen für Planungshilfen, die für das Bebauungskonzept weiterentwickelt werden, gewählt worden. Durch dieses Gebiet wird die Systematik außerdem mit einem Steilhang und vertikalen einfachen Zeilen abgerundet. Die Siedlungsmaßnahmen in nördlicher Exposition dienen einer umfassenderen Behandlung der damit verbundenen Problemstellungen. Inwieweit eine Bebauung bei der vorliegenden Geländeneigung von 20° - 27° in Nordlage vertretbar ist, wird nicht in der Untersuchung, sondern bei den "Orientierungshilfen" erörtert.

Bei der Tallage von St. Gallen sind nach der Besiedlung von überwiegend ebenen Bereichen und südlich orientierten Hängen in zunehmendem Maße nur mehr nördliche Expositionen verblieben. Bei dem untersuchten Hang sind daher die klimatischen Auswirkungen aber auch die gute Anbindung an das Stadtzentrum, der Standort im Grünen und der Fernblick zu erwähnen. Die Reihenhäuser liegen im Randbezirk des Stadtgebietes von St. Gallen und sind in die vorliegende dichte Siedlungsstruktur eingefügt (Abb. 48).

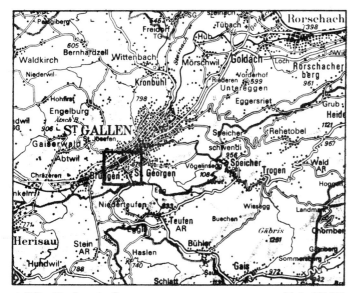

ABB. 47   Lage im Raum   M 1 : 250 000

Unterhalb des untersuchten Grundstückes gibt es ebenfalls eine geschlossene mehrgeschossige Wohnbebauung. In den seitlich angrenzenden Hangzonen ist eine offene und auch teilweise verdichtete Einfamilienhausbebauung vorzufinden. Oberhalb befindet sich nur noch ein alleinstehendes Gebäude, das über eine neu errichtete Randstraße erschlossen wird. Im Umfeld der durch das Tal verlaufenden Bahn sind aber auch Gewerbeflächen in stärkerem Maße vertreten. Die untersuchte Siedlung ist auf den Hangbereichen in südlicher und westlicher Richtung von Waldgebieten umgeben. Die oberhalb angrenzenden Flächen sind sehr weitläufig und gehen in der Folge in den etwas weniger stark geneigten Zonen in strukturreiche, landwirtschaftlich genutzte Flächen über. Diese sind im östlichen Abschnitt des Hanges, ebenso wie die dort vorzufindenden Wiesen, strukturarm und von Siedlungsflächen umgeben. Nördlich davon überwiegt die gewerbliche Nutzung.

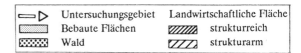

	Untersuchungsgebiet	Landwirtschaftliche Fläche
	Bebaute Flächen	strukturreich
	Wald	strukturarm

ABB. 48   Flächennutzung, Freiraumstruktur   M 1 : 25 000

4.2.1   Gestalterische Aspekte der Objektplanung

Ein weiterer Aspekt für die Untersuchung dieses Gebietes stellt die hier vorliegende prinzipielle Aufnahme des Gefälles dar - besonders im Außengelände der einzelnen Parzelle. Dadurch werden Lösungsansätze zur Topographieanpassung aufgegriffen, die in der Folge weiterzuentwickeln sind. Ein weiteres Auswahlkriterium war die Auseinandersetzung mit einer zusätzlichen seitlichen Neigung und den sich daraus ergebenden Schwierigkeiten. Die unbebaute Situation mit einem Neigungsspektrum zwischen 20° und 27° fällt von der Gebietsmitte aus zu den Randbereichen hin zusätzlich seitlich ab.

Für die planometrische Darstellung des Gesamtgebietes ist das Gelände von der Nordseite aus betrachtet. Zur direkten Gegenüberstellung sind daher, ebenso wie bei dem Beispiel von Sistrans, alle Lagepläne nicht mehr genordet. Obwohl sowohl bei der planometrischen Darstellung als auch bei dem Lageplan der Maßstab 1 : 600 gewählt wurde, um die gesamte Situation auf dem Format Din A4 zu erfassen, war es aufgrund der Größe der untersuchten Fläche auf beiden Abbildungen notwendig, kleinere Randzonen wegzulassen (Abb. 52, 53). So ist der bewaldete Bereich entlang des Baches nur teilweise enthalten (Abb. 52).

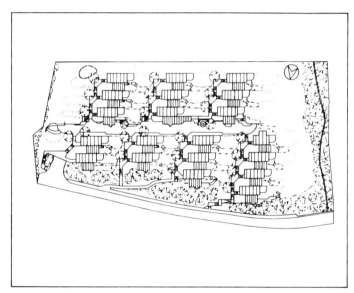

A B B. 49   Lageplan   M 1 : 2000

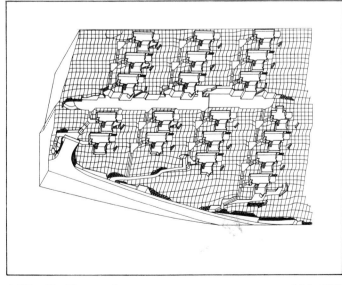

A B B. 50   Planometrie   M 1 : 2000

Das Hanggelände wurde mit sieben schräg verlaufenden einfachen vertikalen Zeilen bebaut, die zwischen zwei und vier Baukörper umfassen. Die Zufahrtsstraße dient ausschließlich der Erschließung des untersuchten Gebietes und ist aus diesem Grunde vollständig einbezogen worden. Sie endet mit der Einfahrt zur Tiefgarage, die sich in der Gebietsmitte, unterhalb des parallel zum Hang verlaufenden Wohnweges befindet.

Von dem Wohnweg ist jedes Gebäude über Treppen erreichbar. Dieser Gemeinschafts- und Spielbereich weist auch einen kleinen Brunnen und daneben errichtete Sitzgelegenheiten auf. Ein Spielplatz, der ebenfalls mit einer Sitzgruppe ausgestattet ist, liegt außerdem am östlichen äußeren Rand oberhalb des Zuganges zur Tiefgarage. Von dieser kann der Wohnweg über einen unterirdischen Gang oder mit einem Schrägaufzug erreicht werden.

In den Randbereichen liegen - abgesehen von dem Waldstreifen entlang des Baches und der extensiv genutzten Gehölzfläche in der Steilhangzone oberhalb der Erschließungsstraße - Wiesen vor.

95

ABB. 51/1-12

Foto 1 - 6: In das von der Gebietsmitte seitlich abfallende ursprüngliche Gelände (Foto 3) ist in dem unteren Hangbereich durch die Aushubarbeiten für die Tiefgarage erheblich eingegriffen worden (Foto 1,2,4). Einblicke in die vorgenommenen Veränderungen waren bei der Tiefgarage nach Fertigstellung der Decke (Foto 5) und bei dem Baufoto oberhalb des Wohnweges (Foto 6) möglich.

Foto 7 - 12: Die Zeilen sind etwas versetzt zueinander in der Fallinie angeordnet. Das Übersichtsfoto 7 läßt auch die Waldbereiche entlang des westlichen Bachlaufes sowie das alleinstehende Wohngebäude oberhalb des Untersuchungsgebietes erkennen. Die Steilabböschungen entlang der Erschließungsstraße (Foto 12) aber auch des im unteren Gebietsbereich hangparallel verlaufenden Weges (Foto 8, 11) sind in großen Teilen durch Faschinen gesichert (Foto 9,10). Stützeinrichtungen mit Natursteinen ebenso wie Betonwände, die mit Natursteinen abschließen, sind in den Bereichen vertreten, die trotz der Faschinensicherung nicht noch steiler abgeböscht werden konnten (Foto 11, 12).

13   A B B. 51/13-22

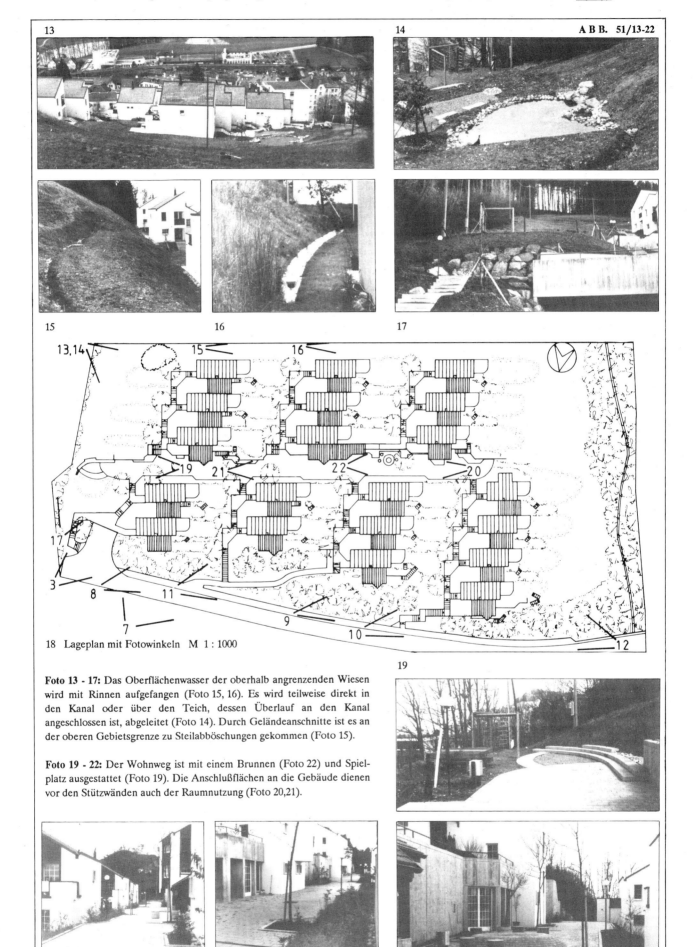

15   16   17

18   Lageplan mit Fotowinkeln M 1 : 1000

19

Foto 13 - 17: Das Oberflächenwasser der oberhalb angrenzenden Wiesen wird mit Rinnen aufgefangen (Foto 15, 16). Es wird teilweise direkt in den Kanal oder über den Teich, dessen Überlauf an den Kanal angeschlossen ist, abgeleitet (Foto 14). Durch Geländeanschnitte ist es an der oberen Gebietsgrenze zu Steilabböschungen gekommen (Foto 15).

Foto 19 - 22: Der Wohnweg ist mit einem Brunnen (Foto 22) und Spielplatz ausgestattet (Foto 19). Die Anschlußflächen an die Gebäude dienen vor den Stützwänden auch der Raumnutzung (Foto 20,21).

20   21   22

ABB. 52

L A G E P L A N

M 1 : 600

ABB. 53

M 1 : 600

PLANOMETRIE

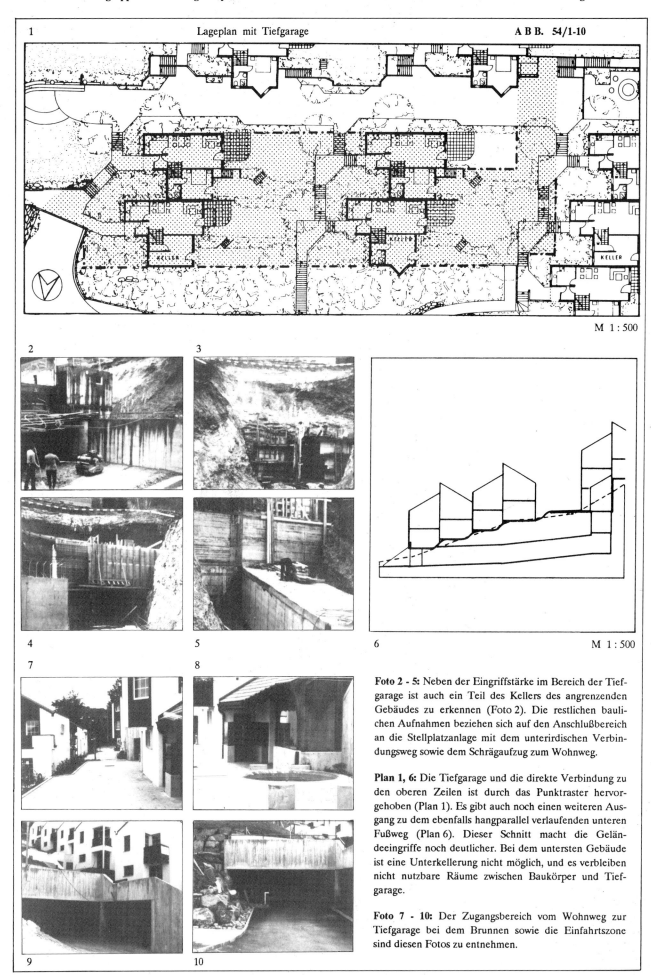

1   Lageplan mit Tiefgarage   A B B. 54/1-10

M 1 : 500

2   3   4   5   6   M 1 : 500

7   8   9   10

Foto 2 - 5: Neben der Eingriffstärke im Bereich der Tiefgarage ist auch ein Teil des Kellers des angrenzenden Gebäudes zu erkennen (Foto 2). Die restlichen baulichen Aufnahmen beziehen sich auf den Anschlußbereich an die Stellplatzanlage mit dem unterirdischen Verbindungsweg sowie dem Schrägaufzug zum Wohnweg.

Plan 1, 6: Die Tiefgarage und die direkte Verbindung zu den oberen Zeilen ist durch das Punktraster hervorgehoben (Plan 1). Es gibt auch noch einen weiteren Ausgang zu dem ebenfalls hangparallel verlaufenden unteren Fußweg (Plan 6). Dieser Schnitt macht die Geländeeingriffe noch deutlicher. Bei dem untersten Gebäude ist eine Unterkellerung nicht möglich, und es verbleiben nicht nutzbare Räume zwischen Baukörper und Tiefgarage.

Foto 7 - 10: Der Zugangsbereich vom Wohnweg zur Tiefgarage bei dem Brunnen sowie die Einfahrtszone sind diesen Fotos zu entnehmen.

11   M 1 : 2000   A B B. 54/11-18

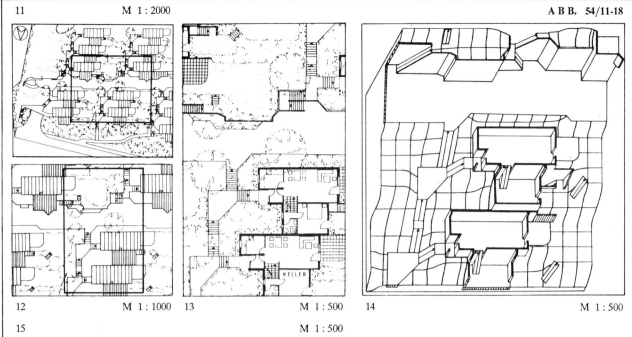

12   M 1 : 1000   13   M 1 : 500   14   M 1 : 500

15   M 1 : 500

Plan 11 - 15, Foto 16 - 18: Die Treppenanlagen, die in dem vorliegenden Fall einfache Zeilen erschließen, aber auch bei Doppelzeilen Anwendung finden können, sind prinzipiell für eine Neigung von 17° geeignet (Plan 15). Bei 17° ist diese Lösung bezüglich der Aufnahme des Geländes bei den Erschließungs- aber auch den daran anschließenden Vegetationszonen "beispielhaft". In dem ganzen Bereich, der unterhalb des Wohnweges liegt, sind die Grünflächen abgeböscht, so daß keine Stützwände zur Anwendung gekommen sind (Plan 14, Foto 16 - 18). Die für diese Treppenführung geeignete Neigung entspricht aber nicht dem vorliegenden Gefälle von 21° sowie 27° (Plan 15). Die dadurch bei den oberen Zeilen entstehenden größeren Höhenunterschiede werden durch Treppenlösungen überwunden, die nur sehr schwer in das Gelände eingefügt werden können (Plan 13 - 15). Die damit verbundenen Eingriffe durch Stützwände sind aber im Zusammenhang mit der durch die Gebäudegestaltung vorgegebenen Geländeneigung zu betrachten.

16

17

18

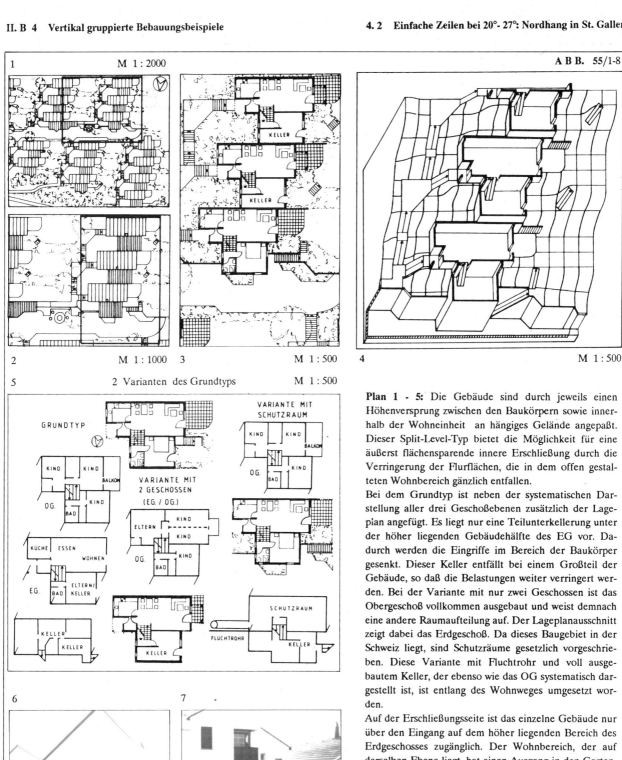

ABB. 55/1-8

Plan 1 - 5: Die Gebäude sind durch jeweils einen Höhenversprung zwischen den Baukörpern sowie innerhalb der Wohneinheit an hängiges Gelände angepaßt. Dieser Split-Level-Typ bietet die Möglichkeit für eine äußerst flächensparende innere Erschließung durch die Verringerung der Flurflächen, die in dem offen gestalteten Wohnbereich gänzlich entfallen.

Bei dem Grundtyp ist neben der systematischen Darstellung aller drei Geschoßebenen zusätzlich der Lageplan angefügt. Es liegt nur eine Teilunterkellerung unter der höher liegenden Gebäudehälfte des EG vor. Dadurch werden die Eingriffe im Bereich der Baukörper gesenkt. Dieser Keller entfällt bei einem Großteil der Gebäude, so daß die Belastungen weiter verringert werden. Bei der Variante mit nur zwei Geschossen ist das Obergeschoß vollkommen ausgebaut und weist demnach eine andere Raumaufteilung auf. Der Lageplanausschnitt zeigt dabei das Erdgeschoß. Da dieses Baugebiet in der Schweiz liegt, sind Schutzräume gesetzlich vorgeschrieben. Diese Variante mit Fluchtrohr und voll ausgebautem Keller, der ebenso wie das OG systematisch dargestellt ist, ist entlang des Wohnweges umgesetzt worden.

Auf der Erschließungsseite ist das einzelne Gebäude nur über den Eingang auf dem höher liegenden Bereich des Erdgeschosses zugänglich. Der Wohnbereich, der auf derselben Ebene liegt, hat einen Ausgang in den Garten. Ebenso ist in der unteren Gebäudehälfte des EG die Freifläche über das Schlafzimmer - und beim Fehlen einer Unterkellerung - über den dafür genutzten Raum zu erreichen. Die Variante mit Schutzraum bildet dabei eine Ausnahme. An den Wohnbereich schließt eine Terrasse an, die bei der Variante mit zwei Geschossen außerdem eine direkt darüberliegende Balkonfläche aufweist (Foto 8, 13). Bei dem Grundtyp und der Variante mit Schutzraum ist das OG dagegen nicht vollkommen ausgebaut, so daß ein Balkon direkt über einem Teil des Wohnbereiches errichtet wurde (Foto 12, 14).

Foto 6 - 8: Den Baufotos, bei denen die Außenanlagen noch nicht fertiggestellt sind, ist die Fassadengestaltung einer Einheit mit dem Anschluß an das Nachbargebäude zu entnehmen.

9

10   A B B. 55/9-14

Foto 9, 10 und 12 - 14: Diese Fotos geben Einblick in die Fassadengestaltung. Die höher liegende Gebäudehälfte des EG weist mit 9 m eine um 3,5 m größere Tiefe als die untere Ebene auf. Dieser Unterschied wurde dazu genutzt, die Bebauung schräg zu den Höhenschichten und nicht direkt in der Fallinie zu führen. Durch die einfachen Zeilen ist eine generelle Orientierung der Freibereiche auf die besser besonnte Westseite möglich.

11   M 1 : 500

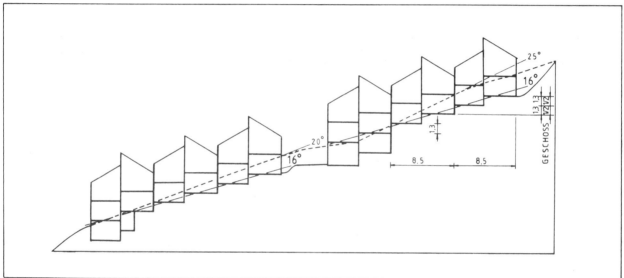

Plan 11: Durch den Höhenunterschied von 1,3 m, der einem halben Geschoß entspricht und sowohl zwischen den Gebäuden als auch im Innern der Wohneinheit vorliegt, sind die Zeilen bei dem Achsmaß von 8,5 m prinzipiell für eine Neigung von 16° geeignet. Durch differierende Versprünge zwischen den Baukörpern kann auch ein größeres Neigungsspektrum abgedeckt und stärkeres Gefälle bebaut werden. Hier sind die Veränderungen in den einzelnen Reihen jedoch stark. Durch den um ein ganzes Geschoß tieferen Anschluß des Wohnweges werden die Höhenunterschiede insgesamt ausgeglichen.

Da das Baugebiet außerdem im Bereich der gesamten Fallinie genutzt wird, können die Zeilen zwar in das Gelände eingefügt werden, aber es kommt zu erheblichen Abtragungen im Bereich des Wohnweges und beim Anschluß an die oberhalb angrenzenden Wiesen.

Bei dem untersten Baukörper weist der Schnitt eine von dem Grundtyp abweichende Variante mit einem voll ausgebauten Keller auf, der sich unter der tieferliegenden Ebene des Erdgeschosses befindet.

12   13   14

103

1   M 1 : 2000

2   M 1 : 1000   3   M 1 : 500   4   M 1 : 500

5   M 1 : 500

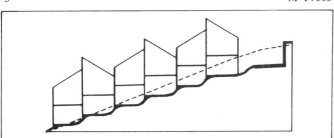

Plan 1 - 5: Bei der Außengeländegestaltung ist die durch die Gebäude vorgegebene Neigung von 16° in "beispielhafter" Weise mit einer Abböschung der Höhenunterschiede zwischen den überwiegend eben gestalteten Freibereichen aufgenommen worden. An die Terrasse schließt eine größere ebene Fläche an. Diese ist über eine Treppe mit einer kleineren Rasenfläche verbunden, die sich auf der Höhe der unteren Gebäudeebene befindet. Der zu geringe Neigungswinkel in der Zeile verursacht aber den Versprung von einem ganzen Geschoß zwischen dem Wohnweg und den Gebäudeanschlüssen und massive Stützwände.

A B B.   56/1-11

Foto 6 - 8, 12 ,13: Auf der Erschließungsseite werden die Vegetationsflächen extensiv genutzt und zeichnen sich durch eine "beispielhafte" Abböschung zwischen dem Eingang, den Anschlußbereichen an das Gebäude und der Treppe aus. Die Aufnahme der Neigung geht aus den Baufotos besonders deutlich hervor (Foto 12, 13).

Foto 9 - 11, 14, 15: Die ebenen Freibereiche sind ebenso mit Böschungszonen an die Treppenanlage angebunden. Abgesehen von Holzpalisaden bei den Terrassen und der Sicherung bei den Kellerzugängen treten keine Stützwände in den Freibereichen auf. Die Tiefe von 14 m sowie 15,5 m ist bei einem Achsmaß von 8,5 m und einer durch die Gebäude vorgegebenen Neigung von 16° ausreichend, damit neben überwiegend ebenen Flächen auch genügend große extensiv zu nutzende Böschungszonen verbleiben. Die Übergänge zur Erschließung können bei einer stärkeren Aufnahme des Gefälles im Bereich der Grundstücksgrenze noch besser gestaltet werden.

6   7   8

9   10   11

ABB. 56/12-15

Bei diesem Hang waren, neben der durch die nördliche Exposition eingeschränkten Eignung als Wohnbauland, infolge der Aufnahme des zusätzlichen seitlichen Gefälles auch hohe Anforderungen an die Gestaltung gestellt. Bedingt durch diese zweite Neigung, die von der Gebietsmitte aus zu den Randbereichen abfällt, ist bei einer Ausrichtung an der ursprünglichen Topographie ein größerer Abstand in horizontaler Richtung zwischen den zwei östlichen Zeilen ober- und unterhalb des Wohnweges notwendig. Dadurch werden bei den Wohneinheiten oberhalb der Tiefgaragenzufahrt dieselben Besonnungsverhältnisse wie bei den übrigen Gebäuden erreicht. Hinzu kam noch eine gewisse Rutschungsgefährdung, die trotz der Ableitung des in einzelnen Vernässungszonen austretenden Wassers vorliegt. Infolge dieser Hangsensibilität wurde bei der Baugrunduntersuchung der max. Winkel der inneren Reibung mit 19° veranschlagt /58, S. 3/. Dies ist ein Grund, daß innerhalb der Zeilen nur eine gegenüber dem vorliegenden Gelände geringere Neigung aufgenommen werden kann. Es wurde aber ebenso darauf hingewiesen, daß die Breite von Böschungsanschnitten in das Gelände auf ein Minimum zu beschränken ist, um keine Rutschungen zu verursachen. Bei der Einzelgestaltung sind diese Aspekte in unterschiedlichem Maße berücksichtigt worden.

Die Treppenanlagen stellen prinzipiell für die Steigung von 17° eine "beispielhafte" Lösung dar (Abb. 54/11-18). Für die Einschätzung der vorliegenden Topographieaufnahme ist bei der **Erschließung** auch der Wohnweg und die Tiefgarage, die eine höhere Ausnutzung des Geländes ermöglicht hat, einzubeziehen (Abb. 54/1-10). Die oberen Reihen sind mittels eines unterirdischen Ganges gut erreichbar und durch die Gründung auf felsigem Untergrund ist eine gewisse Sicherung gegenüber Rutschungen gegeben. Andererseits sind die dadurch verursachten Eingriffe, die bei einem solchen Steilabfall vermieden werden sollten, als "problematisch" einzuschätzen. Es ist sowohl hier als auch oberhalb des Wohnweges, bei dem das ursprüngliche Gelände in zu geringem Maße berücksichtigt wurde, zu erheblichen horizontalen Einschnitten gekommen. Diese Aspekte sowie das von den ursprünglichen 20° - 27° jetzt wesentlich abweichende Gefälle, das auch im Falle der Treppenanlagen vorliegt, haben bei der Topographieanpassung zu einer "problematischen" Einschätzung geführt.

Dieser im Bereich der Treppen zu geringe Neigungswinkel ist auf den durch die Gestaltung der **Gebäude** vorgegebenen Abfall zurückzuführen (Abb. 55). Für ein mit 16° abfallendes Gelände ist die Topographie in "beispielhafter" Weise berücksichtigt (Abb. 57). Durch die Möglichkeiten unterschiedlicher Versprünge zwischen den Gebäuden besteht zudem die Flexibilität, auch ein größeres Neigungsspektrum zu berücksichtigen.

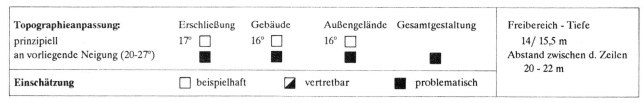

Topographieanpassung:	Erschließung	Gebäude	Außengelände	Gesamtgestaltung	Freibereich - Tiefe
prinzipiell	17° ☐	16° ☐	16° ☐		14/ 15,5 m
an vorliegende Neigung (20-27°)	■	■	■	■	Abstand zwischen d. Zeilen
					20 - 22 m
Einschätzung	☐ beispielhaft	◨ vertretbar	■ problematisch		

A B B. 57   Einschätzung der gestalterischen Aspekte

Aufgrund der Rutschungsgefährdung war zwar eine Aufnahme des ursprünglichen Gefälles mit Neigungen bis 27° nicht möglich. Die erheblichen Veränderungen, die im Bereich des Wohnweges und bei der Grundstücksgrenze zu den oberhalb anschließenden Wiesenflächen zum Ausdruck kommen, sind damit aber nicht unmittelbar verbunden. Eine stärkere Annäherung an die vorgeschlagenen 19° und größere vertikal verlaufende Vegetationsstreifen sowie kürzere Gebäudereihen stellen diesbezügliche Möglichkeiten zur Abhilfe dar. Die vorgenommene Ausführung ist mit "problematisch" zu bewerten, da die Fallinie außerdem in der ganzen Länge für Gebäudeeinheiten genutzt ist und dadurch auch die Veränderungen im Bereich des Wohnweges verursacht wurden.

Das Außengelände ist in vorbildlicher Weise sowohl im Übergangsbereich an die Erschließung als auch im Freibereich an die durch die Zeilen vorgegebene Steigung angepaßt (Abb. 56). Aber der gegenüber der ursprünglichen Situation veränderte und zu geringe Neigungswinkel in den Vegetationszonen ist, ebenso wie bei der Erschließung, durch die Gebäudegestaltung verursacht und wird als "problematisch" eingeschätzt. Die Folgen der unzureichenden Aufnahme des vorgelegenen Gefälles bei den Baukörpern sind auch an dem Einschnitt an der oberen Grundstücksgrenze sowie entlang des Wohnweges, der zur Sicherung zusätzlich eine Stützwand aufweist, erkennbar.

In welchem Maße das zusätzliche seitliche Gefälle berücksichtig wurde, ist aber erst durch einen Vergleich zwischen der unbebauten und der bebauten Oberfläche zu erkennen. Die **Gesamtgestaltung** ist bereits wegen des zu starken Abweichens von der ursprünglichen, in der Fallinie vorgegebenen Neigung, als "problematisch" zu bewerten. Dies liegt auch außerhalb der Tiefgaragenzone vor, die gewisse Einschränkungen gegenüber der Topographieanpassung im Gebäudebereich nach sich zieht.

4.2.2   Erfassung der siedlungsökologischen Vergleichsgrößen

Die untersuchten Aspekte der Gestaltung, die im Zusammenhang mit der Geländeneigung auftreten, werden durch die Gegenüberstellung des ursprünglichen mit dem bebauten Gelände anhand der **Erdbewegungen** quantifiziert. Die untersuchte Fläche hat bei der dreidimensionalen Darstellung eine Eingrenzung des Gebietes erfordert (Abb. 59). Dabei wurde ein Teil des an der Westseite liegenden Waldes entlang des Bachlaufes, der keine Eingriffe aufweist, ausgespart. Es mußten auch auf dieser Seite sowie im Anschluß an die obersten Gebäude Teile mit stärkeren Erdbewegungen unberücksichtigt bleiben. Gleiches gilt für den Bereich der Erschließungsstraße mit einem ausgewogenem Verhältnis zwischen leichten und stärkeren Veränderungen. Diese Eingrenzung, die ausschließlich aus Gründen des Formats im Zusammenhang mit der Flächengröße erfolgte, führt aber zu keiner Verzerrung der Ergebnisse.

Die Auswertung (Abb. 60) umfaßt alle für die Einschätzung der Erdbewegungen wesentlichen Bereiche, die durch die Baumaßnahmen direkt betroffen sind. Aus Gründen der Übersichtlichkeit werden die äußerst kleinen Teilbereiche der Kategorie von 0,0 m nicht dargestellt. Daher beginnt die Gesamtauswertung, die durch erhebliche Auf- und Abtragungen gekennzeichnet ist, bei allen drei Einzelgestaltungen erst bei 0,5 m.

Die entsprechende Berücksichtigung des seitlichen Gefälles, das bei der Gesamtfläche unterschiedlich stark auftritt und dessen Verlauf aus Schnitt B-B (Abb. 58/3) hervorgeht, erfordert einen höheren Planungsaufwand. Bei der Nordlage wurde diese zusätzliche Neigung auch aus Gründen der Besonnung nur geringfügig aufgenommen, um die horizontalen Abstände zwischen den Zeilen zu reduzieren. Um einen weitgehenden Höhenausgleich herbeizuführen, ist es in der Gebietsmitte zu erheblichen Abtragungen und daran anschließend zu Aufschüttungen gekommen. Diese sind im Außengelände am Übergang zum Wald besonders stark. Oberhalb des Wohnweges treten große Veränderungen besonders in den Vegetationszonen auf. Diese Flächen sind mit Geländebewegungen von 3,5 m am oberen Gebietsrand stärker als die restlichen Bereiche betroffen. Abgesehen von dem Anschlußbereich an den Wald sind die Erdbewegungen in der unteren Gebietshälfte in geringem Maße vorgenommen worden. Dies ist zum Teil auch auf die hier vorliegende geringere Steigung zurückzuführen. Daher fällt die Abweichung des Neigungswinkels bei der bebauten Situation nicht so stark wie in den oberen Hangabschnitten ins Gewicht. Dies geht auch aus dem Geländeschnitt A-A (Abb. 58/2) hervor. Da durch die Tiefgarage aber ein großes Areal entsprechend stark betroffen ist, sind auf dem gesamten Baugebiet erhebliche Veränderungen gegenüber der ursprünglichen Situation zu verzeichnen. Dies kommt auch an den geringen Anteilen von 29 % bei den Erschließungs- und 33 % bei den Vegetationsflächen, die in die Kategorie von 0,5 m fallen, zum Ausdruck.

Die **Geländeeinschnitte mit Stützwänden**, die bei der **Erschließung** sowohl entlang der Zufahrtsstraße als auch des Wohnweges als "problematisch" einzuschätzen sind, resultieren teilweise aus den beträchtlichen Erdbewegungen. Diese Eingriffe werden im **Gebäudebereich** erheblich reduziert. Der Grund liegt in der nur teilweisen Unterkellerung, die anhand der Einschnitte in Abb. 63/1 zu erkennen ist. Dabei wirkt sich diese Eingriffsminderung auf einen schmalen Streifen in der Fallinie vorteilhaft aus. Infolge des wechselnden Verhältnisses zwischen stärkeren und schwächeren Geländezerschneidungen durch Stützwände ist die Belastungsintensität insgesamt als "vertretbar" eingeschätzt. Im **Außengelände** liegen bei den einzelnen Parzellen zwar "beispielhafte" Lösungen vor, die Eingriffsstärke unter der Vegetationsfläche ist aber infolge der Tiefgarage (Abb. 63/1) so gravierend, daß insgesamt nur von einer "vertretbaren" Einschätzung gesprochen werden kann. Dabei werden die Stützwände entlang des Wohnweges den Erschließungsflächen angerechnet.

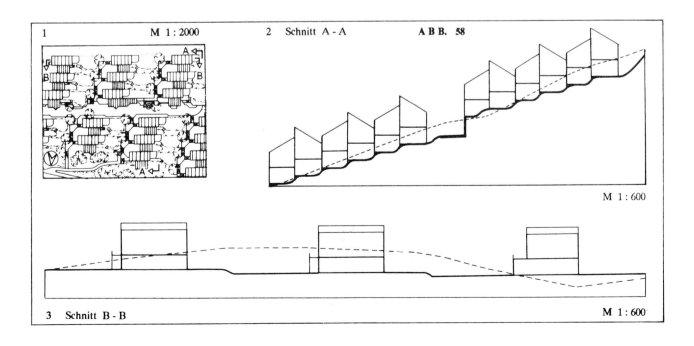

1   M 1 : 2000   2   Schnitt A - A   A B B. 58

M 1 : 600

3   Schnitt B - B   M 1 : 600

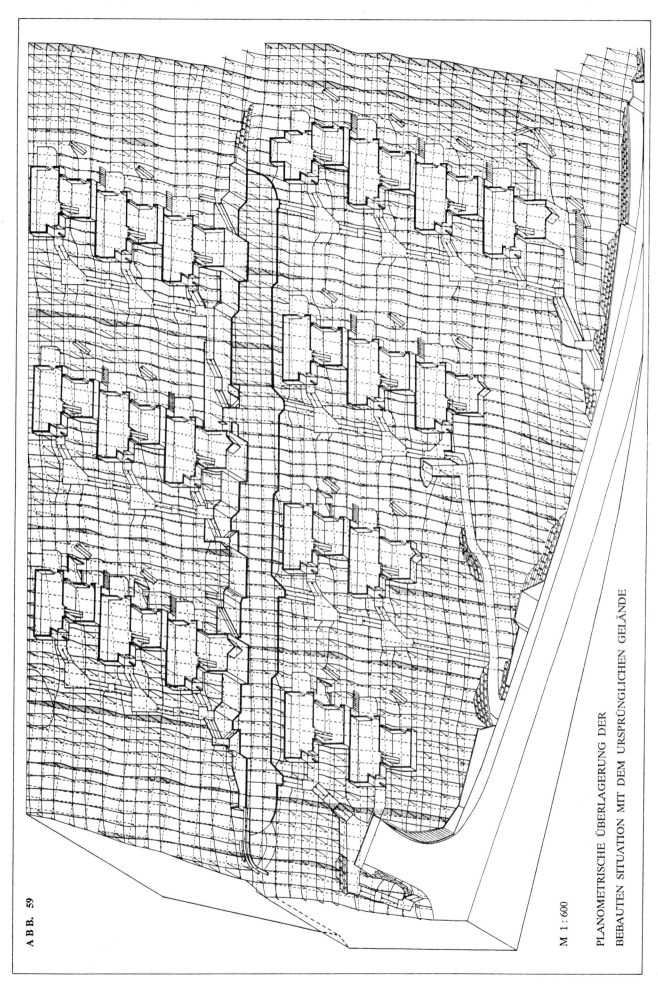

ABB. 59

M 1 : 600

PLANOMETRISCHE ÜBERLAGERUNG DER
BEBAUTEN SITUATION MIT DEM URSPRÜNGLICHEN GELÄNDE

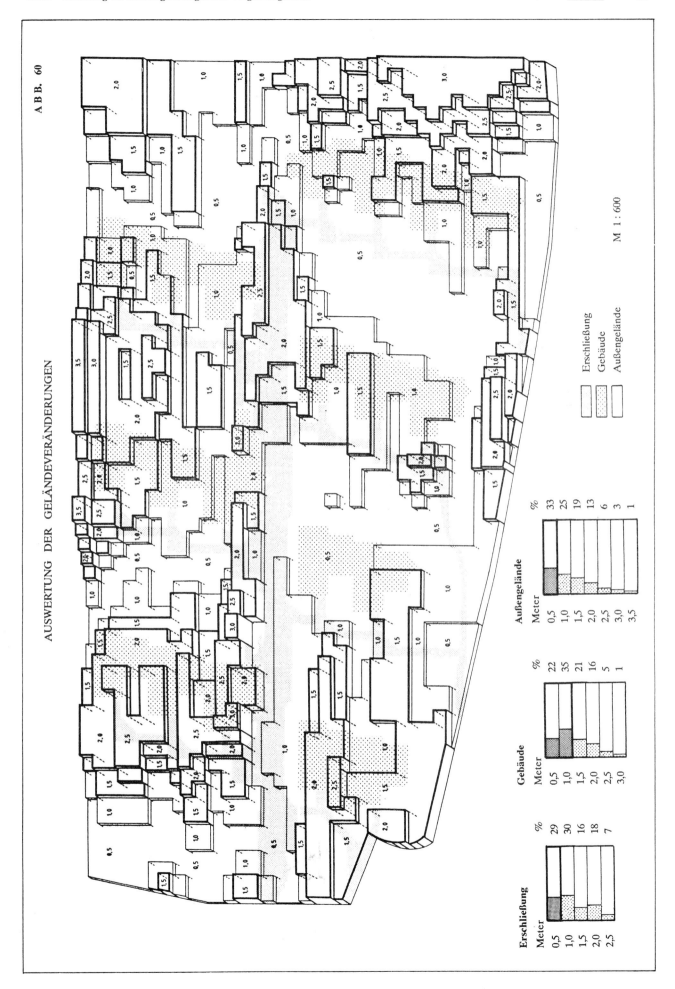

ABB. 60

AUSWERTUNG DER GELÄNDEVERÄNDERUNGEN

M 1 : 600

Boden

Erschließung
Gebäude
Außengelände

Erschließung

Meter	%
0,5	29
1,0	30
1,5	16
2,0	18
2,5	7

Gebäude

Meter	%
0,5	22
1,0	35
1,5	21
2,0	16
2,5	5
3,0	1

Außengelände

Meter	%
0,5	33
1,0	25
1,5	19
2,0	13
2,5	6
3,0	3
3,5	1

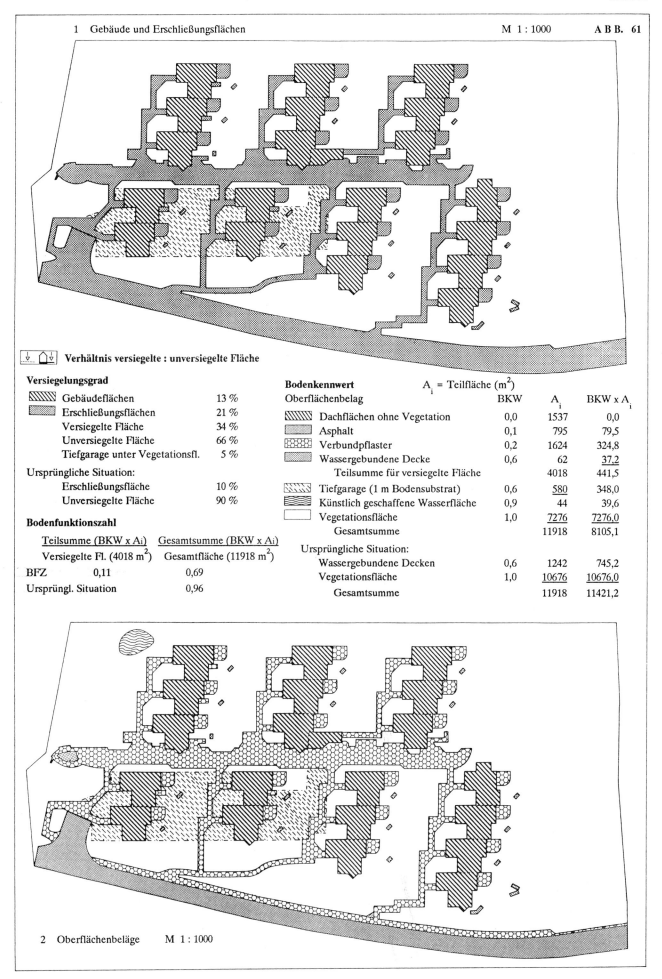

1 Gebäude und Erschließungsflächen   M 1 : 1000   A B B. 61

Verhältnis versiegelte : unversiegelte Fläche

Versiegelungsgrad

	Gebäudeflächen	13 %
	Erschließungsflächen	21 %
	Versiegelte Fläche	34 %
	Unversiegelte Fläche	66 %
	Tiefgarage unter Vegetationsfl.	5 %

Ursprüngliche Situation:
Erschließungsfläche	10 %
Unversiegelte Fläche	90 %

Bodenfunktionszahl

	Teilsumme (BKW x A_i) Versiegelte Fl. (4018 m²)	Gesamtsumme (BKW x A_i) Gesamtfläche (11918 m²)
BFZ	0,11	0,69
Ursprüngl. Situation		0,96

Bodenkennwert A_i = Teilfläche (m²)

Oberflächenbelag		BKW	A_i	BKW x A_i
	Dachflächen ohne Vegetation	0,0	1537	0,0
	Asphalt	0,1	795	79,5
	Verbundpflaster	0,2	1624	324,8
	Wassergebundene Decke	0,6	62	37,2
	Teilsumme für versiegelte Fläche		4018	441,5
	Tiefgarage (1 m Bodensubstrat)	0,6	580	348,0
	Künstlich geschaffene Wasserfläche	0,9	44	39,6
	Vegetationsfläche	1,0	7276	7276,0
	Gesamtsumme		11918	8105,1

Ursprüngliche Situation:
	Wassergebundene Decken	0,6	1242	745,2
	Vegetationsfläche	1,0	10676	10676,0
	Gesamtsumme		11918	11421,2

2 Oberflächenbeläge   M 1 : 1000

1   Nutzung der Vegetationsflächen   M 1 : 1000   A B B. 62/1, 2

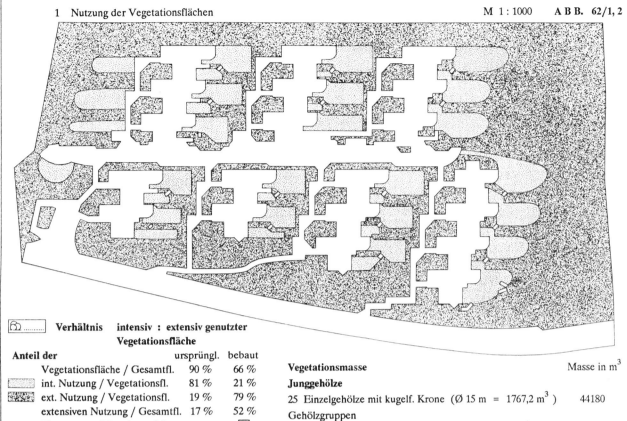

Verhältnis   intensiv : extensiv genutzter Vegetationsfläche

Anteil der		ursprüngl.	bebaut
Vegetationsfläche / Gesamtfl.		90 %	66 %
int. Nutzung / Vegetationsfl.		81 %	21 %
ext. Nutzung / Vegetationsfl.		19 %	79 %
extensiven Nutzung / Gesamtfl.		17 %	52 %
Nutzungs- u. Pflegeintensität		□	

Verhältnis Baummasse : Vegetationsvolumen

	Masse in m^3	$\dfrac{\text{Masse}}{\text{Gesamtfläche (11918 m}^2)}$	
Gebäude	8349	0,7	BMZ
Vegetation	31615	2,65	GVZ
Urspr. Situation			
Vegetation	17524	1,47	GVZ (urspr.)

Verhältnis

GVZ (urspr.) : GVZ	1 (1,47)	: 1,8 (2,65)
BMZ : GVZ	1 (0,7)	: 3,79 (2,65)
BMZ : GVZ - GVZ (urspr.)	1 (0,7)	: 1,69 (1,18)

Vegetationsmasse   Masse in m^3

Junggehölze

25 Einzelgehölze mit kugelf. Krone	(Ø 15 m = 1767,2 m^3)	44180

Gehölzgruppen

15 Gehölze mit kugelf. Krone	(Ø 12 m = 904,8 m^3)	13572
15 Gehölze mit kugelf. Krone	(Ø 6 m = 113,1 m^3 =	1697
8 Gehölze mit säulenf. Krone	(Ø 6 m, h 20 m = 508,7 m^3)	4070
15 Gehölze mit säulenf. Krone	(Ø 3,5, h 5 m = 36,9 m^3)	554

	Gesamtes Endvolumen	64073
	davon sind 20 % als Teilsumme anzurechnen	12815
	Teilsumme der Vegetationsfläche (S. 112)	18800
	Gesamtsumme	31615

Ursprüngliche Situation

	Summe	17524

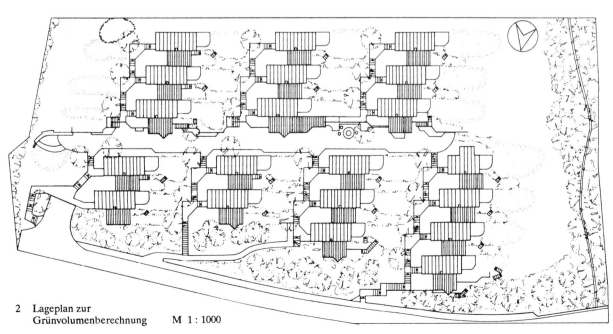

2   Lageplan zur
    Grünvolumenberechnung   M 1 : 1000

Vegetationsfläche A_i Teilfläche, unterteilt nach Vegetationshöhe   **A B B.   62/3**

	Höhe in m	A_i in m^2	Höhe x A_i in m^3
Rasen	0,1	1618	162
Wandbegrünungen	0,1	410	41
Wiese	0,3	1963	589
Bodendecker	0,5	473	237
Anteil hoher Sträucher (60 % - 80 %), Hecken	2,0	201	402
Überwiegend hohe Sträucher (mind. 80 %) Vegetationsbestand	2,5	2782	6955
Gehölzstreifen am Gebietsrand	3,5	157	550
Waldfläche entlang des Baches	12,0	<u>822</u>	<u>9864</u>
	Teilsumme		18800

Ursprüngliche Situation A_i Teilfl. - Vegetationshöhe

	Höhe in m	A_i in m^2	Höhe x A_i in m^3
Weide	0,1	8820	882
Extensive Vegetationsflächen			
Gehölzstreifen am Gebietsrand	3,5	157	550
Gehölzflächen auf der Weide	4	774	3096
Waldfläche entlang des Baches	12	<u>1083</u>	<u>12996</u>
		Summe	17524

3   Ursprüngliche Situation   M   1 : 2000

Legende

Versiegelte Fläche

    Wassergebundene Decke

Vegetationsfläche

    Intensive Nutzung als Weide

    Extensive Nutzung

Abführung von Wasser in die Kanalisation   **A B B.   63**

Berechnung des mittleren Abflußbeiwertes

Flächen mit Anschluß an den Kanal

Oberflächenbelag	ψ_i	A_i in m^2	ψ_i x A_i in m^2
Dachflächen ohne Vegetation	1,0	1537	1537,0
Asphalt	0,9	795	715,5
Verbundpflaster	0,8	<u>840</u>	<u>672,0</u>
Summe		3172	2925

Summe ψ_i x A_i (2925) : A_g (3172) = 0,92 ψ_m

Ursprüngliche Situation

Wassergebundene Decke	0,5	1242	621
Vegetationsfläche	0,3	<u>10676</u>	<u>3203</u>
Summe		11918	3824

Summe ψ_i x A_i (3824) : A_g (11918) = 0,32 ψ_m

Oberflächenabfluß von den restlichen Flächen

Oberflächenbelag	ψ_i	A_i in m^2	ψ_i x A_i in m^2
Verbundpflaster	0,8	783	626,4
Wassergebundene Decke	0,5	62	31,0
Künstlich geschaffene Wasserfläche	0,0	44	0,0
Rasenfläche	0,2	1617	323,4
Extensive Vegetationsfläche	0,3	<u>6240</u>	<u>1872,0</u>
Summe		8746	2852,8

Summe ψ_i x A_i (2852,8) : A_g (8746) = 0,33 ψ_m

A_i Teilfläche, unterteilt nach Oberflächenbelag
A_g Gesamte Bezugsfläche
ψ_i zur Teilfläche A_i gehöriger Abflußbeiwert
ψ_m mittlerer Abflußbeiwert zu A_g

Berechnung des Oberflächenabflusses

Zeitbeiwert (φ) mit der Häufigkeit von n = 1/Jahr beträgt bei 20 min 0,828

Abflußmenge (Q) in l = $(r_{15(1)}$ x $\varphi)$ x 20 (min) x 60 x A_g x ψ_m $r_{15(1)}$ = 130 l/(s x ha)

	A_g in ha	ψ_m	Abflußmenge in l
Abfluß in den Kanal	0,3172	0,92	37694
Abfluß von den Restflächen	0,8746	0,33	37280

Ursprüngliche Situation

Gesamtabfluß	1,1918	0,32	49262

Vergleich (in m^3)	Ursprüngl. Situation		Bebautes Gebiet
Gesamtabfluß	100 % (49,3 m^3)	:	152 % (75,0 m^3)
Abfluß in den Kanal	0 % (0,0 m^3)	:	76 % (37,7 m^3)
Abfluß von den Restflächen	100 % (49,3 m^3)	:	76 % (37,3 m^3)

Abflußsituation in hängigem Gelände

Ableitung von	Erschl.	Gebäude	Außengelände	Legende	
Sickerwasser	■	◪	◪	▨	Vegetationsfläche
Oberflächenwasser der Restflächen			◪	- - - -	Stützwände mit Sickerwasserdurchlaß
				——	Stützwände ohne Sickerwasserdurchlaß
				▬▬	Einschnitte durch die Tiefgarage

Mit der **Flächenversiegelung** wird die Untersuchung der Eingriffe in den Boden abgeschlossen (Abb. 61). Bei der ursprünglichen Situation war das oberhalb des Baugebietes liegende Einzelgebäude durch einen Weg in wassergebundener Decke, der einen Anteil von 10 % an der Gesamtfläche ausmachte, erreichbar. Dieses Grundstück wird nun durch eine neu errichtete Ortsrandstraße miterschlossen. Bei der untersuchten Wohnhausanlage endet daher die Zufahrtsstraße, die vollkommen dem Bruttobaugebiet angerechnet wird. In Anbetracht der vorliegenden Tiefgarage ist daher der Befestigungsanteil der Erschließung mit 21 %, an dem der Wohnweg in einem beträchtlichen Ausmaß beteiligt ist, gegenüber den Gebäudeflächen von 13 % relativ hoch. 34 % stellen aber insgesamt gesehen einen niedrigen Versiegelungsgrad dar. In bezug auf das Gesamtgebiet liegt die Stellplatzanlage unter 5 % an Vegetationsbzw. unter weiteren 4 % an versiegelten Flächen. Daher kommt es bei beiden Bereichen zusätzlich zu stärkeren Eingriffen in den Boden. Die BFZ ist mit 0,69 zwar sehr hoch, aber nur unwesentlich über dem Anteil, der bei einer Vegetationsfläche von 66 % zu erwarten ist. Dies beruht teilweise auf dem niedrigeren Bodenkennwert bei den Grünzonen im Bereich der Tiefgarage.

Vor der Bebauung lag eine Weide und in 17 % des Gesamtgebietes eine extensive Nutzung vor (Abb. 62/3). Unter der Auflage, den Baum- und Strauchbestand entlang des Erschließungsweges auszugleichen, ist der Hang für die Bebauung freigegeben worden. Dies wurde im unteren Gebietsbereich entlang der neu gebauten Zufahrtsstraße durchgeführt. Die **Vegetationsflächen** umfassen 66 % des Baugebietes mit einem **extensiv genutzten** Anteil von 79 %. Dieses pflanzliche Areal macht auch noch 52 % der Gesamtfläche aus. Auf mehreren Parzellen sind große Teile der extensiv genutzten Abschnitte mit den relativ weitläufigen Randbereichen verbunden, welche die gleiche Grünstruktur aufweisen. Diese werden aber in der unteren Hälfte des Hanges durch die Erschließung in nicht zusammenhängende Einzelflächen zergliedert. Es verbleibt aber auch ein großer Anteil nicht angebundener Restflächen.

Die direkt angegliederten mehr oder weniger breiten Vegetationsstreifen sind vielfach schmäler als 3 m. Aufgrund der fehlenden durchgehenden Mindestbreite von 3 m können diese Zonen nicht der Grünvernetzung angerechnet werden. Es verbleibt aber die beachtliche Höhe von ca. 34 % an größerem extensiv genutztem Areal, das 52 % der Vegetationsflächen entspricht, so daß insgesamt von einer "beispielhaften" Nutzungs- und Pflegeintensität gesprochen werden kann. Dabei sind auch die anrechenbaren Vernetzungszonen beinhaltet.

Bei der ursprünglichen Situation war wegen des Waldes entlang des Bachlaufes am westlichen Gebietsrand und infolge des nicht erhaltenen Strauch- und Baumbestandes im nun vorliegenden bebauten Bereich ein hohes **Grünvolumen** mit einer GVZ von 1,47 vorhanden (Abb. 62/3). Im Zuge der Siedlungstätigkeit wurden Gehölzstrukturen aber nur an diesen waldartigen Bereich angebunden. Auf der gegenüberliegenden Seite schließen an den erhaltenen Gehölzsaum, der nur teilweise auf dem Baugebiet steht, Wiesen an (Abb. 62/2). Neben den Baumgruppen in der unteren Steilhangzone, die dem Ausgleich der ursprünglichen Grünmasse dienen, liegt auch ein hoher Anteil an großkronigen Einzelgehölzen zwischen den Zeilen vor. Dieses mit 20 % angerechnete Endvolumen trägt erheblich zu der hohen GVZ von 2,65 bei, die um 80 % höher als bei der Ausgangssituation ist. Das entspricht sogar fast der vierfachen Baumasse, die mit einer BMZ von 0,7 erheblich niedriger als bei den anderen Untersuchungsbeispielen ist. Nach Abzug des ursprünglichen Grünbestandes verbleibt für die Kompensation der Gebäude ein gegenüber der Bebauung um ca. 70 % größeres pflanzliches Volumen.

Die abschließend untersuchten Veränderungen auf seiten des Wassers haben gezeigt, daß gegenüber der Ausgangssituation, bei der keine Ableitung vorlag, der Gesamtabfluß um 52 % gesteigert worden ist. Die jetzt vorliegende **Abführung von Wasser in die Kanalisation** von den Dachflächen, der Erschließungsstraße und dem Wohnweg beträgt 76 % des ursprünglichen Gesamtvolumens. Die Einschätzung dieser Veränderungen erfolgt auf der Grundlage des Gebietsvergleiches. Nur auf einer einzigen Parzelle wird das Wasser von der Dachfläche in einer Regentonne aufgefangen. Neben diesem geringfügigen Ansatz, der sich kaum auswirkt, ist keine Rückhaltung zur Anwendung gekommen. Die oberflächennah abfließende Wassermenge ist im Zusammenhang mit den Problemstellungen, die aufgrund der Steigung erfolgen, zu untersuchen.

Bereits vor der Bebauung war die **Abflußsituation in dem hängigen Gelände** durch den hohen Oberflächenabfluß gekennzeichnet, der sich aufgrund der starken Neigung und des oberhalb angrenzenden sehr weitläufigen Hangabschnittes ergibt. In diesem Bereich trat zusätzlich das in einer Rohrleitung gesammelte Sickerwasser an einer Wasserstelle, die schlecht gefaßt war, aus und ist verstärkt in das Untersuchungsgebiet abgeflossen. Dadurch ist die bereits im Rahmen der gestalterischen Aspekte angesprochene Rutschungsgefährdung noch erhöht worden. Dieser Zufluß sowie das in einigen weiteren Bereichen ebenfalls zutage getretene Sickerwasser mußte laut dem Gutachten zur Baugrunduntersuchung /58, S. 3/ gesammelt und abgeleitet werden. Bei der ursprünglichen Situation ist der anfallende Abfluß in tieferliegende Hangzonen geronnen und zum Teil im Bereich der dort vorliegenden Gebäude- und Erschließungsflächen oberflächennah oder in der Dränung aufgefangen und in den Kanal abgeleitet worden. Das Oberflächenwasser wird bei der vorliegenden Situation in hangparallel angelegten Rinnen oberhalb der Bebauung aufgefangen und teilweise in einen Teich geführt, der aber auch mit seinem Überlauf direkt an die Kanalisation angeschlossen ist. In diesen werden die restlichen Abflußmengen ebenfalls eingeleitet. Entlang der Erschließungsstraße wird das aus den Grünflächen anfallende Wasser in gleicher Weise mittels einer Rinne gefaßt und abgeführt. Sofern das Oberflächenwasser vor den Stützwänden sowohl bei der Zufahrt als auch beim Wohnweg nicht noch der Dränleitung zufließt, rinnt es über die Wandflächen ab und fällt bei der Ableitung von den befestigten Flächen an. Aufgrund des Steilabfalles und der ungünstigen Ausgangsverhältnisse ist das jetzt vorliegende Ausmaß der Abführung von Oberflächenwasser als "vertretbar" bewertet.

114

Die Einschätzung der Dränung von Sickerwasser ist im wesentlichen wie bei den Gelände-einschnitten vorzunehmen. Die das Gebiet am nachhaltigsten belastenden Stützwände sind ohne Durchlässe errichtet. Diese liegen ausschließlich bei den Hangsicherungen mit Natur-steinen vor, die auch die Möglichkeit für ingenieurbiologische Lösungen bieten. Vor den Stützwänden, die bei den Erschließungsflächen notwendig waren und diesen Bereichen zuge-ordnet werden, kommt es somit zu einer als "problematisch" eingeschätzten Dränung des Sik-kerwassers. Im Gegensatz dazu ist dieses Ausmaß bei den Gebäuden als "vertretbar" zu be-zeichnen. Im Außengelände liegt trotz der Vegetationsflächen in der Fallinie, aufgrund der Dränung vor der Tiefgarage, die gleiche Einschätzung vor (Abb. 63/1). Bei der Analyse ist die Abflußssituation mit allen aus den baulichen Maßnahmen resultierenden Belastungen insge-samt zu bewerten.

4.2.3   Quantitative Flächeninanspruchnahme und typische Gebietsausschnitte

Auf dem mit fast 12 ha größten untersuchten Gebiet wurde mit 20 Wohneinheiten eine GFZ von 0,24 umgesetzt. Es liegt mit 229 m^2/EW gegenüber Herdecke mit 120 m^2/EW und Sistrans mit ca. 140 m^2/EW ein deutlich höherer Siedlungsflächenverbrauch vor. Durch die im BP - Konzept vorliegende Gesamtversiegelung von 30 %, die sich im Rahmen der Objekt-planung auf 34 % erhöht, ist andererseits das vergleichsweise geringste Befestigungsausmaß gegeben. Dabei ist aber auch die Tiefgarage mit zu berücksichtigen, die 1,6 Stellplätzen/WE aufweist und sich in bezug zum gesamten Baugebiet unter einem 5 % großen Vegetationsan-teil erstreckt.

Bei den typischen Gebietsausschnitten ist die Tiefe der Freibereiche unterschiedlich. In Ausschnitt 1 beträgt sie 14 m bei einer Gesamtfläche von 250 m^2 gegenüber der Einheit 2 mit ca. 270 m^2 und einer Länge des Gartens von 15,5 m. Auf den Parzellen in den seitlichen Randlagen ist aufgrund der Einfügung in das Gelände die Tiefe der Außenanlagen größer. Diese Grundstücke sind aber nicht als gebietstypisch zu bezeichnen. Infolge des fließenden Überganges zu den angrenzenden Bereichen gehen sie teilweise auch in eher als Gemein-schaftsflächen einzuordnende Zonen über.

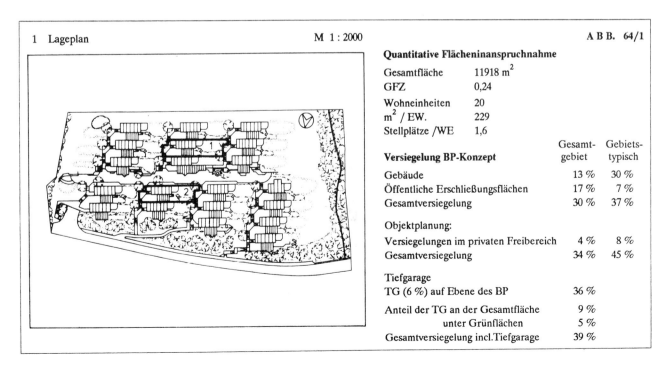

1   Lageplan   M 1 : 2000   A B B. 64/1

Quantitative Flächeninanspruchnahme

	Gesamt-gebiet	Gebiets-typisch
Gesamtfläche 11918 m^2		
GFZ 0,24		
Wohneinheiten 20		
m^2 / EW. 229		
Stellplätze /WE 1,6		
Versiegelung BP-Konzept		
Gebäude	13 %	30 %
Öffentliche Erschließungsflächen	17 %	7 %
Gesamtversiegelung	30 %	37 %
Objektplanung:		
Versiegelungen im privaten Freibereich	4 %	8 %
Gesamtversiegelung	34 %	45 %
Tiefgarage		
TG (6 %) auf Ebene des BP	36 %	
Anteil der TG an der Gesamtfläche	9 %	
unter Grünflächen	5 %	
Gesamtversiegelung incl.Tiefgarage	39 %	

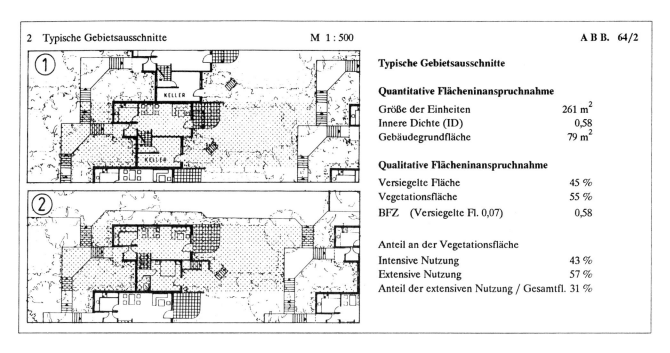

2   Typische Gebietsausschnitte   M 1 : 500   A B B. 64/2

Typische Gebietsausschnitte

Quantitative Flächeninanspruchnahme

Größe der Einheiten	261 m^2
Innere Dichte (ID)	0,58
Gebäudegrundfläche	79 m^2

Qualitative Flächeninanspruchnahme

Versiegelte Fläche	45 %
Vegetationsfläche	55 %
BFZ (Versiegelte Fl. 0,07)	0,58

Anteil an der Vegetationsfläche

Intensive Nutzung	43 %
Extensive Nutzung	57 %
Anteil der extensiven Nutzung / Gesamtfl.	31 %

Bei einer Gebäudegrundfläche von 79 m^2, die abgesehen von einer kleinen Fläche im Eingangsbereich und dem Balkon im OG des Grundtyps auf zwei Geschossen voll genutzt wird, liegt eine innere Dichte von 0,58 vor. Bei dem BP - Konzept ist das Verhältnis zwischen dem Erschließungsaufwand von 7 % und dem 30 % hohen Gebäudeanteil günstig. Dies trifft in gleicher Weise auch im Zuge der Objektplanung zu. Der Grund liegt in den geringen Abständen der einzelnen Baukörper zu der Treppenanlage. Bei der im privaten Freibereich zusätzlich hinzukommenden Versiegelung von 8 % macht die Terrasse den größten Teil aus. Diese wird beispielsweise bei Ausschnitt 1 durch einen unmittelbar darüber liegenden Balkon auch auf einer zweiten Ebene genutzt. Die BFZ von 0,58 liegt bei der 55 % großen Vegetationsfläche nur geringfügig über dem, im Falle der Vollversiegelung der restlichen Bereiche, vorliegenden Wert. Bedingt durch die nicht versickerungsfreundlichen Beläge, beträgt die BFZ in den versiegelten Zonen 0,07. Da die typischen Gebietsausschnitte dem Vergleich zwischen den Untersuchungsgebieten dienen, wurden bei der Ermittlung der BFZ in Ausschnitt 2 die Vegetationsbereiche über der Tiefgarage ebenfalls mit dem BKW von 1,0 statt mit 0,6 berechnet. Dieser zuletzt genannte Wert gilt für Gebäude unter der Geländeoberfläche mit mindestens 1 m Bodensubstrat auf dem Dach. Mit fast 60 % an der Vegetations- und 30 % an der Gesamtfläche ist der extensiv genutzte Grünanteil relativ hoch und ergibt sich aus der pflanzlichen Struktur der Vorgärten, der äußersten Grundstücksrandflächen und der Böschungen, die sowohl zwischen den beiden intensiv genutzten Ebenen des Freibereiches als auch zwischen den Nachbarparzellen vorliegen.

Die teilweise angesprochenen Zusammenhänge zwischen den Vergleichsgrößen, den gestalterischen Aspekten aber auch der quantitativen Flächeninanspruchnahme sind zu analysieren und die Wirkungen sowie ihre Wechselbeziehungen untereinander aufzuzeigen, um Vorgaben für die Planung zu ermöglichen.

C Wirkungsanalyse

1 Analyse der Untersuchungsergebnisse und vergleichende Bewertung

Die Ermittlung der Wirkungszusammenhänge bei Wohnbaumaßnahmen steht im Mittelpunkt der Untersuchungen. Diese Wechselbeziehungen werden anhand der in der Ebene zu berücksichtigenden Vergleichsgrößen ermittelt. Darüberhinaus gewinnen jene, die in Hanglage hinzukommen sowie die gestalterischen Aspekte der Topographieanpassung mit zunehmender Geländeneigung immer mehr an Bedeutung. Abschließend wird der Einfluß der quantitativen Flächeninanspruchnahme analysiert. Infolge fehlender Bewertungsgrundlagen, anhand der die Belastungsintensität der vorgenommenen Veränderungen zu ermitteln ist, kann diese Einschätzung nur durch einen Gebietsvergleich erfolgen. Darauf aufbauend, werden auch Ansätze für Eckwerte formuliert. Diesbezüglich steht in der Analyse und in der Auswertung die Sammlung von Grundlagenmaterial im Vordergrund und nicht die Beurteilung der einzelnen Planungen. Aufgrund der derzeit noch fehlenden bzw. nicht ausreichenden Ansätze für Orientierungshilfen und Eckwerte ist eine Bebauung oder ein Bauvorhaben meistens, ohne Kritik üben zu wollen, in bezug auf die Umweltbelastungen als "problematisch" einzuschätzen.

1.1 Zusammenhänge der siedlungsökologischen Vergleichsgrößen I - IV

Die Wechselbeziehung zwischen dem Versiegelungsgrad und der Nutzungsintensität der verbleibenden Vegetationsflächen werden ohne Berücksichtigung der Geländeneigung analysiert. Infolge der vielen Unterschiede zwischen den drei Untersuchungsbeispielen ist ein direkter Vergleich nur teilweise möglich. In St. Gallen ist beispielsweise der größte Erschließungsanteil bei der Zufahrtstraße notwendig. Aufgrund des Baugebietszuschnittes wird dies, im Gegensatz zu den beiden anderen Gebieten, durch sehr große bewaldete Anschlußflächen zum Teil ausgeglichen. Demgegenüber entfallen sowohl in Herdecke die Wiesen- und Gehölzbereiche entlang des südlich verlaufenden Baches als auch die an das Gebiet von Sistrans unmittelbar angrenzenden Wiesenzonen nicht mehr auf die Baufläche. Daher mußten diese Areale unberücksichtigt bleiben. Andererseits ist in Sistrans die Tiefgarage mit den Stellplätzen nicht beinhaltet, da die Kuppe nur nach Erfordernis einbezogen wurde.

Die Wahl gebietstypischer Ausschnitte soll bei einem Vergleich die generell auftretenden Abgrenzungsprobleme der zu untersuchenden Flächen und die daraus resultierenden Unterschiede zwischen den Gebieten zum Teil ausgleichen (Abb. 66). Der **Versieglungsgrad** von 64 % bei Herdecke wird um jeweils ca. 15 % bis auf 34 % bei St. Gallen reduziert. Der außerhalb der Gebäudezonen liegende Tiefgaragenanteil ist dabei nicht einbezogen, da dieser Bereich mit mehr als 1 m Bodensubstrat überdeckt ist. Das Verhältnis zwischen Gebäude- und Erschließungsflächen von 1 : 1,6 ist durch die lange Zufahrtstraße bestimmt. Obwohl die Tiefgarage unberücksichtigt blieb, ist der Vergleichswert von Herdecke niedriger. Hier ist trotz der Einbeziehung der Stellplatzanlage eine Relation von 1 : 1,4 gegeben. Dieses Verhältnis resultiert teilweise auch aus den Gebäudeflächen bei den Carports sowie im Bereich der zweigeschossigen Parkebenen. Demgegenüber ist in Sistrans keine Parkmöglichkeit am Hang vorgesehen. Da außerdem die Erschließung zum Gebiet niedriger ist, liegt in der Gegenüberstellung ein günstiges Ergebnis von 1 : 0,7 vor. Bei Betrachtung der gebietstypischen Ausschnitte wird dieses Verhältnis in Sistrans noch auf 1 : 0,4 verbessert. Die anteilsmäßige Anrechnung der Treppe bei der vorliegenden Doppelzeile ergibt gegenüber der in St. Gallen vorhandenen einfachen Zeilenerschließung mit Treppen eine bessere Ausnutzung (1 : 0,5). Demgegenüber wird durch den Gebietsausschnitt von Herdecke deutlich, daß der Erschließungsanteil infolge der 3 m breiten Wohnwege auf 1 : 0,6 steigt. Hier liegt eine sowohl gegenüber Langhäusern doppelt so lange als auch gegenüber den Treppenläufen von St. Gallen zweimal so breite Erschließungszone vor.

Das Verhältnis von 1 : 0,6 ist trotzdem als relativ gut zu bezeichnen, da eine Gebäudefläche von 45 % bei einer Gesamtversiegelung von 72 % vorliegt. In Herdecke steigt bei der versiegelten Fläche im Falle eines Vollausbaues mit Anbau und Wintergarten der Einzelwert auf 80% (vgl. S. 71). Der Durchschnittswert der gebietstypischen Ausschnitte beträgt 72 % und liegt somit gegenüber Sistrans um 20 % bzw. im Gegensatz zu St. Gallen um 27 % höher.

Dieser hohe Versiegelungsgrad führt in Herdecke bei den verbleibenden klein bemessenen Grünflächen fast vollkommen zu einer intensiven **Nutzung**. Bei den einzelnen Parzellen ist ein extensiver Anteil nur vereinzelt vorhanden. Dieser ist jedoch in bezug auf das Gesamtgebiet infolge der Randzonen, der unmittelbar neben der Zufahrtsstraße liegenden Vorgärten und der an die Stellplatzanlage angrenzenden Grünbereiche mit 65 % relativ hoch. Obwohl die Vegetationsfläche nur 36 % des Baugebietes mit einem extensiv genutzten Anteil von 23 % umfaßt, wird für die extensive Nutzung in bezug auf die Gesamtvegetationsfläche der verhältnismäßig hohe Wert von 65 % erreicht.

Sowohl für den typischen Gebietsausschnitt als auch für das gesamte Baugebiet beträgt in Sistrans der extensiv genutzte Anteil 19 % an der Vegetationsfläche und jeweils ca. 10 % an der Gesamtfläche. Somit werden bei einer Versiegelung von ca. 50 %, die auch bei der einzelnen Einheit verzeichnet wurde, und dem Fehlen öffentlicher oder gemeinschaftlicher Grünzonen die verbleibenden privaten Gartenflächen im wesentlichen intensiv genutzt.

Bei den gebietstypischen Einheiten von St. Gallen liegt eine Versiegelung von 45 % vor. Sie ist nur um 7 % niedriger als im Falle von Sistrans. Entgegen diesem Bebauungsbeispiel mit der Anlage von zwei intensiv genutzten Freibereichen auf beiden Gebäudeseiten, die sich sowohl aus der vorhandenen Breite des Baugebietes als auch der Erschließung als Doppelzeile ergibt, ist hier der verhältnismäßig tiefe und auch in großen Teilen mit Rasen ausgestattete Garten nur auf eine Seite orientiert. Es verbleiben relativ hohe Anteile extensiv genutzter Grünbereiche mit 53 % an der Vegetations- und 31 % an der Gesamtfläche. Entgegen der äußerst geringen extensiven Nutzung von Sistrans, die sich nur auf kleine Restflächen der Freibereiche erstreckt, wurden in St. Gallen extensiv genutzte Grünstreifen auf jeder Parzelle angelegt. Diese weisen in vielen Bereichen Breiten von ca. 1 m auf. Somit ist eine gute Ausstattung auf den einzelnen Grundstücken vorhanden, die aber nicht im Sinne einer Grünvernetzung mit der erforderlichen Breite von mindestens 3 m angerechnet werden kann.

Gegenüber den gebietstypischen Einheiten liegt trotz der hohen Anteile für die Erschließungsstraße und den Wohnweg bei der Gesamtfläche ein 10 % niedrigerer Versiegelungsgrad vor. Daher konnte der Anteil des extensiv genutzten Areals, bei dem sich die größeren zusammenhängenden Bereiche vorrangig auf die in den Randzonen liegende Gemeinschaftsfläche erstrecken, auf 79 % an der Gesamtvegetationsfläche und 52 % am Bruttowohnbauland erhöht werden. Insgesamt ist daher von einer als "beispielhaft" einzustufenden geringen Pflege- und Nutzungsintensität der Vegetationsfläche zu sprechen. Demgegenüber sind kleine, nicht miteinander verbundene extensive Einzelbereiche, im Sinne einer umweltschonenden Siedlungsweise als "problematisch" einzuordnen, wie dies bei den beiden anderen Bebauungsbeispielen der Fall ist.

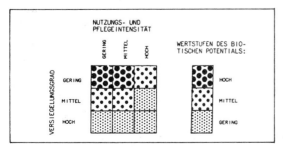

ABB. 65 Kriterium "Biotisches Potential" /113, S. 122/

Bei entsprechender Begrenzung der Nutzungsintensität ist ein **Versiegelungsgrad** bis zu 50 %, wie im Falle von Sistrans noch "vertretbar" (Abb. 67). Jener von Herdecke ist infolge der auf die 35 % große Vegetationsfläche entfallenden hohen Nutzungsansprüche als "problematisch" zu betrachten. Eine Befestigung von 30 - 35 %, die punktuell eine höhere Verdichtung bei gleichzeitiger Freihaltung größerer Ausgleichsflächen ermöglicht, ist wie in St. Gallen als beispielhaft **einzustufen.**

| | | Herdecke | | Sistrans | | St. Gallen | |
| | | Einfache Zeile | | Doppelzeile | | Einfache Zeile | |
Versiegelung		Gesamt-gebiet	Gebiets-typisch	Gesamt-gebiet	Gebiets-typisch	Gesamt-gebiet	Gebiets-typisch
Gebäudeflächen		27 % [1 :	45 % [1 :	28 % [1 :	37 % [1 :	13 % [1 :	30 % [1 :
Erschließungsflächen		37 % 1,4]	27 % 0,6]	19 % 0,7]	15 % 0,4]	21 % 1,6]	15 % 0,5]
Versiegelte Fläche		64 %	72 %	47 %	52 %	34 %	45 %
Unversiegelte Fläche		36 %	28 %	53 %	48 %	66 %	55 %
BFZ Gesamtfläche		0,52	0,41	0,56	0,51	0,69	0,58
BFZ Versiegelte Fl.		0,25	0,13	0,06	0,06	0,11	0,07
Variante - Grasdächer							
BFZ Gesamtfläche		0,62	0,59				
BFZ Versiegelte Fl.		0,4	0,31				
Nutzung							
Anteil an der Vegetationsfl.							
Intensive Nutzung		35 %	100 %	81 %	81 %	21 %	43 %
Extensive Nutzung		65 %	0 %	19 %	19 %	79 %	53 %
Anteil der extensiven Nutzung an der Gesamtfläche		23 %	0 %	10 %	9 %	52 %	31 %

A B B. 66   Vergleich der Untersuchungsgebiete in bezug auf "Bodenversiegelung" und "Nutzung der Vegetationsflächen"

Zur Ermittlung des **biotischen Potentials** wird das Schema der Bewertungsmatrix von Sukopp /113, S. 122 / herangezogen. Da diese mit einer großmaßstäblichen Erhebung für den städtischen Verdichtungsraum von Berlin erstellt wurde, mußte jedoch von der aufgestellten Einteilungsstruktur abgewichen werden. Sie umfaßt die Stufen "gering" und "mittel" für einen Versiegelungsgrad bis 49 % sowie bis 75 %. Erst eine Befestigung über 75 % /113, S. 121/ wird als "hoch" eingestuft; dies entspricht der Kategorie "problematisch". Mit Hilfe des Befestigungsgrades und der Nutzungs- und Pflegeintensität der Vegetationsflächen wird nach Abb. 65 das biotische Potential festgestellt. Dieses kann direkt abgeleitet werden, da die gewählte dreiteilige Bewertung - "beispielhaft", "vertretbar", "problematisch" mit der Einteilung von Sukopp - "gering", "mittel" und "hoch" - korrespondiert. Bei Herdecke und Sistrans ist es gering und wird somit der Stufe "problematisch" zugeordnet (Abb. 67). Demgegenüber liegt in St. Gallen ein "hohes", als "beispielhaft" zu betrachtendes biotisches Potential vor.

Es besteht ein direktes Wirkungsgefüge zwischen der Größe des Versiegelungsgrades und der Nutzungs- und Pflegeintensität, die in Wechselbeziehung zum **Vegetationsvolumen** steht. In Herdecke liegt bei einem hohen Versiegelungsgrad und gleichfalls hoher Pflege- und Nutzungsintensität ein geringes Grünvolumen mit einer Vegetationshöhe von 24 cm/m² vor. Dies entspricht nur 66 % der ursprünglichen Blattmasse, die aufgrund der früheren Wiese mit 3 Gehölzen eine durchschnittliche Höhe von 36 cm/m² aufwies.

Obwohl in Sistrans der Befestigungsgrad noch in die Kategorie vertretbar eingeordnet werden kann, ist durch die hohe Nutzungsintensität mit einer pflanzlichen Höhe von 30 cm/m² ein fast ebenso geringes Volumen vorhanden. Dies entspricht dem Bestand der unbebauten Situation, da nur eine Wiese ohne Gehölze vorhanden war. Dadurch findet auch in diesem Fall nur ein Ausgleich der ursprünglichen Grünmasse statt. Das zusätzlich hinzukommende Bauvolumen wird nicht kompensiert. Aber auch bei direkter Gegenüberstellung entspricht bei beiden Gebieten der Vegetationsbestand nur 21 % der Baumasse mit einer Höhe von 1,14 m/m² bzw. bei Sistrans sogar von 1,44 m/m² .

Infolge des geringen Versiegelungsgrades nimmt die Nutzungsintensität ein vertretbares Maß in St. Gallen ein, und ein erhebliches Grünvolumen mit einer Höhe von 2,65 m/m² ist zu verzeichnen. Bei dem unbebauten Gelände wies der beachtliche Gehölzbestand in bezug zur insgesamt großen Gesamtfläche eine Durchschnittshöhe von 1,47 m/m² auf.

119

Demgegenüber sinkt der der Baumasse entsprechende Wert in bezug zum gesamten Gebiet auf h = 0,7 m/m² ab. Dieser Wert resultiert aus dem niedrigeren Befestigungsgrad und ist im Vergleich zu den beiden anderen Bebauungsbeispielen wesentlich geringer.

Eine umweltschonende Bauweise verfolgt das Ziel, den Versiegelungsgrad und somit die Baumasse zu reduzieren. Ein Ausgleich, der sich nur auf die Baukörper erstreckt, kann in dem vorliegenden Fall durch eine relativ geringe Vegetationsmasse kompensiert werden. Somit wird anhand dieses Beispieles deutlich, daß eine Berücksichtigung und ein Ausgleich des erheblichen ursprünglich vorhandenen Grünbestandes erfolgen muß. Wenn dieser jedoch gering ist und im Falle von Sistrans durch ein ebenfalls niedriges Vegetationsvolumen leicht zu erzielen ist, wird dieser Ausgleich der infolge der Neubebauungen verursachten Gesamtbelastung in keiner Weise gerecht. Daher wird auch anhand der Untersuchungsbeispiele Sistrans und Herdecke mit dem als "problematisch" einzustufenden Pflanzenbestand deutlich, daß neben der ursprünglich vorhandenen Blattmasse, die von der bestehenden zu substrahieren ist, auch jene der Baukörper in den anzustrebenden Gesamtausgleich einbezogen werden muß. Dieser ist in St. Gallen mit dem Verhältnis von 1 : 1,7 "beispielhaft".

Es ist auch ein **Vergleich mit der ursprünglichen Situation** in bezug auf die **Nutzung der Vegetationsfläche** und den **Versiegelungsgrad** notwendig. Dieser war in St. Gallen bei gleichzeitig durch die vorhandene Weidefläche starker intensiver Nutzung mit 10 % am höchsten. Vor der Bebauung waren die extensiven Grünanteile mit 19 % an der Vegetations- und 17 % an der Gesamtfläche gegenüber den Werten von 79 % und 52 % nach den Siedlungsmaßnahmen um vieles niedriger. Die Ausgangsverhältnisse waren im Vergleich zu den beiden anderen Bebauungsbeispielen mit ursprünglich vorliegenden Wiesenflächen am ungünstigsten. Bei diesen lag nur bei Herdecke durch die Erschließungsstraße schon eine Versiegelung vor. Nur in St. Gallen konnte ein teilweiser Ausgleich bei den bisher angesprochenen Vergleichsgrößen ermittelt werden - auch bei Einbeziehung der durch die Baumaßnahmen verringerten Vegetationsfläche. Somit sind bei einem Vergleich zwischen der ursprünglichen und der bebauten Situation die Untersuchungsgebiete in gleicher Weise mit "problematisch" für Sistrans und Herdecke bzw. mit "beispielhaft" für St. Gallen einzustufen.

Die **Bodenfunktionszahl (BFZ)** bietet weitere Rückschlüsse über die Bodenbeanspruchung, die im Zusammenhang mit der Flächenversiegelung zu sehen ist. Der Vergleich von Abb. 66, 67 zeigt, daß in Herdecke der höchste Versiegelungsgrad von 64 % vorliegt. Trotzdem konnte durch die wassergebundene Decke der Wohnwege und die versickerungsfreundlichen Beläge der Terrassen und Erschließungsstreifen im privaten Freibereich eine verhältnismäßig günstige BFZ von 0,52 erzielt werden. Obwohl gegenüber St. Gallen ein ca. 30 % höherer Versiegelungsgrad vorliegt, wäre hier im Falle der ursprünglich vorgesehenen Grasdächer die BFZ auf 0,62 gestiegen und könnte somit annähernd dem Wert von St. Gallen mit 0,69 gleichgesetzt werden. Eine Gegenüberstellung mit Sistrans (Herdecke : Sistrans) ergibt, daß bei einem 17 % niedrigeren Befestigungsgrad die BFZ von 0,56 nur um 0,04 geringer ist. Bei dem direkten Vergleich der BFZ für die befestigten Flächen treten die stark versiegelnden Materialien, besonders in Sistrans, deutlich hervor.

Die gebietstypischen Ausschnitte betreffend, weist Herdecke mit 72 % die höchste Versiegelung auf und liegt somit um 20 % über jener von Sistrans. Demgegenüber weist der Gebietsausschnitt die BFZ von 0,51 auf und ist somit nur um 0,1 niedriger. Trotz des hohen Befestigungsanteiles sind in Herdecke die Bodenfunktionen verhältnismäßig gut erhalten. Die Ausführung mit Grasdächern bietet weitere Möglichkeiten mit einer Annäherung an die BFZ in St. Gallen, obwohl die Versiegelung dieses Gebietes um 27 % niedriger ist. Eine BFZ um 0,7, wie sie in St. Gallen vorliegt, wird als "beispielhaft" eingestuft (Abb. 67). In der BFZ ist neben der Versiegelung von 34 % des Baugebietes auch die Tiefgarage mit Eingriffen in weiteren 5 % der Gesamtfläche einbezogen.

	Herdecke ursprüngl.	bebaut	Sistrans ursprüngl.	bebaut	St. Gallen ursprüngl.	bebaut
Versiegelung						
Gesamtversiegelung	5 %	64 % ■	0 %	47 % ◪	10 %	34 % ☐
BFZ	0,95	0,52 ◪	1,0	0,56 ◪	0,96	0,69 ☐
Variante - Grasdächer		0,62 ◪				
Nutzung						
Anteil der						
Vegetationsfläche/Gesamtfl.	95 %	36 %	100 %	53 %	90 %	66 %
int. Nutzung/Vegetationsfl.	0 %	35 %	0 %	81 %	81 %	21 %
ext. Nutzung/Vegetationsfl.	100 %	65 %	100 %	19 %	19 %	79 %
extensiven Nutzung/Gesamtfl.	95 %	23 %	100 %	10 %	17 %	52 %
Nutzungs- u. Pflegeintensität		■		■		☐
Biotisches Potential		■		■		☐
Volumen		■		■		☐
Verhältnis						
GVZ (urspr.) : GVZ	1 (0,36) :	0,66 (0,24)	1 (0,3) :	1 (0,3)	1 (1,47) :	1,8 (2,65)
BMZ : GVZ	1 (1,14) :	0,21 (0,24)	1 (1,44) :	0,21 (0,3)	1 (0,7) :	3,79 (2,65)
BMZ : GVZ - GVZ (urspr.)	1 (1,14) :	0,0 (0,24 - 0,36)	1 (1,44) :	0,0 (0,0)	1 (0,7) :	1,69 (1,18)
Abfluß (m³)	ursprüngl.	bebaut	ursprüngl.	bebaut	ursprüngl.	bebaut
Gesamtabfluß	100 % (32,2)	176 % (56,8)	100 % (8,8)	189 % (16,6)	100 % (49,3)	152 % (75,0)
Variante - Grasdächer		124 % (39,9)				
Abfluß in den Kanal	15 % (4,7)	108 % (35,0) ■	0 % (0,0)	113 % (9,9) ■	0 % (0,0)	76 % (37,7) ◪
Variante - Grasdächer		34 % (10,9) ☐				
Abfluß / Restflächen	85 % (27,5)	68 % (21,8)	100 % (8,8)	76 % (6,7)	100 % (49,3)	76 % (37,3)
Variante - Grasdächer		90 % (29,0)				
Einschätzung	☐ beispielhaft		◪ vertretbar		■ problematisch	

A B B. 67 Einschätzung und Vergleich der siedlungsökologischen Vergleichsgrößen I - IV

Die beiden anderen Beispiele sind als "vertretbar" eingeschätzt. Ein Vergleich der befestigten Flächen aller drei Gebiete bezüglich ihrer Bodenfunktionen ergibt, daß bei Herdecke der günstigste Wert von 0,25 vorliegt, der bei Grasdächern auf 0,4 angehoben werden kann. Dadurch war diese Gesamteinschätzung trotz des "problematischen" Versiegelungsgrad möglich, der aber auch im Falle der umweltverträglichen Lösung mit Grasdächern einer höheren Bewertung entgegensteht.

Bei der BFZ ist vorauszusetzen, daß die versiegelten Flächen höhere Werte als 0,0 aufweisen, soweit dies ohne Beeinträchtigung der Nutzung möglich ist. Durch das Untersuchungsbeispiel Herdecke wird veranschaulicht, in welchem Ausmaß die durch den hohen Versiegelungsgrad verursachten starken Eingriffe gemildert werden können. Die Möglichkeiten für eine Verbesserung der Bodenfunktionen durch die Wahl versickerungsfreundlicher Oberflächenmaterialien, besonders bei der Planungsvariante mit Grasdächern, werden hier beispielgebend dargestellt. Bei dem Befestigungsgrad von 64 % wird im Falle einer BFZ von 0,0 dieser Bereiche, bei einer Grünfläche von 36 % eine für das gesamte Gebiet durchschnittliche BFZ von 0,36 erreicht. Die tatsächlich erzielte BFZ von 0,52, die durch begrünte Dächer noch auf 0,62 ansteigt, liegt weit über diesem Wert. Es zeigt sich außerdem, daß eine höhere BFZ als die in Sistrans vorhandene von 0,06 in den versiegelten Bereichen erforderlich ist, die fast mit einer Vollversiegelung der betroffenen Flächen gleichgesetzt werden kann. Gleiches gilt für St. Gallen mit einer nur unwesentlich besseren BFZ von 0,11.

Das Ausmaß der Bodenbeanspruchung wird neben dem Versiegelungsgrad und der BFZ durch den **Oberflächenabfluß** bestimmt. Diesbezüglich stellt ein Vergleich zwischen dem ursprünglichen und dem bebauten Gelände deutlich den Zusammenhang zur BFZ her.

In Herdecke lag vorher bei einem Versiegelungsgrad von 5 % mit 4,3 l/m² der höchste Abfluß vor, der von der asphaltierten Erschließungsstraße in den Kanal abgeleitet wurde. Obwohl nachher in diesem Gebiet das Ausmaß der Befestigung am stärksten ist, erfolgt durch die Wahl wasserdurchlässiger Oberflächenmaterialien nur eine Steigerung des Abflußvolumens um 76 % bzw. um 24 % im Falle von Grasdächern. Die Erhöhung der Abflußkapazität beträgt in Sistrans 89 % bei der um 17 % niedrigeren Gesamtbefestigung. Da diese bei der ursprünglichen Situation fehlte, lag mit 3,9 l/m² der geringste Abfluß vor. Dieser Umstand sowie die Wahl nicht versickerungsfreundlicher Beläge hat gegenüber den beiden anderen Untersuchungsbeispielen eine derartig starke Erhöhung zur Folge.

Das unbebaute Gelände von St. Gallen wies eine Ableitung von 4,1 l/m² bei einer Versiegelung von 10 % auf, die auf 34 % erhöht wurde. Die relativ starke Zunahme des Oberflächenabflusses um 43 % ist eine Folge der verhältnismäßig undurchlässigen Oberflächenmaterialien. Die BFZ liegt hier nicht wesentlich über jener der verbliebenen Grünflächen. Dies beruht aber auch darauf, daß die Bereiche der Tiefgarage zwar als Vegetationsfläche angerechnet sind, aber bei der BFZ-Berechnung auch berücksichtigt wurden. Ein Vergleich dieser drei Gebiete zeigt, daß eine erhebliche Anhebung der BFZ im Falle der Planungsvariante mit Grasdächern von Herdecke und das dadurch bedingte schwächere Ansteigen des Gesamtabflusses um 24 % als richtungsweisend für geringere Folgebelastungen einzuschätzen ist.

Die durch Baumaßnahmen hervorgerufenen Beeinträchtigungen werden anhand der vermehrten Ableitung in den Kanal sichtbar. Diesbezüglich ist auch ein Vergleich zwischen der Situation vor und nach der Bebauung ausschlaggebend, um die Größe der Veränderungen zu beurteilen. Nur bei dem Untersuchungsbeispiel Herdecke war bei dem unbebauten Gelände ein Abfluß in den Kanal vorhanden. Dieser beträgt 15 % und wird bei Grasdächern nur um 19 % auf 34 % erhöht. Sowohl die Differenz von nur 19 % als auch der Absolutwert von 34 %, falls vorher keine Wassermenge im Kanal anfällt, ist "beispielhaft". Dabei ist auch der hohe Versiegelungsgrad, der bezüglich des Wassers durch die Wahl des Oberflächenmaterials zum Teil gemildert werden konnte, zu betrachten. Demgegenüber steigt bei der vorliegenden Ausführung der Gesamtabfluß auf 108 % bzw. in Sistrans auf 113 %. Gegenüber der ursprünglichen Situation erfolgt in St. Gallen eine Ableitung von 76 %. Diese Größe ist noch als "vertretbar" zu betrachten, obwohl sie in bezug auf die geringe Gesamtversiegelung hoch ist. Dazu trägt ebenfalls die große Fläche der asphaltierten Erschließungsstraße bei. Die Einstufung erfolgt auch aus dem Vergleich der Kanalbelastung vor und nach den Baumaßnahmen. In die Kateogrie "problematisch" fallen die Werte von Sistrans mit 113 % bzw. von Herdecke mit 108 %, auch wenn bei diesem Gebiet der Unterschied zum unbebauten Gelände nur 93 % beträgt. Dadurch spiegelt sich die hohe Gesamtversiegelung wider.

Der noch verbleibende Anteil des abfließenden Wassers, der auf die Restflächen entfällt, drückt ebenso die gesamte Beeinträchtigung aus. In welchem Ausmaß die Vegetationsflächen diesen Abfluß aufnehmen können, ist abhängig von der Nutzungsintensität und demzufolge vom Grünvolumen. Dieser Faktor wird in diesem Zusammenhang nur erwähnt, jedoch aufgrund der thematischen Eingrenzung hier nicht rechnerisch erfaßt. Die Belastungsintensität wird deutlich durch den Oberflächenabfluß bzw. in der Folge durch die Wasserableitung in den Kanal. Diese Vergleichsgröße stellt das letzte Glied der Folgeerscheinungen und Wirkungszusammenhänge dar, die vom Versiegelungsgrad ausgehen. Bei auftretender Geländeneigung muß diese Wirkungskette durch jene Wechselbeziehungen ergänzt werden, die durch die hangspezifischen Vergleichsgrößen hinzukommen. Dabei wird auch der Oberflächenabfluß der Restflächen mit den verbleibenden Vegetationsbereichen einbezogen.

1.2 Gestalterische und siedlungsökologische Wechselbeziehungen am Hang

Um dieser Problemstellung gerecht werden zu können, wurde bei den drei Untersuchungsgebieten jeweils jenes Gefälle ermittelt, das für die einzelne Gestaltung prinzipiell geeignet ist. Durch eine Gegenüberstellung mit der tatsächlich vorhandenen Neigung wurde die Topographieanpassung eingestuft (Abb. 68). Es muß geklärt werden, inwieweit Wechselbeziehungen zwischen der eingeschätzten Angleichung an die Steigung und den verursachten Erdbewegungen bestehen.

In Sistrans sind sowohl die Erschließungsfläche mit 73 % der **Erdbewegungen** im Bereich von 0,5 m als auch die Gebäude mit 82 % innerhalb der 1 m Kategorie vorbildlich angepaßt. Außerdem sind die Maximaltiefen der Auf- und Abtragungen mit 2,0 m begrenzt. Obwohl ein Neigungsspektrum von 15° - 18° vorliegt, sind als "beispielhaft" einzustufende Werte von 70 % und 80 % erzielt worden. Anteile von jeweils 50 % werden noch als "vertretbar" bewertet, wie dies bei Herdecke und auch bei den Baukörpern von St. Gallen der Fall ist. Dagegen wird im Außengelände die Größe von 55 % im 0,5 m Bereich, wie beispielsweise in Herdecke, auch als "problematisch" betrachtet, da außerhalb der Terrassenzone die Erdbewegungen am stärksten gesenkt werden können. Bei den drei Untersuchungsbeispielen stimmt die daraus resultierende Bewertung der Erdbewegungsmaßnahmen im allgemeinen mit jener der Topographieanpassung überein, abgesehen von der Einstufung der Gebäude in St. Gallen. Obwohl hier prinzipiell eine Anpassung gegeben ist, die für ein 16° geneigtes Gelände aber nicht für das vorliegende Gefälle von 20° - 27° Gültigkeit hat, werden die Geländeveränderungen bei den Baukörpern mit 57 % noch als "vertretbar" betrachtet. Dieser Wert ergibt sich, da die bei der Bewertung herangezogene 1 m Kategorie ein Spektrum bis 1,25 m umfaßt. Dies gilt in gleicher Weise sowohl für Aufschüttungen als auch für Abtragungen, so daß dieser Kategorie im Extremfall Veränderungen bis max. 2,5 m zugeordnet werden (siehe Kap. II.A 2.1). Diesbezüglich ist hier auch die Maximalstärke der Geländebewegungen zu bemerken, die bei den Gebäuden bis 3,0 m bzw. im Außengelände sogar bis 3,5 m steigt.

Es erfolgt nur **unter Einbeziehung aller Flächen** eine **gesamte Beurteilung der Erdbewegungen und der Topographieanpassung**. Diese ist im Außengelände durch die Eingriffsstärke in den Vegetationsflächen entscheidend. Inwieweit das Gefälle tatsächlich berücksichtigt wurde, kommt in allen Bereichen, besonders deutlich aber in den Freibereichen, zum Ausdruck. Obwohl in St. Gallen die Erdbewegungen bei den Gebäuden noch "vertretbar" waren, bewirkt beispielsweise die nur prinzipielle Anpassung, die jedoch nicht der tatsächlich vorliegenden Neigung entspricht, problematische Eingriffe in das Bodenprofil im Außengelände und der Erschließungszone. Dabei sind im Vergleich mit den beiden anderen Gebieten bei den Erdbewegungen die schlechtesten prozentualen Anteile zu verzeichnen. In die Kategorie von 0,5 m entfallen 29 % in der Erschließungszone und 33 % im Freibereich, der darüberhinaus auch Geländeveränderungen bis 3,5 m aufweist. Sowohl die Topographieanpassung und demzufolge auch die Erdbewegungen wurden insgesamt als "problematisch" eingestuft.

In Herdecke sind die Baukörper prinzipiell an eine Neigung von 13° angepaßt. Dies wurde auch durch die Wahl der Erschließung mit 3 m breiten Wohnwegen beeinflußt. Da dieses Gefälle in Teilen des Gebietes vorliegt, ist dies "vertretbar". In der Folge ist eine Berücksichtigung des Geländes im Treppenbereich aber nur mehr begrenzt möglich. Außerdem sind die Auswirkungen bei den Außenanlagen, die durch den insgesamt hohen Versiegelungsgrad beeinträchtigt sind, spürbar. Die vollkommen fehlende Aufnahme des Geländes im Freibereich beruht nicht nur in Herdecke sondern auch in Sistrans zum Großteil auf einer fast ausschließlich intensiven Nutzung. Zwischen dem geringen **Anteil an extensiv genutzten Vegetationsflächen** und der unterbliebenen **Geländeberücksichtigung** besteht aber eine **Wechselbeziehung.** Daher ist die gesamte Gestaltung hinsichtlich der Topographieanpassung und der damit zusammenhängenden Erdbewegungen mit "problematisch" eingestuft.

Die maximalen Aufschüttungen und Abtragungen als Folge des bei der ursprünglichen Situation vorliegenden Geländeversprunges im Bereich der Stellplatzanlage betreffen außerdem die Erschließungsstraße und die Vegetationszonen, aber auch Gebäudeflächen.

Obwohl in Sistrans der Hang nicht nur prinzipiell aufgenommen wurde, sondern beim Gebäude und der Erschließung eine "beispielhafte" Angleichung an die vorliegende Neigung erfolgte, werden aufgrund der ausschließlich ebenen Gartenflächen die Topographieanpassung und die Erdbewegungsmaßnahmen ebenfalls mit "problematisch" eingeschätzt. Diese beiden zusammenhängenden **hangspezifischen Kriterien** finden ihren Ausdruck in der Gestaltung. Der **Versiegelungsgrad** ist diesbezüglich der am **stärksten beeinflussende Faktor** für das Gelände. Das Ausmaß der Geländeaufnahme im Baukörper hat Auswirkungen auf die verbleibenden Möglichkeiten einer Anpassung im Erschließungs- und Freibereich. Diese Wechselbeziehung besteht bei einer unzureichenden Berücksichtigung in der Erschließungszone sowohl im Hinblick auf die Gestaltung des Gebäudes als auch des Außengeländes speziell in den Anschlußbereichen.

Wie aus der **Gesamteinschätzung** (Abb. 68) ersichtlich wird, kann trotz einer "beispielhaften" Ausführung der Gebäude- und Erschließungszone eine "problematische" Einstufung des Außengeländes und somit der Gesamtgestaltung erfolgen. Demgegenüber wird aber auch bei einer "beispielhaften" Freifläche sowohl der Baukörper als auch die Erschließung oft in "problematischer" Weise errichtet. Somit bewirkt nur die beispielhafte Einstufung aller drei Bereiche dieselbe Gesamtgestaltung. Sofern dabei aber nur eine Einzelgestaltung "vertretbar" ist, wird auch die Gesamteinschätzung in diese Kategorie eingeordnet. In der Folge sind die Erdbewegungen ebenso zu bewerten.

Im Rahmen der Untersuchung wurden, unter direkter Heranziehung der Auswertungskarten, die **Geländeeinschnitte** sowie demzufolge die Wasserableitung am Hang in bezug auf die Einzelflächen beurteilt. Der Wirkungszusammenhang zwischen den Stützwänden und der Dränung von Sickerwasser ist offensichtlich (Abb. 68). Die Folge dabei ist ebenso die ökologische Beeinträchtigung in den Vegetationsflächen. Die Anschlußbereiche zu den Erschließungszonen sind ebenfalls zu berücksichtigen.

Wenn im Freibereich die Topographieanpassung mit "problematisch" eingestuft wird, sind starke Einschnitte mit meist durchgehenden Stützwänden die Ursache. In Herdecke und Sistrans erfolgte aufgrund der vollkommen intensiv genutzten ebenen Freibereiche keine Berücksichtigung der Neigung.

Demgegenüber sind in St. Gallen die Geländebewegungen "beispielhaft", da sie prinzipiell für ein Gefälle von 16°, im Gegensatz zu dem vorliegenden von 20° - 27°, geeignet sind und keine Stützwände erfordern. Die Außenbereiche müssen aber aufgrund der durch die Tiefgarage bedingten Einschnitte differenziert beurteilt werden. Durch diese Eingriffe in das Bodenprofil, die sich auch auf die Vegetationsflächen erstrecken, erfolgte die Bewertung im Außengelände jedoch nicht mit "beispielhaft". Da die Gebäude nicht an die vorliegende Geländeneigung angepaßt wurden, waren neben erheblichen Erdbewegungen in den Freiflächen massive Sicherungseinreichtungen erforderlich. Es wurde auf Hangseite der Erschließungsstraße eine nur in Teilbereichen unterbrochene Stützwand bzw. eine durchgehende oberhalb des Wohnweges angelegt. Infolge dieses 2 m hohen horizontalen Einschnittes, der in der Gebietsmitte verläuft, sowie der erheblichen, durch die Tiefgarage hervorgerufenen Eingriffe wurde die **Gesamteinschätzung für die Wasserableitung** mit "problematisch" bewertet. Dies gilt auch für die beiden anderen Gebiete, die mehrfach horizontale Einschnitte aufweisen, die ohne Unterbrechung durch größere Vegetationsbereiche das gesamte Gebiet zerteilen.

Eine "vertretbare" oder "beispielhafte" Ausführung der Freiflächen kann ausgleichend für die Beeinträchtigungen im Gebäudebereich sein; dies ist jedoch bei keinem der drei Untersuchungsbeispiele vorzufinden. In Herdecke sind die Stützwände der Baukörper, wenn sie isoliert betrachtet werden, "vertretbar". Im Zusammenhang mit jenen des Außengeländes und der Sammelstellplatzanlage führen sie jedoch zu den durchgehenden Einschnitten, die das

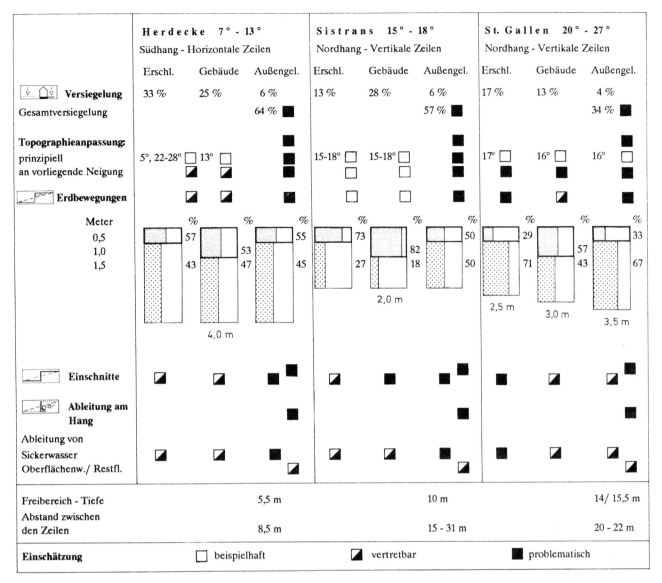

ABB. 68 Einschätzung und Wechselbeziehungen: Bodenversiegelung - Topographieanpassung - Hangspezifische Vergleichsgrößen

ganze Gelände queren, und somit zu der Einstufung "problematisch". In Sistrans ist durch die komplette Unterkellerung bereits eine als "problematisch" zu bezeichnende Belastung gegeben, die durch die direkt an die Gebäude anschließenden Stützwände noch verschärft wird. Obwohl in St. Gallen durch die nur teilweise Unterkellerung die verbliebenen Eingriffe bei den Baukörpern "beispielhaft" sind, können aufgrund der Tiefgarage die Einschnitte im Gebäudebereich insgesamt nur als "vertretbar" betrachtet werden. Infolge der mehrmals auftretenden langen Stützwände ist die Einschätzung der Geländeeinschnitte in ihrer Gesamtheit mit "problematisch" gerechtfertigt.

Abgesehen von den Gebäudeflächen in Sistrans geht die Bewertung der Einschnitte mit jener der **Sickerwasserableitung** konform (Abb. 68). Dies ist die Folge der fast ausschließlich ohne Wasserdurchlaß ausgeführten Stützwände und verdeutlicht somit diesen wechselseitigen Zusammenhang. Die durch die komplette Unterkellerung bedingten starken Eingriffe führen auf seiten der Abführung versickernden Wassers zu keiner Steigerung der Problemstellung. Diese tritt nur im Zusammenhang mit den weiterführenden hangsichernden Einrichtungen des Außengeländes auf. Die Einschnitte bei den Gebäuden würden im Falle eines höheren Hangwasseranfalls, der bei dieser Lage nahe der Kuppe kaum auftritt, eine entsprechend stärkere Auswirkung haben.

Die durch die Stützwände hervorgerufenen Beeinträchtigungen werden insgesamt als "problematisch" eingeschätzt, da das Sickerwasser aller Vegetationsflächen mittels Dränung, wie bei den beiden anderen Gebieten, abgeleitet wird. Die in Herdecke mit Hilfe ingenieurbiologischer Lösungen ausgeführten Treppenbereiche, die versetzte Durchlässe für das abgeleitete Wasser aufweisen, sind auch unzureichend, um einen Ausgleich zu bewirken.

Bei der **Bewertung, in welchem Maße Oberflächenwasser abgeleitet wird**, ist auch berücksichtigt, daß in Hanglage der anfallende Anteil mit zunehmender Steigung entsprechend größer wird. Aufgrund des höheren Prozentsatzes ebener Flächen wird dieser verringert. Bei stärkeren Niederschlagsereignissen wird Sickerwasser jedoch vor den Stützwänden auf Hangseite angesammelt und wegen des oftmaligen Fehlens von Durchlässen der Dränung zugeführt.

In St. Gallen waren bereits bei der ursprünglichen Situation Hangwasserprobleme vorhanden. Abfließendes Oberflächen- und Sickerwasser gelangte in tieferliegende bebaute Bereiche und wurde hier zum Teil dem Kanal zugeführt. Bei dem bebauten Gelände wurden Auffangrinnen sowohl oberhalb des Gebietes als auch in den Böschungsbereichen vor der Erschließungsstraße angelegt, die an die Kanalisation angeschlossen sind. In Anbetracht dieser bereits problematischen Ausgangslage kann die durchgeführte Lösung bezüglich des Hangwasseranfalls bei derartig starkem Gefälle als "vertretbar" eingestuft werden. Dabei ist die ausgleichende Wirkung der großen extensiv genutzten Flächen und des höheren Grünvolumens, die bei den beiden anderen Gebieten entfällt, ebenso berücksichtigt.

Bei der Gesamtbewertung wird die Ableitung des Oberflächenwassers im Verhältnis zur Problematik vor den Baumaßnahmen einbezogen. Es wird bei der gesamten Einschätzung ebenso das Sickerwasser des untersuchten Gebietes als auch der oberhalb angrenzenden Bereiche berücksichtigt, das in St. Gallen und Herdecke in verstärktem Maße in der Dränung gesammelt wird. Demgegenüber ist in Sistrans, durch die Lage, ein geringer Abfluß von der Kuppe zu erwarten. Infolge der vorliegenden Anzahl und Ausführung der Stützwände kann grundsätzlich im gesamten Bereich die Ableitung nur mittels Dränung erfolgen. Daher ist ebenso wie bei den beiden anderen Beispielen die Abflußsituation insgesamt mit "problematisch" eingeschätzt worden. Unter Berücksichtigung des Umfanges der Erdbewegungsmaßnahmen und der verursachten Störungen des Hangwassers erfolgte dieselbe Einstufung.

Inwieweit die Topographie bei der Planung berücksichtigt wird, ist ausschlaggebend für das Ausmaß der Erdbewegungen und demzufolge der Stützwände. Dabei ist auch die Größe des Versiegelungsgrades (Abb. 68) mit der einschränkenden Wirkung auf die Möglichkeiten einer Geländeberücksichtigung in den Außenanlagen zu beachten. Die Ausführung der Stützwände, aber auch der Umfang der Erdbewegungen haben Auswirkungen auf die Ableitung des Sicker- und des Oberflächenwassers.

Ein entscheidender Faktor für die **Einschätzung der gesamten Vergleichsgrößen** stellt am Hang die **Topographieanpassung im Außengelände** dar. Inwieweit hier eine Aufnahme erfolgen kann, ist abhängig von einer ausreichenden Freibereichstiefe, die wesentlich ist sowohl für die notwendige Größe der intensiv genutzten ebenen oder nur leicht geneigten Fläche als auch der extensiv genutzten Abböschung. Diese werden infolge der Pflegeintensität kaum mit Rasen versehen. Es kann aber nicht eine bestimmte Tiefe generell festgelegt werden, da in Abhängigkeit vom Gefälle ebenso die Breite der Parzelle maßgebend ist. So ist in St. Gallen bei der prinzipiellen Anpassung an eine Hangneigung von 16° ein Achsmaß von 8,5 m bei einer Gartenlänge von 14 - 15,5 m ausreichend. Ob diese Werte aber auch bei der tatsächlich vorliegenden Steigung von 20° - 27° bzw. bei dem bis zu 18° starken Abfall von Sistrans genügend hoch sind, ist in weiterer Folge zu untersuchen. Ebenso sind die mit der Steilheit des Geländes zu berücksichtigenden Wirkungszusammenhänge zu klären.

Außerdem ist die Anzahl an Gebäudezeilen ein begrenzender Faktor für die **Tiefe des Gartens.** Dieser ist beispielsweise in Herdecke gering - auch als Folge der 3 m breiten Wohnwege und der vier in kurzen Abständen hintereinanderliegenden horizontalen Reihen. Daher sind die Möglichkeiten einer Anpassung im Außengelände sehr stark eingeschränkt. Im übrigen hat der Baugebietszuschnitt im Zusammenhang mit der Anzahl an Wohneinheiten und dem Versiegelungsgrad auch einen Einfluß auf die Länge der Freifläche. Darüberhinaus kommt in Sistrans die nördliche Exposition zum Tragen. Um bei der geplanten Zeile die Verschattung im Freibereich, besonders aber im Baukörper zu verringern, sind entsprechend große Distanzen zwischen den einander gegenüberliegenden Gebäuden notwendig. Diese liegen zwischen 31 m und 15 m. Der Abstand von 15 m ist aber eher als unzureichend einzuschätzen.

Bei dem Nordhang von St. Gallen ist noch ein weiterer Problemkomplex vorhanden: das **zweiseitig geneigte Gelände.** Das zusätzliche Gefälle zur Ostseite macht noch weitere Entfernungen zwischen den Reihen erforderlich. Um die Distanzen von 20 - 22 m beibehalten zu können, wurde diese zweite Hangneigung nach Osten mittels erheblicher Erdbewegungen ausgeglichen. Aufgrund der starken Rutschungsgefährdung ist außerdem der Winkel der inneren Reibung mit 19° begrenzt /58, S. 3/. Dadurch war die Anpassung an den tatsächlich vorliegenden Steilabfall von 20° - 25° nicht möglich.

Die Anzahl der Wohneinheiten im Zusammenhang mit den am Hang verursachten Folgebelastungen ist speziell bei den beiden Gebieten mit nördlicher Exposition zu hinterfragen. Die beträchtliche Hangsensibilität von St. Gallen hätte kürzere Zeilen sowie die teilweise Aufnahme einer Steigung von 18° - 19° im Gebäudebereich statt der 16° erfordert. Um Rückschlüsse zu ermöglichen, sind **in Abhängigkeit von der Steilheit des Hanges die Zusammenhänge zwischen der quantitativen und der qualitativen Flächeninanspruchnahme,** unter Berücksichtigung der für die Topographieanpassung gültigen Aspekte, zu analysieren. Darauf aufbauend, ist **für die verschiedenen Neigungsspektren die Tiefe der Freibereiche,** auch unter **Einbeziehung der Exposition,** zu klären.

1.3 Quantitative und qualitative Flächeninanspruchnahme

Die Problemstellungen, die sich aus diesem Wechselspiel ergeben, sind bei der vorliegenden abschließenden Analyse aufgezeigt. Die Fragestellungen, die sich infolge der quantitativen Aspekte direkt ergeben, sowie die daraus resultierenden Folgebelastungen für die besiedelte Fläche insgesamt werden näher erörtert und im Rahmen von Planungshilfen formuliert. Der Ausnutzungsgrad wird durch die Geschoßfläche bewertet und steht in engem Zusammenhang zur Gebäudegrundfläche und in der Folge zur dadurch möglichen Anzahl an Wohneinheiten. Welche Größen zur Einschätzung der quantitativen Flächeninanspruchnahme neben der GFZ wesentlich sind und inwieweit Wechselbeziehungen zur qualitativen Beanspruchung bestehen, ist zu klären. Zu diesem Zweck sind auch die Werte des Versiegelungsgrades und der Nutzungsintensität herangezogen worden (Abb. 69).

Bei den drei Gebieten liegen insgesamt **vergleichbare Größenordnungen** vor, welche das Verhältnis zwischen dem Bruttobaulandbedarf und der Anzahl der Wohneinheiten verdeutlichen. Herdecke ist mit 7,5 ha Gesamtfläche etwas kleiner als das Untersuchungsbeispiel Sistrans. Einschließlich der Kuppe und der nicht fertiggestellten Zeile liegen hier 8,3 ha vor. Demgegenüber nimmt der bebaute Hang nur 2,3 ha ein und stellt somit den kleinsten untersuchten Bereich dar. St. Gallen ist mit fast 12 ha das größte Gebiet und bietet aufgrund des geringen Unterschiedes bei den Wohneinheiten (20 WE) und der somit niedrigsten Ausnutzung an Geschoßfläche (GFZ = 0,24) einen interessanten Kontrast zu den beiden anderen Beispielen. Diese weisen bei nur um 700 m² differierendem Bruttobauland Ähnlichkeiten bei der Anzahl der Wohneinheiten und der GFZ auf. In Herdecke liegen 24 Wohneinheiten und eine GFZ von 0,39 vor. Bei dem Gesamtgebiet von Sistrans beträgt bei 23 Wohneinheiten die durchschnittliche GFZ 0,37.

Aufgrund der eingeschossigen Bebauung im Kuppenbereich mit nur teilweise ausgebautem Dachgeschoß ist dieser Wert gegenüber dem bebauten Hangbereich mit einer GFZ von 0,53 bei 7 Parzellen erheblich niedriger. Der Gebietsvergleich wird durch die nur geringen Unterschiede bei der Anzahl an Wohneinheiten und einem ähnlichen Versorgungsgrad mit Stellplätzen, der zwischen 1,4 pro WE in Herdecke und 1,7 in Sistrans liegt, erleichtert.

Für den direkten Vergleich der drei Bebauungsbeispiele wurden jeweils **typische Einheiten** herausgegriffen, mit deren Hilfe Rückschlüsse auf die Gesamtgebiete möglich sind. In Herdecke liegt mit 200 m² aufgrund der Begrenzung des Siedlungsflächenverbrauches eine beispielhafte Größe für Reihenbebauungen vor. Das Einzelgrundstück umfaßt dabei ca. 160 m² nach Abzug des Anteiles für den Wohnweg. In Sistrans sind in den Hangzonen mit 250 m² nur geringfügig kleinere Einheiten als in St. Gallen gegeben. Hier beträgt die durchschnittliche Parzellengröße 260 m². Diese Werte sind im Rahmen einer verdichteten Bauweise auch noch als "beispielhaft" zu betrachten. Nach Abzug der öffentlichen Erschließungsfläche liegen in beiden Fällen ca. 240 m² große Parzellen vor. Die Geschoßfläche, die in der Inneren Dichte (ID; S. 46) zum Ausdruck kommt, ist ein wesentlicher Faktor für die Ausnutzung. Es handelt sich bei allen drei Gebieten um eine beispielhafte Flächenausnutzung, da diese Ausschnitte nicht nur auf die Einzelparzellen bezogen sind, sondern auch den Anteil der öffentlichen Erschließungsfläche umfassen. Dieser beträgt auf der Ebene des Bebauungskonzeptes in Herdecke sogar 22 % gegenüber 5 % in Sistrans und 7 % in St. Gallen.

In **Herdecke** ist der Grundtyp mit 60 m² die flächensparendste Variante und stellt eine "beispielhafte" Größe für die Grundfläche und für die in gleicher Weise eingestufte ID dar, die knapp über 0,6 liegt. Dieser Bautyp ist mit 11 Wohneinheiten auf der Hälfte der Parzellen vertreten. Durch den externen Keller sind insgesamt 70 m² versiegelt. Die vorliegenden Breithäuser sind infolge der verschiedenen Ausbaumöglichkeiten unter dem Aspekt der Flexibilität bezüglich der gegenwärtigen und der sich im zeitlichen Verlauf ändernden Nutzeransprüche interessant. Bei den Gebäuden mit Wintergarten, der vollkommen als Wohnraum genutzt wird, ist dieser sowohl bei der ID als auch bei der GFZ zur Geschoßfläche gerechnet worden. Die maximale Ausbauvariante mit zusätzlichem Anbau, die an 6 Grundstücken umgesetzt wurde, zeigt mit einer ID von 0,9 die größtmögliche Ausnutzung. Die Intensität der Ausnutzung ist aber auch in bezug auf den Versiegelungsgrad zu betrachten, der auf alle anderen Aspekte der Vergleichsgrößen wirkt, welche die qualitative Flächeninanspruchnahme zum Ausdruck bringen. Der "problematische" Vollausbau erstreckt sich auf eine versiegelte Gesamtfläche von 111 m², wobei 87 m² auf das Gebäude, 15 m² auf den Wintergarten und 9 m² auf den Keller entfallen. Bei einem derartigen Ausbau, der in zwei Fällen mit einer Einliegerwohnung umgesetzt wurde und somit zur Erhöhung der Wohneinheiten geführt hat, ist für diese Grundfläche in bezug auf die quantitative Ausnutzung prinzipiell eine gewisse Rechtfertigung gegeben. Da die Kellerfläche und der Wintergarten nur auf einer Geschoßebene genutzt werden, sinkt die Nutzung aber im Verhältnis zu den Belastungen. Daher ist der Versiegelungsgrad insgesamt als "problematisch" zu bewerten. So liegt eine durchschnittliche Befestigung von 72 % vor. Dabei entfällt auch ein großer Anteil auf die Erschließung, die auf der Ebene des Bebauungskonzeptes 22 % beträgt. Es verbleiben keine extensiv genutzten Vegetationsflächen, die als weitere wesentliche Größe ebenso einzubeziehen sind.

Die Parzellengröße ist in überwiegend ebener Lage durchaus als "beispielhaft" einzustufen. Aber bei der vorliegenden Neigung stellt die verbleibende Tiefe der Freibereiche eine wesentliche Einschränkung für die Topographieanpassung im Außengelände dar und bewirkt die Geländeeinschnitte. Diese Einschätzung trifft in noch stärkerem Maße bei jenen Varianten zu, die durch die Ausbaumöglichkeiten zwar den Ansprüchen der Nutzer entgegenkommen, aber die bei dem Grundtyp angesprochenen Problemstellungen noch verschärfen.

In **Sistrans** beträgt bei den gebietstypischen Einheiten die Versiegelung 92 m² und entspricht damit dem Durchschnittswert der 4 Varianten von Herdecke. Gleiches gilt für die ID mit dem Wert von 0,7. Da in Sistrans die einzelne Einheit jedoch um ca. 50 m² größer ist und

Flächeninanspruchnahme	Herdecke Südhang - Horizontale Erschl. Einfache Zeilen - Breithaus Gesamtgebiet	Gebietstypisch	Sistrans Nordhang - Vertikale Erschl. Doppelzeile - Langhaus Gesamtgebiet Hang Bestand	Hang Planung	Kuppe	Gebietstypisch Hang	St. Gallen Nordhang - Vertikale Erschl. Einfache Zeilen - Langhaus Gesamtgebiet	Gebietstypisch
Quantitativ ☐					☐		◪	
Fläche in m²	7500	204	2263	4077	8322	250	11918	261
GFZ; Innere Dichte (ID)	0,39	0,72	0,53	0,54	0,37	0,7	0,24	0,58
Gebäudegrundfläche		92 m²				92 m²		79 m²
Wohneinheiten	24		7	13	23		20	
m² / EW.	120 m²		126 m²	120 m²	139 m²			229 m²
Stellplätze pro Wohneinheit	1,4					1,7	1,6	
Qualitativ								
⌂ Versiegelung								
Ebene des BP-Konzeptes:								
Gebäude (Wohnen, Keller)	25 %	45 %	28 %	29 %	31 %	37 %	13 %	30 %
Öffentl. Erschließungsfl.	33 %	22 %	13 %	7 %	6 %	5 %	17 %	7 %
Gesamtversiegelung	58 %	67 %	41 %	36 %	37 %	42 %	30 %	37 %
incl. Tiefgarage						47 %	36 %	
Objektplanung:								
Privater Freibereich	6 %	5 %	6 %			10 %	4 %	8 %
Gesamtversiegelung	64 %	72 %	47 %			52 %	34 %	45 %
incl. Tiefgarage							39 %	
Unversiegelte Fläche	36 %	28 %	43 %			48 %	66 %	55 %
⌂ Nutzung								
Anteil der extensiven Nutzung an der Gesamtfläche	23 %	0 %	10 %			9 %	52 %	31 %

Einschätzung	☐ beispielhaft	◪ vertretbar	■ problematisch

A B B. 69   Vergleich der quantitativen Flächeninanspruchnahme mit den Aspekten "Versiegelung", "Nutzung der Vegetationsflächen"

auch der Erschließungsanteil etwas sinkt, ist die Gesamtversiegelung um 20 % geringer. Sie ist mit 52 % jedoch noch sehr hoch. Der niedrige Anteil von 10 % der extensiv genutzten Flächen ist aber auch im Zusammenhang mit der Anordnung des Baukörpers auf der Parzelle und den verbleibenden Tiefen der Freibereiche von 10 - 11 m sowie im Vorgarten von 5 - 7 m, die auf beiden Gebäudeseiten intensiv genutzt werden, zu sehen.

So ist bei der einfachen Zeilenbebauung von **St. Gallen**, deren Grundeinheiten durchschnittlich um nur 10 m² größer sind, der Vorgarten kleiner dimensioniert. Dafür ist der intensiv genutzte Freibereich 14 - 15,5 m tief. Dabei verbleiben zusätzlich noch größere extensiv genutzte Vegetationsflächen, die mit jenen der Hauseingangszone 31 % der gebietstypischen Einheit ergeben. Es liegt mit 80 m² Gebäudefläche eine vertretbare Größenordnung vor, die gegenüber jener von Sistrans um 12 m² kleiner ist. Dieser niedrigere Wert ist unter anderem auch ein Grund für die um 7 % geringere Gesamtversiegelung, die 45 % beträgt. Das Absinken der ID auf knapp unter 0,6 ist dabei zu vertreten und stellt auch für eine verdichtete Bauweise eine als beispielhaft zu bezeichnende Ausnutzung dar.

Im Außengelände wurde prinzipiell eine Anpassung an die Topographie durch den extensiv genutzten Grünanteil ermöglicht, wobei auf die gegenseitig bedingte Wechselwirkung zwischen diesen beiden Faktoren hinzuweisen ist. Der Freibereich weist bei der bebauten Situation eine Neigung von 16° auf. Dabei ist eine Tiefe von 14 - 15,5 m sowie ein Versiegelungsgrad von insgesamt 45 % und eine ID von 0,6 vertretbar.

Inwieweit diese Größen bei der Berücksichtigung und Beibehaltung der in St. Gallen tatsächlich vorliegenden Steigung ausreichend sind, ist in der Folge zu klären. In Sistrans weisen die Außenbereiche mit 15° - 18° ein ähnliches Gefälle wie jene der bebauten Situation von St. Gallen auf. Demgegenüber kam es aber bei einer Länge des Gartens von 10 - 11 m und einer Versiegelung von 52 % zu keiner Anpassung an die Topographie. Es muß außerdem erwähnt werden, daß bei diesem Gebiet das Achsmaß der Baukörper um 0,5 m geringer ist. Die Voraussetzungen für eine Berücksichtigung der Geländeneigung sind zur Beantwortung der damit aufgeworfenen Fragestellungen grundsätzlich zu erörtern.

Die Einschätzung der typischen Einheiten muß durch die **Berücksichtigung des gesamten Gebietes** vervollständigt werden. Für einen solchen vollständigen Gebietsvergleich kann die Ebene des Bebauungskonzeptes herangezogen werden, da im privaten Freibereich die Versiegelung mit durchschnittlich 6 % in Herdecke und Sistrans sowie 4 % in St. Gallen bei allen drei Beispielen fast gleich hoch ist. Bei Sistrans sind neben den Werten der untersuchten Situation auch jene der Planung und der Kuppe berücksichtigt.

Bei der quantitativen Flächeninanspruchnahme ist nicht nur die Anzahl der Wohneinheiten bzw. die damit zusammenhängende GFZ dem Versiegelungsgrad gegenüberzustellen, sondern es ist auch der Bruttobaulandbedarf pro Einwohner als wesentliche Größe für den Siedlungsflächenverbrauch heranzuziehen. Dabei wurde von einer Verteilung von 2,6 EW/WE ausgegangen (S. 46). In **Herdecke** liegt mit 120 m²/EW der geringste Verbrauch an Bauland vor, der als "beispielhaft" zu bewerten ist. Die einzelnen Einheiten weisen einen durchschnittlichen Versiegelungsgrad von 72 % auf. Beim Gesamtgebiet ist dieser Anteil mit 64 % etwas niedriger, aber ebenso als "problematisch" eingeschätzt. 23 % entfallen auf die extensiv genutzten Vegetationsbereiche. Sie dienen als Abstandsflächen und führen aber zu keinem Ausgleich. Die quantitative Ausnutzung ist hoch, und obwohl die Parkmöglichkeiten ohne Tiefgarage einbezogen sind, beträgt die GFZ 0,4.

Beim Hangbereich von **Sistrans** sind die Werte der GFZ mit ca. 0,5 beim Bestand und der Planung um einiges höher, was auch ohne Stellplatzanteile in einer hohen, aber noch "vertretbaren" Gesamtversiegelung von 47 % bei der Objektplanung in dem bebauten Bereich zum Ausdruck kommt. Auf der Ebene des Bebauungskonzeptes beträgt der Befestigungsgrad der untersuchten Situation 41 % und wird beim Gesamtgebiet auf 37 % reduziert. Demgegenüber sinkt die GFZ auf 0,37 wesentlich stärker ab und liegt somit nur knapp unter dem Wert von Herdecke. Der Grund dafür ist in der eingeschossigen Bebauung des Kuppenbereiches mit nur teilweise ausgebautem Dachgeschoß zu sehen. Ebenso nimmt der Siedlungsflächenverbrauch zu und beträgt ca. 140 m²/EW. Dies stellt aber dennoch einen als "beispielhaft" einzustufenden Wert dar. Obwohl gegenüber Herdecke eine niedrigere GFZ vorliegt, ist beim Bebauungkonzept die Versiegelung durch Gebäude um 6 % höher. Dies spiegelt eine zu geringe Flächenausnutzung im Kuppenbereich wider, die auch aus den auf 110 - 130 m², vereinzelt auf 150 m² erweiterten Gebäudegrundflächen resultiert. Demgegenüber ist im Vergleich mit Herdecke in der Hangzone beim Bestand ein 3 % bzw. bei der geplanten Situation ein 4 % größerer Anteil an Gebäudefläche und eine um 0,14 - 0,15 höhere GFZ vorhanden, die auf eine um einiges höhere Effektivität schließen läßt. Da in Sistrans der Eingangsbereich eingeschossig ist und die Terrasse in den Baukörper integriert und somit nicht als Wohnraum nutzbar ist, wird bezüglich der Gebäudegrundfläche in St. Gallen eine noch höhere Ausnutzung erreicht. Hier sind die in das Gebäude einbezogenen Balkone kleiner bemessen.

Auf der Ebene des Bebauungskonzeptes weist das Gesamtgebiet von Sistrans eine Versiegelung von 37 % auf, die fast in die Kategorie "beispielhaft" einzustufen ist, obwohl auf der Kuppe die Gebäudegrundflächen groß sind. Der insgesamt niedrige Befestigungsgrad ist eine Folge des verminderten Erschließungsaufwandes, der durch den geringen Anteil an der Zufahrtstraße, besonders aber durch die Erschließungsform mittels einer Doppelzeile und der zentralen Bebauung auf der Kuppe hervorgerufen wird. Dabei ist aber zu berücksichtigen, daß die Versiegelungsanteile im privaten Freibereich relativ groß sind. Die Ursache dafür liegt in den langen Wegeflächen zwischen der Grundstücksgrenze und dem Hauseingang, die sich am Hang aus den großen Distanzen der einander gegenüberliegenden Gebäude ergeben. Obwohl bei den untersuchten gebietstypischen Einheiten die Terrasse, im Gegensatz zu den beiden anderen Bebauungsbeispielen, in den Baukörper integriert ist, beträgt die Gesamtbefestigung in den privaten Außenbereichen 10 %. Im Vergleich dazu ist dieser Wert in St. Gallen mit 8 % bzw. in Herdecke mit 6 % begrenzt. Durch die versiegelten Flächen in der intensiv genutzten Vorgartenzone, die zu der Größe von 10 % auch beitragen, wird der Befestigungsgrad am Hang auf 47 % angehoben. Es liegt dabei nur ein Anteil von 10 % an extensiv genutzten Vegetationsflächen vor. Aufgrund der Wechselbeziehungen zwischen dem Baugebietszuschnitt, der Exposition des Geländes, den großen Distanzen zwischen den beiden Zeilen, der Anzahl der WE und der Tiefe der Freibereiche ist eine derartige Ausnutzung im Zusammenhang mit der Geländeneigung jedenfalls bezüglich ihrer Vertretbarkeit zu hinterfragen. Bei der Gesamtversiegelung müssen auch jene Flächenanteile von 10 % einbezogen werden, die durch die Eingriffe der Tiefgarage betroffen sind. Auf der Ebene des BP - Konzeptes treten somit erhöhte Belastungen des Bodens auf 47 % des Baugebietes auf. Dabei ist auch die einschränkende Wirkung auf die anderen Vergleichsgrößen zu betrachten.

Das Untersuchungsbeispiel **St. Gallen** weist im bebauten Bereich eine hohe quantitative Flächenausnutzung auf, die durch die Tiefgarage noch gesteigert wird. Gleichzeitig ist ein erheblicher Anteil an Vegetationsflächen vorhanden, die miteinander verbunden sind und an die in gleicher Weise extensiv genutzte Randbereiche anschließen. Die große Fläche für die Erschließungsstraße, den Wohnweg und die Grünbereiche ist der Grund für die GFZ von 0,24. Gegenüber den beiden anderen Gebieten ist dieser Wert bei einer annähernd gleichen Anzahl an WE niedrig, wird aber noch als "vertretbar" eingestuft. In dieselbe Kategorie fällt der Bruttobaulandverbrauch von 230 m^2/EW.

Die Aspekte der quantitativen Ausnutzung, die bezüglich der Begrenzung der Siedlungsfläche bei diesen Bewertungen vorangestellt wurden, sind bei der Einschätzung der gesamten Baumaßnahmen gegenüber den Beeinträchtigungen und deren Ausgleich abzuwägen und abschließend zu beurteilen. Dabei sind auch die vorliegenden Geländeneigungen, die Tiefe der Freibereiche und ihre Zusammenhänge mit der Anzahl an WE sowie die Eingriffe durch die Tiefgarage einzubeziehen.

Vor dieser abschließenden "Auswertung" (Kap. II. D) werden jene **Wirkungen, die von der quantitativen Flächeninanspruchnahme ausgehen**, mit ihren komplexen **wechselseitigen Zusammenhängen** aufbereitet und sind in ausreichendem Maße in die Planung einzubeziehen. Es ist dabei die direkte Auswirkung auf die Höhe des **Versiegelungsgrades als Abwägungsfaktor** für die **qualitative Flächeninanspruchnahme** zu berücksichtigen.

2 Wirkungszusammenhänge bei Wohnbaumaßnahmen

Die vergleichende Bewertung der Untersuchungsergebnisse (Kap. II. C 1) hat Rückschlüsse über das Wirkungsgefüge ermöglicht, das abschließend schematisch dargestellt ist (Abb. 70). Der **Siedlungsflächenverbrauch** (m^2/EW) stellt den entscheidensten Aspekt für die **quantitative Flächeninanspruchnahme** dar. Durch die Anzahl an Wohneinheiten ist eine direkte Wirkung auf die GFZ gegeben, die außerdem durch die Gebäudegrundfläche beeinflußt wird. Für das Ausmaß des Versiegelungsgrades sind sowohl diese Größen als auch das aus der Anordnung der Bebauung - einfache oder doppelzeilige bzw. zentrale Gruppierung - resultierende Erschließungssystem mit den diesbezüglich erforderlichen Breiten bestimmend. Bei den untersuchten Beispielen ist der Befestigungsaufwand der Wohn-, Fußwege und Treppen nach Erfordernis angesprochen.

Der **Anteil der versiegelten Flächen** ist der die **Umwelt am stärksten belastende Faktor** mit Konsequenzen für die Nutzungs- und Pflegeintensität und somit auf das biotische Potential. Die Bepflanzung der Vegetationsbereiche mit Rasen wiederum hat Folgen für das Grünvolumen. Die aus dem Befestigungsgrad resultierenden Auswirkungen für die in den Kanal abzuleitende Wassermenge können nur durch die Wahl versickerungsfördernder Belagsstrukturen etwas gesenkt werden. Da die quantitative Nutzung den Versiegelungsgrad bestimmt, der den Abwägungsfaktor zur qualitativen Flächeninanspruchnahme darstellt, ist bei der Erstellung des Bebauungskonzeptes auch eine **Rückkoppelung** zu den einflußnehmenden Größen durchzuführen. Dabei ist ebenso die **Nutzungs- und Pflegeintensität** als weiteres wesentliches Kriterium für die Einschätzung der Höhe der Beeinträchtigungen einzubeziehen.

Neben diesen Wirkungszusammenhängen, die in überwiegend ebenem Gelände vorherrschen, kommen in Abhängigkeit von der Steigung die **gestalterischen Aspekte der Topographieanpassung** hinzu. Die Höhe des Versiegelungsgrades, die auch in der Gebäudegestaltung zum Ausdruck kommt, ist ausschlaggebend, inwieweit die Aufnahme des Geländes bei den beiden übrigen Einzelgestaltungen durchgeführt werden kann. Eine zu intensive Nutzung der privaten Freibereiche einhergehend mit einem zu geringen Abstand zwischen den Zeilen und der Parzellengrenze führen ebenso zu diesbezüglichen Einschränkungen. Daher sollte in **Hanglage** eine **Rückkoppelung zwischen der Neigung und dem Versiegelungsgrad** und dem damit in Zusammenhang stehenden **Siedlungsflächenverbrauch** vollzogen werden. Somit ist ein größerer Bruttowohnbaulandbedarf pro Einwohner mit zunehmender Geländeneigung zu erwarten. Es besteht aber auch eine Wechselbeziehung zwischen der Aufnahme des Gefälles im Außengelände und dem Anteil an extensiv genutzten Vegetationsflächen.

Sowohl das Ausmaß an Erschließungsstraßen, die eine direkte Anbindung an die Bebauung herstellen, als auch die Berücksichtigung des Geländes sind ausschlaggebend für die beiden übrigen Einzelgestaltungen. Problematische Lösungen beim Gebäude und im Außengelände sind die Folge einer unzureichenden Aufnahme der Topographie im Straßenbereich. Speziell in den Anschlußzonen sind dann vielfach Stützwände vorzufinden. Sofern aber die Erreichbarkeit der Baukörper über Fußwege und Treppen erfolgt, hat der Grad der Topographieaufnahme bei den Gebäuden Auswirkungen auf die Möglichkeiten einer Geländeberücksichtigung dieser Erschließungselemente. Auch im Falle einer unzureichenden Anpassung in den Außenanlagen kann dies im **gestalterischen Wirkungsgefüge** die Ursache für eine insgesamt problematische Gesamtgestaltung darstellen. Dies kommt sowohl durch massive Erdbewegungen, die in Bereichen mit Vegetationsbeständen zu geringerem Grünvolumen führen, als auch in der Folge durch Stützwände zum Ausdruck. Beide Eingriffe sind ausschlaggebend für das Ausmaß der Dränung und der abzuleitenden Menge an Sickerwasser, sofern keine Rückhaltung vorgesehen ist. Der Oberflächenabfluß aus den Vegetationsbereichen wird in erheblichem Maße durch die Nutzungsintensität und das damit zusammenhängende Grünvolumen beeinflußt. In überwiegend ebenem Gelände fällt zwar auch eine diesbezügliche Wassermenge an, die jedoch mit zunehmender Neigung im Falle einer Ableitung in den Kanal immer mehr an Bedeutung gewinnt. Bei der **Abflußsituation** als letztem Glied der Wirkungskette **werden die mit den verschiedenen Vergleichsgrößen erfaßten Belastungen akkumuliert.**

Das Wirkungsgefüge ist auf verschiedenen Ebenen zu analysieren. Es ist die quantitative Flächeninanspruchnahme mit den Wechselbeziehungen zwischen dem Baulandbedarf (m²/EW), der Anzahl an Wohneinheiten und der GFZ sowie dem daraus resultierenden Versiegelungsgrad zu berücksichtigen. In weiterer Folge werden die Aspekte zu Boden, Vegetation und Wasser der übrigen durch die Befestigung betroffenen Vergleichsgrößen eingeschätzt. Eine **umweltschonende Siedlungsweise** kann nur an der Gesamtlösung, die in hängigem Gelände die Anpassung an die Topographie und die hangspezifischen Problemkomplexe beinhalten muß, beurteilt werden. Die Berücksichtigung von Einzelaspekten ist nicht ausreichend. Die Begrenzung des Versiegelungsgrades stellt die Voraussetzung für die Verringerung der Eingriffsstärke dar. Jedoch nur eine entsprechende Berücksichtigung der übrigen, die Umwelt schonenden Faktoren kann zu der gewünschten "beispielhaften" Gesamtein-schätzung führen. Bei der offenen Bauweise wird zwar der geringste Befestigungsgrad ver-zeichnet, jedoch nicht die erforderliche Beachtung aller anderen Aspekte. Die Senkung des Versiegelungsausmaßes ist zur Freihaltung möglichst großer extensiv genutzter Ausgleichsflä-chen zu nutzen bei gleichzeitiger Erzielung eines möglichst geringen Flächenverbrauches (m²/EW) und einer hohen GFZ durch eine effektive Nutzung der Gebäudeflächen. Die Aus-wertung, die ihren Schwerpunkt auf die **Abwägung zwischen der quantitativen und der quali-tativen Flächeninanspruchnahme** legt, dient vorwiegend der Erarbeitung von Grundlagen für diese Rückkoppelung in der Planung, um die Wirkungszusammenhänge in ausreichendem Maße zu berücksichtigen. Solche Planungshilfen sollen bei künftigen Siedlungsprojekten die Reduzierung von Folgebelastungen ermöglichen, um umweltschonende Lösungen zu erzielen.

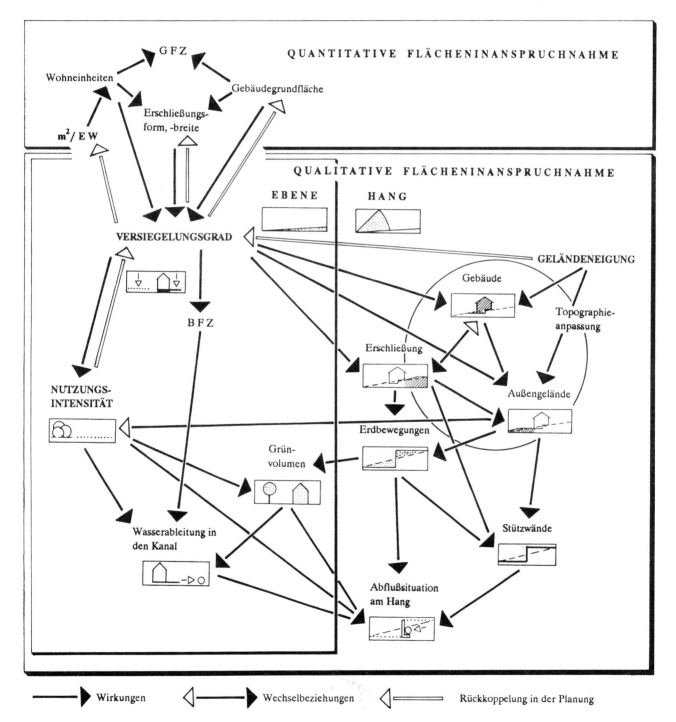

ABB. 70 Wirkungen und Wechselbeziehungen zwischen den quantitativen und qualitativen Aspekten der Flächeninanspruchnahme

D Auswertung

1 Abwägung zwischen quantitativer und qualitativer Flächeninanspruchnahme

Aufbauend auf der Analyse der Wirkungszusammenhänge, soll diese Gesamtbeurteilung die Entwicklung von Ansatzpunkten für umweltschonende Konzepte unterstützen. Dies hat nicht nur für Planungsgrundsätze Gültigkeit, sondern auch für einzelne Lösungsansätze, die die Grundlage für einen ökologisch ausgleichenden Gesamtentwurf darstellen. Nach der Einschätzung der quantitativen Flächeninanspruchnahme und der Abwägung mit den daraus resultierenden Belastungen muß geklärt werden, ob aus den vorliegenden Ergebnissen zu den Vergleichsgrößen Ansätze für einzelne Eckwerte abgeleitet werden können.

1.1 Gebietsbezogene Gesamteinschätzung

Diese Bewertung steht stellvertretend für beliebig viele andere Bebauungsbeispiele, die infolge fehlender Planungshilfen und ungenügender gesetzlicher Beschränkungen eine ähnliche Belastungsintensität aufweisen. Die Einzeleinschätzungen aller zu berücksichtigenden Größen sind in Abb. 71 zusammengefaßt. Bei allen untersuchten Gebieten werden bezüglich der quantitativen Flächenausnutzung jene Vergleichsgrößen, die in überwiegend ebenem Gelände auftreten, gesondert betrachtet. Es wird beurteilt, wie sie im Falle der ebenen Lage eingestuft werden.

In **Herdecke** ist die hohe quantitative Flächenausnutzung selbst in ebenem Gelände als Folge der Wirkungszusammenhänge zwischen dem hohen Versiegelungsgrad und den übrigen Größen mit einem Flächenverbrauch von 120 m²/EW problematisch. Dieser Wert ist grundsätzlich jedoch nicht in diese Kategorie einzuordnen, sondern es ist ein Vergleich zwischen der Anzahl der möglichen Wohneinheiten und dem dafür erforderlichen Versiegelungsgrad notwendig. Sofern weitere Bewohner infolge geänderter Nutzerinteressen noch einen Anbau oder Wintergarten errichten, steigt das derzeit vorliegende Befestigungsausmaß und die gesamte Problemstellung noch weiter. Für die Begrenzung der versiegelten Flächen sind alle Möglichkeiten in Betracht zu ziehen. Somit ist in Bereichen mit einer zu geringen Geschoßflächenausnutzung die Flexibilität der Grundvariante nicht zu befürworten. Die Erschließung von einfachen Zeilen mit 3 m breiten Wohnwegen ist ebenso in Frage zu stellen.

Die Größen I - V wären bereits in der ebenen Lage "problematisch" (Abb 72). Demzufolge führt dies am Hang, unter Berücksichtigung der zusätzlichen Vergleichsgrößen, zur gleichen Gesamteinschätzung. Die Topographieanpassung stellt ferner den gestalterischen Aspekt dar. Bei dem Gesamtgebiet verbleiben weder größere ausgleichende Grünzonen noch Vegetationsflächen in der Fallinie, die die Eingriffe in den Hangwasserhaushalt teilweise senken. Die Gesamtbelastungen kommen infolge der Wirkungszusammenhänge an der Abflußsituation zum Ausdruck. Gegenüber der unbebauten Hangsituation ist der Oberflächenabfluß geringer, da abgesehen von Randbereichen fast alle Flächen eingeebnet sind. Daher sind auch keine Rinnen angelegt, um das abfließende Wasser aufzufangen. Bei stärkerem Wasseranfall sammelt sich der nicht direkt verrieselnde Anteil entweder oberflächennah an oder fließt infolge der immer vorhandenen leichten Neigung zu den durchlässigeren Flächen vor den Stützwänden. Der Niederschlag versickert und wird großenteils in der tieferliegenden Dränung wieder aufgefangen und abgeleitet. Dies betrifft auch aus oberhalb des Gebietes anfallendes Sickerwasser.

In **Sistrans** beträgt der Flächenverbrauch bei dem untersuchten Hangbereich, ohne Berücksichtigung der in der Tiefgarage der Kuppe vorhandenen Stellplätze, 126 m²/EW. Dies ist gegenüber Herdecke nur unwesentlich größer, jedoch bei einem höheren Grad an Flächenausnutzung bei den Gebäudebereichen.

	Herdecke 7° - 13°		Sistrans 15° - 18°		St. Gallen 20° - 27°	
	Südhang - Horizontale Erschl.		Nordhang - Vertikale Erschl.		Nordhang - Vertikale Erschl.	
	Einfache Zeilen - Breithaus		Doppelzeile - Langhaus		Einfache Zeilen - Langhaus	
Flächeninanspruchnahme	☐		☐		◪	
Quantitativ						
Fläche	7500 m^2		2263 m^2 (Gesamtfl. 8322 m^2)		11918 m^2	
GFZ	0,39		0,53		0,24	
Wohneinheiten	24		7 (insgesamt 23)		20	
m^2 / EW.	120 m^2		126 m^2 (Gesamtfl. 139 m^2)		229 m^2	
Qualitativ						
🏠 **Versiegelung (I)**						
Gesamtversiegelung	64 %	■	47 %	◪	34 %	☐
incl. Tiefgarage					39 %	
BFZ	0,52	◪	0,56	◪	0,69	☐
Nutzung (II)						
Anteil der						
Vegetationsfläche/Gesamtfl.	36 %		43 %		66 %	
int. Nutzung/Vegetationsfl.	35 %		81 %		21 %	
ext. Nutzung/Vegetationsfl.	65 %		19 %		79 %	
extensiven Nutzung/Gesamtfl.	23 %		10 %		52 %	
Nutzungs- u. Pflegeintensität		■		■		☐
Biotisches Potential		■		■		☐
Volumen (III)		■		■		☐
Verhältnis						
GVZ (urspr.) : GVZ	1 (0,36) : 0,66 (0,24)		1 (0,3) : 1 (0,3)		1 (1,47) : 1,8 (2,65)	
BMZ : GVZ	1 (1,14) : 0,21 (0,24)		1 (1,44) : 0,21 (0,3)		1 (0,7) : 3,79 (2,65)	
BMZ : GVZ - GVZ (urspr.)	1 (1,14) : 0,0 (0,24 - 0,36)		1 (1,44) : 0,0 (0,0)		1 (0,7) : 1,69 (1,18)	
Abfluß (m^3) (IV)	ursprüngl.	bebaut	ursprüngl.	bebaut	ursprüngl.	bebaut
Gesamtabfluß	100 % (32,2)	176 % (56,8)	100 % (8,8)	189 % (16,6)	100 % (49,3)	152 % (75,0)
Abfluß in den Kanal	15 % (4,7)	108 % (35,0) ■	0 % (0,0)	113 % (9,9) ■	0 % (0,0)	76 % (37,7) ◪
Abfluß / Restflächen	85 % (27,5)	68 % (21,8)	100 % (8,8)	76 % (6,7)	100 % (49,3)	76 % (37,3)
Hangspezifische Vergleichsgrößen						
[Topographieanpassung an vorliegende Neigung]		■		■		■
Erdbewegungen (V)		■		■		■
Einschnitte (VI)		■		■		■
Ableitung am Hang (VII)		■		■		■
Einschätzung	☐ beispielhaft		◪ vertretbar		■ problematisch	

A B B. 71 Gegenüberstellung von quantitativer und qualitativer Flächeninanspruchnahme

Mit 47 % ist der Versiegelungsgrad im Falle der ebenen Lage noch vertretbar. Demgegenüber werden bereits hier die Vergleichsgrößen zur Nutzungsintensität mit dem biotisches Potential, Grünvolumen, Oberflächenabfluß von den befestigten Zonen mit Einleitung in den Kanal als "problematisch" bezeichnet.

Um Rückschlüsse zu ziehen, ist diese Situation differenziert zu betrachten. Die vorliegende Parzellierung mit den jeweiligen Tiefen der Freibereiche ist die Folge des Baugebietszuschnittes und wesentliche Ursache für die geringe extensive Nutzung von 10 % an der Gesamtfläche. Es kann daher nicht eindeutig geklärt werden, inwieweit die analysierten, als "problematisch" zu bezeichnenden Belastungen bei ebenem Gelände grundsätzlich ein Ergebnis des Versiegelungsgrades von 50 % sind. Diese Höhe ist aber, abgesehen vom Zuschnitt des Baugebietes, auf jeden Fall ein einschränkender Faktor für ausgleichende und miteinander verbundene Vegetationsflächen. Nur durch äußerst konsequente Berücksichtigung aller Vergleichsgrößen könnte bei einem derartigen Befestigungsausmaß eine zu stark umweltbelastende Gesamtgestaltung vermieden werden. Im vorliegenden Fall ist jedenfalls der Oberflächenabfluß durch das Fehlen von versickerungsfreundlichen Belägen "problematisch". Bei Berücksichtigung der Geländeneigung von fast 20° und der hangspezifischen Aspekte erfolgt eine weitere Verschärfung der Belastungen, die auf seiten des Wassers mit jenen von Herdecke vergleichbar ist. Diese Intensität der Flächenausnutzung ist jedoch auch bei einer anderen Parzellierung mit tieferen Freibereichen für das vorliegende Gefälle zu hoch. Durch den großen Versiegelungsgrad ist die Gestaltung im Außengelände eingeschränkt und die Errichtung von Stützwänden sehr wahrscheinlich. Bei der vertikalen Zeile werden diese Eingriffe pro Parzelle wiederholt und sind in noch stärkerem Maße belastend als bei der horizontalen Erschließung, die weniger übereinander liegende Quereinschnitte in der Fallinie aufweist. Es besteht dabei die Möglichkeit, die Stützwände innerhalb der einzelnen Zeile nicht durchgehend zu errichten, sondern öfters zu unterbrechen.

Sofern aber tatsächlich die Topographie berücksichtigt wird, ist durch die Böschungsbereiche zwar ein größerer Anteil an extensiv genutzten Vegetationselementen vorhanden, aber es verbleiben kaum Restflächen für etwas größer dimensionierte Ausgleichszonen. Die vorliegende Situation weist keine durchgehenden vertikalen Vegetationsflächen und infolge der fast kompletten intensiven Nutzung des Gesamtbereiches keine größeren Regenerationsbereiche auf.

Da bei dem Hangbereich die Stellplatzanlage nicht mitberücksichtigt werden konnte, scheint eine weitergehende Aussage zum Siedlungsflächenverbrauch nur durch Rückschlüsse, die vom Versiegelungsgrad ausgehen, sinnvoll. Die Forderung nach einer geringeren quantitativen Ausnutzung, die infolge der vorliegenden Steigung von 20° aufgestellt wurde, wird durch die nördliche Exposition des Hanges zusätzlich untermauert.

In **St. Gallen** beträgt der Versiegelungsgrad 34 % und ist "beispielhaft" bei der Einstufung dieses Gebietes in ebener Lage. Gleiches gilt für die Größen des biotischen Potentials, des Grünvolumens und der BFZ. Obwohl die durchschnittliche BFZ infolge des hohen Vegetationsanteiles einen Wert von 0,69 aufweist, sind durch die unterbliebene Heranziehung versickerungsfördernder Oberflächenmaterialien die Möglichkeiten eines teilweisen Ausgleichs nicht genutzt worden. Die Ableitung in den Kanal ist in der Folge zwar noch "vertretbar", jedoch fehlt wie bei den beiden anderen Gebieten ein Konzept für die Wasserrückhaltung. Der etwas größer dimensionierte Feuchtbereich ist direkt an den Kanal angeschlossen. Leider ist nur auf einem Grundstück eine Regentonne aufgestellt und dient der Bewässerung des Gartens. Dieser Behälter fällt aber quantitativ nicht ins Gewicht. Wenn diese Möglichkeit jedoch konsequent auf allen Grundstücken wiederholt wird, ist prinzipiell ein Ansatz für die Rückhaltung gegeben. Die Gesamteinschätzung von St. Gallen ist "beispielhaft" (Abb. 72), da neben der geringen Versiegelung von 34 % Anhaltspunkte für eine umweltschonende Planungskonzeption vorhanden sind. Der Flächenverbrauch von 230 m²/EW ist "vertretbar", aber nicht grundsätzlich mit diesem Befestigungsgrad verbunden. So bestehen Möglichkeiten einer effektiveren Ausnutzung im Gebäude- und Erschließungsbereich zur Senkung des Flächenverbrauches pro Einwohner, bei gleichzeitiger Beibehaltung einer Versiegelung um ca. 34 %. In diesem Rahmen sind aber die Eingriffe durch die Gebäude unter der Geländeoberkante gesondert zu berücksichtigen und einzubeziehen. Dies gilt besonders für das hängige Gelände.

Durch die Gesamteinschätzung, die im Falle der ebenen Lage "beispielhaft" und bei der vorliegenden Geländeneigung "problematisch" ist, treten die Problemstellungen am Hang deutlich hervor (Abb. 72). Bei Hinzufügung der hangorientierten Komponenten wird die Gesamtgestaltung in die Kategorie eingeordnet. Die zu geringe Berücksichtigung der Topographie ist auch eine Folge der in bezug auf die Steigung zu hohen Anzahl an Wohneinheiten und somit zu starken quantitativen Ausnutzung. Dadurch wurden erhebliche Erdbewegungsmaßnahmen verursacht, die teilweise auch aus der etwas schwierigen Anpassung an das zweiseitig geneigte Gefälle und der Exposition des Hanges resultieren. Die erheblichen Abtragungen und Aufschüttungen führten zu langen Stützwänden, die zu einem großen Teil im Bereich der Tiefgarage liegen. In Hinblick auf die Neigung wurde das Gelände dadurch in extremer Weise zusätzlich genutzt. Die Problemstellungen des Wasserhaushaltes, die aus der Gestaltung der Geländeoberfläche hervorgehen, verschärfen dies noch zusätzlich. Da das ursprüngliche Gelände bereits rutschungsgefährdet war und eine Sensibilität bezüglich des Hangwassers vorlag, wäre eine geringere Ausnutzung, auch in Hinblick auf eine stärkere Anpassung an die Neigung, notwendig gewesen. Das Gelände wurde aber in der Fallinie soweit wie möglich genutzt. Durch die Breite des Baugebietes und die vorliegende Exposition konnte keine weitere Zeile errichtet werden. Auch bei Berücksichtigung des bei diesem Gefälle vorliegenden größeren Abflusses ist die Gesamtlösung "problematisch". Es erfolgte eine Dränung aller Flächen sowie das Auffangen mittels Rinnen des aus den oberhalb angrenzenden Bereichen anfallenden Oberflächenwassers.

Da die ursprüngliche Steigung nicht ausreichend berücksichtigt wurde, sind am unteren Gebietsrand Steilhangzonen entstanden. Diese Bereiche sind extensiv genutzt, da von der Planungsbehörde ein Ausgleich für die ursprünglich vorhandenen Flächen mit derselben Nutzung vorgeschrieben wurde. Es muß hinzugefügt werden, daß ein geologisches Gutachten erstellt wurde. Demzufolge soll aus Gründen der Rutschungsgefährdung der Winkel der inneren Reibung maximal 19° betragen. Somit hätte prinzipiell eine Anpassung über 16° vollzogen werden können. Für die vorliegende Neigung wäre aber, auch ohne die Vorgaben aus dem geologischen Gutachten, eine so hohe Ausnutzung des Geländes mit Problemen infolge von Stützwänden verbunden gewesen. Dabei sind die Eingriffe durch die Tiefgarage zusätzlich zu berücksichtigen, die auf 10 % der Gesamtfläche bzw. auf 5 % große Vegetationsanteile entfallen.

Bei der **vertikalen Zeilenbebauung** und den in bezug zur Steigung ausreichend tiefen Freibereichen wird die **Möglichkeit einer Senkung der Eingriffe** in den Hangwasserhaushalt deutlich. Extensiv genutzte Vegetationsflächen in der Fallinie, die gegenüber jenen von St. Gallen breiter sind, verstärken die ausgleichende Wirkung. Lange horizontale Einschnitte, wie sie hier entstanden sind, sollten reduziert bzw. vermieden werden. **Diesbezüglich** weist eine **Bebauung parallel zu den Höhenlinien** bezüglich der Umweltbelastungen **gewisse Nachteile** auf. Demgegenüber ist die bauliche Ausführung im Gegensatz zu der senkrechten Anordnung durch einen geringeren Gesamtaufwand gekennzeichnet.

Vergleichsgrößen	Herdecke 7° - 13° Südhang - Horizontale Erschl.	Sistrans 15° - 18° Nordhang - Vertikale Erschl.	St. Gallen 20° - 27° Nordhang - Vertikale Erschl.
Überwiegend ebenes Gelände I - IV	■	■	□
Hängiges Gelände I - VII	■	■	■
Einschätzung	□ beispielhaft	◪ vertretbar	■ problematisch

A B B. 72   Gesamteinschätzung aller Vergleichsgrößen

In welchem Maß die **Geländeneigung** bei der **quantitativen Flächeninanspruchnahme berücksichtigt werden muß, ist zu klären.** Der qualitative Aspekt wird durch den Versiegelungsgrad ausgedrückt, der gleichzeitig der Abwägungsfaktor zwischen der Nutzungsintensität und der Gestaltung ist. Im Zusammenhang mit der Steigung sind aber auch die Tiefen der Freibereiche, die sich aufgrund des Grundstückszuschnittes ergeben, für den Befestigungsgrad entscheidend. In Abhängigkeit von der Exposition können große Abstände zwischen den Zeilen ein weiteres einschränkendes Moment für die quantitative Ausnutzung darstellen.

In der allgemeinen Auswertung der Untersuchungsergebnisse werden diese Fragestellungen abgehandelt. Sie werden - in gleicher Weise wie die bei den Bebauungsbeispielen vorliegenden Lösungsansätze für Ausgleichsmaßnahmen - als Grundlage für eine umweltbezogene und ökologisch weiter zu entwickelnde Planungskonzeption herangezogen. Es ist auch zu untersuchen, inwieweit die Planungsansätze in St. Gallen mit dem dabei vorliegenden Versiegelungsgrad verallgemeinert werden können. Zum Abschluß der gebietsbezogenen Auswertung sind die Gesamteinschätzungen aber auch mit ihren Folgebelastungen für den jeweiligen Gesamtraum zu betrachten.

1.2 Einschätzung der Folgebelastungen im angrenzenden Siedlungsraum

In Kap. I. B "Problemstellung" wurden die Belastungen sowohl für den einzelnen Bereich als auch für das Umfeld in grundsätzlicher Form sehr weitgehend erörtert. Dabei stellen die angesprochenen Beeinträchtigungen nur den Kernbereich des aus den Siedlungsmaßnahmen resultierenden Problemkomplexes dar. Dieser konnte nur zum Teil mit Hilfe der Vergleichsgrößen erfaßt und quantifiziert werden. Gleichzeitig werden die wechselseitigen Wirkungen zwischen diesen siedlungsökologischen Faktoren aufgezeigt. Die beiden wesentlichen Belastungsschwerpunkte, die den benachbarten Siedlungsraum betreffen, sind jene auf seiten des Wassers und des Klimas. Sie werden allgemein erörtert und in der Folge gebietsbezogen betrachtet. Eine Quantifizierung ist im Rahmen dieser Arbeit aber nicht möglich.

Die Einleitung des **Wassers** von den befestigten Flächen in den Kanal führt zu einer Erhöhung der Abflußwelle mit der daraus resultierenden Steigerung der Hochwassergefährdung. Dies ist bei allen drei Gebieten der Fall, ebenso wie die Problemverschärfung bei der direkten Ableitung des Sickerwassers. Die Intensität der Belastungen steigt bei erhöhtem Niederschlag weiter, sofern auch ein Anteil aus den oberhalb angrenzenden Gebieten anfällt. Außerdem wird in St. Gallen von diesen Bereichen zusätzlich Oberflächenwasser angesammelt. Dieses wird am Gebietsrand vor den Böschungen in Rinnen aufgefangen und direkt der Kanalisation zugeführt. Diesbezüglich lag bereits vor der Bebauung eine erhöhte Sensibilität des Hanges vor. Das Oberflächenwasser ist zwar in tieferliegende Bereiche abgeflossen, wurde aber nur teilweise abgeleitet. Demgegenüber ist diese Problemstellung nach der Bebauung bei den beiden anderen Gebieten in geringerem Maße gegeben, da in fast allen Bereichen ebene Flächen vorliegen. Es erfolgt ein oberflächennaher Abfluß in den unterhalb des Baugebietes liegenden Hangabschnitt. Da in allen Fällen eine Trennkanalisation vorliegt, ist bei der Kläranlage keine Erhöhung der Überlaufereignisse zu befürchten. Die Problematik der Hochwassergefährdung und der Schmutzstoffbelastung der Gewässer wird aber infolge der direkten Einleitung von Regenabflüssen verschärft. Aus den damit zusammenhängenden Maßnahmen zur Begrenzung dieser Schäden - wie Regenrückhaltebecken - kommt es auch zu direkten Kostenbelastungen für die Allgemeinheit.

Die Ableitung der Niederschläge, welche die für die Verdunstung zur Verfügung stehende Wassermenge verringert, und die relativ undurchlässigen Beläge führen auf **klimatischer Seite** zu einer stärkeren Erwärmung. In Herdecke und Sistrans ist auch der gegenüber der Baumasse geringe Vegetationsanteil für eine Temperaturanhebung in der gesamten Siedlung und bei der abfließenden Luft ausschlaggebend. Bei St. Gallen ist durch das hohe pflanzliche Volumen ein Ausgleich zu erwarten, evenutell auch eine klimatische Verbesserung gegenüber der unbebauten Situation. Um die tatsächlichen Auswirkungen zu erfassen, sind Messungen zur Klimabestimmung im Bereich des betreffenden Gebietes vor und nach den Baumaßnahmen, unter Einbeziehung des angrenzenden Siedlungsraumes, notwendig.

Darüberhinaus ist aber auch das Problem der abfließenden Kaltluft anzusprechen. In Herdecke erfolgt in gewissem Maße eine Staubildung vor den Baukörpern als Folge der innerhalb der einzelnen Zeilen fehlenden größeren Freibereiche in der Fallinie. Dieser Effekt wird zusätzlich sowohl durch die versetzte Anordnung der Baulücken als auch durch später hinzukommende Anbauten gefördert. Die Kaltluft aus den nicht bebauten Hangzonen kann somit nicht in einer durchgehenden Abflußschneise, sondern nur zwischen den Gebäuden und über die auf Hangseite eingeschossigen Baukörper bis zur Stauzone der nächst tieferliegenden Zeile abfließen. Da eine Elektroheizung vorliegt, kommt es aber zu keiner Schadstoffanreicherung der Frischluft für die tieferliegenden Bereiche.

Demgegenüber ist dieser Abfluß in Sistrans und St. Gallen durch die vertikale Anordnung der Zeilen gewährleistet. Sofern extensiv genutzte Vegetationsbereiche sowohl am oberen Gebietsrand als auch entlang der beiden Seitenbereiche in der Fallinie angepflanzt werden, wird die Kaltluft gezielt abgeleitet und eine Ansammlung vor den Baukörpern vermieden. Bei der Anordnung dieser Grünflächen sind mögliche Stauzonen zu bedenken. Da in St. Gallen im oberen Siedlungsbereich Hecken fehlen, ist nur in den beiden vertikalen extensiv genutzten Randflächen des Gebietes ein Abfluß in dieser Weise möglich, der jedoch im Umfeld des am tiefsten gelegenen Gebäudes auf der Westseite vor der steilen Böschung gestaut wird. Der restliche Teil der oberhalb anfallenden Kaltluft kann nur zwischen den Gebäudezeilen abfließen. Infolge der versetzten Zeilen kommt es am Wohnweg zu geringfügigen Staubildungen. Dieses Bebauungsbeispiel erfüllt zum Teil die Ansprüche einer störungsfreien Ableitung.

Um die Folgebelastungen tatsächlich einschätzen zu können, ist eine **Gesamtbetrachtung** der Situation vor und nach der Bebauung, unter Einbeziehung der Beeinträchtigungen des angrenzenden Siedlungsraumes, notwendig. Dies kann aber im Rahmen dieser Arbeit mit den Auswirkungen des erhöhten Oberflächenabflußes und der veränderten Klimaverhältnisse nur angesprochen werden.

In **Herdecke** wird der Niederschlag bei den direkt an den Kanal angeschlossenen ebenen Flächen in die Trennkanalisation abgeleitet. Bezüglich der Hochwassergefährdung stellt das Sickerwasser eine zusätzliche Belastung dar. Nachdem die erhebliche Anfallsmenge in der Dränung aufgefangen und in die unterhalb liegenden Vegetationsbereiche geleitet wird, fließt sie im Anschluß daran in den angrenzenden Bach ab. Durch diese Ableitung wird außerdem der Zufluß zur Grundwasserneubildung reduziert. Diese erfolgte bei der ursprünglichen Situation zum Großteil durch das versickernde Wasser, da das Bebauungsbeispiel am Fuß des Hanges liegt und an der gegenüberliegenden Seite des Bachlaufes überwiegend ebenes bis leicht geneigtes Gelände vorliegt. Großräumig betrachtet, hat innerhalb des letzten Jahrzehnts bei einem in vielerlei Hinsicht als Ausgleichsraum dienendem Gebiet die Belastung auf seiten des Wassers in ihrer Komplexität erheblich zugenommen. Dies ist die Folge einer starken Bautätigkeit der angrenzenden Regionen mit ähnlichen, aus der Gesamtgestaltung resultierenden, Folgebelastungen. Die klimatischen Veränderungen innerhalb des Bebauungsbeispieles haben nur geringe Auswirkungen auf die benachbarten Bereiche. Der Grund dafür ist, gerade im Anschluß an das untersuchte Gebiet, in den noch verbliebenen hohen Gehölzanteilen der kleineren Waldflächen zu sehen.

Der Ort **Sistrans** liegt in einem dünn besiedelten alpinen Raum am Rande des Ballungsgebietes von Innsbruck. Der Niederschlag wird von den befestigten Flächen in den unterhalb des Gebietes liegenden Bach geleitet. Aufgrund der ebenen Freiflächen ist im Vergleich zur ursprünglichen Situation in diesen Bereichen der Oberflächenabfluß geringer. Da das Sickerwasser des bebauten Hangteiles in die angrenzenden Wiesen abfließt, wirkt sich die Erhöhung der Abflußwelle derzeit nur in geringem Maße direkt aus.

Aber im Zusammenhang mit der vorgesehenen Dränung der geplanten Situation muß sowohl eine diesbezügliche Steigerung als auch eine Senkung der Grundwasserneubildung erwartet werden. Da die geplante und die gebaute Zeile unmittelbar vor der Kuppe liegen, ist der aus dem oberhalb angrenzenden Gebiet versickernde Anteil relativ gering und fällt gegenüber Herdecke nicht so sehr ins Gewicht. Mit einer stärkeren Bautätigkeit der benachbarten Flächen wird jedoch die Intensität der Belastungen insgesamt gehoben.

In dieser alpinen Höhenlage haben die klimatischen Veränderungen keine Auswirkungen auf das benachbarte Umfeld. Hier sichert der hohe Waldanteil zudem einen entsprechenden Ausgleich. Infolge der günstigen Umweltbedingungen, der Errichtung von derzeit nur einer Zeile in unmittelbarer Nähe der Kuppe, kommen die angeführten Belastungen innerhalb und außerhalb der Siedlung nur zum Teil zum Tragen. Trotzdem wird die vorliegende Gesamtgestaltung als "problematisch" eingeschätzt. Dies ist auch unter dem Aspekt der Beeinträchtigung des Landschaftsbildes als Folge der fehlenden Topographieanpassung im Außengelände und - in gleicher Weise wie in Herdecke - des völlig ungenügenden Grünvolumens zu sehen. Außerdem wirkt die in der vertikalen Zeile mit den Geländeeinschnitten stark hervortretende Baumasse äußerst belastend auf den gebietstypischen Charakter.

In **St. Gallen** ist die Abflußsituation des ursprünglichen Geländes gesondert zu berücksichtigen. Bereits vor der Bebauung ist von den oberhalb angrenzenden Flächen das Oberflächen- und Sickerwasser ausgetreten und in tieferliegenden Bereichen zum Teil dem Kanal zugeführt worden. In welchem Maße eine Grundwasserneubildung bei dem felsigen Untergrund gegeben war, müßte in einem speziellen Punkt geklärt werden. Bei der bebauten Situation trägt die zusätzliche Ableitung des Sickerwassers und der Oberflächenabflüsse von den versiegelten und den bewachsenen Flächen zu einer erheblichen Erhöhung der Abflußwelle bei. Dies wird durch die teilweise ebenen Freibereiche mit etwas geringerem Abfluß nur unwesentlich gemildert. Leider wurde nur bei einer Parzelle eine Regentonne aufgestellt. Bei konsequenter Umsetzung wäre prinzipiell ein Ansatz zur Rückhaltung der Niederschläge gegeben. Aufgrund der Einleitung des in der Trennkanalisation gesammelten Regenwassers in den Bach am unteren Gebietsrand wird die Hochwassergefährdung hier und in der anschließenden Verrohrung verschärft. Der Abfluß aus den großen, oberhalb des Baugebietes befindlichen Flächen wirkt sich bei dieser Erhöhung im Falle von Spitzenbelastungen sicher aus, aber eher marginal in bezug auf den Gesamtanfall aus dem angrenzenden Siedlungsraum. Da das Bebauungsbeispiel unmittelbar am Stadtrand liegt, spielt aber gerade hier eine Anhäufung von Einzelbelastungen im Extremfall eine entscheidende Rolle. Auf seiten des Klimas sind aufgrund des hohen Versiegelungsanteiles keine Beeinträchtigungen zu erwarten. Diesbezüglich ist eine Begrünung der Fassaden ein zusätzlich unterstützender Faktor. In welchem Maße die Vegetationsmasse gegenüber der Ausgangssituation eine Verbesserung darstellt, besonders im Laufe der Zeit in Hinblick auf die zunehmenden Kronendurchmesser der Bäume, müßte gesondert untersucht werden. Aus den größeren oberhalb angrenzenden Waldbereichen kann die Kaltluft ohne Erwärmung und Anreicherung mit Schadstoffen abfließen, so daß ein wesentlicher Beitrag der Ausgleichsleistung aufrecht erhalten ist.

Obwohl die einzelnen Gebiete keine mit "problematisch" einzuschätzenden Auswirkungen auf den sie umgebenden Siedlungsraum haben, sind diese Folgen aber sowohl im Zusammenhang mit dem erhöhten Beeinträchtigungsgrad des betreffenden Gebietes und seines Umfeldes als auch mit der allgemein steigenden Belastungsintensität zu beurteilen. Großräumig betrachtet, kam es dadurch zu einer rapiden Abnahme der biotischen Vielfalt. Gleiches gilt für die Grundwasserneubildung durch die unterbundene oder nur mehr teilweise vorhandene Versickerung. Am Hang wird außerdem das Sickerwasser, das etwas weiter abwärts zum Teil auch wieder oberflächennah zutage treten kann, in den Kanal eingeleitet. Dies erfolgt in gleicher Weise im Bereich der Erschließung bei dem Abfluß aus den Vegetationsbereichen. Auf der anderen Seite besteht ein erheblicher Bedarf an Trinkwasser, der zum größten Teil aus den Grundwasservorräten gedeckt wird.

In Herdecke und St. Gallen werden die Emissionen durch Elektroheizungen vermieden. Sie wirken sich in Sistrans aufgrund der dünnen Besiedlung des angrenzenden ausgleichenden Umfeldes nicht so stark aus. Grundsätzlich sind aber nicht nur diese Beeinträchtigungen zu reduzieren, sondern die Sonnenenergie ist in stärkerem Maße zu nutzen. Es ist zu klären, inwieweit aus den untersuchten Beispielen sowohl Ansätze für eine Senkung dieser Folgebelastungen als auch für ökologisch vertretbare Planungskonzepte abzuleiten sind.

2 Planerischer Handlungsbedarf

Die Gesamteinschätzung aller bebauten Situationen erfolgte in Hinblick auf Rückschlüsse für belastungssenkende und ausgleichende Entwürfe, die in der Folge weiterentwickelt werden. Die auf der Untersuchung basierenden Ansätze werden anschließend an die Auswertung im Rahmen von Orientierungshilfen zusätzlich - soweit als möglich - durch Forschungsergebnisse aus der Literatur untermauert. Dies betrifft **Ausarbeitungen für Eckwerte** zu den einzelnen Vergleichsgrößen, um umweltschonende Konzepte umzusetzen. Solche Bewertungshilfen **können aber nur in begrenztem Umfang direkt von bebauten Situationen abgeleitet werden.** Der **Nachweis** ihrer Umsetzbarkeit ist deshalb **mit Hilfe von Entwürfen am unbebauten Gelände** zu erbringen.

Ebenso sind die **gestalterischen Aspekte systematisch für die Planung aufzubereiten.** Dies erfolgt unter Heranziehung weiterer Bebauungsbeispiele mittels Fotodokumentationen. Die Anforderungen an die Topographieanpassung werden aus den hier aufgezeigten und den bereits erörterten Folgebelastungen abgeleitet. Sowohl die Gestaltungshinweise (Kap. III.A) als auch die Bewertungshilfen (Kap. III.B) stellen Entscheidungshilfen dar, um in Zukunft problematische Planungen infolge einer unzureichenden Auseinandersetzung mit den nachfolgenden Beeinträchtigungen zu verhindern.

2.1 Ansätze für Planungskonzepte und Bewertungshilfen

In **St. Gallen** ist ein **wesentlicher Ansatz vorhanden,** da trotz der stark verdichteten bebauten Zone Verbindungen zwischen dem großen Anteil an Vegetationsfläche und den ebenfalls extensiv genutzten Randbereichen bestehen. Gleichzeitig werden durch die vertikale Bebauung die Möglichkeiten für die Aufrechterhaltung des Hangwasserflusses deutlich. Die horizontale Erschließung, auch in Beziehung zur ebenen Lage bei einer Verdichtung wie sie in Herdecke vorliegt, ist aber ebenso auf konzeptionelle Ansätze zu untersuchen. Bei diesem Gebiet fehlt durch die intensive Flächennutzung die direkte Anbindung an die unterhalb anschließenden Wiesen und Gehölzbereiche. Dies führt im Falle des ebenen Geländes im bebauten Bereich zwar auch zu entsprechenden Folgeerscheinungen, die jedoch am Hang infolge der größeren Sensibilität des Bodenwasserhaushaltes viel massiver sind. Es müssen bei beiden Konzepten größere extensiv genutzte Flächen in der Fallinie für einen möglichst ungehinderten Kaltluftabfluß freigehalten werden. Dies bietet die Grundlage für die Verbindung zu den angrenzenden Vegetationsbereichen, um die Effektivität eines Ausgleiches im Baugebiet durch die insgesamt größere zusammenhängende Grünfläche zu erhöhen. Dies ist aber nicht dahingehend auszulegen, daß die Kompensationsleistung vom benachbarten Umfeld erbracht wird und den Zwecken einer noch intensiveren Nutzung des Baugebietes dient. Die hier vorliegende intensive Flächennutzung ist dann vertretbar, wenn eine Beschränkung auf Teilbereiche besteht und breitere Grünstreifen mit einer Verbindung zu größeren Vegetationsbereichen vorgesehen werden. Sowohl ein derartiges **Bebauungskonzept mit stärkerer Verdichtung als auch jenes** von St. Gallen, **das extensiv genutzte Grünstreifen bei allen Parzellen einbindet,** gewährleistet den notwendigen Ausgleich. Die Erarbeitung diesbezüglicher Planungshilfen erfordert die Abwägung zwischen der quantitativen und der qualitativen Flächeninanspruchnahme und demzufolge eine nähere Betrachtung des Versiegelungsgrades.

Das Untersuchungsgebiet von St. Gallen wird für die weiteren Ausarbeitungen herangezogen, da hier im Falle der ebenen Lage die in direktem Zusammenhang mit der Befestigung stehenden Vergleichsgrößen und die Gesamtgestaltung insgesamt als "beispielhaft" eingeschätzt wurden (Abb. 72, S. 137). Analog zu der vorliegenden Auswertung wird nicht die einzelne Parzelle isoliert betrachtet, sondern das Gebiet in seiner Gesamtheit. Aus dieser globalen Analyse werden die Vorgaben für das Einzelgrundstück abgeleitet. Auf der **Ebene des Bebauungskonzeptes** sind die durch Siedlungsmaßnahmen auftretenden Belastungen abzuschätzen. Dabei ist jener zusätzliche Anteil mit zu berücksichtigen, der erst im Anschluß daran im Rahmen der Objektplanung durch die Versiegelung im privaten Freibereich auftritt. Dieser beträgt im vorliegenden Fall 4 % bzw. 6 % bei den beiden anderen Beispielen. Im Bebauungsbeispiel von St. Gallen beläuft sich das **Ausmaß der Befestigung auf 30 %** für die Gebäudeflächen und die Grunderschließung zu den einzelnen Parzellen (Abb. 73). Dieser Wert stellt die Begrenzung der Versiegelung und die Grundlage für die Nutzungsintensität und Entwicklung beispielhafter Anteile beim Grünvolumen dar (Abb. 74). In der Folge ist bei der **Objektplanung** eine Erhöhung auf 35 % bis max. 40 % zu erwarten. Ein **Mindestanteil für Vegetationsflächen von 50 % am Baugebiet** sollte wie in Sistrans grundsätzlich gewährleistet werden.

Die Senkung des in St. Gallen vorliegenden Verbrauches von 220 m² Bruttobauland pro Einwohner ist im Falle von ebenem Gelände, ohne den Versiegelungsgrad weiter anzuheben, anzustreben. Dies kann bei einer Erhöhung der Anzahl an Wohneinheiten vorgenommen werden durch die Verringerung der öffentlichen Erschließungsbereiche und der Grundfläche der einzelnen Baukörper von der "vertretbaren" Größe von 80 m² beispielsweise auf 60 m² wie beim Grundtyp in Herdecke. Andererseits hat aber auch die Tiefgarage in erheblichem Maße zu diesem Anteil an Vegetationsflächen beigetragen. Ein **Siedlungsflächenbedarf** mit Werten, die **unter 200 m²/EW** liegen und **bis in den Bereich von 150 m²** reichen, sind realistisch und "vertretbar" im Sinne der Flächenbeschränkung bei einer umweltschonenden Siedlungsweise.

Das **Bruttobauland darf aber nicht auf einen generell gültigen Wert begrenzt werden.** Nach der Besiedlungs- und Belastungsstruktur des Umfeldes muß differenziert werden, ob die Notwendigkeit für eine stärkere Reduzierung vorliegt oder inwieweit eine geringere Versiegelung mit größeren Ausgleichsflächen und somit auch etwas höherem Flächenverbrauch pro Einwohner möglich ist. So ist eine weitere Verringerung evenuell sogar **bis auf 120 m²/EW** wie im Falle von Herdecke dagegen nur bei Baugebieten in der **Nähe von Ballungszentren** und einhergehend mit der angestrebten Begrenzung des Versiegelungsgrades zu erwägen. Dagegen können in **ländlichen Bereichen Werte über 200 m²/EW** beispielsweise wie bei St. Gallen zweckmäßig sein. Diese Ansätze (Abb. 74) sind aber mit Hilfe entsprechender Planungsbeispiele zu hinterfragen und zu untermauern.

	Herdecke	Sistrans			St. Gallen
		Hang		Kuppe	
		Bestand	Planung		
Versiegelung					
Ebene des BP-Konzeptes:					
Gesamtversiegelung	58 %	41 %	36 %	37 %	30 %
incl. Tiefgarage				47 %	36 %
Objektplanung:					
Privater Freibereich	6 %	6 %			4 %
Gesamtversiegelung	64 %	47 %			34 %
incl. Tiefgarage					39 %

A B B. 73   Vergleich des Versiegelungsgrades auf der Ebene des Bebauungskonzeptes

Quantitative Flächeninanspruchnahme

Die Planung ist an einem Siedlungsflächenbedarf pro Einwohner zwischen 150 und 200 m² auszurichten. Dieser kann in der Nähe von Ballungszentren auch unter 150 m² absinken und im ländlichen Bereich über 200 m² ansteigen.

Qualitative Flächeninanspruchnahme

Versiegelung

Das Bebauungskonzept soll in überwiegend ebener Lage eine Gesamtversiegelung von max. 30 % (incl. Tiefgarage von max. 35 %) aufweisen. Mit zunehmender Steigung ist dies zu verringern.

In der Objektplanung ist ein Mindestanteil von 50 % des Baugebietes für Vegetationsflächen zu gewährleisten.

Der BKW ist in Abhängigkeit von der Nutzung festzulegen. Es ist eine möglichst wasserdurchlässige Oberfläche mit einem hohen Vegetationsanteil zu wählen. Auf dieser Grundlage ist eine flächenbezogene BFZ festzusetzen.

Nutzung

Für vernetzte Flächen ist ein Gesamtanteil von 30 % am Bruttobaugebiet anzustreben. Der diesbezügliche Anteil an den Vegetationsflächen sollte nach Möglichkeit im Bereich von 45 % liegen.

Volumen

Die Vegetationsmasse der unbebauten Situation muß kompensiert werden.

Die Baumasse ist zusätzlich im Verhältnis 1 : 1 bis 1 : 1,5 (bei geringer Baumasse auch darüber) auszugleichen.

Abfluß

Ausbau eines Gesamtsystems für die Wasserrückhaltung.

A B B. 74   Ansätze für Bewertungshilfen

Gemäß der Ermittlung der GRZ entsprechend § 19 Abs. 4 BauNVO ist es zweckmäßig, alle durch versiegelnde Maßnahmen betroffenen Flächen, d.h. auch jene unter der Geländeoberkante, zu berücksichtigen und zu begrenzen. In Sistrans ist infolge der Errichtung der **Tiefgarage** die Erweiterung der durch Eingriffe betroffenen Fläche um weitere 10% des Gesamtgebietes nicht "vertretbar", da nach Berücksichtigung der Objektplanung insgesamt ca. 45 - 50 % des Gesamtgebietes beinträchtigt sind. Die starken Einschnitte, die bei Parkeinrichtungen unterhalb des Bodens notwendig sind, führen zu erheblichen Einschränkungen der den Ausgleich bewirkenden Vergleichsgrößen. Bei entsprechend hohem Bodenauftrag ist zwar eine extensive Nutzung möglich; aber der Standort für Gehölze ist eingeschränkt. In diesem Bereich ist außerdem die Versickerung zu tieferen Bodenschichten unterbunden und kann nur über angrenzende ungestörte Grünbereiche erfolgen. Die **Begrenzung** derartiger Baumaßnahmen **auf eine Vegetationsfläche von 5 %** ist im Falle der ebenen Lage zielführender. In St. Gallen ist dieser Wert zwar gegeben, jedoch sollten diese Einschnitte mit zunehmender Steigung weiter gesenkt bzw. nach Möglichkeit vermieden werden. Da die Aussagen dieses Kapitels nur für die Ebene mit vereinzelten punktuellen Hinweisen zum Hang Gültigkeit haben, wird erst im anschließenden Kapitel die Geländeneigung in bezug auf die Beschränkung des **Versiegelungsgrades** betrachtet. Dieser ist aber **grundsätzlich mit zunehmendem Gefälle weiter zu reduzieren** infolge der aufgezeigten zunehmenden Komplexität der Problemstellungen.

Bei der Einschätzung der Nutzungsintensität der Vegetationsbereiche ist nicht nur der gesamte extensive Anteil wesentlich, der in St. Gallen mit 50 % beachtlich ist, sondern es ist auch das Ausmaß größerer zusammenhängender Regenerationsbereiche und inwieweit Vernetzungszonen zu diesen bestehen, zu berücksichtigen. Ein wesentlicher Aspekt ist dabei, inwieweit die einzelnen Ausgleichszonen zu einer großen Fläche verbunden sind. Eine Zerschneidung, wie das beispielsweise bei den Erschließungsflächen in St. Gallen vorkommt, ist weitgehend zu vermeiden. Die Elemente der Vernetzung müssen mindestens 3 m breit sein, um in diesem Zusammenhang angerechnet werden zu können (vgl. S. 114). Da dies in St. Gallen nicht gegeben ist, kann nicht das gesamte extensiv genutzte Areal von 52 % des Baugebietes, sondern nur ein Anteil von 34 % für die Grünvernetzung angerechnet werden (vgl. S. 114). Daraus wird die für ein **Verbundsystem anzustrebende Flächengröße von ca. 30 % des Bruttobaulandes** abgeleitet (Abb. 74).

Bei Heranziehung der **Vegetationsflächen als Bezugsgröße** ist die **Planung** in Anlehnung an den diesbezüglichen Anteil von 52 % in St. Gallen **an einem Prozentsatz von ca. 45 % zu orientieren.**

Dies ist gleichzeitig die Grundlage, um durch entsprechendes **Grünvolumen** den notwendigen Ausgleich sowohl für den ursprünglichen Vegetationsbestand als auch für die **Baumasse** zu gewährleisten. Anhand von St. Gallen wird deutlich, daß auch die **Einbeziehung der Vegetationsmasse** der **unbebauten Situation** notwendig ist. Ob eine Kompensation der Gebäude im Verhältnis 1 : 1 als ausreichend eingeschätzt werden kann, ist durch entsprechende Untersuchungen zu belegen. Auf jeden Fall ist aber die sich im zeitlichen Verlauf verändernde Grünstruktur zu berücksichtigen. In den ersten Jahren bis zu jenem Zeitpunkt, bei dem man das angerechnete Gehölzvolumen von 20 % erwarten kann, ist kaum ein Ausgleich gegeben. Bei einem Verhältnis, das über 1 : 1 bzw. 1 : 1,5 liegt, ist gegenüber der Ausgangssituation längerfristig auch mit einer Verbesserung zu rechnen. In St. Gallen liegt mit 1 : 1,7 ein richtungsweisendes Verhältnis vor (Abb. 71, S. 135).

Es ist von einer **Kompensation von mindestens 1 : 1** als unterer Grenze auszugehen, die auch bei einer Baumasse, die höher als im vorliegenden Fall ist, als realistische Größe einzuschätzen ist. Ein **Verhältnis von 1 : 1,5** oder auch darüber ist jedoch **anzustreben**, besonders bei geringerem Gebäudevolumen. Die BMZ von St. Gallen stellt mit 0,7 die Hälfte des Wertes von Sistrans dar. Dieser liegt mit 1,44 wesentlich höher als in Herdecke (BMZ = 1,14), der ungefähr dem Durchschnitt zwischen den beiden anderen Gebieten entspricht.

In Herdecke ist bei den befestigten Flächen eine "beispielhafte" Lösung für die Reduzierung des Wasserabflusses in den Kanal umgesetzt. Die **versickerungsfördernden Oberflächenstrukturen** ermöglichen eine wesentliche Anhebung der mittleren BFZ des gesamten Gebietes. Generelle Angaben zu dem Verhältnis zwischen BFZ und Versiegelungsgrad sind schwierig abzuleiten und scheinen für die Planungspraxis nicht zielführend. Es ist vielmehr im Rahmen der Objektplanung das Ausmaß der befestigten Flächen zu begrenzen, und in bezug auf die jeweilige Nutzung sind Bodenkennwerte vorzugeben. Anschließend ist die BFZ flächenbezogen auszurechnen. Wasserdurchlässige Materialien mit hohem Vegetationsanteil sind bei allen befestigten Bereichen, auch bei den Gebäuden mit Hilfe von begrünten Dächern, heranzuziehen. Ebenfalls in Herdecke wird diesbezüglich eine erhebliche Reduzierung des Oberflächenabflusses bei der Planungsvariante mit Grasdächern deutlich. Weitergehende Ansätze, wie sie in der "Problemstellung" (Kap. I.B 3.3.1) und der "Erweiterung der Bodenkennwertfestsetzungen" (Kap. II. A 2.2.3) besprochen wurden, sind einzubeziehen. Bei Siedlungsmaßnahmen können durch umweltschonende Eingriffe die Belastungen insgesamt verringert werden. Beispielsweise bleibt die Versickerung unter aufgestützten befestigten Flächen auch weiterhin aufrecht bzw. ist dadurch ein potentieller Pflanzenstandort gegeben. Der Ansatz zur Rückhaltung der Niederschläge durch das Aufstellen von Regentonnen, wie es in St. Gallen an nur einer Parzelle durchgeführt wurde, ist aufzugreifen und zu einem Gesamtsystem auszubauen. Oberflächennah abfließendes Wasser ist in Teichflächen zu sammeln, aber nicht wie bei diesem Gebiet mit direktem Überlauf an den Kanal anzuschließen. Infolge des bei allen Beispielen fast vollständigen Fehlens an **Maßnahmen zur Wasserrückhaltung können keine quantitativen Bewertungshilfen abgeleitet werden.**

Es sind in **hängigem Gelände** sowohl die nicht vermeidbaren Oberflächenabflüsse aus dem Außengelände als auch das in Dränungen aufgefangene Sickerwasser einzubeziehen. In Abhängigkeit von der Neigung ist neben den hangspezifischen Vergleichsgrößen aber auch die Getaltung zu betrachten, und es sind diesbezügliche Orientierungshilfen zu formulieren.

2.2 Anforderungen an Gestaltungshilfen zur Topographieanpassung

Grundsätzlich ist bei Siedlungsmaßnahmen die Berücksichtigung der Geländeneigung unumgänglich. Bei allen drei Untersuchungsbeispielen war die fehlende oder unzureichende Beachtung dieses gestalterischen Aspektes die Ursache für die ermittelten Umweltbelastungen. Daher sind analog zur Untersuchung für die drei Einzelgestaltungen - Erschließung, Gebäude und Außengelände - diesbezügliche Hinweise auszuarbeiten. Bei den durch versiegelnde Maßnahmen betroffenen Flächen ist dabei neben der Wahl des Oberflächenmaterials auch die Aufstützung sowohl dieser Zonen als auch von Gebäudeteilen einzubeziehen. In diesem Zusammenhang ist eine **Unterscheidung** vorzunehmen **zwischen** den **Mindestanforderungen** mit einer **grundsätzlichen Anpassung an die Topographie und** den **umweltschonenden Lösungen,** die darüberhinaus zusätzlich die Eingriffe beispielsweise durch diese Stützkonstruktionen reduzieren. Die aus den **Untersuchungsbeispielen gewonnenen Ansätze** einer Geländeaufnahme sind **weiterzuentwickeln**. In **Abhängigkeit vom Gefälle** wird das erforderliche Maß sowohl der **Freibereichstiefe** als auch der Parzellenbreite aufbereitet. Somit ist auch das **Achsmaß der Gebäude** inkludiert. In der Folge werden die Unterschiede beim Lang- und Breithaus bzw. darüberhinaus bei **horizontaler und vertikaler Erschließung** herausgearbeitet. Dabei sind in besonderem Maße die Überlegungen für die Einfügung des Baukörpers und des Bereiches zur Erschließung zu berücksichtigen.

Da bei den Untersuchungsbeispielen nicht alle für die Gestaltung notwendigen Aspekte abgehandelt werden konnten, werden mittels einer Fotodokumentation noch weitere Situationen herangezogen. Diese dient beispielsweise der Demonstration der umweltschonenden Bauweise. In gleicher Weise ist auch aufzuzeigen, daß die Aufnahme der tatsächlich vorliegenden Neigung nicht nur in einzelnen Bereichen, wie dies beispielsweise bei der Erschließung und dem Gebäude in Sistrans zutrifft, sondern auch bei der Gesamtgestaltung möglich ist.

Neben diesen vorrangig die Objektplanung betreffenden Hinweisen ist auch in Abhängigkeit von der **Geländeneigung** die **zunehmende Problematik** der **quantitativen Flächenausnutzung** im Zusammenhang mit dem **Versiegelungsgrad** zu **diskutieren**. Ob und inwieweit diesbezügliche Hinweise mit quantitativen Angaben für die Planung abgeleitet werden können, ist im Rahmen einer umfassenden **systematischen Bearbeitung der hangspezifischen Aspekte** zu erörtern. Dabei ist zu klären, ob die Vertretbarkeit einer verdichteten Bauweise mit einem Mangel an extensiv genutzten Vegetationsbereichen im privaten Freibereich, wie dies in Herdecke bei horizontaler und Sistrans bei vertikalen Zeilen vorliegt, auch dann einzuschränken ist, wenn größere Flächen in der Fallinie für eine Durchgrünung des gesamten Gebietes sorgen und somit die Bebauung nur mehr in Teilbereichen verdichtet ist. In einem solchen Fall ist aber auch bei der einzelnen Parzelle die ursprüngliche Neigung im Außengelände stärker aufzunehmen. Dabei sind Mindestanforderungen für einen extensiv genutzten Vegetationsanteil im privaten Freibereich zu erstellen. Gleichzeitig ist der Zusammenhang mit der zunehmenden Steigung als immer stärker einschränkender Faktor für die Bebauungsdichte und in der Folge für den Versiegelungsgrad zu erarbeiten.

Außerdem ist grundsätzlich zu klären, welchen **Einfluß** die **Freibereichstiefe** auf die Nutzungsintensität hat, und welche Länge des Gartens notwendig ist, um einen ausreichend großen Anteil an intensiv und einen "vertretbaren" Bereich an extensiv genutzter Grünfläche zu ermöglichen. Dies ist besonders bei einem in Teilbereichen verdichteten Bebauungskonzept wichtig. Gleichzeitig ist zu ermitteln, welche Tiefe erforderlich ist, um eine 3 m breite extensiv genutzte Vegetationszone zu ermöglichen. Daraus können die zwischen den einzelnen Zeilen mindestens erforderlichen sowie die anzustrebenden Abstände abgeleitet und in Abhängigkeit von der Geländeneigung festgelegt werden.

Bei diesen Distanzen ist auch die **Exposition** zu berücksichtigen. In diesem Zusammenhang ist zu hinterfragen, ob die Bebauung eines Nordhanges grundsätzlich "vertretbar", bzw. bis zu welchem Gefälle sie tolerierbar ist.

Sowohl bei der horizontalen Zeilenerschließung von Herdecke, die an einem Nordhang von 7° - 13° errichtet wurde, als auch bei der an einer Neigung von 15° - 18° durchgehenden vertikalen Bebauung von Sistrans ist die erhebliche Anzahl an Stützwänden in den Vegetationsbereichen die Folge einer fehlenden Aufnahme der Topographie im Freibereich. In St. Gallen ist bei einem Gebäudeachsmaß von 8,5 m, das gegenüber Sistrans um 0,5 m breiter ist, ein Lösungsansatz für die prinzipielle Aufnahme eines 16° steilen Geländes vorhanden. Da aber die Anpassung für die tatsächliche Neigung von 20° - 27° nicht erfolgt ist, waren ähnliche Belastungen durch Stützwände die Folge. Da diese Einschnitte nicht bei jeder Parzelle verursacht wurden, ist ihre Anzahl im Vergleich mit Sistrans geringer. Es ist dabei zu erkennen, daß bei konsequenter Berücksichtigung der Neigung bei **vertikalen Zeilen** die **Eingriffe wesentlich geringer ausfallen** können.

Ausgehend von der überwiegend ebenen Lage sind in **systematischer Form Gestaltungshilfen für die verschiedenen Neigungsspektren** bis zu dem maximal möglichen, für die betreffende Bebauung "vertretbaren", Gefälle zu entwickeln. Dabei wird nach Lang- und Breittyp, horizontaler und vertikaler Erschließung differenziert. Ebenso wird die zentrale Erschließung, die bei der Kuppe von Sistrans vorliegt, einbezogen. Dabei ist aber durch Heranziehung weiterer Beispiele zu klären, inwieweit die gestalterischen Aspekte bei den verschiedenen Bebauungsformen verallgemeinert bzw. ob Einschätzungen zur Belastungsintensität grundsätzlich aufgestellt werden können.

Aus den gewonnenen Hinweisen sind entsprechende Anforderungen für die Planung abzuleiten, um im Bebauungskonzept eine Berücksichtigung der Geländeneigung zu erzielen, die in der Objektplanung umzusetzen ist. Dabei ist auch der Versiegelungsgrad einzubeziehen.

III.   Orientierungshilfen zur Verringerung der Umweltbelastungen bei Wohnbaumaßnahmen

Die Wirkungszusammenhänge machen neben quantitativen Vorgaben zu den einzelnen Vergleichsgrößen auch Grundlagen für eine Topographieaufnahme erforderlich. Letztere werden in Abhängigkeit vom Gefälle in einer Gestaltungssystematik unter Einbeziehung weiterer Beispiele dargelegt.

A   Gestaltungshinweise

Der möglichst gering zu haltende Eingriff in den Boden ist von dem im Bebauungskonzept vorgesehenen Anteil an Gebäude- und Erschließungsflächen abhängig. Für die endgültige Belastungsintensität ist es jedoch ausschlaggebend, in welchem Ausmaß umweltverträgliche Aspekte bei den einzelnen Vergleichsgrößen in der Objektplanung berücksichtigt werden, bzw. inwieweit Ausgleichsmaßnahmen durchgeführt werden.

1   Bebauungskonzept

1.1   Überwiegend ebene Lage

Die Beeinträchtigungen in dem durch Baumaßnahmen betroffenen Bereich müssen kompensiert werden, um Umweltbelastungen zu vermeiden bzw. möglichst gering zu halten. Eine dementsprechende Voraussetzung ist die Freihaltung eines relativ großen Vegetationsareals. In Anlehnung an die Untersuchungsgebiete können diesbezüglich zwei Verteilungsstrukturen unterschieden werden. Das Untersuchungsbeispiel "St. Gallen" (Kap. II.B 4.2) weist teilweise ein **Bebauungskonzept mit einer vernetzten Grünstruktur** auf. Die Integration des Rasens in extensiv genutzte Grünflächen, die an größere Vegetationsbereiche anschließen, ermöglicht am ehesten die Erhaltung der Leistungsfähigkeit des Naturhaushaltes im Baugebiet. Demgegenüber ist bei der kosten- und flächensparenden Bauweise, z.B. in "Herdecke" (Kap. II.B 3), eine verdichtete bauliche Struktur zu unterscheiden. Diese weist nur relativ klein bemessene Rasenflächen mit einem geringen Anteil an Vegetationselementen zur Abschirmung des privaten Freibereiches auf. Durch die daraus resultierende Konzentration der Eingriffe wird die Gesamtbelastung gehoben und die Leistungsfähigkeit des Naturhaushaltes stark herabgesetzt. Extensiv genutzte Vegetationszonen, die an größere Ausgleichsflächen angeschlossen sind, müssen deshalb das gesamte Siedlungsgebiet gliedern, um auch in den stark versiegelten Bereichen eine Milderung der Folgebelastungen zu bewirken. Dieser Effekt kann durch Gehölze verstärkt werden und ermöglicht eine bessere Einbindung des gesamten Baugebietes in das Landschaftsbild. Diese Variante wird im weiteren als das **in Teilbereichen verdichtete Bebauungskonzept** bezeichnet. Bei beiden Konzepten soll ein Verbundsystem eingerichtet werden und an die vorhandenen Bestände der ursprünglichen Gegebenheiten angegliedert werden. Die Erhaltung schutzwürdiger Bereiche ist dabei besonders zu berücksichtigen. Bei gleichen Vegetationsflächenanteilen ist jenes Bebauungskonzept anzustreben, das auf der Grundlage einer breiten Vernetzungsstruktur aufbaut. Dieses ist umweltverträglicher als das in Teilbereichen verdichtete Konzept.

Die Konzentration der Eingriffe durch bauliche Verdichtung in Form von Reihenhäusern ermöglicht die geforderte Freihaltung größerer zusammenhängender Grünzonen. Die Akzeptanz einer Bebauungsform ist von der Erfüllung der Nutzeransprüche und der damit zusammenhängenden Wohnqualität abhängig. Das Hauptmerkmal dafür stellt der private, geschützte und bepflanzbare Außenraum dar. Nicht die Größe der Vegetationsfläche, sondern die Art ihrer Verteilung und Qualität führt zu einer positiven Beurteilung durch den Bewohner /31, S. 14/. Eine kleine individuell nutzbare Freifläche kann daher bei entsprechender räumlicher Gestaltung und einhergehender landschaftlicher Vielfalt ansprechender sein als ein großer Grünbereich mit minimaler Ausstattung an Vegetationselementen.

Die Ansprüche einer hohen **Wohnqualität** gehen daher mit der Forderung nach einer **Vernetzungsstruktur** extensiver Vegetationszonen und dem **Ausgleich** der Gebäudemasse durch **Grünvolumen** konform. Bei der Erstellung des Bebauungskonzeptes ist die Anordnung der Wohneinheiten so zu wählen, daß möglichst wenig Flächen versiegelt werden und die verbleibenden Freibereiche soweit als möglich in eine vernetzte Grünstruktur eingebunden werden können. In der Folge werden diesbezüglich die Grundformen der Reihenhausbebauung - einfache Zeile, Doppelzeile und die zentrale Erschließung von einem Platz aus - abgehandelt. Bei zweireihiger Bebauung wird durch die Konzentration der Eingriffe auf einen gemeinsamen Erschließungsbereich die Zusammenlegung der Gartenflächen für ein gemeinschaftliches größeres Grünareal begünstigt. In ihrer Mitte können größere Ersatzbiotope, die nicht an die einzelnen Grundstücksgrenzen gebunden sind, eingerichtet werden. Diese Flächen werden von den einzelnen Bauherren anteilsmäßig getragen. Bei einfachen Zeilen sind Wohn- oder Fußwege erforderlich, um die Erschließungsflächen zu reduzieren. Angrenzende Pflanzflächen können direkt an extensiv genutzte Vegetationsbereiche angegliedert werden. Gegenüber den bei einfachen und Doppelzeilen eher linearen Eingriffen ist die zentrale Erschließung durch die punktuelle Konzentration am besten für ein Verbundsystem geeignet. Der geringere Anteil der Erschließungsfläche und die Eignung des zentralen Bereiches als Gemeinschafts- und Spielfläche sprechen ebenfalls für diese Bauform.

Die Verkehrsflächen sind ebenso wie die Gebäudezonen auf ein Mindestmaß zu beschränken. Dies wird durch ein Heranrücken der Baukörper an die Erschließung unterstützt. Ferner sind diese Bereiche durch offene Vorgartengestaltung und Nutzung für Straßenbegleitgrün mit möglichst hohem Vegetationsanteil auszustatten. Der fließende Verkehr soll soweit wie möglich ferngehalten bzw. mittels Verkehrsberuhigungsmaßnahmen reduziert werden, um Mindestdimensionierungen in den Erschließungszonen zu ermöglichen. Zur Errichtung von Wohn- oder Fußwegen sind Sammelstellplätze verstärkt einzusetzen. Diese können durch entsprechende Gestaltung und Anreicherung mit Vegetationselementen für Kommunikationszwecke nutzbar gemacht bzw. an Gemeinschaftsbereiche angegliedert werden (siehe Herdecke Kap. II.B 3). Außerdem sind die Möglichkeiten der Raumbildung sowie die Schaffung nachbarschaftlicher Kontaktzonen als wesentliche Identifikationsmerkmale im Wohnumfeld zu nutzen. Dies kann z.B. durch entsprechende Gestaltung der Erschließungsgrundformen und durch das Versetzen der Bauköper und Zeilen teilweise realisiert werden. Da bei zunehmender Hangneigung die Möglichkeiten einer Raumbildung reduziert werden, sind Vegetationselemente dazu verstärkt heranzuziehen. Nur bei zentraler Erschließung mit kleiner Gruppenbildung ist auch bei stärkerem Gefälle eine solche Eignung gegeben.

1.2 Hängiges Gelände

Bei einer flächensparenden Bauweise mit kleinen Freibereichen, die in überwiegend ebenem Gelände bereits zu starken Beeinträchtigungen führt (Abb. 75/1,3), kommen mit zunehmender Hangneigung die Folgebelastungen für den Hangwasserhaushalt hinzu. Die bei dieser verdichteten Bebauung meist durchgehenden horizontal verlaufenden Stützwände führen zu einer vollkommenen Störung des Wasserregimes (Abb. 75/5,6). Ein geringes Grünvolumen führt zusätzlich zu erheblichen klimatischen Belastungen (Abb. 75/4-6). Dies kann durch eine vorbildliche Einrichtung der kleinen Freibereiche mit Vegetation gemildert werden (Abb.76) und zu einer höheren Wohnqualität beitragen. Ein Gesamtausgleich ist aber an größere extensiv genutzte Zonen gebunden.

In Hanglage sind zusätzliche **Geländeeinschnitte** sehr oft nicht zu umgehen. Diese Eingriffe sowie ihre Rückwirkungen müssen besondere Berücksichtigung finden, beispielsweise durch die Gliederung des Baugebietes mit extensiv genutzten Vegetationsbereichen in der Fallinie. Dies gilt in besonderem Maße bei einem in Teilbereichen verdichteten Bebauungskonzept.

A B B. 75

1 2

3 4 5 6 Wien / A

A B B. 76

1 verkleinert aus /73, S. 424/

Plan 1: Die Anpassung an die Topographie wurde für individuelle Lösungen genutzt und wirkt ebenso wie die Bildung von Kommunikationsbereichen positiv auf die Gestaltung des Gesamtbildes.

Foto 2 - 7: Obwohl diese Hangsituation eine extrem dichte Bebauung und gering bemessene Grünflächen aufweist, wird der Erlebniswert durch die Durchgrünung (Foto 4-6), bei der in Teilbereichen auch das Hangwasser einbezogen ist, gesteigert. Dies erhöht die Wohnqualität, die bei dieser verdichteten horizontalen Bauweise durch die stark eingeschränkten Sichtverhältnisse erheblich gemindert ist.

Das hohe Maß versiegelter Flächen und die durchgehenden horizontalen Einschnitte ohne Auflockerung mit größeren Grünflächen lassen aber auf eine problematische Gesamteinschätzung schließen.

2

3 4

5 6 7 Seldwyla bei Zürich / CH

Horizontale Reihen stellen außerdem für die **abfließende Kaltluft** ein größeres Hindernis dar als vertikal verlaufende Zeilen, bei denen jedoch auch, aber in vermindertem Maße, Lüftungsschneisen für parallel zum Hang verlaufende Winde vorzusehen sind /91, S. 120-121/. Eine Bebauung schräg zu den Höhenschichten begünstigt den Kaltluftabfluß, die Talwinde sowie die Aufrechterhaltung des Hangwasserhaushaltes. Kurze, leicht gestaffelte Geäuderehen erweisen sich positiv im Hinblick auf das Gesamtbild und wirken einer gewissen Monotonie entgegen. Diese grundsätzlichen Hinweise sind durch die Anpassung der Siedlungsmaßnahmen an die Topographie sowohl bei der vernetzten Grundstruktur als auch dem in Teilbereichen verdichteten Bebauungskonzept zu ergänzen. Dies ist die Voraussetzung für die Berücksichtigung der hangspezifischen Problemkomplexe.

Die Gebäude sind in Form, Gestalt und Anordnung an dem Höhenverlauf des Hanges auszurichten /87, S. 27-28/. Bewegte Geländeformen können durch die Stellung und Höhenstaffelung der Baukörper parallel zu den Höhenschichtlinien nachvollzogen und durch Geländepunkte, wie Kuppen oder Geländekanten, betont werden. Geringe Aufschüttungen, weiche Böschungen und höhenversetzter Anschluß des Gebäudes ans Gelände zur Vermeidung von Stützwänden sind anzustreben /123, S. 11/. Versetzte Geschosse, die sich dadurch ergeben können, erhöhen das Angebot an gut besonnten Räumen. Hohe Terrassenanschlüsse sind dagegen aufgrund der erheblichen Erdauftragungen zu vermeiden und führen außerdem zu problematischen Lösungen, die die Anbindung des Wohnbereichs an den Garten erschweren. In der Fachliteratur dienen historische Bebauungsbeispiele teilweise als Vorbild für die Erarbeitung **gestalterischer Hinweise**. Beispielsweise werden anhand heute noch erkennbarer historischer Siedlungs- und Hausformen Österreichs Modelle entwickelt, um Empfehlungen zur Gestaltung von neuen Wohnbauten und Gruppierungen zu geben /106/. Der respektvolle Umgang mit der Geländeform beim früheren ländlichen Bauen wird dem heute eher unkontrollierten Einsatz von leistungsfähigen Maschinen gegenübergestellt, der zu wesentlichen Geländeveränderungen führt. Es wird anhand von Tessiner Höfen die harmonische Einfügung der sowohl horizontal als auch vertikal angeordneten Gebäude in die vorhandenen topographischen Gegebenheiten ohne Verwendung von Stützmauern veranschaulicht /118/. Die Fotos in Abb. 77/1-5 verdeutlichen, daß ohne die heutigen technischen Möglichkeiten eine Anpassung an das Relief notwendig war. Die Beibehaltung des ursprünglichen Geländes hat in der Gesamtgestaltung des Landschaftsbildes ihren Ausdruck gefunden und reduziert die Beeinträchtigungen auf seiten des Naturhaushaltes. Bei der Anlage der Feriensiedlung in Abb. 77/6-8 sind diese Grundsätze weitgehend berücksichtigt worden. Anregungen zur Einfügung in das Gelände, wie sie bei der Gestaltung landwirtschaftlich genutzter Gebäude deutlich werden, sind in Abb. 78 dargelegt.

Stützmauern, oftmals zur Erschließung eingesetzte Hilfsmittel, können ein Gestaltungselement darstellen. Sie sind aber in der Regel Verlegenheitslösungen von besonders landschaftsfremder Wirkung aufgrund fehlender oder ungenügender Topographieanpassung /118, S. 36/. Intensive bauliche Nutzung erfordert landschaftsschonende Maßnahmen durch Anpassung der baulichen Anlagen hin zu einer landschaftsgerechten und naturnahen Gestaltung. Diesbezügliche Anregungen werden an zwei **historischen Hangbebauungsbeispielen** im Paznauntal in Österreich mit Schwerpunkt auf der geforderten Geländeanpassung abgeleitet, da diese Aspekte bei **neueren Bebauungssituationen** meist in **unzureichendem Maße Berücksichtigung** findet. Dies ist zum Teil darauf zurückzuführen, daß bisher die **hangspezifischen Folgebelastungen nicht in dem erforderlichen Umfang bewußt** gemacht wurden. Es liegt aber größtenteils daran, daß einerseits das dreidimensionale Planen mit Einbeziehung der Geländeneigung kaum geschult wird und andererseits einheitliche Lösungen den Planungsaufwand reduzieren. Individuellere Lösungen kommen zudem auch aufgrund höherer Gebäudekosten nicht zur Anwendung. Infolge geringerer Erdbewegungsmaßnahmen und Einsparungen bei der Hangsicherung ist dagegen eine Verteuerung der Gesamtkosten unwahrscheinlich. Demgegenüber sind aber wesentlich geringere Folgebelastungen für den Bauherrn und speziell die Allgemeinheit zu erwarten.

ABB. 77

1

2

3

4

5   Paznauntal / A

6   7   8   Gebertingen / CH

Foto 1 - 5: Das einzelne Gebäude ist "in den Hang hin-eingebaut". Durch die Erhaltung des ursprünglichen Geländes wirken die in Gruppen verdichteten Bebauungen nicht störend, sondern beleben die Gesamtsituation.

Foto 6 - 8: Diese Ferienhäuser, die nach 1980 entstanden sind, wurden in ähnlicher Weise an die Topographie angepaßt. Die Siedlung ist ohne Beeinträchtigungen des Landschaftsbildes in das Gelände eingefügt.

ABB. 78

1   2

3   4   5   Paznauntal / A

Foto 1, 2: Scheunen in ländlichen Bereichen sind meist in vorbildlicher Weise harmonisch in die Landschaft einge-bunden. Durch teilweise Aufstützung ist es möglich, sie ohne Eingriffe auf dem Gelände zu errichten.

Foto 3 - 5: Eine weitere Möglichkeit stellt dabei auch die direkte Anbindung des Daches an den oberhalb an-schließenden Hang dar.

1.2.1 Historische Beispiele topographieangepaßter Hangbebauungen

Im südwestlich von Innsbruck gelegenen Paznauntal sind Hangsiedlungen mit bäuerlicher Struktur vorzufinden, die vorbildlich die **Möglichkeiten einer Anpassung an das ursprüngliche Gelände** aufzeigen. Diese kleinteiligen die Topographie aufnehmenden Strukturen sind im M 1: 25 000 der Abb. 80 zu entnehmen, die mit Hilfe der großräumigen Übersicht (M 1: 500 000) in das Paznauntal eingeordnet werden kann (Abb.79).

A B B. 79   Lage im Raum   M 1 : 500 000

A B B. 80   Lageplan   M 1 : 25 000

Die dichte Besiedlung der Hangbereiche auch in den steileren Regionen unterstreicht die hohe Wohnqualität dieser Zonen. Im speziellen Fall ist dies gegenüber der klimatisch benachteiligten engen Tallage zu sehen. Die beiden Siedlungen "Plattwiesen" und "Egg" liegen an einem Nordhang (Abb. 80). Sie wurden in so stark geneigtem Gelände gewählt, um zu demonstrieren, daß auch unter diesen extremen Verhältnissen eine Anpassung an das Relief möglich ist. Obwohl innerhalb der Siedlungen und auch in den angrenzenden Wiesen kaum Gehölze vorhanden sind, wurden die Gebäudeansammlungen auf vorbildhafte Weise in das Landschaftsbild integriert. Außerdem waren diese Situationen dadurch besonders für die Aufbereitung mit Fotos geeignet. Die Gegenüberstellung von Aufnahme und Skizze hebt die Einfügung in das Gelände hervor (Abb. 81, 82).

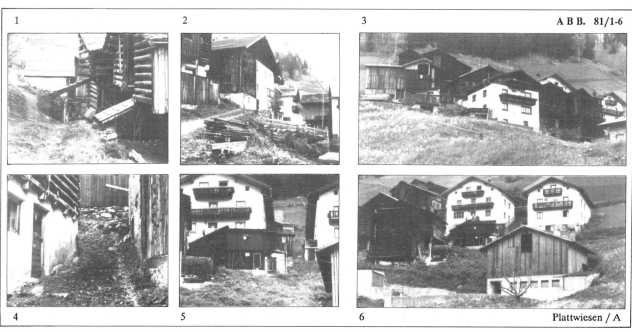

A B B. 81/1-6

Plattwiesen / A

7

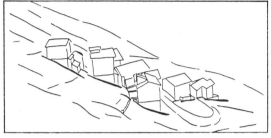

9

P L A T T W I E S E N

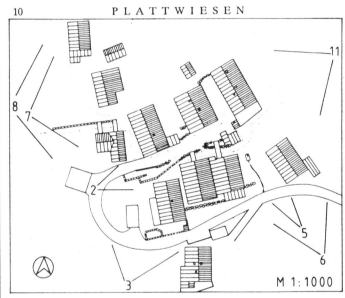

10

11

8
7

2

5

6

3

M 1:1000

Lageplan mit Fotowinkeln

Foto 3, 6, 7, 11: Diese Übersichten zeigen die dichte Anordnung der Wohngebäude und der landwirtschaftlich genutzten Objekte in "Plattwiesen". Das ursprüngliche Gelände ist in allen Bereichen vollkommen erhalten geblieben.

In den steileren Hangzonen besteht nur ein talseitiger Gebäudeausgang, an den die Terrasse angegliedert ist. Im Gegensatz zu den bisher angeführten Beispielen sind größere ebene Rasenflächen daran nicht angeschlossen. Die ausschließlich extensive Nutzung der Vegetationsflächen als Wiesen spielt bei der Erhaltung des Geländes mit so starkem Gefälle eine wesentliche Rolle.

Foto 7, 8, 11: Die Einfügung der Baukörper in das Gelände, die in den beigefügten Skizzen zusätzlich hervorgehoben wird, ist besonders gut erkennbar. Die Wohngebäude sind "in den Hang hineingebaut".

Foto 1, 7: Die teilweise aufgestützten Scheunen sind größtenteils mit nur geringen Eingriffen auf dem Gelände errichtet und zeigen eine interessante Nutzung der Geländeversprünge durch Rampen.

Foto 4, 5: Die Flächen zwischen den Gebäuden in der Fallinie sind ohne horizontale Einschnitte erhalten geblieben oder durch Natursteinmauern abgestützt worden (siehe Plan 10). Dies hat es ermöglicht, den Hangwasserhaushalt aufrechtzuerhalten, der zudem im Bereich der Scheunen nur geringfügig gestört wurde. Die Vernetzung der Vegetationsflächen in dem bebauten Bereich, speziell in der Fallinie (Foto 5), wurde auch durch den geringen Anteil an Wegeflächen ermöglicht.

Foto 1, 2, 4: Die Wege sind nicht versiegelt und weisen hohe Vegetationsanteile auf.

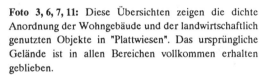

11

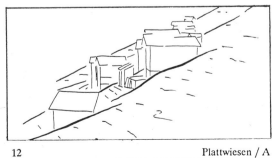

12   Plattwiesen / A

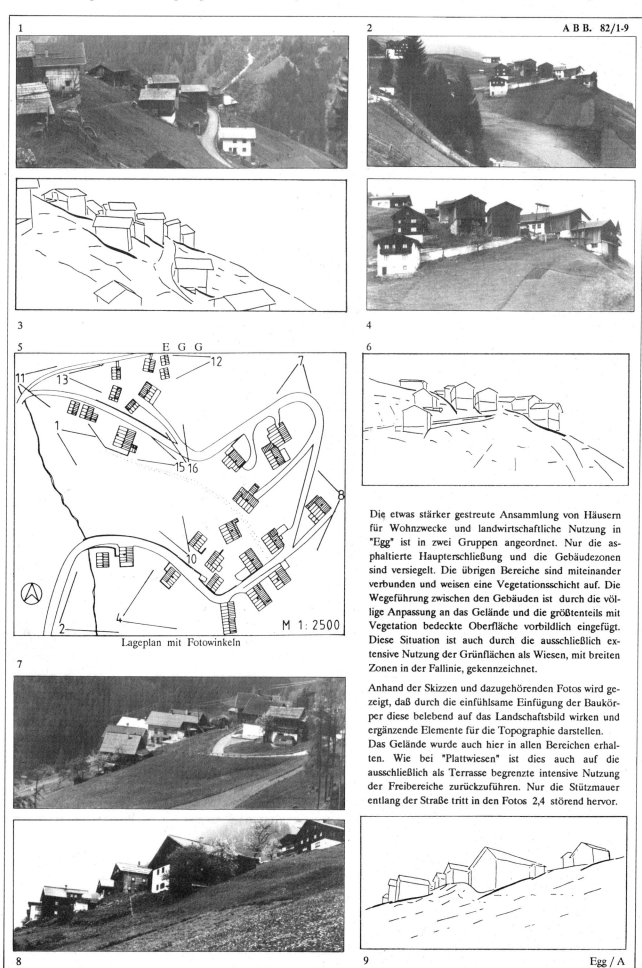

A B B. 82/1-9

Lageplan mit Fotowinkeln

M 1 : 2500

E G G

Die etwas stärker gestreute Ansammlung von Häusern für Wohnzwecke und landwirtschaftliche Nutzung in "Egg" ist in zwei Gruppen angeordnet. Nur die asphaltierte Haupterschließung und die Gebäudezonen sind versiegelt. Die übrigen Bereiche sind miteinander verbunden und weisen eine Vegetationsschicht auf. Die Wegeführung zwischen den Gebäuden ist durch die völlige Anpassung an das Gelände und die größtenteils mit Vegetation bedeckte Oberfläche vorbildlich eingefügt. Diese Situation ist auch durch die ausschließlich extensive Nutzung der Grünflächen als Wiesen, mit breiten Zonen in der Fallinie, gekennzeichnet.

Anhand der Skizzen und dazugehörenden Fotos wird gezeigt, daß durch die einfühlsame Einfügung der Baukörper diese belebend auf das Landschaftsbild wirken und ergänzende Elemente für die Topographie darstellen.
Das Gelände wurde auch hier in allen Bereichen erhalten. Wie bei "Plattwiesen" ist dies auch auf die ausschließlich als Terrasse begrenzte intensive Nutzung der Freibereiche zurückzuführen. Nur die Stützmauer entlang der Straße tritt in den Fotos 2,4 störend hervor.

Egg / A

154

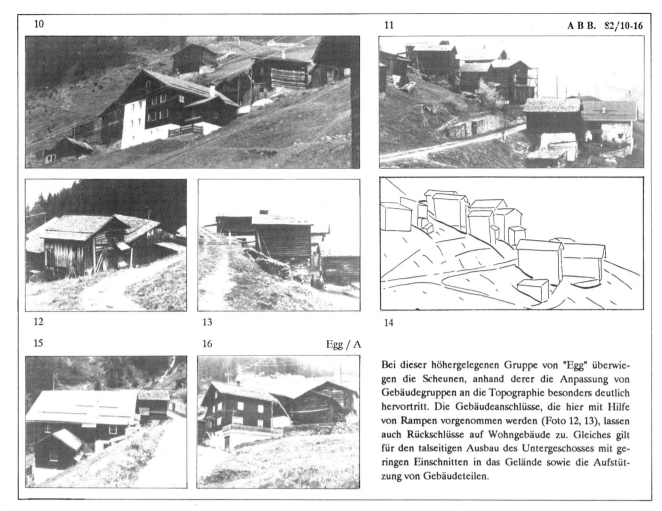

A B B. 82/10-16

Egg / A

Bei dieser höhergelegenen Gruppe von "Egg" überwiegen die Scheunen, anhand derer die Anpassung von Gebäudegruppen an die Topographie besonders deutlich hervortritt. Die Gebäudeanschlüsse, die hier mit Hilfe von Rampen vorgenommen werden (Foto 12, 13), lassen auch Rückschlüsse auf Wohngebäude zu. Gleiches gilt für den talseitigen Ausbau des Untergeschosses mit geringen Einschnitten in das Gelände sowie die Aufstützung von Gebäudeteilen.

Beide Situationen können aufgrund der gemischten Nutzung nicht direkt mit den bisher behandelten überwiegend Wohnzwecken dienenden Reihenhausbebauungen verglichen werden. Es lassen sich aber generelle Hinweise für Hangbebauungen ableiten. "Plattwiesen" aber auch "Egg" zeigen die Möglichkeiten einer angemessenen Erschließung mit geringem Versiegelungsgrad auf, die die Topographie vollkommen erhalten und in diese harmonisch eingefügt sind. Darauf aufbauend ist bei Siedlungsmaßnahmen in hängigem Gelände die Einfügung des einzelnen Baukörpers und die Aufnahme des Gefälles zwischen den Baukörpern notwendig. Bei mehreren Gebäudeausgängen ist der Höhenunterschied im Gebäude zusätzlich auszugleichen. Besonders bei Scheunen oder landwirtschaftlichen Bauten werden verschiedene Möglichkeiten gezeigt, wie das gegebene Gelände für alternative Eingangslösungen genutzt werden kann.

In Steilhangsituationen ist die intensive Nutzung auf die Terrassenfläche zu begrenzen, wie aus den beiden historischen Beispielen zu ersehen ist. Eine generelle Beschränkung des Rasens auf Teilzonen ist davon ebenso abzuleiten wie die **Aufnahme des Geländes in allen Vegetationsbereichen**. Dabei sollten die intensiv genutzten Flächen mit zunehmender Distanz vom Gebäude immer stärker in die ursprüngliche Geländeneigung übergehen, die in den extensiv genutzten Zonen vollkommen zu erhalten ist. Dies trägt zur Senkung der Erdbewegungen im Außengelände bei. Eine solche Gestaltung stellt die Voraussetzung dar, um mit Hilfe von vernetzten Vegetationsflächen das ursprüngliche Gelände und in der Folge den Hangwasserhaushalt zu erhalten. Im Bebauungskonzept sind die Grundlagen zu schaffen, damit die Anpassung des einzelnen Baukörpers und der gesamten Gestaltung möglich ist und die Einfügung des Siedlungsgebietes in das Gelände bewirkt wird.

155

1.2.2 Horizontal erschlossene Reihenbebauung

Die Voraussetzungen zur **Topographieanpassung** liegen in der vernetzten Grundform sowohl bei der horizontalen - meistens einfachen Zeilenerschließung - als auch bei der vertikalen und zentralen Bebauung vor. Inwieweit eine **Eignung des in Teilbereichen verdichteten Konzeptes** gegeben ist, wird auf **breiterer Basis hinterfragt**. An den zusätzlich mit Fotos aufbereiteten bebauten Situationen wird auch auf die damit meistens zusammenhängenden Probleme ungenügender Topographieanpassung hingewiesen. Horizontale Reihen können in vielen Fällen ohne Höhenversprünge erstellt werden. Wenn sie jedoch zwischen den Baukörpern oder auch im Gebäude erforderlich sind, ist diese Bauform dennoch am kostengünstigsten und aus diesem Grunde häufig vorzufinden. Eine zu geringe Berücksichtigung des Gefälles kann aber auch in nur leicht geneigtem Gelände zu gestalterisch unbefriedigenden, teilweise auch teuteren Lösungen in der Außengeländegestaltung führen (Abb. 83).

Die Folgebelastungen des flächensparenden Bauens in Hanglage wurden bereits in Kap. II erörtert. Um die verbliebenen kleinen Freibereiche bei der unteren Zeile zu erweitern, hat die hohe bauliche Ausnutzung des in Abb. 84 vorliegenden Gefälles zu einer Überbauung der Stellplätze geführt (Foto 3-5). Diese uneinheitlichen Lösungen weisen erhebliche Gestaltungsprobleme auf, sind ebenso wie die Gesamtsituation schwer in das Landschaftsbild zu integrieren und überdies mit beträchtlichem finanziellen Aufwand verbunden. Problematische Stellplatzsituationen sind auch bei der nächst höheren Zeile auf seiten der Erschließungsstraße in Abb. 84/6-11 dargestellt. Die schwierige Integration von Garagen ist offensichtlich. Diese, die Schaffung von Parkmöglichkeiten betreffende Fehlentwicklung ist im Zusammenhang mit den zu niedrigen Gebäudeeingangshöhen zu betrachten. Dabei kann gleichzeitig auf die am Hang zusätzlich auftretenden Schwierigkeiten der Anbindungsprobleme zwischen Eingangshöhe, Stellplatz und Straßenniveau hingewiesen werden (Abb. 83/9,11). Die mit der Neigung zusammenhängenden Probleme treten bei dieser Situation besonders deutlich hervor. Die langen horizontalen Einschnitte in den Hang verursachen die bereits aufgezeigte völlige Störung des Hangwasserhaushaltes. Diese Rückwirkungen einer flächensparenden Bauweise können auch aus Abb. 85 abgeleitet werden. Um diese Belastungen auf ein vertretbares Maß zu begrenzen, können bei **Langhäusern nur Reihen von max. 5 Gebäudeeinheiten** (vgl. Abb. 85/6) bzw. von **höchstens 3 beim Breittyp** (vgl. Herdecke, Kap. II. B 3) befürwortet werden, vorausgesetzt daß vernetzende Grünstreifen in der Fallinie daran anschließen.

| 1 | 2 | Solingen / D | A B B. 83 |

Foto 1, 2: In leicht geneigtem Gelände kann eine unterbliebene oder zu geringe Anpassung an die Topographie, speziell beim Baukörper und der daran anschließenden ebenen Fläche, Aufschüttungen und unnötige Stützwände im Freibereich bewirken, die auch mit größeren Kosten verbunden sind.

Foto 3, 4: Bei der zweiten Situation ist die direkt an das Gebäude angeschlossene Terrasse aus ähnlichen Gründen zu hoch über dem ursprünglichen Gelände (Foto 4). Um bei dieser geländeunangepaßten Bauweise die Kellerzugänge zu erleichtern, waren erhebliche Erdbewegungen, eine starke Abböschung, Aufschüttung des restlichen Gartens sowie die schlechte Anbindung zwischen Terrasse und Rasen die Folge (Foto 3).

| 3 | 4 | Solingen / D |

1

2

A B B. 84

3

4

5

6

7

8

9

10

11   Herdecke / D

In gleicher Weise wie in Abb. 84 sind infolge zu geringer Freibereichstiefen die Stellplätze überbaut worden (Abb. 85/5,6). Die bauliche Ausführung ist zwar einheitlich, dennoch gestalterisch schwer integrierbar und überdies äußerst kostenaufwendig. Aufgrund dieser Probleme stellt sich die Frage nach dem Sinn einer flächensparenden Bauweise am Hang, die mit dem finanziell günstigeren Aspekt begründet wird. Abschließend werden in Abb. 86 die Folgen unterbliebener (Foto 4-6) oder nur minimaler Versprünge im Gebäude (Foto 1-3) mit den daran angeschlossenen ebenen Frei- und Erschließungsflächen bei ausschließlich intensiver Nutzung dargestellt. Diese Bauweise mit zu geringen Gebäudeabständen führt neben ökologischen und gestalterischen Problemen zu einer Minderung der Wohnqualität.

Bei horizontalen Zeilen wird mit **zunehmender Geländeneigung** die Einbindung einer in **Teilbereichen verdichteten Bebauung** aufgrund zu knapper Zeilenabstände **immer problematischer**. Es sind nur kurze Reihen und diese ausschließlich mit breiten Vegetationsstreifen in der Fallinie vertretbar. Mit steigendem Gefälle wird auch unter dem Aspekt der Geländeanpassung und der besseren Einbindung in das Landschaftsbild das Bebauungskonzept mit vernetzter Grundstruktur erforderlich. Je größer die Steigung ist, desto breitere extensiv genutzte

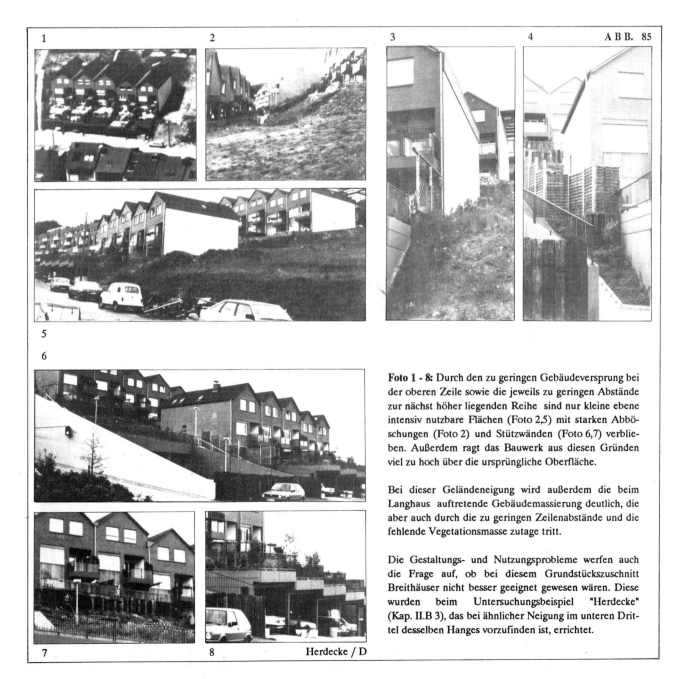

Foto 1 - 8: Durch den zu geringen Gebäudeversprung bei der oberen Zeile sowie die jeweils zu geringen Abstände zur nächst höher liegenden Reihe sind nur kleine ebene intensiv nutzbare Flächen (Foto 2,5) mit starken Abböschungen (Foto 2) und Stützwänden (Foto 6,7) verblieben. Außerdem ragt das Bauwerk aus diesen Gründen viel zu hoch über die ursprüngliche Oberfläche.

Bei dieser Geländeneigung wird außerdem die beim Langhaus auftretende Gebäudemassierung deutlich, die aber auch durch die zu geringen Zeilenabstände und die fehlende Vegetationsmasse zutage tritt.

Die Gestaltungs- und Nutzungsprobleme werfen auch die Frage auf, ob bei diesem Grundstückszuschnitt Breithäuser nicht besser geeignet gewesen wären. Diese wurden beim Untersuchungsbeispiel "Herdecke" (Kap. II.B 3), das bei ähnlicher Neigung im unteren Drittel desselben Hanges vorzufinden ist, errichtet.

ABB. 85

Herdecke / D

Vegetationsflächen - speziell in Hinblick auf die horizontalen Vernetzungszonen - sind notwendig.

Ein zusätzliches Problem stellt die zu starke Massierung von Bauvolumen aufgrund zu großer Gebäudetiefen beim Langhaus dar (Abb. 85). Ähnlich wie in "Herdecke" (Kap. II.B 3) können geringere Tiefen, aber auch größere Distanzen zwischen den Reihen, diese Belastungen für das Landschaftsbild, das ebenso wie der Naturhaushalt mit zunehmender Neigung labiler wird, senken. Auch aus diesen Überlegungen ist der Übergang zu einer vernetzten Form sinnvoll. Bei Doppelzeilen wäre dadurch die Belichtung hangaufwärtsorientierter Aufenthaltsräume und Freibereiche, die bei stärkerem Gefälle immer schwieriger wird, verbessert und die Wohnqualität somit gehoben.

Die Staffelung der Gebäude mit den besseren Bedingungen für den Kaltluftabfluß ist auch aus gestalterischen Gründen zu befürworten. Das seitliche Gefälle zwischen den Baukörpern verringert zudem die Störungen des Hangwasserhaushaltes in diesem Bereich. Diese Anordnung der Zeilen schräg zu den Höhenlinien geht bei stärkerer Staffelung immer mehr in eine vertikale Gruppierung über, bei der eine solche Auflockerung ebenso sinnvoll ist.

1

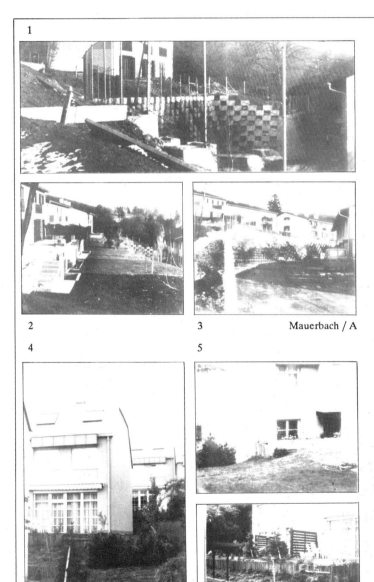

2   3   Mauerbach / A

4   5

6   Mauerbach / A

Foto 1 - 3: Die unzureichende Anpassung an die Topographie durch einen zu geringen Höhenversprung im Gebäude kommt in den zu hoch über den Gartenzonen liegenden Terrassenflächen zum Ausdruck (Foto 2). Die bei dem ursprünglich sehr stark geneigten Gelände vollkommen eingeebneten Gartenflächen führen zusätzlich zu gestalterisch problematischen Lösungen (Foto 1,2). Dies mindert die Wohnqualität besonders aufgrund des direkten Einblickes in das 1. Obergeschoß und der Belichtungsprobleme im Erdgeschoß bei der unteren Reihe (Foto 1, 3). Die hangseitige Nutzung ebener Flächen bei der unteren Zeile (Foto 1,3) und die unmittelbar daran anschließende talseitige Errichtung des Freibereiches der oberen Zeile (Foto 1,2) mit einem Geländeversprung von mehr als einem Geschoß führt zu erheblichen Aufschüttungen und zu nicht mehr korrigierbaren Stützwänden zwischen Parkmöglichkeit und Garten.

Nicht nur beim Langhaus (Foto 1-3), sondern auch beim Breithaus (Foto 4-6) kann die Wohnqualität durch zu geringe Gebäudeabstände und eine ungenügende Berücksichtigung der Geländeneigung gemindert werden.

Foto 4 - 6: Die Einsicht aus dem Garten der oberen Zeile in das Erdgeschoß aber teilweise auch das 1. Obergeschoß des tieferliegenden Gebäudes ist die Folge (Foto 5). Eine hochwertigere Ausstattung der extensiv genutzten Vegetationsfläche kann diesbezüglich einen teilweisen Sichtschutz bieten. Der direkte Blick vom 1. Obergeschoß der unteren Zeile in den Freibereich ist ebenso - wie die bei dieser Erschließungsform aufgrund zu dichter Bebauung oft unterbundene Talsicht - ein die Wohnqualität mindernder Faktor.

1.2.3 Vertikal erschlossene Bebauungszeilen

Diese Erschließungsform bietet **Vorteile** bezüglich der **Topographieanpassung** und der **Erhaltung größerer Vegetationszonen in der Fallinie.** Für den Kaltluftabfluß und die Talwinde entstehen kaum Hindernisse. Durch kurze Gebäudezeilen mit breiten horizontalen Pflanzbereichen bleiben seitliche Hangwinde weitgehend unbeeinflußt. Die hohe Wohnqualität beruht auf der Talsicht von allen Gebäudegeschossen sowie vom Garten aus. Vertikale Zeilen sind ebenfalls aus Gründen der Rutschungsgefährdung vorzuziehen. Horizontale Einschnitte, auch sehr schmale, gefährden das "Grenzgleichgewicht", in dem sich ein Hang in "natürlicher" Neigung befindet und das durch eine Überbauung nicht gestört werden darf. Bei vertikal verlaufenden schmalen Eingriffen mit einer Breite von 12 - 15 m und darunter bildet der Boden sogenannte Gewölbe, mit in sich relativ stabilen Verhältnissen. Daher sind horizontale Einschnitte nur unter günstigen Voraussetzungen zu empfehlen /110, S. 11/.

Bei einer Zeilenbebauung in der Fallinie ist im Außengelände eine starke Eingriffsbegrenzung möglich. Im Untersuchungsbeispiel "St. Gallen" (Kap. II.B 4.2) wurden die Vegetationsbereiche zwischen den intensiv genutzten Rasenflächen abgeböscht und somit Hangsicherungsbauwerke vermieden. Erdbewegungen können auf ein Mindestmaß gesenkt werden, wenn auch im intensiv genutzten Grünareal eine leichte Neigung erhalten bleibt, die mit zunehmendem Abstand vom Gebäude steigt und in den Vernetzungszonen dem ursprünglichen Gelände entspricht. Diese Angleichung an die natürlichen Gegebenheiten ermöglicht, die Beeinträchtigungsstärke für das Hangwasser weiter zu senken. Eine derartig harmonische Gestaltung ohne Stützwände ist in Abb. 87/1 erkennbar. Die Böschungen sind als extensiv genutzte Vegetationsflächen für die Abgrenzung zwischen den einzelnen Freibereichen zu nutzen und ermöglichen eine Grünstruktur mit breit angelegten Vernetzungszonen. Die Gestaltungsprobleme der Stellplätze direkt beim Haus, die in dem vorliegenden Fall teilweise durch den zweiseitig geneigten Hang hervorgerufen werden, kommen auch zum Ausdruck (Abb. 87/6-8). Die Gebäudeeingangshöhen hätten auf allen Erschließungsseiten, speziell auf Hangseite, stärker an die vorliegende Geländeneigung angepaßt werden müssen.

Der Bebauung in Abb. 87/1-8, die durch die Gebäudeabstände und Außengeländegestaltung die Voraussetzung für eine in allen Bereichen vernetzte Grünstruktur bietet, werden in Abb. 87/9-12 die Folgen einer ausschließlich intensiven Nutzung der gesamten Gartenfläche gegenübergestellt. Eine vollkommene Flächennutzung ohne gliedernde extensiv genutzte geländeangepaßte Vegetationsbereiche kann eine vollkommene Terrassierung des Außengeländes (Abb. 87/9, 10) bzw. bei stärkerer Neigung die Errichtung durchgehender Stützwände in den Vegetationszonen jeder Gebäudeeinheit wie in "Sistrans" (Kap. II.B 4.1) zur Folge haben. In einem solchen Fall werden die Geländeeinschnitte bei den Grünbereichen in fast gleichem Maße wie bei den Gebäudeflächen vorgenommen. Aufgrund der Vielzahl und der Länge von parallel zum Hang verlaufenden übereinander liegenden hangsichernden Einrichtungen kommt es daher zu stärkeren Störungen des Wasserregimes und des Landschaftsbildes als bei einer horizontalen Bebauung, die durch ebenfalls freizuhaltende extensiv genutzte Vegetationsflächen in der Fallinie nicht ausgeglichen werden können. Diesbezüglich wird in Abb. 87 die horizontale Erschließung (Foto 11, 12) der vertikalen (Foto 9, 10) desselben Bebauungsbeispieles gegenübergestellt. Obwohl bei beiden Situationen das gleiche Gefälle und eine ähnliche Gestaltung vorliegt, werden bei der horizontalen Lösung geringere Beeinträchtigungen im Außengelände verursacht.

Ein verdichtetes Bebauungskonzept ist deshalb **ungeeignet,** da die **Vorteile** der vertikalen Erschließungsform **nicht ausgeschöpft** werden können. Aus diesem Grunde ist auch bei geringer Geländeneigung ein Mindestmaß an vernetzter Grünstruktur in Anbindung an alle Rasenflächen sinnvoll. Eine ungestörte Zone in der Fallinie ist zumindest im Bereich der Grundstücksgrenze zu erhalten, ähnlich wie bei der in Abb. 88/3 veranschaulichten Situation, die mit zunehmendem Gefälle durch breitere extensiv genutzte Grünzonen zu verstärken ist.

1

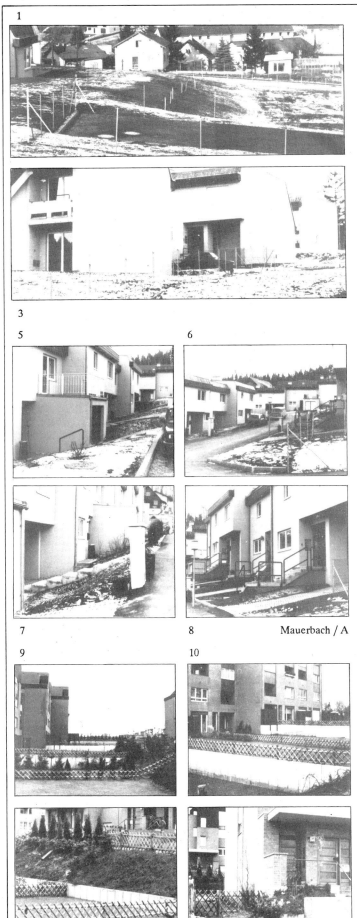

2   A B B. 87

3   **4**

5   **6**

7   **8**   Mauerbach / A

9   **10**

11   **12**   Mauerbach / A

Foto 1 - 8: Um bei der vorliegenden zweiseitigen Hang-neigung den Ansprüchen einer Topographieanpassung gerecht zu werden, wäre neben der vorhandenen Abstu-fung zwischen jedem Baukörper ein zusätzlicher Ver-sprung im Gebäudeinnern notwendig gewesen. Um in-nerhalb der Zeile sowohl die Neigung in der Fallinie als auch das seitliche Gefälle aufzunehmen, ist auf diese Weise die Möglichkeit für unterschiedliche Ausgangshö-hen zur Erschließungs- und Gartenseite gegeben.

Foto 1 - 4: Im Außengelände wurde eine weitestgehende Angleichung an die vorhandene zweiseitige Neigung durch Abböschung der Freibereiche, weiche Gelände-führung und Vermeidung von Stützwänden erzielt.

Foto 5, 7: Auf Hangseite sind problematische Eingangs-lösungen bei einer Integration des Stellplatzes in den Baukörper vorzufinden. Hier wäre eine Konstruktion des Stellplatzes auf Stützen bei einer etwas größeren Distanz des Gebäudes zur Fahrbahn und seitlicher Abböschung des Geländes zur Treppe sinnvoll.

Foto 6, 8: Bei den talseitigen Eingangssituationen könn-ten die Anbindungsprobleme durch Treppen auf tragen-der Konstruktion mit entsprechender Eingrünung etwas gemildert werden. Das nur leichte Gefälle im Stell-platzbereich ist hier gegenüber der extremen Steigung auf Hangseite (Foto 7) beispielhaft aufgenommen.

Foto 9 - 12: Auch bei leichtem Gefälle führt bei vertika-len Zeilen die Nivellierung der Freibereiche ohne Abbö-schung zwischen den Parzellen zu einer Terrassierung mit bis zur Grundstücksgrenze durchgehenden Stützwänden (Foto 9,10). Gleiches gilt für die horizon-tale Bebauung, die zum Zwecke einer kompletten inten-siven Nutzung des Freibereiches sehr oft durch Stützwände und Steilabböschungen gekennzeichnet ist (Foto 11,12). Die Folge ist bei beiden Erschlie-ßungsformen, die in diesem Bebauungsbeispiel vertreten sind, eine minimale Ausstattung mit extensiv genutzten Vegetationszonen. Aufgrund des ausreichenden Abstan-des zwischen den Gebäudezeilen könnten vernetzende Grünanteile bei diesem Siedlungsgebiet diesbezüglich Abhilfe schaffen.

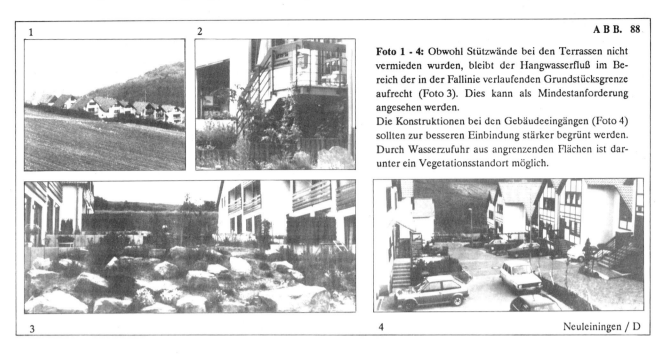

ABB. 88

Foto 1 - 4: Obwohl Stützwände bei den Terrassen nicht vermieden wurden, bleibt der Hangwasserfluß im Bereich der in der Fallinie verlaufenden Grundstücksgrenze aufrecht (Foto 3). Dies kann als Mindestanforderung angesehen werden.

Die Konstruktionen bei den Gebäudeeingängen (Foto 4) sollten zur besseren Einbindung stärker begrünt werden. Durch Wasserzufuhr aus angrenzenden Flächen ist darunter ein Vegetationsstandort möglich.

Neuleiningen / D

1.2.4 Zentrale Erschließung

Die auf einen Mittelpunkt orientierte Gruppierung ist eine Mischform zwischen horizontaler und vertikaler Bebauung mit den diesbezüglich zu berücksichtigenden Hinweisen. Der zentrale Platz und die individuellen Gestaltungsmöglichkeiten im einzelnen Baukörper bieten bezüglich der Topographieanpassung die größte Flexibilität.

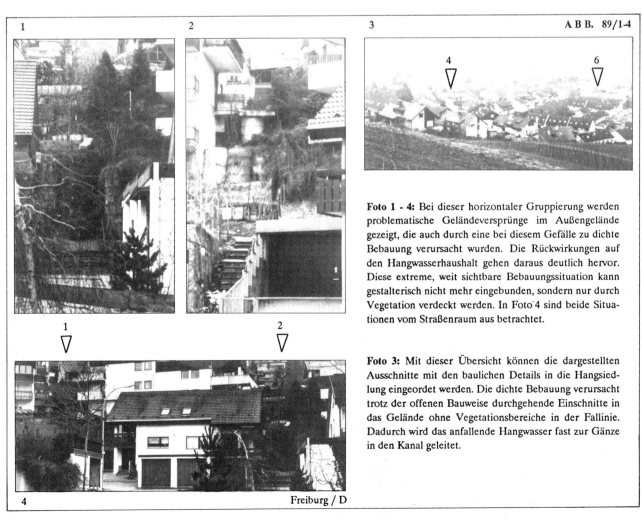

ABB. 89/1-4

Foto 1 - 4: Bei dieser horizontaler Gruppierung werden problematische Geländeversprünge im Außengelände gezeigt, die auch durch eine bei diesem Gefälle zu dichte Bebauung verursacht wurden. Die Rückwirkungen auf den Hangwasserhaushalt gehen daraus deutlich hervor. Diese extreme, weit sichtbare Bebauungssituation kann gestalterisch nicht mehr eingebunden, sondern nur durch Vegetation verdeckt werden. In Foto 4 sind beide Situationen vom Straßenraum aus betrachtet.

Foto 3: Mit dieser Übersicht können die dargestellten Ausschnitte mit den baulichen Details in die Hangsiedlung eingeordnet werden. Die dichte Bebauung verursacht trotz der offenen Bauweise durchgehende Einschnitte in das Gelände ohne Vegetationsbereiche in der Fallinie. Dadurch wird das anfallende Hangwasser fast zur Gänze in den Kanal geleitet.

Freiburg / D

162

Die Konzentration der Eingriffe ermöglicht die Freihaltung eines großen zusammen-hängenden Vegetationsareals. Entsprechend den Anforderungen bei vertikal angeordneten Gebäuden ist dies auch für eine in allen Bereichen vernetzte Grünstruktur zu nutzen. Der in Abb. 89/3 verbliebene zentrale Bereich, der in Abb. 89/6 in ausgebauter Form dargestellt ist, konnte weder zwei- noch einzeilig bebaut werden und war ursprünglich als Ausgleichsfläche mit Spielplatz vorgesehen. Obwohl die Möglichkeiten der Geländeanpassung bei der hier durchgeführten zentralen Erschließung besser sind (Abb. 89/6-9), treten die Schwierigkeiten bei den Höhenversprüngen als Folge der zu dichten Bebauung zutage (Abb. 89/8, 9).

A B B. 89/5-9

5

Foto 5 - 9: Die dichte Bebauung ohne größere extensiv genutzte Vegeta-tionszonen im Bereich der Grundstücksgrenzen führt zu Gestaltungspro-blemen. Unbefriedigende Lösungen mit erheblichen Sicherungsbauwer-ken im Anschluß an die horizontal angeordneten Gebäude (Foto 8), aber auch innerhalb der zentralen Erschließung (Foto 9) sind die Folge. Innerhalb des gesamten Siedlungsgebietes (Foto 3,5) wäre ein größerer Ausgleichsbereich notwendig gewesen. Mit der Markierung in Foto 3 wird der Bezug zwischen den beiden Bebauungsbeispielen hergestellt.

6

7

8

9   Freiburg / D

Die **Vorteile** für eine umweltschonende Bebauung kommen ähnlich wie bei vertikalen Zeilen **nur im Zusammenhang** mit einem **vernetzten Bebauungskonzept zum Tragen**. Bei Vorliegen eines zweiseitigen Gefälles ist die zentrale Erschließung durch die guten Anpassungsmöglichkeiten besonders geeignet. Eine kleine Gruppenbildung ermöglicht es außerdem, die horizontal verlaufenden Einschnitte möglichst gering zu halten.

Die in den vorhergehenden Kapiteln angeführten Probleme und die daraus resultierenden Umweltbelastungen werfen die Frage nach **Angaben** für die **mindestens erforderlichen Abstände zwischen den Reihen** auf, die ein **vernetztes Bebauungskonzept** erst ermöglichen. Die anzustrebenden Distanzen sind als Orientierungswerte ebenso zu präzisieren. Demgegenüber werden die Mindestabstände innerhalb eines in **Teilbereichen verdichteten Konzeptes** weitgehend durch die Vorgaben der jeweiligen Landesbauordnung festgelegt. Bei beiden Konzepten ist im Bebauungsplan die Umsetzung der Grünvernetzung durch **Festsetzungen** zu den einzelnen Vergleichsgrößen auch mit **quantitativen Angaben** zu sichern. Die herausgearbeiteten Vorteile der zentralen und vertikalen Erschließung gegenüber der horizontalen sind außerdem durch **Vorgaben** für das Bebauungskonzept in **Abhängigkeit von der Geländeneigung** zu ergänzen. Diese sollten neben den Mindestgebäudeabständen eine Eignungsüberprüfung der einzelnen Erschließungsformen in bezug auf das Gefälle beinhalten. Da es an Grundlagen für solche Angaben fehlt, werden diese systematisch für die Objektplanung erarbeitet. Ausgehend von der ebenen Lage, stehen dabei die Gestaltungshinweise zur Berücksichtigung der Geländeneigung als Voraussetzung für eine umweltschonende Einfügung der Siedlungsmaßnahmen in das Landschaftsbild im Vordergrund. Darauf aufbauend ist es möglich, die angestrebten Angaben für das Bebauungskonzept abzuleiten.

2 Objektplanung

In Anbetracht des bereits erreichten Ausmaßes an Umweltbelastungen werden jene Maßnahmen, die eine geringere Flächenversiegelung und eine Anpassung an die Topographie ermöglichen, als **Mindestanforderung** für die Planung betrachtet. Da für die Erhaltung des ursprünglichen Geländes ein Defizit an Planungshinweisen besteht, stehen diesbezügliche Gestaltungshilfen im Vordergrund der systematischen Ausarbeitungen. Diese sind nach Erfordernis, in Abhängigkeit von den vorliegenden Baugrundverhältnissen, durch zusätzliche Hangsicherungsbauwerke abzuändern. Die Objektplanung sollte aber im Sinne der angeführten **umweltschonenden Planungsanforderungen an weitergehenden Lösungen** orientiert sein, die eine Kompensation der Belastungen innerhalb des Baugebietes bzw. eventuell auch eine Verbesserung gegenüber der Ausgangssituation ermöglichen. Für Anregungen hierzu wird auch ein Beispiel aus dem außereuropäischen Raum herangezogen (Abb. 90).

Eine **aufstützende Bauweise** kann bei ganzen Gebäuden, einzelnen Teilen des Baukörpers oder Anbauten, speziell aber bei fußläufigen Erschließungen und im privaten Freibereich durchgeführt werden. Diese Lösungen sollen aber ausschließlich dem Zwecke der Umweltentlastung dienen und nicht eine Steigerung der Flächennutzung bewirken. Sowohl aus diesem Grunde als auch infolge gestalterischer Überlegungen ist eine niedrige Stützkonstruktion zu wählen, um zusätzliche Parkmöglichkeiten unter dem aufgestützten Bereich zu unterbinden. Diese umweltschonenden Maßnahmen sind bei der angestrebten Grünvernetzung stärker heranzuziehen. Hierzu können jeweils in der Einleitung der Erschließungs- und Gebäudegestaltung (Kap. III.A 2.1; III.A 2.2) weiteren Beispielen Anregungen entnommen werden. Von den Möglichkeiten der geringeren Dimensionierung versiegelter Flächen ausgehend, sind daran anschließend, systematisch zu der jeweiligen Einzelgestaltung, Hilfen zur Berücksichtigung der Geländeneigung ausgearbeitet. An die Reihenfolge in der Objektplanung angelehnt, ist die Erschließung zuerst abgehandelt und darauf aufbauend die Gebäude- und Außengeländegestaltung.

ABB. 90

1

2

3

4

5

6

7

8

9

10

11

12   Candy/Sri Lanca

Foto 1 - 3: In dieser Steilhangsiedlung am Stadtrand von Candy (Sri Lanca) ist die Topographie in allen Bereichen erhalten geblieben. Dabei spielt die extensive Nutzung der Vegetationsflächen, ähnlich wie bei den historischen Beispielen (Kap. III.A 1.2.1), eine wesentliche Rolle. Die vertikal verlaufenden Zeilen unterstreichen die hervorgehobenen Vorteile dieser Erschließungsform besonders für die Aufnahme und Akzentuierung der Topographie sowie die Erhaltung von zusammenhängenden Vegetationsflächen speziell in der Fallinie.

Foto 4 - 6: Auch in den Gebäudezonen sind die Störungen des Hangwasserhaushaltes aufgrund der Aufstützung der Gebäude sehr gering. Es ist außerdem das Gefälle zwischen den Gebäuden und innerhalb des einzelnen Objektes vorbildlich aufgenommen worden. Die Einbindung der Baukörper in das Landschaftsbild kann durch einen höheren Vegetationsanteil sowie durch Begrünungsmaßnahmen, speziell unter und an der Stützkonstruktion, verbessert werden. Der relativ geringe Bewuchs hat es aber erst ermöglicht, diese Situation mit Fotos in dieser Form festzuhalten.

Foto 5 - 8: Auf der Talseite ist unter den aufgestützten Flächen durch die Wasserzufuhr der oberhalb anschließenden Bereiche ein Standort für Vegetation gegeben (Foto 7,8). Unter den Gebäuden trifft dies zumindest in den Randzonen zu. Bei Terrassen könnte dies durch ein lichtdurchlässigeres Oberflächenmaterial gefördert werden. Sie schließen eben an den Wohnraum an. Ein direkter Zugang zu den Vegetationsflächen ist auf der Hangseite ohne Stufen möglich (Foto 5).

Foto 9, 10: Die Aufnahme des Geländes im Baukörper kommt auch bei den Gebäudeeingängen, die teilweise über aber auch unterhalb von aufgestützten Gebäudeteilen errichtet wurden, zum Ausdruck.

Foto 5, 10: Die Erschließung, größtenteils durch Treppen, ist ebenso vollständig an das Relief angepaßt. Auffallend wirken die Abflußrinnen für das verstärkt anfallende Oberflächenwasser, die zu einem großen Teil beidseitig der Treppen angeordnet sind.

Foto 11, 12: Die Erhaltung der Topographie wird besonders am Außengelände deutlich, das nur durch Natursteinwände gesichert wurde.

165

2.1 Erschließung

Bei der Einpassung von Straßen in das Gelände sollten die talseitigen Aufschüttungen gleich stark wie die hangseitigen Abgrabungen sein. Gleiches gilt für Fußwege, bei denen durch Aufstützung auf Talseite die Eingriffe weiter verringert werden können. Treppenläufe sind mit ihrer Steigung und den Podestauftritten in Anlehnung an Abb. 91/5,8 an die jeweilige Hangneigung anzupassen. Durch längere Wegeflächen mit leichtem Gefälle zwischen den Treppenläufen wird die Anzahl der Stufen verringert, und die Wegeführung kann insgesamt besser eingefügt werden (Abb. 91/1,2). Durch schräg zu den Höhenschichten verlaufende Fußwege können auch größere Höhenunterschiede ohne Treppen überwunden werden. Dies kommt der Benutzung durch alte Menschen oder auch Rollstuhlfahrern entgegen. Bei Treppen kann der Versiegelungsgrad auch durch Einbeziehung von Vegetation (Abb. 91/3,4) gesenkt werden. Tragende Konstruktionen oberhalb des Geländes sind dafür besonders geeignet (Abb. 91/6,7,9). Dies ist auch mit Fertigteilsystemen möglich (Abb. 91/10,11). Die Kombination von Wege- und Treppenanlagen auf Stützen ermöglicht die Erhaltung des ursprünglichen Geländes mit einer durchgehenden Vegetationsdecke (siehe hierzu Abb. 92).

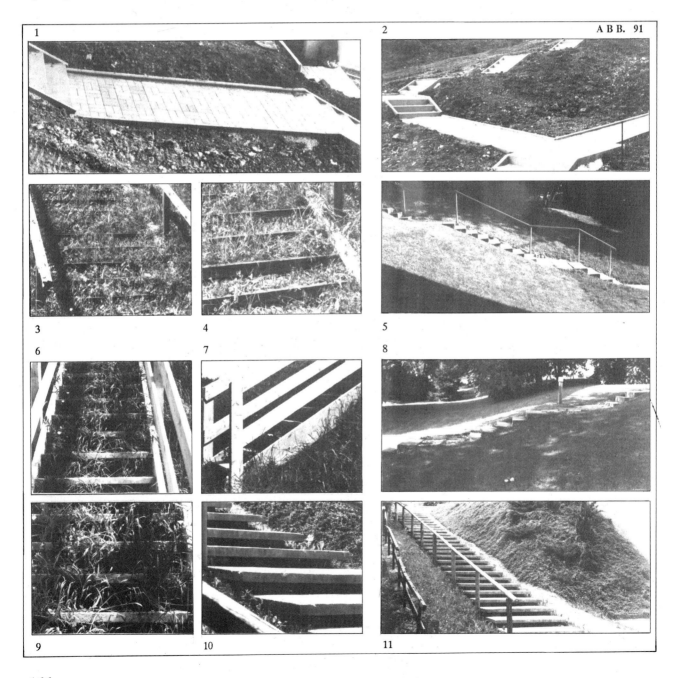

A B B. 91

ABB. 92

Foto 1, 2: Diese Treppenkonstruktion ist in ihrem gesamten Verlauf aufgestützt (Foto 1,2). Am oberen Ende schließt daran eine eben geführte Wegefläche an. Die Treppenläufe sowie die Podeste können infolgedessen auf diese Weise ohne gestalterische Einbindungsprobleme in dem steilen Gelände geführt werden.

Foto 3, 4: Die Topographie bleibt vollkommen erhalten, und die Podestflächen, die andernfalls mit ihren Stützwänden herausragen würden, werden harmonisch in das Gesamtbild eingefügt. Die starke Neigung wird durch die schräge Führung der Treppenläufe überwunden. Demgegenüber wäre eine vertikal errichtete Treppe mit erheblichen Erdbewegungen, sehr aufwendigen Konstruktionen und Hangsicherungsbauwerken verbunden gewesen.
Durch einen Wechsel der Laufrichtung mit dazwischenliegenden Podesten kann das Gelände, trotz der Nutzung als Erschließungsfläche, vollständig erhalten werden. Die geringfügigen Eingriffe für die Stützen haben keine Auswirkungen auf den Hangwasserhaushalt.

Foto 5, 6: Die vollständige Erhaltung für die extensive Nutzung ist auf der gesamten Fläche möglich. So können Vorgartenzonen auch direkt eingebunden und zu größeren zusammenhängenden Vegetationsbereichen ausgebaut werden.

2.1.1 Erschließungsstraßen und Stellplätze

Um den Erfordernissen einer Topographieanpassung gerecht zu werden, muß die in Abb. 92 dargestellte schräge Führung, in diesem Fall der Treppe, mit zunehmender Neigung auch für den Straßenverlauf bei der Überwindung von Höhenunterschieden gelten. Erschließungsstraßen sind nur in dem für das Baugebiet oder angrenzende Bereiche unbedingt erforderlichen Ausmaß zu errichten. Diese Flächen sind neben der Festsetzung von Mindestbreiten, speziell bei höherer Steigung, durch Wohn- sowie Fußwege und Treppen zu reduzieren. Der kostensenkende Aspekt spielt dabei auch eine erhebliche Rolle. Durch eine Bebauung an der vorderen Parzellengrenze kann ein erheblicher Gewinn für die Freiraumnutzung erzielt werden.

In Anlehnung an Abb. 93/5 ist der Vorgarten bei horizontaler Bebauung abzuböschen (Schnittfolge 1/2). Dabei sind ca. 0,8 - 1 m breite Auftrittflächen vor dem Hauseingang notwendig. Diese sowie die daran anschließenden Verbindungen zur Straße können sowohl bei geneigtem als auch ebenem Gelände aufgestützt werden. Durch ein stärkeres Heranrücken der Fahrbahn an die talseitige Zeile ist gegenüber Abb. 93/5, speziell bei nur mehr einem Geschoß über der Geländeoberkante auf der Talseite der Straße, eine geringere Höhendifferenz zwischen Fahrbahn und Gebäude zur Straßenraumbildung zweckmäßig.

Stellplätze im Vorgarten- oder angrenzenden Bereich können mit Rasengittersteinen (Abb. 93/1) oder entsprechend Schnittfolge 1/1 auf Stützen ausgeführt werden. Rankhilfen oder auch eine Überdachung in Form eines Carports (Abb. 93/8) sind Garagen (Abb. 93/2,4) aufgrund der besseren Einbindung in das Gesamtbild und auch der geringeren Kosten wegen vorzuziehen. Dabei sind die Dachflächen zu begrünen.

Die aus Gründen der Vollständigkeit bereits in Schnittfolge 1 dargestellten Abmessungen von Haus und Terrasse mit den entsprechenden Gebäudeversprüngen werden in den nachfolgenden Kapiteln näher erläutert.

Bei horizontaler sowie vertikaler Erschließung bietet sich eine **Konstruktion auf Stützen** (Schnitt 2,3) im Gebäudenahbereich als **Alternative zu Stellplätzen mit Stützwänden** (Abb. 93/1,3) oder einer zu starken Abböschung (Abb. 93/7) an. Auf der Hangseite ist aber ein gewisses Gefälle notwendig. Eine Höhendifferenz von 70 cm ist jedoch entsprechend Schnitt 2 nicht zu überschreiten (Abb. 93/6). In einem solchen Fall ist die Treppe zum Gebäudeeingang mit einer Konstruktion über der Geländeoberkante zu errichten. Dadurch wird das Außengelände auf dem Niveau des Stellplatzes belassen, und es kommt nicht zu Anbindungsproblemen im Eingangsbereich, wie sie in Abb. 93/6 dargestellt sind. Solche gestalterisch problematischen Lösungen sind zusätzlich durch eine Begrenzung der Eingangshöhe auf maximal 1/4 Geschoß über dem Stellplatzniveau zu unterbinden. Eine derartige Abschrägung ist analog auch bis 70 cm auf Talseite möglich (Schnitt 2, Lösung 2). Bei einem Eingang, der unter diesem Höhenniveau liegt, ist das Gelände seitlich abzuböschen. Dies wird in Schnitt 2, Lösung 2/B-B bei einem Achsmaß des Gebäudes von 5 m dargestellt. Dagegen bleibt die Oberfläche weitgehend unverändert bei einer Konstruktion der Stellplätze mit Stützen in Betonfundamenten (Schnitt 2). Entsprechend den statischen Erfordernissen sind Rahmen und Roste, z.B. aus feuerverzinktem Stahl, anzufertigen. Eine Sicherung gegen Unfallgefahr kann mittels eines Geländers vorgenommen werden. Die Fahrzeugebene sollte zur gestalterischen Einbindung nicht über 1 m oberhalb der Geländekante liegen. Damit diese Stützhöhe nicht überschritten wird, kann analog zu Schnitt 2, Lösung 2/B-B das Gelände im Eingangsbereich bei stärkerem Gefälle abgeböscht werden.

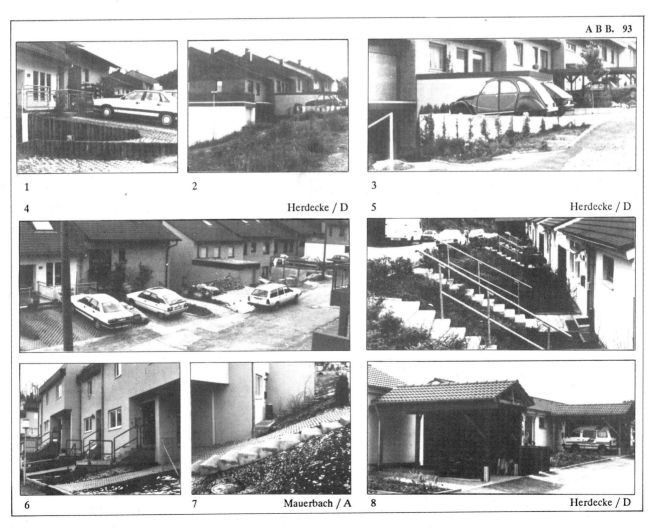

ABB. 93

1

2

3

4   Herdecke / D   5   Herdecke / D

6   7   Mauerbach / A   8   Herdecke / D

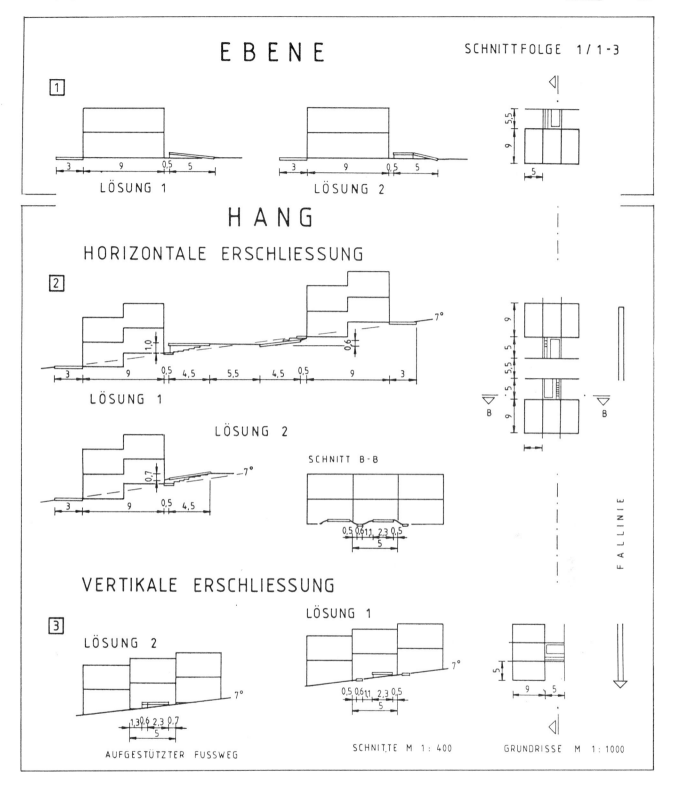

Bei **vertikaler Erschließung** ergibt sich eine seitliche Abböschung unter dem gesamten Stellplatz (Schnitt 3). Die Fußwegverbindung zur Straße kann auch direkt angebunden werden (Schnitt 3, Lösung 2). Diese Fläche kann ebenso wie seitliche Streifen zum Ein- und Aussteigen mit einem anderen Material versehen werden. Trotz dieser gestalterischen Möglichkeiten ist eine Integration des Parkbereiches in den Straßenraum, speziell in Hanglage, schwierig. Um die Einbindungsprobleme in das Landschaftsbild zu reduzieren bzw. zu vermeiden, sowie zur Senkung des gesamten Erschließungsaufwandes, ist dabei auf Sammelstellplätze zurückzugreifen.

169

2.1.2 Sammelstellplätze

Eine Vegetationsausstattung erleichtert die Einfügung in das Landschaftsbild und die Angliederung an eventuelle Kommunikationsbereiche. In Schnittfolge 2 wird für die verschiedenen Lösungen jeweils die **notwendige Breite** der gesamten Anlage, unter Berücksichtigung des mindestens erforderlichen Grünflächenanteils, aufgezeigt. Ein Vegetationsmittelstreifen anstelle einzelner Gehölze, für die Parkbuchten freigehalten werden müssen, führt zu einer Verbreiterung (Grundrisse zu Schnitt 1, 2). Diese Angaben für **Doppelanlagen** sind bei der Erschließung mit nur einer Fahrbahn entsprechend abzuändern. Die gestalterischen Möglichkeiten der senkrecht, schräg sowie parallel zur Fahrbahn aufgestellten Fahrzeuge werden erarbeitet. Eine senkrechte Anordnung ist mit 19 m^2 Flächenbedarf je Stellplatz incl. Erschließung die flächensparendste Form. Die Vegetationsflächenanteile, deren Anordnung und Verteilung unterschiedlich durchgeführt werden kann, sind nicht mitberechnet. Die Schrägaufstellung in einem Winkel von 60° erfordert 19,2 m^2. Bei 45° ist das Verhältnis der geringeren Stellplatz- und Fahrbahntiefen zum höheren Platzbedarf von 20,3 m^2 noch vertretbar.

Bei senkrechter Anordnung kann das Gelände bis zu einer Neigung von 8° abgeböscht werden (Schnitt 1). Bei einer Aufstellung von 45° schräg zur Erschließung ist diese Maßnahme bis zu einer Neigung von 10° durchführbar (Schnitt 2). Die einzelnen **Stellplatzvarianten** werden **in Abhängigkeit von der Steigung** ermittelt, den unterschiedlichen Neigungsbereichen zugeordnet und bis zu dem maximal möglichen Gefälle abgegrenzt. Jene Stellplatzanordnungen und diesbezügliche Mindestbreiten, die in der Auswertungstabelle nicht angeführt sind, müssen den nächststehenden Kategorien zugeordnet werden und sind dementsprechend abzuändern und zu gestalten. Die in Schnittfolge 2 angeführten Beispiele stellen **Alternativen zu Konstruktionen mit Stützwänden** dar. Durch eine seitliche Aufstützung des Fahrbahnbereiches auf Talseite bleibt das ursprüngliche Relief und die Vegetationsdecke auch in diesem Bereich teilweise erhalten. Andernfalls ist unter dem Stellplatz eine stärkere, gestrichelt dargestellte Abböschung notwendig. Die Hinweise bezüglich der Materialwahl und Topographieanpassung durch eine leichte Neigung des Parkbereiches in Hangrichtung bzw. die Aufstützung auf Talseite (vgl. Kap. III.A. 2.2.1) sind auch an diesen Situationen anwendbar.

Die Anordnung der Fahrzeuge auf zwei unmittelbar übereinanderliegenden Geschossen ermöglicht eine geringere Gesamtbreite der Anlage und somit einen niedrigeren Flächenverbrauch, führt aber zu größeren horizontalen Einschnitten und umfangreichen Erdbewegungen. Eine senkrechte Aufstellung aller Fahrzeuge ist bis zu 10° (Schnitt 3), eine schräge 45° Anordnung von 45° bis zu einer Steigung von 14° möglich (Schnitt 4). Bei der zusätzlichen Parkmöglichkeit parallel zur Fahrbahn auf Hang- und Talseite können Sammelstellplätze bis zu einer Neigung von 16° errichtet werden (Schnitt 5). Eine Flächennutzung, die sich ausschließlich auf die zwei unmittelbar übereinanderliegenden Geschosse bezieht (Schnitt 2/5; Abb. 94/5-7), ist bis 21° möglich. Wenn neben den Parkplätzen, die sich auf 2 Geschossen befinden, die zusätzlichen Parkbereiche auf Hangseite eben sind und bei den untersten Stellplätzen auf Talseite keine Stützkonstruktion vorliegt, ist in Schnitt 3-5 die, dieser Gesamtlösung entsprechende Neigung zusätzlich aufgezeigt. Die Errichtung von leicht geneigten Parkmöglichkeiten auf Hangseite, bei denen im Winter eventuell schwierigere Straßenverhältnisse auftreten, ist nicht erforderlich, wenn die einzelnen Varianten (Schnitt 1-5) nicht bis zu der max. möglichen Neigung errichtet werden. Bei entsprechender Begrünung werden bei Neigungen bis 10° für die unteren Stellplätze auf Talseite Stützkonstruktionen von 1,5 m bis max. 2 m Höhe als vertretbar angesehen (Schnitte 3-5).

Bei einem in Teilbereichen verdichteten Bebauungskonzept in überwiegend ebenem Gelände stellt die **Tiefgarage** eine Alternative zu Sammelstellplätzen dar, sofern sie in den bereits beeinträchtigten bebauten Bereich integriert ist. Der stärkere Eingriff in den Boden kann durch den Gewinn an Vegetationsflächen aber nur teilweise ausgeglichen werden, sollte aber nicht einer Erhöhung der baulichen Gesamtausnutzung dienen.

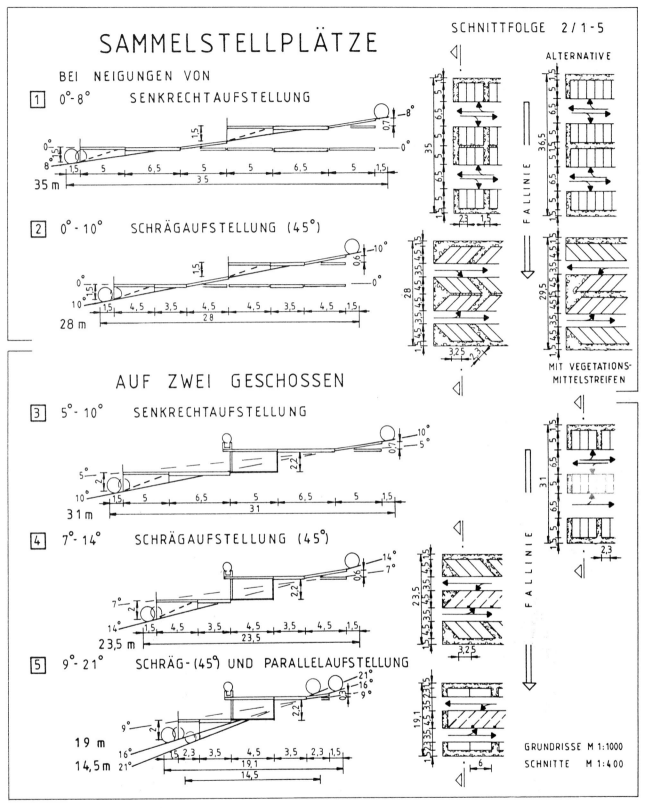

SAMMELSTELLPLÄTZE

BEI NEIGUNGEN VON

SCHNITTFOLGE 2/1-5

1   0°-8°   SENKRECHTAUFSTELLUNG

2   0°-10°   SCHRÄGAUFSTELLUNG (45°)

AUF ZWEI GESCHOSSEN

3   5°-10°   SENKRECHTAUFSTELLUNG

4   7°-14°   SCHRÄGAUFSTELLUNG (45°)

5   9°-21°   SCHRÄG-(45°) UND PARALLELAUFSTELLUNG

ALTERNATIVE

MIT VEGETATIONS-MITTELSTREIFEN

GRUNDRISSE M 1:1000

SCHNITTE   M 1:400

Breite der Stellplatzanlage in Abhängigkeit vom Gefälle

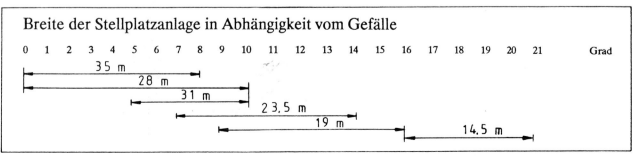

0 1 2 3 4 5 6 7 8 9 10 11 12 13 14 15 16 17 18 19 20 21   Grad

35 m

28 m

31 m

23,5 m

19 m

14,5 m

In hängigem Gelände ist von solchen Maßnahmen Abstand zu nehmen. Die Überdachung von Stellplätzen zur Nutzung des Dachbereiches als eben angeschlossene Gartenfläche ist infolge der zusätzlich erforderlichen Stützwände auf Hangseite ebenso nicht durchzuführen. Außerdem sind diese äußerst kostspieligen Lösungen sowohl bei unterschiedlicher Gestaltung (Abb. 94/2) als auch in einheitlicher Ausführung (Abb. 94/1) schwer in das Landschaftsbild integrierbar. Bei starker Geländeneigung sind Sammelstellplätze auf zwei unmittelbar übereinanderliegenden Geschossen ökonomischer (Schnitt 3-5; Abb. 94/3,4). Aufgrund der Verringerung der den Naturhaushalt stark belastenden Erschließungsflächen ist dies auch ökologisch vertretbar, sofern der Flächengewinn einer stärkeren Grünvernetzung zugute kommt und nicht, wie in Abb. 94/1-2, einer höheren Flächenausnutzung dient. Die beispielhafte Lösung von Abb. 94/3,4 demonstriert, inwieweit das vorhandene Gelände berücksichtigt werden kann. Die Möglichkeit einer Eingrünung ist unter anderem auf der oberen Ebene durch Pflanzwannen gegeben (Abb. 94/5; Schnitt 3-5). Obwohl die Aspekte der Topographieanpassung auch berücksichtigt sind, veranschaulicht demgegenüber Abb. 94/8-10 die bei einer Aneinanderreihung von Garagen kaum vermeidbaren Probleme der Einbindung und Monotonie.

1   Herdecke / D   2   Herdecke / D   A B B. 94

3   4   Herdecke / D

5   6   7   Vill bei Innsbruck / A

8   9   10   Steinborn bei Grünstadt / D

2.1.3 Wohn- und Fußwege, Treppen

Sammelstellplätze bieten den Vorteil, die Gebäude nicht über Erschließungsstraßen anzuschließen. Bei der Planung ist eine **zumutbare Länge für die Erreichbarkeit der einzelnen Wohneinheiten** zugrunde zu legen. Für die Bestimmung der maximal zulässigen horizontalen Wegentfernung zwischen dem Parkbereich und dem letzten zu erreichenden Hauseingang ist auch die maximale Transportweglänge, die sich für schwere Gegenstände bei der Entladung aus Fahrzeugen ergibt, einzubeziehen. Der daraus errechnete Mittelwert von 75 m /13, S. 91/ deckt sich mit den übrigen Angaben in der Literatur, die von 70 bis 90 m Wohnweglänge bei zweigeschossiger Bauweise ausgehen /87, S. 40; 110, S. 12/.

Wenn zusätzlich Treppen und Podeste erforderlich sind, wird der Maximalwert von 80 m Fußweglänge, der sich aus den Richtlinien für die Anlage von Stadtstraßen ergibt, herangezogen. In Abhängigkeit von der Höhendifferenz, die mit Hilfe der zu überwindenden Geschoßanzahl berechnet wird, ist dieser Wert entsprechend zu reduzieren. Dabei ist der Höhenunterschied auf maximal vier, ohne Aufzug zurückzulegende Geschosse, zu begrenzen. Die benötigte Zeit, um mit Treppen eine Geschoßhöhe zu überwinden, entspricht einer horizontal zurückgelegten Entfernung von 12 m /13, S. 88-92/.

Bei einfacher Zeilenbebauung in ebenem Gelände, aber auch bei horizontalen Reihen in Hanglage, können die Baukörper direkt an befahrbare ca. 3 m breite Wohnwege (Abb. 95/1) oder an 1,5 - 2 m breite Fußwege angeschlossen werden. Diese Erschließungsformen sind mit einem niedrigen Versiegelungsgrad und hohen Grünanteil auszuführen (Abb. 95/2-7).

ABB. 95

Bei Wohnwegen ist ein niedriger Versiegelungsgrad, z.B. durch Tennenbelag (Foto 2), Schotterrasen, Rasengittersteine (Foto 5), Rasen oder Fahrspuren mit Rasenmittelstreifen (Foto 3,4) anzustreben. Es soll Vegetation oder ein mit Pflanzenmaterialien versehenes versickerungsfreundliches Material verwendet werden. Bei Fußwegen ist noch mehr Wert auf einen niedrigen Befestigungsgrad mit hohem Grünanteil zu legen (Foto 6,7).

1   Herdecke / D

2   3   4

5   6   7

Bei Doppelzeilen sind die durch die erforderlichen Mindestabstände zwischen den Gebäuden entstehenden Vorgartenzonen in offener Gestaltung soweit wie möglich als extensiv genutzte Vegetationszone einzurichten.

In Anlehnung an Abb. 96/2-5 ist bei einer **vertikalen Erschließung durch Treppen** die Wegeführung und die Gestaltung der angrenzenden Vegetationsfläche der jeweiligen Hangneigung gemäß auszuführen. Dies bezieht sich auf die Anpassung an das Relief und eine weiche Geländeführung der Grünbereiche ohne Stützwände. Die aufgezeigte vertikale Erschließung einfacher Zeilen ist, entsprechend Abb. 96/6, Skizze A, auch bei Doppelzeilen in der Fallinie anwendbar. Bei vertikalen Verbindungen zwischen horizontalen Gebäudereihen ist das Außengelände analog dazu zu gestalten (Abb. 96/1).

Treppen können bis 30° in der Fallinie geführt werden, "... bei größerer Neigung müssen diese alternierend schräg im Hang oder 2-läufig übereinander angeordnet werden" /110, S. 16/ (siehe Abb. 96/6). Eine Alternative zu den gestalterisch problematischen Lösungen (Abb. 96/6 Skizze B,C) stellen schräg zum Hang verlaufende, in einem Winkel vin 90° zueinander angeordnete Treppenläufe dar (Abb. 97). Dabei ist eine geringere Breite als der in Abb. 97 vorliegende Wert von 2 m vorzusehen. Nicht konstruktiv erforderliche Hangsicherungsbauwerke (Abb. 97/4) sollten außerdem vermieden werden. Bei Freitreppen sind 125 cm einzuplanen, um trotz der Witterungseinflüsse eine Laufbreite von 100 cm zu gewährleisten /13, S. 85/. Diese in Abb. 97 an einer erst teilweise ausgeführten Doppelzeile veranschaulichte Variante ist ebenso bei einfachen Reihen anwendbar. Ein größeres Gefälle kann durch schräg zum Hang verlaufende längere Treppenläufe, deren Winkel zueinander geringer als 90° ist bzw. mit zunehmender Steigung abnimmt, überwunden werden. Alle Lösungen können wie bei der in Abb. 98 dargestellen Variante teilweise oder ganz aufgestützt

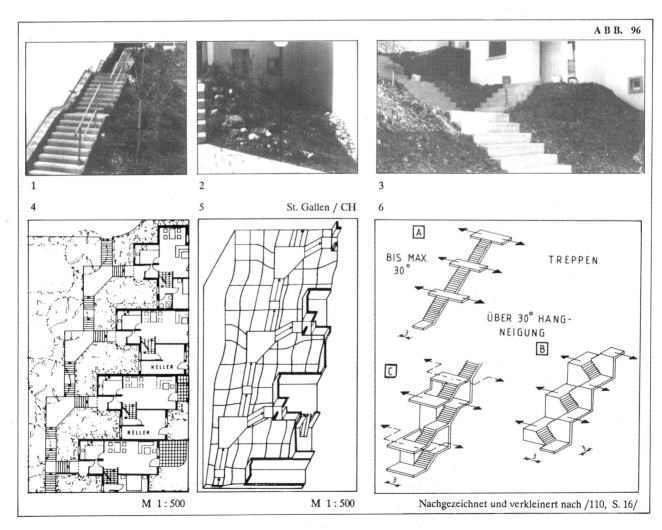

A B B. 96

1

2

3

4

5   St. Gallen / CH   6

KELLER

KELLER

M 1 : 500   M 1 : 500   Nachgezeichnet und verkleinert nach /110, S. 16/

[A] BIS MAX. 30°   TREPPEN

ÜBER 30° HANG- NEIGUNG

[B]

[C]

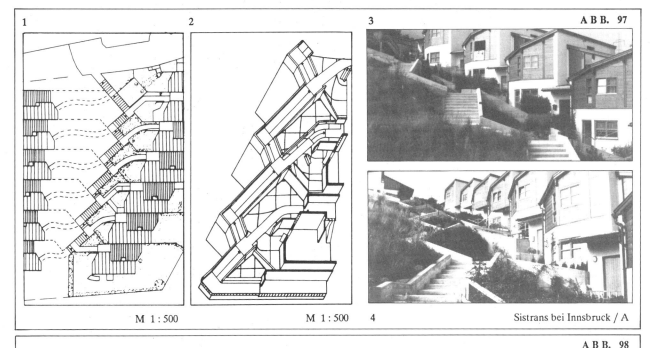

1   2   3

M 1 : 500   M 1 : 500   4   Sistrans bei Innsbruck / A

A B B. 98

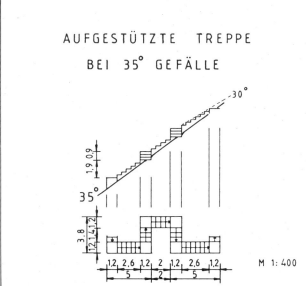

AUFGESTÜTZTE TREPPE

BEI 35° GEFÄLLE

M 1 : 400

Durch einen Wechsel der Laufrichtung in der Fallinie und parallel zum Hang sind mit Hilfe der aufgestützten Treppenläufe und Podeste nur geringfügige Erdbewegungen erforderlich. Diese können durch kürzere vertikal verlaufende Treppen und eine höhere Aufstützung noch zusätzlich reduziert werden. Eine schräg zum Hang angeordnete Treppenführung ermöglicht es, ein noch größeres Gefälle zu überwinden. Dabei ist die Anbindung von einfachen Zeilen ebenso wie von Doppelzeilen möglich.

In Verbindung mit einer offenen Vorgartengestaltung und durch die Aufstützung der Wegeverbindungen zu den Gebäudeeingängen ist die Einrichtung einer größeren extensiv genutzten Vegetationsfläche mit einer hohen ökologischen Leistungsfähigkeit möglich.

werden. Dieses Beispiel veranschaulicht, daß durch den Wechsel der Treppenläufe parallel zum Hang und in der Fallinie auch ein Gelände über 30° überwunden werden kann. In Anlehnung an Abb. 98 wird bei einem Hang von 35° ein 3,8 m breiter Geländestreifen benötigt. Dieser kann bei einer Stützkonstruktion unter der gesamten Treppe fast vollkommen als extensive Vegetationsfläche genutzt werden. Diesem Beispiel wurde eine Treppe mit einem Neigungswinkel von 30°, die einer bequemen Haustreppe entspricht /80, S. 156/, zugrunde gelegt. Um ein Gefälle, das jenes von Abb. 98 übersteigt, überwinden zu können, sind analog zu dieser Situation entweder kürzere Läufe in der Fallinie oder Treppenneigungen über 30° erforderlich. Letztere wurden für in der Fallinie geführte Treppen bei einem Hang von 30° - aufgrund der zwischen den Treppenläufen angeordneten Podeste (Abb. 96/6 Skizze A) - vorausgesetzt /110, S. 16/. Die Wahl der Erschließungsform sowie die Festlegung der Höhenkoten ist an dem bestehenden Gelände zu orientieren. Dies sowie die Berücksichtigung der Gestaltungshinweise bei der Objektplanung und bei der Durchführung stellen die Voraussetzung dar, daß die Möglichkeiten der Geländeaufnahme im Gebäude in vollem Umfang genutzt werden können.

175

2.2 Gebäude

Die Aufnahme des Geländes im Baukörper steht zur Senkung der Erdbewegungen im Gebäudebereich bei den nachfolgend betrachteten flächensparenden Wohnformen im Vordergrund. Auf Grundriß- und Fassadenlösungen wird nicht näher eingegangen, da es dazu neben den untersuchten Situationen (Kap. II. B) in der Fachliteratur zahlreiche Beispielsammlungen zu Reihenbebauungen sowie zum verdichteten Flachbau gibt. Diese sind bei der Umsetzung, soweit es für die Topographieanpassung erforderlich ist, abzuändern und an die vorliegenden ortstypischen Bauweisen anzupassen.

In Anlehnung an das in den Niederlanden hauptsächlich aus Gründen der Dichtigkeit der Bauwerkssohle forcierte Bauen ohne Keller oder mit nur einer Kriechkellerlösung als Installationsraum bietet die **Aufstützung von Gebäuden oder Anbauten** weitergehende, umweltschonende aber auch kostensparende Ansätze (Abb. 99). In hängigem Gelände ist durch die verstärkte Wasserproblematik nach Möglichkeit auf einen Keller zu verzichten oder zumindest nur eine Teilunterkellerung, beispielsweise bei Split-Level-Typen, vorzunehmen. Die geringeren Erdbewegungen reduzieren auch die Gefahr von Hangrutschungen, denn diese "wächst ungefähr im Quadrat mit der Einschnittiefe" /110, S. 11/. Diese Eingriffe werden durch eine Aufstützung weiter verringert und gewährleisten die weitestgehende Erhaltung des Hangwasserhaushaltes und des ursprünglichen Geländes, wie dies in Abb. 100 an zwei Objekten deutlich wird. Es besteht auch die Möglichkeit, nur die Terrasse aufzustützen (Abb. 101/1-3). Die historischen Situationen mit der häufig durch Rampen hergestellten Verbindung zur Scheune können beispielgebend für die Erschließung von Gebäuden sein (Abb. 101/4-6).

ABB. 99

1 · · · · · · 2 · · · · · · 3 · · · · · · Celle / D

4 · · · · · · 5

Foto 1 - 3: Die Bauweise auf Stützen ermöglichte die Errichtung des Baukörpers zwischen den Gehölzen und somit eine Berücksichtigung des Vegetationsbestandes in besonderem Maße.

Foto 4 - 8: Aufgrund des kostengünstigen Aspektes, der auch auf dem Verzicht für Schutzmaßnahmen gegen eindringendes Schicht- und Grundwasser beruht, ist die dargestellte Zeile auf Stützen mit einer von außen zugänglichen Teilunterkellerung (Foto 6) errichtet worden.

6 · · · · · · 7 · · · · · · 8 · · · · · · München / D

1   **2**

ABB. 100

Wie die beiden Einzelgebäude zeigen, ist eine Anpassung an die Topographie - bei entsprechender Berücksichtigung der diesbezüglichen gestalterischen Aspekte - nicht auf historische Beispiele beschränkt.

Foto 1 - 4: Die Aufstützung der Baukörper ermöglicht es auch bei einer Steilhangsituation, das ursprüngliche Gelände zu erhalten. Die Stützkonstruktion im Erschließungsbereich (Foto 3) und bei der Terrasse (Foto 4) sowie die Beschränkung der intensiven Nutzung ausschließlich auf diese Flächen leisten ebenso einen erheblichen Beitrag zur Wahrung der Topographie.

Foto 4, 7: Die Wiese ist ohne Funktionseinschränkung erhalten geblieben. Dies ist auch bei einem geringeren Abstand zur Geländeoberfläche möglich. Die Vegetationsflächen auf der Hangseite können eben an die Terrassen angeschlossen werden.

Foto 5 - 7: Eine umweltschonende Bauweise ist auch bei der Aufstützung nur einzelner Gebäudeteile möglich.

3   **4**   Ossiachersee / A

5   **6**   **7**   Liezen / A

---

1   **2**

ABB. 101

Die Aufstützung der Terrasse **(Foto 1-3)** ebenso wie der Eingangssituation **(Foto 4-6)** führt in ebenem und hängigem Gelände zu einer erheblichen Verringerung der Bodenversiegelung. Wasser- sowie lichtdurchlässiges Oberflächenmaterial der aufgestützten Fläche gewährleistet bei entsprechender Wasserzufuhr aus angrenzenden Flächen oder von der Dachentwässerung die Erhaltung eines Pflanzenstandortes.

Foto 4 - 6: Mittels eines Steges war der Anschluß auf zwei Geschoßebenen, unter Nutzung der Topographie, möglich. Anhand dieser eher ungewöhnlichen Eingangslösung wird auf die Möglichkeiten hingewiesen, die mit einer Aufstützung der Wegeverbindung zu dem einzelnen Gebäude gegeben sind. Auch mit kurzen Stegen, besonders bei Gesamterschließungen durch Fußwege und Treppen, ist die Einrichtung von ökologisch wirkungsvollen extensiv genutzten Vegetationsflächen in der Erschließungszone gegeben. Solche Lösungen sind aber nicht für eine zu geringe oder unterlassene Anpassung an die Topographie im Baukörper heranzuziehen.

3   Herdecke /D

4   **5**   **6**   Herdecke / D

2.2.1 Reihenbebauungen in überwiegend ebenem Gelände

Um den Versiegelungsgrad zu begrenzen, aber auch zur Senkung der Baukosten, müssen die Flächeneinsparungen auf seiten der Erschließung durch jene im Gebäude ergänzt werden. Die **Grundfläche** kann bei **flächensparenden Beispielen auf 50 m²**, tw. sogar bis auf knapp über 40 m² reduziert werden /94, S. 69-70/. Dies erfolgt beispielsweise durch eine Verringerung der inneren Erschließung bei der Treppenführung in einem Wohnraum, z.B. im Eßbereich. Durch entsprechende Raumanordnung, wie die Aneinanderreihung von Wohn- und Schlafraum oder Eßzimmer und Küche werden Flurflächen eingespart. Durch geeignete Materialwahl können tragende Wände auf eine Breite von 11,5 cm und 17,5 cm reduziert werden. Der Hausanschlußraum ist bei entsprechendem Entgegenkommen der Versorgungswerke auf einen Spind reduzierbar. Die Ausnutzung des Daches zu Wohn- und Schlafzwecken oder als Ersatz einer kompletten oder teilweisen Unterkellerung sind weitere Möglichkeiten.

Die Vielfalt an Grundformen eingeschossiger Einfamilienhäuser wird bei zweigeschossiger Reihenbebauung im wesentlichen auf die wirtschaftlichste Variante mit rechteckigem Grundriß reduziert. Diese kommt als Lang- und Breithaus bzw. in abgewandelter Form des Breithauses als L-Typ zur Anwendung. Der Bautyp muß immer im Zusammenhang zu seinem Freiraumbezug, der bei den beiden ersten Grundformen einseitig und beim L-Typ zweiseitig bestimmt ist, betrachtet werden. Mit zunehmender Zergliederung des Gebäudes und den damit steigenden Erschließungs- und Orientierungsmöglichkeiten wird diese Beziehung zu den Freiflächen verstärkt in das Wohngeschehen einbezogen. Vegetationselemente leisten einen erheblichen Beitrag für die **Abschirmung des privaten Freibereiches**. Die Einbeziehung der Terrasse in den Baukörper durch eine Überbauung (vgl. Sistrans Kap. II.B 4.1), das Versetzen der Gebäudeteile zueinander (vgl. Sistrans, St. Gallen - Kap. II.B 4.2) zur stärkeren Staffelung in der Zeile oder ein geschoßhoher Abstellraum quer zur Gartenfront des Hauses stellen auch wirkungsvolle Lösungsmöglichkeiten für den Sichtschutz dar. Kellerersatzräume vor dem Haus ziehen aber eine weitere Flächenversiegelung nach sich. Solche Anbauten führen schrittweise zu Winkelformen wie in "Herdecke" (Kap. II.B 3). Anhand der Grundform des Breithauses mit und ohne Anbauten veranschaulicht dieses Beispiel bauliche Möglichkeiten zur Anpassung an die gegenwärtigen sowie die sich im zeitlichen Wandel ändernden Nutzeransprüche. Diese Flexibilität hat aber breitere Grundstücke und einen höheren Erschließungsaufwand zur Folge.

Durch Staffelung von Reihenhäusern und diagonaler Anordnung der Freibereiche werden diese verbreitert. Wenn bei gegenüberliegenden Zeilen eine Drehung der Orientierung um 90° erfolgt, kann auf diese Weise - trotz geringer Distanz - auch ein Sichtschutz erzielt werden /69, S. 49/. Eine solche Anordnung der Gebäude muß sorgfältig mit der Himmelsrichtung abgestimmt werden. Breitere Freibereiche können auch wechselweise an der Straßenfront und auf Gartenseite durch ineinander übergreifende Baukörper erzielt werden /94, S. 58-60/.

2.2.2 Horizontale Gebäudereihen in Abhängigkeit vom Gefälle

In hängigem Gelände muß die **Topographie** zusätzlich berücksichtigt werden, beispielsweise **durch Versprünge zwischen den Baukörpern** (Abb. 102/6-12). Bei parallel zum Hang angeordneten Zeilen ist die Geländeneigung **im Gebäude** durch höhenversetze Eingänge zur Straßenseite und zum Freibereich **aufzunehmen**. Die kostengünstigste Form stellt der Versprung um ein ganzes Geschoß wie in Abb. 102/1-5 dar (siehe auch Herdecke Kap. II.B 3). Neben einer interessanten Raumgestaltung ermöglichen Split-Level-Typen (Abb. 102/6-12) eine flächensparende innere Erschließung, da die Treppenpodeste gleichzeitig als Flurflächen dienen. In Abb. 102/6-8 beträgt dieser Versprung 1 1/4 und in Abb. 102/9-12 1 1/2 Geschosse.

A B B. 102

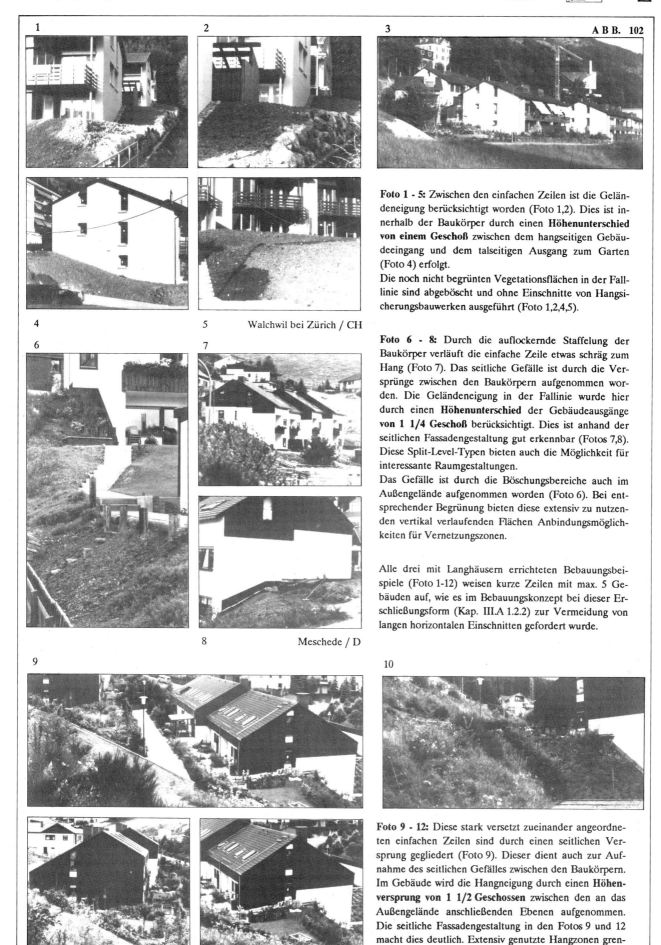

1

2

3

4

5 Walchwil bei Zürich / CH

6

7

8 Meschede / D

9

10

11

12 Meschede / D

Foto 1 - 5: Zwischen den einfachen Zeilen ist die Geländeneigung berücksichtigt worden (Foto 1,2). Dies ist innerhalb der Baukörper durch einen **Höhenunterschied von einem Geschoß** zwischen dem hangseitigen Gebäudeeingang und dem talseitigen Ausgang zum Garten (Foto 4) erfolgt.
Die noch nicht begrünten Vegetationsflächen in der Falllinie sind abgeböscht und ohne Einschnitte von Hangsicherungsbauwerken ausgeführt (Foto 1,2,4,5).

Foto 6 - 8: Durch die auflockernde Staffelung der Baukörper verläuft die einfache Zeile etwas schräg zum Hang (Foto 7). Das seitliche Gefälle ist durch die Versprünge zwischen den Baukörpern aufgenommen worden. Die Geländeneigung in der Fallinie wurde hier durch einen **Höhenunterschied** der Gebäudeausgänge **von 1 1/4 Geschoß** berücksichtigt. Dies ist anhand der seitlichen Fassadengestaltung gut erkennbar (Fotos 7,8). Diese Split-Level-Typen bieten auch die Möglichkeit für interessante Raumgestaltungen.
Das Gefälle ist durch die Böschungsbereiche auch im Außengelände aufgenommen worden (Foto 6). Bei entsprechender Begrünung bieten diese extensiv zu nutzenden vertikal verlaufenden Flächen Anbindungsmöglichkeiten für Vernetzungszonen.

Alle drei mit Langhäusern errichteten Bebauungsbeispiele (Foto 1-12) weisen kurze Zeilen mit max. 5 Gebäuden auf, wie es im Bebauungskonzept bei dieser Erschließungsform (Kap. III.A 1.2.2) zur Vermeidung von langen horizontalen Einschnitten gefordert wurde.

Foto 9 - 12: Diese stark versetzt zueinander angeordneten einfachen Zeilen sind durch einen seitlichen Versprung gegliedert (Foto 9). Dieser dient auch zur Aufnahme des seitlichen Gefälles zwischen den Baukörpern. Im Gebäude wird die Hangneigung durch einen **Höhenversprung von 1 1/2 Geschossen** zwischen den an das Außengelände anschließenden Ebenen aufgenommen. Die seitliche Fassadengestaltung in den Fotos 9 und 12 macht dies deutlich. Extensiv genutzte Hangzonen grenzen direkt an die Böschungsbereiche an (Foto 10).

179

In den **Schnittfolgen 3 - 6** stehen die erforderlichen **Höhenversprünge im Gebäude bei Lang-
und Breithaus** im Vordergrund. Die Dachkonstruktion ist nicht berücksichtigt worden. Sie ist
ortstypisch unter Einbeziehung von Dachbegrünungen auszuführen. Durch die Mindesttiefe
von 4,2 m bei Wohnräumen /13, S. 33/ wird in bezug auf Langhäuser bei zwei hintereinanderliegenden Räumen von mindestens 9 m Gebäudetiefe ausgegangen. Bei einer Breite des
Baukörpers von 5 m ergibt sich eine angestrebte Grundfläche von 45 m². Bei 12 m Länge
kommt es zu einer im Rahmen der flächensparenden Bauweise vertretbaren überbauten Fläche von 60 m² (Schnittfolge 3). Um den Baukörper mit den **an die Ausgänge anschließenden
ebenen Flächen** in das Gelände einzufügen, sind diese **zu den Gebäudedimensionierungen**
von 9 und 12 m (Schnitt 1) **hinzuzurechnen**. Bei Erschließungsstraßen ist eine Anbindung
durch Treppen und somit eine ca. 1 m breite Podestzone auf dieser Gebäudeseite erforderlich
(Schnitt 2A - 4A). Im Falle eines horizontal verlaufenden Fußweges ist ein 1,5 bis 2 m
(Schnitt 2B - 4B) und bei Wohnwegen ein ca. 3 m breiter Streifen notwendig (Schnitt 2C - 4C)
(vgl. Kap. II.B 1). Auf der Gartenseite ist für Terrassen - entsprechend der bei Terrassenbebauungen ermittelten Mindesttiefe von 2,4 m /13, S. 33/ - eine zusätzliche Verkehrszone von
0,6 m hinzuzurechnen, so daß eine 3 m breite Fläche einzubeziehen ist (Schnitt 1).

Ausgehend von der ebenen Lage werden die unterschiedlichen Geländeneigungen, die mittels entsprechender Höhenversprünge des Baukörpers aufgenommen werden können, aufgezeigt. In Abhängigkeit von der Tiefe des Objektes, wobei 9 und 12 m als Grenzwerte herangezogen wurden, sowie der Breite der Erschließungsfläche sind die jeweiligen Gebäudeformen
nur für gewisse Neigungsbereiche geeignet (Schnitt 2A - 4C). Die **Eignung** kann auf andere
Neigungsspektren erweitert werden, entweder durch davon abweichende Höhenversprünge
oder durch andere Dimensionierungen des Bauwerks. Diese in der Auswertungstabelle für
Langhäuser zusammengefaßten Orientierungshilfen gehen prinzipiell von einem **maximal
möglichen Höhenunterschied** im Gebäude von 2 1/2 Geschossen bei 27° Gefälle aus
(Schnitt 4A).

Die bisherigen Angaben wurden an der talseitigen Orientierung der **Terrasse** als der ideal-
sten Exposition ausgerichtet. Bei einer Anordnung auf **Hangseite** besitzen diese Aussagen
ebenso Gültigkeit, wenn keine oder nur eine geringfügige Beeinträchtigung der Besonnung
durch das Gebäude gegeben ist (Schnitt 5). Einschränkungen der Belichtungsverhältnisse
durch den Baukörper, beispielsweise an Süd- und Westhängen, können durch Verlegung der
Terrassenzone aus der unmittelbaren Gebäudenähe teilweise behoben werden. Bei den in der
Auswertung zusammengestellten Mindestabständen zum Gebäude wurde diesbezüglich ein
Einfallswinkel von 45° zugrunde gelegt (Schnitte 6-8). Dieser wird zur Ermittlung der ausreichenden Belichtung innerhalb des Gebäudes in der ständigen Rechtsprechung herangezogen.

Diese Gestaltungshilfen sind zur Erfüllung der Mindestanforderungen für eine topogra-
phieangepaßte Bebauung heranzuziehen. Sie sind bezüglich einer **umweltschonenden Bauweise auf Stützen** mit Hilfe von Streifenfundamenten in der Fallinie zu ergänzen. Es besteht
die Möglichkeit, ganze Gebäude einschließlich der Terrassen- und Anschlußbereiche für die
Erschließung aufzustützen. Wenn nur Teile des Baukörpers berücksichtigt werden können,
müssen diese Maßnahmen in gestalterischer Hinsicht entsprechend abgeändert werden. In
diesem Fall kann dieselbe Bauform auch für stärker geneigtes Gelände geeignet sein. Die
Gebäudeeingänge sind für die verschiedenen Varianten der Erschließung mit einer 1 m breiten Auftrittfläche und Treppen anzuschließen. Eine direkte Anbindung von Fuß- oder auch
Wohnwegen ist bei deren talseitiger Aufstützung mit hangseitigen Erdbewegungen verbunden. Bei der mit 12 m tiefsten Variante der verschiedenen Gebäudeformen wird für eine eben
an den Wohnbereich angeschlossene Terrasse das geringst mögliche, für diese Lösung geeignete Gefälle dargestellt (Schnittfolge 4/1A - 14A). Zur Abgrenzung der einzelnen Neigungsbereiche wird demgegenüber für die Tiefe von 9 und 12 m das stärkste zu vertretende
Gefälle - bei demselben Höhenversprung im Gebäude - ermittelt (Schnitt 1-14B). Dabei wird
eine Anbindung der Terrasse durch eine Treppe mit einer Höhendifferenz von einem Viertel-
geschoß zum Wohnbereich auf Tal- und Hangseite (Schnitt 1B, 8B) als vertretbar angesehen.

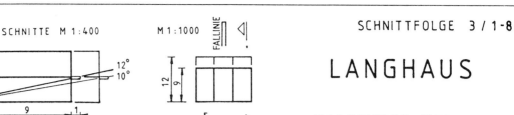

SCHNITTE M 1:400   M 1:1000   SCHNITTFOLGE 3 / 1-8

LANGHAUS

TALSEITIGE TERRASSE

EBEN ANGESCHLOSSENE ERSCHLIESSUNGSFLÄCHE

1 m   2 m   3 m

HÖHENVERSPRÜNGE IM GEBÄUDE

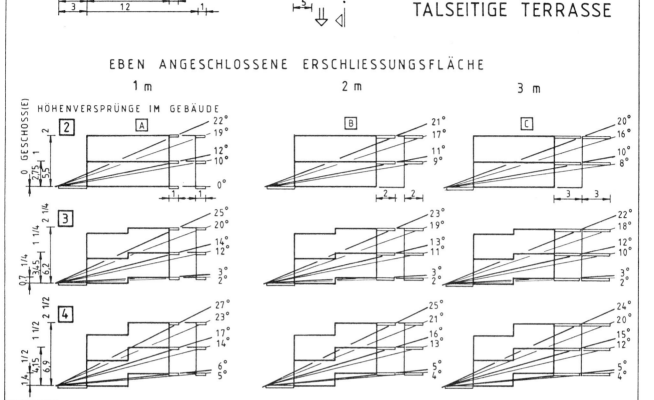

HANGSEITIGE TERRASSE

DISTANZ: TERRASSE-GEBÄUDE BEI VERSCHATTUNG

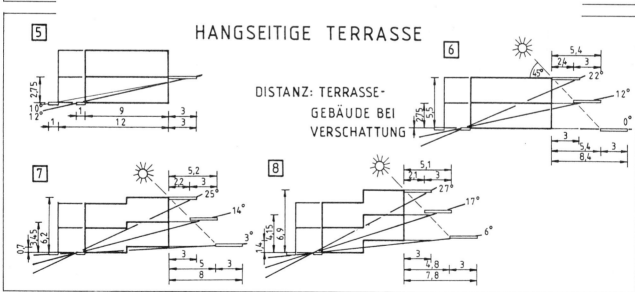

Geschoßversprünge abhängig von Neigung und eben angeschlossener Erschließungsfläche

Erschließungsfläche Breite																												Grad
	0	1	2	3	4	5	6	7	8	9	10	11	12	13	14	15	16	17	18	19	20	21	22	23	24	25	26	27	

Erschließungsfläche Breite 1 m: 1/4 · 1/2 · 1 · 1 1/4 · 1 1/2 · 2 · 2 1/4 · 2 1/2

2 m: 1/4 · 1/2 · 1 · 1 1/4 · 1 1/2 · 2 · 2 1/4 · 2 1/2   GESCHOSSE

3 m: 1/4 · 1/2 · 1 · 1 1/4 · 1 1/2 · 2 · 2 1/4 · 2 1/2

Geschoßversprung (Distanz hangseitige Terrasse): 0 (5,4 m); 1/4 (5 m); 1/2 (4,8 m); 1 (2,4 m); 1 1/4 (2,2 m); 1 1/2 (2,1 m); 2 (0 m)

181

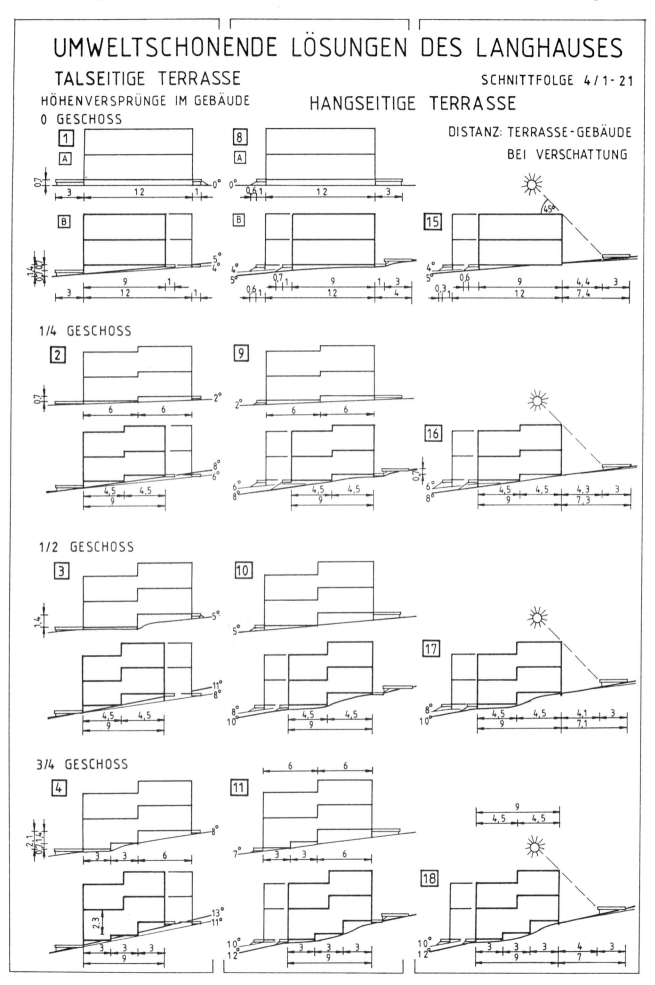

UMWELTSCHONENDE LÖSUNGEN DES LANGHAUSES

TALSEITIGE TERRASSE

HÖHENVERSPRÜNGE IM GEBÄUDE

HANGSEITIGE TERRASSE

SCHNITTFOLGE 4 / 1 - 21

DISTANZ: TERRASSE - GEBÄUDE

BEI VERSCHATTUNG

0 GESCHOSS

1/4 GESCHOSS

1/2 GESCHOSS

3/4 GESCHOSS

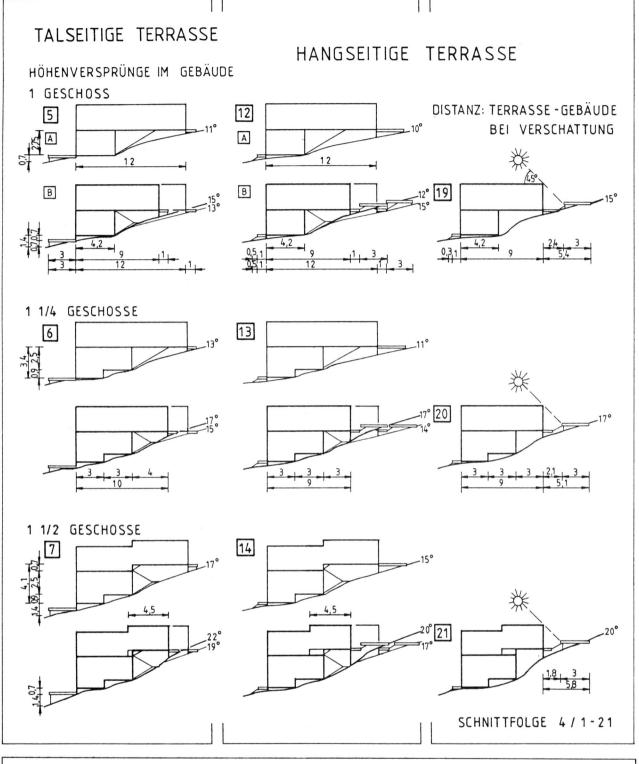

TALSEITIGE TERRASSE

HANGSEITIGE TERRASSE

HÖHENVERSPRÜNGE IM GEBÄUDE

1 GESCHOSS

DISTANZ: TERRASSE - GEBÄUDE
BEI VERSCHATTUNG

1 1/4 GESCHOSSE

1 1/2 GESCHOSSE

SCHNITTFOLGE 4 / 1 - 21

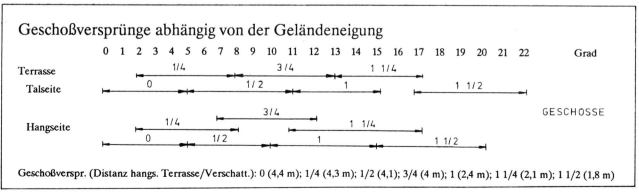

Geschoßversprünge abhängig von der Geländeneigung

Geschoßverspr. (Distanz hangs. Terrasse/Verschatt.): 0 (4,4 m); 1/4 (4,3 m); 1/2 (4,1); 3/4 (4 m); 1 (2,4 m); 1 1/4 (2,1 m); 1 1/2 (1,8 m)

Auf Talseite ist außerdem der gleiche Höhenunterschied zur Gartenfläche vorgesehen (Schnitt 1B). Die Vegetationsflächen können im Anschluß an das Gebäude eben an die Terrasse angeschlossen werden. Bei Hängen über 17° ist auf Talseite generell von einem Höhenunterschied von 1/4 Geschoß zwischen Wohnraum und Terrasse ausgegangen worden (Schnitt 7A). Bei der **größten Neigung (19° bzw. 21°)**, die bei dieser Variante vertretbar ist, wurde die Distanz zwischen Terrasse und ursprünglichem Gelände auf 1/2 Geschoß erweitert (Schnitt 7B).

Es wurden soweit als möglich Mindestraumtiefen von 4,2 m /13, S. 33/ eingehalten bzw. bei durch einen Höhenversprung getrennten Wohn- und Speisebereichen auch zwei 3 m tiefe miteinander zu verbindende Raumhälften als vertretbar angesehen (z.B. Schnitt 4,6). Die Raumhöhe des Eßbereiches ist dabei auf 2,30 m reduziert, wie es in fast allen Bauordnungen zugelassen ist /94, S. 14/. Auf diese Weise ist auch ein Höhenunterschied von einem 3/4 Geschoß zwischen den Gebäudeausgängen möglich, bei einem 1/2 Geschoß Differenz im 1.OG (Schnitt 4,11). Die Erschließung des unteren Geschosses kann bei Versprüngen von einem Geschoß und mehr in dem verbleibenden Hohlraum zwischen Gebäude und Geländeoberkante erfolgen (Schnitt 5-7; 12-14). Mit 1 1/2 geschossiger Höhendifferenz kann bei talseitiger Orientierung der Terrasse ein max. Gefälle von 22° (Schnitt 7) und bei hangseitigem Freibereich von 20° überwunden werden (Schnitt 14). Die erforderlichen Distanzen der hangseitigen Terrasse bei Verschattung sind ebenso der Auswertung zu entnehmen (Schnitt 15-21).

Die Orientierungshilfen für das **Breithaus** sind in gleicher Weise für eine Gebäudetiefe von 4,5 bis 5,5 m aufbereitet (Schnittfolge 5). Die untere Abgrenzung wird von einer Mindestraumtiefe von 4,2 m abgeleitet. Die 5,5 m sind von dem Untersuchungsbeispiel in Herdecke (Kap. II.B 3) herangezogen, das in der Grundvariante mit 10 m Länge eine überbaute Fläche von 55 m² aufweist (Schnitt 1). Durch teilweise Überbauung der 3-m-Terrassenzone ergibt sich wie in Herdecke ein L-Typ (Schnitt 1, L-Typ), dessen Ausgänge in dem 3-m-Bereich anzuordnen sind. Somit gelten die Ergebnisse des Breithauses für den L-Typ auch bei darüber hinausreichenden Anbauten. Durch die geringere Gebäudetiefe beim Breithaus sind versetzte Geschosse in der Längsrichtung, analog zum Langhaus, sinnvoll (Schnitt 9 B-B). Es bestehen auch hier Erweiterungsmöglichkeiten bis auf ca. 15 m wie in Herdecke. Um einen Versprung innerhalb des Objektes zu umgehen, können auch nur die Eingänge und die innere Erschließung in der Höhe verändert weren (Schnitt 9, Alternative). Aufgrund der Belichtungsproblematik und Einsehbarkeit sollte diese Lösung, die grundsätzlich auch beim Langhaus gegeben ist, nur bis zur Höhe eines viertel bis maximal eines halben Geschosses Anwendung finden. In Schnitt 3 - 4 ist die Erweiterungsmöglichkeit des tieferliegenden Bauteiles auf 5,5 m bei einem Höhenversprung im Gebäude anhand der im EG auf Hangseite angeschnittenen Wand erkennbar.

Die erfolgte detaillierte Kommentierung des Langhauses gilt in der Folge analog auch für die Ausarbeitungen zum Breithaus, das mit **2 1/2 geschossigem Höhenunterschied** im Gebäude **theoretisch bis** zu einer **max. Hangneigung von 38°** errichtet werden kann (Schnitt 4A). Bei einer **umweltschonenden Bauweise** auf Stützen (Schnittfolge 6) mit einem Geschoß Differenz zwischen den Gebäudeausgängen sind die Erdbewegungen im Gebäudebereich **bis** zu einem Gefälle von **25° bei talseitiger** (Schnitt 5B) und **21° bei hangseitiger Terrasse vertretbar** (Schnitt 10B). Die aus eingeschränkten Belichtungsverhältnissen durch den Baukörper resultierenden Abstände hangseitiger Terrassen sind den jeweiligen Auswertungen ebenso zu entnehmen. Wie ein Vergleich dieser Endergebnisse zeigt, kann bei den Neigungen, für die entweder das Lang- oder das Breithaus nicht geeignet ist, jeweils der andere Bautyp Anwendung finden.

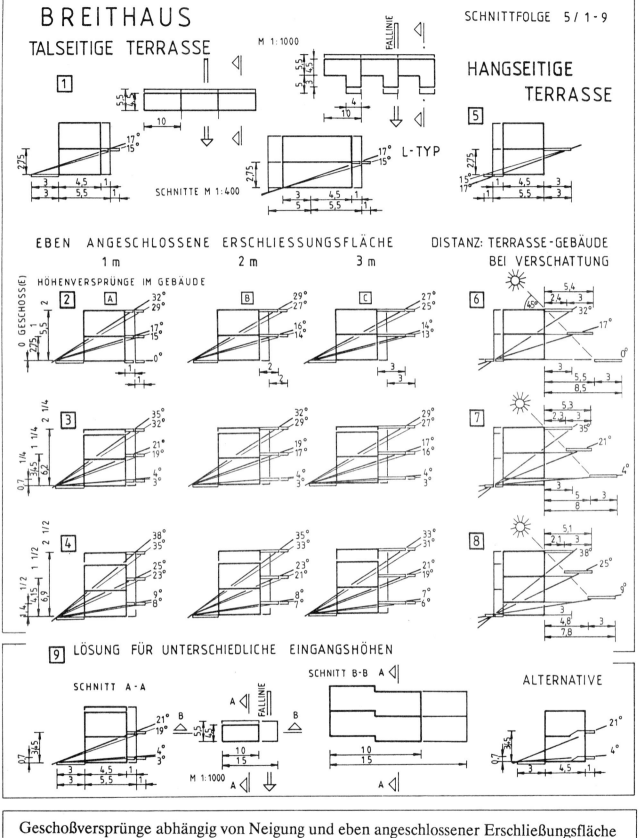

BREITHAUS

TALSEITIGE TERRASSE

SCHNITTFOLGE 5 / 1 - 9

M 1:1000

FALLINIE

HANGSEITIGE TERRASSE

L-TYP

SCHNITTE M 1:400

EBEN ANGESCHLOSSENE ERSCHLIESSUNGSFLÄCHE

1 m   2 m   3 m

DISTANZ: TERRASSE - GEBÄUDE BEI VERSCHATTUNG

HÖHENVERSPRÜNGE IM GEBÄUDE

LÖSUNG FÜR UNTERSCHIEDLICHE EINGANGSHÖHEN

SCHNITT A-A

SCHNITT B-B

ALTERNATIVE

M 1:1000

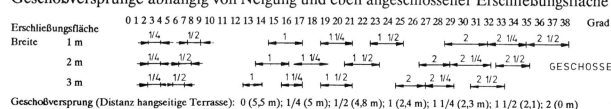

Geschoßversprünge abhängig von Neigung und eben angeschlossener Erschließungsfläche

Erschließungsfläche Breite: 1 m, 2 m, 3 m

0 1 2 3 4 5 6 7 8 9 10 11 12 13 14 15 16 17 18 19 20 21 22 23 24 25 26 27 28 29 30 31 32 33 34 35 36 37 38   Grad

GESCHOSSE

Geschoßversprung (Distanz hangseitige Terrasse): 0 (5,5 m); 1/4 (5 m); 1/2 (4,8 m); 1 (2,4 m); 1 1/4 (2,3 m); 1 1/2 (2,1); 2 (0 m)

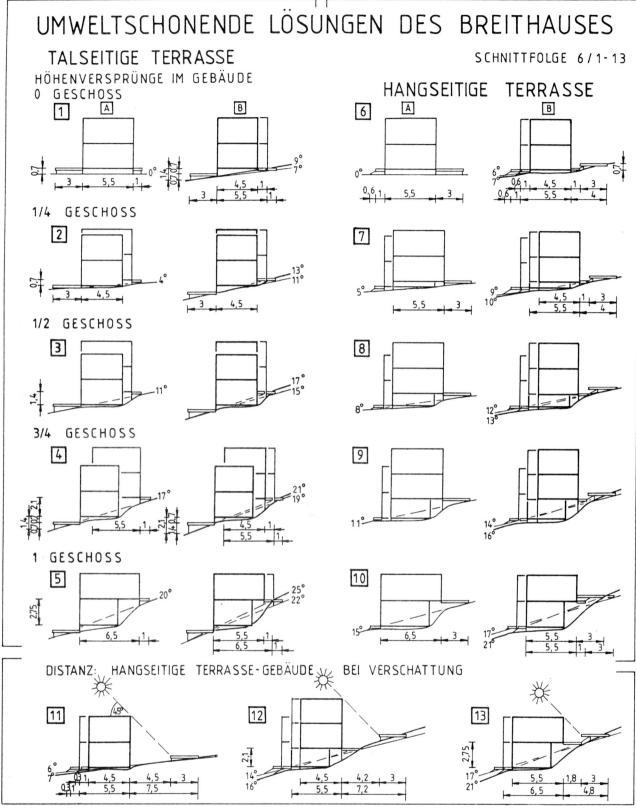

UMWELTSCHONENDE LÖSUNGEN DES BREITHAUSES

TALSEITIGE TERRASSE

HÖHENVERSPRÜNGE IM GEBÄUDE

HANGSEITIGE TERRASSE

SCHNITTFOLGE 6 / 1 - 13

0 GESCHOSS

1/4 GESCHOSS

1/2 GESCHOSS

3/4 GESCHOSS

1 GESCHOSS

DISTANZ: HANGSEITIGE TERRASSE - GEBÄUDE BEI VERSCHATTUNG

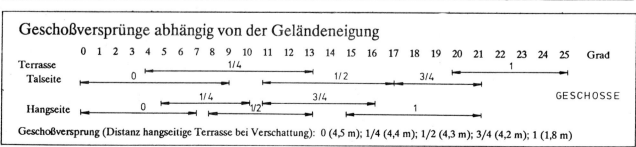

Geschoßversprünge abhängig von der Geländeneigung

	0 1 2 3 4 5 6 7 8 9 10 11 12 13 14 15 16 17 18 19 20 21 22 23 24 25	Grad
Terrasse		
Talseite	0 1/4 1/2 3/4 1	
Hangseite	0 1/4 1/2 3/4 1	GESCHOSSE

Geschoßversprung (Distanz hangseitige Terrasse bei Verschattung): 0 (4,5 m); 1/4 (4,4 m); 1/2 (4,3 m); 3/4 (4,2 m); 1 (1,8 m)

186

2.2.3 Vertikal erschlossene Bebauungszeilen in Hanglage

Bei dieser Erschließungsform erfolgt die Geländeanpassung durch unterschiedliche Eingangshöhen der hintereinander angeordneten Gebäude. Mit **zunehmendem Gefälle** ist der **Versprung zwischen den Baukörpern** (Abb. 103) **durch einen weiteren im Einzelobjekt zu ergänzen.** Dies wurde bei den vertikal gruppierten Untersuchungsbeispielen (Kap. II.B 4) dargelegt. Um die Vorteile dieser Zeilenführung nutzen zu können, wurde die Aufrechterhaltung des Hangwasserflusses in den Vegetationsbereichen als Mindestanforderung aufgestellt (Kap. III.A 1.2.3). Zur Vermeidung von Stützwänden sind die Höhenunterschiede zwischen den einzelnen Rasenflächen abzuböschen. Dies ist in Schnittfolge 7/1-5 bei der Ermittlung jener Neigungsbereiche, für die die Achsmaße von 5 - 8,5 m bei den unterschiedlichen Versprüngen zwischen den Gebäuden geeignet sind, berücksichtigt. Von der größtmöglichen, direkt an das Gebäude angrenzenden ebenen Fläche läßt sich auch die max. nutzbare Breite des Rasens ableiten (Abb. 103/5). In Schnittfolge 7/1-5 wird, ähnlich wie in Abb. 103/5, im Gebäudenahbereich von einer bepflanzten Böschung mit ca. 45° ausgegangen (Schnitt 1A). Es ist nicht die gesamte Breite mit einer Terrasse zu versiegeln, um auch auf Böschungsseite den erforderlichen Sichtschutz zu ermöglichen. Deshalb sollte dieser Bereich breiter als die 3 m Terrassenzone bei horizontalen Zeilen sein. In Steilhanglagen sind geringere Abmessungen aufgrund der stärker einzuschränkenden Nutzungsansprüche zu tolerieren.

Bis zu einer Hangneigung von ca. 4° können mehrere Objekte mit dem gleichen Erdgeschoßniveau errichtet werden (Schnitt 1A). Mit zunehmendem Gefälle erfolgt jedoch eine immer stärkere Versetzung der einzelnen Gebäude zueinander (z.B. Schnitt 1B). Bei den vertikalen Zeilen sind Langhäuser mit mindestens 5 m Breite dargestellt. In Anlehnung an die

A B B. 103

1   2   3

4

Foto 1 - 5: Diese leicht gestaffelten einfachen Zeilen in der Fallinie sind durch Versprünge von einem halben Geschoß zwischen den Baukörpern an die vorliegende Geländeneigung angepaßt.

Ähnlich wie in Sistrans (Kap. II.B 4.1) ist die Terrasse teilweise in den Baukörper integriert (Foto 5). Die daran anschließenden Rasenbereiche sind in der gleichen Breite ausgeführt.
Die maximal mögliche Breite von ebenen Rasenflächen ist durch die steilen Abböschungen von ca. 45° erzielt worden. Um die Gestaltung der Vegetationsbereiche ohne Stützwände zu ermöglichen, ist das Achsmaß der Baukörper an der, bei einer Abböschung zwischen den ebenen Flächen verbleibenden nutzbaren Fläche zu orientieren. Da die Böschungsbereiche mit zunehmender Distanz vom Gebäude an die vorliegende Geländeneigung anzupassen sind (vgl. Kap. III.A 2.3.1), werden diese überwiegend ebenen Rasenflächen schmäler. Bei zu geringen Achsbreiten ist somit eine Terrassierung der gesamten Vegetationsflächen mit Stützwänden die direkte Folge. Die Orientierungshilfen sind aus diesem Grund an den Achsbreiten ausgerichtet.

5   Adliswil bei Zürich / CH

ebene Lage ist bei nur leichter Neigung auch ein Achsmaß von 4,5 m vertretbar. Die Höhenunterschiede zwischen den angrenzenden Gebäudeebenen sollten bei diesen geringen Achsbreiten nicht mehr als 1/4 Geschoß betragen, um Stützwände im Außengelände zu vermeiden. Terrassen auf Stützen stellen teilweise Lösungen dar. Zu geringe Grundstücksbreiten
schränken aber in den Rasenflächen die Nutzung ein und führen in der Regel zu Hangsicherungsbauwerken. Bei Versprüngen, die größer als 1/4 Geschoß sind, ist eine Breite von 6 m
ausreichend (Schnitt 2). Höhenunterschiede von 1/2 Geschoß und mehr sind ab einem
Achsmaß von 7 m vertretbar (Schnitt 3). Die hier dargestellte Neigung von 11° kann auch mit
seitlichen Versprüngen von jeweils 1/4 Geschoß sowohl im Gebäude als auch zwischen den
Baukörpern ab einer Gebäudebreite von 7,5 m überwunden werden (Schnitt 4).

Die **Ausführung mit einem zusätzlichen Höhenunterschied im Baukörper wird bei stärkerem Gefälle** zur gestalterischen und konstruktiven Aufnahme der Neigung **erforderlich.** Bei
einem Achsmaß von 8 m und einer, das einzelne Geschoß betreffenden, unterschiedlichen
Raumbreite liegt im Untersuchungsbeispiel "Sistrans" (Kap. II.B 4.1) auf jedem Niveau ein
breiter Raum mit einer Anschlußmöglichkeit an den Freibereich vor. Diese Lösung ermöglicht auch noch eine weitere Reduzierung der Gebäudebreite auf ca. 7,5 m, die in Schnittfolge 7 zugrunde gelegt wurde. Um flächensparende Gebäudeformen zu erzielen, wurde das
Achsmaß von 8,5 m (siehe St. Gallen, Kap. II.B 4.2), das weniger aufwendige Lösungen ermöglicht, als obere Grenze herangezogen. In Anlehnung an dieses Beispiel können bei den
erforderlichen versetzten Geschossen auch unterschiedliche Gebäudelängen zweckmäßig
sein. Dies bietet sich besonders bei gestaffelten Gebäudezeilen an.

Bei unmittelbarem Anschluß der Freibereiche an die einzelnen Geschoßebenen wie in
St. Gallen sind gegenüber einer breiten, überwiegend eben ausgeführten Fläche, geringere
Erdbewegungen im Außengelände erforderlich. Aus der Gegenüberstellung beider Varianten
in Schnitt 4 und 5 - bei jeweils 7,5 und 8,5 m Achsmaß - geht hervor, daß die auf zwei Ebenen
an das Gebäude anschließenden Vegetationsflächen insgesamt eine größere Breite ergeben.
Da aber auf jeder Ebene eine für die Nutzung ausreichende Breite verbleiben muß, ist für
solche Lösungen ein Achsmaß von 8,5 m (Schnitt 5) besser geeignet. Mit zunehmender Neigung schränken sich auch bei dieser Variante die Gestaltungsmöglichkeiten ein.

Um bei Steilhängen noch einen für die Nutzung geeigneten Freibereich zu erhalten, sind
Achsbreiten von 7,5 und 8,5 m notwendig. Ein mit dem Gefälle zunehmender **Versprung bis
zu maximal 1 Geschoß zwischen den beiden Gebäudeebenen** ermöglicht die Anpassung der
Zeile **bis zu einer Neigung von 36°** (Schnitt 9). In den Schnitten 6 - 9 werden für sehr steile Situationen jene Neigungsspektren ermittelt, für welche die einzelnen Bebauungsvarianten geeignet sind (Auswertung, S. 190). Im Gegensatz zu den Schnitten 1 - 5 wird hier ausschließlich
die Steigung betrachtet. Einschränkungen, die sich für die Außengeländegestaltung ergeben,
werden in Kap. III.B 1.2.3 erörtert. Eine auf Streifenfundamenten in der Fallinie aufgestützte
Bauweise ist bei allen Lösungen möglich. Anhand der **umweltschonenden Variante** wird dies
in Schnitt 7 und 9 für das jeweils stärkere Gefälle von 26° und 36° bei einem Achsmaß von
7,5 m gezeigt. Im Gegensatz zu horizontalen Reihen können bei dieser Bauform die Gebäudegrundrisse ohne größere Veränderungen mit einem Verlust der Unterkellerung beibehalten werden (siehe auch Schnitt 1A - umweltschonende Variante, bei 4°).

Bei gleichmäßigem Gefälle, das in der Systematik nicht erfaßt ist, sollen jene dargestellten
Bauformen herangezogen werden, die durch Abänderung der Höhenversprünge zwischen den
Gebäuden (vgl. Schnitt 2A-2D) bzw. auch innerhalb des Baukörpers, am ehesten an die vorgegebene Neigung angepaßt werden können. Bei in Teilbereichen ungleichförmigem Gefälle
ist durch unterschiedliche Höhenversprünge zwischen den Baukörpern ebenfalls ein Ausgleich dieser Abweichungen vorzunehmen. Auf diese Weise ist wie in Sistrans (Kap. II.B 4.1)
mit einheitlichen Grundrissen eine Topographieanpassung möglich. Im Zusammenhang mit
der Neigung hat die Verschattung für die Terrasse keinen Einfluß auf die Einstufung der
Achsmaße und der Versprünge im Gebäude sowie zwischen den Baukörpern (S. 190).

VERTIKALE GEBÄUDEZEILEN

SCHNITTFOLGE 7 / 1-5

1 5 m ACHSBREITE: 0° - 8°

UMWELTSCHONENDE VARIANTE ZU 1A

A

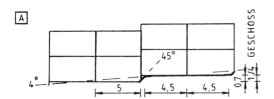

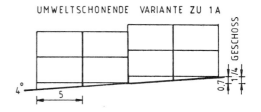

B

2 6 m ACHSBREITE: 8° - 11°

A

B

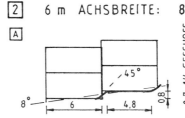

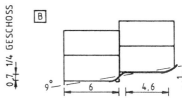

FALLINIE

SCHNITTE M 1:400

GRUNDRISS M 1:1000

C

D

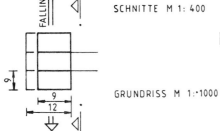

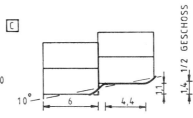

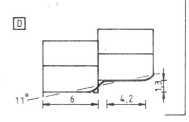

HÖHENVERSPRÜNGE VON

3 1/2 GESCHOSS ZWISCHEN DEN GEBÄUDEN

ACHSBREITE 7 m

8 m

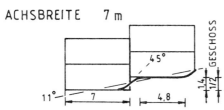

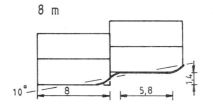

4 1/4 GESCHOSS ZWISCHEN DEN GEBÄUDEN
1/4 GESCHOSS IM GEBÄUDE

ACHSBREITE 7,5 m

8,5 m

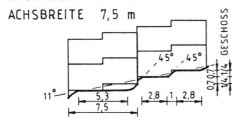

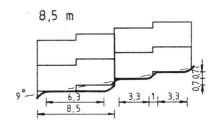

5 1/2 GESCHOSS ZWISCHEN DEN GEBÄUDEN
1/4 GESCHOSS IM GEBÄUDE

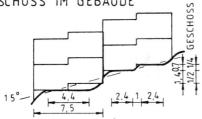

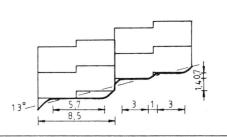

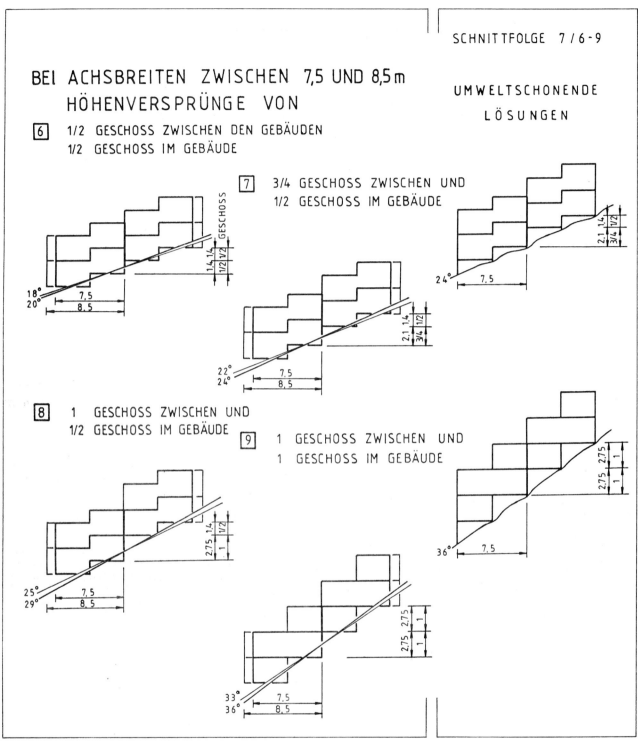

SCHNITTFOLGE 7 / 6 - 9

UMWELTSCHONENDE
LÖSUNGEN

BEI ACHSBREITEN ZWISCHEN 7,5 UND 8,5 m
HÖHENVERSPRÜNGE VON

6 1/2 GESCHOSS ZWISCHEN DEN GEBÄUDEN
    1/2 GESCHOSS IM GEBÄUDE

7 3/4 GESCHOSS ZWISCHEN UND
    1/2 GESCHOSS IM GEBÄUDE

8 1 GESCHOSS ZWISCHEN UND
    1/2 GESCHOSS IM GEBÄUDE

9 1 GESCHOSS ZWISCHEN UND
    1 GESCHOSS IM GEBÄUDE

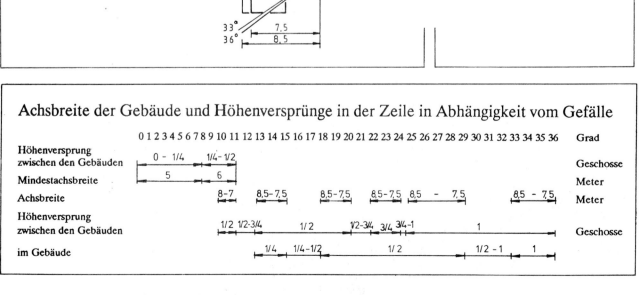

Achsbreite der Gebäude und Höhenversprünge in der Zeile in Abhängigkeit vom Gefälle

	0 1 2 3 4 5 6 7 8 9 10 11 12 13 14 15 16 17 18 19 20 21 22 23 24 25 26 27 28 29 30 31 32 33 34 35 36	Grad
Höhenversprung zwischen den Gebäuden	0 - 1/4 1/4 - 1/2	Geschosse
Mindestachsbreite	5 6	Meter
Achsbreite	8-7 8,5-7,5 8,5-7,5 8,5-7,5 8,5 - 7,5 8,5 - 7,5	Meter
Höhenversprung zwischen den Gebäuden	1/2 1/2-3/4 1/2 1/2-3/4 3/4 3/4-1 1	Geschosse
im Gebäude	1/4 1/4-1/2 1/2 1/2 - 1 1	

190

2.2.4 Maximale Hangneigungen und Terrassenbebauungen

Eine zweigeschossige Bauweise ist sowohl parallel zum Hang als auch in der Fallinie bei 36° begrenzt. Zur Vervollständigung der Systematik ist zu erwähnen, daß eine **Terrassenbebauung bis max. 41° theoretisch möglich** ist. Das Neigungsspektrum von 25° - 35° entspricht unter normalen Verhältnissen dem materialabhängigen inneren Gleitwinkel des betreffenden Hanges, so daß für eine **Bebauung in Frage kommendes hängiges Gelände in der Regel eine Neigung von 25° bis 35° und darunter aufweist.** Sofern der Böschungswinkel mit dem Gleitwinkel des Hangmaterials übereinstimmt, treten im Hang selbst keine Horizontalkräfte auf. Um die Konstruktion der Überbauung durch solche zusätzlich wirksame Kräfte nicht zu belasten und keine Knickgefahr für die Fundamente zu verursachen, ist der Stapelungswinkel der Gebäude dem inneren Gleitwinkel des Hanges anzugleichen. Somit ist es nur in Ausnahmefällen möglich diesen Maximalwert von 41° umzusetzen /13, S. 72/.

Eine Terrassenbauweise führt generell zu erheblichen Problemen für den Hangwasserhaushalt aufgrund der vielen aufeinanderfolgenden parallelen horizontalen Einschnitte, die eine gewaltige Akkumulation an Baumasse ergeben (Abb. 104/1,2). Durch eine Beschränkung der nebeneinander errichteten Wohneinheiten sind lange durchgehende Stützwände zu vermeiden. Außerdem können Beeinträchtigungen durch Vegetationsbereiche in der Fallinie teilweise ausgeglichen werden (Abb. 104/3-5). Durch die zusätzliche schwierige Einbindung in das Landschaftsbild ist von dieser Bauweise in ländlich geprägten Regionen und in Randzonen von Verdichtungsräumen abzuraten. Außerdem können die vorhandenen Hangneigungen im wesentlichen mit zweigeschossiger Bebauung erschlossen werden.

A B B. 104

1   Wien /A

2   Herdecke /D

3

Foto 1, 2: Die langen durchgehenden Stützwände ziehen eine vollkommene Störung des Hangwasserhaushaltes nach sich (Foto 1,2). Die Akkumulation an Baumasse bei einem geringen Vegetationsanteil führt ebenso zu erheblichen Beeinträchtigungen des Landschaftsbildes.

Foto 3 - 5: Bei der vertikal erschlossenen Terrassenbebauung werden auch bei dieser Bauweise die Folgebelastungen durch die Begrenzung der nebeneinander errichteten Wohneinheiten und die Gliederung mittels Grünzonen in der Fallinie gesenkt .

4   5   Esslingen /D

2.2.5 Hang mit zweiseitigem Gefälle

Die Grundlage der systematischen Ausarbeitungen stellt das in der Fallinie geneigte Gelände dar. Eine **zusätzliche seitliche Neigung kann bei horizontalen und** bei den aus der waagrechten Lage abweichenden **schräg zum Hang verlaufenden Reihen durch Versprünge zwischen den Gebäuden aufgenommen werden.** Dies ist auch bei stärkerem Gefälle möglich, da eine Höhendifferenz von einem ganzen Geschoß zwischen den Eingängen auf Straßen- und auf Gartenseite ohne einen zusätzlichen Versprung im Gebäude überwunden werden kann. Bei einer **vertikalen Zeilenbebauung** ist die Topographieanpassung bei zweiseitigem Gefälle auf gleiche Weise durch unterschiedliche Eingangshöhen möglich. Bei stärkerer Neigung in der Fallinie ist bei dieser Erschließungsform aber ein **seitlicher Versprung im Baukörper erforderlich** (Schnittfolge 7/4-5, S. 189), der max. ein halbes Geschoß betragen kann. Aufgrund dieser baulichen Begrenzung ist daher stärkeres seitliches Gefälle in der Außengeländegestaltung aufzunehmen (vgl. Schnittfolge 8/3A-A, Variante, S. 196). Die **zentrale Erschließung bietet auch bei stärkerer zweiseitiger Neigung die besten Voraussetzungen** für eine Angleichung an das vorhandene Relief aufgrund individueller Gestaltungsmöglichkeiten der Wohneinheit, des Erschließungsbereiches und des Außengeländes.

Bei seitlichem Gefälle ist auch die Möglichkeit eines teilweisen Ausgleiches durch eine Treppenkonstruktion über der Geländeoberfläche (Abb. 105/5) zu erwähnen. Diese Lösungen sind aber nicht für eine Nutzung des Kellers als Garage mit den daraus folgenden gestalterischen Einbindungsproblemen (Abb. 105/1-4) bzw. für den Ausbau als Vollgeschoß, wie dies in überwiegend ebener Lage oft geschieht (Abb. 105/6,7), heranzuziehen.

A B B. 105

Foto 5: Bei einem zusätzlich vorhandenen seitlichen Gefälle kann der Gebäudeeingang auch durch eine Abböschung und Treppenkonstruktion über der Geländeoberkante erschlossen werden.

Foto 1 - 4: Solche Lösungen können aber auch zu problematischen Gestaltungen führen, speziell in überwiegend ebenem Gelände. So ist die dadurch mögliche Nutzung des Kellers als Garage mit erheblichen Erdbewegungen und Stützwänden verbunden. Die Schwierigkeiten der gestalterischen Integration sind hier bei nur leichter Neigung erkennbar.

Foto 6, 7: Die gleichen Probleme ergeben sich bei dem in überwiegend ebener Lage oft forcierten Ausbau des Kellers als Vollgeschoß.

1

2

3

4   Wien /A

5   Neuleiningen /D   6   7   Köln /D

2.3 Außengelände

Die Maßnahmen für eine Begrenzung des versiegelten Areals sind in den Vegetationsflächen verstärkt anzuwenden. Die Terrasse, die Eingangszone sowie im speziellen alle weiteren unbedingt erforderlichen Erschließungsflächen im privaten Freibereich sollten aufgestützt werden. Gleiches gilt für Geräteschuppen, Kellerersatzräume in Form von Anbauten oder im Zuge von Nachverdichtungen hinzukommende Baukörper.

Eine weitestgehende Erhaltung des ursprünglichen Reliefs in der Erschließungs- und Gebäudeplanung ist durch die Möglichkeiten in der Außengeländegestaltung zu ergänzen. Beeinträchtigungen bei der baulichen Durchführung sind dabei ebenso auf das absolut erforderliche Ausmaß zu beschränken. Ein Abtrag des kompletten Oberbodens und eine durch Maschinen verursachte Bodenverdichtung ist auf die direkt durch bauliche Maßnahmen betroffenen Gebäude- und Erschließungszonen zu begrenzen. Eine Beeinträchtigung des gesamten Baugebietes, die auch die späteren Grünflächen betrifft (Abb. 106), ist soweit als möglich zu unterlassen, speziell in künftig extensiv zu nutzenden Vegetationsbereichen.

ABB. 106

1   2   Mesche de /D

2.3.1 Geländeanpassung in Abhängigkeit vom Abstand zum Gebäude

In der ebenen Lage stellt die Geländebewegung ein wichtiges Gestaltungselement dar, besonders um die Einsehbarkeit in den privaten Freibereich zu begrenzen. Da bei einem **geringen Neigungswinkel** die Beeinträchtigungen des Wasserhaushaltes kaum zutage treten, sind Bodenveränderungen bis max. 80 cm vertretbar. Dies entspricht bei der Auswertung der Erdbewegungsmaßnahmen ungefähr der oberen Grenze der Kategorie von 0,5 m (S. 34). Normalerweise kann durch eine Bepflanzung mit Sträuchern die angestrebte Abschirmung in Sichthöhe erzielt werden, die mit einem solchen bepflanzten Erdwall auf jeden Fall gegeben ist. Eine möglicherweise auftretende Einschränkung der Versickerungsleistung durch Unterbodenverdichtung kann durch vorhergehende Auflockerungsmaßnahmen vermieden werden. Die Wurzeltätigkeit in diesen größtenteils extensiv genutzten Grünflächen leistet diesbezüglich einen erheblichen Beitrag. Eine **generelle Begrenzung von Erdbewegungen auf max. 80 cm** ist sinnvoll. Dies dient auch zur Vermeidung von gestalterisch problematischen Lösungen, die zur besseren Nutzung des Kellergeschosses herangezogen werden können (Abb. 105).

Entsprechend der Analyse der Folgebelastungen (Kap. II.C) sind die **Aufschüttungen und Abgrabungen bei den Rasenflächen in Hanglage** auf das gleiche Maß von **80 cm beschränkt**. Demgegenüber sind in den **extensiv genutzten Grünbereichen** die Erdbewegungen auf **maximal 40 cm** zu begrenzen. Dies entspricht in der Auswertung deroberen Grenze der Kategorie mit den geringsten Erdbewegungsmaßnahmen (0 m). Um die Gesamtgestaltung möglichst weitgehend an das ursprüngliche Gelände anpassen zu können, sollten diese **Mindestanforderungen** noch auf die Hälfte reduziert werden.

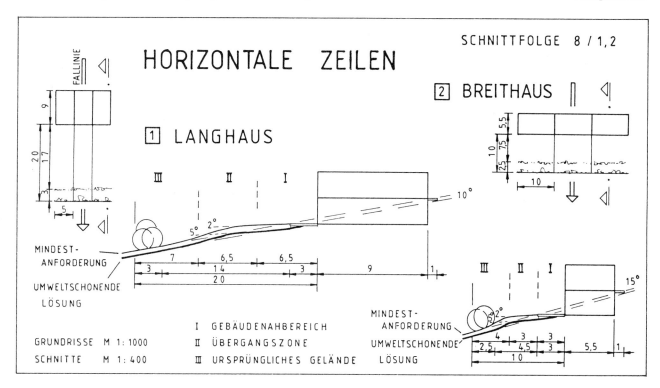

Mit Hilfe der dadurch erreichten **Orientierungswerte von 40 cm für intensiv bzw. von 20 cm für extensiv genutzte Vegetationsflächen** ist es möglich, das vorhandene Relief an der parallel zur Gebäudefront verlaufenden Grundstücksgrenze weitgehend zu erhalten. Bei der Geländeanpassung muß der intensiv genutzte Rasen, infolge des aus der Nutzung resultierenden Anspruches einer eben zu gestaltenden Fläche, differenziert betrachtet werden. Die **Vegetationsbereiche werden** aus diesem Grunde in **Zonen (I - III) eingeteilt**, die jeweils 1/3 der Gartentiefe einnehmen. Die Geländeoberfläche im **Gebäudenahbereich (I)** kann nur bei einer aufgestützten Terrasse mit einer Neigung ausgeführt werden. In der **daran anschließenden Übergangszone (II)** ist ein Gefälle zu befürworten. Mit zunehmender Distanz vom Gebäude soll dieser Bereich stärker geneigt sein. Dadurch bleibt in der **unmittelbar angrenzenden Zone (III)** - mit extensiv genutzten Vegetationsbereichen an der Grundstücksgrenze - das ursprüngliche Gelände weitgehend erhalten. In dem an die Terrasse anschließenden Rasen der Übergangszone (II) wird für die anfallenden Nutzungen wie darauf liegen, spielen, gehen, laufen etc. generell eine Neigung von 2° als vertretbar angesehen, da für die Flächenentwässerung bereits ein leichtes Gefälle von 2% (ca. 1°) erforderlich ist. Diesbezüglich sind bei leichter bis mittlerer Geländeneigung 5° bzw. bei steilen Hängen auch 8° zu befürworten.

Weitgehend ebene Rasenflächen mit Böschungen zwischen den einzelnen Ebenen stellen die **Mindestanforderungen für die Außengeländegestaltung** dar, werden aber auch in bezug auf den Abstand zum Gebäude unterschiedlich betrachtet. Die **umweltschonende Lösung** mit etwas stärkerem Gefälle in den intensiv genutzten Zonen und einer Terrassenkonstruktion über der Geländeoberkante ist nicht an die Aufstützung eines Gebäudes oder einzelner Gebäudeteile gebunden. Diese beiden Gestaltungsmöglichkeiten können dadurch an demselben Bauwerk dargestellt werden (Schnittfolge 8/1,2). Diesen Ausarbeitungen wurden Freibereiche von 100 m² in Anlehnung an die Grundtypen bei der kosten- und flächensparenden Bauweise des Untersuchungsbeispieles von "Herdecke" (Kap. II.B 3) zugrunde gelegt. Dies ist beim Breithaus mit einer Grundstücksbreite von 10 m und einer Tiefe des Gartens von ebenfalls 10 m gegeben (Schnitt 2). Bei einer Grundstücksbreite von 5 m beim Langhaus (siehe S. 180) ergibt sich eine Tiefe des Gartens von 20 m (Schnitt 1). Die Möglichkeiten der **Außengeländegestaltung bei horizontalen Gebäudezeilen** sind für den Langtyp bei 10° (Schnitt 1) bzw. für den Breittyp bei 15° Neigung prinzipiell aufgezeigt (Schnitt 2).

A B B. 107

Bei dieser Doppelzeile (Foto 1 - 9) mit zueinander versetzten Reihen sind die talseitigen Vegetationsflächen (Foto 7 - 9) trotz der Steilhangsituation an das ursprüngliche Gelände angepaßt worden.

Foto 2 - 4: Bei der hangseitigen Zeile ist der Versprung um ein ganzes Geschoß erkennbar (Foto 3,4). Der intensiv genutzte Teil des Freibereiches ist auf die Terrasse beschränkt (Foto 2). Durch einen stärkeren Versprung im Baukörper wäre es möglich gewesen, die Stärke der Erdbewegungen im Gebäudenahbereich zu beschränken und die Vegetationsflächen ohne Stützwand, wie in Foto 11,13, anzubinden.

Foto 5 - 9: Die talseitige Zeile weist ebenfalls einen Höhenversprung von einem Geschoß im Gebäude auf (Foto 5). Die Fotos 7-9 demonstrieren die Gestaltungsgedanken für eine umweltschonende Außengeländegestaltung mit leicht geneigten Rasenflächen in der Übergangszone (II). Mit zunehmender Distanz zum Bauköper wird dieses Gefälle stärker und geht in die ursprüngliche Geländeneigung über (III). Bei einem etwas stärkeren Versprung im Gebäude wäre es möglich gewesen, die leicht geneigte Zone etwas großzügiger zu dimensionieren und den Übergang zum ursprünglichen Gelände weicher und somit nicht so steil auszuführen, entsprechend der in den Fotos 11,13 gezeigten hangseitigen Lösung des zweiten Bebauungsbeispieles.

In den Fotos 10-13 wird die hangseitige Gebäudereihe einer Doppelzeile in Hennef gezeigt. Diese Siedlung befindet sich am selben Hang etwas unterhalb der in den Fotos 1-9 dargestellten Situation.

Foto 10 - 13: Durch den Versprung von 1 1/4 Geschoß war bei der annähernd gleichen Geländeneigung wie in Foto 2 ein direkter Anschluß der Vegetationsflächen ohne bzw. mit nur geringen Erdbewegungen möglich (Foto 11,13). Das ursprüngliche Gelände wurde weitgehend - auch in der Übergangszone (II) - erhalten. Dabei ist eine intensive Nutzung als Rasen möglich. Die Vegetationsflächen sind aber in höherem Maße für eine extensive Nutzung heranzuziehen.

Hennef /D

Hennef / D

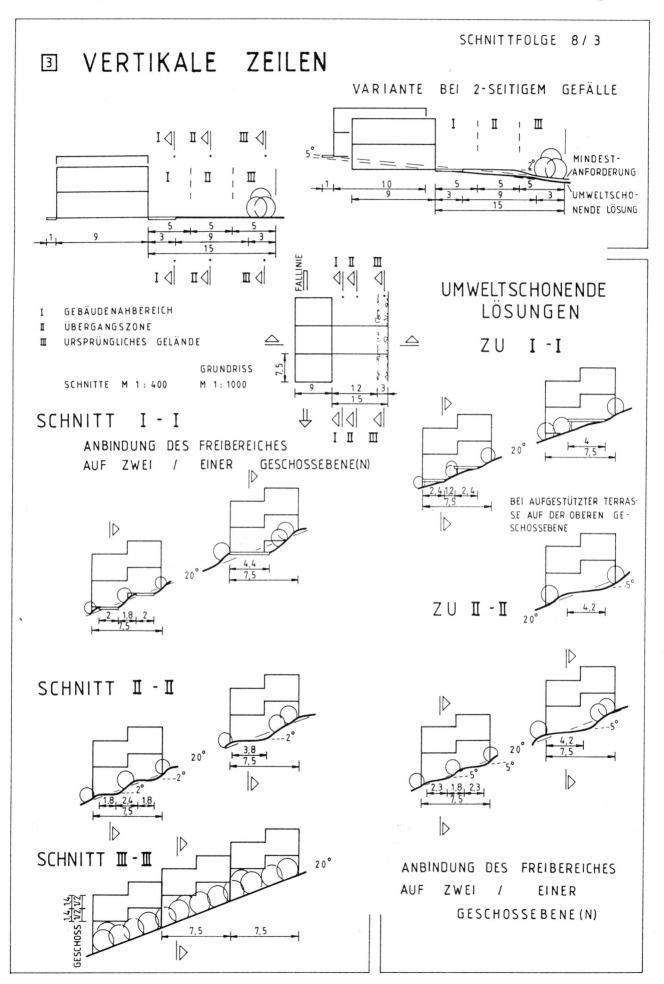

③ VERTIKALE ZEILEN

SCHNITTFOLGE 8/3

VARIANTE BEI 2-SEITIGEM GEFÄLLE

I   GEBÄUDENAHBEREICH
II ÜBERGANGSZONE
III URSPRÜNGLICHES GELÄNDE

SCHNITTE M 1:400   GRUNDRISS M 1:1000

MINDEST-ANFORDERUNG
UMWELTSCHONENDE LÖSUNG

UMWELTSCHONENDE LÖSUNGEN

ZU I-I

SCHNITT I-I
ANBINDUNG DES FREIBEREICHES
AUF ZWEI / EINER GESCHOSSEBENE(N)

BEI AUFGESTÜTZTER TERRASSE AUF DER OBEREN GESCHOSSEBENE

ZU II-II

SCHNITT II-II

SCHNITT III-III

ANBINDUNG DES FREIBEREICHES
AUF ZWEI / EINER GESCHOSSEBENE(N)

Mit zunehmender Distanz vom Gebäude ist das vorliegende Gefälle auch in den intensiv genutzten Zonen entsprechend aufzunehmen, sowohl bei der umweltschonenden Lösung (Abb. 107/7-9) als auch bei der Umsetzung der Mindestanforderungen. Diese Gestaltung gilt ebenso für den hangseitigen Freibereich (Abb. 107/11,13).

Wie aus **Schnittfolge 8/3** hervorgeht, tritt bei **vertikalen Reihen** durch eine Gestaltung des Außengeländes, die analog zu jener bei horizontalen Zeilen mit zunehmendem Abstand zum Gebäude das ursprüngliche Gelände stärker aufnimmt, kaum eine Einschränkung für die Nutzung auf. In Anlehnung an das Untersuchungsbeispiel von "St. Gallen" (Kap. II.B 4.2) wurde dabei eine Tiefe von 15 m angesetzt (Schnitt 3). Aufgrund der geringer werdenden Breite der einzelnen überwiegend ebenen Fläche wird bei zunehmendem Steigungswinkel die Anbindung im Gebäudenahbereich (I) und in der Übergangszone (II) an nur 1 Geschoßebene sinnvoll. Dies geht aus Schnitt 3 I-I und 3 II-II bei 20° und einer dem Untersuchungsbeispiel "Sistrans" (Kap. II.B 4.1) entsprechenden Grundstücksbreite von 7,5 m hervor. Dabei ist auch die Aufnahme beider Geschoßebenen im Gebäudenahbereich (I) und Anschluß der Rasenfläche in der Übergangszone (II) auf nur einem Niveau analog zu Abb. 108 möglich. Die **umweltschonenden Lösungen** führen gegenüber den Mindestanforderungen durch ein stärkeres Gefälle in den Rasenflächen zu breiteren nutzbaren Bereichen (Schnitt 3 II-II). Bei 20° sind diesbezüglich 5° sinnvoll (Schnitt 3 II-II, umweltschonende Lösung). Die Vorteile von geringeren Erdbewegungen in der Übergangszone können auch bei einem nicht aufgestützten Freibereich genutzt werden. Die Flächen im Gebäudenahbereich sollten nicht ausschließlich als Terrassen ausgebaut werden. Wie in Abb. 108 sollte bei einer Anbindung des Freibereiches auf zwei Geschoßebenen nur ein Teil versiegelt werden und auf der verbleibenden zweiten Ebene ist nach Möglichkeit mit Rasen direkt an das Gebäude anzuschließen.

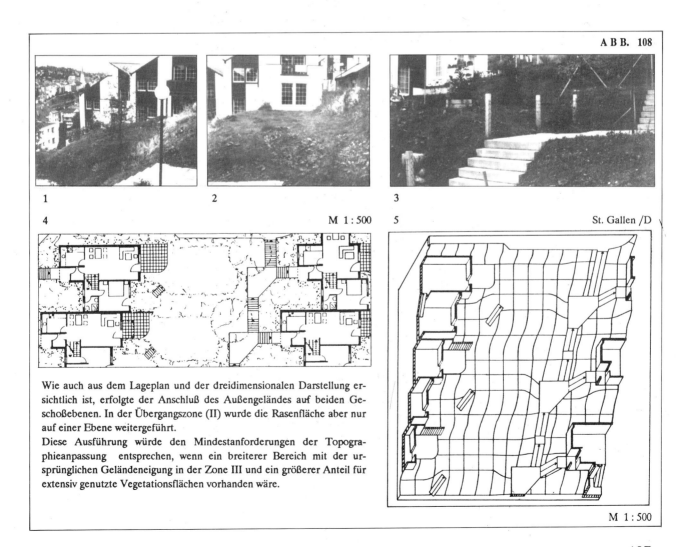

A B B. 108

1

2

3

4   M 1 : 500   5   St. Gallen /D

Wie auch aus dem Lageplan und der dreidimensionalen Darstellung ersichtlich ist, erfolgte der Anschluß des Außengeländes auf beiden Geschoßebenen. In der Übergangszone (II) wurde die Rasenfläche aber nur auf einer Ebene weitergeführt.

Diese Ausführung würde den Mindestanforderungen der Topographieanpassung entsprechen, wenn ein breiterer Bereich mit der ursprünglichen Geländeneigung in der Zone III und ein größerer Anteil für extensiv genutzte Vegetationsflächen vorhanden wäre.

M 1 : 500

197

Foto 1 - 3: Die offene Gartengestaltung mit einem Sicht- schutz im Terrassenbereich unterstützt die Aufnahme der Topographie. Das leicht geneigte Gelände ist dabei weitgehend aufgenommen worden. Die Zusammenle- gung der einzelnen Freibereiche gewährleistet auch auf kleinen Flächen eine hohe Wohnqualität. Diese Vorteile sind aber für den ökologischen Ausgleich in höherem Ausmaß zu nutzen.

Foto 4 - 8: Im Anschluß an die Terrassen ist das Gefälle bereits durch eine weiche Gestaltung der Oberfläche aufgenommen worden und entspricht an der Grund- stücksgrenze der ursprünglichen Geländeneigung. Die im Zusammenhang mit der Rasenfläche möglichen Nutzun- gen sind dadurch nicht eingeschränkt. Dabei hätten die Stützwände im Gebäudenahbereich (Foto 4) und bei der übrigen Gestaltung im Außengelände entsprechend ein- fühlsamer ausgeführt werden können.

Gleiches gilt auch bei einem aufgestützten Freibereich, der eine Erhaltung des ursprüngli- chen Geländes auch in dieser Zone ermöglicht. Dadurch sind ebenso in stärker geneigtem Gelände breitere Flächen mit wesentlich geringeren Gestaltungsproblemen ohne Stützwände möglich (Schnitt 3 I-I, umweltschonende Lösung). Bei einer breiteren Terrasse auf nur einer Geschoßebene kann diese leichter in der Grundstücksmitte angeordnet werden, so daß auch an den Grundstücksgrenzen breitere Bereiche für den Sichtschutz mit Grün verbleiben (Schnitt 3 I-I; 3 II-II). Eine derartige Zentrierung der Terrasse verursacht stärkere Erdbewe- gungen und ist daher ohne Aufstützung nur in begrenztem Maße auszuführen.

Diese an Steilhangsituationen aufgezeigte Gestaltung ist bei geringerem Gefälle durch die verstärkte Aufnahme des Geländes in Abhängigkeit zum Gebäudeabstand generell umzuset- zen (vgl. Abb. 109). Dies ermöglicht sowohl bei horizontalen als auch bei vertikalen Zeilen die Begrenzung der Erdbewegungen auf das geforderte Maß. In der Variante zu Schnitt 3 ist auch die **Anpassung bei einem zweiseitig geneigten Hang** dargestellt (vgl. Kap. III.A 2.2.5).

2.3.2 Vernetzung, Wasserrückhaltung und Abböschung des Geländes

Die **Topographieanpassung** bietet die **Grundlage für ein grünvernetzendes System** an den Grundstücksgrenzen und in den Böschungsbereichen. Konstruktionen über der Geländeoberkante haben dabei eine unterstützende Funktion. Auf diese Weise besteht die Möglichkeit, Fußwege und Treppen ohne bzw. mit nur geringfügig beeinträchtigender Wirkung über jene Flächen zu führen, die der Vernetzung, Wasserrückhaltung oder auch mittels Pflanzenkläranlagen der Reinigung dienen. Diese Erschließungsflächen können auch an ebenfalls aufgestützte kleinere Plätze mit Sitzgruppen - eventuell auch mit Spielzonen für kleinere Kinder - angegliedert sein.

Durch die Begrenzung der Pflanzung auf den Sichtschutz in der Terrassenzone kann bei einer **offenen Gartengestaltung** auch mit kleineren intensiv genutzten Bereichen pro Wohneinheit eine hohe Wohnqualität erreicht werden (Abb. 110). Am Rande der durch diese Gestaltung entstehenden größeren Rasenflächen sind gemeinsame Spielzonen einzurichten (Abb. 110/2-4). Dadurch ist es möglich, die Zonen für den ökologischen Ausgleich an der parallel zur Zeile verlaufenden Grundstücksgrenze größer zu dimensionieren.

Diese Maßnahmen wirken unterstützend und ergänzend für die geforderte **Grünvernetzung, die Mindestbreiten von 3 m** (Schnittfolge 9/1) /56, S. 100/ aufweisen soll. Zur Verstärkung der Vernetzungsfunktion sind solche Verbindungsstreifen zwischen größeren Regenerationsbereichen **auf 4,5 m zu verbreitern** (Schnitt 1). Diese Dimensionierungen sind ebenso für die Wasserspeicherung und Versickerung in einer am Rande bepflanzten Mulde, die auch als Feuchtbiotop ausgebildet sein kann, gültig (Schnitt 2). Zur Vermeidung von ständigen Vernässungszonen sollte das für die Verrieselung vorgesehene Areal eine max. Tiefe von 50 cm aufweisen. Um für die Wasserrückhaltung ein größeres Spektrum an Möglichkeiten zu erzielen und deren Effektivität zu steigern, sind unter Einbeziehung angrenzender Rasen- oder Wiesenbereiche Flächen mit einer **Breite von 6 m anzustreben** (Schnitt 2). Auf diese Weise kann ein 3 m breiter Vegetationsstreifen am Rand einer Versickerungsmulde die Wirkung verstärken. In Schnittfolge 9 beinhaltet die symbolische Darstellung für die Bepflanzung das für Feuchtbereiche besonders geeignete Schilf sowie Gräser. Die Breiten, die für extensiv genutzte Vernetzungsflächen anzustreben sind, wurden für die Böschungsbereiche im Zusammenhang mit zunehmender Geländeneigung erforderlich.

1   2   A B B. 110

3   4   Mauerbach /A

Eine **Wasserrückhaltung** ist bei einem 3 m breiten Streifen bis zu ca. 15° Neigung bzw. bis 25° bei einer 6 m breiten Zone möglich (**Schnitt 3C**). Bei diesen Neigungen ist die Abböschung des Geländes auch an denselben Breiten von 3 bzw. 4,5 und 6 m   orientiert werden (Schnitt 3A). In Anlehnung an die max. Neigung von 1 : 1,5 bei Straßenböschungen mit einer Höhe unter 2 m /68, S. 115/ sollte bei einer Tiefe von 3 m ein Winkel von 35° nicht überschritten werden (Schnitt 3B). Bei breiteren Bereichen wird 45° als obere Grenze angenommen und die sich daraus ergebenden **Mindesttiefen der Böschungen** abgeleitet (**Schnitt 3B**). Zur Abgrenzung der max. möglichen Breiten einer ebenen Fläche im Gebäudenahbereich wurde bei vertikal angeordneten Zeilen grundsätzlich eine Abböschung von 45° zugrunde gelegt. Da mit zunehmender Distanz zum Gebäude die Böschungswinkel abzuflachen und an die ursprüngliche Geländeneigung anzupassen sind (vgl. Kap. III.A 2.3.1), ist dies bei einer verstärkten Einbeziehung von Vegetation und ev. ingenieurbiologischer Bauweisen mit Faschinen vertretbar. In der Übergangszone (II) sind die auf Schnitt 3B beruhenden Vorgaben umzusetzen. Die angestrebte Geländebewegung ohne Stützwände ist unter Berücksichtigung der Bodenart durch entsprechenden Bewuchs gegen Rutschungen zu sichern. Es können auch ingenieurbiologische Bauweisen mit Faschinen herangezogen werden. Dies gilt speziell bei bindigen Böden, die erosionsgefährdet sind. Als gestalterisches Element können Natursteine und in kurzen Teilzonen auch damit errichtete begrünte niedrige Mauern, unter Berücksichtigung der Einschränkungen von Erdbewegungsmaßnahmen einbezogen werden.

Sofern die Boden- und Untergrundverhältnisse eine **Versickerung** ermöglichen, kann dies mit einer **parallel zum Hang verlaufenden Mulde** vorgenommen werden (Schnitt 4A). Diese kann auch in Teilbereichen als Feuchtbiotop ausgeführt sein (Schnitt 4A, B-B). Solche Gestaltungsmöglichkeit bestehen in gleicher Weise auch bei Mulden in überwiegend ebenem Gelände (Schnitt 2). Die Sohle des ganzen Bereiches ist abzudichten, sofern nur eine **Speicherung** möglich ist. In **vertikal angeordneten Vegetationsstreifen** kann bei dieser Art der Rückhaltung, wie sie in Abb. 111 mit Feuchtbiotopen umgesetzt ist, die Speicherkapazität durch Einbeziehung von Rasen- oder Wiesenflächen erhöht werden (Schnitt 4B, B-B). In Anlehnung an Abb. 111/2,3,5 sind dazwischenliegende Wasserläufe naturnah zu gestalten. Wie in Schnitt 4 bei 15° gezeigt ist, sind generell jene Breiten für die Vegetationsbereiche zu befürworten, die über denen der Mindestanforderungen liegen (Schnitt 3C). Die Einrichtungen der Wasserrückhaltung in horizontal und vertikal angeordneten Vegetationsstreifen sind sowohl bei parallel als auch in der Fallinie errichteten Gebäudezeilen zu einem Gesamtsystem auszubauen.

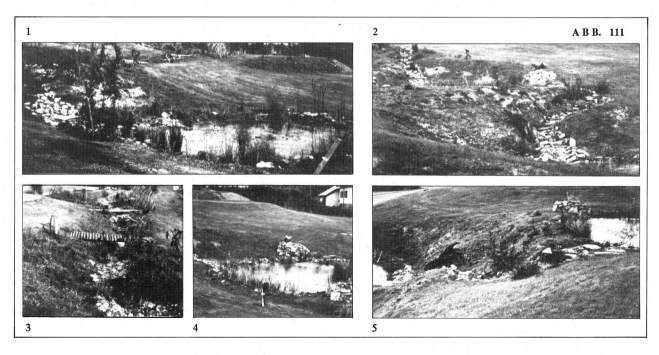

1   2   A B B.   111

3   4   5

SCHNITTFOLGE 9 / 1 - 4

1 GRÜNVERNETZUNG　　　　2 WASSERSPEICHERUNG

EBENE

3 m　　　　4,5 m

3 m　　　　4,5 m

UND VERSICKERUNG

MIT EINBEZIEHUNG EINER 3 m RASENZONE

3 GELÄNDENEIGUNG UND

HANG

A ANZUSTREBENDE MINDESTBÖSCHUNGSTIEFE

C MINDESTBREITE DES VEGETATIONS-
STREIFENS BEI

VON 3 m　　　4,5 m　　　　6 m

3 m　　　4,5 m　　　6 m

WASSERRÜCKHALTUNG

B MINDESTTIEFE DER BÖSCHUNG

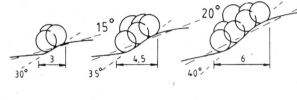

MIT MAXIMALEM BÖSCHUNGSWINKEL

4 WASSERRÜCKHALTUNG

A BEI HORIZONTALEM VEGETATIONSSTREIFEN

SCHNITT A-A

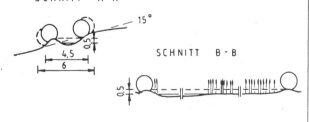

SCHNITT B-B

ANZUSTREBENDE BREITE
DES VEGETATIONSSTREIFENS

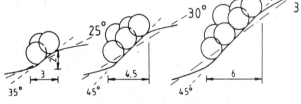

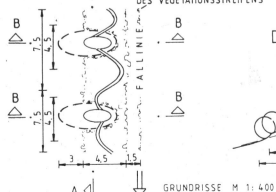

B BEI VERTIKALEM VEGETATIONSSTREIFEN

SCHNITT A-A

SCHNITT B-B

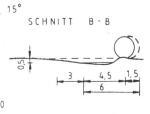

GRUNDRISSE M 1:400　　　SCHNITTE M 1:400

201

2.3.3 Rückhaltung und Wasserführung mit Einbeziehung des Straßenbereiches

Durch Anpassung der Erschließung an die Topographie und Abböschung des Geländes, die durch Lebendverbau, z.B. mit Faschinen, auch bei starker Neigung gesichert werden kann, sollten soweit wie möglich Hangsicherungsbauwerke auch im Straßenbereich vermieden werden. Weitere Formen ingenieurbiologischer Lösungen, z.B. Fertigteilsysteme mit hohem Grünanteil (Abb. 112/1,4-6) oder mit Pflanzen versehene Natursteinmauern (Abb. 112/2), stellen Alternativen zu Stützwänden dar, die ohne Sickerwasserdurchlaß (Abb. 112/3) generell zu unterlassen sind. Es sind grundsätzlich Ausführungen mit hohem Vegetationsanteil zu wählen. Andere Baustoffe als pflanzliches Material sind auf die statischen Erfordernisse zur Vermeidung von Rutschungen zu begrenzen.

Die **Entwässerung im Bereich von Sicherungsbauwerken** ist an die oberflächennahe Wasserführung der angrenzenden Vegetationsbereiche anzuschließen. Dies ist auch bei Böschungen mit starkem Oberflächenabfluß (Abb. 113/1-4) und besonders vor Straßen (Abb. 113/5,6) mit einer Rinne vorzunehmen (Abb. 113/1). Sie sollte mit einer Vegetationsschicht versehen

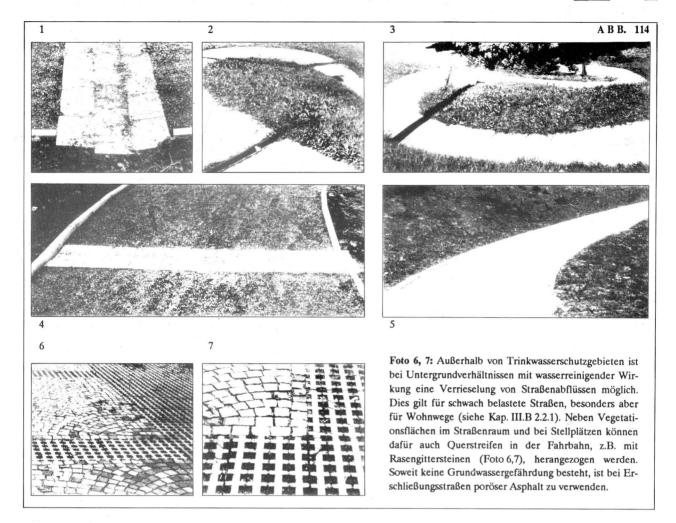

Foto 6, 7: Außerhalb von Trinkwasserschutzgebieten ist bei Untergrundverhältnissen mit wasserreinigender Wirkung eine Verrieselung von Straßenabflüssen möglich. Dies gilt für schwach belastete Straßen, besonders aber für Wohnwege (siehe Kap. III.B 2.2.1). Neben Vegetationsflächen im Straßenraum und bei Stellplätzen können dafür auch Querstreifen in der Fahrbahn, z.B. mit Rasengittersteinen (Foto 6,7), herangezogen werden. Soweit keine Grundwassergefährdung besteht, ist bei Erschließungsstraßen poröser Asphalt zu verwenden.

sein (Abb. 113/2), kann aber auch zusätzlich mit Kies abgedeckt werden (Abb. 113/4-6). Das anfallende **Oberflächenwasser** kann mit Hilfe solcher Lösungen von der Straßenkanalisation ferngehalten werden. Mit Rohrleitungen, ähnlich den Beispielen im ländlichen Raum, kann das Wasser **unter Straßen durchgeführt** werden. Dazu können auch Kanalrohre mit größerem Querschnitt wie bei Bachdurchlässen gewählt werden. Bei Wohn- besonders aber Fußwegen kann das auch durch Querrinnen erfolgen (Abb. 114/2,3), die mit Pflasterung auch breiter ausgeführt werden können (Abb. 114/1,4,5). Dieses Wasser kann **angrenzenden Vegetations- oder Rückhaltebereichen sowie Versickerungsanlagen zugeführt** werden.

Die **Vegetationsbereiche im Straßenraum** sind auch zur **Speicherung von Straßenabflüssen** heranzuziehen. Mit wasserdurchlässigem Material versehene Stellplätze können teilweise der Flächenversickerung dienen. Dazu eignen sich z.B. Rasengittersteine. Diese können bei schwächer belasteten Erschließungen, besonders bei befahrbaren Wohnwegen, auch zur stärkeren Versickerung als Querstreifen in der Fahrbahn vorgesehen werden (Abb. 114/6,7). Das Oberflächenwasser stärker versiegelter Flächen kann bei entsprechenden Untergrundverhältnissen durch **Rohrversickerungsstränge in frostfreie Tiefe** geleitet und dort zur **Untergrundverrieselung** herangezogen werden. Diese Möglichkeiten sind, in Abhängigkeit von den Untergrundverhältnissen, zu einem **Gesamtsystem für die Rückhaltung** auszubauen.

Neben der Erstellung der Mindestanforderungen zur Topographieanpassung stand die Erläuterung umweltschonender Lösungen im Vordergrund dieser umfassenden Gestaltungshinweise zur Objektplanung. Diese Ausarbeitungen werden im Rahmen der Bewertungshilfen in den nachfolgenden Vorgaben für das Bebauungskonzept umgesetzt.

B Bewertungshilfen

Die Analyse der "Wirkungszusammenhänge bei Wohnbaumaßnahmen" (Kap. II. C.2) bietet die Grundlage, um die Gestaltungshinweise für die Objektplanung (Kap. III.A 2) in Form von quantitativen Angaben, den sogenannten Bewertungshilfen, umzusetzen. Auf der Basis dieser Bewertungshilfen stellt die Einhaltung der für eine Vernetzung erforderlichen Distanzen der Gebäudezeilen zur Grundstücksgrenze die Voraussetzung für einen umweltverträglichen Bebauungsplan mit einer in allen Bereichen anzustrebenden Grünstruktur dar.

1. Vorgaben für das Bebauungskonzept in Abhängigkeit vom Gefälle

Es wird der für eine vernetzte Struktur entlang der Grundstücksgrenze notwendige und vertretbare Flächenanteil unter Berücksichtigung des Anspruchs einer möglichst großen intensiven Nutzungsfläche eingeschätzt. Die Wohnqualität, die gerade bei kleinen Bereichen mit erhöhter Ausstattung an Vegetation zunimmt, stellt dabei ein wichtiges Kriterium dar. Auf diese Weise werden die Anforderungen bezüglich der Abstandsfläche zur Grundstücksgrenze unter Einbeziehung einer anzustrebenden Vernetzungsbreite von 5 bis 6 m, erstellt. Bei diesem Wert wird jene Breite des extensiv genutzten Grünstreifens, der auf den einzelnen Grundstücken liegt, als zumutbar angesehen. Es werden ebenso jene Distanzen erarbeitet, für welche die mindestens erforderliche Vernetzungsbreite von 3 m vertretbar ist. Mit abnehmender Tiefe des Gartens wird die Breite dieses extensiv genutzten Streifens geringer und dient bei einem in Teilbereichen verdichteten Bebauungskonzept nur mehr dem Sichtschutz. Die für dieses Konzept ermittelten Mindestentfernungen basieren auf der Mindestgröße des Außenraumes, der aufgrund der Nutzungsansprüche und zuzüglich einer Bepflanzungsfläche mindestens 40 m² umfassen sollte /vgl. 43, S. 27/. Gerade bei diesen geringen Abmessungen kann eine offene Gartengestaltung, die generell bei einer flächensparenden Bauweise angewendet werden sollte, die Wohnqualität wesentlich erhöhen. Aufbauend auf den in dieser Weise für die Ebene erstellten Angaben, werden für hängiges Gelände die erforderlichen Mindestabstände zur Grundstücksgrenze erarbeitet, die mit zunehmender Geländeneigung aufgrund der Topographieanpassung im Außengelände größer zu dimensionieren sind und dadurch eine Vernetzung unterstützen.

1.1 Überwiegend ebene Lage

Bei einfachen Zeilen steht für eine Grünvernetzung nur eine zwischen zwei gegenüberliegenden Wohneinheiten liegende Gartenfläche zur Verfügung. Demgegenüber sind bei **Doppelzeilen** und zentraler Erschließung zwei miteinander zu vernetzende Vegetationsbereiche zu unterscheiden, sofern der Freibereich nicht direkt an eine Straße angrenzt. Bei einer flächensparenden Bauweise kann von einer Gartenfläche mit ca. 100 m² ausgegangen werden (S. 194). Für eine vernetzte Grünstruktur wird dabei bei **Langhäusern** mit einer Achsbreite von 5 m und einer Tiefe des Freibereiches von 20 m ein Pflanzstreifen von jeweils 3 m Breite an jeder Grundstücksgrenze als vertretbar angesehen (Schnittfolge 10/1). An der 6 m breiten Vernetzungsfläche sollte die Planung orientiert werden. Sofern die Freibereichstiefe geringer als 20 m ist, wird bis zu einer Abstandsfläche von 10 m die Einhaltung der Mindestanforderung von 3 m Breite - d.h. 1,5 m pro Parzelle - angenommen (Schnitt 2). Bei der aufgrund des Nutzungsanspruches ermittelten **Mindesttiefe von 7,5 m** liegt bei einer Achsbreite von 5 m ein 37,5 m² großer Außenbereich vor. Dabei ist ein wenigstens 1 m breiter Sichtschutzstreifen vorzusehen. Bei **Breithäusern** mit 10 m Länge ist bei einem 100 m² großen Freibereich ebenfalls die anzustrebende Vernetzungsbreite von 6 m möglich (Schnitt 4B). In Schnitt 4 - 6 ist die als Mindestanforderung vertretbare extensiv genutzte Grünfläche aufgezeigt und dem anzustrebenden vernetzten Vegetationsbereich gegenübergestellt.

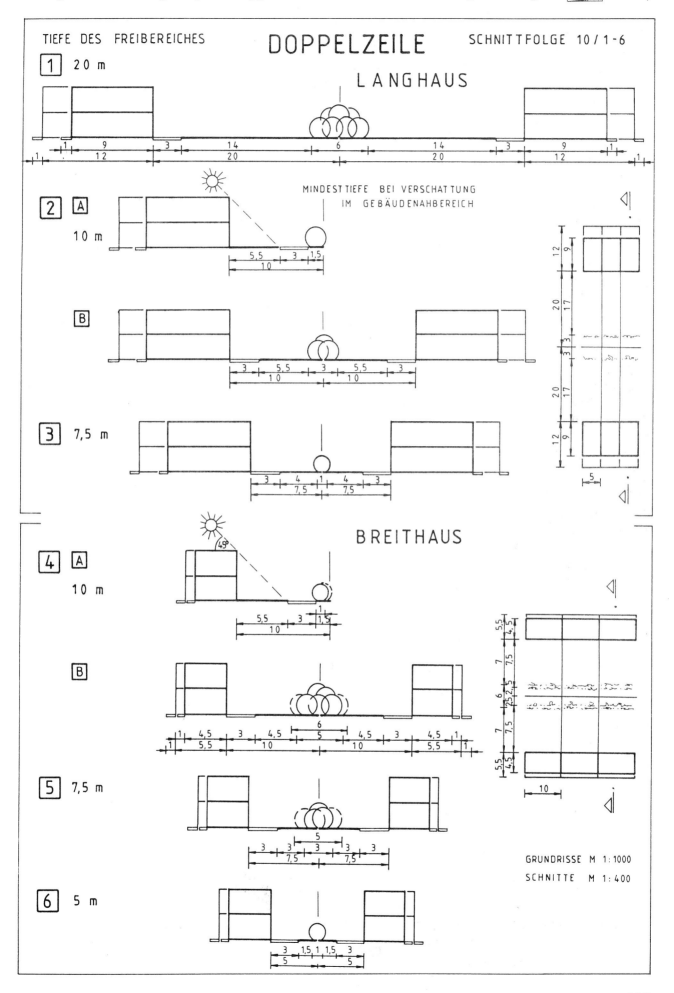

TIEFE DES FREIBEREICHES   DOPPELZEILE   SCHNITTFOLGE 10 / 1-6

LANGHAUS

BREITHAUS

MINDESTTIEFE BEI VERSCHATTUNG
IM GEBÄUDENAHBEREICH

GRUNDRISSE M 1:1000

SCHNITTE M 1:400

Eine Vernetzung kann bis zu einer Tiefe des Gartens von 7,5 m vorausgesetzt (Schnitt 5), jedoch auch bei einer geringeren Dimensionierung durchgeführt werden. Aus Gründen der Nutzung sowie der Wohnqualität sollte in einem verdichteten Bebauungskonzept die **Breite des Freibereiches von 5 m** bzw. die Größe von 50 m² **nicht unterschritten** werden (Schnitt 6). Vergleichsweise sind bei der flächensparenden einfachen Zeilenbebauung von Herdecke 5,5 m breite Freibereiche von mindestens 58 m² gegeben. Nach der LBauO Rh-Pf (§ 8 Abs. 4,6) können bei Dachneigungen unter 45° die bereits sehr geringen Abstände zwischen den Gebäuden - bei der in Schnitt 6 angenommenen Höhe der Fassade von ca. 5,7 m - noch auf ca. 9 m bzw. in Kerngebieten sogar auf 6 m reduziert werden. Diese sind aber nicht vertretbar, da die verbleibende Nutzungs-Restfläche die Wohnqualität erheblich senkt. Die gleichen Abstandsflächen werden von der BauO NW (§ 6 Abs. 4,5) festgelegt, die infolge des Untersuchungsbeispieles Herdecke ebenfalls herangezogen wurde.

Da die **Ausrichtung der Gebäudezeile zur Sonne** auch für den Nutzungswert des Freibereiches maßgebend ist, sollte die Lage des Gartens auf Nord- oder Ostseite vermieden werden. Bei **Doppelzeilen in Ost-Westrichtung** ist eine **nördlich orientierte Terrasse**, selbst bei dem höchsten Sonnenstand von 62° bei 51,5° nördl. Breite (Dortmund-Göttingen-Halle) /vgl. 80, S. 141/, um den 21.6. fast ganztägig verschattet. Nur eine **Standortverlegung** aus der unmittelbaren Gebäudenähe kann eine ausreichende Besonnung ermöglichen. Die Sonnenstände des 21.3. und des 23.9. (Frühjahrs- sowie Herbst- Tagundnachtgleiche) mit nur mehr einem Einfallswinkel von 38,5° und einer mittäglichen Verschattungszone von 7 m (Abb. 115/1) werden als Berechnungsgrundlage herangezogen. Jahreszeitlich betrachtet soll dadurch für die Terrasse, die von Mai bis Sept. am stärksten genutzt wird, eine möglichst lange Besonnung gewährleistet werden.

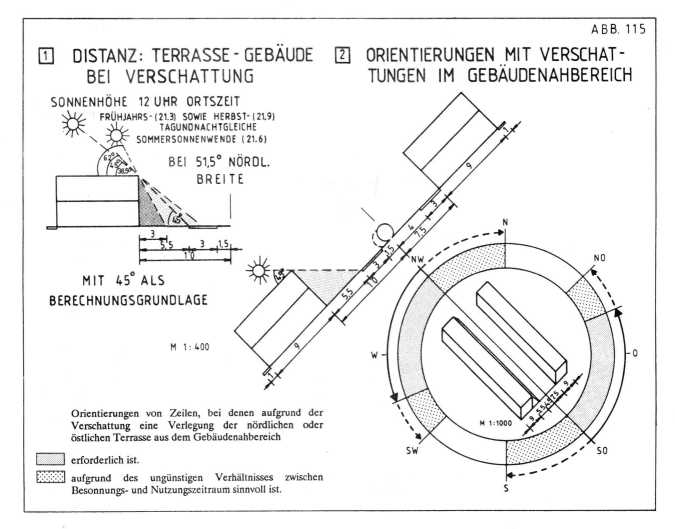

ABB. 115

1 DISTANZ: TERRASSE - GEBÄUDE BEI VERSCHATTUNG

2 ORIENTIERUNGEN MIT VERSCHATTUNGEN IM GEBÄUDENAHBEREICH

SONNENHÖHE 12 UHR ORTSZEIT
FRÜHJAHRS- (21.3) SOWIE HERBST- (21.9) TAGUNDNACHTGLEICHE
SOMMERSONNENWENDE (21.6)

BEI 51,5° NÖRDL. BREITE

MIT 45° ALS BERECHNUNGSGRUNDLAGE

M 1:400

M 1:1000

Orientierungen von Zeilen, bei denen aufgrund der Verschattung eine Verlegung der nördlichen oder östlichen Terrasse aus dem Gebäudenahbereich

[▨] erforderlich ist.

[▦] aufgrund des ungünstigen Verhältnisses zwischen Besonnungs- und Nutzungszeitraum sinnvoll ist.

Für den **Mindestabstand der Terrasse zum Gebäude** wird der Einfallswinkel von 45° als Mittelwert für das gesamte Bundesgebiet herangezogen - in Anlehnung an den in der ständigen Rechtsprechung für die ausreichende Belichtung im Gebäude gültigen Wert. Der Großteil einer Terrasse, die im Anschlußbereich des Einfallswinkels von 45° liegt, wird dadurch sowohl im Früh- als auch im Spätsommer einige Stunden bzw. zu Herbstbeginn mindestens 1 Stunde besonnt. Mit zunehmender Entfernung vom Gebäude wird eine längere Besonnung gewährleistet. Dies trifft auch bei einem Abweichen von Ostwest- beispielsweise zu Nordwest-Südostzeilen zu. Grundsätzlich ist die Distanz des Gebäudes zur Grundstücksgrenze von 10 m einzuhalten, um eine Standortverlegung aus dem verschatteten Bereich und einen 1,5 m breiten Sichtschutzstreifen zu ermöglichen (Abb. 115/1). In Abb. 115/2 sind die **Ausrichtungen der Doppelzeilen** eingeschätzt, bei denen für die **nördliche oder östliche Terrasse** eine **solche Distanz zum Gebäude notwendig** ist. Außerdem werden die Orientierungen, bei denen aufgrund des ungleichen Verhältnisses zwischen Besonnungs- und Nutzungs-zeitraum eine solche Verlegung sinnvoll erscheint, betrachtet. So ist die Terrasse am 23. Sept., beispielsweise bei Nordwest-Südostzeilen, einige Stunden am Vormittag, bei Nord-Südzeilen bis kurz nach Mittag besonnt. Für die dadurch betroffenen Freibereiche sind Abstandsflächen zur Grundstücksgrenze von mindestens 10 m einzuhalten (Schnittfolge 10/2A, 4A). Bei zentraler Erschließung ergeben sich aufgrund des Grundstückszuschnittes Restflächen, die für eine seitliche Verlegung der Terrasse bzw. zur Unterstützung der Vernetzung genutzt werden können. Die Angaben von Schnittfolge 10 gelten auch für diese Bebauungsform.

Demgegenüber ist bei **einfachen Zeilen** eine süd- oder westliche Ausrichtung des Frei- und Terrassenbereiches meistens möglich. Auf Erschließungsseite ist eine mindestens 3 m breite, im Falle eines Wohnweges benötigte Fläche zugrunde gelegt (Schnittfolge 11), die bei einer

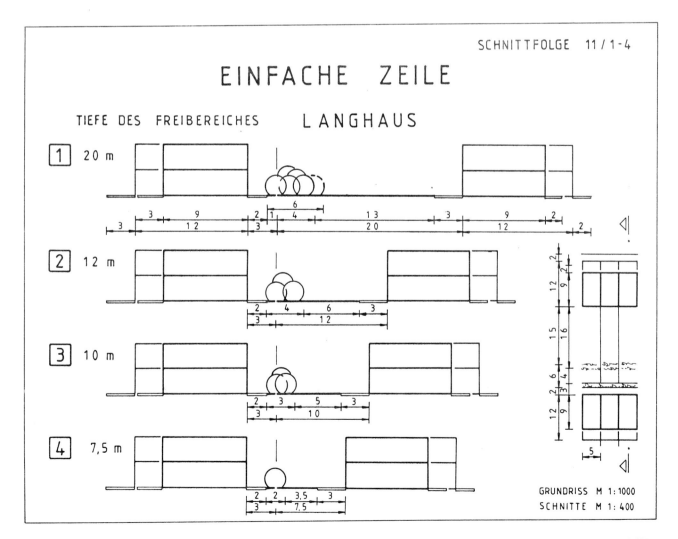

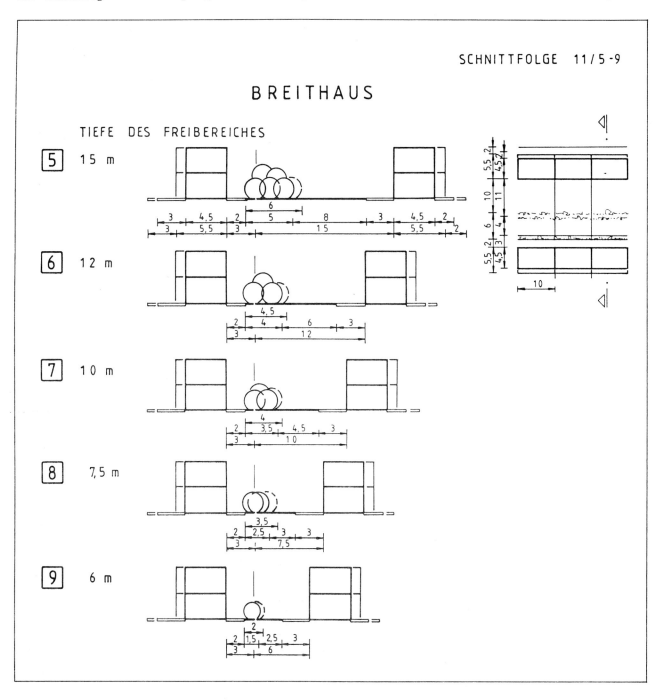

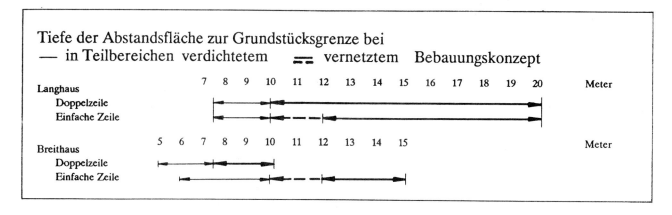

ABB. 116   Tiefe der Abstandfläche zur Grundstücksgrenze in überwiegend ebenem Gelände

Erschließungsstraße entsprechend abzuändern ist. Dabei wird von der flächsparendsten Form mit einem schmalen Pflanzstreifen am Gebäude und einem daran anschließenden ca. 1,5 m breiten Fußweg ausgegangen. Dadurch besteht die Möglichkeit, einen 1 m breiten Vegetationsstreifen aus der Erschließungszone für die Vernetzung heranzuziehen. Die dafür erforderliche 3 m breite Fläche ist in diesem Fall durch private Erschließungsverträge öffentlich-rechtlich auf dem einzelnen Grundstück zu sichern. Außerdem können nach § 9 Abs. 1 (LBauO Rh-Pf) die Abstandsflächen auch zum Teil auf dem Nachbargrundstück angeordnet werden. Diese flächensparende Variante wurde gewählt, um den erforderlichen Praxisbezug zu gewährleisten, in der die gesetzlichen Möglichkeiten zur Reduzierung der Abstände zwischen den Gebäuden in noch stärkerem Maße ausgeschöpft werden.

Die bei Doppelzeilen pro Parzelle vorgegebenen Anteile vernetzender Vegetationsflächen müssen bei einfachen Reihen breiter dimensioniert werden, da an der Grundstücksgrenze eine Zusammenlegung von Grünstreifen gegenüberliegender Gebäude nicht erfolgen kann. Dadurch kann bei einer Gartentiefe von 20 m beim Langhaus bzw. erst ab 15 m beim Breithaus eine Vernetzungsbreite von 6 m umgesetzt werden (Schnitt 1,5). Wenn der im Falle eines Fußweges verbleibende - wenigstens 1 m breite - Grünstreifen dazu auch herangezogen wird, können die Mindestanforderungen auch noch bei einer Gartentiefe von 10 m (Schnitt 3,7), beim Breithaus ev. auch noch bei 7,5 m (Schnitt 8), erfüllt werden. Bei einem 12 m breiten Freibereich ist aber ein Vernetzungsstreifen von 3 m auf dem betreffenden Grundstück möglich (Schnitt 2,6). Die bei Doppelzeilen für **Langhäuser** ermittelten **Mindesttiefen von 7,5 m** sind auch bei einem verdichteten Bebauungskonzept mit einfachen Zeilen einzuhalten (Schnitt 4). Bei **Breithäusern mit 6 m tiefen Freibereichen** ist ein Abstand von 9 m zwischen den Gebäuden erreicht, der aufgrund der Wohnqualität als geringste vertretbare Distanz einzustufen ist (Schnitt 9). Bei einer breiteren Erschließungszone sind aber auch die bei Doppelzeilen ermittelten Mindesttiefen von 5 m für den Freibereich nicht zu unterschreiten.

Auch wenn ein Teil der Abstandsfläche auf dem nachbarlichen Grundstück liegt, darf sich diese nach LBauO Rh-Pf nicht mit einer anderen anzurechnenden Abstandsfläche überdekken (§ 8 Abs. 1). Die Distanz von 9 m darf nur in Kerngebieten (§ 8, Abs. 6) oder nach Festsetzung niedrigerer Abstandsflächen im Bebauungsplan, die eine Belichtung gewährleisten (§ 8 Abs. 12), unterschritten werden. Um eine ausreichende Wohnqualität zu gewährleisten, ist dies nicht vertretbar, bzw. in einem in Teilbereichen verdichteten Bebauungskonzept sollen größere Distanzen als die in Schnittfolge 10/3,6 und 11/4,9 angegebenen Mindesttiefen vorgesehen werden. Diese ebenso wie die für eine Grünvernetzung erforderlichen Tiefen der Freibereiche sind in der **Auswertung** (Abb. 116) zusammengefaßt. Bei einfachen Zeilen ist jene Tiefe, ab der eine Vernetzung möglich ist, gestrichelt dargestellt. Im Bebauungskonzept ist beim Langhaus die Distanz zur Grundstücksgrenze von 20 m, beim Breithaus von 10 m bei Doppel-und von 15 m bei einfachen Zeilen als obere Grenze anzustreben, bei der eine Vernetzungsbreite von 5-6 m zumutbar ist. Für die mindestens erforderlichen Abstände zur Grundstücksgrenze ist mit zunehmender Steigung nicht nur der Anspruch einer Mindest-Nutzungsfläche, sondern auch der Aspekt der Topographieanpassung im Außengelände maßgebend.

1.2   Hang

Bei einer Bauflächenausweisung sind nicht nur die möglichen Umweltbelastungen abzuschätzen, sondern es ist auch die **Exposition im Zusammenhang mit der Neigung des Geländes** bezüglich der **Eignung als Bauland** differenzierter zu betrachten. Der Besonnungsgrad ist bei 45° östlicher bis zu 315° westlicher Orientierung auch bei rauherem Klima für Siedlungsmaßnahmen als sehr günstig einzustufen (Abb. 117/1 Bereich mit 120-140 kcal/cm²/Jahr). Mit steigender Geländeneigung ist bei reinen Südlagen ein Sonnenschutz entweder durch

Verschattungssysteme am Baukörper oder durch eine entsprechende Bepflanzung notwendig (Abb. 117/1 Bereich mit 140-160 kcal/cm²/Jahr). Mit zunehmender nördlicher Exposition und steigendem Gefälle verschlechtern sich die Besonnungsverhältnisse. In Abb. 117/1 sind die Bereiche mit 80-100 kcal/cm²/Jahr als sehr ungünstig anzusehen /vgl. 54, S. 5/.

Wie stark die **Neigung eines Hanges** beim Abweichen der Fallinie aus der reinen Ost- bzw. Westlage in die **Nordlage** sein kann, um für eine Bebauung geeignet zu sein, wird in Abb. 117/2 differenziert nach der geographischen Lage dargestellt. Von Süden nach Norden werden für 4 Städte die Kurven der für sie geltenden Breitengrade aufgezeigt. Wenn der Schnittpunkt der Koordinaten von Hangexposition und Geländeneigung auf oder unterhalb der Kurve der zutreffenden geographischen Breite liegt, ist der zu untersuchende Hang bezüglich seines Gefälles für eine Bautätigkeit geeignet. Je südlicher die Lage des Breitengrades ist, desto steiler ist der Winkel des höchsten Sonnenstandes. Auf der Berechnungsgrundlage einer Mindestbesonnungsdauer des Baugrundstückes von 2,5 Std. können daher in Süddeutschland, z.B. auf der geographischen Breite von Zürich, steilere Hänge als in Norddeutschland, beispielsweise auf der Höhe von Hamburg, bebaut werden. Mit Hilfe dieser 4 Breitengrade, die einen Querschnitt für das ganze Bundesgebiet darstellen, kann die für eine Hangbebauung mögliche max. Neigung des zu untersuchenden Gebietes ermittelt werden. Das Beispiel in Sistrans liegt an einem Nordhang von 15°-18° mit einer um 12° nach Westen abweichenden Exposition auf einer geographischen Breite südlicher als Zürich. Nach Abb. 117/2 ist dieses Gelände um ca. 3° - 6° sowie jener auf der Höhe von Zürich liegende Hang in St. Gallen um 7°-14° zu stark geneigt, um für eine Bebauung geeignet zu sein.

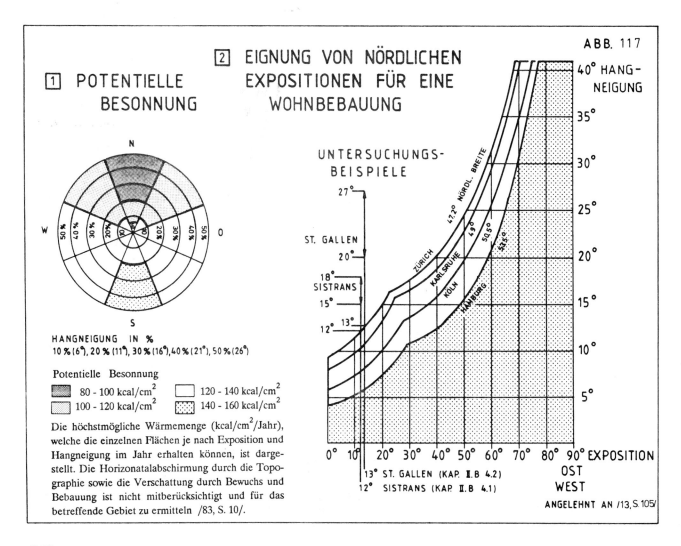

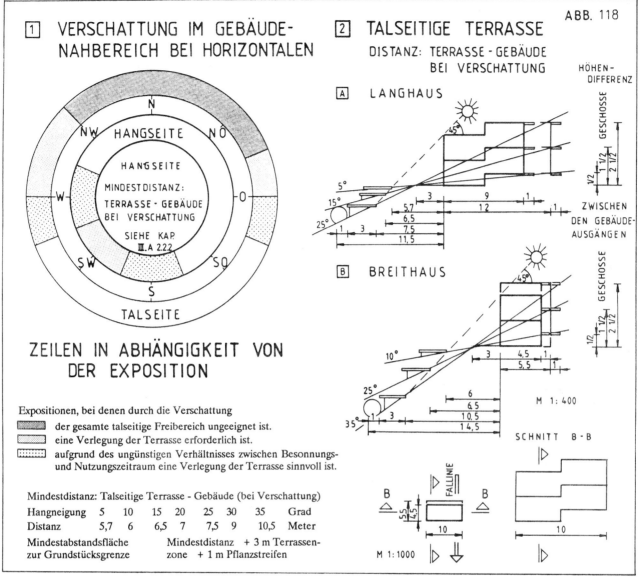

ABB. 118

① **VERSCHATTUNG IM GEBÄUDE-NAHBEREICH BEI HORIZONTALEN**

ZEILEN IN ABHÄNGIGKEIT VON DER EXPOSITION

Expositionen, bei denen durch die Verschattung

- der gesamte talseitige Freibereich ungeeignet ist.
- eine Verlegung der Terrasse erforderlich ist.
- aufgrund des ungünstigen Verhältnisses zwischen Besonnungs- und Nutzungszeitraum eine Verlegung der Terrasse sinnvoll ist.

Mindestdistanz: Talseitige Terrasse - Gebäude (bei Verschattung)

Hangneigung	5	10	15	20	25	30	35	Grad
Distanz	5,7	6	6,5	7	7,5	9	10,5	Meter

Mindestabstandsfläche zur Grundstücksgrenze   Mindestdistanz + 3 m Terrassen- zone + 1 m Pflanzstreifen

② **TALSEITIGE TERRASSE**
DISTANZ: TERRASSE - GEBÄUDE BEI VERSCHATTUNG

Ⓐ LANGHAUS

Ⓑ BREITHAUS

M 1: 400

SCHNITT B - B

M 1: 1000

Diese Grundlagen wurden für Terrassenbauweisen in nördlicher Exposition erstellt. Bei dieser Orientierung stellen nur vertikale einfache Zeilen die Mindestbesonnungsdauer des Wohnungsinneren von 1 Std. sicher /13, S. 104/. Dadurch können die Ergebnisse von Abb. 117/2 für Reihenhausbebauungen in der Fallinie übernommen werden. Strickler geht bei diesen Geländelagen auch nur von vertikalen einfachen Zeilen aus /110, Tafel 18a,b/.

Horizontale Gebäudezeilen weisen bei nördlichen Orientierungen - auch aufgrund der talseitigen Verschattung im Gebäudenahbereich - keine bzw. bei Ost- und Westexpositionen nur eine eingeschränkte Eignung auf (Abb. 118/1). In Nordlage wird zwar der hangseitige Freibereich nicht durch den angrenzenden Baukörper, sondern durch die weiter hangaufwärts liegende Zeile verschattet, so daß auch bei geringen Hangneigungen große Abstände zwischen den Reihen erforderlich wären. Demgegenüber ist aber bei südwestlichen Expositionen infolge der **Verschattung, die durch das Gebäude** hervorgerufen wird, eine **Distanz der** hangseitigen **Terrasse zum Baukörper** notwendig (vgl. Kap. III.A 2.2.2). Diese wird mit zunehmender Geländeneigung - aufgrund des Gebäudeversprunges und somit der geringer werdenden Fassadenhöhe auf Hangseite - ebenfalls geringer (Abb. 118/1). Ebenso wie für die ebene Lage sind in Abb. 118/1 auch jene Expositionen dargestellt, bei denen aufgrund des ungleichen Verhältnisses zwischen dem Zeitraum der Nutzung und jener des Sonneneinfalls eine Verlegung sowohl der hang- als auch der talseitigen Terrasse sinnvoll erscheint.

211

Auf Talseite werden die erforderlichen Abstände mit höherem Steilabfall größer. Dies ist am Lang- und Breithaus jeweils bei Höhenunterschieden zwischen den Gebäudeeingängen von 1/2, 1 1/2 sowie 2 1/2 Geschossen aufgezeigt (Abb. 118/2). Daraus ergeben sich die in der Auswertung zusammengefaßten Abstandsflächen zur Grundstücksgrenze unter Einbeziehung einer Terrassentiefe von 3 m und eines 1 - 1,5 m breiten Pflanzstreifens.

Da bei **vertikalen Zeilen** die für Langhäuser ermittelten Mindestabstände bei allen Geländeneigungen für die Vernetzung zur Anwendung kommen können, ist die eventuell notwendige Distanz der Terrasse zum Gebäude für die Mindestabstandsfläche zur Grundstücksgrenze nicht maßgebend. Um auch bei nördlichen Expositionen eine ausreichende Besonnung für den Baukörper und den Freibereich zu sichern, gehen hier die Mindestabstände mit jenen Orientierungswerten von 20 m tiefen Freibereichen konform, die bei einem vernetzten Bebauungskonzept für Langhäuser erarbeitet wurden (III.B 1.1). In Abhängigkeit von der Geländeneigung bis zu dem maximal vertretbaren Gefälle für eine horizontale, vertikale und zentrale Erschließungsform werden die mindestens erforderlichen sowie die anzustrebenden Abstände zur Grundstücksgrenze ermittelt.

1.2.1 Horizontale Doppelzeilen

Bei horizontaler Erschließung ist mit zunehmender Geländeneigung die Reduzierung der Distanz zur Grundstücksgrenze sowie zum gegenüberliegenden Gebäude aufgrund der Abstandsflächenbemessung, die an der Fassadenhöhe ausgerichtet ist, möglich. Bei stärkerem Gefälle wird infolge des Versprunges beim talseitigen Gebäude jene Fassade niedriger, die in Hangrichtung zeigt. Im Gegensatz zur Ebene sind daher auf rechtlicher Seite geringere Mindestdistanzen erforderlich, die aber aufgrund des Nutzungsanspruches und der damit zusammenhängenden Wohnqualität nicht zur Unterschreitung der für die ebene Lage ermittelten Mindesttiefen der Freibereiche (Kap. III.B 1.1) heranzuziehen sind. Demgegenüber werden in Abhängigkeit von der Geländeneigung die mindestens erforderlichen sowie die anzustrebenden Abstandsflächen zur Grundstücksgrenze ermittelt, die überdies infolge der Topographieanpassung im Außengelände bei höherer Steigung größere Tiefen erfordern.

Die nachfolgenden Angaben nehmen nur auf die Mindestabstände zwischen den Gebäudezeilen Bezug. Für breitere Vernetzungsflächen und eine weitestgehende Erhaltung des ursprünglichen Geländes sind aber größere Freibereichstiefen wünschenswert. Es wurden die erforderlichen Mindestabstände sowohl bei 9 m tiefen Lang- als auch bei Breithäusern von 5,5 m für jene Neigungen erstellt, die bei Gebäudeversprüngen von 1/4, 1/2, 1 Geschoß usw. am besten geeignet sind. In Schnittfolge 12 ist auf Erschließungsseite eine 1 m breite Podestfläche, die zur Anbindung an Treppen dient, zugrunde gelegt. Ausgangspunkt der Berechnung bildete jene Steigung, bei der beim Übertragen der für die Ebene ermittelten Mindestabstände bereits Einschränkungen in der Außengeländegestaltung auftreten. Diese Distanzen sind zwar noch vertretbar, aber größere Abstände sind anzustreben.

Für die Erarbeitung der **Mindestabstände zwischen den Gebäuden** wurde bei den einzelnen Neigungsbereichen in der Regel eine **dreiteilige Einstufung** vorgenommen (Schnittfolge 12):

■ Diese Entfernung wird als zu gering betrachtet.

◨ Erforderliche Mindestdistanz.

☐ Dieser Abstand sollte wenn möglich als Mindesttiefe im Bebauungskonzept angestrebt werden. Bei dieser Tiefe des Freibereiches ist eine weitestgehende Erhaltung des ursprünglichen Geländes im Bereich III (S. 194 ff.) möglich.

Bei dieser Einstufung wird das Ausmaß der Erdbewegungen mit der dementsprechenden Abböschung den leicht geneigten, für eine Nutzung geeigneten Flächen, gegenübergestellt. Dabei ist jeweils die Tiefe des nur leicht abfallenden intensiv nutzbaren Grünbereiches, der

Böschungswinkel und die Mindestbreite der extensiven Grünfläche an der Grundstücksgrenze angegeben. Ein in allen Bereichen vernetztes Bebauungskonzept ist an den für die Ebene erarbeiteten Abstandsflächen, die Vernetzungsbreiten von 5-6 m ermöglichen, zu orientieren. Sofern die in Steilhangsituationen anzustrebenden Mindestdistanzen größere Tiefen der Freibereiche vorsehen, sind diese Angaben heranzuziehen.

Die bei einer Standortveränderung der Terrasse aus dem verschatteten Gebäudenahbereich erforderliche Gartentiefe ist angeführt. Die daraus abgeleiteten größeren Mindestabstände werden auch aus Gründen der Topographieanpassung im daran anschließenden Bereich erforderlich. Gleichfalls ist auch bei geringerem Gefälle die bei einer Verlegung der Terrasse (Kap. III.A 2.2.2) notwendige Mindesttiefe des Freibereiches und der daraus resultierende größere Mindestabstand zu berücksichtigen (Kap. III.A). Die Einstufung für die mindestens notwendige Distanz zwischen den Zeilen wurde anhand von Gebäuden und Terrassen ohne Stützkonstruktion sowie an den der Hangneigung entsprechenden Mindestanforderungen für die Außengeländegestaltung vorgenommen.

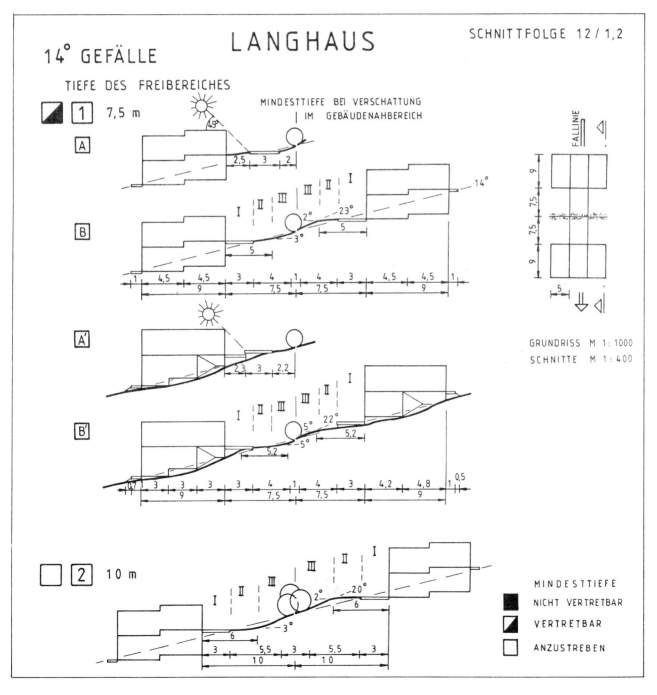

LANGHAUS — SCHNITTFOLGE 12 / 1,2

14° GEFÄLLE

TIEFE DES FREIBEREICHES

GRUNDRISS M 1:1000
SCHNITTE M 1:400

MINDESTTIEFE
NICHT VERTRETBAR
VERTRETBAR
ANZUSTREBEN

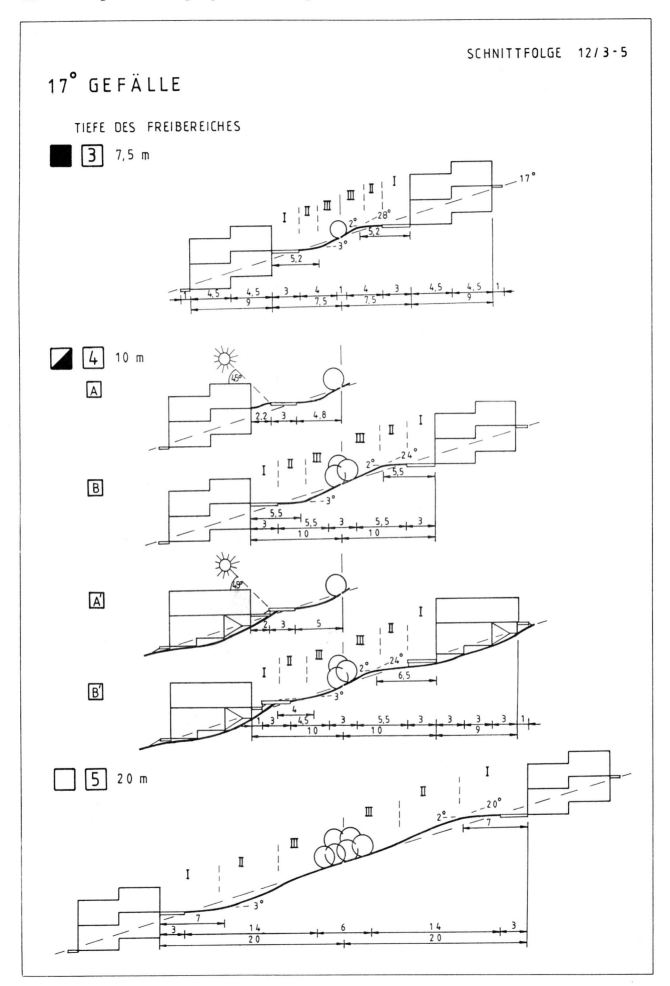

SCHNITTFOLGE 12/3-5

17° GEFÄLLE

TIEFE DES FREIBEREICHES

Die Geländeanpassung bzw. ihre Erhaltung wird dabei gemäß Kap. III.A 2.3.1 in drei Bereichen - dem Gebäudenahbereich (I), der Übergangszone (II) und dem Bereich III, der dem ursprünglichen Gelände entspricht, unterschieden. Soweit es möglich war, wurde das Gefälle in den hangorientierten Rasenzonen auf 2° bzw. bei einer talseitigen Ausrichtung auf 3° beschränkt. In der Folge war bei einer größeren Steigung des Hanges eine stärkere Neigung in der Übergangszone (II) notwendig. Somit konnte eine ausreichende Topographieanpassung gewährleistet sowie Aufschüttungen und Abgrabungen über 80 cm vermieden werden. Für die intensive Nutzung wird ein Gewinn an breiteren, nur leicht geneigten Flächen, durch größere Gartentiefen erreicht. Gleichzeitig werden für die extensiven Grünbereiche geringere Böschungsneigungen erzielt, deren Gefälle fließend in jenes des ursprünglichen Geländes übergehen sollte. Bei den anzustrebenden Distanzen stand die Erhaltung der Ausgangssituation im Bereich III im Vordergrund. In Abhängigkeit von der Bebauung mit Doppel- oder einfachen Zeilen und dem Gebäudetyp werden bei den Vorgaben für die Mindesttiefen der Freibereiche jene Abstände als Grundlage herangezogen, die für die Ebene aufgrund einer angestrebten Grünvernetzung oder der Nutzeransprüche erforderlich waren.

Die ermittelten Mindestabstände zwischen Gebäude und Grundstücksgrenze von 7,5 m bei **Langhäusern** sind bis zu einem 14° steilen Hang noch vertretbar (Schnitt 1B). Aus Gründen der Wohnqualität sind von der ebenen Lage ausgehend mit zunehmender Steigung aber Distanzen von 10 m anzustreben (Schnitt 2), die ab einem Hangwinkel von 17° als Mindestanforderung vorzusehen sind (Schnitt 4B). Demgegenüber ist im Bebauungskonzept jedoch ab dieser Neigung eine Tiefe des Freibereiches von 20 m anzustreben (Schnitt 5). Aufgrund der notwendigen Entfernung zur Grundstücksgrenze von wenigstens 20 m (Schnitt 7), bildet ein ca. 22° steiler Hang die obere Grenze für eine Bebauung mit Langhäusern. Dabei ist - auch im Rahmen dieser Mindestanforderungen - eine Aufstützung der Terrasse sowie eine Geländebewegung von 9° beim hangorientierten bzw. von 8° beim talseitigen Freibereich notwendig. Bei 20° ist aber eine Tiefe des Gartens von 25 m anzustreben (Schnitt 8). Eine Unterteilung des Freibereiches in mehrere 5° geneigte, übereinanderliegende Flächen mit einer starken Abböschung der extensiv zu nutzenden Zwischenzonen ermöglicht, sogar bei dieser Geländeneigung und einer Mindesttiefe des Gartens von 20 m, etwas breitere intensiv zu nutzende Flächen (Schnitt 7B). Dabei ist im Bereich III eine Erhaltung des Geländes fast in gleicher Weise wie bei einem 25 m tiefen Freibereich möglich. Bei 22° sollte das Erdgeschoß nur eine Tiefe von 5 oder 6 m aufweisen, um zu starke Einschnitte in den Hang zu vermeiden. Bei größeren Steigungen verbleiben demzufolge bei einem Freibereich auf mehreren Ebenen mit einem seitlichen Gefälle von 5° - selbst bei einer Mindesttiefe von 25 m - nur schmale Flächen für die Nutzung (Schnitt 9B, 10B). Die Erhaltung des ursprünglichen Geländes in Bereich III ist dabei gewährleistet. Die unzureichenden Verhältnisse für die Nutzung können durch größere Tiefen nicht verbessert werden. Aufgrund der problematischen Nutzung des Außengeländes, den erheblichen Mindesttiefen des Gartens von 25 m und einem Versprung im Gebäude von mehr als 2 Geschossen ist bei **Geländeneigungen über 22° das Breithaus vorzuziehen.**

Bis zu einer Neigung von 20° ist bei Doppelzeilen mit Langhäusern die **Anwendung umweltschonender Bauweisen** möglich. Diese wird an Hängen von 14°, 17° und 20° an den Mindesttiefen des Gartens veranschaulicht (Schnitt 1B',4B'). Dadurch werden die auch bei diesen geringen Distanzen möglichen Verbesserungen bezüglich der Erhaltung des Hangwasserhaushaltes sowie des ursprünglichen Geländes in Zone III hervorgehoben. Die hier beispielhaft dargestellte umweltschonende Bauweise kann auch bei allen nachfolgenden Ausarbeitungen umgesetzt werden. Die auf diese Weise bebaubare größtmögliche Neigung resultiert aus der in Kap. III.A 2.2.2 erarbeiteten Begrenzung durch den Baukörper.

Die **Ergebnisse** zu den **Freiflächentiefen** gelten entsprechend der Auswertung nicht nur für die in Schnittfolge 12 konkret dargestellten Geländewinkel, sondern auch für die unmittelbar ober- und unterhalb liegenden Neigungsbereiche. Beim Langtyp hat z.B. die Tiefe von 20 m nicht nur für einen 17° steilen Hang, sondern auch für das Spektrum von 15° - 19° Gültigkeit.

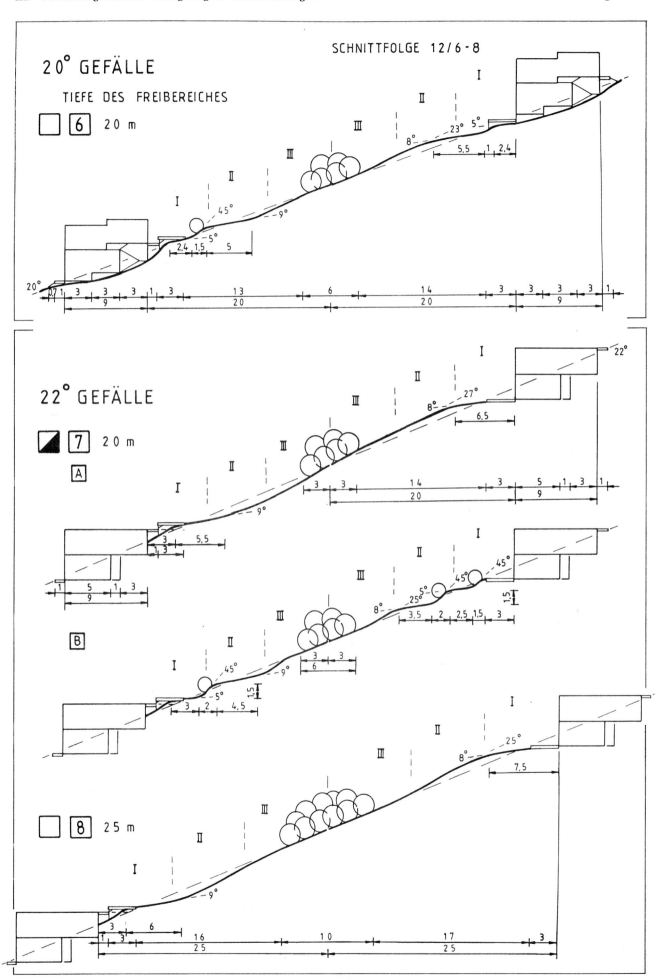

SCHNITTFOLGE 12/6-8

20° GEFÄLLE

TIEFE DES FREIBEREICHES

6 20 m

22° GEFÄLLE

7 20 m

A

B

8 25 m

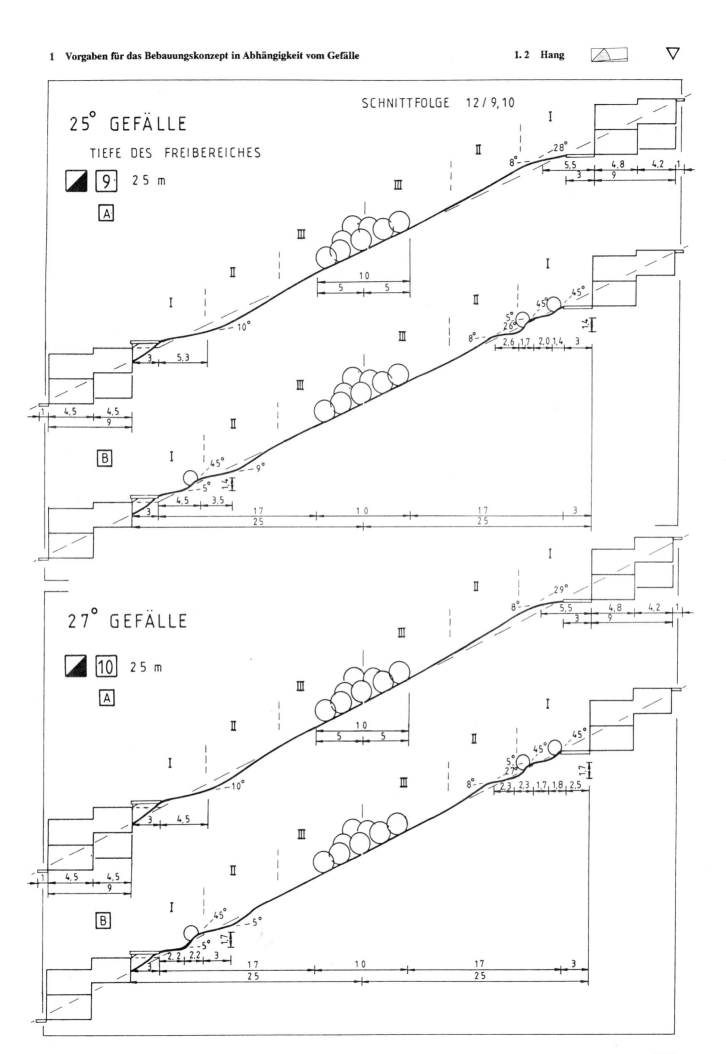

SCHNITTFOLGE 12 / 9,10

25° GEFÄLLE

TIEFE DES FREIBEREICHES

9 25 m

A

B

27° GEFÄLLE

10 25 m

A

B

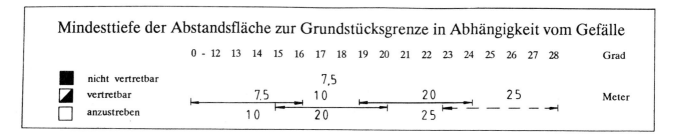

Mindesttiefe der Abstandsfläche zur Grundstücksgrenze in Abhängigkeit vom Gefälle																	

0 - 12 13 14 15 16 17 18 19 20 21 22 23 24 25 26 27 28   Grad

- ■ nicht vertretbar — 7,5
- ◪ vertretbar — 7,5 ... 10 ... 20 ... 25 — Meter
- □ anzustreben — 10 ... 20 ... 25

In gleicher Weise deckt das Resultat für ein 22° geneigtes Gelände die Spanne von 19° - 24° ab. Ab einem Gefälle von 17° (Schnitt 4B) ist bei den Mindestdistanzen auch eine Breite des Vernetzungsstreifens von 3 m gegeben, die bei den mindestens anzustrebenden Abstandsflächen bei allen Neigungen gewährleistet ist.

Die für das Langhaus erarbeiteten Aussagen gelten analog auch für das **Breithaus**. Bei diesem ist im Bereich III die als vertretbar geltende der anzustrebenden Breite des extensiv zu nutzenden Vegetationsstreifens gegenübergestellt (Schnittfolge 13). Da gegenüber dem Langhaus die Tiefe des Freibereiches geringer ist, sind breitere, gestrichelt dargestellte Vernetzungselemente erstrebenswert (vgl. Kap III.B 1.1). Die Mindesttiefe von 5 m ist bis zu einer Neigung von 15° zwar noch vertretbar (Schnitt 1), es sollten aber, auch in Anbetracht der eingeschränkten Sicht beim talseitigen Freibereich, 7,5 m oder größere Tiefen angestrebt werden (Schnitt 2B). Dadurch erfolgt beim gegegenüberliegenden hangseitigen Freibereich auch eine Erhöhung der Wohnqualität, die durch den oberhalb gelegenen Baukörper bei diesen geringen Distanzen ebenso erheblich gemindert ist. Bei 19° entspricht die Mindesttiefe einem Wert von 7,5 m bzw. von 10 m bei 23°. Mit einer mindestens erforderlichen Gartentiefe von 15 m ist 29° als obere Grenze für eine Bebauung mit Breithäusern zu betrachten. Der bei diesem Gefälle anzustrebende Abstand von 20 m entspricht bei noch stärkerem Steilabfall den Mindestanforderungen. Die Nutzung des Freibereiches auf zwei leicht geneigten Flächen ist bei 23° sinnvoll (Schnitt 11B) und bei stärkerer Neigung notwendig (Schnitt 12,13).

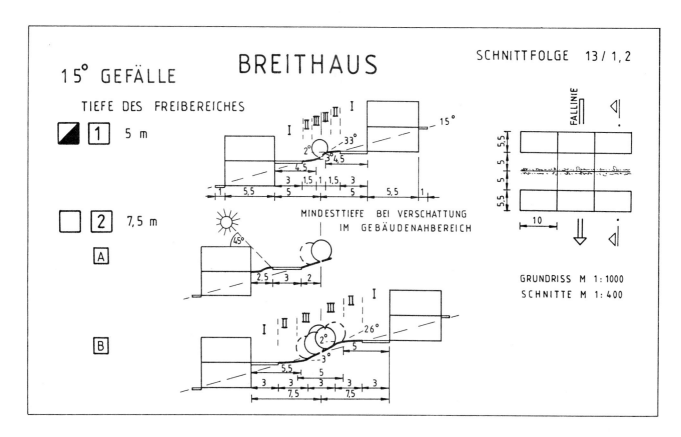

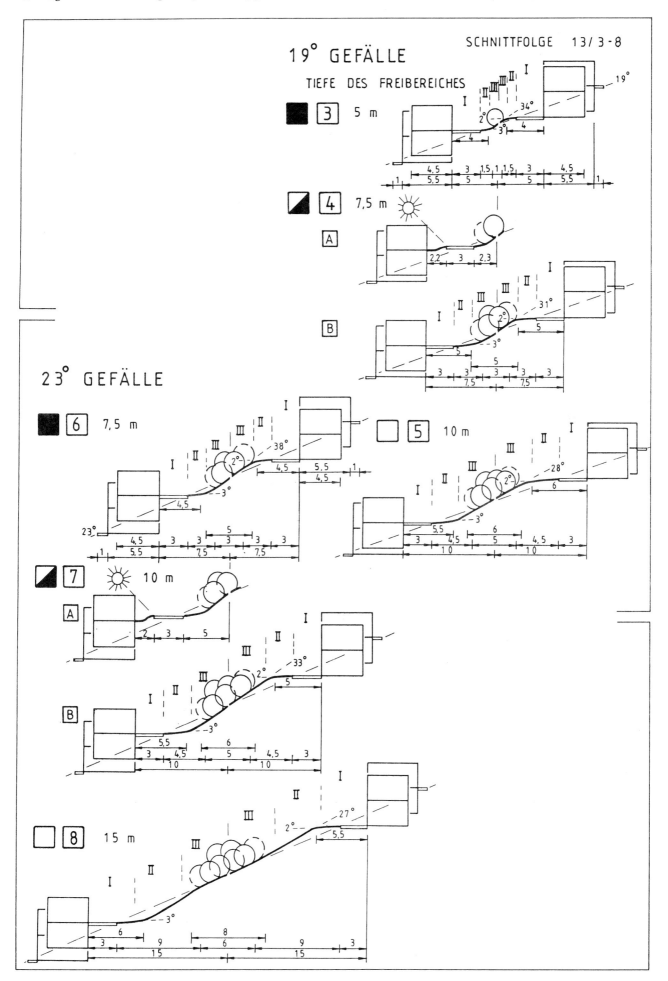

19° GEFÄLLE

TIEFE DES FREIBEREICHES

SCHNITTFOLGE   13/ 3 - 8

23° GEFÄLLE

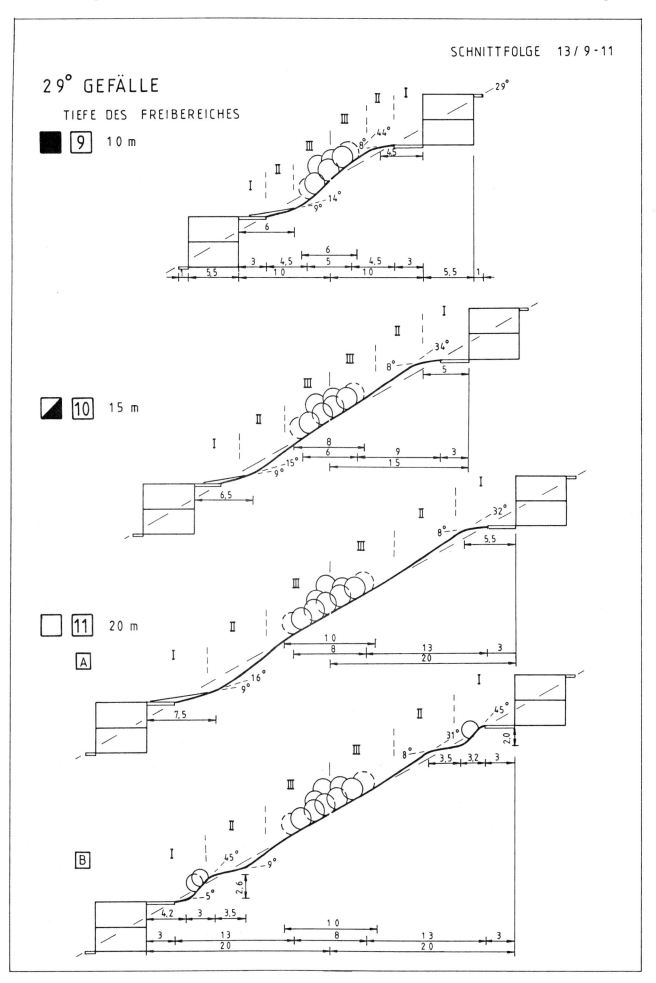

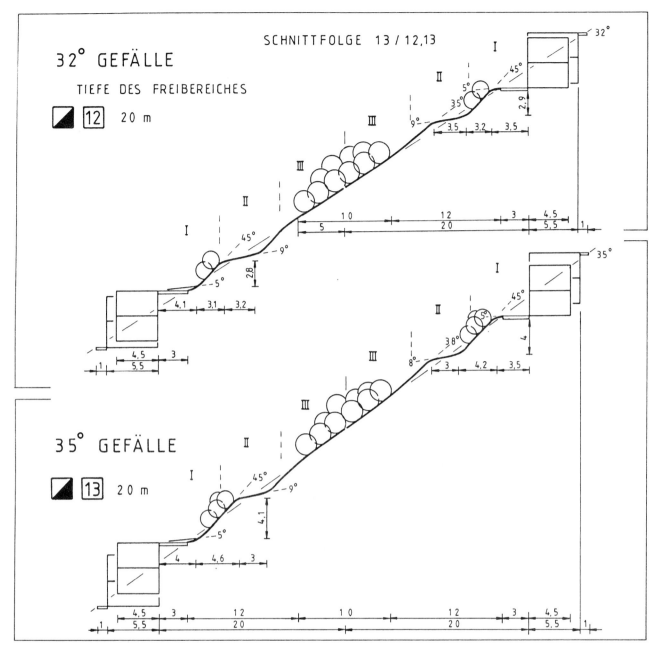

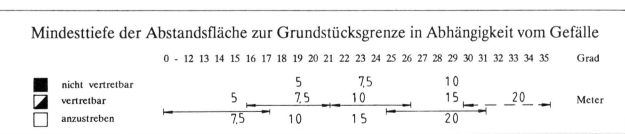

Mindesttiefe der Abstandsfläche zur Grundstücksgrenze in Abhängigkeit vom Gefälle

Aber auch bei einer derartigen Gestaltung des Außengeländes ist bei einem über 29° geneigten Hang, infolge der großen Höhenunterschiede zwischen den beiden leicht geneigten Flächen, die Nutzung eingeschränkt. Dies spricht neben der problematischen Einbindung in das Landschaftsbild und der schwierigen baulichen Durchführung bei Höhenversprüngen von mehr als 2 Geschossen **gegen eine Bebauung** bei so starkem Gefälle (Schnitt 12,13). Diese Einschätzung kommt in der Auswertung durch die gestrichelte Darstellung der erforderlichen Abstandsflächen bei Neigungen **über 29°** zum Ausdruck.

1.2.2 Einfache Zeilen parallel zu den Höhenlinien

Diese Bauweise wird gegenüber Doppelzeilen aufgrund des talseitig orientierten Freibereiches aller Wohneinheiten häufiger angewendet. Die flächensparendste Erschließungsform mit direkt an den Gebäudeeingang angeschlossenem Fußweg ist zu befürworten, speziell mit zunehmendem Gefälle (Schnittfolge 14). Aus Gründen der Wohnqualität sind nach Möglichkeit jene Mindestabstände, die für die ebene Lage erarbeitet wurden, zu vermeiden. Diese Distanzen sind bezüglich der Außengeländegestaltung beim Langhaus ab einer Neigung von 13° (Schnitt 1) bzw. beim Breithaus ab 17° (Schnittfolge 15/1) nicht mehr vertretbar.

Bei **Langhäusern** ist eine Mindestentfernung zur Grundstücksgrenze von 10 m bei 13° (Schnittfolge 14/2) und von 12 m bei 16° erforderlich (Schnitt 5). Ab 21° ist eine aufgestützte Terrasse und eine bereits im Anschluß an das Gebäude leicht geneigte Rasenfläche notwendig, um möglichst breite Flächen für die intensive Nutzung zu erzielen (Schnitt 8,9). Der erforderliche Mindestabstand wird bei 21° auf 15 m (Schnitt 8) bzw. bei einer Neigung von 23° - der oberen Grenze für eine Bebauung mit Langhäusern - auf 20 m erhöht (Schnitt 11A). Bei einem derartigen Steilabfall sollte das untere Geschoß auf Hangseite nicht ausgebaut werden (Schnitt 10-12). Bei 20 m kann durch eine Nutzung auf zwei leicht geneigten Flächen das ursprüngliche Gelände im Bereich III genauso erhalten werden (Schnitt 11B) wie bei dem anzustrebenden Abstand von 25 m, sofern bei diesem nur die direkt an die Terrasse anschließende Fläche genutzt wird (Schnitt 12). Bei größerer Steigung ist die intensive Nutzung auf zwei leicht geneigten Flächen in Bereich I und II erforderlich, um die Mindestanforderungen bei den Erdbewegungen und möglichst breite nutzbare Flächen zu erzielen (Schnitt 13,14).

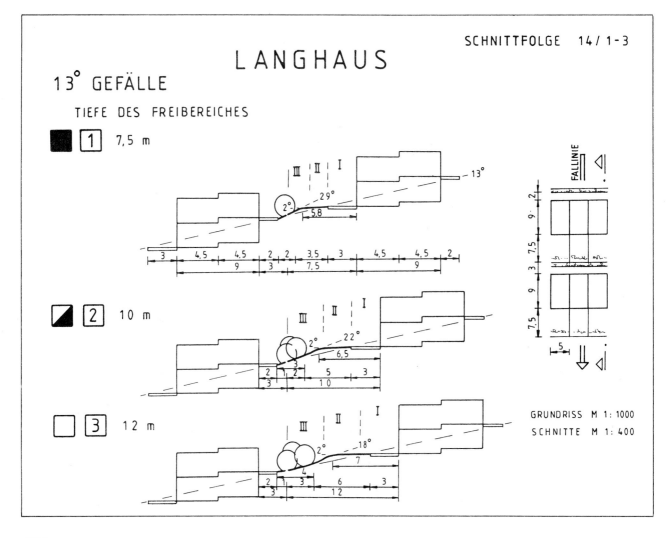

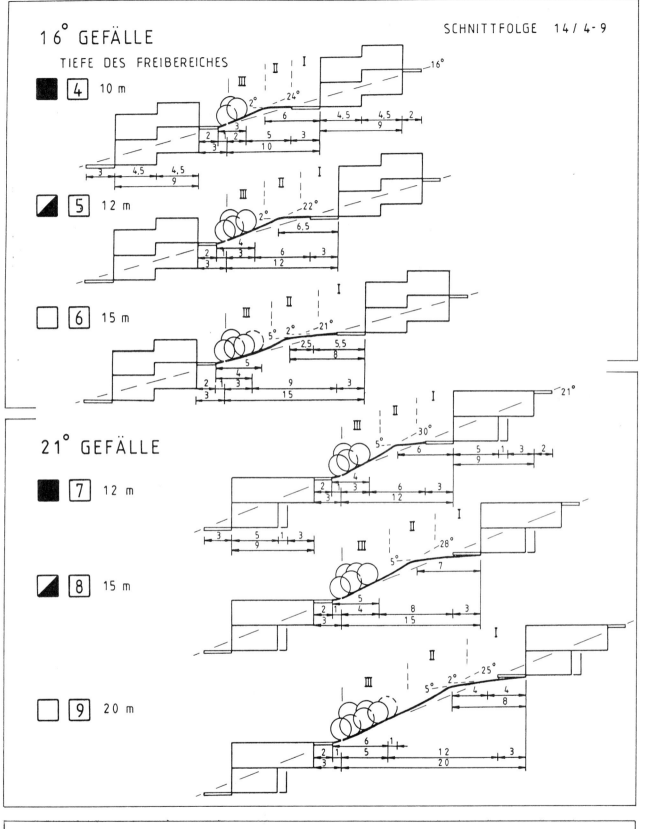

16° GEFÄLLE

TIEFE DES FREIBEREICHES

SCHNITTFOLGE 14 / 4-9

◼ [4] 10 m

◥ [5] 12 m

☐ [6] 15 m

21° GEFÄLLE

◼ [7] 12 m

◥ [8] 15 m

☐ [9] 20 m

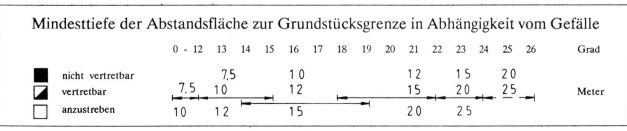

Mindesttiefe der Abstandsfläche zur Grundstücksgrenze in Abhängigkeit vom Gefälle

	0 - 12	13	14	15	16	17	18	19	20	21	22	23	24	25	26	Grad
◼ nicht vertretbar			7,5		10					12		15		20		
◥ vertretbar	7,5	10			12					15		20		25		Meter
☐ anzustreben	10	12		15						20		25				

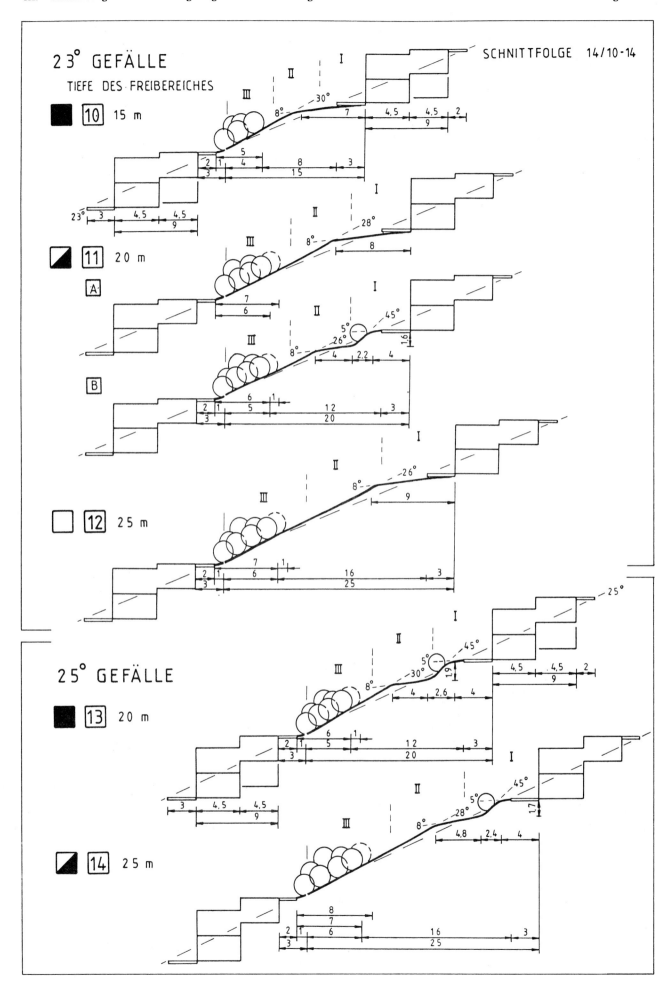

23° GEFÄLLE

TIEFE DES FREIBEREICHES

SCHNITTFOLGE   14/10-14

▪ 10 15 m

◪ 11 20 m

Ⓐ

Ⓑ

☐ 12 25 m

25° GEFÄLLE

▪ 13 20 m

◪ 14 25 m

Obwohl diese Gestaltung des Außengeländes auch **bei 25°** noch vertretbar ist, sollte aufgrund des Versprunges von 2 1/2 Geschossen im Gebäude und der schwierigen Einfügung der Baumasse in das Landschaftsbild nicht auf Langhäuser zurückgegriffen werden (siehe Auswertung). Bei dieser Neigung sind **Breithäuser besser geeignet.**

Beim **Breittyp** sind bei 17° die in der Ebene notwendigen Entfernungen von mindestens 6 m nicht mehr vertretbar (Schnittfolge 15/1). Die Mindestdistanz beträgt bei diesem Gefälle 7,5 m (Schnitt 2) und wird bei 27° bis auf 12 m erhöht (Schnitt 8). Ab dieser Steigung ist eine Aufstützung der Terrasse notwendig (Schnitt 8,9). Aus der Auswertung wird ersichtlich, daß ebenso wie bei horizontalen Doppelzeilen eine **Bebauung über 29° nicht vorzusehen** ist.

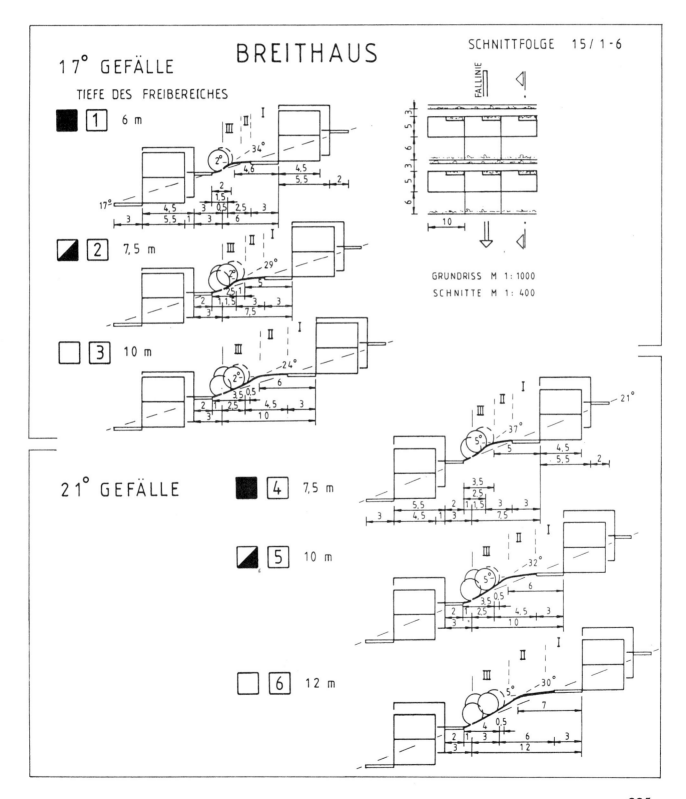

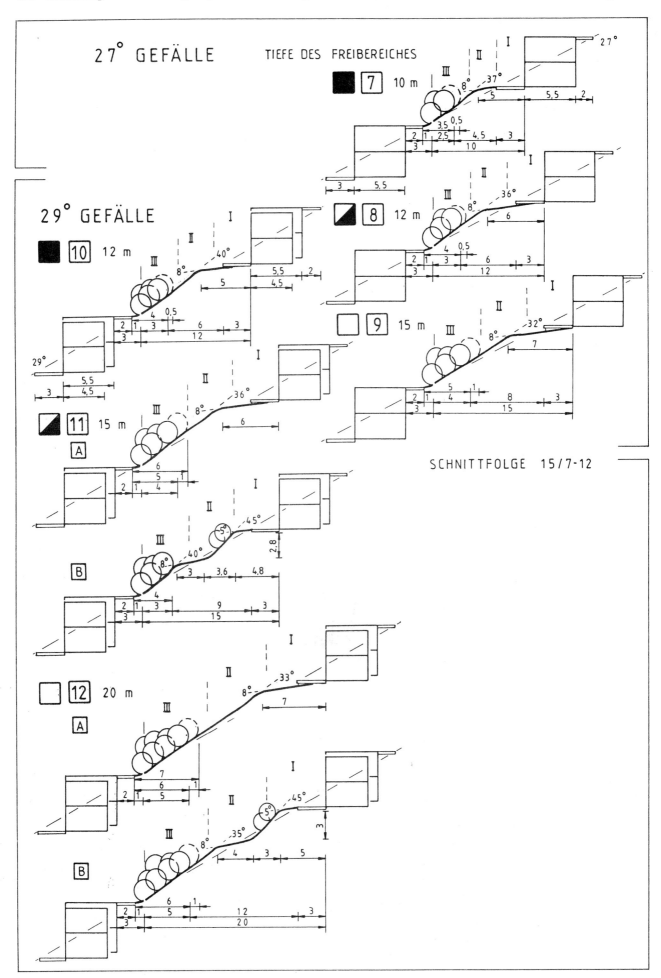

27° GEFÄLLE   TIEFE DES FREIBEREICHES

29° GEFÄLLE

SCHNITTFOLGE 15/7-12

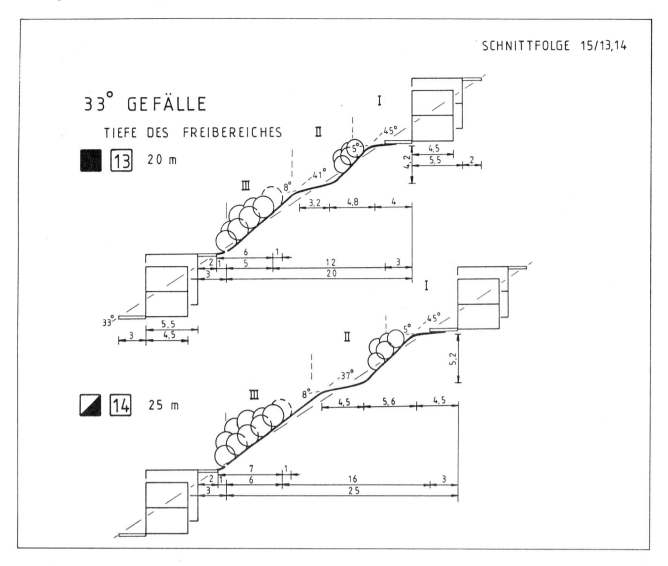

SCHNITTFOLGE 15/13,14

33° GEFÄLLE

TIEFE DES FREIBEREICHES

13 20 m

14 25 m

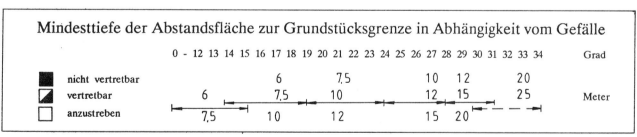

Mindesttiefe der Abstandsfläche zur Grundstücksgrenze in Abhängigkeit vom Gefälle

	0 - 12 13 14 15 16 17 18 19 20 21 22 23 24 25 26 27 28 29 30 31 32 33 34	Grad
nicht vertretbar	6　　　　7,5　　　　　10　12　　　20	
vertretbar	6　　　7,5　　10　　　　12　15　　25	Meter
anzustreben	7,5　　10　　　12　　　　15　20	

Bei 29° und der erforderlichen Mindestdistanz von 15 m führt die Nutzung des Außengeländes auf zwei leicht geneigten Flächen zu erheblichen Erdbewegungen im Bereich III (Schnitt 11B). Diese Gestaltung ist erst ab der anzustrebenden Mindesttiefe von 20 m zu befürworten (Schnitt 12B). Bei noch stärkerem Steilabfall ist die in dieser Form erforderliche Nutzung auch bei tieferen Grundstücken nur unter großen Schwierigkeiten möglich (Schnitt 13,14). In Schnittfolge 14 und 15 ist die anzustrebende Breite des extensiv genutzten Vegetationsstreifens gestrichelt dargestellt. Die Böschungsbereiche sollten aber nach Möglichkeit in vollem Umfang für die Vernetzung herangezogen werden. Breithäuser sind ab Neigungen von 20° vorzuziehen, da bei größerem Gefälle geringere Erdbewegungen für die nutzbaren Flächen erforderlich sind. Die Nutzung des Außengeländes parallel zu den Höhenlinien, die gegenüber Langhäusern stärker zum Tragen kommt, verbessert dieses Verhältnis bei vertikalen Zeilen in noch stärkerem Maße.

227

1.2.3 Vertikale Erschließung

Bei dieser Bebauung wird die hohe Wohnqualität mit hang- und talorientiertem Blick im Freibereich durch eine Ausrichtung dieser Fläche auf die stärker besonnte Seite noch unterstützt. **Einfache Zeilen,** die gleiche Grundrisse und eine sonnenseitige Orientierung der Wohnräume ermöglichen, sind aus diesem Grunde in der Regel vorzufinden und stehen deshalb im Vordergrund der nachfolgenden Ausarbeitungen. Die vertikale Doppelzeile, wie beispielsweise im Untersuchungsbeispiel "Sistrans" (Kap. II.B 3), stellt eine Ausnahme dar. Bei der vertikalen Erschließung sind die Vorzüge für eine weitestgehende Aufrechterhaltung des Hangwasserhaushaltes durch die Vegetationsbereiche in der Fallinie mittels einer **in allen Bereichen vernetzten Grünstruktur** zu sichern (vgl. Kap. III.A 1.2.3). In gleicher Weise wie bei der horizontalen Bebauung werden in der Folge die Distanzen, die für die Ebene im Zusammenhang mit einer vernetzten Struktur erarbeitet wurden, herangezogen. Bei diesem Konzept ist ein **Mindestabstand zur Grundstücksgrenze von 10 m** beim Langtyp, der bei vertikalen Zeilen vorherrscht, notwendig. Bei geringer Hangneigung sind aber bereits 12 m anzustreben, um auf der einzelnen Parzelle eine Vernetzungsbreite von 3 m sicherzustellen. Bis zu einer Neigung von max. 18° ist das vernetzte Bebauungskonzept an den Abstandsflächen von 20 m, die für eine Vernetzungsbreite von 5-6 m erforderlich sind, zu orientieren. Demgegenüber entspricht bei einem über 18° geneigten Hang der Wert von 20 m der erforderlichen Mindestdistanz, die bei stärkerem Steilabfall noch erhöht wird.

Mit zunehmender Geländeneigung werden Abböschungen zwischen den einzelnen Freibereichen erforderlich, so daß die nutzbare Breite verringert wird. Dabei wird ein max. Böschungswinkel von 45° im Gebäudenahbereich (I) zugrunde gelegt, der mit zunehmendem Abstand vom Baukörper abzuflachen und an die ursprüngliche Geländeneigung anzupassen ist. Es sind aber im Gebäudenahbereich die in Schnittfolge 9/3B (S. 201), in Abhängigkeit vom Gefälle erarbeiteten max. Böschungswinkel anzustreben, so daß erst bei größeren Böschungstiefen Winkel von 45° zur Anwendung kommen sollten. Diese Angaben sind in der Übergangszone (II) als Mindestanforderung einzuhalten, die Ausführung ist jedoch an den anzustrebenden Böschungstiefen mit geringeren Böschungswinkeln zu orientieren (Schnittfolge 9/3A). In Schnittfolge 16 können demzufolge die Erfordernisse für die Mindestabstände zur Grundstücksgrenze am Gebäudenahbereich abgeleitet werden. Um die für die intensive Nutzung erforderlichen Flächen zu erhalten und eine Terrassierung mit Stützwänden zu vermeiden, soll die eingeschränkte Nutzungsbreite des Freibereiches durch eine entsprechende Mindesttiefe gesichert werden. Bei größerer Steigung wird zudem die Nutzung im Bereich III, in dem die ursprüngliche Geländeneigung zu erhalten ist, erschwert. Ab **4°** wird auf einer Seite des einzelnen Freibereiches bereits eine Abböschung notwendig (Schnitt 1). Aufgrund der Nutzungseinschränkung ist eine Mindesttiefe des Gartens von 12 m vorzusehen bzw. bei höherer Steigung von mindestens 15 m anzustreben. Eine Achsbreite über 5 m gewährleistet bei 8° eine stärkere Anpassung an die Topographie. Die Verringerung der nutzbaren Fläche durch die Abböschung auf beiden Seiten der einzelnen Parzelle kann dadurch bei 8° (Schnitt 2) sowie auch bei stärkerer Neigung ausgeglichen werden. Bei einem Achsmaß von 7,5 m und einer Gartentiefe von 15 m ist ein Freibereich von ca. 110 m² gegeben, welcher der Bezugsgröße flächensparender Bauweisen entspricht.

Ab einer Neigung von **13°** ist die Abstandsfläche von 15 m erforderlich, damit für die intensive Nutzung noch verhältnismäßig große Flächen verbleiben (Schnitt 3). Es sind jedoch 20 m, die den Orientierungswerten der Ebene entsprechen, als Mindestdistanz anzustreben. Bei einem seitlichen Versprung im Gebäude ist der Anschluß des Außengeländes auf beiden Gebäudeebenen (Schnitt 3,4) gegenüber der Anbindung auf nur einer Ebene zu befürworten. Dafür sprechen die geringeren Erdbewegungen sowie die insgesamt verbleibenden breiteren nutzbaren Flächen. Eine solche Gestaltung ist bei einer Achsbreite von 8,5 m, entsprechend dem Untersuchungsbeispiel von "St. Gallen" (Kap. III.B 4.2) bis zu 18° sinnvoll (Schnitt 4).

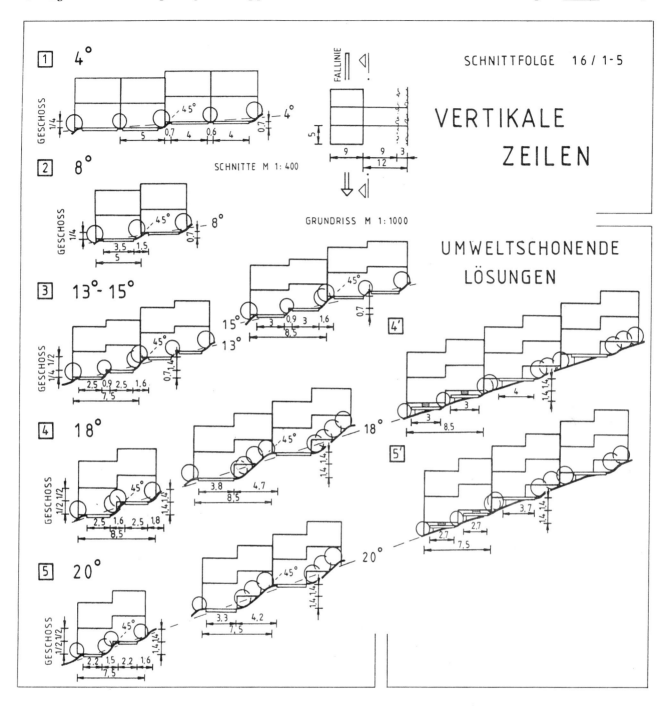

Im Außengelände verbleiben ab **20°** bei der Achsbreite von 7,5 m und in der Folge bei stärkerem Gefälle auch bei größeren Achsmaßen nur mehr geringe ebene Flächen (Schnitt 5), deren Breiten unter der Mindesttiefe von 2,4 m liegen /13, S. 33/, die bei Terrassenbebauungen für Terrassen notwendig sind. Ab dieser Neigung ist daher die Nutzung auf einer Ebene unumgänglich. Um im Gebäudenahbereich (I), aber speziell in der Übergangszone (II), eine ausreichende Breite zu gewährleisten, sind dafür mindestens 20 m tiefe Freibereiche einzurichten. Die Planung sollte aber an 25 m orientiert sein. Ab 18° werden die **Möglichkeiten im Außengelände bei umweltschonender Bauweise**, die auch nur Teile des Baukörpers betreffen kann, gezeigt (Schnitt 4'-8'). Bei aufgestützter Terrasse sind breitere nutzbare Flächen für diesen Bereich möglich (Schnitt 5'-7'). Bei aufgestütztem Baukörper bleibt das ursprüngliche Gelände mit nur geringen Erdbewegungen auch im Gebäudenahbereich fast vollständig erhalten. Bei der Gegenüberstellung des Terrassenanschlusses auf einer oder zwei Geschoßebenen (Schnitt 4',5') ohne Treppen ist ersterem der Vorzug zu geben.

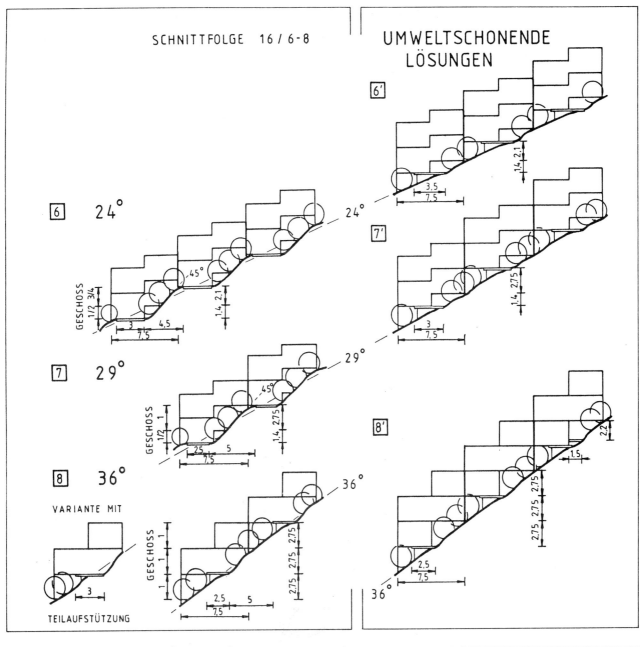

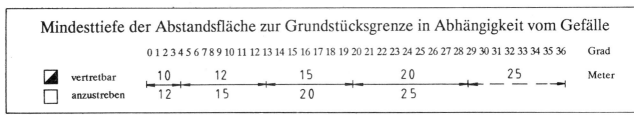

Auch bei einer Angliederung auf zwei Geschoßebenen ohne Aufstützung sollte nur eine Fläche befestigt werden. Zur Ermittlung des max. bebaubaren Gefälles sind 7,5 m als geringste
Achsbreite herangezogen worden. Bei 24° sind bei einem Versprung von 1/2 Geschoß im
Baukörper und einem 3/4-geschossigen Höhenunterschied zwischen den Gebäuden - auch bei
7,5 m - die Einschränkungen für die Nutzung bei mindestens 25 m tiefen Freibereichen vertretbar (Schnitt 6).

    Demgegenüber ist bei 29° mit einem Geschoß Versprung zwischen den Gebäuden für die
Terrasse nur mehr eine Breite von 2,4 m gegeben, die in den Rasenflächen, die auf jeden Fall
mit seitlichem Gefälle anzulegen sind, noch stärker reduziert ist (Schnitt 7). Diese Neigung ist

ebenso wie bei horizontaler Erschließung **als obere Grenze zu betrachten**. Von einer Bebauung stärker geneigten Geländes ist Abstand zu nehmen. Sofern aber **über 29°** steile Hänge zu bebauen sind, **eignen sich vertikale Zeilen besser**. Dies beruht auf der Nutzung der Freibereiche parallel zu den Höhenschichten, bei der eine stärkere Anpassung an die Topographie möglich ist. Dies ist aber nur mit Aufstützung der Terrasse oder zumindest eines Teilbereiches bis 36° vertretbar (Schnitt 8). In dieser Weise können auch durch ca. 1 - 1,5 m breite aufgestüzte Zonen im Anschluß an seitlich geneigte Rasenflächen die stark begrenzten nutzbaren Bereiche in Gebäudenähe verbreitert werden. Diese nur in begrenztem Umfang durchzuführende Maßnahme bietet sich auch bei geringerem Gefälle an. Durch eine **umweltschonende Bauweise** mit Aufstützung des Baukörpers oder auch nur einzelner Teile können ebenso Neigungen **bis 36°** bebaut werden (Schnitt 8'). Es sind dabei auch stärkere Erdbewegungen vertretbar, so daß die Gebäude nicht vollständig wie in Schnitt 4'-8' über dem Gelände errichtet werden müssen und somit nicht zu hoch über die Oberfläche hinausragen.

Die für einfache Zeilen in der Auswertung zusammengefaßten Mindestdistanzen zur Grundstücksgrenze haben ebenso für **Doppelzeilen** Gültigkeit, da die gleichen Anforderungen an die Außengeländegestaltung gestellt werden. Bei zweireihiger Erschließung ermöglicht die mindestens notwendige Entfernung von 10 m eine Vernetzungszone von 3 m Breite. Eine Verlegung der Terrasse aus Gründen der Verschattung ist bei diesem Abstand ebenso möglich. Die Terrasse sowie der für die intensive Nutzung herangezogene Teil des Freibereiches ist aber besser auf der stärker besonnten Seite einzurichten, wie dies bei der noch nicht fertiggestellten zweiten Zeile des Untersuchungsbeispieles "Sistrans" (Kap. II.B 4.1) vorgesehen ist. Für diese Seite gelten die der Auswertung zu entnehmenden Mindestdistanzen zur Grundstücksgrenze. Für den Teil des Freibereiches auf der weniger stark besonnten Seite sind bei einer extensiven Nutzung die gesetzlich vorgeschriebenen Abstandsflächen, die aber auf dem einzelnen Grundstück liegen müssen, ausreichend. Bei einer intensiven Nutzung im Gebäudenahbereich ist die Mindestdistanz von 10 m für die Vernetzung sinnvoll.

Den bisherigen Ausarbeitungen wurde ein gleichmäßiges Gefälle, das normalerweise vorzufinden ist, zugrunde gelegt. An der Unterkante des Hanges beim Übergang zur ebenen Lage treten aber hohle, an der Oberkante beim Wechsel zur Kuppe gewölbte Hangprofile auf. Es kann aber auch in den dazwischenliegenden Hangbereichen zu **Abweichungen von einer gleichmäßigen Neigung** kommen. Diese Unregelmäßigkeiten sind bei der vertikalen Zeile durch unterschiedliche Versprünge zwischen den Gebäuden aufzunehmen. Dies wurde auch in Sistrans (Kap. II.B 4.1) bei einem gewölbten Profil vor der bebauten Kuppe durchgeführt. In der Folge muß das Außengelände besonders zwischen den Terrassen aber auch an den anschließenden intensiv genutzten Bereichen zweier Wohneinheiten stärker abgeböscht werden. Demgegenüber ist eine ungleichförmige Steigung bei horizontaler Erschließung durch unterschiedliche Versprünge im Baukörper aufzunehmen. Eine größere Hangneigung kann durch ein stärkeres Gefälle in der Übergangszone (II), speziell aber in den anschließenden extensiv genutzten Grünflächen des Bereiches III, aufgenommen werden.

Durch die Kombination von horizontalen mit vertikalen Reihen sind bei der **zentralen Erschließung** besonders bei ungleichförmigem Gefälle umfassendere Möglichkeiten für eine Topographieanpassung und eine Aufnahme bestehender Geländeversprünge gegeben. Beispielsweise im Erschließungsbereich gibt es durch die Aufstützung von fußläufigen Verbindungen, Kommunikationsbereichen, Spielflächen, Stellplätzen usw. mehr Möglichkeiten sowohl für die Aufnahme des vorhandenen Reliefs als auch für die Erhaltung einer Vegetationsschicht. Da die für die horizontalen und vertikalen Zeilen erarbeiteten Aussagen bei der zentralen Erschließung in gleicher Weise gültig sind, kann die Systematik an dieser Stelle entfallen. Zudem sind die Lösungsmöglichkeiten in hängigem Gelände für eine systematische Aufarbeitung zu vielfältig. **29°** kann demnach auch hier, insbesondere aufgrund der Einschränkungen seitens der horizontalen Bebauung, als **obere Grenze** angesehen werden. Diese Vorgaben, die für das Bebauungskonzept systematisch für alle Geländeneigungen erarbeitet wurden, sind für die verbindliche Bauleitplanung zusammenfassend zu bewerten.

1.3 Eignungsbewertung

Durch die Kombination von einfachen Reihen, Doppelzeilen und zentraler Erschließung ist ein **Bebauungskonzept** mit dem **größtmöglichen zusammenhängenden und vernetzten Grünsystem**, unter Einbeziehung größerer Regenerationsbereiche, **anzustreben**. Auf seiten des Wohnumfeldes spricht die Raumbildung mit den erhöhten Möglichkeiten für die Anlage von Kommunikationsbereichen ebenso für die zentrale Erschließung wie die Eingriffskonzentration auf nur einzelne Flächen mit unterstützender Wirkung für eine vernetzende Struktur. Durch Unterbrechungen mit extensiv genutzten Vegetationsbereichen ist auch bei einfachen Reihen und Doppelzeilen eine Bebauung in kleineren Gruppen zugrunde zu legen. Bei einfachen Zeilen ist durch Gehölze zusätzlich eine Auflockerung zu schaffen und die Raumbildung zu unterstützen. Gegenüber Doppelzeilen kann der Freibereich jeder Wohneinheit auf die stärker besonnte Seite gelegt werden. Dieser Vorteil erfordert aber breitere Vernetzungsstreifen auf dem einzelnen Grundstück.

Die Mindestdistanzen zur Grundstücksgrenze des **in Teilbereichen verdichteten Bebauungskonzeptes** sollten nur Anwendung finden, wenn die für eine vernetzte Form erforderlichen Gebäudeabstände aufgrund des Baugebietszuschnittes nicht möglich sind (Abb. 119). Bei nördlich oder östlich orientierten Freibereichen sind aber Abstände von mindestens 10 m erforderlich (Abb. 115/1, S. 206), um eine Verlegung der Terrasse zu ermöglichen.

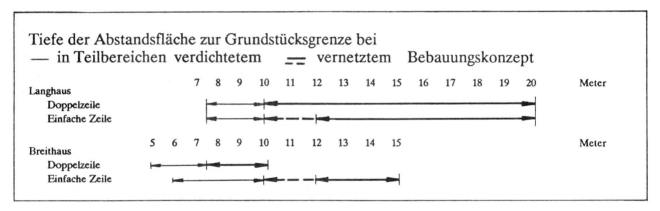

A b b. 119 Tiefe der Abstandsfläche zur Grundstücksgrenze in überwiegend ebenem Gelände (vgl. S. 204 ff.)

Die in Abb. 119 angeführten **Mindestdistanzen** sind als absolute untere Grenze für die Wohnqualität im Zusammenhang mit dem Freibereich zu betrachten. Die Entfernungen zwischen den Baukörpern entsprechen bei Breithäusern im wesentlichen den nach den Landesbauordnungen erforderlichen Abstandsflächen, deren Bemessung an der Belichtung der Wohnräume orientiert ist. Dabei kommt es zu keiner Unterscheidung bezüglich der Breite des einzelnen Freibereiches für Lang- oder Breittyp. Bei einem **Bebauungskonzept** ist aber jener **Abstand zur Grundstücksgrenze heranzuziehen, der eine Vernetzung** und somit einen Ausgleich auch auf dem einzelnen Grundstück **unterstützt**. Es sind die in Abb. 119 angeführten max. Freibereichstiefen, die eine Vernetzungsbreite von 5 - 6 m ermöglichen, anzustreben. Die Beeinträchtigungen im Anschlußbereich an diese für den ökologischen Ausgleich maßgebenden Flächen sind zusätzlich durch umweltschonende Bauweisen zu senken. Konstruktionen über der Geländeoberkante, auch mit Aufstützung von Teilbereichen des Baukörpers, sollten im Anschluß an diese vernetzten Zonen oder zumindest an größere Regenerationsbereiche gewählt werden.

Die Freihaltung von größeren extensiv genutzten Flächen sowie die vernetzte Gesamtstruktur ist in gewissem Maße von der Randerschließung des Baugebietes mit Straßen und der inneren Erschließung durch Fuß- und Wohnwege abhängig. Stichstraßen stellen dabei eine sinnvolle Ergänzung dar. Bei einer solchen Konzeption sollen **Sammelstellplätze** eingerichtet werden, deren Breite in Abhängigkeit von der Geländeneigung entsprechend Abb. 120 vorzusehen sind. Zur besseren Eingrünung sollten auch breitere Vegetationsstreifen eingeplant werden.

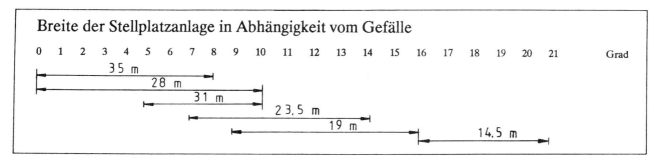

A b b. 120   Stellplatzanlagen mit 2 Erschließungsstraßen (vgl. S. 170 - 171)

Die **Mindestdistanzen** zur Grundstücksgrenze (Abb. 119) sind in überwiegend ebenem Gelände zwar noch vertretbar, sollten aber nach Möglichkeit nicht umgesetzt werden. Aufgrund der problematischen Außengeländegestaltung sind diese Abstände **mit zunehmendem Gefälle nicht mehr tolerierbar**. Die vertikale Erschließung bietet infolge des geringen Ausmaßes horizontaler Einschnitte umfassendere Möglichkeiten für eine Aufrechterhaltung des Wasserhaushaltes. Dieser Vorteil wird zusätzlich durch die höhere Wohnqualität eines tal- und hangorientierten Blickes im Freibereich unterstützt. Auch bei einer talseitigen Terrassen- und Gartenfläche kann der Erlebniswert bei horizontalen Zeilen durch zu geringe Distanzen gemindert und die Sicht ins Tal völlig oder weitgehend unterbunden sein. Die **Vorzüge von vertikal errichteten Reihen** auf seiten des Wasserhaushaltes sind **durch ein vernetztes Bebauungskonzept bei jeder Neigung zu sichern. Gleiches gilt für die zentrale Erschließung.**

Bei der Wahl einer **horizontalen Bebauungsform** müssen im Bebauungskonzept die verschiedenen Neigungsbereiche bezüglich ihrer Eignung für Lang- oder Breittyp gesondert Berücksichtigung finden (Abb 121.). Dies wird im Zusammenhang mit der Gebäudetiefe, dem Versprung im Gebäude sowie der eben angeschlossenen Erschließungsfläche betrachtet.

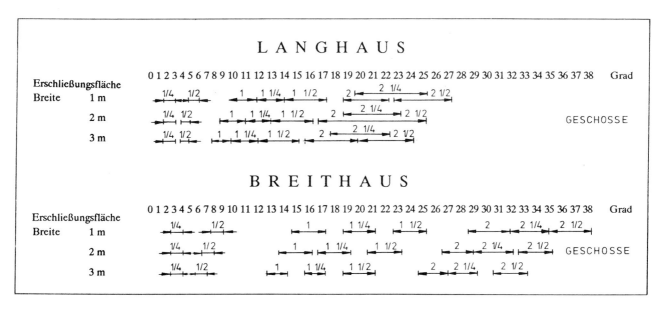

A b b. 121   Geschoßversprünge abhängig von der Geländeneigung und eben angeschlossener Erschließungsfläche bei horizontalen Zeilen (vgl. S. 181 ff.)

233

Die bei den **Mindestdistanzen** zur Grundstücksgrenze zu beachtenden **Abstände zwischen Terrasse und Baukörper** im Falle einer **Verschattung** im Gebäudenahbereich (Abb. 118/1, S. 211) sind Abb. 118 sowie den Auswertungen in Kap. III.A 2.2.2 (S. 181 ff.) zu entnehmen.

Die Nachteile, die gegenüber vertikalen Zeilen seitens des Hangwasserhaushaltes im Gebäudebereich entstehen, können durch die Aufstützung der Baukörper weitgehend ausgeglichen werden. Die Neigungsbereiche bei **umweltschonender Bauweise** sowie das max. auf diese Weise bebaubare Gefälle sind daher auch von Bedeutung (Abb. 122). Dies ist nach hang- oder talseitiger Terrasse bei 1 m breiten, eben angeschlossenen Erschließungsflächen differenziert (Kap. III.A 2.2.2).

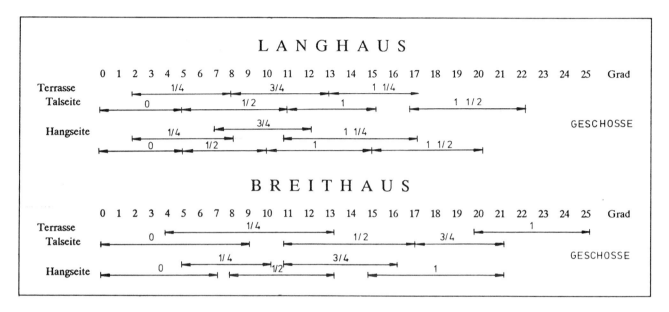

A b b. 122 Umweltschonende Lösungen für horizontal angeordnete Gebäude bei 1 m breiter, eben angeschlossener Erschließungsfläche (vgl. S. 182 ff.)

Bei **vertikal angeordneten Reihen** können durch Stützkonstruktionen die Erdbewegungen sowie die Störungen des Wasserhaushaltes im Gebäudebereich in noch stärkerem Maße gesenkt werden und bis zu 36° steile Hänge bebaut werden. Bei der Entwurfsausarbeitung einer vertikalen Erschließung muß jene Gebäudebreite einbezogen werden, die der Neigung entspricht (Abb. 123). Bei Berücksichtigung dieser Achsmaße haben die Abböschungen zwischen den Freibereichen zweier Wohneinheiten keine einschränkende Wirkung für die intensive Nutzung. Für die **zentrale Erschließung** sind diese Grundlagen unter Berücksichtigung der baulichen Einschränkungen bei horizontal angeordneten Gebäuden zugrunde zu legen.

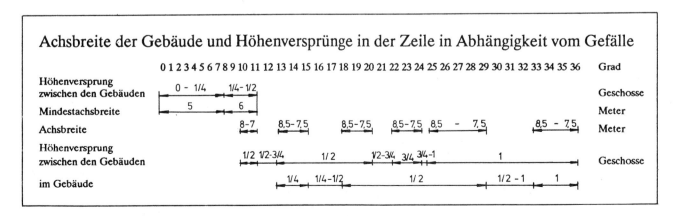

A b b. 123 Geschoßversprünge in Abhängigkeit von der Geländeneigung bei vertikalen Zeilen (vgl. S. 189 - 190)

Die Erschließungs- und Bebauungsform wird aber auch durch die bestehenden Siedlungs-
strukturen und in besonderem Maße durch den Zuschnitt des Baugebietes beeinflußt. Dabei
spielen die im Zusammenhang mit der **Geländeneigung vertretbaren Mindestdistanzen** eine
wesentliche Rolle (Abb. 124). Es ist aber von den **anzustrebenden Mindestentfernungen zur**
Grundstücksgrenze auszugehen, damit für die intensive Nutzung größere Flächen verbleiben
und eine stärkere Topographieanpassung gewährleistet ist. Auch bei geringem Gefälle, bei
dem die Außengeländegestaltung entsprechend Abb. 124 für die intensive Nutzung noch nicht
als begrenzender Faktor wirksam ist, sollte von den als noch vertretbar eingestuften Mindestdistanzen Abstand genommen werden. Dadurch sollen annähernd ähnlich große Mindest-
Nutzungsflächen wie in überwiegend ebenem Gelände erzielt werden.

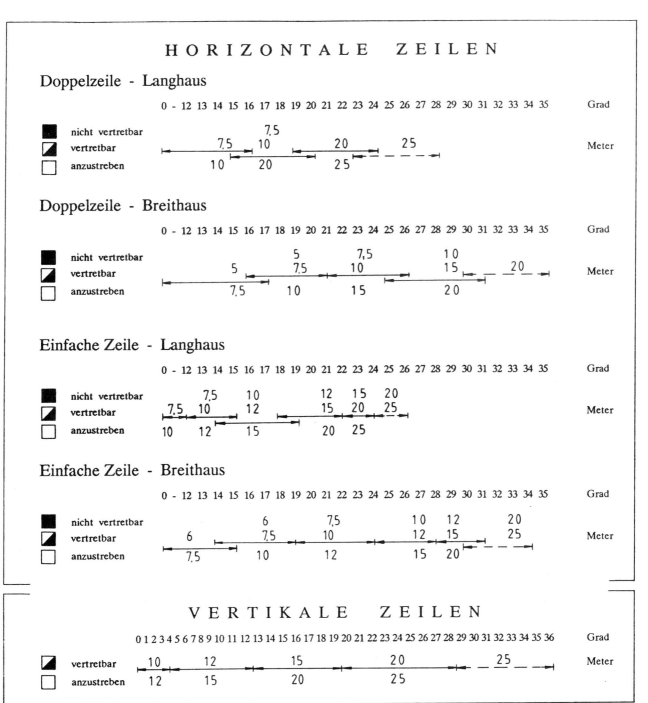

A b b. 124 Tiefe der Abstandsflächen in Abhängigkeit vom Gefälle (vgl. S. 213 ff.)

– – – Neigungsbereich, bei dem eine Bebauung als "problematisch" eingeschätzt wird

Abschließend werden die verschiedenen Erschließungsformen sowie die dabei max. vertretbare Geländeneigung hinsichtlich der verbleibenden nutzbaren Fläche und der Topographieanpassung in den Vegetationszonen bewertet. Mit zunehmender Steigung ist eine Nutzung des Außengeländes parallel zu den Höhenlinien infolge des günstigen Verhältnisses zwischen den Erdbewegungen und den damit zusammenhängenden Abböschungen mit der verbleibenden nutzbaren Fläche vorzuziehen. Aufgrund dieses Zusammenhanges sollte bei **horizontalen Zeilen ein Gefälle über 22° bei Doppel- sowie ab 25° bei einfachen Zeilen mit Breithäusern** bebaut werden (S. 215, 225), die aus demselben Grund auch bei geringerer Neigung vorzuziehen sind. Von der Bebauung eines Gefälles über 29° ist in beiden Fällen auch bei diesem Gebäudetyp Abstand zu nehmen (S. 221, 225).

Die noch bessere Relation zwischen Böschung und Nutzfläche und die daraus resultierende stärkere Topographieanpassung in den Vegetationsbereichen sowie die, im Vergleich zu horizontal errichteten Breithäusern, um vieles kürzeren Einschnitte im Gebäudebereich sprechen für **vertikale Zeilen.** Da diese Vorteile mit zunehmendem Gefälle an Bedeutung gewinnen, sollte diese Erschließungsform **ab 20° bzw. nach Möglichkeit auch bei geringerer Steigung** angewendet werden, sofern es die Abmessungen des Baugebietes ermöglichen.

Obwohl **über 29° geneigte Hänge** auch bei dieser Anordnung der Gebäudegruppierung für Siedlungszwecke ebenso nicht mehr herangezogen werden sollten (Abb. 124), sind vertikale Reihen bei einer umweltschonenden Außengeländegestaltung aber prinzipiell bis 36° vertretbar (S. 230 - 231).

Die Schnittfolgen 12 - 16 für horizontale und vertikale Bebauung haben in gleicher Weise für **schräg verlaufende Reihen** Gültigkeit. Hierbei kommen die Vorteile des parallel zu den Höhenlinien genutzten Außengeländes ebenso zum Ausdruck. Eine derartige Ausrichtung des Freibereiches wirkt sich besonders positiv im Falle einer **zweiseitigen Hangneigung** aus. Bei einem zusätzlichen seitlichen Gefälle ist aus Gründen einer leichteren und flexibleren Topographieanpassung die in Hanglage sehr vorteilhafte **zentrale Erschließung** sinnvoll. Bei dieser Form der Bebauung sollte gegenüber vertikal errichteten Gebäuden eine geringere Anzahl an horizontal angeordneten Baukörpern aufgrund der stärker eingeschränkten Außengeländegestaltung speziell bei stärkerem Gefälle vorgesehen werden. Außerdem sollten die Beeinträchtigungen des Hangwasserhaushaltes und des Kaltluftabflusses mittels Baulücken, die für extensiv genutzte Vegetationsflächen heranzuziehen sind, reduziert werden.

Abschließend zu den Geländeneigungen sind sowohl die **Abstände in der Fallinie** zwischen den einzelnen vertikalen Gruppierungen **als auch die waagrechten Distanzen zwischen** den verschiedenen horizontal angeordneten **Reihen** anzusprechen. In diesen Bereichen sind für die **Vernetzungsstreifen Breiten von mindestens 3 m vorzusehen** bzw. von **5-6 m anzustreben.** Bei einem in Teilbereichen verdichteten, nur bei horizontaler Erschließung zur Anwendung kommenden Bebauungskonzept sind extensiv genutzte 5-6 m breite Grünstreifen in der Fallinie einzurichten. Die Abstände zwischen den einzelnen Reihen sollten auf jeden Fall über den gesetzlich mindestens erforderlichen 6 m liegen, die sich aufgrund des jeweils 3 m breiten seitlichen Gebäudeabstandes ergeben. Grundsätzlich ist mit zunehmender Geländeneigung eine größere Distanz vorzusehen. Außerdem ist die **Länge der Zeilen** bei horizontal gruppierten Langhäusern auf 5 bzw. beim Breithaus auf 3 Gebäudeeinheiten (S. 156) sowie bei vertikalen Reihen auf max. 7 Baukörper **zu begrenzen** (S. 84).

Mit zunehmendem Gefälle wird die in allen Bereichen vernetzte Grünstruktur - aufgrund der erforderlichen höheren Distanzen zur Grundstücksgrenze - auch bei horizontaler Erschließung möglich und stellt somit einen wesentlichen Bestandteil einer Hangbebauung dar. In **Hanglage** ist durch eine **geringere bauliche Ausnutzung** den Erfordernissen der größeren Entfernungen zwischen den Gebäuden - auch hinsichtlich der hangspezifischen Problemkomplexe - Rechnung zu tragen. Ein vernetztes System basiert einerseits auf der Begrenzung der Bodenversiegelung, andererseits auf der Umsetzung der erforderlichen Entfernung zur

Grundstücksgrenze, die in hängigem Gelände auch die Grundlage für eine Topographiean-passung darstellt. Die Vorgaben zu den Distanzen der Gebäudezeilen sind somit in der Folge durch **quantitative Angaben zum Versiegelungsgrad** zu ergänzen. Die Grundstückstiefen nehmen mit der Neigung zu, differieren aber je nach Anordnung der Gebäude in der Fallinie oder parallel zum Hang sowie nach Wahl des Gebäudetyps. Daher ist es nicht möglich eine diesbezügliche generell gültige Quantifizierung direkt davon abzuleiten. Es scheint vielmehr zweckmäßig solche Vorgaben für die überwiegend ebene Lage aufzustellen und eine **prozentuale Reduzierung der Versiegelung in Abhängigkeit vom Gefälle** festzulegen. Diese Vorgangsweise ist in der Folge in der Planungspraxis auf ihre Zweckmäßigkeit zu überprüfen.

Um eine vernetzte Grünstruktur mit größeren Regenerationsbereichen zu erzielen, sind darauf aufbauend in weiterer Folge die mit der Bodenversiegelung zusammenhängenden Folgebelastungen durch Angaben zu den einzelnen Vergleichsgrößen, die diese Problemkomplexe erfassen, zu ergänzen.

2 Siedlungsökolische Eckwerte

Aus den Wirkungszusammenhängen bei Wohnbaumaßnahmen (Kap. II.C 2) geht hervor, daß die Einhaltung von Planungsvorgaben mit Hilfe der Vergleichsgrößen überprüfbar ist. Dies gilt sowohl in der Eignungsbewertung für die Forderungen zum Bebauungskonzept (Kap. III.B 1.3) als auch für die Gestaltungshinweise zur Objektplanung (Kap. III.A. 2). Für die Überprüfung werden siedlungsökologische Eckwerte zu den Vergleichsgrößen ausgearbeitet.

Grenzwerte bzw. Festlegungen auf gesetzlicher Grundlage zu den umweltpolitischen Handlungskategorien von Richtlinien, Normen etc. sind gegenüber nicht juristisch fundierten Richtwerten, Eckdaten, Mindeststandards u.a. zu unterscheiden. Im Bereich der sogenannten technischen Umweltschutzbereiche bestehen eine ganze Reihe von fachlich-wissenschaftlichen Empfehlungen zu Emissions- bzw. Immissionswerten. Soweit eine rechtliche Verankerung noch fehlt, haben sie beinahe schon einen gesetzlichen Rang eingenommen, da die Gerichte sich in Streitfällen auf diese Angaben berufen. Demgegenüber fehlen auf dem Gebiet des Natur- und Ökosystemschutzes, abgesehen von den "Roten Listen der gefährdeten Arten", die nicht diesen gerichtlichen Stellenwert einnehmen, relevante ökologische Qualitätsziele und Eckwerte /115, S. 53-54/. Die komplexen Wechselbeziehungen zwischen den einzelnen Faktoren des Naturhaushaltes und die mit dem einzelnen Standort zusätzlich sich verändernden Belastbarkeitsgrenzen erschweren es zudem, adäquate Umweltstandards zu quantifizieren. Es besteht weitgehend Übereinstimmung, daß es absolut richtige, zudem stets gültige Belastungswerte nicht geben kann, es sind aber temporär gültige Orientierungswerte zu formulieren /40, S. 432/. Die wissenschaftlich als zwingend notwendige Begründung der einzelnen Eckwerte als Mindeststandards kann aber nicht Aufgabe der Ökologie sein, sondern ist vielmehr die Aufgabe gesellschaftlicher und politischer Wertungen, um die anzustrebenden Umweltqualitäten festzulegen /92, S. 247/. Dabei ist zu berücksichtigen, daß sie den Wirkungszusammenhängen nur begrenzt gerecht werden können. Ihre mangelnde Genauigkeit und fehlende Dynamik ist durch sorgfältige Umweltbeobachtung und Anwendung des ständigen Fortschreibungsprinzips analog dem Stand der Technik zu ersetzen.

Die Präzision von Umweltqualitätszielen ist je nach der gebietskörperschaftlichen Planungsebene unterschiedlich und wird prinzipiell bei zunehmendem Abstand zur Bauleitplanung reduziert. Dies beruht auf der Hierarchie von vorsorgender Raumordnung und Einzelentscheidungen nach dem jeweiligen Fachplanungsrecht. Dies kommt in dem Spannungsfeld von Vorsorge- und Gefahrenabwehrprinzip zum Ausdruck. Ein siedlungsstrukturelles Regelwerk kann diesem Sachverhalt durch eine Bandbreite zwischen den dem Vorsorgeprinzip entsprechenden Orientierungswerten und dem der Gefahrenabwehr gemäßen Mindeststandards gerecht werden /39, S. 99/. Dadurch wird der Geltungsbereich, in dem planerische Ausgleichsmaßnahmen und abwägungsbedürftige Angaben erforderlich sind, nach oben und unten abgegrenzt. Dieser Ansatz berücksichtigt die Schwierigkeiten, daß es nur in Ausnahmefällen gelingt, Belastungswerte als Grenzwerte oder gar als Mindeststandards einzusetzen. Daher ist es unrealistisch, unveränderlich-restriktive Planungselemente einzuführen /39, S. 99/.

Neben den Problemen der naturwissenschaftlichen Absicherung haben Ökologen bisher gezögert, Eckdaten festzulegen, da zu vorsichtig formulierte Richtwerte zum Auffüllen bis an diese Grenzen mißbraucht werden könnten. Um dieser Problemstellung gerecht werden zu können, wird der Ansatz der Wertespanne aufgegriffen, durch welche die vorgegebenen abwägungsbedürftigen Grenzwerte abgesichert werden /39, S. 99/, aber in ihrer Struktur geändert. In der vorliegenden Arbeit werden in umgekehrter Weise die **Mindestanforderungen**, die aus der Auswertung hervorgehen und mit Ergebnissen aus anderen Forschungsarbeiten untermauert werden, **zur Eingrenzung des Geltungsbereiches der siedlungsökologischen Eckwerte den Orientierungswerten gegenübergestellt**. Diese sind teils von Forderungen aus der aktuellen Fachdiskussion abzuleiten, können grundsätzlich aber nur zu einem geringen Teil von bestehenden Bebauungsbeispielen hergeleitet werden. Ihre Umsetzbarkeit wird an einem unbebauten Gelände überprüft (Kap. IV. 1) und sind in der Folge in der Planungspraxis den Erfordernissen entsprechend fortzuschreiben.

Eine Vorsorgepolitik ist an der Funktionsfähigkeit der einzelnen Elemente des gesamten ökologischen Inventars und nicht an der Leistungsfähigkeit des Naturhaushaltes im Sinne von Mindeststandards auszurichten /92, S. 57/. Die Erstellung der Orientierungswerte als Zielvorgaben soll diesem Anspruch gerecht werden. Damit sind dynamische Entscheidungshilfen gegeben, die dem Prinzip der Umweltprophylaxe sowie jenem der Gefahrenabwehr von Folgebelastungen, die zu einer Leistungseinschränkung des Naturhaushaltes führen, gerecht werden. Dieser Entscheidungsspielraum ist nach der Beeinträchtigungsstärke in dem jeweiligen Gesamtraum und der Sensibilität des betroffenen Bereiches auszufüllen. Für die Durchsetzung von Umweltstandards im Bebauungsplan ist aber die politische Ebene, die in immer stärkerem Maße durch die Diskussion der Umweltprobleme in der Öffentlichkeit beeinflußt wird, von entscheidender Bedeutung. Entsprechend der ermittelten Wirkungsabfolge (S. 133) und mit der quantitativen Flächeninanspruchnahme beginnend, werden die Eckwerte zu den Naturfaktoren Boden, Vegetation und Wasser, jeweils von der Ebene ausgehend, ebenso für hängiges Gelände erarbeitet und im anschließenden Maßnahmenkatalog zusammengefaßt.

2.1 Quantitative Flächeninanspruchnahme

Zur Durchsetzung flächensparender Bauweisen wurden Maximalwerte für das durchschnittliche Bruttowohnbauland pro Einwohner in die fachliche Diskussion eingebracht /92, S. 255/. Die nachfolgenden Angaben beziehen sich auf die Bruttowohnbaulandfläche je Einwohner. Dies beinhaltet die Netto-Wohnbauflächen und die gemischten Bauflächen, die Bereiche für den Gemeinbedarf, die innere Verkehrserschließung sowie räumlich integrierte Grünareale und Sondergebiete. In Ballungszentren werden Durchschnittswerte von $120\,m^2$, in deren Randzonen und solitären Verdichtungsgebieten $150\,m^2$ und in ländlichen Bereichen 200 bis $250\,m^2$ vorgeschlagen. Diese auf stichprobenartigen, nicht repräsentativen Erhebungen basierenden Werte sind nicht als Vorgabe für einzelne Baugebiete gedacht, da hier zum Teil höhere Siedlungsdichten realisiert werden müssen, um im Durchschnitt insgesamt die genannten maximalen Sollwerte einzuhalten /92, S. 255/. In diesem Zusammenhang ist aber auch bei einem Baulandbedarf von $120\,m^2$/EW auf die in der Auswertung verzeichneten Folgebelastungen hinzuweisen, die bereits im Falle überwiegend ebenen Geländes auftreten (siehe S. 135). Daher wurde in der Auswertung grundsätzlich ein Bedarf von 150 - 200 m^2/EW. zur Diskussion gestellt (S. 143).

Zur stärkeren Berücksichtigung der Umweltbelange und zur Einbeziehung des bei zunehmendem Gefälle größeren Flächenbedarfes pro Einwohner (S. 237) wird aus diesem Grunde ein Handlungsspielraum zu den angeführten Werten des Baulandbedarfes vorgegeben. In Abhängigkeit von der Besiedlungsdichte wird nach **Ballungsräumen** mit einer Wertespanne von **120 bis 150 m^2/EW, Randzonen mit 150 bis 200 m^2/EW** und **ländlichen Bereichen mit 200 bis 250 m^2/EW** unterschieden. Dabei stellen die zuletzt genannten Werte jeweils die Mindestanforderungen dar. Der Handlungsspielraum wird durch die Orientierungswerte, die einen geringeren Flächenverbrauch zum Ziel haben und den in der Fachliteratur vorgeschlagenen Werten entsprechen, abgegrenzt.

Inwieweit es möglich ist, diese Begrenzung des Flächenverbrauches mit der qualitativen Flächeninanspruchnahme auch bei stärkerem Gefälle zu vereinbaren, wird bei der Umsetzung an einer unbebauten Situation diskutiert. Für diesbezügliche abschließende Aussagen ist eine flächensparende Erschließungs- und Bebauungskonzeption heranzuziehen, die sowohl einen möglichst geringen Baulandbedarf als auch einen hohen Anteil an Vegetationsflächen gewährleistet.

239

Dabei sind unterschiedliche Ausnutzungsvarianten abzuwägen und darauf basierend, abschließende Aussagen zu der quantitativen Flächeninanspruchnahme, auch in bezug auf die Lage des Gebietes in Ballungs- oder ländlichen Bereichen zu treffen. In diesem Zusammenhang sind dann ebenso Aussagen zur Berücksichtigung der Geländeneigung einzubeziehen.

2.2 Boden

Als weitere Grundlage für die unterschiedlichen Bebauungskonzepte, die im Rahmen der Folgerungen bei dem unbebauten Gelände gefordert werden, sind die in der Auswertung getroffenen Aussagen zum Verhältnis von versiegelter zu unversiegelter Fläche zu präzisieren. Der Versiegelungsgrad wirkt auf die übrigen Faktoren der qualitativen Flächeninanspruchnahme und ist bei dem BP-Konzept, auf dem der Bebauungsplan basiert, bereits in dem Maße einzugrenzen, daß ein Gesamtausgleich gewährleistet ist. In der Folge ist ein Mindestanteil an Vegetationsflächen im Rahmen der Objektplanung vorzugeben.

2.2.1 Versiegelungsgrad - Mindestanteil der Vegetationsfläche

Die auf dem Untersuchungsbeispiel von St. Gallen basierende Forderung nach einer Versiegelung von maximal 30 % im BP-Konzept (S. 143) kann durch Flächenbilanzen bei Reihenhausbebauungen aus anderen Forschungsarbeiten untermauert werden. Bei Heranziehung der im BP-Konzept relevanten Flächen wurde sowohl für die Gebäude als auch für die Grunderschließung - einschließlich der Stellplätze - eine durchschnittliche Befestigung von 46 % ermittelt /25, S. 94, 101/. Im Rahmen der Objektplanung sind weitere 11 % der privaten Grundstücke versiegelt, so daß die mittlere Gesamtversiegelung auf 57 % steigt mit Höchstwerten von 73 %. Die ebenso verzeichneten Minimalwerte von 43 % /25, S. 378/ können als richtungsweisend für die vorgesehene maximale Befestigung von insgesamt 30 % betrachtet werden. Dies ist aufgrund der durch die vorliegende Untersuchung belegten Versiegelungen von 4 - 6 % im privaten Freibereich (S. 129), die gegenüber der herangezogenen Forschungsarbeit mit durchschnittlich 11 % geringer ist, realistisch. Diese 30 %-Forderung wird auch durch das Entsiegelungspotential von 10 % untermauert /23, S. 14/, das sowohl für freistehende Einfamilienhäuser als auch für Reihenhausbebauungen, die zwar nur in geringem Umfang mitherangezogen wurden, ermittelt wurde. Dadurch wird auch der in der Auswertung für die Objektplanung aufgestellte Anspruch eines Mindestanteiles an Vegetationsfläche von 50 % am Bruttobaugebiet unterstützt (S. 143). Dabei kann die durchschnittliche Gesamtversiegelung bei Reihenhausbebauungen von 57 % herangezogen werden.

Die beiden Werte für die Mindestanforderungen von 30 % im BP-Konzept und besonders von 50 % in der Objektplanung gehen auch aus weiteren Forschungsergebnissen hervor. Beispielsweise wurde auch für Reihenhäuser eine Spanne von 30 - 50 % ermittelt /4/. Ebenso liegen Werte vor, die einer Gesamtbefestigung von ca. 45 % entsprechen /14, S. 12-13/. Bei diesem Bebauungstyp wurde auch eine geringe Schwankung der Versiegelung im Bereich zwischen 50 % und 60 % festgestellt /11, S. 93/. Die Begrenzung auf eine Maximalhöhe von 50 % ist auch in Anbetracht des Entsiegelungspotentials bei den bestehenden Bebauungen realitätsnah. Der vorgeschlagene Wert stellt aufgrund des auch vorzufindenden höheren Befestigungsausmaßes über 70 % /25, S. 378/ eine tatsächliche Einschränkung dar.

Die Einschätzung der **Mindestanforderungen** von **30 % im BP-Konzept** in Abwägung mit der quantitativen Flächeninanspruchnahme erfolgt anhand der geforderten Planungskonzepte. Dies gilt ebenso für Orientierungswerte, bei denen das umweltschonende Gesamtkonzept in noch stärkerem Maße im Vordergrund steht. Diese Werte können nicht an bestehenden Bebauungsbeispielen abgeleitet werden, sonst würde es nicht zu den Folgebelastungen in der vorliegenden Form mit der daraus in Fachkreisen resultierenden Auseinandersetzung zur Begrenzung von Beeinträchtigungen kommen.

Es wurde ein Anteil von 20 % an besiedelter Fläche für Wohnbereiche /39, S. 98/ bzw. von 25 % als siedlungsökologischer Eckwert in einer späteren Arbeit in die fachliche Diskussion gebracht /40, S. 433/. Da diese Werte für die Regionalplanung vorgesehen sind, bleiben Befestigungen im privaten Freibereich im Zuge der Objektplanung unberücksichtigt. Somit können sie für das BP-Konzept übernommen werden. Es werden diese **20 % als Orientierungswert** aufgegriffen, bzw. im Rahmen der Umsetzung ist ebenso ein Mittelwert von 25 % zu diskutieren. Diese richtungsweisenden Größen können nur anhand von Planungskonzepten durch Abwägung der Ausgleichsmöglichkeiten gegenüber der quantitativen Flächeninanspruchnahme belegt werden.

Die Mindestanforderungen und besonders der Orientierungswert zum BP-Konzept führen entgegen der gegenwärtigen Planungspraxis zu einer starken Begrenzung der Versiegelung. Daher sind Gebäude unter der Geländeoberfläche mit hohem Bodenauftrag und Anschluß der begrünten Dachflächen an angrenzende Vegetationszonen in diesen Werten nicht beinhaltet. Entsprechend der Auswertung werden im Rahmen der Mindestanforderungen unterirdische Bauwerke, z.B. **Tiefgaragen auf max. weitere 5 % des Baugebietes begrenzt** (siehe S. 143). Mit zunehmender Geländeneigung ist aber von dieser weiteren Möglichkeit einer quantitativ höheren Flächenausnutzung Abstand zu nehmen. Eine vollständige Begrenzung solcher Eingriffe ist als Orientierungswert vorgesehen. Von den Vorgaben zu den Mindestdistanzen zwischen den Gebäudezeilen in Abhängigkeit vom Gefälle (siehe S. 235) können keine Angaben zu den prozentualen Anteilen der Versiegelung abgeleitet werden. Aus den gestellten Anforderungen ebenso wie aus der Wirkungsanalyse und der Auswertung geht hervor, daß ein steigender Neigungswinkel eine geringere Versiegelung bedingt. Anbindend an die Werte für die überwiegend ebene Lage von 20 % bzw. 30 % im BP-Konzept, ist zusätzlich ein **Bezug zwischen Befestigung und Gefälle** herzustellen. Dafür wird bei den **Mindestanforderungen eine weitere Senkung um jeweils die Hälfte** und bei den **Orientierungswerten um jeweils ein Viertel der Gradzahl des Neigungswinkels** zur Diskussion gestellt. Bei einem Abfall um 20° wird der Handlungsspielraum um den Eckwert stärker begrenzt. Dies ist durch die mit dem Gefälle zunehmende Sensibilität des Geländes gegenüber Überbeanspruchungen zu begründen. Beispielsweise bei 20° liegen die Mindestanforderungen für das maximale Befestigungsausmaß bei 20 % des Baugebietes bzw. bei 15 % für den Orientierungswert. Diese Einbeziehung der Geländeneigung ist im Rahmen der Folgerungen bei der Umsetzung anhand von Bebauungskonzepten zu diskutieren. Diese Forderung einer mit steigendem Gefälle abnehmenden Versiegelung ist in der Planungspraxis gegebenenfalls entsprechend abzuändern.

Diese Eingrenzung der Eckwerte im BP-Konzept kann in der verbindlichen Bauleitplanung direkt überprüft und bei einer Abwägung mit der quantitativen Flächeninanspruchnahme herangezogen werden. Demgegenüber wird in der **Objektplanung nur** eine **Mindestanforderung** eines **50 % großen Vegetationsflächenanteiles** vorgegeben, der aber als absolute Mindestgröße zu betrachten ist und durch grundsätzliche restriktive Begrenzung aller Flächenversiegelungen wesentlich zu überschreiten ist. Es ist einerseits die Begrenzung der Gebäude- und Erschließungsflächen sowie der Wegeführungen und Terrassengröße im privaten Freibereich vorzunehmen. Auf der anderen Seite werden bezüglich des Befestigungsgrades nutzungsbezogen Mindestanforderungen und Orientierungswerte zum BKW aufgestellt. Im Bebauungsplan ist das versiegelte Areal auf die im BP-Konzept vorgesehenen Bereiche zu begrenzen. Zusätzlich sind die Beeinträchtigungen durch eine möglichst hohe BFZ, bei der für die einzelnen Teilflächen nutzungsbedingte Bodenkennwerte zugrunde zu legen sind, zu limitieren.

2.2.2 Nutzungsbezogene Bodenkennwerte

Die Übersicht zur Abstimmung des Versiegelungsgrades in Abhängigkeit von der Nutzungsintensität ist nach Erschließungs- und Gebäudeflächen differenziert. Dabei stellen die Mindestanforderungen und Orientierungswerte die äußeren Werte dar, die durch zusätzlich angegebene zueinander abgestufte Belagsstrukturen ergänzt sind. Bei Materialien mit der Möglichkeit eines Vegetationsanteiles zum Zeitpunkt der Baufertigstellung wurde der dementsprechende Wert um 0,1 bzw. 0,05 aufgewertet (S. 39).

Erschließungsflächen

Stark befahrene Straßen mit hoher Schmutzstoffansammlung (siehe 1).

Asphaltfläche (0,1)

Mittel bis stark belastete Straßen, z.B. Fahrbahnen mit mittlerer Schmutzstoffbelastung bei guter Pufferwirkung des Bodens

Asphalt (0,1) - Poröser Asphalt (0,15)

Schwach belastete Straßen , z.B. Sammel- und Anliegerstraßen.

Poröser Asphalt (0,15) - Verbundpflaster (0,2) - Mittel- und Großpflaster (0,3), aufgrund der Verkehrsbelastung ist bei diesem Material kein Vegetationsanteil vorgesehen.

Wohnwege

Verbundpflaster (0,25) - Mittel- und Großpflaster mit Vegetationsanteil (0,4) - Mosaik- und Kleinpflaster (0,5) - ungebundene Decken, Rasengittersteine (0,6) - Fahrspuren mit grünem Mittelstreifen (0,7).

Stellplätze

Verbundpflaster (0,25) - Mittel- und Großpflaster (0,4) - Rasengitterstein (0,6) - Konstruktionen über der Geländeoberkante (1,0).

Fußwege und öffentliche Kommunikationsbereiche

Verbundpflaster (0,25) - Mosaik- und Kleinpflaster (0,5) - wassergebundene Decke (0,6) - Schotterrasen (0,7) - Konstruktionen über der Geländeoberkante (1,0).

Private Freibereiche

Mittel- und Großpflaster (0,4) - Mosaik- und Kleinpflaster (0,5) - wassergebundene Decke (0,6) - Konstruktionen über der Geländeoberkante (1,0).

Spielplätze

Mosaik- und Kleinpflaster, eventuell bei Sitzbereichen (0,5) - wassergebundene Decke (0,6) - Rasenflächen (1,0).

Da Flächen unter Stützkonstruktionen für die Vegetationsansiedlung und die Versickerung verwendet werden können, wurde der diesen Lösungen entsprechende Wert (1,0) gewählt.

Gebäudeflächen

Wohngebäude

Dachfläche (0,0) - Dachbegrünung (0,4) (siehe 2) - Gebäude auf Stützen mit Dachbegrünung (0,8).

Garagen

Dachbegrünung (0,4) (siehe 3) - Gebäude unter der Geländeoberkante mit Anschluß des begrünten Daches an den umliegenden Boden (0,6) - Gebäude auf Stützen mit Dachbegrünung (0,8).

Anbauten und Nebengebäude

Dachbegrünung (0,4) - Gebäude unter der Geländeoberkante mit Anschluß des begrünten Daches an den umliegenden Boden (0,6) - Gebäude auf Stützen mit Dachbegrünung (0,8).

---

(1)   Aufgrund der Nutzungsintensität und der daraus resultierenden Schadstoffbelastungen im anfallenden Oberflächenabfluß ist poröser Asphalt nicht als Orientierungswert vorgeschlagen worden.

(2)   Dies ist durch textliche Festsetzungen von Mindestanteilen der Dachfläche, die zu begrünen sind (z.B. 50 %), zu unterstützen.

(3)   Eventuell kann eine Bindung an eine gewisse Mindestgesamtfläche, ab der ein Vegetationsanteil vorgeschrieben wird, zusätzlich vorgenommen werden. Beispielsweise sind im BP 55 75/53 von Düsseldorf (textliche Festsetzungen, Punkt 7) ab einer gesamten Dachfläche von 20 m^2 bei eingeschossigen baulichen Anlagen mindestens 2/3 zu begrünen /93/.

Nachverdichtungen sind durch Vorgabe der Orientierungswerte für Anbauten und Nebengebäude in ihren Auswirkungen zu mildern. Die Flächen unter aufgestützten Gebäuden sind bei
entsprechenden Wasser- und Untergrundverhältnissen für die Versickerung heranzuziehen.

Bei der Ermittlung der im Bebauungsplan festzusetzenden BFZ sind diese Werte zugrunde zu
legen. Für die Berechnung ist dabei soweit als möglich der Orientierungswert heranzuziehen.
Die Vorgaben, die für die befestigten Flächen getroffen werden, sind durch Einschränkungen
von Erdbewegungsmaßnahmen in den Vegetationsbereichen zu ergänzen.

2.2.3 Erdbewegungen und Geländeeinschnitte mit Stützwänden

Für eine weitestgehende Erhaltung der vorhandenen Geländesituationen mit Vegetationsbeständen sind Höhenfestsetzungen zu treffen. Die ursprünglichen Gegebenheiten in den bestehenden Grünbereichen sind zu wahren, insbesondere bei Gehölzen und extensiv genutzten
Flächen. Aus diesem Grunde sind die Veränderungen in den Grünzonen und die Beeinträchtigungen des gesamten Geländes auf das unumgänglich Notwendige zu reduzieren. Das Ab-
schieben von Oberboden während der Baumaßnahmen, Verdichtungen durch das Befahren
mit Maschinen und die Materiallagerung sind möglichst gering zu halten. Der Schutz vor
Chemikalien- und Schadstoffbelastungen muß gewährleistet sein.

Aus gestalterischen Überlegungen und für die Begrenzung einer übermäßigen Gebäu-
denutzung sind in **überwiegend ebenem Gelände** die **Erdbewegungen** in den Vegetationsbereichen auf **80 cm zu beschränken**. Die Problemstellungen auf seiten des Bodenwasserhaushaltes sind bei diesen Lagen noch nicht so gravierend. Darüberhinaus ist die Erhaltung von
pflanzlichen Beständen durch Schutzfestsetzungen zu sichern. Als **Orientierungswert** ist die
grundsätzliche Begrenzung der Veränderungen, **speziell in extensiv genutzten Bereichen**, auf
40 cm vorzusehen, die in diesen Zonen bei **Hanglage den Mindestanforderungen entsprechen**. In den **Rasenflächen** sind ebenso die Auf- und Abtragungen mit **max. 80 cm** zu begrenzen. Am Hang ist das ursprüngliche Gelände mit nur geringfügigen Erdbewegungen weitestgehend beizubehalten - speziell in **extensiven Vegetationszonen**, in denen als **Orientierungswert** eine Spanne von **20 cm** vorgegeben wird. Für die **intensiv genutzten Rasenflächen** wird dies auf **40 cm** begrenzt. Diese Vorgaben basieren weitgehend auf den Erkenntnis-
sen der Untersuchung und Auswertung zur Begrenzung der Geländeveränderungen. Die
Festsetzungsvorschläge sind an den Wirkungszusammenhängen von Wohnbaumaßnahmen
orientiert. Sie wurden im Rahmen der Gestaltungshinweise für das Außengelände näher erläutert und anhand der Möglichkeiten zur Topographieaufnahme veranschaulicht (S. 193 ff.).

Die Errichtung von **Hangsicherungsbauwerken** ist durch die generelle Anpasssung an die
Topographie, die Wahl umweltschonender Lösungen und die Abböschung des Geländes auf
das unumgänglich Notwendige zu reduzieren (S. 199 ff.). Sickerwasserdurchlässe sollten auf
jeden Fall nicht nur aus ökologischen, sondern auch aus statischen und in der Folge kosten-
senkenden Argumenten vorgesehen werden. Ebenso führt die Topographieaufnahme zur
Verringerung des finanziellen Aufwandes, der mit der Höhe von Stützwänden erheblich zunimmt. Durchgehende horizontale Unterbrechungen der Sickerwasserwege sind nicht zulässig
und können durch stellenweise vertikal verlaufende extensiv genutzte Vegetationsbereiche
verhindert werden. Eine **Vermeidung** dieser Eingriffe ist **bei extensiver Nutzung als Mindestanforderung** festzusetzen. Im Rahmen von **Orientierungswerten** ist sowohl **extensiv als
auch intensiv genutztes Grünareal von Stützwänden freizuhalten**. Nur im unmittelbaren Gebäudebereich ist deren Errichtung zulässig, sofern es nicht zu den oben angeführten Störungen des Bodenwasserhaushaltes kommt.

2.3 Vegetation

Die Eingriffsbegrenzung in den Boden ist durch Vorgaben zur Nutzung der Grünbereiche mit der Zielsetzung eines vernetzenden Systems sowie zum Ausgleich der Baumasse zu ergänzen.

2.3.1 Vernetzte extensiv genutzte Vegetationsbereiche

Die Entwicklung von Biotopverbundsystemen mit einer Verflechtung bis in besiedeltes Gebiet ist unter folgender Bedingung zu sehen. Je dichter die räumliche Anordnung der Verbundelemente ist, um so besser funktioniert der Arten-(Individuen-)und Genaustausch und um so geringer fällt der Anspruch an die jeweilige Flächengröße aus /67, S. 88/. Obwohl die wissenschaftstheoretischen Erkenntnisse sehr wichtig sind, können sie bei der Realisierung eines konkreten Biotopverbundsystems nur bedingt berücksichtigt werden. Sie indizieren nicht durchsetzbare Maximalanforderungen die Arealgröße und Ausstattung betreffend und liefern zu wenig ökologisch begründete Grundlagen /32/.

Im Interesse der Durchführbarkeit ist mit einem Minimum an Aufwand und Flächenverbrauch ein Maximum an bioökologischer Wirksamkeit zu erzielen. Angaben zur minimalen Lebensraumgröße oder zu den möglicherweise überwindbaren Distanzen zwischen Biotopbereichen sind nicht als Absolutwerte zu verstehen. Einzelne Individuen können auch in Biotopen leben und sogar überleben, die als "nicht artgerecht" beurteilt werden, da sich viele Arten hinsichtlich ihrer Biotopansprüche nicht in vorgefertigte Schemata pressen lassen. Letzlich kommt es nur darauf an, bestimmten Arten oder Artengruppen ein Lebensraumangebot zu schaffen, das sie mit hoher Wahrscheinlichkeit annehmen und das erfahrungsgemäß ausreicht, den langfristigen Erhalt der Tier- und Pflanzenarten zu sichern. Als Entscheidungshilfen sind aber art- und biotopspezifische Angaben sehr wichtig /67, S. 57/. Die dabei angegebenen Minimalareale der Fauna zwischen 1 ha und 1000 ha bzw. bei Großflächenbiotopen der Flora mit 2 - 8000 ha /56, S. 100/ können aber nur als Zielvorgaben für landschaftlich intakte Bereiche gelten. Dagegen können die erarbeiteten Werte für das bei **Kleinbiotopen** benötigte Terrain, z.B. **10 - 50 m²** für Tümpel, auch im besiedelten Bereich übernommen werden. Sie sollen als **Trittsteine** innerhalb der **Verbindungszonen**, für die eine Minimalbreite zwischen 3 und 50 m angegeben wird /56, S. 100/, fungieren. Im bebauten Bereich sind aber **Breiten von 3 - 6 m** vorzugeben. Auf diese Weise sind auch größere biotische Einheiten, die sogenannten **"Regenerationsbereiche"**, **mit einer wünschenswerten Mindestbreite von 10 - 12 m** miteinander oder zumindest mit den angrenzenden Vegetationszonen zu verbinden. Intensiv genutzte Vegetationsflächen, die wenigstens mit Abstandsgrün, z.B mit Hecken ausgestattet sein sollten, sind zur Arealvergrößerung in diese Struktur einzubinden.

Die Forderung, mindestens 10 % der Fläche der BRD für den Arten- und Biotopschutz freizustellen /3/, wurde bereits 1936 erstmals gestellt und in den letzten Jahren auf der Basis neuerer wissenschaftlicher Erkenntnisse wieder in die Diskussion gebracht /z.B. 56/. Das vorgegebene Ziel des effektiven Schutzes muß in der einzelnen Planungsregion in die Praxis umgesetzt werden. Für Siedlungen in Ballungsräumen können als Zielwert 5 % unter Naturschutz gestellte Flächen dann als ausreichend angesehen werden, wenn das Gebiet einen genügenden Vernetzungsgrad durch Hecken, Ackerrandstreifen, Raine oder andere naturnahe, vernetzend wirkende Strukturen aufweist, die mindestens 2 % der Fläche einnehmen. Diese insgesamt geringe Größe an geschützten Zonen ist an anderer Stelle in der Planungsregion durch einen gesteigerten Schutzgebietsanteil von mindestens 15 % an Waldbereichen und 20 - 40 % für Gewässer/Feuchtgebiete zu kompensieren /90, S. 307/.

Der Rat von Sachverständigen für Umweltfragen hat 1985 die 10 %-Forderung der in der BRD zu sichernden Restflächen mit dem Hinweis übernommen, daß es sich um das ökologische Existenzminimum für zahlreiche wildlebende Pflanzen- und Tierarten handelt

/29, S. 309, Ziff. 1218/. Aus diesem Grunde wurde dieser Prozentsatz als Mindestanforderung für die Bereiche mit regenerierender und vernetzender Funktion auch im Siedlungsraum gewählt, da der vorgeschlagene geringe Schutzgebieteanteil von 5 % in Zentrumsnähe von Ballungsräumen in der einzelnen Planungsregion durch größere Zonen in den Randbereichen, wo sich die hier angesprochenen Baugebiete befinden, zu kompensieren ist /90, S. 307/. Die Angaben zu dem Anteil der vernetzten extensiv genutzten Grünbereiche werden auf die Gesamtvegetationsfläche bezogen. Der diesbezügliche Mindestanteil von 50 % des Baugebietes wird dabei zugrunde gelegt. Die 10 %-Forderung von geschützten Zonen an der gesamten Baufläche entspricht somit 20 % aller Grünbereiche. Die von Reichholf /90, S. 307/ geforderten 5 % des Bruttowohnbaulandes für naturnah gestaltete **Regenerationsbereiche** werden durch 5 % für **Vernetzungselemente** ergänzt und sind mit **jeweils 10 % an der Gesamtvegetationsfläche als Mindestanforderungen** übernommen.

Es sind aber weitergehende Überlegungen notwendig, um dem Artenrückgang entgegenzuwirken. Bei einer gleichbleibenden Beanspruchung des verbleibenden landwirtschaftlichen Areals sind 10 % des Bundesgebietes mit absolutem, weitere 10 % mit relativem Vorrang entsprechend den "Ausgleichsflächen " nach Heydemann /56/ dem Arten- und Biotopschutz zur Verfügung zu stellen. Hierzu werden auch Vernetzungsbereiche und Kleinbiotope sowie Parkanlagen und Grünflächen im urban-industriellen Bereich gerechnet.

Auf diesen Angaben bauen die Vorschläge für **Orientierungswerte** im Siedlungsraum auf. Die diesbezüglichen Anteile für Regenerationsbereiche und Vernetzungselemente von jeweils 10 % am Bruttowohnbauland entsprechen dabei **jeweils 20 % der Gesamtvegetationsfläche**. Somit sind nach Möglichkeit diese 40 % an Grünland für das Biotopverbundsystem naturnah anzulegen. Wie der an dem Untersuchungsbeispiel St. Gallen abgeleitete diesbezüglich anzustrebenede Wert von 45 % zeigt (S. 143), ist diese Vorgabe umsetzbar. Die Mindestanteile der Regenerationsbereiche an der Grünvernetzung von 50 % sind grundsätzlich soweit als möglich anzuheben. **Vernetzende Strukturen** sollen eine **Mindestbreite von 3 m** mit direkter Anbindung an größere extensiv genutzte Vegetationsbereiche aufweisen. Bei Unterbrechungen durch Erschließungs- oder Rasenflächen müssen sie in sich eine geschlossene Einheit genügender Größe bilden, um angerechnet werden zu können. In diesem Fall ist zumindest eine durchschnittliche Breite von 5 m und eine Gesamtlänge von 50 m anzustreben. Das extensiv genutzte Terrain, das teilweise auch für die Vernetzung nicht anrechenbare Bereiche umfaßt, ist somit größer, als jeweils aus den aufgestellten Mindestanforderungen und dem Orientierungswert hervorgeht. So liegen in St. Gallen Vernetzungsanteile von 52 % an der Vegetationsfläche vor bei insgesamt 79 % an extensiv genutzten Bereichen (S. 114).

Für die aus der Fachdiskussion abgeleiteten Eingrenzungen ist der für die Objektplanung aufgestellte Mindestgrünflächenanteil von 50 % herangezogen worden. Die Dynamik dieser sich, entsprechend den Wirkungszusammenhängen, gegenseitig beeinflussenden Eckwerte kann durch die Wahl der Vegetationsfläche als Bezugsgröße zur Umsetzung einer umweltschonenden Siedlungsweise am besten genutzt werden. Dadurch ist außerdem die Geländeneigung aufgrund der Regelungen bezüglich des Versiegelungsgrades bereits einbezogen. Da die absolute Grenze für die Versiegelung von 50 % wesentlich zu unterschreiten ist, sind höhere Anteile eines vernetzenden Systems am Bruttobaugebiet als die geforderten 10 % und 20 %, die ursprünglich zugrunde gelegt wurden, zu erwarten. Diese Anteile sind auch bei der Abwägung von Bebauungskonzepten zwischen der quantitativen Flächenausnutzung und dem damit verbundenen Versiegelungsgrad einzubeziehen. Die Mindestanforderungen der extensiv genutzten miteinander vernetzten Zonen von insgesamt 20 % bzw. entsprechend dem Orientierungswert von 40 % der Grünflächen sind zur Steigerung der Effektivität für den Artenschutz auf der Ebene des BP-Konzeptes anzuwenden und in der Folge durch entsprechende Festsetzungen zu sichern. Auf diese Weise sollten **Anteile von 30 % am Bruttobaugebiet**, die anhand des Untersuchungsbeispiels St. Gallen in der Auswertung in die Diskussion gebracht wurden (siehe S. 143), **angestrebt** werden.

Der prozentual auf das gesamte Vegetationsareal bezogene Eckwert ist zusätzlich mit dem Baugebiet insgesamt in Bezug zu setzen, damit ein direkter Vergleich verschiedener Bebauungskonzepte möglich ist. Der vorgeschlagene, aus der Fachliteratur hergeleitete Handlungsspielraum zu diesem Eckwert ist durch die höheren, aus der Auswertung hervorgehenden Werte abgesichert. Zu diesen richtungsweisenden Vorgaben, bei denen nach Möglichkeit auch der Orientierungswert durch höhere Vernetzungsanteile zu überschreiten ist, sind aus der Umsetzung an einer unbebauten Situation weitere Rückschlüsse zu erwarten.

Da nur mehr Bereiche, bei denen unter dem Aspekt der landschaftlichen Vielfalt eine Bebauung vertretbar ist, freigegeben werden, gewinnt die Neuanlage naturnaher Zonen an Bedeutung. Dadurch werden mehr oder weniger denaturierte Räume - wie intensiv landwirtschaftlich genutzte Bereiche oder ausgeräumte Stadtlandschaften - verstärkt bebaut. Aufgrunddessen wurde die Ausgangssituation, bei der extensiv genutzte Vegetationsbereiche zu sichern sind, nicht für die vorgenommene Eingrenzung dieses Eckwertes herangezogen. Sofern aber naturbelassenere Bereiche betroffen sind, ist eine Erhöhung der Vernetzungsanteile über den Orientierungswert hinaus vorzunehmen. Dies ist grundsätzlich, soweit es möglich ist, anzustreben, da die obere Grenze nur als richtungsweisend aufzufassen ist.

Die naturraumtypische Eigenart der Landschaft ist bei der Einrichtung von extensiv genutzten Bereichen - unter Verwendung der vorherrschenden bodenständigen und standortgerechten Pflanzen - zu wahren. Es dürfen keine Standortbedingungen angeboten werden, die landschaftsökologisch nicht in die betreffende Region passen /12, S. 139/. Da generell Pflanzen zu verwenden sind, die sich selbst erhalten, sind wildwachsende Sorten gezüchteten Kulturpflanzen vorzuziehen. Mit steigender Habitatvielfalt und qualitativ hochwertigerer Biotopausstattung gehen zudem für die einzelnen Arten die Anforderungen an Mindestarealgrößen zurück /75/. Wenn keine Anbindung des Biotopverbundsystems an Vegetationsbestände möglich ist, kann durch Transplantation von Boden und Anpflanzungen aus nahegelegenen naturnahen Arealen die Neuansiedlung von Flora und Fauna, besonders in der Anfangsphase nach der Baufertigstellung, beschleunigt werden.

Die ökologischen Eckwerte für die Erdbewegungsmaßnahmen und Stützwände sind ebenso wie die Aspekte der Frischluftversorgung und des Kaltluftabflusses auf jenen Flächen zu berücksichtigen, die für die extensive Nutzung vorgesehen sind. Die Biotopbereiche sollen ihrer Selbstentwicklung überlassen werden, sofern es mit der Erfüllung weiterer Funktionen wie der Wasserrückhaltung und Frischluftversorgung zu vereinbaren ist. Sich selbst ansiedelnde Pflanzen sind nicht zu entfernen. Bei Rasen ist ebenso eine natürliche Entwicklung mit einer größeren Artenvielfalt in Annäherung an eine Wiesengesellschaft zu fördern. Dies gilt besonders für Flächen, die an extensiv genutzte Bereiche angrenzen. Da ein wesentlicher Teil des Grünvolumens von extensiv genutzten Bereichen erbracht wird, sind diese Anteile auch unter dem Aspekt der Vegetationsmasse zu betrachten.

2.3.2 Ausgleich von Baumasse durch Grünvolumen

Um die Vorgaben für diese Vergleichsgrößen zu erstellen, werden jene Werte herangezogen, die in der Auswertung von dem Untersuchungsbeispiel St. Gallen abgeleitet worden sind (siehe S. 143). Im Rahmen der Folgerungen ist bei der Umsetzung an einer unbebauten Situation ein Ausgleich der hinzukommenden Baumasse durch Vegetation im Verhältnis **1 : 1 als Mindestanforderung** bzw. von **1 : 1,5 als Orientierungswert** zu diskutieren. In beiden Fällen ist das Volumen der ursprünglichen Vegetation zusätzlich zu erhalten. Dieses ist vor der Gegenüberstellung mit der Baumasse von der endgültigen Blattmasse der bebauten Situation abzuziehen (vgl. S. 142). Auch bei der Einschätzung des KÖH-Wertes (siehe S. 27), die durch eine Befragung zum subjektiven Wohlbefinden der Bewohner untermauert wurde, beginnt der "Gunstbereich" bei dem Verhältnis von ca. 1 : 1 zwischen den versiegelten Flächen und der Baumasse gegenüber den Grünbereichen mit ihrem Vegetationsvolumen /99, S. 161,211/.

2.4 Wasser

Bei Berücksichtigung der abgehandelten siedlungsökologischen Eckwerte zu den Vergleichsgrößen, die entsprechend den Wirkungszusammenhängen für das Bodenwasserregime stark beeinflussende Faktoren darstellen, werden die Folgebelastungen auf seiten des Wassers bereits verringert. Vor der Schaffung von Rückhaltekapazitäten und den Möglichkeiten einer Steigerung der Versickerungtätigkeit durch technische Maßnahmen ist eine entsprechende Güte des Grundwassers durch den Schutz vor Schadstoffeintrag zu sichern.

2.4.1 Voraussetzungen für den Grundwasserschutz

Für die **Bewertung der Reinigungsfunktion des Untergrundes** sind bei den Grundwasserdeckschichten ihre Mächtigkeit, Beschaffenheit und hydraulische Leitfähigkeit, beim Grundwasserleiter seine Beschaffenheit wesentliche Kriterien. Wegen der unterschiedlichen Untergrundbeschaffenheit und der komplizierten Wechselbeziehungen zwischen den einzelnen Reinigungsmechanismen bereitet die quantitative Abschätzung des natürlichen Reinigungseffektes erhebliche Schwierigkeiten. Eine grobe Quantifizierung der Schutz- und Klärwirkung läßt sich aus den DVWG-Richtlinien für Trinkwasserschutzgebiete ableiten /46, S. 182-184/.

Aus der erforderlichen Mächtigkeit der anstehenden Deckschichten für eine günstige Untergrundbeschaffenheit geht hervor, daß ein Lehm-Schluff-Gemisch wegen seiner besseren Absorptionsfähigkeit dem sehr durchlässigen sandigen Boden vorzuziehen ist. Die Reinigungswirkung nimmt in der Reihenfolge Ton - Schluff - Sand - Kies mit zunehmendem Porenvolumen ab. Je geringer die Pufferungsfähigeit der anstehenden Deckschichten ist, desto größer sollte der Abstand der Versickerungsebene zum Grundwasserspiegel sein.

Die **Mulden- und Flächenverrieselungen** sind aufgrund der geringen Gefährdung des Grundwassers auch in Wasserschutzgebieten ab der Zone IIIa einzusetzen. Dies gilt auch bei ungünstigen Bodenverhältnissen. Bei mittlerer Untergrundbeschaffenheit ist die Rohr- und Rigolen-, bei günstiger die Schachtversickerung tragbar /6, S. 8/. Die Beckenverrieselung kommt erst ab der Zone IV in Frage /50, S. 33/. Die beiden erst genannten Möglichkeiten stellen auch hinsichtlich des Investitions- und Unterhaltsaufwandes sowie der Lebensdauer, der Versagensgefahr und der Kontrollierbarkeit gegen Mißbrauch die **am besten geeigneten Formen** dar. Die Variante der offenen Grünfläche ist nach Möglichkeit der überdeckten, unbegrünten, wie sie bei der Untergrundverrieselung auftritt, vorzuziehen, weil sie eine größere Reinigungsfähigkeit besitzt und sich gegenüber Ablagerungen selbst regeneriert /101, S. 202/. Aufgrund der gleichmäßigen Versickerung sollte Rasen zur Begrünung gewählt werden.

Bei Mulden wird die Tiefe so bemessen, daß max. 3 Tage zur Wasserabgabe an den Untergrund notwendig sind. Auf diese Weise wird die Gefahr einer dauernden Vernässungszone unterbunden, die erfahrungsmäßig stärker zur Selbstabdichtung neigt als ein Bereich, der öfter austrocknet. Die mittlere Tiefe sollte im allgemeinen 50 cm nicht überschreiten. Da die Mulden- und Flächenversickerung als Teil einer Grünanlage zu sehen ist, stellt der Flächenbedarf im allgemeinen kein Problem dar. Für die Entsorgung von versiegelten Bereichen, z.B. Dachflächen, ist bei einem relativ schwer durchlässigen Boden ($kf = 10^{-5}$ m/s) nur ein Anteil von 8 %, gemessen an der Größe des befestigten Areals, für eine Sickermulde notwendig /102, S. 15/. Der durch die Durchtrittsöffnungen zwischen den Bodenteilchen bestimmte Durchfluß des Wassers wird durch den Durchlässigkeitsbeiwert (kf) ausgedrückt.

2.4.2 Rückhaltemaßnahmen in Abhängigkeit von der Versickerungseignung

Das Porenvolumen, die Lagerungsdichte und die Kornzusammensetzung bestimmen weitgehend die Wasseraufnahmefähigkeit und Durchlässigkeit und sind somit maßgebende Kriterien für die Versickerung. Die Anzahl, Größe und Form der Poren, durch die das Wasser fließt, beeinflussen die Durchlässigkeit, deren Beiwert (kf) anhand der Verteilung der Korngrößenklassen ermittelt werden kann. Der direkte Zusammenhang zwischen Porengrößenverteilung und Körnung wird diesbezüglich berücksichtigt. Sowohl die Porosität als auch das verfügbare Porenvolumen steigt mit größer werdendem Korndurchmesser an. Der Anteil des nutzbaren Porenvolumens nimmt in der Reihenfolge Ton - Schluff - Sand - Kies ständig zu. Die Versickerungsleistung steigt in umgekehrter Reihenfolge zur Reinigungswirkung des Bodens. Der Durchlässigkeitsbeiwert von $kf = 10^{-6}$ m/s kann als Grenzwert der Durchlässigkeit, bis zu dem eine Versickerung sinnvoll erscheint, angenommen werden /101, S. 202/.

Die Angaben zu Korngrößenklassen des zu untersuchenden Gebietes lassen sich aus den Bodenkarten übernehmen. Es können aber auch bei der gleichen Bodenart unterschiedliche Porenvolumina auftreten, wenn Verdichtungen durch anthropogene Beeinflussungen vorliegen. Daher werden bei der konkreten Planung einer Verrieselungseinrichtung die Durchlässigkeitsbeiwerte, die aus Tabellen ermittelt wurden, durch Feldversuche mittels eines Infiltrationsgerätes überprüft. Die Grobeinschätzung der Untergrundeigenschaften bezüglich einer Versickerungseignung kann durch Bodenfachleute mit Hilfe von Boden- bzw. Baugrundkarten erfolgen. Durch Felduntersuchungen sind diese Angaben bezüglich der tatsächlichen Wasseraufnahmefähigkeit zu konkretisieren. Auf Infiltrationsversuchen basiert auch die Berechnung der Anlagen. Zur Entscheidung über den Einsatz solcher Einrichtungen sind die geologischen, hydrologischen sowie erdstoffphysikalischen Bedingungen zu berücksichtigen. Es können auch differenziert zu betrachtende Bodenverhältnisse vorliegen. Bei einem versickerungsfähigen Untergrund, aber einer ungeeigneten Deckschicht, können zusätzliche Maßnahmen wie die Errichtung eines Sickerschachtes notwendig werden. In hängigem Gelände kann es erforderlich sein, tiefere Schichten heranzuziehen, um Rutschungen oder die Gefährdung eventueller Unterlieger zu vermeiden. Die Versickerungsmöglichkeiten sind im Detail durch Felduntersuchungen an der jeweiligen Situation zu bestimmen und ihrer Eignung entsprechend einer der drei nachfolgenden Kategorien I - III zuzuordnen. Mit Hilfe dieser groben Einteilung können Schwerpunkte bei der Rückhaltung gesetzt werden.

Eignung für eine Versickerung

Kategorie I   Versickerungsanlagen sind unter normalem Kostenaufwand möglich.

Maßnahmen und Schwerpunkte:

Wasserspeicherung und Versickerung

Kategorie II   Versickerungsanlagen sind durch Anschluß an tiefere Bodenschichten mit größerem Kostenaufwand verbunden

Maßnahmen und Schwerpunkte:

Verstärkte Wasserspeicherung
Eingeschränkte Versickerung

Keine Eignung für eine Versickerung

Kategorie III   Zu niedrige Versickerungsraten der Deckschichten und des Untergrundes, zu hoher Grundwasserspiegel, Rutschungsprobleme oder Gefährdung von Unterliegern stellen mögliche Ursachen dar.

Maßnahmen und Schwerpunkte:

Verstärkte Wasserspeicherung und ergänzende Maßnahmen zur Aufrechterhaltung der natürlichen Versickerung

Erhöhung der Verdunstungsrate

Oberflächennahe Wasserführung zu einer zentralen Rückhalteanlage oder einem Oberflächengewässer

Auf der Ebene des Bebauungsplanes ist bei Vorliegen von **Kategorie II** zu entscheiden, inwieweit die Errichtung versickerungstechnischer Anlagen von den Bauherrn zu fordern ist oder in welchem Maße sie von der öffentlichen Hand getragen werden kann. Es muß geklärt werden, ob eine vermehrte Abführung des Wassers in den Kanal weitere Ausbaumaßnahmen oder die Errichtung von Ausgleichskanälen und Regenrückhaltebecken erfordert. In welchem Maße von den Wasserwerken eine künstliche Grundwasserversickerung bereits durchgeführt werden muß, ist dabei ebenso zu berücksichtigen. Diese Maßnahmen, die von der Allgemeinheit getragen werden müssen, sind vor dem Hintergrund der bestehenden Gesamtraumbelastung zu beurteilen. Es muß abgeschätzt werden, in welchem Umfang die von seiten des Wassers hervorgerufenen Folgebelastungen für den Naturhaushalt verschärft würden oder andererseits ausgeglichen werden können. Dieser Abwägung und Entscheidung sind Ergebnisse von Felduntersuchungen zugrunde zu legen. Ein punktueller Einsatz von Versickerungseinrichtungen und eine gesteigerte Speicherung sowie die oberflächennahe Wasserführung zu Bereichen der Kategorie I für zusätzlich anfallende Abflußmengen sind anzustreben.

Die nachfolgend erläuterten **Rückhaltemöglichkeiten mit den entsprechend der Versickerungseignung angeführten Maßnahmenschwerpunkten** sind zu einem System auszubauen mit einem Überlauf an Oberflächengewässer, an Bereiche mit zentraler Versickerung oder an die Kanalisation (siehe auch S. 18 ff.).

Wasserspeicherung

Sie kann mit Hilfe von Behältern im bebauten Bereich erfolgen und zur Bewässerung der Vegetation oder als Brauchwasser herangezogen werden. Das Sickerwasser, das durch Dränung an Stützmauern angesammelt wird, kann dazu auch verstärkt verwendet werden. Offene Wasserläufe, in die auch Abflüsse von Vegetationsflächen eingeleitet werden sollen, stellen eine Verbindung zu Teichanlagen in naturnaher Gestaltung dar. Diese Feuchtbereiche sind in Abhängigkeit von den Bodenverhältnissen abzudichten, damit sie nicht austrocknen. Vor Stützwänden anfallendes Oberflächenwasser kann, ebenso wie bei Böschungen vor Straßen, aufgefangen und einbezogen werden. Gleiches gilt für schwach belastete Straßen, befestigte Flächen und Dächer. Bei stark frequentierten Verkehrswegen führt eine getrennte Speicherung mit Überlauf an den Kanal zur Entschärfung der Problematik.

Verstärkte Wasserspeicherung

Es werden die anteilmäßig für die Versickerung vorgesehenen Flächen hinzugezogen, um das Speichervolumen zu erhöhen. Die Effektivität bei extremen Niederschlägen kann nach Notwendigkeit durch einen zentral angelegten Speicherbereich erhöht werden. Dieser ist möglicherweise mit einer Versickerung zu verbinden.

Ergänzende Maßnahmen zur Aufrechterhaltung der natürlichen Versickerung

Dabei werden zugleich Rückhaltemöglichkeiten im Bereich von Gebäude- und Erschließungsflächen in stärkerem Maße genutzt, z.B. durch Stützkonstruktionen oder durch die Wahl einer einem Orientierungswert entsprechenden Oberfläche.

Erhöhung der Verdunstungsrate

Dach- und Fassadenbegrünungen sowie Pflanzgefäße an oder auf Gebäudeteilen bieten - in Verbindung mit der Regenableitung von Dachflächen - Möglichkeiten der Wasserrückhaltung und erhöhen die Verdunstungsrate. Die Verwendung von Pflanzenmaterial an Stützwänden leistet diesbezüglich einen weiteren Beitrag. Dieser kann durch Gehölze - insbesondere durch großkronige Bäume im Straßenraum und in intensiv genutzten Vegetationsbereichen - weiter gesteigert werden. Am effektivsten sind extensiv genutzte Grünzonen mit möglichst hohen Flächenanteilen. Tiefwurzelnde Bäume und Sträucher sind aber aufgrund möglicher Bauschäden nicht in Gebäudenähe vorzusehen.

Oberflächennahe Wasserführung zu einer zentralen Rückhalteanlage

Als Alternative zur Ableitung in die Kanalisation werden offene Wasserläufe auch unter befestigten Flächen durchgeleitet und oberflächennah zu einem für die Versickerung geeigneten Bereich geführt. Teichflächen sind nach Möglichkeit für eine weitere Rückhaltung heranzuziehen. Durch Wasserspeicherung und Reinigung, die auch durch die oberflächennahe Führung erfolgt, wird die Schmutzstoffbelastung in der zentralen Anlage erheblich gesenkt. Auch hier bietet sich die Muldenversickerung an, die über ein entsprechendes Speichervolumen verfügt.

Versickerung

Speicheranlagen sind durch Überläufe mit Bereichen für die Flächen- oder Muldenversickerung zu verbinden. Diese können in extensiv genutzten Vegetationszonen aber auch in intensiv genutzten Rasenspielplätzen, die dementsprechend gestaltet sind, liegen. Zur flächenhaften Verrieselung können auch Randzonen intensiv genutzter Grünbereiche, unter Umständen auch Abschnitte versiegelten Areals bis zu einem 0,2 hohen BKW herangezogen werden. Unter aufgestützten Erschließungs- und Gebäudeflächen sind diese beiden Versickerungsvarianten für die Zuführung des Wassers an den Untergrund geeignet. Die Möglichkeiten einer Untergrundverrieselung sind unter Strukturen, die teilweise oder ganz versiegelt sind, z. B. bei Straßen, gegeben.

Für den Grundwasserschutz kann neben einer naturnahen Gestaltung von Teichbereichen auf Pflanzenkläranlagen mit größerem Wirkungsgrad zurückgegriffen werden. Bei Straßenabflüssen und Gebieten mit hoher Luftverschmutzung ist eine Vorreinigung erforderlich.

Eingeschränkte Versickerung

Die Errichtung eines Schachtes als Verbindung zu tieferen Untergrundschichten ist nur in Zonen anzuwenden, die bereits durch stärkere Eingriffe in den Boden betroffen sind. Dies bietet sich beispielsweise unter oder im Anschlußbereich befestigter oder teilweise befestigter Flächen, im Gebäudenahbereich und unter Umständen in intensiv genutzten Vegetationsflächen an. Die Versickerungsleistung, die im Vergleich zur großflächigen Verrieselung in extensiven Bereichen eingeschränkt ist, kann durch eine zentral angelegte Anlage erhöht werden.

Die Wahl von Oberflächenbelägen, die in Abhängigkeit von der Nutzung den Orientierungswerten des BKW entsprechen und die Kombination mit allen Möglichkeiten der Rückhaltung zu einem **wasserbezogenen Gesamtkonzept** steigern die Wirksamkeit auch bei größeren Ereignissen. Zu diesem Zeitpunkt werden die Belastungen durch die Maßnahmen der Untergrundverrieselung mit Einbeziehung der Erschließungs- und Gebäudeflächen zusätzlich gesenkt. Sie sind aber nur bei frostfreiem Untergrund und bei von Schadstoffen weitgehend unbelastetem Wasser anzuwenden.

Für das **Sickerwasser** ist die Errichtung von Dränungen zur Entwässerung auf das unbedingt Notwendige zu begrenzen. Stützkonstruktionen bei Erschließungs- und Gebäudeflächen ebenso wie ingenieurbiologische Bauweisen bei hangsichernden Einrichtungen sind zur Reduzierung dieser Eingriffe anzuwenden. Das trotzdem in einer erforderlichen Dränung angesammelte Sickerwasser kann aufgrund seiner Qualität dem Brauchwasserbedarf dienen. Dadurch kann das Fassungsvermögen der angeschlossenen Behälter stärker auf diese Kapazität abgestimmt und kleiner bemessen werden. Die darüberhinaus anfallenden Mengen können direkt tieferen Bodenschichten zugeführt werden. Für die Freihaltung begrünter Versickerungsbereiche von Dauervernässung ist die Untergrundverrieselung verstärkt heranzuziehen. Die Speicherkapazitäten der Versickerungsanlagen sind nur in geringem Umfang durch permanent anfallendes Sickerwasser zu nutzen. Das gewährleistet den Rückhalteeffekt bei Niederschlägen.

In schwer belasteten Gebieten stellen Dachbegrünungen und Oberflächen mit hohem Vegetationsanteil Vorkehrungen gegen Verschmutzungsspitzen nach längerer Trockenheit dar. **Abflüsse von Verkehrswegen** werden zur Verringerung der Schadstoffbelastung im Bereich des Straßenbegleitgrüns oder der Vorgartenzone in abgedichteten Mulden gespeichert. Durch Überlauf kann außerhalb der Grundwasserschutzzonen I - III bei schwach, eventuell auch stärker frequentierten Straßen eine Pflanzenkläranlage mit möglicherweise nachgeschalteter Versickerung angeschlossen werden.

Pflanzenkläranlagen können auch mit einer **Grauwasserklärung**, die von der Auslastung der Gesamtfläche der Vegetationsbereiche für die Regen- und Sickerwasserückhaltung abhängig ist, gekoppelt werden. Das gereinigte Wasser kann außerdem in Schönungsteiche zur weiteren Qualitätsverbesserung eingeleitet werden. Inwieweit und unter welchen Voraussetzungen im Anschluß daran eine Heranziehung für die Brauchwassernutzung, beispielsweise im Toilettenbereich sowie bei der Grünanlagenbewässerung möglich ist, muß in der weiteren Forschung geklärt werden. In diesem Zusammenhang ist auch eine Versickerung im Sinne der Ergebnisse zu einem integrierten Wasserkonzept /47, S. 39/ zu diskutieren. Von einer Reinigung des gesamten Abwassers ist aus umwelthygienischen Gründen Abstand zu nehmen /47, S. 2/. Wurzelraumentsorgungsanlagen oder auch andere Pflanzenkläranlagen können, ebenso wie Teichbereiche, in extensiv genutztes Vegetationsareal integriert werden.

2.4.3 Rückhaltekapazität

Die Untersuchung hat kaum Anhaltspunkte für die Eingrenzung des Eckwertes bezüglich der zurückzuhaltenden Niederschlagsmenge geliefert, so daß Berechnungsansätze sowie vereinzelte Forderungen aus Fachkreisen weiterentwickelt werden. Um bei kurz aufeinanderfolgenden Niederschlägen eine effektive Rückhaltung zu gewährleisten, wird in Schweden von einem **25 % hohen Bemessungszuschlag** ausgegangen /51, S. 146/. Dadurch wird die noch nicht zur Versickerung gebrachte Restmenge berücksichtigt. Für die Bemessung von Rückhalteanlagen wird dieser Ansatz aufgegriffen und entsprechend der Versickerungseignung des Untergrundes, im Falle der **Kategorie I** herangezogen. Bei erschwerten Verhältnissen mit einer verminderten Versickerung (**Kategorie II**) wird ein Zuschlag von **50 %** bzw. von **100 %** bei einer unterbundenen Verrieselung vorgenommen (**Kategorie III**). Dies ist im Rahmen der **Mindestanforderungen** zu sehen.

Es wird für die Berechnungen der verstärkte Bemessungsregen mit einer Dauer (T) von 20 Minuten herangezogen. Bei den **Mindestanforderungen** wird dabei von einem **Regenereignis, das alle 5 Jahre auftritt**, ausgegangen. Entsprechend ATV-Arbeitsblatt 138 /6, S. 9-10/ basieren auf dieser Häufigkeit n = 0,2/Jahr die Berechnungen zur Bemessung von Versickerungsanlagen. Dagegen wird im Rahmen des **Orientierungswertes** zur Berücksichtigung extremer Regenfälle von einem in die Diskussion eingebrachten **alle 10 Jahre zu verzeichnenden Niederschlagsereignis** (n = 0,1/Jahr) ausgegangen /101, S. 209/. Von dieser Wiederkehrzeit an haben Langzeitsimulationen ergeben, daß das auftretende Volumen des Oberflächenabflusses nur mehr geringfügig ansteigt /101, S. 215/. Dadurch werden bei extremeren Situationen mit höherer Gesamtbelastung der Kanalisation, die zu den Überlaufereignissen in den Vorfluter führen, größere Auffangkapazitäten geschaffen. Dies ist bei der Berechnung des Oberflächenabflusses, der auf S. 45 detailliert erläutert ist, in dem Zeitbeiwert (φ) beinhaltet, der ATV-Arbeitsblatt 118 zu entnehmen ist /5, S. 10/.

Berechnung des Oberflächenabflusses (siehe S. 45)

$r_{15(1)}$ = Bemessungsregen in l/(s x ha) mit 15 Minuten Dauer

Mindestanforderungen: Zeitbeiwert (φ) mit der Häufigkeit von n = 0,2/Jahr beträgt bei 20 min   1,477

Orientierungswert: Zeitbeiwert (φ) mit der Häufigkeit von n = 0,1/Jahr beträgt bei 20 min   1,847

Abflußmenge (Q) in l = $(r_{15(1)}$ x $\varphi)$ x 20 (min) x 60 x A_g x Ψ_m

Die Eingrenzung dieses Eckwertes ist aber auch bezüglich der in die Rückhaltemaßnahmen einbezogenen Flächen vorzunehmen. Bei den **Mindestanforderungen** sind **alle Abflüsse von befestigten Flächen** zurückzuhalten. Im Falle von stark belasteten Straßen sind diese Bereiche aber in der Folge mit einem direkten Überlauf an den Kanal zu versehen. Beim **Orientierungswert ist ebenso der Oberflächenabfluß aus den Vegetationsflächen** zur Gänze zurückzuhalten. Dabei wird aber keine zusätzliche Kapazität nach Kategorie I-III berechnet, da bereits ein hoher Abflußbeiwert aufgrund der nicht berücksichtigten Rückhaltung bei unversiegelten Bereichen, die durch die nicht einbezogene Vegetationsmasse erheblich gesteigert wird, gewählt wurde. Es wird zusätzlich eine **Anhebung der Zuschläge** für die Restwassermenge in die Diskussion gebracht. **Bei Kategorie I werden 50 %, bei II 100 % und bei III 200 % vorgeschlagen**. Besonders in hängigem Gelände kommt die Einbeziehung der Grünflächen in einer Verbesserung der Gesamtsituion gegenüber dem unbebauten Gelände zum Tragen. **Sickerwasser**, das im Falle der **Mindestanforderungen max. zur Hälfte in den Kanal eingeleitet** wird, ist beim **Orientierungswert zur Gänze** für den **Brauchwasserbedarf** heranzuziehen. Grauwasser ist zudem soweit als möglich zu klären.

Die vorgeschlagenen Eingrenzungen sind bezüglich der Umsetzbarkeit in der Planungspraxis zu überprüfen. Einen wesentlichen Beitrag hierzu liefert die Anwendung an einer unbebauten Situation im Anschluß an den Maßnahmenkatalog.

C Maßnahmenkatalog mit Mindestanforderungen und Orientierungswerten

Dieses siedlungsökologische Regelwerk für den Bebauungsplan, das auch die Ergebnisse der Eignungsbewertung beinhaltet (S. 232 ff.), wird für die Umsetzung in der Planungspraxis durch die Gestaltungshinweise (Kap. III.A) abgerundet. Der Maßnahmenkatalog ist für Reihenhäuser erstellt worden. Für andere Siedlungstypen ist er richtungsweisend und muß daher in Abhängigkeit von der baulichen Struktur entsprechend überprüft, abgeändert und ergänzt werden. Er ist nach Erfordernis durch weitere Forschungsprojekte zu vervollständigen, beispielsweise zum Artenschutz oder auch bezüglich der Schutzwürdigkeit von Böden. Ebenso müssen in dieser Weise für den FNP und den Regionalplan Umweltstandards zur Vervollständigung aufgestellt werden.

Die Begrenzungen der siedlungsökologischen Eckwerte zur quantitativen und qualitativen Flächeninanspruchnahme werden anhand von Bebauungskonzepten mit unterschiedlichen Ausnutzungsvarianten zur Abwägung gegenübergestellt. Auf dieser Grundlage werden die Mindestanforderungen abschließend diskutiert. Die Handlungsspielräume zu den einzelnen Eckwerten sind für eine umweltschonende Bauweise zu nutzen. Dazu ist eine Ausrichtung an den einzelnen Orientierungswerten, soweit dies möglich ist, vorzunehmen. Die Seitenverweise bei den zusammengefaßten Eckwerteingrenzungen stellen den Bezug zu den detaillierten Erläuterungen her.

QUANTITATIVE FLÄCHENINANSPRUCHNAHME (vgl. S. 239)

MINDESTANFORDERUNGEN		ORIENTIERUNGSWERT	

Der Bruttobaulandbedarf ist wie folgt zu beschränken:

Ballungszentren	150 m^2/EW.	Ballungszentren	120 m^2/EW.
Randzonen und solitäre Verdichtungsgebiete	200 m^2/EW.	Randzonen und solitäre Verdichtungsgebiete	150 m^2/EW.
Ländlicher Bereich	250 m^2/EW.	Ländlicher Bereich	200 m^2/EW.

Dieser Bedarf ist in Abwägung mit der qualitativen Flächeninanspruchnahme zur Diskussion gestellt (siehe S. 268 ff.).

QUALITATIVE FLÄCHENINANSPRUCHNAHME

BODEN

Versiegelte : unversiegelte Fläche

Bebauungskonzept (vgl. S. 240, 241)

Der Anteil von Gebäude- und Erschließungsflächen ist auf max. 30 % des Bruttobaugebietes zu beschränken.

Die für diese Bereiche benötigte Fläche ist auf 20 % zu begrenzen.

In hängigem Gelände (Neigungen über 6°) ist der Versiegelungsanteil von max. 30 % um die Hälfte der Gradzahl zu reduzieren.

Am Hang ist der für die überwiegend ebene Lage gültige Orientierungswert von 20 % um ein Viertel der Gradzahl zu verringern.

Die weiteren max. 5 % durch Gebäude unter der Geländeoberfläche betroffenen Anteile sind mit zunehmendem Gefälle zu reduzieren.

Es sind keine weiteren Flächenanteile durch Eingriffe infolge von Tiefgaragen etc. zu beeinträchtigen.

Bebauungsplan (vgl. S. 241)

Der vorgegebene Vegetationsflächenanteil von 50 % stellt eine absolute Mindestgröße dar.

Auf der Grundlage des BP-Konzeptes ist das durch Versiegelung betroffene Areal auf das unbedingt Notwendige zu begrenzen. Im Bebauungsplan sind für Erschließungsflächen Mindestdimensionierungen vorzusehen. Die Gebäudebereiche sind durch eine auf flächensparende Grundtypen ausgerichtete GRZ einzuschränken. Auf den Parzellen sind die restlichen Befestigungen mit Hilfe der BFZ zu limitieren. Dabei sind nutzungsbezogene Bodenkennwerte, die an den Orientierungswerten auszurichten sind, zugrunde zu legen. Die diesbezüglich nachfolgende nach Erschließungs- und Gebäudeflächen differenzierte Auflistung (vgl. S. 242), ist stark gekürzt und wird durch die Einstufung der einzelnen Oberflächenbeläge entsprechend den erweiterten BKW-Festsetzungen ergänzt (vgl. S. 40, 41).

Nutzungsbezogene Mindestanforderungen und Orientierungswerte zum B K W (vgl. S. 242)

Erschließungsflächen

Stark befahrene Straße 0,1

Mittel bis stark belastete Straße 0,1 - 0,15

Schwach belastete Straßen 0,15 - 0,3

Wohnwege 0,25 - 0,7

Stellplätze 0,25 - 1,0

Fußwege und Kommunikationsbereiche 0,25 - 1,0

Private Freibereiche 0,4 - 1,0

Spielplätze 0,5 - 1,0

Gebäudeflächen

Wohngebäude 0,0 - 0,8

Garagen, Anbauten und Nebengebäude 0,4 - 0,8

Nachverdichtungen 0,8

B o d e n k e n n w e r t   (B K W) (vgl. S. 40, 41)

0,0   Oberflächen von Gebäuden ohne Bodensubstrat.

0,1   Asphalt, Betondecken, Pflaster- und Plattenbeläge mit Fugenverguß bzw. mit festem Unterbau.

0,15 Poröser Asphalt.

0,2   Verbundpflaster, Kunststein- und Plattenbeläge, Naturferne nicht permanente Wasserflächen.

0,3   Mittel- und Großpflaster mit offenen Fugen.

0,4   Mosaik und Kleinpflaster mit großen Fugen, Gebäude auf Stützen, Dachbegrünungen.

0,5   Mosaik- und Kleinpflaster mit konstruktivem Vegetationsanteil.

0,6   Wassergebundene Decke, Rasengittersteine, Beläge mit ähnlicher Oberflächenstruktur einschließlich Holzkonstruktionen.

Gebäude unter d. Oberfläche mit mind. 1 m Bodensubstrat und Anbindung an Vegetationsbereiche.

0,7   Schotterrasen, Fahrspuren mit Mittelgrünstreifen.

0,8   Gebäude auf Stützen mit begrünter Dachfläche.

0,9   Künstlich geschaffene dauerhafte Wasser- und Feuchtgebietsflächen einschließlich standortgerechter Vegetation (Unterbau: Folie, Beton).

Wasserdurchlässige Konstruktionen über der Geländeoberfläche.

1,0   Natürlich anstehender Boden einschließlich Gewässer ohne direkte künstliche Beeinträchtigung. Konstruktionen über der Geländeoberfläche ohne Beeinträchtigung für Versickerung und Eignung als Pflanzenstandort.

Bei konstruktivem Vegetationsanteil wird BKW 0,2 um 0,05, BKW 0,3 und BKW 0,6 (wassergeb. Decke) um 0,1 aufgewertet.

MINDESTANFORDERUNGEN

Erdbewegungsmaßnahmen (vgl. S. 243)

In überwiegend ebener Lage sind die Auf- und Abtragungen auf max. 80 cm zu beschränken.

Die Topographieanpassung in hängigem Gelände erfordert eine Begrenzung der Erdbewegungen auf 80 cm in intensiv und 40 cm in extensiv genutzten Grünbereichen.

Geländeeinschnitte mit Stützwänden (vgl. S. 243)

Die Errichtung von Stützwänden ist bei extensiv genutzten Vegetationsflächen zu untersagen.

Durch vertikal verlaufende extensiv genutzte Vegetationsbereiche sind durchgehende horizontale Unterbrechungen der Sickerwasserwege zu unterbinden.

ORIENTIERUNGSWERT

In der Ebene ist grundsätzliche eine Begrenzung der Geländeveränderungen vorzunehmen. Diese soll in den extensiv genutzten Zonen max. 40 cm betragen.

Am Hang ist eine Begrenzung auf 40 cm in den Rasenzonen und 20 cm in den extensiv genutzten Vegetationsbereichen anzustreben.

Hangsicherungsbauwerke sind auf den Bereich unmittelbar im Anschluß an das Gebäude zu beschränken.

VEGETATION

Intensiv : extensiv genutzter Grünfläche

Ein Mindestanteil von je 10 % der Vegetationsbereiche ist auf Ebene des BP-Konzeptes für Regenerationsbereiche sowie Vernetzungselemente freizuhalten (S. 245).

Extensiv genutzte Vegetationsbereiche der Ausgangssituation sind weitestgehend zu erhalten.

Voraussetzungen zur Anrechnung von extensiv genutzten Grünflächen für die Vernetzung siehe S. 245.

Für die Vernetzung ist ein Mindestanteil von 40 % der Grünflächen im BP-Konzept zu sichern. Größere Ausgleichsflächen sollen mindestens die Hälfte dieser Bereiche ausmachen (vgl. S. 245).

Baumasse : Vegetationsvolumen (vgl. S. 246)

Die hinzukommende Baumasse ist im Verhältnis 1 : 1 durch Grünvolumen auszugleichen.

Gehölzbestände sind weitestgehend zu erhalten.

Es ist ein Ausgleich der Gebäude durch das eineinhalbfache Vegetationsvolumen anzustreben (1 : 1,5).

Die Vegetationsmasse der Ausgangssituation ist zusätzlich zu erhalten. Grundlagen zur Ermittlung des Volumens von Grünflächen sowie Junggehölzen siehe S. 42, 43.

WASSER

 Abführung von Wasser in die Kanalisation   (vgl. S. 251)

Die Effektivität der Rückhaltung bei extremeren Regenereignissen, beispielsweise im Falle kurz aufeinanderfolgender starker Niederschläge, wird durch zusätzliche Erweiterung der Kapazität gesichert. Diese Zuschläge für die berücksichtigte Restwassermenge sind entsprechend der Versickerungseignung, die auf S. 248 detaillierter erläutert ist, zur Diskussion gestellt :

FÜR DIE VERSICKERUNG	G E E I G N E T		U N G E E I G N E T
	Kategorie I	Kategorie II	Kategorie III
	Normaler Kostenaufwand	Erhöhter Kostenaufwand	
MINDESTANFORDERUNGEN	25 %	50 %	100 %
ORIENTIERUNGSWERT	50 %	100 %	200 %

MINDESTANFORDERUNGEN

Den Berechnungen wird ein Regenereignis, das alle 5 Jahre auftritt, zugrunde gelegt (Häufigkeit n = 0,2/Jahr).

Der Oberflächenabfluß aller befestigten Flächen ist zurückzuhalten.

ORIENTIERUNGSWERT

Es wird ein alle 10 Jahre zu verzeichnendes Niederschlagsereignis mit der Häufigkeit n = 0,1/Jahr zur Bemessung der Rückhaltekapazitäten herangezogen .

Von der Gesamtfläche ist der anfallende Abfluß zurückzuhalten somit auch von den Vegetationsbereichen.

Eine Klärung des Grauwassers ist soweit wie möglich vorzunehmen.

Die Schwerpunkte der nachfolgenden Ausgleichsmaßnahmen sind entsprechend der Versickerungseignung zu setzen (S. 249).

Speicherung und Wasserführung:

Aufstützung zu befestigender Bereiche, nach Möglichkeit mit Erhaltung einer weitgehend geschlossenen Vegetationsdecke. Einbindung von Dachabflüssen in ein Entwässerungssystem mit Pflanzgefäßen an Gebäudeteilen.
Oberflächennahe Gesamtwasserführung bis zu einem für die Versickerung geeigneten Bereich außerhalb des Baugebietes oder einem Oberflächengewässer.
Vegetationszonen im Straßenbereich sind für die Wasserspeicherung einzurichten und durch intensive Wartung in ihrem Bestand zu sichern.

Versickerung:

Versickerung unter Konstruktionen über der Geländeoberkante im Gebäude- und öffentlichen Erschließungsbereich sowie auf den Parzellen unter Wegeführungen und Terrassen.
Untergrundverrieselung unter Strukturen, die vollkommen oder stark versiegelt sind.

In Wasserschutzgebieten sind Auflagen für die Versickerung zu beachten. Die Verrieselung von Straßenabflüssen darf nur außerhalb der Schutzzonen I - III A /50, S. 33/ erfolgen. In gleicher Weise ist dies bei geklärtem Grauwasser zu begrenzen.

MINDESTANFORDERUNGEN

 Abflußsituation in hängigem Gelände

Hangstützende Bauwerke sind in ingenieurbiologischen Bauweisen mit möglichst hohem Anteil an pflanzlichen Elementen zu errichten (siehe auch S. 202).

Durch Dränung anfallendes Wasser ist in Rückhaltemaßnahmen einzubeziehen. Die Einleitung in den Kanal ist mindestens auf die Hälfte der Anfallsmenge zu begrenzen.

ORIENTIERUNGSWERT

Es sind reine Lebendverbauweisen für die Hangsicherung zu verwenden. Der Einsatz von anderen Baustoffen als Pflanzenmaterial ist auf die Erfordernisse der Standsicherheit zu begrenzen (siehe auch S. 202).

Sickerwasser ist zur Gänze für den Brauchwasserbedarf heranzuziehen. Eine Einleitung in den Kanal ist zu untersagen.

In Teilbereichen von Böschungen können Natursteinabstützungen, die mit Vegetation zu versehen sind, für gestalterische Zwecke Verwendung finden. Eine diesbezügliche Voraussetzung ist aber die Berücksichtigung der Anforderungen zur Topographieanpassung (vgl. S. 199 ff.).

Die Ergebnisse zu den Mindestanforderungen und Orientierungswerten der nachfolgenden Umsetzung des Maßnahmenkataloges sind in der Planungspraxis - beim BP-Konzept (S. 268 ff.) und im Bebauungsplan (S. 274 ff.) - zu berücksichtigen.

IV. Folgerungen für die Umsetzung in der Planungspraxis

Der Hauptanwendungsbereich des Maßnahmenkataloges gilt Neubebauungen. Dabei ist durch eine Umweltverträglichkeitsstudie zu klären, in welcher Form diese Vorgaben für die Bewertung unterschiedlicher Bebauungskonzepte und in der Folge für Festsetzungen im Grünordnungsplan zum Bebauungsplan Anwendung finden können. Es besteht auch die Möglichkeit, einzelne Maßnahmenpakete bei Wohnumfeldverbesserungen umzusetzen.

A Neubebauungen und Anwendung bei 0°-11°: Südhang in Marburg - BRD

Es wurde ein als Baufläche ausgewiesenes Gebiet in städtischer Randzone oder im Einzugsbereich einer Großstadt gesucht, wo auch in Zukunft ein starker Siedlungsdruck zu erwarten ist. Am Ortsrand von Cappel, einem Stadtteil von Marburg, wurde eine Kuppe und der daran angrenzende Südhang als Anwendungsbeispiel für den Bebauungsplan ausgewählt. So können die Anforderungen sowohl für überwiegend ebenes als auch für hängiges Gelände veranschaulicht werden. Die Abwägung zwischen quantitativer und qualitativer Flächeninanspruchnahme erfolgt anhand einer Umweltverträglichkeitsstudie zu mehreren Bebauungskonzepten mit unterschiedlicher Flächenausnutzung.

1 Umweltverträglichkeitsstudie zu den Bebauungskonzepten

1.1 Planungsgrundlagen zum Baugebiet

Der Großteil des Stadtkerns von Marburg/Hessen befindet sich auf den überwiegend ebenen Tallagen entlang der Lahn. Die Altstadt sowie die Stadtrandbereiche liegen in stark geneigtem Gelände (Abb. 125/1). Durch dieses in Nord-Süd-Richtung verlaufende Tal führt auch die nur im Stadtgebiet als Autobahn ausgebaute Verkehrsstraße, an die die Ortsumfahrung von Cappel angeschlossen ist (Abb. 125/2). Die Engpässe des am Talrand gelegenen Ortskerns erfordern eine Verkehrsberuhigung. Dazu ist eine Anbindung der östlichen höher gelegenen Siedlungsbereiche an die nördliche Ortsumfahrung geplant. Dies erfolgt für die Anlieger durch den Ausbau des bereits vorhandenen 3 m breiten, asphaltierten Forstweges.

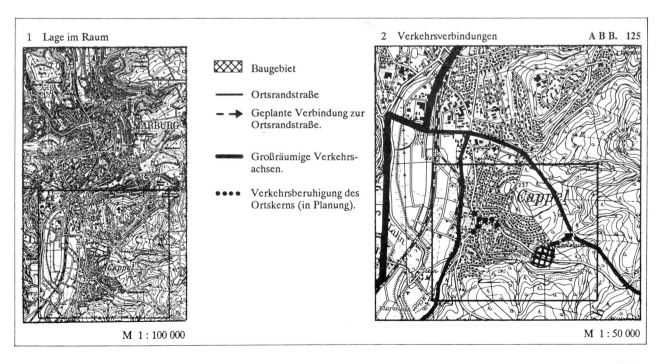

| 1 Lage im Raum | 2 Verkehrsverbindungen | ABB. 125 |

⬚ Baugebiet

— Ortsrandstraße

- ➔ Geplante Verbindung zur Ortsrandstraße.

━ Großräumige Verkehrsachsen.

•••• Verkehrsberuhigung des Ortskerns (in Planung).

M 1 : 100 000

M 1 : 50 000

255

Von diesem Bauvorhaben ist die Einrichtung einer Fußgängerzone im Zentrum ebenso wie die Aufstellung eines Bebauungsplanes für das am östlichen Ortsrand gelegene Baugebiet abhängig. Dieser Bau ist notwendig. da eine zusätzliche Verkehrsbelastung über die steil abfallende Straße mit Engpässen im Ortskern nicht zumutbar ist. Die vorhandene Straße, die weiter östlich ebenfalls auf diese Umfahrung mündet, stellt einen zu großen Umweg für den Verkehr in Richtung Marburg dar (Abb. 125/2).

Die vorhandenen Baugebiete reichen bis an den Waldrand und nur in den Tallagen schließen strukturarme Freiflächen an (Abb. 126/1). Im Flächennutzungsplan sind die östlich angrenzenden landwirtschaftlich genutzten Bereiche ebenfalls fast zur Gänze als Bauflächen ausgewiesen (Abb. 126/2). Ein weiterer Bebauungsplan soll aber aufgrund geringerer Bedarfsermittlungen nur zur Schließung des Ortsrandes aufgestellt werden (Abb. 126/1,2), sofern die durch den Wald geplante Verbindungsstraße zur Ortsumfahrung errichtet wird. Der nördliche, aus überwiegend ebenem Gelände bestehende Teil des Anwendungsgebietes liegt auf einer Kuppe. Daran anschließend steigen nur die nördlichen Waldflächen noch etwas an. Nach Westen fällt das Gelände mit leichter Neigung ab (Abb. 127/1-3).

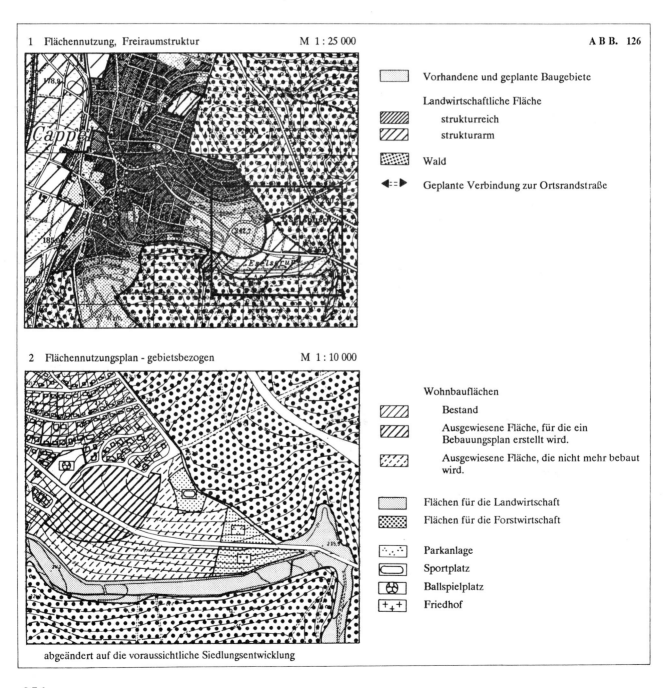

1   Flächennutzung, Freiraumstruktur   M 1 : 25 000   A B B.   126

Vorhandene und geplante Baugebiete

Landwirtschaftliche Fläche

strukturreich

strukturarm

Wald

Geplante Verbindung zur Ortsrandstraße

2   Flächennutzungsplan - gebietsbezogen   M 1 : 10 000

Wohnbauflächen

Bestand

Ausgewiesene Fläche, für die ein Bebauungsplan erstellt wird.

Ausgewiesene Fläche, die nicht mehr bebaut wird.

Flächen für die Landwirtschaft

Flächen für die Forstwirtschaft

Parkanlage

Sportplatz

Ballspielplatz

Friedhof

abgeändert auf die voraussichtliche Siedlungsentwicklung

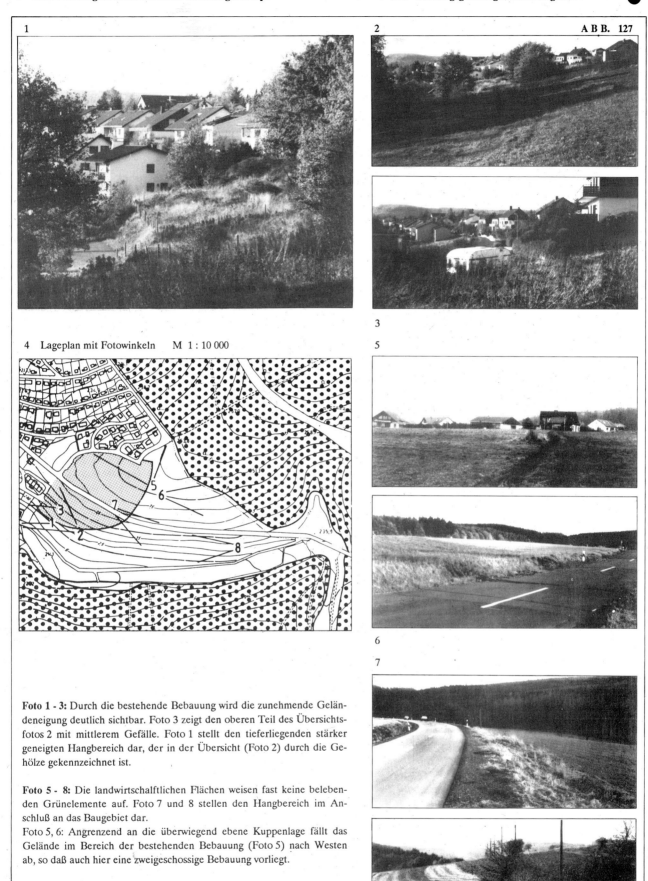

1

2   A B B. 127

4 Lageplan mit Fotowinkeln   M 1 : 10 000

3

5

6

7

8

Foto 1 - 3: Durch die bestehende Bebauung wird die zunehmende Geländeneigung deutlich sichtbar. Foto 3 zeigt den oberen Teil des Übersichtsfotos 2 mit mittlerem Gefälle. Foto 1 stellt den tieferliegenden stärker geneigten Hangbereich dar, der in der Übersicht (Foto 2) durch die Gehölze gekennzeichnet ist.

Foto 5 - 8: Die landwirtschalftlichen Flächen weisen fast keine belebenden Grünelemente auf. Foto 7 und 8 stellen den Hangbereich im Anschluß an das Baugebiet dar.
Foto 5, 6: Angrenzend an die überwiegend ebene Kuppenlage fällt das Gelände im Bereich der bestehenden Bebauung (Foto 5) nach Westen ab, so daß auch hier eine zweigeschossige Bebauung vorliegt.

Die südlichen Hangbereiche weisen ein Gefälle von 5°-11° auf (Abb. 127/7,8), was auch durch die angrenzende Bebauung ersichtlich ist (Abb. 127/1,2). In östlicher Richtung liegt überwiegend ebenes Gelände vor, das auch im Anschluß an das Baugebiet vorzufinden ist (Abb. 127/6). Angrenzend an den Wald ist in diesem Anschlußbereich ein Friedhof projektiert, der im Flächennutzungsplan weiter östlich ausgewiesen ist (Abb. 126/2).

An die als Grün- und Ackerfläche genutzte **Kuppe** (Abb. 126/2; 128) schließt nördlich ein Föhrenwald an, der teilweise mit Laubgehölzen durchsetzt ist. Im westlichen Teil der Kuppe befindet sich eine überwiegend mit Schlehdorn und Ginster gut eingewachsene Geländeerhebung, die als schutzwürdiger, extensiv genutzter Bereich zu berücksichtigen ist. Es sind auch Brombeeren, Hagebutten und Holunder sowie Gräser in ihren Randbereichen vorzufinden. Diese ehemalige Erddeponie hat an der Straßenkreuzung eine Höhe von ca. 2 m, die im weiteren Verlauf geringer wird. Dieser teilweise 10 m breite Bereich wird in nordöstlicher Richtung schmäler, geht dann in eine schmale Brachfläche mit einer kleiner Gehölzgruppe (Vogelkirsche und Salweide) und anschließend in Wegerandgrün über. Die vorliegende Höhe der Geländeerhebung, ist anschließend an den Kreuzungsbereich zur gestalterischen Einbindung abzutragen. Ihre Kernzone ist aber zu erhalten und durch Anbindung weiterer extensiv genutzter Flächen zu einem Regenerationsbereich auszubauen. Der Graben und der Grünstreifen mit Ebereschen entlang der vorhandenen Verbindungsstraße zur Ortsumfahrung stellen weitere Strukturelemente am Rande der landwirtschaftlichen Flächen dar (Abb. 128). Die Bäume sind aufgrund des schlechten Wuchses nicht als schutzwürdig einzustufen, sofern Ersatz an Vegetationsmasse sichergestellt ist. Die Größe der Gehölze ermöglicht zudem eine Verpflanzung.

Der **Hang** südlich der Straße wird, abgesehen von den im südwestlichen Teil brach liegenden steileren Hangbereichen, als Acker genutzt. Auch dieses, der natürlichen Selbstentwicklung überlassene Terrain sollte in extensiv genutzte Vegetationsflächen eingebunden werden.

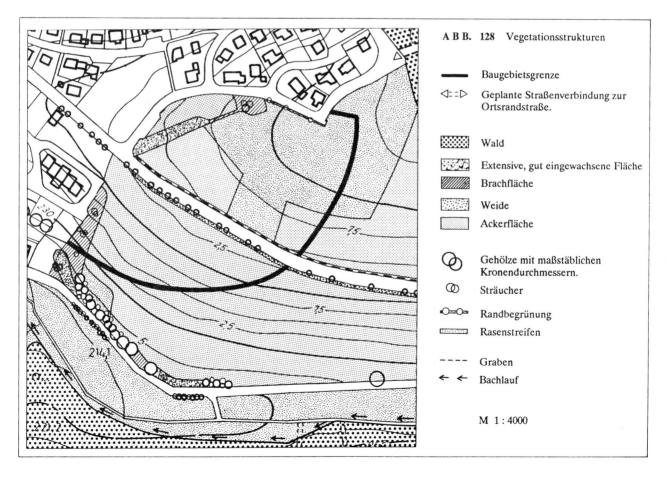

ABB. 128   Vegetationsstrukturen

———————   Baugebietsgrenze

◁╌╌▷   Geplante Straßenverbindung zur Ortsrandstraße.

▨▨▨   Wald

▨▨▨   Extensive, gut eingewachsene Fläche

▨▨▨   Brachfläche

▨▨▨   Weide

▭   Ackerfläche

◯◯   Gehölze mit maßstäblichen Kronendurchmessern.

◯◯   Sträucher

○═○   Randbegrünung

▭   Rasenstreifen

- - - -   Graben

← ←   Bachlauf

M 1 : 4000

Im Anschluß daran ist bei der Baumreihe südlich des Plangebietes ein gut ausgebildeter Gehölzstreifen mit Eichen und Weiden aber auch Föhren vorhanden. In dessen Verlauf sowie in seinem unmittelbaren Anschlußbereich befinden sich auch gut eingewachsene, extensiv genutzte Vegetationsflächen. Dieser Gehölzstreifen bindet aber nicht direkt an die südlichen Waldflächen an. Dazwischen liegt überwiegend ebenes Weideland mit einem Bach am südlich angrenzenden Waldrand, der im weiteren Verlauf im Siedlungsbereich verrohrt ist. Aufgrund der **geringen landschaftlichen Vielfalt** ist eine **Bebauung** der vorwiegend landwirtschaftlichen Flächen, unter Erhaltung und Ausbau der bestehenden extensiv genutzten Zonen, als **vertretbar** anzusehen.

Die **Bodengüte** spricht auch dafür, daß zur Freihaltung ertragsreicherer Böden dieser Bereich dazu herangezogen wird. Der auftretende Buntsandstein liefert bei Verwitterung nur einen mäßigen Boden, wie aus den Wertzahlen der Bodenschätzung hervorgeht. Diese liegen zwischen 30 - 39, direkt im Anschluß an den Wald sogar nur bei 20 - 29. Damit sind sie im oder nahe dem Bereich der Grenzertragsböden (15 - 30) und stellen die schlechtesten Böden im Stadtgebiet von Marburg dar. Der Untergrund läßt ebenso wie die **Wasserführung** auf eine **Eignung als Bauland** schließen, da nur im nördlichen Teil der Kuppe Grundwasser mit geringerem Abstand als 2,5 m zur Geländeoberfläche auftritt und in diesem Bereich auch nur im Anschluß an den Wald in Form von Schichtwasser /37, S. 3/.

Die im Maßnahmenkatalog zusammengefaßten Anforderungen an Neubebauungen von Reihenhäusern sind besonders in den vorliegenden Randbereichen von Verdichtungsräumen umzusetzen. Der überwiegende Teil der angrenzenden Bebauung ist in offener zweigeschossiger Bauweise errichtet. Auch die direkt an die Kuppe im Westen anschließende Bebauung (Abb. 127/5) weist aufgrund des Gefälles in dieser Richtung jeweils 2 Geschosse auf Talseite auf. Nur in dem Hangbereich sind direkt anschließend Doppelhäuser vorzufinden (Abb. 127/3). Doppel- aber ebenso Reihenhäuser sind teilweise bereits in diesem Siedlungsbereich vorhanden und sind in dem für den Bebauungsplan derzeit vorliegenden Bebauungskonzept verstärkt vorgesehen.

1.2 Erstellung und Vergleich von Bebauungskonzepten

Für das Anwendungsbeispiel besteht ein Bebauungskonzept, das in der Folge als BP-Konzept bezeichnet wird, auf dem der Bebauungsplan aufgebaut werden soll. Die nachfolgenden auf dem Maßnahmenkatalog basierenden drei Bebauungsvorschläge, mit der Bezeichnung Konzept I - III, werden diesem **BP-Konzept** gegenübergestellt. Darin sind freistehende Einfamilien-, Doppel- und Reihenhäuser vertreten. Außerdem sind neben Erschließungsstraßen auch Sammelstellplätze und Fußwegverbindungen vorgesehen. Aufgrund dieser bereits teilweisen Anwendung flächensparenden Bau- und Erschließungsformen ist die Gegenüberstellung mit den Konzepten I - III von besonderem Interesse. Diese wurden bezüglich der versiegelten Flächen sowohl an den erarbeiteten **Mindestanforderungen (Konzept I)** als auch an den **Orientierungswerten (Konzept III)** ausgerichtet. Demgegenüber wurde in **Konzept II** die Erreichung eines **Mittelwertes** angestrebt. Diese Flächenbilanzen wurden entsprechend den vorliegenden überwiegend ebenen und hängigen Bereichen differenziert betrachtet.

1.2.1 BP-Konzept zum vorgesehenen Bebauungsplan

Der Ortsrand soll durch diese weitere Baufläche geschlossen werden. Der nordöstlich vorgesehene Friedhof ist allen Konzepten zugrunde gelegt. Die verdichtete Bauweise mit 43 Wohneinheiten in Zeilenbebauung macht gegenüber 14 Doppelhäusern und 16 freistehenden Einfamilienhäusern den überwiegenden Anteil aus. Die Erschließungsstraßen am Gebietsrand und die bestehende Verbindung zur Umfahrungsstraße sowie der Platz im Kreuzungsbereich bestimmen die Grundstruktur dieses Konzeptes (Abb. 130).

Obwohl Sammelstellplätze und demzufolge Fußwege für die Erreichbarkeit der restlichen Parzellen geplant sind, beträgt der Anteil an Erschließungsflächen in dem ebenen Gelände 24 % an der Gesamtfläche und ist gegenüber 15 % für die Gebäude sehr hoch (Abb. 129). Dies resultiert aus der zweifachen Parzellenerschließung, die in dieser Lage bei der Hälfte der Grundstücke erfolgt. Im hängigen Gelände überwiegt aber der Versiegelungsanteil der Gebäude von 18 % gegenüber 16 % an Erschließungsflächen, da von beiden Straßenseiten Parzellen erschlossen werden. Dadurch kommt es aber am Hang auch zu hangseitigen Freibereichen mit nord-östlicher Ausrichtung. Eine Verlegung der Terrasse aus der Gebäudeverschattung ist bei der geplanten Distanz der Baukörper zur Grundstücksgrenze von ca. 15 m möglich. Ansonsten liegen südliche, südwestliche und teilweise südöstliche Orientierungen vor. Die Trennung zwischen überwiegend ebenem und hängigem Gelände wurde bei einer Neigung von ca. 5° vorgenommen.

Im ebenen Bereich liegt der Versiegelungsanteil von 39 % über jenem von maximal 30 %, der für die Mindestanforderungen in dieser Lage vorgesehen ist (S. 252). Am Hang sollten bei der vorliegenden durchschnittlichen Neigung von 10° nicht mehr als 25 % gegenüber dem geplanten Anteil von 34 % beansprucht werden. Das günstigere Verhältnis zwischen Baukörpern und Erschließung führt in der Hangzone trotz einer geringeren Gesamtversiegelung zu einer höheren quantitativen Ausnutzung. Die GFZ beträgt 0,37 im Gegensatz zu 0,31 in der Ebene. Da in dem vorhandenen BP-Konzept zu wenig Parkmöglichkeiten verzeichnet sind, wurde auf den privaten Grundstücken der Doppelhäuser und der offenen Bebauung den Erschließungsflächen ein Versiegelungsanteil von 0,5 % in der Ebene und 1 % am Hang hinzugerechnet. Somit konnten entsprechend der Stellplatzsatzung von Marburg 1,1 Stellplätze/WE erzielt werden. Dies war notwendig, um einen Vergleich mit den nachfolgenden Konzepten zu ermöglichen.

Das geplante Erschließungssystem zerschneidet die Gesamtfläche, so daß keine durchgehende Grünvernetzung möglich ist (Abb. 131). Da infolge der vorgesehenen Parzellierung keine größeren öffentlichen Ausgleichsflächen freigehalten wurden, bleiben nur Verbindungsstreifen entlang den Parzellen übrig, die die Kriterien der Vernetzung (S. 244) aber nicht erfüllen. Das bereits bestehende Konzept wurde in der vorliegenden Arbeit dahingehend abgeändert, daß zumindest 3 m breite Zonen, die als Vernetzungsfläche angerechnet werden können, verbleiben.

Entsprechend der hohen Versiegelung, der fehlenden Grünvernetzung und einer geringen Vegetationsmasse, die nur durch die Straßenbäume erhöht wird, sind Belastungen auf seiten des Wassers die Folge. Die zu erwartenden zahlreichen Geländeeinschnitte durch die Baukörper führen zu weiteren Störungen des Wasserhaushaltes, wie es durch die Darstellung in Abb. 131 ersichtlich ist. Die im BP-Konzept nicht eingezeichneten Garagen, die jedoch zwischen den Doppelhäusern projektiert werden, führen zumindest bei hangseitiger Errichtung zu einer durchgehenden Störung im gesamten Hangbereich. In Abb. 131 sind diese zu erwartenden Baukörper gestrichelt dargestellt.

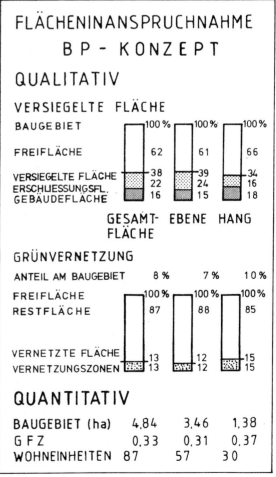

ABB. 129   Flächeninanspruchnahme

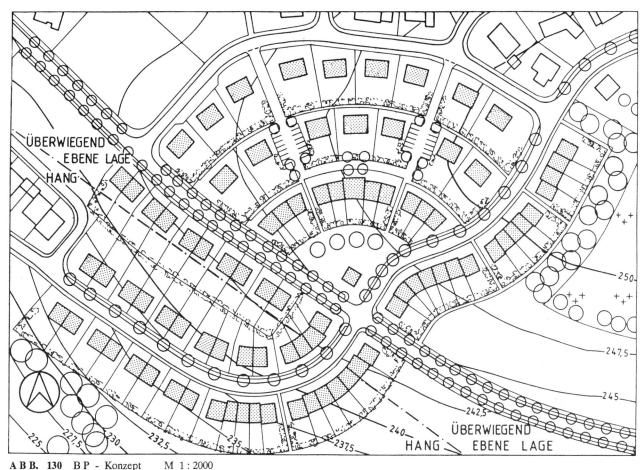

ABB. 130   B P - Konzept   M 1 : 2000

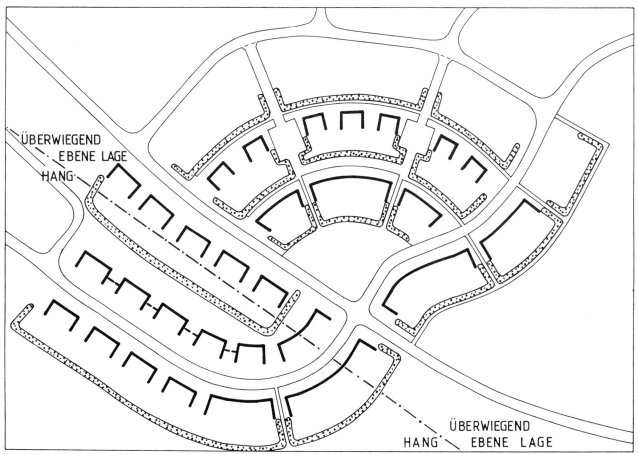

ABB. 131   Grünvernetzung   M 1 : 2000

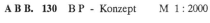 Regenerationsbereich
Vernetzungszonen

1.2.2 Konzept I - Mindestanforderungen

Die erforderliche - durch den Wald führende - nördliche Verbindungsstraße zur Ortsumfahrung ermöglicht die Reduzierung der Erschließung auf den Gebietsrand, mit daran angegliederten Sammelstellplätzen (Abb. 133). Diese Beruhigung der Kernzone und die Konzentration der Gebäude auf die Randbereiche stellen die Grundlage für die beim BP-Konzept (Abb. 132) fehlende vernetzte Grünstruktur (Abb. 136) dar. Die Erhaltung und der Ausbau der extensiv genutzten Vegetationsflächen, besonders im nordwestlichen Teil der Kuppe, stehen dabei im Vordergrund.

Dieses Konzept ist an den **Mindestanforderungen der Flächenversiegelung von max. 30 % in überwiegend ebenem und 25 % in hängigem Gelände** ausgerichtet. Obwohl gegenüber dem BP-Konzept das Befestigungsausmaß um 10 % reduziert ist, erhöht sich die Anzahl an Wohneinheiten um 50 (Abb. 134). Trotz des dementsprechend höheren Stellplatzbedarfes liegt in der Ebene der Anteil der Versiegelung im Erschließungsbereich nicht über jenen der Gebäudeflächen und beträgt jeweils 15 %. In einem Teil der früheren Durchfahrtsstraße ist eine Wohnstraße geplant. Für die Erreichbarkeit der Gebäude sind in allen anderen Abschnitten des Baugebietes befahrbare Fußwege mit einer Breite von ca. 2,5 m vorgesehen. Bezüglich der Exposition wurde sowohl bei den einfachen als auch bei den Doppelzeilen berücksichtigt, nördliche Orientierungen der Freibereiche zu vermeiden. Für die Gebäudeplanung wurde bei einem Achsmaß von 5 m eine Grundfläche von 55 m² und eine Gartentiefe von 20 m, die dem Orientierungswert für die Vernetzung entspricht, angesetzt.

In der Ebene liegt der Gesamtanteil an **vernetzten Flächen** mit 38 % an der Freifläche knapp unter dem für ebenes und hängiges Gelände geltenden Orientierungswert von 40 % und ist beim Hang mit 56 % weit darüber (Abb. 134, 136). Die **Regenerationsbereiche** machen dabei mit 30 % in dem überwiegend ebenen Gelände und 42 % am Hang weit mehr als die mindestens geforderte halbe Größe der gesamten Vernetzungsfläche aus. Damit ist die Grundlage für den klimatischen Ausgleich durch die Vegetationsmasse gegeben. Dieser wird auf seiten des Wassers durch die Freihaltung größerer zusammenhängender Grünbereiche bewirkt.

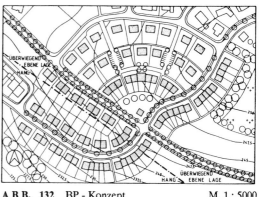

ABB. 132   BP - Konzept   M 1 : 5000

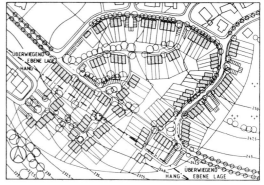

ABB. 133   Konzept I   M 1 : 5000

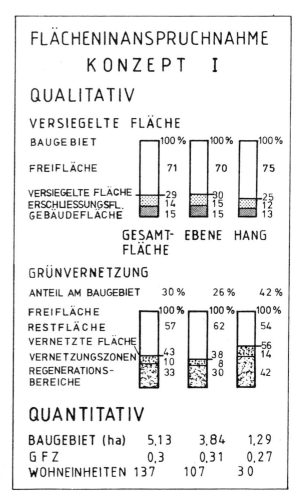

ABB. 134   Flächeninanspruchnahme

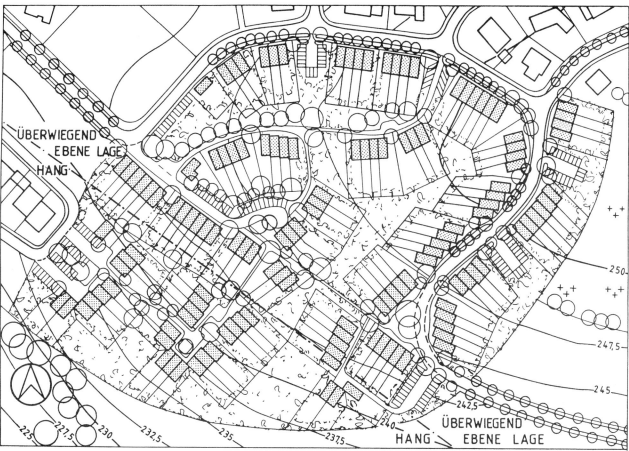

A B B. 135 Konzept I M 1 : 2000

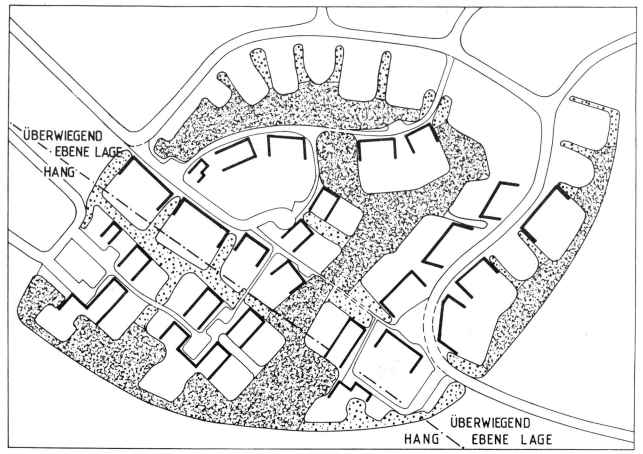

A B B. 136 Grünvernetzung M 1 : 2000

	Regenerationsbereich
	Vernetzungszonen

1.2.3   Konzept II - Mittelwert

Gegenüber Konzept I (Abb. 137) ist die **Flächenversiegelung** durch eine Beschränkung der Bebauung auf die erforderliche Grunderschließung **um weitere 5% gesenkt** (Abb. 138-140). Es sind aber noch um 24 Wohneinheiten mehr vorgesehen als beim BP-Konzept.

Die Verringerung der Eingriffe ermöglicht große zusammenhängende **Regenerationsbereiche**, die überwiegend Breiten von mehr als 10 m aufweisen. Im Vergleich zu Konzept I nehmen deren Anteile an der Freifläche in der Ebene um 14% und am Hang um 11% zu (Abb. 139). Die dargestellten **vernetzten Flächen** liegen mit 50 % und 65 % weit über dem für ebenes und hängiges Gelände geltenden Orientierungswert von 40 %. Dieser Flächenzuwachs sowie die Abnahme an versiegelten Bereichen stellt im Vergleich zu Konzept I die Grundlage für einen noch umfassenderen Ausgleich auf seiten von Vegetation und Wasser dar. Dies gilt speziell für große Teile des Hanges, da der **Sickerwasserfluß in stärkerem Maße aufrechterhalten** wird. Bei konsequenter Umsetzung der Anforderungen in der Objektplanung ist eine Verbesserung gegenüber der intensiv landwirtschaftlich genutzten Ausgangssituation möglich. Im Falle der Aufstützung der Fußwegdurchquerungen kann fast das gesamte Vegetationsareal, abgesehen vom nordöstlichen Teil am Gebietsrand, direkt miteinander vernetzt werden.

In den Hangbereichen wurde soweit als möglich die zentrale Erschließung vorgesehen bzw. vertikale Zeilen in ihren Anschlußzonen. Dabei weisen die südlicheren Gebäude in der Fallinie bei einer Steigung von 9° - 11° Achsbreiten von 6 m und eine Grundfläche von 60 m² auf. Bei den vertikalen Zeilen entspricht grundsätzlich die Tiefe der Freibereiche mit 15 - 20 m den für die Vernetzung anzustrebenden Abständen der Baukörper zur Grundstücksgrenze.

Der bei den Freiflächen verbleibende Restanteil beinhaltet weitere Versiegelungen auf der einzelnen Parzelle aber auch im öffentlichen Bereich ebenso wie Rasen und extensive Nutzungen, die nicht als Vernetzungszonen angerechnet werden können. Eine offene Gartengestaltung mit einer Abschirmung der Terrasse steigert die Wohnqualität bei den vorliegenden vernetzten Bebauungskonzepten.

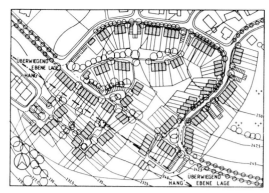

A B B. 137   Konzept I   M 1 : 5000

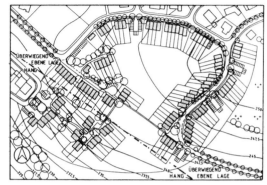

A B B. 138   Konzept II   M 1 : 5000

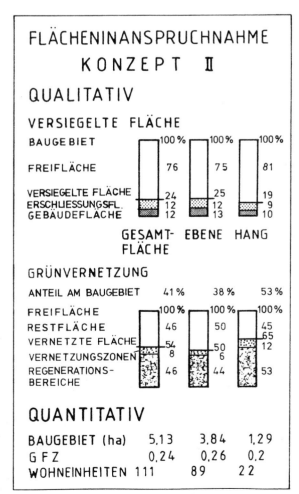

A B B. 139   Flächeninanspruchnahme

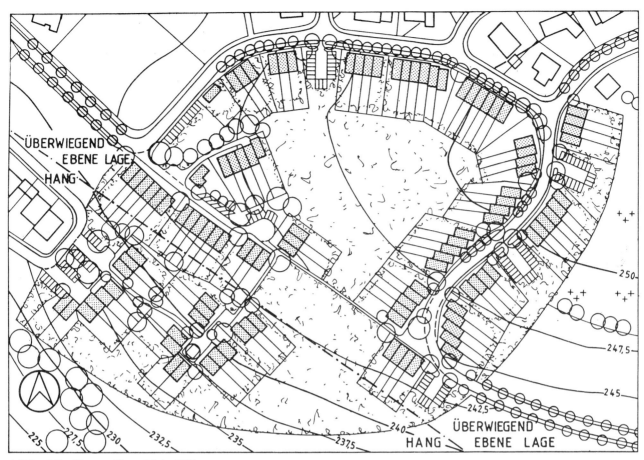

A B B. 140   Konzept II   M 1 : 2000

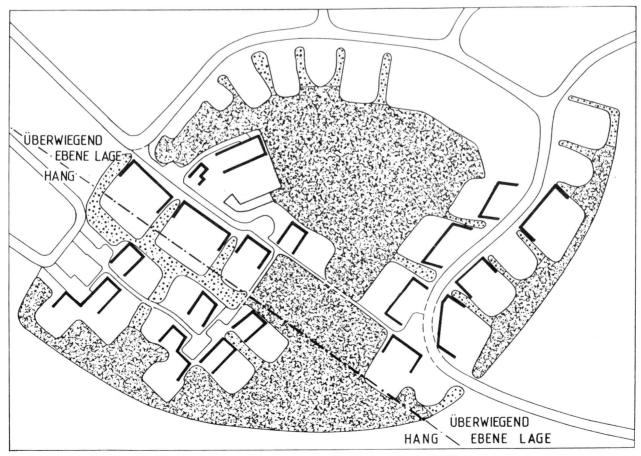

A B B. 141   Grünvernetzung   M 1 : 2000

Regenerationsbereich
Vernetzungszonen

265

1.2.4 Konzept III - Orientierungswert

Durch eine weitere Verringerung der Gebäude entlang der Grunderschließung des Gebietes wurde ein den **Orientierungswerten entsprechender Versiegelungsgrad von ca. 20 % in der Ebene und 17 % am Hang** erzielt (Abb. 144). Dieser Bebauungsvorschlag weist dabei gegenüber dem BP-Konzept noch um 11 Wohneinheiten mehr auf.

In bezug auf das gesamte Baugebiet steigt der Anteil der vernetzten Flächen an der Freifläche in geringerem Maße gegenüber der Reduzierung versiegelten Areals an, als dies beim Vergleich zwischen Konzept I und II zu verzeichnen war. Die horizontalen Vernetzungszonen beim Übergang zwischen überwiegend ebenem und hängigem Gelände von Konzept II (Abb. 141) können, wie in Konzept III dargestellt, durch den Wegfall weiterer Gebäude auch als Regenerationsbereich angerechnet werden (Abb. 146). Dadurch wird die angestrebte Verschiebung zugunsten dieser Flächen noch verstärkt.

Bei den Konzepten I - III sind neben großen öffentlichen Vegetationsbereichen die **Vernetzungsanteile an den Privatgrundstücken**, die über der generell zugrunde gelegten Mindestbreite von 3 m liegen, nach der Lage der Parzelle innerhalb des Baugebietes differenziert. Dabei wurden in den Randbereichen mindestens 5 m breite vernetzte Flächen für die Eingrünung vorgesehen. Bei Grundstücken im Anschluß an bestehende extensiv genutzte Bereiche wurden private Flächen von 5 m herangezogen. Breiten von mindestens 3 m, die durch die Zusammenlegung von seitlichen Gebäudeabständen erzielt werden, sind ebenfalls einbezogen. Die breiten Vegetationszonen in der Fallinie, auch unter Einbeziehung der Rasenflächen, stellen die Grundlage für die Aufrechterhaltung des Hangwasserhaushaltes dar. Bei der zentralen Erschließung verringert die Freihaltung der Eckbereiche zudem die Eingriffe in den Bodenwasserhaushalt, die anhand der Stützwände dargestellt sind. Der geringe Grad an Versiegelung und das große zusammenhängende Vegetationsareal gewährleisten die notwendige Kompensation bei entsprechender Umsetzung der Eckwerte im Bebauungsplan. **Eine Verbesserung der ökologischen Ausgleichsfunktionen gegenüber** der gegenwärtig vorliegenden **unbebauten Situation** ist dabei wahrscheinlich.

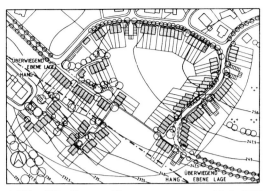

ABB. 142   Konzept II   M 1 : 5000

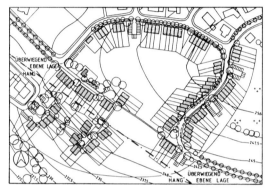

ABB. 143   Konzept III   M 1 : 5000

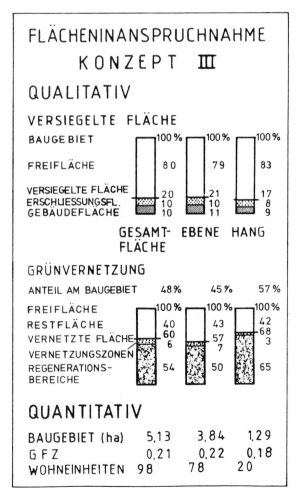

ABB. 144   Flächeninanspruchnahme

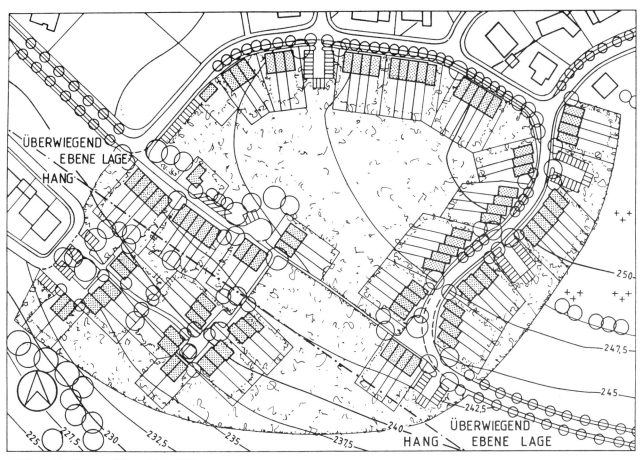

A B B. 145   Konzept III   M 1 : 2000

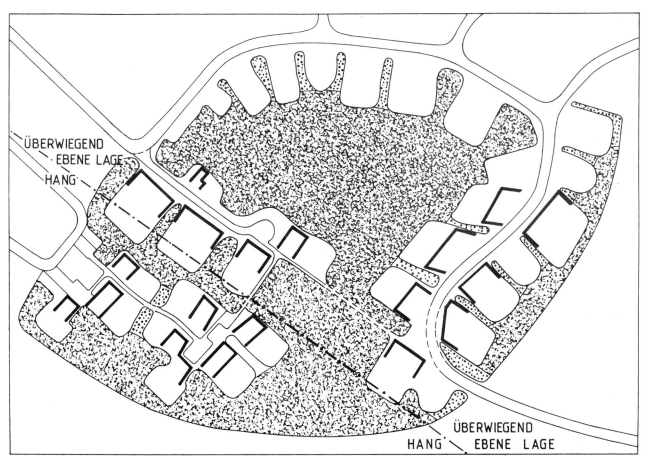

A B B. 146   Grünvernetzung   M 1 : 2000

Regenerationsbereich
Vernetzungszonen

1.3 Auswertung und Konzeptauswahl

Die **Versiegelung**, der Anteil und die Verteilung von **Vernetzungsflächen** sowie der Eingriff durch **Stützwände** werden dem **quantitativen Aspekt gegenübergestellt**. Neben der GFZ wird die Anzahl der WE und der daraus resultierende **Bruttobaulandbedarf/EW** berücksichtigt.

Das **BP-Konzept** (Abb. 147/1) mit einem Befestigungsgrad von 39 % in überwiegend ebener Lage und 34% am Hang (Tab. 6) liegt weit über den in Konzept I (Abb. 147/3) zugrunde liegenden Mindestanforderungen von 30% und 25% (Tab. 6). In der Hangzone gelten bei der durchschnittlichen Neigung von 10° die in ebener Lage gültigen Mindestanforderungen von 30 % abzüglich jenes Wertes, der sich aus dem halbierten Neigungswinkel ergibt (S. 252). Demgegenüber basiert der Orientierungswert von ca. 17 % (Konzept III) auf dem in ebener Lage geltenden Versiegelungsanteil von 20 %, von dem jener Wert, der ein Viertel des vorliegenden Neigungswinkels darstellt, abgezogen wird. Im BP-Konzept kommt die starke Ausnutzung des Hanggeländes in der hohen GFZ von 0,37 gegenüber 0,31 bei der Ebene zum Ausdruck. Dabei beträgt die Gebäudegrundfläche zwischen 80 und 120 m², die in Konzept I auf 55 - 60 m² gesenkt wurde. Bei dem gleichen Flächenanteil von 15 % für die Baukörper und somit gleicher GFZ konnten in dem ebenen Gelände, bei einer zusätzlichen Vergrößerung dieser Baugebietsfläche um ca. 4000 m², 50 Wohneinheiten mehr errichtet werden. Trotz des höheren Stellplatzbedarfes konnten die Mindestanforderungen durch Senkung des Erschließungsanteils von 24 % auf 15 % eingehalten werden. Gegenüber dem BP-Konzept, dessen Hangzone um 1000 m² größer ist und ein ausgewogenes Verhältnis zwischen Gebäude- und Erschließungsflächen aufweist, führte in Konzept I eine geringere Versiegelung zu einer Senkung der GFZ von 0,37 auf 0,27 bei gleichbleibender Anzahl an Wohneinheiten. In bezug auf das Gesamtgebiet wurde die durchschnittliche GFZ von 0,33 auf 0,3 verringert. Diese Reduzierung kann durch die Zunahme von 50 Wohneinheiten bei einer um nur 3000 m² größeren Bruttobaufläche gerechtfertigt werden. **Der qualitative Vergleich fällt aufgrund der zusammenhängenden Grünvernetzung**, die für das gesamte Baugebiet mit 43 % über den Orientierungswerten von 40 % liegt, eindeutig **zugunsten von Konzept I aus**. Dabei ist das Ausmaß an Regenerationsbereichen mit 33 % an der Freifläche deutlich über dem mindestens geforderten halben Anteil des vernetzten Areals angesiedelt. Diese Tendenz nimmt bei Konzept II (Abb. 147/6) und III (Abb. 147/8) weiter zu. Neben der zu hohen Versiegelung im BP-Konzept sind ein fehlendes miteinander verbundenes Grünsystem ebenso wie die mit 13 % weit unter den Mindestanforderungen von 20 % liegenden Werte an vernetzten Flächen anzuführen, die keine Regenerationsbereiche aufweisen. Der diesbezügliche Anteil am Baugebiet beträgt gegenüber 30% bei Konzept I, die entsprechend den Ausarbeitungen zu den Eckwerten anzustreben sind (S. 245), nur 8%. Die Eingriffe in den Bodenwasserhaushalt - speziell am Hang - führen zu Belastungen für das gesamte Siedlungsgebiet.

Die bestehenden extensiv genutzten Flächen, die im BP-Konzept nicht berücksichtigt wurden, sind in Konzept I weitgehend erhalten und ausgebaut worden. Dieser Bestand im nordwestlichen Teil der Kuppe ist bei Konzept II und besonders bei Konzept III noch stärker erweitert worden. Die im BP-Konzept nur schwach entwickelte Eingrünung des Gebietsrandes ist bei **Konzept I-III** gut ausgebildet. Die Sammelstellplatzanlage gewährleistet bei entsprechender Aufstützung einen Pflanzenstandort.

Bei den Konzepten II-III ist das weitere Absinken der GFZ, unter Einbeziehung der gegenüber dem BP-Konzept höheren Anzahl an WE, dem Zuwachs an Ausgleichsflächen gegenüberzustellen. Die allen drei Entwürfen zugrunde liegende **Grünvernetzung** erzielt einen Flächengewinn durch die zunehmende Reduzierung der Versiegelung. Bei **konsequenter Umsetzung der Mindestanforderungen für die Befestigung** können sogar, wie **Konzept I** zeigt (Tab. 6), die **Orientierungswerte für die Grünvernetzung erzielt** werden. Bei einem weiter gesenkten Befestigungsausmaß können diese Werte noch beträchtlich übertroffen werden, speziell bei der Annäherung an die Orientierungswerte. Der Anteil der Regenerationsbereiche an dem vernetzten Areal wird dabei weiter vergrößert. Die Verringerung der Versiege-lung um 5 % in der Ebene und 6 % am Hang zwischen Konzept I und Konzept II, bei einer Abnahme der WE um 26, steigert den Anteil der Grünvernetzung am Bruttobaugebiet um 11% (Tab. 6). Demgegenüber zieht zur Erzielung der Orientierungswerte die weitere Re-duzierung um 4 % in der Ebene und 2 % am Hang nur eine Abnahme von 13 Einheiten nach sich (Konzept III). Hier nimmt der Anteil der vernetzten Flächen am Baugebiet um 7 % zu.

Konzept II weist mit 111 Gebäuden doch noch erheblich mehr als das BP-Konzept mit 87 auf. Dieser Abstand verringert sich bei Konzept III auf 11 WE, und die GFZ liegt hier mit 0,21 deutlich unter jener des BP-Konzeptes mit 0,33. Die **Reduzierung der GFZ** von 0,3 auf 0,24 **zwischen Konzept I und II** ist durch einen **erheblichen Gewinn an Grünvernetzung** ver-tretbar. Da außerdem die Senkung der Eingriffe innerhalb der Ausgleichsflächen in der Ebene und die Zusammenlegung mit jenen des Hanges zu einem großen Regenerationsbe-reich erfolgt, ist die Abnahme der GFZ zusätzlich gerechtfertigt. Die Eingriffe in den Hang-wasserhaushalt werden ebenso noch erheblich reduziert. In Konzept III ist der weitere Aus-bau der Kompensationsbereiche zwar zu begrüßen, jedoch ist der Zuwachs nicht so groß wie zwischen Konzept I und II. Ebenso steigert die Verringerung der Eingriffe entlang der Grunderschließung die Effektivität seitens des ökologischen Ausgleichs nicht in dem Maße, daß das weitere Absinken der GFZ in gleicher Weise wie bei Konzept II begründet ist.

Abschließend ist bei dieser **Auswertung** das **Bruttobaugebiet** auf die **Einwohnerzahl abzu-stimmen.** Die Belegung pro Wohneinheit beträgt 2,6 Einwohner gemäß den Ergebnissen der Volkszählung 1987. Entsprechend dem Maßnahmenkatalog sollte der Bruttobaulandbedarf in den vorliegenden Randzonen von Verdichtungsbereichen zwischen 150 und 200 m^2/EW aus-machen (S. 252). Der aus der Anzahl an Wohneinheiten resultierende Flächenverbrauch liegt beim BP-Konzept in der Ebene mit 259 m^2/EW. sogar über den für ländliche Bereiche vorge-sehenen Mindestanforderungen von 250 m^2/EW In der effektiver genutzten Hangzone liegt dieser Wert mit 177 m^2/EW innerhalb der vorgesehenen Spanne. Die Mindestanforderungen für das versiegelte Areal werden hier ebenfalls mit 9 % überschritten. Der Mittelwert des Ge-samtgebietes führt mit 214 m^2/EW dagegen ebenfalls zu einem größeren als mit den Min-destanforderungen vorgesehenem Flächenverbrauch. Diese Resultate untermauern die vor-genommene **Ausscheidung des BP-Konzeptes.** Demgegenüber liegt bei **Konzept I** mit 144 m^2/EW ein durchschnittlicher Wert unter dem Orientierungswert vor. 144 m^2/EW ent-spricht der Abgrenzung des Eckwertes für Ballungszentren (120 - 150 m^2/EW). Der Ver-brauch an Boden liegt in der überwiegend ebenen Fläche mit 138 m^2/EW noch näher bei dem hierfür vorgesehenen Orientierungswert von 120 m^2/EW. Die geringere Ausnutzung des Hanges bedingt den größeren Bedarf von 165 m^2/EW, der aber doch nahe dem für Randzo-nen von Verdichtungsräumen geltenden Orientierungswert von 150 m^2 liegt. Bei **Konzept II** trifft dies auch für die fast gleich hohe Begrenzung des quantitativen Aspektes in der Ebene zu. Am Hang liegt der Wert mit 226 m^2/EW im Mittelbereich der Abgrenzungen für ländli-che Zonen (200 - 250 m^2/EW). In **Konzept III** liegen mit 248 m^2/EW am Hang somit die Mindestanforderungen dieser Spanne vor. Für die Ebene wurde mit 189 m^2/EW ebenfalls ein Wert im Bereich der unteren Abgrenzung für Randzonen von Verdichtungsräumen erzielt. Dies gilt auch für den Durchschnittswert von 201 m^2/EW, der knapp darunter liegt. Dieser Wert ist bei Konzept II mit 179 m^2/EW im Mittelbereich dieser Spanne.

Diese **Ergebnisse** sprechen für die **Heranziehung von Konzept II** mit den **Mittelwerten** für die **Versiegelung von 25 % in ebenem und 19 % in hängigem Gelände.** Gegenüber den dies-bezüglichen Mindestanforderungen in Konzept I ist bei diesem Bebauungsvorschlag die Effi-zienz des Ausgleiches am größten. Der gegenüber dem im Maßnahmenkatalog vorgesehenen Flächenverbrauch **höhere Baulandbedarf am Hang** ist in diesen - gegenüber Folgebelastun-gen sensibleren - Bereichen **zugunsten** eines **effektiveren Ausgleiches** grundsätzlich zu **tolerie-ren.** In Konzept III sind die Anteile der Grünvernetzung am Baugebiet mit 45 % in der Ebene und 57 % am Hang am höchsten. Sie liegen wesentlich über den anzustrebenden 30 % (S. 245) und bewirken demzufolge den effektivsten Ausgleich.

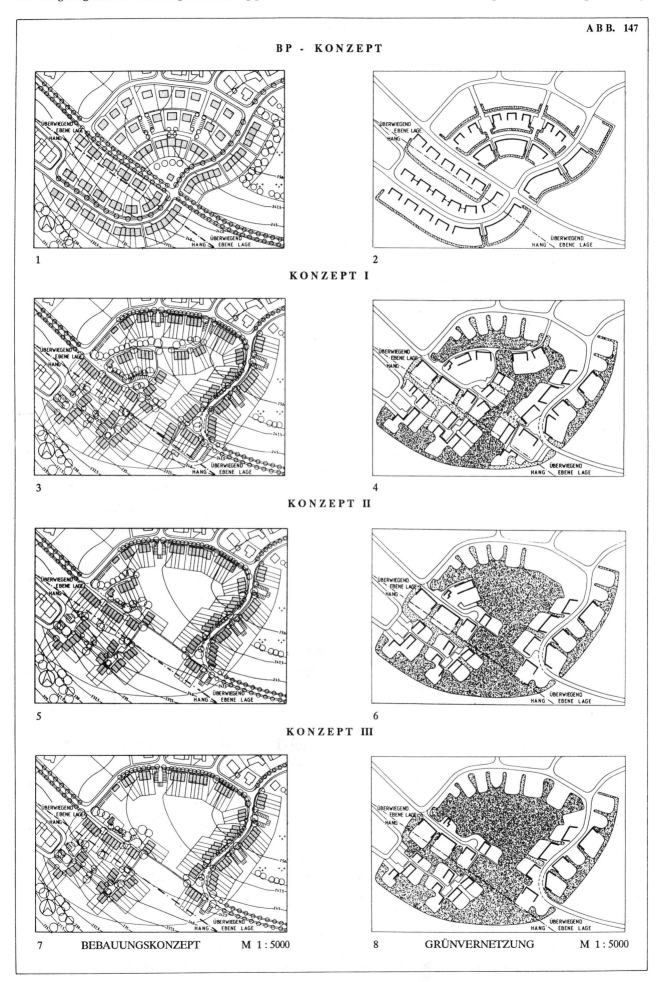

A B B.   147

BP - KONZEPT

1

2

KONZEPT I

3

4

KONZEPT II

5

6

KONZEPT III

7   BEBAUUNGSKONZEPT   M 1 : 5000

8   GRÜNVERNETZUNG   M 1 : 5000

Flächeninanspruchnahme	BP - Konzept			Konzept I			Konzept II			Konzept III		
	Gesamt-fläche	Ebene	Hang	Gesamt-fläche	Ebene	Hang	Gesamt-fläche	Ebene	Hang	Gesamt-fläche	Ebene	Hang
Quantitativ												
Baugebiet in ha	4,84	3,46	1,38	5,13	3,84	1,29	5,13	3,84	1,29	5,13	3,84	1,29
G F Z	0,33	0,31	0,37	0,3	0,31	0,27	0,24	0,26	0,2	0,21	0,22	0,18
Wohneinheiten	87	57	30	137	107	30	111	89	22	98	78	20
m^2 / EW	214	259	177	144	138	165	179	166	226	201	189	248
Qualitativ												
Versiegelung												
Gebäudefläche	16 %	15 %	18 %	15 %	15 %	13 %	12 %	13 %	10 %	10 %	11 %	9 %
Erschließungsfläche	22 %	24 %	16 %	14 %	15 %	12 %	12 %	12 %	9 %	10 %	10 %	8 %
Versiegelte Fläche	38 %	39 %	34 %	29 %	30 %	25 %	24 %	25 %	19 %	20 %	21 %	17 %
Nutzung												
Anteil am Baugebiet												
Grünvernetzung	8 %	7 %	10 %	30 %	26 %	42 %	41 %	38 %	53 %	48 %	45 %	57 %
Freifläche	62 %	61 %	66 %	71 %	70 %	75 %	76 %	75 %	81 %	80 %	79 %	83 %
Anteil an der Freifläche												
Regenerationsbereiche	0 %	0 %	0 %	33 %	30 %	42 %	46 %	44 %	53 %	54 %	50 %	65 %
Vernetzungszonen	13 %	12 %	15 %	10 %	8 %	14 %	8 %	6 %	12 %	6 %	7 %	3 %
Grünvernetzung	13 %	12 %	15 %	43 %	38 %	56 %	54 %	50 %	65 %	60 %	57 %	68 %

T A B. 6   Abwägung quantitativer mit qualitativer Flächeninanspruchnahme

Mit **zunehmender Distanz von den Ballungszentren** und speziell in ländlichen Bereichen sind für die **versiegelten Flächen** die zugrunde liegenden **Orientierungswerte** anzuwenden, die in ebenen Lagen sogar jenen Flächenverbrauch ermöglichen, der bei Randzonen von Verdichtungsräumen im Bereich der Mindestanforderungen liegen. Demgegenüber sind in Ballungszentren die in Konzept I, bei dem die maximal vertretbare Anzahl an Gebäuden erzielt wurde, zugrunde liegenden Versiegelungsanteile heranzuziehen. Der bei konsequenter Umsetzung der Eckwerte zu erwartende weitgehende Ausgleich von Folgebelastungen läßt die in ebenen Lagen mit 138 m²/EW erzielte Eingrenzung des Bruttobaulandbedarfs gerechtfertigt erscheinen. Der noch etwas höhere Flächenverbrauch am Hang ist aus den gleichen Überlegungen zu tolerieren. Die Eingrenzung der Eckwerte, die im Bebauungskonzept bei der Abwägung zwischen dem quantitativen und qualitativen Aspekt heranzuziehen ist, kann als gerechtfertigt und umsetzbar betrachtet werden. Auf der Grundlage der vorliegenden Bebauungskonzepte ist eine **differenzierte Betrachtung der Wertespannen bei den versiegelten Anteilen** an der Gesamtfläche - analog zu der Unterscheidung des Bruttobaulandbedarfes nach dem Umfeld - möglich. In **Ballungsgebieten** ist der Bereich der **Mindestanforderungen** heranzuziehen. Demgegenüber sind die **Orientierungswerte** speziell in **ländlichen Zonen** zu befürworten. Eine Ausrichtung an einem **Mittelwert von 25 %** für überwiegend ebenes Gelände ist in **Randzonen von Verdichtungsräumen** vorzuschlagen. Der am Hang zu ermittelnde Wert entspricht bei den vorliegenden 10° einem Versiegelungsanteil von 19 %.

Die **Wertespanne für den Bruttobaulandbedarf** (S. 252) ist in Anbetracht des erforderlichen Gesamtausgleiches **zweckmäßig**, speziell aufgrund der **geforderten geringeren Ausnutzung in Hanglage.** Hier sind die **Mindestanforderungen** für den Baulandbedarf **nicht als absolute Grenze** zu betrachten. Mit zunehmendem Gefälle können diese Werte auch überschritten werden, sofern dieser erhöhte Flächenbedarf den Gesamtausgleich verstärkt. Grundsätzlich sind die **Orientierungswerte zu den Vergleichsgrößen richtungsweisend.** Nach Möglichkeit sind höhere Werte zu erzielen, wie dies speziell bei Konzept II und III aus der konsequenten Umsetzung der Grünvernetzung hervorgeht. An Konzept II, das auf der Grundlage dieser Abwägung im Randbereich eines Verdichtungsraumes zu befürworten ist, wird die Umsetzung der Eckwerte im Bebauungsplan veranschaulicht. Die diesbezüglich vorgeschlagenen Mindestanforderungen und Orientierungswerte werden angewandt und diskutiert.

271

2 Anwendung siedlungsökologischer Eckwerte an Bebauungskonzept II

Im Anschluß an die Umweltverträglichkeitsstudie wird für die Umsetzung der siedlungsöko-logischen Eckwerte ein Grünordnungsplan zum Bebauungsplan erstellt. Die nachfolgende prinzipielle Anwendung an Konzept II dient auch zur Diskussion der Mindestanforderungen und Orientierungswerte. Des weiteren werden Festsetzungsprobleme erörtert.

2.1 Konzept für den Grünordnungsplan

Es werden die für Boden, Vegetation und Wasser herausgearbeiteten unterschiedlichen Fest-setzungsinhalte jeweils den entsprechenden Flächen zugeordnet. Diese sind bei der Umset-zung im Bebauungsplan mit den erforderlichen Erläuterungen zu versehen. Zur Begründung der einzelnen Maßnahmen ist deren räumliche Wirkung sowohl innerhalb des Baugebietes als auch für die angrenzenden Bereiche in Abhängigkeit von der Lage im Siedlungsraum einzu-schätzen. Dazu kann beispielsweise jene Bewertungsmethode herangezogen werden, die im Rahmen von ökologischen Planungskonzepten erarbeitet wurde /24/.

Die betreffenden Bereiche, die nach Erschließungsfläche, Einzelparzellen und Ausgleichs-flächen unterschieden sind, können den verschiedenen Abschnitten des Bruttobaulandes zu-geordet werden. So ist eine Differenzierung nach überwiegend ebener Lage und hängigem Gelände sinnvoll. Des weiteren bietet sich eine Unterscheidung nach Innenbereich und Randbebauung entlang der Haupterschließung sowie der Ortsrandbebauung an. Ein angren-zender Regenerationsbereich kann als zusätzliches Merkmal herangezogen werden. Die Aus-gleichsflächen sind nach Vernetzungszonen und Regenerationsbereichen unterschieden, die zudem in bezug auf den Auf- oder Ausbau eines bestehenden Biotopes differenziert sind. Ebenso sind die Erschließungsflächen ihrer Funktion entsprechend nachfolgend unterteilt.

1.	**E r s c h l i e ß u n g s f l ä c h e n**
1.1	**Erschließungsstraße**
1.2	**Wohnweg**
1.3	**Stellplätze**
1.3 - 1	Überwiegend ebene Lage
1.3 - 2	Hängiges Gelände
1.4	**Befahrbarer Fußweg**
1.4 - 1	Überwiegend ebene Lage
1.4 - 2	Hängiges Gelände
1.5	**Fußweg**
1.5 - 1	Überwiegend ebene Lage
1.5 - 2	Hängiges Gelände
1.6	**Öffentlicher Kommunikationsbereich**
1.6 - 1	Überwiegend ebene Lage
1.6 - 2	Hängiges Gelände
2.	**E i n z e l p a r z e l l e n**
2.1	**Überwiegend ebene Lage**
2.1 - 1	Innenbereich
2.1 - 2	Innenbereich bei überwiegend ebenem und hängigem Gelände
2.1 - 3	Innenbereich angrenzend an Regenerationsbereich
2.1 - 4	Randbebauung angrenzend an Regenerationsbereich
2.1 - 5	Randbebauung an bestehendem Regenerationsbereich
2.1 - 6	Ortsrandbebauung
2.1 - 7	Randbebauung bei überwiegend ebenem und hängigem Gelände

272

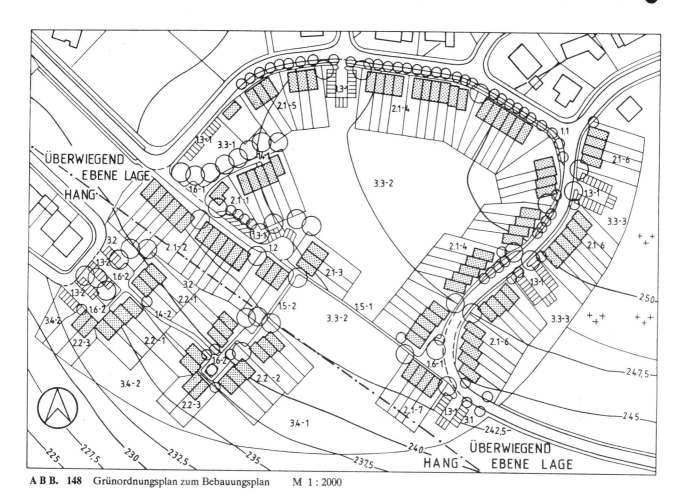

ABB. 148 Grünordnungsplan zum Bebauungsplan   M 1 : 2000

2.2	**Hängiges Gelände**
2.2 - 1	Vertikal erschlossene Parzellen
2.2 - 2	Vertikal erschlossene Parzellen bei Regenerationsbereich
2.2 - 3	Horizontal angeordnete Parzellen
3.	**A u s g l e i c h s f l ä c h e n**
3.1	**Vernetzungszonen in überwiegend ebenem Gelände**
3.2	**Vernetzungszonen am Hang**
3.3	**Regenerationsbereiche in überwiegend ebenem Gelände**
3.3 - 1	Ausbau eines bestehenden Regenerationsbereiches
3.3 - 2	Aufbau eines Regenerationsbereiches im Innenbereich
3.3 - 3	Aufbau eines Regenerationsbereiches am Ortsrand
3.4	**Regenerationsbereiche am Hang**
3.4 - 1	Aufbau im Anschluß an die Biotopzone im Innenbereich
3.4 - 2	Aufbau eines Regenerationsbereiches am Ortsrand

Sofern es die Festsetzungen zu den einzelnen Eckwerten erfordern, können auch noch weitergehende Differenzierungen vorgenommen werden. Für **Flächen mit gleichen Merkmalen** können nach dem **Gleichheitsprinzip** auf diese Weise die **erforderlichen Maßnahmen** getroffen werden. Dieses System ist in Abb. 148 am Bebauungskonzept II umgesetzt. Dieser Grundplan für den Grünordnungsplan beinhaltet die Darstellungen für Gehölzfestsetzungen, die auf den Straßenraum begrenzt sind. Sie haben für die Raumbildung, die durch die Baukörper maßgebend bestimmt wird, eine ergänzende Funktion. Die restliche Vegetationsmasse zur Erreichung der Eckwerte wird mit Hilfe der Grünvolumenzahl (GVZ) festgesetzt.

273

2.2 Boden

Anhand von Vorschlägen zu den Mindestanforderungen und Orientierungswerten wird die Anwendung der Eckwerte zu den einzelnen Vergleichsgrößen aufgezeigt.

2.2.1 Verhältnis von versiegelter zu nicht versiegelter Fläche

Die im Falle von Konzept II erzielte Begrenzung des befestigten Areals auf Anteile von 25 % in überwiegend ebenem und 19 % in hängigem Gelände ist mit Hilfe der Bodenfunktionszahl (BFZ) abzusichern. Dadurch sollen in der Objektplanung die Mindestanforderungen an der Gesamtversiegelung von max. 50 % wesentlich unterschritten werden (S. 252). Die befestigten Flächen sind auf das unbedingt Notwendige zu beschränken und mit einer möglichst umweltschonenden Belagsstruktur zu versehen. In Abhängigkeit von der Nutzung sind die Mindestanforderungen und Orientierungswerte Abb. 149/1 zu entnehmen, sofern es bei den nachfolgenden Erläuterungen zu keinen diesbezüglichen Einschränkungen kommt. Bezüglich der einzelnen Festsetzung wird nach Erschließungsfläche, Einzelparzelle und Ausgleichsfläche differenziert.

Bei der **Erschließungsstraße** ist durch die unterschiedliche Breite des Straßenraumes sowie durch wechselnde Zonen mit und ohne Begleitgrün die Festsetzung einer einheitlich geltenden BFZ erschwert. Es bietet sich daher an, die maximal zulässige Breite der Fahrbahn und des Fußweges sowie den dafür einzuhaltenden BKW direkt anzugeben. Bei den übrigen Erschließungsflächen ist eine Begrenzung der Breite auch zweckdienlich. Da bei der Berechnung der BFZ der BKW mit der jeweiligen Flächendimensionierung multipliziert und durch die betreffende Gesamfläche dividiert wird, kann in diesen Fällen aufgrund von Wertegleichheit der BKW direkt als BFZ angegeben werden. Bei **Sammelstellplätzen** mit Erschließungsstraßen ist ein abweichender BKW für die Fahrbahn bei der BFZ-Berechnung zu berücksichtigen. Bei den Parkplätzen, die jene im Bebauungskonzept berücksichtigte Anzahl von 1,1/WE übersteigt, ist generell der **Orientierungswert** anzuwenden. Dieser ist für Stellplätze, Fußwege und öffentliche Kommunikationsbereiche **in ebenem und hängigem Gelände differenziert** zu betrachten. Die Eingriffe durch Erschließungsstraßen sind so stark, daß für die anschließenden Sammelstellplätze in ebener Lage ein BKW von max. 0,6 ausreichend ist. Von dieser Herabsetzung ist die Anlage am Gebietsrand - im Übergangsbereich zwischen ebenem und hängigem Gelände - ausgenommen. Demgegenüber sollten bei der Stellplatzanlage am Hang, die bei einer Neigung von ca. 8° zu errichten ist, die hangseitigen Parkplätze abgeschrägt (BKW 0,4 - 0,6) und die talseitigen aufgestützt werden (BKW 1,0).

Die Erschließungsstraße ist zumindest im östlichen Abschnitt entlang des Ortsrandes als schwach belastet einzustufen. Im Platzbereich ist die Straße aus gestalterischen Überlegungen mit einem BKW von mindestens 0,2 zu versehen. Die Eingriffe entlang dieser gering frequentierten Haupterschließung sind aber so stark, daß bei dem daran anschließenden öffentlichen Kommunikationsbereich (Abb. 149/3, 1.6-1) am Ortsrand der Orientierungswert mit BKW 0,7 begrenzt werden kann. Andererseits sind aber die **Mindestanforderungen** bei Fußwegen und Kommunikationsflächen im **hängigen Gelände zur Verringerung der Störungen** des Bodenwasserhaushaltes mit BKW 0,5 zu versehen. Wenn diese Erschließungsflächen in Vernetzungszonen oder Regenerationsbereichen liegen, ist eine **Anhebung** auf BKW 1,0, auch bei befahrbaren Fußwegen (1.4-2), durch Stützkonstruktionen vorzunehmen. Dies unterbindet die Teilung von eventuell zusammenhängenden Vegetationsarealen.

Die Anwendung der **Mindestanforderungen und Orientierungswerte zum BKW** ist sowohl bei den Gebäudeflächen als auch bei allen anderen durch Versiegelungen betroffenen Zonen **auf der Einzelparzelle nach ihrer Lage** bezüglich der Erfordernis und Zweckmäßigkeit von Maßnahmen mit stärkerem Ausgleich **differenziert vorzunehmen**. Bei den einzelnen Grundstücken führt die Konzentration der Bebauung entlang der Erschließungsstraße zu stärkeren

1 Mindestanforderungen und Orientierungswert
zum B K W

Erschließungsflächen

Stark befahrene Straße 0,1
Mittel bis stark belastete Straße 0,1 - 0,15
Schwach belastete Straße 0,15 - 0,3
Wohnwege 0,25 - 0,7
Stellplätze 0,25 - 1,0
Fußwege und öffentliche Kommunikationsbereiche 0,25 - 1,0
Private Freibereiche 0,4 - 1,0
Spielplätze 0,5 - 1,0

Gebäudeflächen

Wohngebäude 0,0 - 0,8
Garagen, Anbauten und Nebengebäude 0,4 - 0,8
Nachverdichtungen 0,8

3 Grünordnungsplan   M 1 : 5000

2 Bodenkennwert (B K W)   A B B. 149

0,0	Oberflächen von Gebäuden ohne Bodensubstrat.
0,1	Asphalt, Betondecken, Pflasterbeläge mit Fugenverguß.
0,15	Poröser Asphalt.
0,2	Verbundpflaster, Kunststein- und Plattenbeläge (Unterbau in ungebundener Form), Naturferne Wasserflächen.
0,3	Mittel- und Großpflaster mit offenen Fugen.
0,4	Mosaik und Kleinpflaster mit großen Fugen, Gebäude auf Stützen, Dachbegrünungen.
0,5	Mosaik- und Kleinpflaster mit Vegetationsanteil.
0,6	Wassergeb. Decke, Rasengittersteine und ähnliche Beläge. Gebäude unter der Oberfläche (mind. 1 m Erdbedeckung).
0,7	Schotterrasen, Fahrspuren mit Vegetationsmittelstreifen.
0,8	Gebäude auf Stützen mit begrünter Dachfläche.
0,9	Künstliche dauerhafte Wasserflächen mit standortgerechter Vegetation. Wasserdurchlässige Konstruktionen über dem Gelände.
1,0	Natürlich anstehender Boden, einschließlich Gewässer. Konstruktionen über dem Gelände ohne Beeinträchtigungen für: Versickerung, Eignung als Pflanzenstandort.

Konstruktiver Vegetationsanteil: BKW 0,2 wird um 0,05, BKW 0,3 u. 0,6 (wassergeb.Decke) um 0,1 aufgewertet.

4 Anteile versiegelter Flächen am Baugebiet

Konzept II	Gesamtfläche	Ebene	Hang
Versiegelte Fläche	24 %	25 %	19 %
Grünordnungsplan			
Privater Freibereich	4 %	5 %	3 %
Gesamtversiegelung	28 %	30 %	22 %
Vegetationsfläche	72 %	70 %	78 %

Eingriffen, die auch durch eine Orientierung an höheren Bodenkennwerten nur begrenzt ausgeglichen werden können. Für die Gebäude ist ein oberer BKW von 0,4 und bei den Fußwegeverbindungen zur Straße von 0,6 ausreichend. Demgegenüber trägt bei Parzellen im Innenbereich (Abb. 149/3 siehe 2.1-1 bis 2.1-3) - speziell bei jenen der Hangzone - eine Verringerung der Störungen des Bodenwasserhaushaltes erheblich zur Erhöhung der Ausgleichsleistung der großen zusammenhängenden Vegetationsflächen bei. Daher sind bei diesen Grundstücken die angeführten Werte von 0,4 für Gebäude und 0,6 für Fußwege als untere Grenze zu betrachten. Um eine Aufstützung der Gebäude zu erzielen, die ebenso wie Dachbegrünungen mit einem BKW von 0,4 eingestuft ist, wird bei den Hangparzellen ein BKW von 0,8 als zweckdienlich angesehen. Dies ist zumindest bei der östlichen, mit Fußwegen angeschlossenen Gebäudegruppe innerhalb der Vegetationsflächen anzuwenden. Da eine Begrenzung der Eingriffe in diesem Bereich die größte Wirkung hat, sollten die restlichen notwendigen befestigten Flächen ebenfalls aufgestützt werden (BKW 1,0). Für den Innenbereich und die übrigen Parzellen des Hangabschnittes sollte der BKW für die Erschließungsflächen auf den Grundstücken zumindest von 0,4 auf 0,6 angehoben werden. Dies gilt auch für die Parzellen, die sich zum Teil auf den derzeit bestehenden Regenerationsbereichen befinden oder daran angrenzen (Abb. 149/3 siehe 2.1-5)

Bei den **Ausgleichsflächen** ist eine **BFZ von 0,95** festzusetzen. Dieser Wert ermöglicht im Anschluß an die Erschließungsflächen die Einrichtung von Spielzonen und Kommunikationsbereichen, deren Bodenkennwerte an den Orientierungswerten ausgerichtet sind.

Zur Berechnung der festzusetzenden BFZ für die Einzelparzellen sind neben den Baukörpern die zusätzlich anfallenden Befestigungen im privaten Freibereich zu ermitteln. Die Tiefe von 3 m ist für Terrassen bei der Systematik der Gebäude zugrunde gelegt worden.

Bei einem Achsmaß von 5 m ist, unter Einsatz von Vegetation zur Abschirmung der Freiflächen gegenüber den seitlichen Nachbarn, jeweils ein 1 m breiter Pflanzstreifen entlang der Grundstücksgrenze notwendig, d.h. 0,5 m pro Parzellenseite. Somit verbleibt eine maximale Breite von 4 m. Bei großzügiger Bemessung ist, unter Einbeziehung von zusätzlichen Wegeflächen im privaten Freibereich, von maximal 15 m² auszugehen. Da durch die gewählte Erschließungsform Stellplätze auf den Grundstücken nicht möglich sind, können weitere 5 m² für die Anbindung der Gebäude sowie für Mülltonnen und Fahrradstellplätze etc. als ausreichend betrachtet werden. Für die Berechnung der BFZ ist dieser Wert von 20 m² den Gebäudeflächen anzurechnen. Das restliche Grundstück ist mit einem BKW von 1,0 zu versehen. Die Häuser sind mit der dem Bebauungskonzept zugrunde liegenden Grundfläche von ca. 55 m² sowie von ca. 60 m² zu bemessen. 60 m² sind für die tieferliegenden vertikal erschlossenen Hangparzellen mit Neigungen zwischen 8° und 11° gültig, die ein Mindestachsmaß von 6 m erfordern. Durch **Festlegung von Maximalgrößen der Grundstücke** entsprechend § 9 Abs. 1 Pkt. 3 BauGB sollten diese bei der Tiefe der Freibereiche von 20 m, dem Achsmaß von 5 m und dem geringen Abstand der Baukörper zur Erschließung bei **ca. 150 m²** liegen. Dadurch kann mit der in der BauNVO (§ 17 Abs. 1) vorgegebenen maximalen GRZ von 0,4 eine flächensparende Bauweise mit einer Grundfläche von ca. 60 m² erzielt werden. Die Parzellen, die sich innerhalb der Zeilen befinden, sind **bei den breiteren Hanggrundstücken** auf 200 m² zu begrenzen. Mit einer **niedrigeren GRZ von 0,35** kann die **Versiegelung durch die Baukörper auf 70 m² limitiert** werden. Eckparzellen sind dagegen größer zu bemessen.

Die zulässigen **20 m² im privaten Freibereich** machen in der **Ebene** einen **Anteil von 5 %** bzw. am **Hang von 3 %** aus (Abb. 149/4). Dadurch **steigt der Versiegelungsgrad auf 30 % bzw. 22 %**. Die an den Orientierungswerten ausgerichteten Befestigungen innerhalb der Ausgleichsflächen sowie die zusätzlichen Stellplätze tragen zu einem weiteren Ansteigen dieser Anteile bei. Auch unter Einbeziehung gewisser Umsetzungsdefizite, die bei der Begrenzung der Versiegelung kaum vermeidbar sind, sowie durch Nachverdichtung hinzukommende Befestigungsanteile ist im wesentlichen eine Beibehaltung jener Werte möglich, die im Bereich der im Bebauungskonzept vorgegebenen Spanne liegen. Es ist aber eine **wesentliche Unterschreitung der 50 %-Grenze** gewährleistet. Diese Eingriffsbegrenzung ist durch entsprechende Festsetzungen zu den Erdbewegungen und Stützwänden zu ergänzen.

2.2.2 Erdbewegungen

In gleicher Weise wie bei der BFZ sind die Auf- und Abtragungen bei Parzellen im Innenbereich und besonders in der Hangzone verstärkt auf das den Orientierungswerten entsprechende Maß zu reduzieren. Gleiches gilt für Grundstücke, die auf bestehenden Regenerationsbereichen liegen oder an diese angrenzen. Dies kann durch entsprechende Höhenfestsetzungen im Außengelände zusätzlich gewährleistet werden. Unter Verweis auf die Gestaltungshinweise ist dafür die Objektplanung an die Topographie anzupassen (Kap. III.A 2). Bei den Ausgleichsflächen sind grundsätzlich die Orientierungswerte anzuwenden. Dabei sind Ausnahmen nur im Zusammenhang mit Wasserrückhaltemaßnahmen zulässig.

2.2.3 Geländeeinschnitte mit Stützwänden

In der überwiegend ebenen Lage sind Stützwände im Außengelände zu untersagen, da sie nur bei zu starker Ausnutzung im Gebäude notwendig werden und andernfalls nicht erforderlich sind. Am Hang sind sie, unter Berücksichtigung der Gestaltungshinweise, bei Verwendung von Lebendverbauweisen auf den Gebäudenahbereich zu beschränken.

Die Grundlage für einen Ausgleich der Folgebelastungen von Siedlungsmaßnahmen stellt die Eingriffsbegrenzung in den Boden dar, die durch Festsetzungen bei dem Komplex "Vegetation" zu ergänzen ist.

2.3 Vegetation

Ein hohes biotisches Potential, das auf großen Anteilen extensiv genutzter miteinander vernetzter Grünflächen beruht, ist ebenso wie der Ausgleich der Baumasse zu gewährleisten.

2.3.1 Verhältnis von intensiv zu extensiv genutzten Vegetationsflächen

Für das grünvernetzende System wurden in Konzept I Freiflächenanteile von 38 % in dem überwiegend ebenen und 56 % in hängigem Gelände erzielt. Die Voraussetzung war die konsequente Heranziehung der durch die Mindestanforderungen bei der Flächenversiegelung möglichen Anteile für die Grünvernetzung. Demgegenüber liegen in beiden Lagen die Orientierungswerte für die grünvernetzten Flächen bei 40 %, die Mindestanforderungen bei 20 %. Somit ist nachgewiesen, daß die Festsetzungen nicht zu hoch sind, da selbst bei der Anwendung der Mindestanforderungen der Versiegelung die **Orientierungswerte** für die Grünvernetzung im ebenen Bereich fast erreicht bzw. am Hang übertroffen werden. Sie sollen nicht nur eine wesentliche Verbesserung gegenüber der derzeitigen Planungspraxis gewährleisten, sondern ebenso gegenüber der Ausgangssituation, die derzeit einen extensiv genutzten Bestand von 6 % aufweist. Sie **sollen richtungsweisend sein, aber nicht als absolute obere Grenze fungieren.** Da die vernetzten Flächen die Grundlage für die Ausgleichsleistungen darstellen, sind noch **über den im Maßnahmenkatalog vorgegebenen Orientierungswerten** (S. 253) **liegende Anteile vorzusehen, die den Möglichkeiten des jeweiligen Bebauungskonzeptes entsprechen.** Wie nachfolgend erläutert, kommt es auch zu einer **konzeptbezogenen erheblichen Anhebung der Mindestanforderungen.**

Gegenüber Konzept I war der Zuwachs an Grünvernetzung am Baugebiet um mehr als 10 %, der durch die Verringerung des befestigten Areals um ca. 5 % in der Ebene und 6 % am Hang erzielt wurde, ausschlaggebend für die Wahl von Konzept II. Die hohen Vernetzungsanteile an der Freifläche von 50% in dem überwiegend ebenen und 65 % in hängigem Gelände (Abb. 151), die in bezug auf das vorliegende Bebauungskonzept als **Orientierungswerte zur Grünvernetzung** zu betrachten sind, **beinhalten auch private Anteile** (Abb. 151). Diese sind zum Teil zur Sicherung des vernetzten Bebauungskonzeptes grundsätzlich heranzuziehen. Im Rahmen der **Mindestanforderungen zu Konzept II können nur diese privaten Zonen verkleinert werden** (Abb. 150). In diesem Fall ist aber auch die Grundvernetzung sowie die extensive Nutzung der öffentlichen Flächen, die bei der Umweltverträglichkeitsstudie ausschlaggebend waren, zu sichern. Dabei wird im Rahmen der Mindestanforderungen zu diesem Grünordnungsplan ebenfalls ein höherer Prozentsatz gegenüber dem vorgegebenen Orientierungswert erzielt (Tab. 7).

Der wesentliche Teil der Beeinträchtigungen dieser flächensparenden Bauweise mit der Eingriffskonzentration entlang der Grunderschließung wird auf dem öffentlichen Grünareal, das fast vollständig zu den Regenerationsbereichen zu zählen ist, ausgeglichen. Um die angestrebte erforderliche Kompensation zu gewährleisten, sind diese Bereiche, bei denen die Umsetzungsdefizite im Zuge der Objektplanung besser zu begrenzen sind, möglichst groß zu bemessen. Dies erfolgt zu Lasten der Einzelparzellen. Der Einzelne profitiert jedoch an der höheren Wohnqualität, da der direkte Anschluß an die Gemeinschaftsflächen in allen Bereichen des Wohngebietes besteht.

Im Übergangsbereich zwischen ebenem und hängigem Gelände (2.1-2) sowie bei den Hangparzellen 2.2-1 ist für die Vernetzung außerdem eine Mindestbreite von 3 m entlang der parallel zu den Gebäudezeilen verlaufenden Grundstücksgrenzen festzusetzen. Dadurch sind alle intensiv genutzten Flächen an das grünvernetzende System angegliedert. In den "Bewertungshilfen" (Kap. III.B 1.1) wurde bei einfachen Zeilen, die an Erschließungsflächen angrenzen und eine Freibereichstiefe von 20 m aufweisen, ein 5 - 6 m breiter extensiv genutzter Grünstreifen zugrunde gelegt.

Dabei ist auch ein Anteil von 1 m aus dem öffentlichen Begleitgrün einbezogen. Bei fehlenden öffentlichen Flächen ist zur Eingrünung des Gebietsrandes diese Breite von 5 m durch entsprechende Anteile bei den Parzellen 2.1-6 sowie 2.2-3 zu gewährleisten. Die **Festsetzung eines 5 m breiten privaten Anteils für die Grünvernetzung** ist bei den Parzellen (2.1-5), die sich teilweise auf vorhandenem extensiv genutztem Areal befinden oder daran angrenzen, auch bei den **Mindestanforderungen** vorzunehmen. So wird die Erhaltung des derzeit bereits vorhandenen Bestandes stärker abgesichert.

	Mindestanforderungen			Orientierungswert		
	Gesamt-fläche	Ebene	Hang	Gesamt-fläche	Ebene	Hang
Grünvernetzungsanteile						
am Baugebiet	34 %	30 %	54 %	41 %	38 %	53 %
an der Freifläche	44 %	**41 %**	**55 %**	54 %	**50 %**	**65 %**
Regenerationsbereiche	41 %	**39 %**	**49 %**	46 %	**44 %**	**53 %**
Private Anteile	4 %	4 %	3 %	13 %	15 %	10 %
Öffentliche Anteile	96 %	96 %	97 %	87 %	85 %	90 %
Vernetzungszonen	3 %	**2 %**	**6 %**	8 %	**6 %**	**12 %**
Private Anteile	42 %	27 %	53 %	79 %	81 %	76 %
Öffentliche Anteile	58 %	73 %	47 %	21 %	19 %	24 %

T A B. 7   Flächenanteile der Grünvernetzung

In den "Bewertungshilfen" wurde für Doppelzeilen bei der vorliegenden Freibereichstiefe von 20 m ein 3 m breiter Streifen pro Parzelle entlang der Grundstücksgrenze als zumutbar betrachtet. Dieser **Anteil** wurde bei der Umsetzung der **Orientierungswerte** an diesem Grünordnungsplan bei den vertikalen Doppelzeilen am Hang (2.2-1) zugrunde gelegt. Bei der übrigen Bebauung, die durch Festsetzungen noch nicht betroffen ist, wird entlang der parallel zu den Gebäudezeilen verlaufenden Grenze ebenfalls ein 3 m Streifen für die extensive Nutzung freigehalten. Im Falle eines seitlichen Grenzabstandes ist dieser in der gesamten Breite extensiv zu nutzen. Ausgenommen sind davon die Parzellen 2.1-4 anschließend an den Kreuzungsbereich mit der neuen Verbindung zur Ortsumfahrung. Aufgrund des Grundstückszuschnittes erscheint in diesen Fällen eine Mindestbreite von 3 m entlang der gesamten Parzellengrenze nicht mehr zumutbar. Diese Flächen sind aber zum größten Teil trotzdem für eine extensive Nutzung heranzuziehen, können aber nicht vernetzt werden.

Die gegenüber den Mindestanforderungen bei der Grünvernetzung (Abb. 150) **höheren privaten Anteile bei den Orientierungswerten** (Abb. 151) führen zu einem **Zuwachs an vernetzter Fläche von ca. 10 %.** Diese Erhöhung kommt jeweils ungefähr zu gleichen Teilen den Vernetzungszonen und den Regenerationsbereichen zugute (Tab. 7). Bei Betrachtung der Gesamtfläche führt die verhältnismäßig große Steigerung auf seiten der Vernetzungszonen zu einem Anstieg der privaten Anteile von ca. 42 % auf 79%. Demgegenüber kam es bei den nach wie vor überwiegenden Regenerationsbereichen nur zu einer Zunahme der privaten Anteile um 9 %, obwohl die absolute Flächenvergrößerung mit jeweils 5 % aber gleich groß ist. Mit 13 % nehmen diese privaten Anteile auch bei den Orientierungswerten nur einen geringen Teil gegenüber den öffentlichen Flächen ein.

Bei der Wahl des vorgeschlagenen Orientierungswertes, aber auch eines Mittelwertes ohne Grünvernetzung im Bereich der seitlichen Grenzabstände zur Senkung der privaten Anteile bei den Vernetzungszonen erhöht der Zuwachs von 10 % dieses Ausgleichspotential erheblich gegenüber den Mindestanforderungen. Die zusätzliche Einbeziehung des intensiv genutzten Rasens gewährleistet, ebenso wie die Verringerung der Störungen im Innenbereich des Baugebietes, eine hohe Effektivität der Ausgleichsmaßnahmen. Die Vegetationsausstattung der vernetzten Flächen wird durch die Festsetzungen zur Blattmasse und teilweise durch die Vorgaben bei der Wasserrückhaltung bestimmt. Das von dieser Zusammensetzung der Flora, der Größe und der Verteilung der Ausgleichsflächen abhängige biotische Potential wurde gegenüber der Ausgangssituation, die 6 % extensiv genutzter Flächen aufweist, erheblich erhöht.

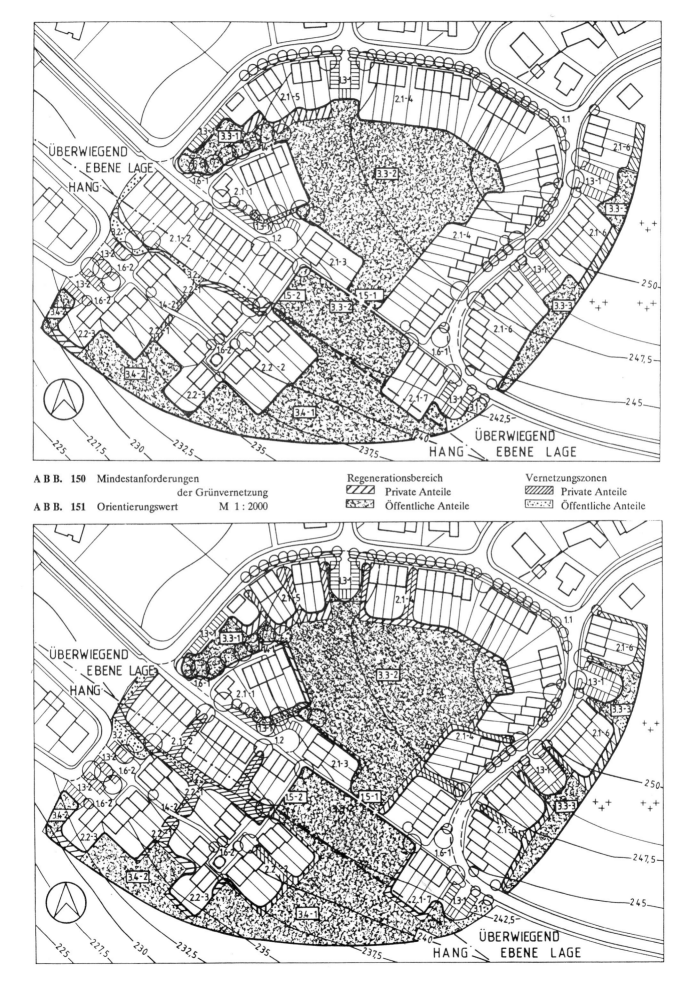

A B B. 150   Mindestanforderungen
                                   der Grünvernetzung

A B B. 151   Orientierungswert   M 1 : 2000

Regenerationsbereich
▨ Private Anteile
▧ Öffentliche Anteile

Vernetzungszonen
▨ Private Anteile
▧ Öffentliche Anteile

2.3.2 Verhältnis von Baumasse zum Vegetationsvolumen

Beim Ausgleich des Gebäudevolumens ist bei der Festsetzung der Grünvolumenzahl (GVZ) der vorhandene Vegetationsbestand einzubeziehen (Abb. 152/1,2). Das gesamte **Grünvolumen** von 7600 m³ der **unbebauten Situation** setzt sich aus den Anteilen der Gehölze und Sträucher zusammen sowie aus den Vegetationsflächen, deren anzurechnende Höhe für die GVZ Abb. 152/3 zu entnehmen ist. Die 12 Straßenbäume mit kugelförmigen Kronen verfügen bei einem Durchmesser von 4,5 m jeweils über eine Grünmasse von 47,7 m³ (Abb. 152/1). Mit Ausnahme des gut eingewachsenen extensiv genutzten Bereiches mit einer durchschnittlichen Höhe von 2,5 m ist die Berechnungshöhe für Vegetationsflächen den Festlegungen in der Untersuchungsmethode (S. 43) entnommen (Abb. 152/1). Das Gesamtvolumen von 7600 m³ des vorhandenen Grünbestandes ist zu erhalten, und die Masse der Gebäude ist zusätzlich auszugleichen (Abb. 152/4). Die Grundfläche von 4908 m² in der Ebene und 1259 m² am Hang ist zur **Ermittlung der Baumassenzahl** mit der Höhe der Vollgeschosse zu multiplizieren. Bei den zugrunde gelegten 6 m für die Gebäudehöhe ist pro Baukörper ein Anteil von ca. 30 m³ für das Dachgeschoß in der Berechnung mit berücksichtigt (Abb. 152/4). Die **Baumasse von 37000 m³** erfordert bei der **Kompensation von 1 : 1** das gleiche Vegetationsvolumen, bzw. bei einem **Ausgleich von 1 : 1,5 sind 55500 m³ notwendig**. In Anlehnung an eine Grünvernetzung, die höher ist als der Orientierungswert, ist dementsprechend auch der **Ausgleich von 1 : 2 mit 74000 m³** angeführt.

Das mögliche Vegetationsvolumen ist im Bereich der **Erschließungsflächen** und auf den Einzelparzellen zu ermitteln, um die für die Ausgleichsflächen notwendige GVZ festzusetzen. Die Raumbildung, die durch die Stellung der Baukörper maßgeblich bestimmt ist, wird durch Pflanzfestsetzungen ergänzt. Diese sind auf den Straßenraum begrenzt und werden differenziert nach großkronigen Bäumen (z.B. Buche, Ø = 12 m) sowie Gehölze mittlerer Größe (z.B. Kugelahorn, Ø = 6 m). Die restliche Grünmasse wird mit Hilfe der GVZ festgesetzt. In der Berechnung wird von den angeführten durchschnittlichen Kronendurchmessern im Straßenraum ausgegangen. Die im Grünordnungsplan festgesetzten 39 großkronigen Bäume, mit einem Endvolumen von jeweils 904 m³, erbringen bei der Anrechnung von 20 % für Junggehölze (Abb. 152/3) einen Ausgleich von 7051 m³. Die **Grünmasse im Erschließungsbereich** macht einschließlich der kleinkronigen Gehölze **8407 m³** aus.

Die **Einzelparzellen** sind differenziert zu betrachten. Bei den versiegelten Flächen ergeben sich Vegetationsanteile in der Folge der BFZ-Festsetzungen. Eine Dachbegrünung oder ein Schotterrasen sowie der Boden unter aufgestützten Konstruktionen im privaten Freibereich weisen hohe pflanzliche Anteile auf. Dieses Volumen ist bei der Berechnung der GVZ für die Einzelparzelle einzubeziehen. Im linken und rechten Anschlußbereich an die Terrasse können die Anteile für ein Abstandsgrün auf einer Länge von ca. 4 m bei dieser Gesamtbilanz ermittelt werden. Diese beidseitige Abschirmung mit einer Mindestbreite von 0,5 m und einer Vegetationshöhe von 1,5 m ergibt ein Volumen von 6 m³. Im privaten Freibereich ist ein kleinkroniger Baum mit ca. 6 m Durchmesser anzupflanzen, der anteilsmäßig jedem Grundstück mit der Hälfte des Kronenvolumens angerechnet wird. 20 % des Endvolumens betragen 22,6 m³, so daß pro Parzelle die 11 m³ um 6 m³ für den Sichtschutz zu erhöhen sind. **Somit liegt bei 111 Grundstücken ein Volumen von 1887 m³ vor** (Abb. 152/5), das mit jenem des Straßenraumes eine Grünmasse von 10294 m³ ergibt (Abb. 153/4). Da eine offene Gestaltung der Freibereiche forciert wird, ist im Anschluß an den Sichtschutz der übrige Teil der Grundstücksgrenze, nach Möglichkeit von Hecken freizuhalten. Dagegen sind zur Unterstützung der Grünvernetzung extensiv genutzte Grünflächen am Ende des Grundstückes zu befürworten, die ersatzweise auch die Blattmasse des 11 m³ großen Baumanteiles erbringen können. Für die GVZ der Einzelparzellen ist die sich aus der Grünvernetzung ergebende Blattmasse und der Rasen einzubeziehen. Im Zusammenhang mit den beiden Varianten zur Grünvernetzung kommt es im Bereich der Parzellen und demzufolge auch in der Gesamtbilanz auf den einzelnen Grundstücken zu unterschiedlichem Grünvolumen.

1 Grünvolumen der unbebauten Situation in m³

572	-O-O-	Straßengehölze:	12 x 47,7 m³
65	O	Einzelgehölz:	65 m³
6	⊕⊙∘	Sträucher:	10 Stk. insgesamt 6 m³
2700	▦	Extensive Fläche:	1080 m² x 2,5 m (Höhe)
552	▨	Brachflächen:	1840 m² x 0,3
21	∘=∘=∘	Randbegrünung:	70 m x 1 m x 0,3 m (Höhe)
1470	▦	Weide:	14700 m² x 0,1 m (Höhe)
58	▱	Rasenstreifen:	230 m x 2,5 m x 0,1 m (Höhe)
35	- - - -	Graben:	230 m x 1,5 m x 0,1 m (Höhe)
<u>2121</u>	▦	Ackerfläche:	30300 m² x 0,1 m (Höhe) x 0,7 (70%)
7600			

2 Grünbestand   M 1 : 5000   A B B. 152

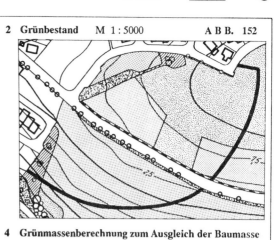

3 Berechnungshöhe für das Grünvolumen

Wiese, Brachfläche	30 cm
Rasen, Weide	10 cm
Wandbegrünung	10 cm
Schotterrasen	10 cm x 0,9 (90%)
Ackerfläche	10 cm x 0,7 (70%)
Wege mit Mittelstreifen	10 cm x 0,5 (50%)

N e u p f l a n z u n g e n

Junggehölze	20 %	des Endvolumens
Sträucher	100 %	des Endvolumens

5 V e g e t a t i o n s m a s s e   i m   G r ü n o r d n u n g s p l a n

1. Erschließungsflächen

Gehölze im Straßenraum (Volumen kugelförmiger Kronen 4/3 x x r³)

39 Bäume O 12 m:	39 x 904 m³ =	35256 m³ x 0,2 (20%) =	7051 m³
60 Bäume O 6 m:	60 x 113 m³ =	6782 m³ x 0,2 (20%) =	<u>1356 m³</u>
		Grünvolumen im Straßenraum:	**8407 m³**

4 Grünmassenberechnung zum Ausgleich der Baumasse

	Ebene	Hang	Gesamt
Bebaute Fläche:	4908 m² +	1259 m² =	6167 m²
Baumasse:	6167 m² x 6 m (Höhe) =		37000 m³

Ausgleich:	1 : 1	1 : 1,5	1 : 2
Grünmasse	37000 m³	55500 m³	74000 m³
Grünbestand:	<u>7600 m³</u>	<u>7600 m³</u>	<u>7600 m³</u>
Gesamtvolumen:	**44600 m³**	**63100 m³**	**81600 m³**

2. Einzelparzellen

Sichtschutz - beide Terrassenseiten 0,5 m/Parzelle

2 x 0,5 m x 4 m (Länge) x 1,5 m (Höhe) =	6 m³
1/2 kleinkroniger Baum mit O 6 m / Parzelle	
113 m³ x 0,2 (20%) = 22,6 m³ x 0,5 =	<u>11 m³</u>
	17 m³
Grünmasse von 111 Parzellen x 17 m³ =	1887 m³

Die **Mindestanforderungen** beinhalten **bei den Vernetzungszonen** auf allen Einzelparzellen extensiv genutzte Flächen von 1080 m² . Bei einer Durchschnittshöhe von 1,5 m, die sich aus dem Mittelwert zwischen 2,5 - 3 m hohen Strauchzonen und 0,30 m hohen Wiesenflächen ergibt, wird die **Grünmasse um 1620 m³** erhöht. Sträucher werden mit ihrem Endvolumen angerechnet (Abb. 152/3). Die verbleibenden **Rasenbereiche** von 19600 m² , zu denen in der Gesamtbilanz alle nicht der Grünvernetzung dienenden Vegetationsflächen hinzugerechnet werden, **steigern die Summe auf 3580 m³** (Abb. 153/4). Durch **Addition** der restlichen Vegetationsmasse auf den einzelnen Grundstücken sowie des **Grünvolumens im Straßenraum** ergibt sich bei den Mindestanforderungen der Grünvernetzung ein **Wert von 13874 m³** . In diesem Fall wird der Ausgleich der Vegetationsmasse in erheblichem Maße auf die öffentlichen Pflanzflächen und den Straßenraum verlagert. **Demgegenüber** wird bei dem vorgeschlagenen **Orientierungswert von Konzept II die Gesamtsumme bei den vernetzten Flächen auf 19204 m³** erhöht (Abb. 153/4). Die Entscheidung über den privaten Anteil der Grünvernetzung, der über die vorgeschlagenen Mindestanforderungen zu Konzept II hinausgeht, führt zu einer Anhebung der GVZ - Festsetzungen auf den einzelnen Parzellen. Dabei ist die Durchschnittshöhe von 1,5 m bei der extensiven Nutzung zugrunde zu legen.

Im Bereich der **Ausgleichsflächen** ist der verbleibende Anteil der erforderlichen Grünmasse zu erbringen. Dazu sind vermehrt großkronige Bäume heranzuziehen. So kann **mit 40 Gehölzen ein Volumen von 22080 m³ erzielt** werden (Abb. 153/1). Dabei sind nur 20 % des Endvolumens von jeweils 10 Bäumen mit durchschnittlich 12 und 15 m Durchmesser sowie von 20 Gehölzen mit einem Kronendurchmesser von 20 m angerechnet.

Sowohl die Ausgangssituation mit 40 Gehölzen als auch die für eine Steigerung der Blattmasse **abschnittweise hinzukommenden 10 Bäume** mit einem Durchmesser von 20 m, die das **Gesamtvolumen um jeweils 8370 m³ erhöhen**, werden in Abb. 153/1 durch verschiedene Baumsignaturen unterschieden. Entsprechend dem Bepflanzungsvorschlag von Abb. 153/2 kann somit in den Ausgleichsflächen die Anzahl auf 70 erhöht werden mit einer Vegetationsmasse von 47190 m³. Die Artenvielfalt wird durch eine Bepflanzung mit Gehölz- und Strauchzonen, die durch Wiesen- und Brachflächen sowie Feuchtbereiche aufgelockert sind, gefördert. Letztere sind auch in Hinblick auf den Ausgleich auf seiten des Wassers erforderlich. Somit ist nicht die gesamte **Ausgleichsfläche von 16300 m²** mit einer durchschnittlichen **Vegetationshöhe von 1,5 m, die ein Volumen von 24450 m³ erbringen kann,** anzurechnen sondern nur 75 % oder, wenn möglich, 50 % (Abb. 153/1). In der Folge sind bezüglich der Vegetationsmasse zu den Mindestanforderungen und dem Orientierungswert bei der Grünvernetzung jeweils untere und obere Grenzen formuliert, die sich durch eine unterschiedliche Anrechnung der Ausgleichsfläche und eine differierende Gehölzanzahl ergeben (Abb. 153/4).

Im Rahmen der **Mindestanforderungen** ist durch die Anrechnung von 50 % der Ausgleichsflächen und 40 Gehölzen mit den in Abb. 153/1 angeführten Durchmessern das **Verhältnis von 1 : 1** als unterer Grenzwert angegeben. Demgegenüber ist aber eine **Kompensation von 1 : 1,5** als **oberer Grenzwert** wünschenswert. Dieser kann entweder durch die Anrechnung von 50 % an Fläche und 60 Gehölzen oder durch Heranziehung von 75 % der vernetzten Bereiche (h = 1,5 m) und 50 großkroniger Bäume einschließlich der Grünmasse im Erschließungsbereich und auf der Einzelparzelle erzielt werden und ergibt ein Volumen von 64919 m³. Somit ist die für den Ausgleich von 1 : 1,5 benötigte Größe von 63100 m³ sogar überschritten. Die Annäherung an diese Größe kann bei dem Orientierungswert auf seiten der Grünvernetzung mit 50 % der Ausgleichsfläche (h = 1,5 m) und 50 Gehölzen erreicht werden. Bei einem zusätzlichen **noch höheren Ausgleich wird ein Verhältnis von 1 : 2 vorgesehen**, das bei Anrechnung von 75 % der grünvernetzten Zone und 70 Gehölzen zu erzielen ist. Die Kronendurchmesser entsprechen der Aufteilung in Abb. 153/1.

Für diese unterschiedlichen Möglichkeiten ist die für die **Ausgleichsflächen festzusetzende GVZ** in Abb. 153/4 jeweils nachfolgend angeführt. Von der erforderlichen Vegetationsmasse ist das Grünvolumen der Erschließungsflächen und der Einzelparzellen zu subtrahieren. Die verbleibende Blattmasse der Ausgleichsflächen dividiert durch deren Flächenabmessungen von 16300 m² ergibt die durchschnittliche Vegetationshöhe pro m². Dieser gerundete Wert entspricht der GVZ. Der **mögliche Ausgleich des Bauvolumens von 1 : 2** läßt den Schluß zu, daß bei den **Mindestanforderungen** auf seiten der **Flächenversiegelung** (Konzept I) die **größere Baumasse bei konsequenter Umsetzung der Grünvernetzung** ebenfalls im **Verhältnis von 1 : 1,5 kompensiert werden kann.** Dieser grundsätzlich geltende Orientierungswert ist richtungsweisend für die Planung. Er gilt nicht als absoluter Wert, sondern ist nach Möglichkeit durch eine umweltschonendere Lösung, wie im Falle des Ausgleiches 1 : 2, zu überbieten. Für die vernetzten Flächen ist zusätzlich die Artenzusammensetzung der Vegetation entsprechend der standortgerechten Waldgesellschaft festzusetzen. Die daraus resultierenden Erfordernisse haben Vorrang gegenüber jenem Ausgleich, der das Verhältnis von 1 : 1 übersteigt.

Die Vegetationsanteile des Straßenbegleitgrüns und der Grünbereiche im Anschluß an die Sammelstellplätze sind nur mit einer Höhe, die Rasenflächen entspricht, in die Gesamtberechnung einbezogen. Für die angestrebte Begrünung mit Sträuchern ist aber mit Hilfe der GVZ eine dementsprechende Vegetationshöhe festzusetzen. Die starke Heranziehung von großkronigen Bäumen führt bis zur Erzielung des Endvolumens, von dem nur 20 % angerechnet sind, durch den konstanten Zuwachs zu einem langfristig steigenden Ausgleich der Baumasse mit einer zunehmenden Klimaverbesserung. Die Gehölzgruppierungen am Rande der Ausgleichsflächen (Abb. 153/2) dienen der Freihaltung größerer Zonen für die Wasserrückhaltung in den Innenbereichen. Ebenso ist eine Verlagerung in die Mitte der Regenerationsflächen und eine Konzentration der Wasserrückhaltung im Bereich der Vernetzungszonen bei den privaten Grundstücken möglich. Es wurden nur öffentliche Kompensationsbereiche

1 Ausgleich der Baumasse durch großkronige Gehölze

Grünvolumen kugelförmiger Bäume (4/3 x x r³)

	ϕ 12 m	ϕ 15 m	ϕ 20 m	
100 %	904	1766	4187	m³/Gehölz
20 %	181	353	837	

Gehölzanzahl

40	10 ⊕ 1810	10 ◉ 3530	20 ◉ 16740	= 22080 m³
50			+ 10 ◑ 8370	= 30450 m³
60			+ 10 ◌ 8370	= 38820 m³
70			+ 10 ◯ 8370	= 47190 m³

3 Ausgleich der Baumasse durch Sträucher und Wiesenflächen

mit durchschnittlicher Vegetationshöhe von 1,5 m bei Anrechnung von

%	der Ausgleichsflächen von 16300 m²	
100 %	16300 m² x 1,5 m (Höhe) =	24450 m³
75 %	16300 m² x 1,5 m x 0,75 (75%) =	18338 m³
50 %	16300 m² x 1,5 m x 0,5 (50%) =	12225 m³

2 Gehölze in den Ausgleichsflächen   M 1 : 4000   ABB. 153

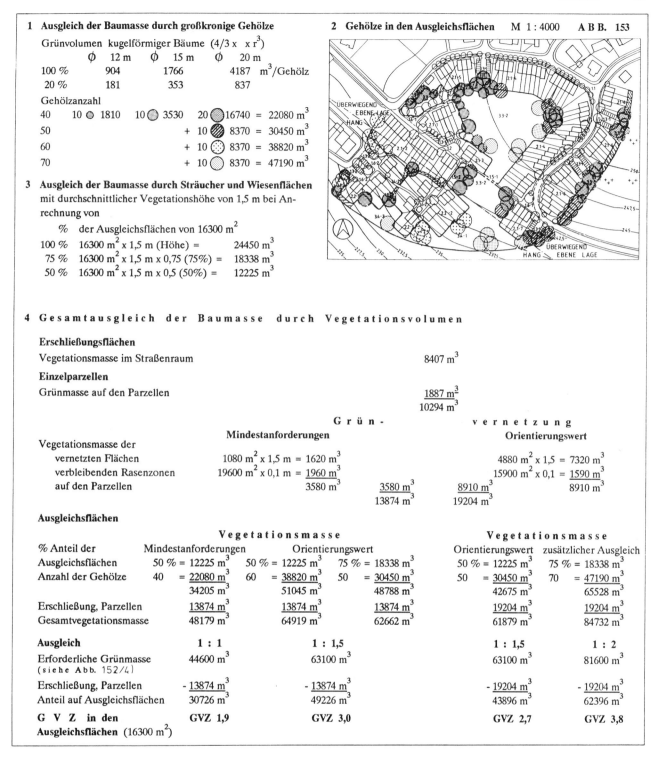

4 Gesamtausgleich der Baumasse durch Vegetationsvolumen

Erschließungsflächen

Vegetationsmasse im Straßenraum   8407 m³

Einzelparzellen

Grünmasse auf den Parzellen   1887 m³
                                                10294 m³

	Grün-		**vernetzung**	
	Mindestanforderungen		Orientierungswert	
Vegetationsmasse der				
vernetzten Flächen	1080 m² x 1,5 m = 1620 m³		4880 m² x 1,5 = 7320 m³	
verbleibenden Rasenzonen	19600 m² x 0,1 m = 1960 m³		15900 m² x 0,1 = 1590 m³	
auf den Parzellen	3580 m³	3580 m³	8910 m³	8910 m³
		13874 m³	19204 m³	

Ausgleichsflächen

	Vegetationsmasse			**Vegetationsmasse**	
% Anteil der	Mindestanforderungen	Orientierungswert		Orientierungswert	zusätzlicher Ausgleich
Ausgleichsflächen	50 % = 12225 m³	50 % = 12225 m³	75 % = 18338 m³	50 % = 12225 m³	75 % = 18338 m³
Anzahl der Gehölze	40 = 22080 m³	60 = 38820 m³	50 = 30450 m³	50 = 30450 m³	70 = 47190 m³
	34205 m³	51045 m³	48788 m³	42675 m³	65528 m³
Erschließung, Parzellen	13874 m³	13874 m³	13874 m³	19204 m³	19204 m³
Gesamtvegetationsmasse	48179 m³	64919 m³	62662 m³	61879 m³	84732 m³
Ausgleich	**1 : 1**	**1 : 1,5**		**1 : 1,5**	**1 : 2**
Erforderliche Grünmasse (siehe Abb. 152/4)	44600 m³	63100 m³		63100 m³	81600 m³
Erschließung, Parzellen	- 13874 m³	- 13874 m³		- 19204 m³	- 19204 m³
Anteil auf Ausgleichsflächen	30726 m³	49226 m³		43896 m³	62396 m³
GVZ in den Ausgleichsflächen (16300 m²)	**GVZ 1,9**	**GVZ 3,0**		**GVZ 2,7**	**GVZ 3,8**

für die Gehölze herangezogen. Es sind aber auch die privaten Anteile, die im Falle der Mindestanforderungen bei der Grünvernetzung einzubeziehen sind, dargestellt. Bei dem Bepflanzungskonzept wurde die Freihaltung von Kaltluftabflußschneisen berücksichtigt. Die aus den oberhalb angrenzenden Waldbereichen strömende Kaltluft kann entlang des Gebietsrandes abfließen. Der innerhalb der Vegetationsbereiche entstehende Anteil kann ebenso der Frischluftversorgung für tieferliegende Hang- bzw. Talbereiche dienen.

Der Anteil der Vegetationsflächen sowie die BFZ zu den versiegelten Flächen dienen ebenso wie die Grünmasse der Wasserrückhaltung. Die Flächenanteile für die Grünvernetzung stellen die Grundlage für den Ausgleich auf seiten des Wassers dar.

2.4 Wasser

Infolge der bereits ausgelasteten Kapazität der Kanalisation in den angrenzenden Siedlungsbereichen wird bei einer Baugebietserweiterung die Rückhaltung jener Regenabflüsse erforderlich, die auf den befestigten Flächen der Einzelparzellen anfallen. Bei Bebauungsplänen in
Marburg werden diesbezügliche Festsetzungen bereits getroffen, um den Ausbau des Kanalnetzes soweit wie möglich zu vermeiden. In diesem Ortsteil von Cappel tritt nur eine geringe
Schadstoffbelastung der Luft auf. Da überdies keine Kontamination der Böden vorliegt /79/,
ist eine Versickerung der Regenabflüsse bei guter Reinigungswirkung der Deckschichten zu
befürworten. Die Untersuchungen zur **Untergrundbeschaffenheit** im Bereich des geplanten
Friedhofes /37, S. 3/, die auch alle Parzellen der Doppelzeile entlang des östlichen Ortsrandes einschließen, ermöglichen Rückschlüsse über die Pufferungsfähigkeit gegen Schadstoffeintrag in das Grundwasser. Unter dem Mutterboden schließt eine ca. 0,5 m mächtige
Schluffschicht an. Diese wird unterlagert durch ca. 1 m starke sandige Tone oder schluffige
bzw. tonige Sande, zum Teil auch durch unterschiedlich mächtigen (> 2 m) sandigen und to-
nigen fest gelagerten Sandsteinzersatz. Die **hohe Reinigungswirkung dieser Deckschichten**,
die für eine Versickerung spricht, wird durch das darunterliegende Gestein - mittlerer Bund-
sandstein im Kuppenbereich und unterer Buntsandstein in den Hangzonen - weiter verstärkt.

Demgegenüber wird die **zu erwartende geringe Versickerungsleistung** der oberen Bodenschichten zusätzlich aufwendigere Maßnahmen wie Sickerschächte erfordern. Die mögliche
Gefährdung von Unterliegern oder Rutschungen infolge von Schichtwasser können weitere
Ursachen dafür sein. Es können aber auch Bohrungen in tiefere Schichten des Buntsandsteins
zu geringen Versickerungsraten führen, sofern kein klüftiges Gestein auftritt. Die Wasseraufnahmefähigkeit des Untergrundes kann aber nur durch Versickerungsversuche vor Ort
näher bestimmt werden. Die Einschätzung der beschriebenen Untergrundverhältnisse erfordert aber bereits eine **Einstufung in die Kategorie II (S. 248).** Es besteht somit eine Eignung,
die aber **aufgrund kostenaufwendigerer Einrichtungen zugunsten einer verstärkten Speicherung einzuschränken** ist. Der Mehraufwand bei den Versickerungseinrichtungen läßt sich
durch die andernfalls erforderliche Erweiterung des Kanalquerschnittes rechtfertigen. Voraussichtlich würde dies neben der größeren Umweltbelastung zudem die teurere Variante
darstellen, auch ohne Hinzurechnung anfallender Kosten für den zusätzlichen Rückstauraum.

2.4.1 Oberflächenabfluß - Vergleich ursprüngliche und bebaute Situation

Um die Wirkungszusammenhänge zwischen den bereits erläuterten Festsetzungen und die
Einschätzung der Effektivität der vorgesehenen Rückhaltung zu veranschaulichen, wird die
**ursprüngliche Situation mit den Verhältnissen nach der Umsetzung der Mindestanforderun-
gen und des Orientierungswertes verglichen.** Bei dem unbebauten Gelände fließt das
Oberflächenwasser des Hangabschnittes in die tieferliegenden überwiegend ebenen Weide-
flächen (Abb. 154/1). Zum Teil kommt es dort zur Versickerung aber auch zur Speisung des
Bachlaufes am Waldrand. Der Abfluß aus dem überwiegend ebenen Bereich nördlich der
Ortsausgangsstraße wird ebenso wie von dieser Erschließungsfläche in den Graben eingeleitet. Dieser mündet auch weiter oberhalb in den Bachlauf. Bei der vorhandenen Straße am
derzeitigen Ortsrand erfolgt eine Ableitung in den Kanal. Da sie gleichzeitig die Zufahrt zu
den bereits bestehenden Baugebieten darstellt, wird sie bei dem unbebauten Gelände und bei
allen drei Konzepten für die Erschließungsflächen mit 690 m² nur bis zur Straßenmitte
angerechnet. Da sie stärker frequentiert ist, wird der Abfluß zwar bei der bebauten Situation
in den Begleitgrünflächen zurückgehalten, dann aber aufgrund der zu erwartenden
Schmutzstoffbelastung mit direktem Überlauf in die Kanalisation abgeleitet. Ohne Berücksichtigung dieser teilweisen Rückhaltung vor und nach der Bebauung wird von der gleichen
Anfallsmenge ausgegangen (Abb. 154/5). Der restliche Niederschlag ist von den versiegelten

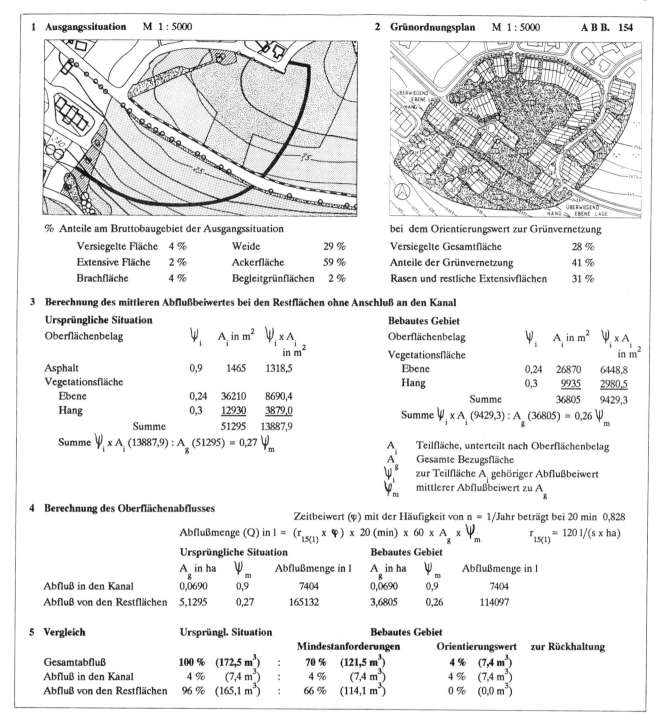

Abb. 154

Flächen, deren Größe am Bruttobaugebiet von insgesamt 4 % auf durchschnittlich 28 % steigt (Abb. 154/1,2), entsprechend den wasserbezogenen Anforderungen zurückzuhalten (S. 251). Bei den Restflächen wird der mittlere Abflußbeiwert ermittelt (Abb. 154/3). Für den Vergleich des Abflußvolumens (Abb. 154/4) wird analog zur Untersuchung ein einmal im Jahr auftretendes Niederschlagsereignis (n = 1/Jahr) herangezogen (vgl. S. 45). In Marburg wird der Berechnungsregen mit 120 l/sec/ha bemessen. Dieser Vergleich zeigt, ohne Berücksichtigung des Bewuchses, bereits im Rahmen der **Mindestanforderungen** eine **Senkung** des **Gesamtabflußvolumens auf 70%**. Da bei den **Orientierungswerten** die Rückhaltung auch von den Vegetationsflächen erfolgt, wird sogar eine **Herabsetzung bis auf 4 %** erzielt. Bei der unbebauten Situation wird ein Teil des Niederschlags durch den Bewuchs der gut eingewachsenen Erddeponie zurückgehalten. Die relativ kleinen Brachflächen und der niedrige Gehölzanteil dienen in geringem bzw. die größeren Weiden in etwas stärkerem Maße der Rückhaltung.

Die weitläufigen Ackerbereiche bewirken einen erheblich höheren Abfluß, besonders da sie sich auf einen Großteil des Hanges erstrecken. Gegenüber der landwirtschaftlich intensiv genutzten Ausgangssituation bildet bei den Mindestanforderungen der **Grünvernetzung** die Vergrößerung der extensiv genutzten Zone von 6 % auf 34 % an der Gesamtfläche (Tab. 7, S. 278) bzw. auf 41 % bei den Orientierungswerten die Grundlage für eine stärkere Rückhaltung. Der Vergleich des **Grünvolumens** vor der Bebauung (7600 m³) und danach führt zu einer **weiteren Verbesserung**, je nach Anwendung des diesbezüglichen Eckwertes (Abb. 153/4). Diese Rückhaltekapazität nimmt im Laufe der Jahre weiter zu aufgrund des hohen Anteils großkroniger Gehölze, bei denen nur 20 % ihres Endvolumens angerechnet werden. Da der Bach in seinem weiteren Verlauf verrohrt ist, besteht nur ein begrenztes weiteres Fassungsvermögen. Gegenüber der Ausgangssituation ist daher die ermittelte Verringerung des Abflusses aus den Restflächen (Abb. 154/5), die durch die Festsetzungen zu Boden und Vegetation weiter verstärkt wird, zur Senkung von bereits bestehenden Belastungen zu forcieren.

2.4.2 Abführung von Wasser in die Kanalisation

Um diese Verbesserung der Gesamtsituation mit nur geringfügiger Ableitung in den Kanal zu erzielen, wird das **zurückzuhaltende Volumen ermittelt**. Für die versiegelten Bereiche wird bei der Berechnung des dafür erforderlichen mittleren Abflußbeiwertes nur die bestehende Straße am derzeitigen Ortsrand in Hinblick auf die voraussichtliche Schmutzstoffbelastung ausgenommen (Abb. 154/2). Aufgrund der **geringen Luftverschmutzung** und der **hohen Pufferwirkung des Untergrundes ohne Kontamination** ist die **Einbeziehung** der restlichen **Straßenabflüsse in die Versickerungsmaßnahmen** vertretbar. Bei allen Gebäuden wurde die größere Grundfläche von 60 m², die nur bei den vertikal angeordneten Baukörpern vorliegen, berechnet und somit eine gegenüber Konzept II um ca. 500 m² größere Gesamtfläche erzielt. Die Versiegelungen im privaten Freibereich sind mit 20 m²/WE inkludiert (S. 276). Zusätzliche Befestigungen z.B. für Spiel- oder Kommunikationsflächen in den Randzonen der Ausgleichsbereiche sind mit an den Orientierungswerten ausgerichteten Belägen zu versehen und führen daher zu einem mit Vegetationsflächen vergleichbaren Abfluß. Gleiches gilt aufgrund der Auflagen zu den Bodenkennwerten im wesentlichen auch für zusätzliche Stellplätze (S. 274), die deshalb ebenfalls unberücksichtigt bleiben.

Grundsätzlich werden die Mindestanforderungen und Orientierungswerte jeweils in Abhängigkeit von der Nutzung herangezogen. Die diesbezüglich vorgeschlagene Anhebung oder Absenkung im Zusammenhang mit der Lage der Parzelle innerhalb des Baugebietes (S. 275) bleibt unberücksichtigt. Diese Vorgangsweise ist zur Veranschaulichung der Größenordnungen des Rückhalteeffektes mit Hilfe höherer Bodenkennwerte ausreichend. Dabei sind den herangezogenen Bodenkennwerten die entsprechenden Abflußbeiwerte gegenübergestellt (Abb. 155/2). Konstruktive Vegetationsanteile bei stärker versiegelten Flächen sind in den bisher vorliegenden Angaben noch unberücksichtigt. Auf der Grundlage der **Mindestanforderungen zum BKW** ergibt sich bei der Berechnung ein **mittlerer Abflußbeiwert von 0,73**. Demgegenüber ermöglicht die Anwendung der **Orientierungswerte** auf allen Flächen die **Senkung des Abflusses um mehr als die Hälfte auf 28 % der Anfallsmenge** (Abb. 155/1).

Bei den Mindestanforderungen der Rückhaltung mit einem Zuschlag von 50 % (Kategorie II, S. 254) fallen in der Folge nur 34 % des **Gesamtvolumens** an, das bei den vorgeschlagenen unteren Abgrenzungen zu den nutzungsbezogenen Bodenkennwerten zu erwarten ist (Abb. 155/3). Beim Orientierungswert trifft diese Reduktion auf ein Drittel auch für die befestigten Bereiche zu, bei denen das Rückhaltevolumen entsprechend dem Maßnahmenkatalog mit einem Zuschlag von 100 % zu versehen ist (S. 254). **Umweltverträglichere Oberflächenstrukturen** ermöglichen somit **wesentliche Kosteneinsparungen für die Rückhaltung**. Da außerdem der Abfluß aus den Vegetationsflächen ohne einen Zuschlag zurückzuhalten ist, verringert sich dieser Unterschied bei der Anfallsmenge mit 53 % auf knapp die Hälfte.

1 Ermittlung des mittleren Abflußbeiwertes

Oberflächenbelag	A_i in m²	Mindestanforderungen (BKW)	ψ_i	$\psi_i \times A_i$ in m²	Orientierungswert (BKW)	ψ_i	$\psi_i \times A_i$ in m²
Gebäudeflächen	6660	(0,0)	1,0		(0,8)	0,3	
Erschließungsflächen							
Erschließungsstr.	935	(0,15)	0,5	467,5	(0,3)	0,7	654,5
Stellplätze	1250	(0,25)	0,8	1000,0	(1,0)	0,2	250,0
Erschl. in Sammelstellpl.	640	(0,25)	0,8	512,0	(0,7)	0,3	192,0
Wohnweg	375	(0,25)	0,8	300,0	(0,7)	0,3	112,5
Befahrbarer Fußweg	280	(0,25)	0,8	224,0	(0,7)	0,3	84,0
Fußweg	1065	(0,25)	0,8	852,0	(1,0)	0,2	213,0
Kommunikationsbereich	380	(0,25)	0,8	304,0	(1,0)	0,2	76,0
private Freibereiche	2220	(0,4)	0,7	1554,0	(1,0)	0,2	444,0
	7145			5213,5			2026,0

Summe $\psi_i \times A_i$ (5213,5) : A_g (7145) = **0,73** ψ_m $\psi_i \times A_i$ (2026) : A_g (7145) = **0,28** ψ_m

2 Abflußbeiwertzuordnung   **A B B. 155**

	BKW	ψ_i
Unbegrünte Dachflächen.	0,0	1,0
Poröser Asphalt.	0,15	0,5
Verbundpflaster mit Vegetation.	0,25	0,8
Mittel- und Großpflaster.	0,3	0,7
Mittel- und Großpflaster mit Vegetation.	0,4	0,7
Gebäude auf Stützen mit Dachbegrünung.	0,8	0,3
Stützkonstruktionen ohne Beeinträchtigung für Versickerung / Pflanzenstandort.	1,0	0,2

3 Gesamtabflußbilanz

Mindestanforderungen: Zeitbeiwert (φ) mit der Häufigkeit von n = 0,2/Jahr beträgt bei 20 min   1,477

Orientierungswert: Zeitbeiwert (φ) mit der Häufigkeit von n = 0,1/Jahr beträgt bei 20 min   1,847

$$\text{Abflußmenge (Q) in l} = (r_{15(1)} \times \varphi) \times 20 \text{ (min)} \times 60 \times A_g \times \psi_m$$

$$r_{15(1)} = 120 \text{ l/(s} \times \text{ha)}$$

B K W

Rückhaltung	A_g in ha	ψ_m (Mindestanforderungen)	Abfluß-menge	Zuschlag Kategorie II	Gesamt-menge	ψ_m (Orientierungswert)	Abfluß-menge	Zuschlag Kategorie II	Gesamt-menge
Mindestanforderungen				50 %				50 %	
Gebäudeflächen	0,6660	1,0	141650 l	+ 70825 l	= 212475 l	0,3	42495 l	+ 21248 l	= 63743 l
Erschließungsflächen	0,7145	0,7	110935 l	+ 55468 l	= 166403 l	0,28	42550 l	+ 21275 l	= 63825 l
Gesamtmenge				(100 %)	378878 l			(34 %)	127568 l
Erforderliche Kapazität ohne Dachflächen					166 m³				64 m³
Orientierungswert				100 %				100 %	
Gebäudeflächen	0,6660	1,0	177135 l	+ 177135 l	= 354270 l	0,3	53140 l	+ 53140 l	= 106280 l
Erschließungsflächen	0,7145	0,7	138725 l	+ 138725 l	= 277450 l	0,28	53209 l	+ 53209 l	= 106419 l
Vegetationsflächen	3,6800	0,26	254478 l		= 254478 l	0,26	254478 l		= 254478 l
Gesamtmenge				(100 %)	886198 l			(53 %)	467177 l
Erforderliche Kapazität ohne Dachflächen					532 m³				361 m³

Für die **Einzelparzellen** ist die **Rückhaltung der Dachabflüsse** festzusetzen, so daß diese Kapazität von dem Gesamtvolumen abzuziehen ist und die in den Ausgleichsflächen zurückzuhalten Restmenge verbleibt. Um die **Brauchwasserversorgung** für einen 4-Personen-Haushalt auch über eine längere Trockenperiode zu gewährleisten, genügt für die einzuleitende Menge ein Behälter mit einem **Fassungsvermögen von ca. 6 m³** /102, S. 10/. Da im Falle einer dem Orientierungswert entsprechenden Rückhaltung auch bei einem unbegrünten Dach [177135 l + 177135 l (100 %) = 354270 l : 111 WE = 3192 l] nur eine Menge von knapp über 3 m³/WE anfällt, ist auch bei stärkeren Niederschlagsperioden diese Größe der Behälter bei weitem ausreichend. Dies gilt natürlich verstärkt für Grasdächer. Wenn keine Versickerungseignung vorliegt, ist **bei Kategorie III mit einem Zuschlag von 200 %**, der den Orientierungswerten entspricht, somit auch eine **Rückhaltung im Gebäudebereich gewährleistet (S. 254).** Dabei sind **knapp 5 m³ zurückzuhalten** [177135 l + 354270 l (200 %) = 531405 l : 111 WE = 4787 l]. Diese Behälter können andererseits auch durch die Einleitung von Oberflächenwasser aus den Speicherzonen der Ausgleichsflächen nach eventueller Vorklärung zusätzlich aufgefüllt werden, um für Trockenperioden die Brauchwasserversorgung zu sichern. Eine solche Vorgangsweise bietet sich auch in Hinblick auf die zu erwartenden geringen Versickerungsraten an.

Nachfolgend wird das in den **Ausgleichsflächen zurückzuhaltende restliche Abflußvolumen** (Abb. 155/3) **den verschiedenen Speicherkapazitäten in diesen Bereichen gegenübergestellt** (Abb. 156/2). Zur Ermittlung dieser Größernordnungen wird bei den Erschließungsflächen das gesamte Abflußvolumen zugrunde gelegt, das aber in der Praxis durch die Rückhaltung in den unmittelbar angrenzenden Bereichen wesentlich niedriger ausfällt. Anhand eines mehrstufigen zusammenhängenden Rückhaltesystems, bei dem entsprechend der Einstufung in Kategorie II die Speicherung den Schwerpunkt darstellt (S. 248), werden diese Kapazitäten in den Ausgleichsflächen veranschaulicht (Abb. 156/1). In diesem Plan sind die den Orientierungswerten für die Grünvernetzung entsprechenden Privatanteile dargestellt.

Bei der Berechnung der einzelnen **Anteile des Rückhaltesystems** sind auch Wasserläufe (Breite = 50 cm) als Verbindung zwischen allen Mulden einbezogen. Im östlichen Bereich ist die oberflächennahe Wasserführung unter der Ortsausgangsstraße mit einem Rohr durchzuleiten. Aufgrund der aufgestützten Fußwege, die die grünvernetzten Flächen durchqueren, ist eine solche Maßnahme mit Stützkonstruktion nur mehr im Bereich der Stellplatzanlage am Hang notwendig (Abb. 156/1, siehe 1.3-2). Dabei ist aber im Zusammenhang mit den angrenzenden Kommunikationsbereichen auch eine oberflächennahe Wasserführung anzustreben. Die Rückhaltung des Oberflächenabflusses wird mit Hilfe von Mulden vorgenommen, die im wesentlichen hangparallel verlaufen. Die in Abb. 156/3 vorliegenden Breiten beziehen sich auf eine mittlere Tiefe von 50 cm, die im Zusammenhang mit der Geländeneigung vertretbare Erdbewegungen nach sich zieht. In der überwiegend ebenen Lage konzentrieren sich diese Maßnahmen auf die Innenbereiche der Regenerationszonen. Ihre Randflächen sind für großkronige Gehölze vorgesehen. Es ist aber auch ein stärkeres Heranrücken des Rückhalteareals an die Grundstücksgrenzen und Verlagerung der Gehölze in die inneren Bereiche möglich. In den Hangabschnitten werden verstärkt die vertikal verlaufenden Vegetationsflächen herangezogen, um im Falle einer Versickerung Schäden bei Unterliegern zu vermeiden. Dabei können auch Sickerschächte an diese Bereiche angeschlossen werden.

Die Grundvariante, die sich auf **17 % der Ausgleichsflächen** erstreckt, weist eine **Rückhaltekapazität zwischen ca. 225 m³** - bei einer mittleren Tiefe der Mulden von 10 cm - **und ca. 930 m³** - bei 50 cm Tiefe - auf (Abb. 156/2). Bei dieser Variante liegt eine Fläche von 6 % auf den privaten Grundstücken, die bereits bei den Mindestanforderungen zur Grünvernetzung im wesenlichen innerhalb der Bereiche zur Grundvernetzung gelegen sind. Bei der **nächsten Ausbaustufe,** die **27 % der Regenerationsbereiche** beansprucht, steigt der Anteil der privaten Freiflächen auf 7 %. Bei der **dritten Variante,** die sich auf **40 % dieses öffentlichen Areals erstreckt,** befinden sich **14 %** der Rückhaltebereiche **auf privaten Einzelparzellen.** Diese Zonen stehen bei einer Anwendung der Orientierungswerte zur Grünvernetzung ohnehin zur Verfügung. Aber auch im Rahmen der Mindestanforderungen können die Bereiche, die über die festgesetzte Grundvernetzung hinausgehen, einer Rückhaltung dienen. Es handelt sich dabei um die angesprochene Einbeziehung von Randstreifen des Rasens (S. 200). Bei diesem **dreistufigen Rückhaltesystem** bieten sowohl die unterschiedlich hohe Flächenbeanspruchung als auch eine differierende Muldentiefe genügend Spielraum für die Gestaltung. **Durch** die Angabe der **prozentualen Anteile an den Ausgleichsbereichen kann ein Bezug zu den Festsetzungsvorschlägen beim Grünvolumen hergestellt werden.** Auch die stärkste Flächenbeanspruchung betrifft nur 40 % der Ausgleichsflächen, so daß auch die Anwendung der Orientierungswerte für den Ausgleich der Baumasse gesichert ist (Abb. 153/4).

Bei der Erzielung der Orientierungswerte für den BKW und bei den zugrunde liegenden Mindestanforderungen der Rückhaltung genügt für die verbleibenden 64 m³ (Abb. 155/3) bereits die Hälfte der Flächen der Grundvariante, bei einer mittleren Tiefe von 10 cm (Abb. 156/2). Dieses Ausmaß kann bei 20 cm Durchschnittstiefe sogar halbiert werden.

Bei der Umsetzung der **Mindestanforderungen** sowohl beim BKW als auch bei der Rückhaltung sind für die verbleibenden 166 m³ (Abb. 155/3) auch noch zwei Drittel der Flächen der Grundvariante bei einer mittleren Tiefe von 10 cm ausreichend (Abb. 156/2).

1   Ausbauvarianten für die Rückhaltung   M 1 : 2000   A B B. 156

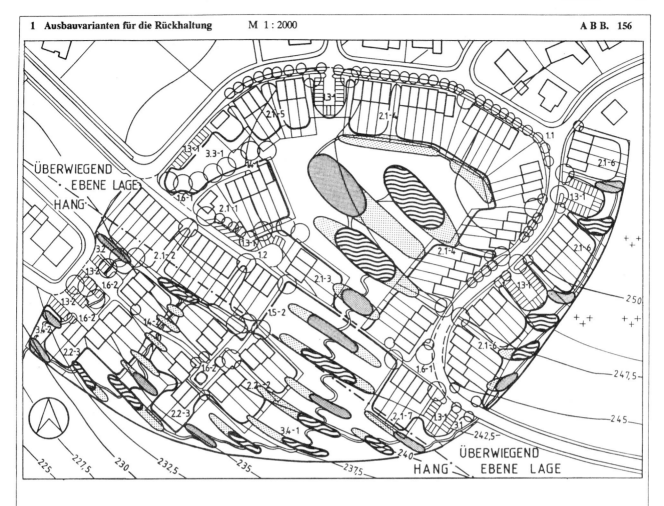

ÜBERWIEGEND ·EBENE LAGE· HANG·

ÜBERWIEGEND HANG· ·EBENE LAGE

2   Rückhaltung

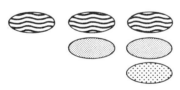

Neigung			
2°	69 lfm	104 lfm	128 lfm
4°		17 lfm	61 lfm
6°	67 lfm	96 lfm	212 lfm
8°	57 lfm	151 lfm	236 lfm
10°	79 lfm	127 lfm	233 lfm

Mittlere Tiefe	Speicherkapazität		
10 cm	224 m^3	385 m^3	631 m^3
20 cm	421 m^3	720 m^3	1137 m^3
30 cm	605 m^3	1036 m^3	1686 m^3
40 cm	781 m^3	1339 m^3	2177 m^3
50 cm	931 m^3	1593 m^3	2582 m^3

Anteile an dem (den)			
Baugebiet	5 %	9 %	13 %
Ausgleichsflächen	17 %	27 %	40 %
Private Anteile	6 %	7 %	14 %
Öffentliche Anteile	94 %	93 %	86 %

3   Breite der Rückhaltebereiche in Abhängigkeit vom Gefälle

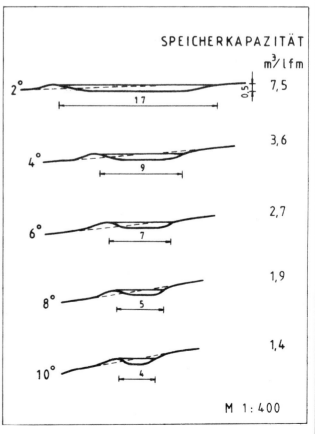

SPEICHERKAPAZITÄT
m^3/lfm

2°	7,5
4°	3,6
6°	2,7
8°	1,9
10°	1,4

M 1 : 400

289

Bei der Anwendung der **Orientierungswerte** des BKW und der Rückhaltung wird für das mit 361 m³ etwas mehr als doppelt so große Volumen die halbe Fläche der Grundvariante im Falle einer **Durchschnittstiefe von ca. 30 cm** benötigt. Bei dieser Tiefe kann bei der **Grundvariante mit 604 m³** bereits ein erheblich **größeres Volumen zurückgehalten werden, als bei der größten angeführten Anfallsmenge von 532 m³** notwendig ist. Diese wurde bei der Umsetzung der Mindestanforderungen beim BKW und den höheren Auflagen für die Rückhaltung berechnet. Diese Fläche ist bei einer durchschnittlichen Tiefe von weniger als 40 cm (Speicherkapazität 781 m³) auch im Falle der Kategorie III, wenn keine Versickerungseignung vorliegt, ausreichend. Im Rahmen des Orientierungswertes ist ein Zuschlag von 200 % erforderlich, so daß unter Anwendung der Mindestanforderungen zum BKW für die Erschließungsflächen und der Heranziehung des Abflusses aus den Vegetationsbereichen ein Volumen von 671 m³ anfällt.   [138725 l + 277450 l (200 %) + 254478 l (Vegetationsflächen) = 670653 l] (vgl. Abb. 155/3) . Die hohen **Rückhaltekapazitäten** lassen die **Folgerung** zu, daß auch im Rahmen der **Mindestanforderungen zur Flächenversiegelung**, bei denen gegenüber dem hier vorliegenden Konzept kleinere Ausgleichsflächen verbleiben, die **Einhaltung des Orientierungswertes bei der Rückhaltung** möglich ist. Somit können alle Festsetzungen, sogar im Falle von Kategorie III, erfüllt werden.

Erst im Anschluß an **Feldversuche** können die **Einsatzmöglichkeiten der Versickerung** geklärt werden. Die Untergrundverhältnisse sind bezüglich einer verstärkten Verrieselung durch hangparallele Versickerungsmulden und einem eventuellen Einsatz von Sickergräben von Bodenfachleuten zu prüfen. Es darf dabei weder zu Rutschungen noch zu einem tieferliegenden Austritt von Hangquellen kommen. Die Gefährdung von Unterliegern wird durch den Einsatz der Versickerung im Bereich zusammenhängender Vegetationszonen in der Fallinie vermieden. In diesem Zusammenhang sind auch die im hängigen Gelände höheren BKW-Festsetzungen bei den Gebäuden zu beachten, die ebenso einer Vermeidung von Bauschäden durch Hangwasser dienen. Es ist auch zu klären, inwieweit die Gewichtsbelastung durch das zurückgehaltene Wasser die Rutschungsgefahr erhöht. Infolgedessen kann in den Hangzonen beispielsweise eine Begrenzung der max. mittleren Tiefe der Mulden zweckmäßig sein. Bei dem Einsatz von Gehölzen ist auch darauf zu achten, daß Flachwurzler in rutschungsgefährdeten Hangabschnitten nicht verwendet werden. Durch Gehölze ist vielmehr ein Beitrag zur Stabilisierung der Untergrundverhältnisse zu leisten. Diese Untersuchungen und die Festlegung der damit zusammenhängenden bautechnischen Maßnahmen sowie deren finanzielle Kalkulation sind im Rahmen der betreffenden Objektplanung vorzunehmen. Dabei ist auch der Nachweis zu erbringen, daß die Festsetzungen zur Wasserrückhaltung eingehalten werden. In diesem Zusammenhang ist zu klären, in welchem Maße die Versickerung zum Einsatz kommt und inwieweit die Wasserspeicherung die erforderliche Rückhaltung sichert.

Auch bei höherer Gesamtversiegelung stellen **Sickerschächte** eine **weitere Möglichkeit für die Einhaltung des Orientierungswertes** dar. Sie ermöglichen eine geringere mittlere Muldentiefe sowie eine Verringerung des diesbezüglichen Flächenbedarfes. Die dadurch freiwerdenden Flächen sind aber auch grundsätzlich verstärkt zur Klärung des aus der Brauchwassernutzung resultierenden Grauwassers heranzuziehen. In einem solchen Fall wird ein Durchströmen des Bodenkörpers angestrebt, und Naßzonen in der Fallinie sind zweckmäßig. Da hierfür ein geringes Gefälle von 3 bis 9 % günstig ist /50, S. 46/, eignen sich die Kuppenbereiche am besten. Hier ist eine Erhöhung des Grundwasserspiegels in Form von Schichtwasser zu unterbinden, da im östlichen Anschluß an das Baugebiet ein Friedhof geplant ist. Deshalb ist eine auf die Speicherung von Abflüssen begrenzte Rückhaltung oder eine Grauwasserklärung in diesem Teil sinnvoll.

2.4.3 Abflußsituation in hängigem Gelände

Neben den Abflußverhältnissen in den Hangabschnitten ist auch der Übergangsbereich zwischen hängigem und ebenem Gelände zu betrachten. Die Eingrenzungen zu den BKW-Festsetzungen im hängigen Gelände haben auch in den Gebäudezonen umweltschonende Lösungen zur Folge. Dadurch kommt es nur in geringerem Maße zu Störungen des Bodenwasserhaushaltes. Im Außengelände werden die diesbezüglichen Voraussetzungen durch die Einhaltung der erforderlichen Abstände zwischen den Gebäudezeilen und den Grundstücksgrenzen gesichert, die für die Umsetzung eines in allen Teilbereichen vernetzten Bebauungskonzeptes notwendig sind. In den zusammenhängenden Grünflächen wird der Hangwasserhaushalt aufrechterhalten durch die generelle Begrenzung der Erdbewegungen und die Einschränkung der Stützwände auf den Gebäudenahbereich, die zudem in Lebendbauweise zu errichten sind. Die großen Vegetationsflächen in der Fallinie leisten dazu auch einen hohen Beitrag. Die Anhebung der Mindestanforderungen zu den Bodenkennwerten, die sich auch auf die öffentlichen und privaten Erschließungsflächen (S. 274) erstrecken, stellt einen noch höheren Vegetationsanteil sicher.

Diese Maßnahmen mit ihren Wechselwirkungen auf den Wasserhaushalt haben zur Folge, daß eine Ansammlung von Sickerwasser in Dränungen kaum zu erwarten ist. Die trotzdem anfallende Menge ist für die Brauchwassernutzung heranzuziehen. Aufgrund des zu erwartenden **geringen Volumens an Sickerwasser** und der großen Speicherkapazitäten ist es möglich, eine **komplette Rückhaltung entsprechend den vorgeschlagenen Eckwerten** auch in den Hangbereichen **festzusetzen** (S. 254). In den Vegetationsflächen des Hanges wurde bereits ein höherer Oberflächenabfluß berücksichtigt und außerdem die abflußmindernde Wirkung des hohen Vegetationsvolumens nicht einbezogen.

Sofern **Versickerungsmaßnahmen** innerhalb des Baugebietes zu aufwendig sind oder eine zu große Gefahr für Rutschungen oder Hangquellen darstellen, ist eine Konzentration von Sickerschächten beim Baugebietsrand in den tiefsten Hangbereichen zu erwägen. Es kann auch eine oberflächennahe Wasserführung, die am westlichen Gebietsrand in die tieferliegenden ebenen Flächen außerhalb des Baugebietes erfolgt, mit einem Rückhaltebereich in diesen Geländelagen zweckmäßig sein. Diesbezüglich ist zu überprüfen, inwieweit der Aufwand für die Versickerung innerhalb des Baugebietes durch den voraussichtlich geringeren Aufwand in diesen außerhalb liegenden Bereichen auch einen Grundstücksankauf beinhaltet. Eine Einleitung von Oberflächenabflüssen in den Bach ist aufgrund der Verrohrung in seinem weiteren Verlauf zur Verbesserung der Gesamtsituation zu vermeiden.

2.5 Diskussion der Eckwerte

Die vorgeschlagenen Mindestanforderungen sollen einen weitgehenden Ausgleich der Folgebelastungen gewährleisten und somit zu einer wesentlichen Umweltentlastung gegenüber der derzeitigen Planungspraxis führen. Die **Orientierungswerte** wurden mit der Zielsetzung aufgestellt, auch eine Verbesserung gegenüber der Ausgangssituation zu sichern. Um in der Bauleitplanung künftig Berücksichtigung zu finden, sind sie so gewählt, daß sie bezüglich der Umweltverträglichkeit von Siedlungsmaßnahmen nicht als unannehmbar hohe Forderung abgelehnt werden können. **Sie sollen richtungsweisend sein, aber nicht als absolute obere Grenze fungieren.**

In Konzept I wurden durch die Anwendung der Mindestanforderungen beim befestigten Areal und die konsequente Umsetzung der daraus resultierenden Möglichkeiten für die grünvernetzende Struktur Freiflächenanteile von 38 % in dem überwiegend ebenen und 56 % im hängigen Gelände erzielt. Demgegenüber liegen in beiden Geländelagen die für die Vegetation erarbeiteten Orientierungswerte bei 40 %, die Mindestanforderungen bei 20 % (S. 253). Damit ist der Nachweis erbracht, daß die geforderten Werte nicht zu hoch sind.

Sogar bei den Mindestanforderungen seitens der Befestigung wurden die Orientierungswerte für die Grünvernetzung in der Ebene fast erreicht bzw. am Hang übertroffen. Sofern daher auf der **Ebene des Bebauungskonzeptes die Mindestanforderungen der Versiegelung** umgesetzt werden, ist in der Folge die **Einhaltung der Orientierungswerte** für die **Grünvernetzung,** das **Vegetationsvolumen** und die **Wasserrückhaltung möglich.** Dies wurde besonders an Konzept II - mit einem mittleren Befestigungsanteil - bei den einzelnen Eckwerten durch eine wesentliche Überschreitung der vorgeschlagenen oberen Grenzen demonstriert.

Das an Bebauungskonzept II angewandte Regelwerk mit den siedlungsökologischen Eckwerten zu Boden, Vegetation und Wasser weist mehrere Regulative auf. Bezüglich des Ausgleichs führen sie aufgrund ihrer Wechselbeziehungen zu einer gegenseitigen Beeinflussung. Bei der Auswahl eines Konzeptes, das wie in dem vorliegenden Fall einen Mittelwert für die Versiegelung aufweist, können für alle weiteren Vergleichsgrößen die vorgegebenen Orientierungswerte bei konsequenter Umsetzung umweltschonender Lösungsansätze übertroffen werden. Dieser Wirkungszusammenhang wurde bei der Anwendung deutlich und tritt in noch stärkerem Maße hervor, sofern im Bebauungskonzept die Orientierungswerte zur Flächenversiegelung umgesetzt werden. Diese Wechselwirkung kommt besonders bei der Wasserrückhaltung zum Ausdruck. Dabei spielt der Anteil des Vegetationsvolumens eine wesentliche, bei der Berechnung nicht einbezogene Rolle. Die Grünmasse ist wiederum in Abhängigkeit von der Grünvernetzung zu sehen. In Hinblick auf die Anwendbarkeit in der Planungspraxis wurde bei der Vielzahl an zu berücksichtigenden, sich gegenseitig beeinflussenden Aspekten jeweils nur ein Orientierungswert vorgeschlagen anstatt mehrere untere und obere Grenzen, die den einzelnen Varianten entsprechend angemessen sind. In der Folge können die Festsetzungsinhalte, unter Berücksichtigung der Ausgangssituation und unter Abstimmung auf die Möglichkeiten zur politischen Durchsetzung, wesentlich über den richtungsweisenden oberen Abgrenzungen der Eckwerte liegen.

Wie die **Abwägung mit der quantitativen Flächeninanspruchnahme** ergeben hat, ist eine **Differenzierung der versiegelten Anteile nach der Lage des Baugebietes** im Ballungsraum (Mindestanforderungen), deren Randzonen (Mittelwert) oder im ländlichen Bereich (Orientierungswert) zweckmäßig (S. 271). Analog zu dem mit zunehmender Distanz vom Zentrum von Verdichtungsräumen abnehmendem Versiegelungsgrad ist auch die höhere Ausnutzung durch Gebäudeteile unter der Geländeoberfläche zu begrenzen. Nach Möglichkeit ist diese nur in Ballungsräumen überhaupt in Erwägung zu ziehen. Der gegenüber dem Maßnahmenkatalog **mit zunehmender Geländeneigung größere Baulandbedarf** ist aufgrund des damit erzielten höheren Gesamtausgleiches zu tolerieren. Zur Sicherung der angestrebten umweltschonenden Siedlungsweise sind die diesbezüglichen Festsetzungsmöglichkeiten und auch die möglichen Umsetzungsdefizite zu erörtern.

2.6 Festsetzungsmöglichkeiten und Probleme sowie Umsetzungsdefizite

Bei der Umsetzung können die Festsetzungen zu den einzelnen Vergleichsgrößen boden-, vegetations- und wasserbezogen abgehandelt werden unter Zusammenfassung der Flächen mit jeweils gleichen Inhalten. In Anlehnung an die Forschungsarbeit zu ökologischen Planungskonzepten /24/ erleichtert dies eine themenbezogene Begründung der geforderten Maßnahmen nach der räumlichen Wirkung. Es ist aber auch ein Zusammenschluß jeweils der Flächen, die bei allen Festsetzungen zu Boden, Vegetation und Wasser eine Übereinstimmung aufweisen, denkbar. So können die auf den Parzellen einzuhaltenden Eckwerte übersichtlicher gestaltet werden. Im Sinne der Wirkungsanalyse ist in einem solchen Fall eine Begründung des angestrebten Gesamtausgleichs anhand der Wirkungszusammenhänge sinnvoll.

Die **Festsetzungsmöglichkeiten im Rahmen des BauGB,** die von den Kommunen bereits vereinzelt für die Umsetzung umweltbezogener Aspekte herangezogen werden, sind hierbei zu nutzen. In Düsseldorf werden nach § 9 Abs. 20 BauGB Regelungen für Oberflächenbeläge,

Vegetation und Versickerung festgesetzt /57, S. 588-589/. Auf diese Weise können alle erforderlichen Inhalte, einschließlich jener der hangspezifischen Vergleichsgrößen, gesetzlich abgesichert werden. Dies ist möglich, da alle Maßnahmen dem Schutz, der Pflege oder Entwicklung von Natur und Landschaft dienen und auch die dafür erforderlichen Flächen festgesetzt werden können. Pflanzfestsetzungen können darüber hinaus nach § 9 Abs. 25 a getroffen werden. Durch eine kombinierte Festsetzung mit § 9 Abs. 25 b kann auch die Artenzusammensetzung der Flora sowie ihre Erhaltung abgesichert werden. Dabei ist es auch möglich, Gewässer einzubeziehen. So kann ebenso der Vegetationsbestand geschützt werden. In Düsseldorf werden mit Hilfe von § 9 Abs. 25 a sehr weitgehende Festsetzungen getroffen /57, S. 589-590/, so daß eine Absicherung der GVZ auf diese Weise naheliegend ist. Es sind aber auch die **Möglichkeiten im Rahmen der Landesbauordnungen** heranzuziehen. So kann nach § 81 Abs. 4 BauO NW die Vorgartengestaltung festgesetzt werden. Die Satzungsmöglichkeiten auf kommunaler Ebene sind ebenso auszuschöpfen.

Die Zielsetzung, Mindestanforderungen aufzustellen, die eine tatsächliche Begrenzung der Beeinträchtigungen zur Folge haben, wurde anhand des Anwendungsbeispiels aufgezeigt. Dazu sind auch die **gesetzlichen Vorgaben zur Begrenzung von Versiegelungsmaßnahmen** aufgrund der davon ausgehenden Wirkungen auf alle beeinflußbaren Faktoren in vollem Umfang heranzuziehen. Zur Freihaltung großer öffentlicher oder auf Gemeinschaftsflächen befindlicher Ausgleichsbereiche sind Höchstmaße für die Grundstücksgröße festzusetzen (§ 9, Abs. 1, Pkt. 3 BauGB), und die Werte zur GRZ sind dazu nach Erfordernis unter die in § 17, Abs. 1 BauNVO vorgegebenen Obergrenzen abzusenken. So ist bereits eine GRZ von 0,35 bei Grundstücken bis max. 200 m² notwendig, um die Baukörper auf eine im Rahmen der angestrebten flächensparenden Bauweise noch vertretbare Größe von 70 m² zu begrenzen. Dies ist beispielsweise im Falle der vertikal angeordneten Parzellen in den stärker geneigten Hangzonen bei Konzept II erforderlich (S. 276), bei denen Mindestachsmaße der Baukörper von 6 m für die Topographieanpassung notwendig sind. Für Eckparzellen sind etwas größere Dimensionierungen notwendig und entsprechend angepaßte Werte für die GRZ vorzusehen.

Auch bei der Novelle zur BauNVO sind **Einschränkungen des befestigten Areals im privaten Freibereich** nicht erfaßt, abgesehen von den Anteilen für Garagen, Stellplätze und Zufahrten (§ 19, Abs. 4, Pkt. 1 BauNVO). Indem alle Bereiche an den Orientierungswerten zu den nutzungsbezogenen Bodenkennwerten ausgerichtet werden, können auch diese Flächen begrenzt werden. Mit zunehmender Heranziehung der diesbezüglichen Mindestanforderungen nehmen die Möglichkeiten zu, diese Versiegelungsbegrenzungen zu unterlaufen. In einem solchen Fall ist, durch Umsetzung eines umweltschonenderen Belages als in der BFZ-Berechnung zugrunde gelegt wurde, gegenüber dem Bebauungsplan eine weitere Ausdehnung der befestigten Zonen möglich. Daher sind in diesen Fällen die Wege und Terrassen durch **Vorgabe maximaler prozentualer Anteile an der nicht überbaubaren Grundstücksfläche** zusätzlich zu begrenzen /vgl. 57, S. 589/. In gleicher Weise können auch Anteile für die extensive Nutzung festgesetzt werden. Diese Vorgangsweise setzt aber eine tatsächliche Begrenzung der Gebäudezonen durch die GRZ voraus, da sich diese Festsetzungen nur auf die nicht überbaubaren Grundstücksanteile beziehen können.

Auch bei einer bebauungsplanrechtlichen Verwirklichung der aufgezeigten Möglichkeiten zur Umsetzung der Eckwerte bleibt die sich in kleinen Schritten vollziehende **Nachversiegelung** ein schwer steuerbares Problem der Praxis /vgl. 57, S. 591/. Dabei kann nur ein gewisses Gegengewicht gebildet werden durch kleine Grundstücke bei gleichzeitiger Festsetzung großer öffentlicher oder auf Gemeinschaftsflächen befindlicher Ausgleichsbereiche. Dies ist ebenso die Voraussetzung, um die Defizite einzuschränken, die im Rahmen der Objektplanung sowohl bei der Eingriffsbegrenzung als auch bei dem angestrebten Ausgleich auftreten. Sie sind durch eine weitgehende Ausrichtung an den einzelnen Orientierungswerten auf ein vertretbares Ausmaß zu begrenzen. Um vorliegende Umweltbeeinträchtigungen zu reduzieren, können außerdem jene Möglichkeiten herangezogen werden, die im Zuge von Wohnumfeldverbesserungsmaßnahmen erläutert werden.

B Maßnahmen im Rahmen von Wohnumfeldverbesserungen

Durch die Umsetzung der Eckwerte bei Neubaumaßnahmen wird das Vorsorgeprinzip angewandt, um eine spätere Sanierung zu vermeiden. Einzelne Aspekte, wie eine teilweise Entsiegelung oder auch die stärkere Durchgrünung, werden als Nebeneffekte bei Wohnumfeldverbesserungen bereits berücksichtigt. Die Umgestaltung des Straßenraumes, die meist im Zuge einer Verkehrsberuhigung aber auch einer gezielten Erweiterung des öffentlichen Grünflächenangebotes durchgeführt wird, führt ebenso zu diesbezüglichen Verbesserungen. Die gezielte umweltpolitisch begründete Entlastung in den Ballungsgebieten wird aber in Zukunft zu umfangreicheren Wohnumfeldverbesserungen führen, auch um der Abwanderungstendenz aus diesen Bereichen entgegen zu wirken. So werden die mit den siedlungsökologischen Vergleichsgrößen erfaßten Aspekte in der Stadtplanung in Zukunft zunehmend an Bedeutung gewinnen. Die Erfassung des Entsiegelungspotentials bei unterschiedlichen Siedlungstypen mit eingehender Analyse der siedlungsökologischen Folgebelastungen der Bodenversiegelung macht die zunehmende Problemerkennung deutlich /23/. Dies geht ebenso aus einem weitergehenden Forschungsansatz hervor, bei dem an einem Berliner Baublock das unverbaute Areal als Gemeinschaftsgrünfläche unter Einbeziehung aller wasserbezogenen Aspekte einschließlich der Grauwasserklärung umgestaltet worden ist /47/. Eine Begrenzung der Befestigung, größere extensiv genutzte Vegetationsflächen und eine Steigerung des Grünvolumens wurden erzielt. Außerdem sind innerhalb des Gebäudes Vorrichtungen zur Wasserrückhaltung und Brauchwassernutzung integriert worden. Um den Verbrauch zu senken, wurden auch die sanitären Einrichtungen dementsprechend umgebaut.

Der Ansatz für umfassende Maßnahmen sollte in den klimatisch am stärksten belasteten innerstädtischen Bereichen mit den meist vorherrschenden Blockbebauungen liegen, die einen Gesamtversieglungsgrad über 85 % aufweisen. Dies sollte auch aufgrund des dort vorliegenden größten Entsiegelungspotentials erfolgen /23, S. 12-15/. Der Straßenraum ist in Abhängigkeit vom Straßentyp mit 90 % bis fast 100 % generell hoch versiegelt und weist das größte Potential für Entsiegelungen (ca. 20 % bis 35 %), aber auch für Belagsänderungen von ca. 8 % bis 14 % bei Stichstraßen auf /23, S. 16/. Neben der staatlich geförderten städtebaulichen Sanierung und den Wohnumfeldverbesserungen der jeweiligen Landesförderungen, die eher im innerstädtischen Bereich Anwendung finden, nehmen auch über die Informationsvermittlung von möglichen Wohnumfeldverbesserungen hinausgehende kommunale Zuschußprogramme für Begrünungsmaßnahmen zu /23, S. 21/. Daher ist eine vermehrte Durchführung auch in den weniger dicht besiedelten städtischen Randzonen denkbar.

Der Umfang von Wohnumfeldverbesserungen ist auf die Stärke der Belastungen und in besonderem Maße auf die für Ausgleichsmaßnahmen zur Verfügung stehenden unversiegelten Flächen mit gemeinschaftlichem oder öffentlichem Charakter abzustimmen. Das jeweils vorliegende Entsiegelungspotential ist dabei ebenso zu berücksichtigen. Darüberhinaus können aber auch bei entsprechender Bereitschaft der Grundstückseigentümer private Anteile oder auch Rückhaltemaßnahmen im Gebäudebereich einbezogen werden. Die **Orientierungshilfen** zu Reihenhausbebauungen, insbesondere **zu den siedlungsökologischen Eckwerten, können prinzipiell für solche Maßnahmen herangezogen werden.** Die bodenbezogenen Vorgaben sind aber auf den siedlungstypenspezifischen Versiegelungsgrad und das jeweilige Entsiegelungspotential abzustimmen. Dazu kann auf die bereits angeführte Forschungsarbeit mit diesbezüglich differenzierten Ergebnissen zurückgegriffen werden /23, S. 14-16/. Die Möglichkeiten bei der Grünvernetzung, dem Grünvolumen und der Rückhaltung des Oberflächenabflusses sind in weiteren Arbeiten näher zu untersuchen, und der Umfang, in dem die siedlungsökologischen Vergleichsgrößen jeweils berücksichtigt werden können, ist dabei zu klären. Die Anwendung dieser Eckwerte wird in der Folge somit nur grundsätzlich erläutert. Der **Anteil der versiegelten Flächen** kann nur um das jeweils zu ermittelnde Entsiegelungspotential reduziert werden. Für die Erfassung der Belagsänderungsmöglichkeiten sind die nutzungsbezogenen Anforderungen zu den Bodenkennwerten heranzuziehen.

Die Abgrenzungen des Handlungsspielraumes zu den diesbezüglichen Eckwerten können dabei in vollem Umfang zur Anwendung kommen.

Die **Grünvernetzung** ist auf den maximal möglichen Anteil der zusammenhängenden öffentlichen Vegetationsflächen begrenzt. Eine Grundvernetzung ist aber auf jeden Fall für die Effektivität der Gesamtmaßnahmen zu gewährleisten. Sie sollte mindestens 10 % des Bruttobaugebietes betreffen (vgl. S. 245), entsprechend den in der fachlichen Diskussion befindlichen Anforderungen. Soweit wie möglich sind dabei auch private Flächen heranzuziehen. Eine Berücksichtigung der ursprünglichen Blattmasse ist aufgrund des dafür erforderlichen, kaum zu beschaffenden Kartenmaterials als unrealistisch einzustufen. Bei der Volumenberechnung kann außerdem der vorliegende Vegetationsbestand in vollem Umfang angerechnet werden. Somit ist ein Ausgleich der Baumasse von 1 : 1 mit verstärktem Einsatz von großkronigen Gehölzen praktikabel. Wohnumfeldverbesserungen werden in stark belasteten Gebieten durchgeführt, so daß auch ohne private Anteile für die Grünvernetzung Gehölze auf Privatparzellen zu pflanzen sind, um diesen Mindestausgleich von 1 : 1 zu ermöglichen. Diese Maßnahme führt zu keiner Einschränkung der intensiven Nutzung und ist im Hinblick auf die Verbesserung der Wohnqualität für den Einzelnen vertretbar. Sofern die öffentlichen Bereiche diese Gehölzanpflanzung ermöglichen, ist ein weitergehender Ausgleich vorzunehmen, der auf den Orientierungswert von 1 : 1,5 auszurichten ist.

Die **Wasserrückhaltung** ist stärker nach dem Umfang des dafür zur Verfügung stehenden Terrains zu differenzieren. Bei einer starken Flächenbegrenzung ist sie von den Erschließungsbereichen zumindest in einem den Mindestanforderungen entsprechendem Ausmaß zu gewährleisten. Die Rückhaltung von allen befestigten Flächen ist aber auch unter diesen Umständen möglich, beispielsweise durch die Heranziehung eines Rückhaltekanals. Dies wurde in einem Wohngebiet in Xanten/Niederrhein mit einem Durchmesser von ca. 2,5 m unter einer Wohnstraße mit einer anschließend dosierten Abgabe an Untergrundverrieselungsanlagen umgesetzt. Diese Möglichkeit ist grundsätzlich auch bei Neubebauungen gegeben. Eine solche Maßnahme wird durch die Einbeziehung der Gebäude bei der Speicherung der Dachabflüsse wesentlich erleichtert. Dabei ist dieses Wasser zumindest für Grünanlagen zu verwenden. Dies ist ebenfalls unter dem Gesichtspunkt der Einbeziehung des Privatgrundstükkes, wie es auch bei der Gehölzanpflanzung erfolgt, zu betrachten. Inwieweit die Versickerung generell zum Einsatz kommt, ist von der Schadstoffbelastung des Niederschlages und den Untergrundverhältnissen abhängig. Bei stark belastetem Straßenabfluß ist dieser verzögert in den Kanal abzuführen, und stattdessen ist eine stärkere Rückhaltung von den Dachflächen zu sichern. Die Randbereiche des Rasens sind, besonders bei hohen privaten und geringen öffentlichen Anteilen an der Vegetationsfläche, für die Wasserrückhaltung heranzuziehen. Dies gilt auch, sofern die Grünvernetzung im Privatbereich reduziert ist.

In hängigem Gelände sind an Erschließungsbereiche angrenzende **Geländeeinschnitte mit Stützwänden** zumindest mit einem höheren Vegetationsanteil, der die Rückhaltung von Sickerwasser verstärkt, zu versehen. Es ist aber nach Möglichkeit das Gelände stärker abzuböschen und die Hangsicherung in Lebendbauweise vorzunehmen. Die gleiche Vorgangsweise ist soweit wie möglich in den restlichen Vegetationsflächen anzuwenden, speziell um durchgehende Unterbrechungen der Sickerwasserwege zu vermeiden. Sofern die Brauchwassernutzung zur Anwendung kommt, ist das in der Dränung aufgefangene Volumen an Sickerwasser dafür heranzuziehen und in der Folge soweit wie möglich Versickerungsanlagen zuzuführen. Es sollte entsprechend den diesbezüglichen Mindestanforderungen aber maximal die halbe Anfallsmenge in die Trennkanalisation eingeleitet werden.

Neben der höheren Wohnqualität für die Bewohner amortisieren sich nach einem längeren Zeitraum die höheren Investitionskosten, die durch staatliche Zuschüsse abgedeckt werden, aufgrund der reduzierten Folgekosten, die ebenfalls weitgehend von der Allgemeinheit getragen werden. Die Einbeziehung der Kostenseite von umweltschonenden Siedlungsweisen wird im Rahmen der Endbewertung näher erörtert.

C Endbewertung

Neben der ökologischen Belastung, die aufgrund der sich abzeichnenden Gesamtauswirkungen auf den Naturhaushalt eine umweltschonende Siedlungsweise erfordert, ist auch die **Kostenseite** und somit der **volkswirtschaftliche Aspekt** einzubeziehen.

Die zunehmende EDV-Anwendung und der Einsatz von CAD-Systemen sollten dazu dienen die daraus resultierenden Möglichkeiten durch einen geringeren Aufwand für Abänderungen und individuellere Planungsvarianten, speziell zur Topographieanpassung, zu nutzen. Auf der Kostenseite können die eventuell in stärkem Maße zur Anwendung kommenden Geschoßversprünge meist durch einen geringen Aufwand bei den Erdbewegungen und Hangsicherungsbauwerken weitgehend ausgeglichen werden. Die Errichtung des Gebäudes oder einzelner Teile auf Stützen kann dagegen sogar zu Einsparungen führen. Gleiches gilt für aufgestützte Wegeflächen und Treppen sowie Terrassen, die dadurch ebenfalls meist weder Erdbewegungen noch Stützwände erfordern. Im Detail ist der Kostenvergleich für das Baumaterial zu klären, das bei der umweltschonenderen Variante aber voraussichtlich preisgleich oder zumindest nicht erheblich teurer ist. Ein reduziertes Befestigungsausmaß senkt ebenso wie eine verstärkte Aufnahme der Topographie im Außengeländе die Kosten.

Aber auch im Falle eines Baukostengleichstandes bei den bisherigen Aspekten schneidet die propagierte Bauweise infolge eines geringeren Versiegelungsgrades und der Wahl wasserdurchlässiger Beläge durch die Einsparungen auf seiten der Rückhaltekapazitäten günstiger ab. Der größere **finanzielle Aufwand für den Einzelnen** zur Durchführung der Rückhaltung führt zu geringerem Trinkwasserverbrauch und macht sich über einen längeren Zeitraum, speziell bei einem getrennten Brauchwassersystem, immer mehr bezahlt. Durch Beläge mit hohem BKW wird der Oberflächenabfluß zudem gesenkt. Die Problematik bei der Entsorgung des Niederschlages wird längerfristig auch eine Umstellung bei der Berechnung der Anschlußflächen nach sich ziehen und auch hier für den Einzelnen zu einer spürbaren finanziellen Entlastung führen.

Es sind aber nicht nur die direkten Baukosten zu berücksichtigen, sondern nach dem **Verursacherprinzip** ist zumindest ein **Teil der Kosten, die von der Allgemeinheit zu tragen sind, einzubeziehen.** Durch die Rückhaltung können die für den Bau von Rückstaubecken und Entlastungskanälen anfallenden enormen Summen erheblich reduziert werden /vgl. 103, S. 547/. Für die Trinkwasserversorgung werden andererseits immer kompliziertere und aufwendigere Verfahren notwendig, um dieses zur Verfügung zu stellen. Bereits diese beiden Problemkomplexe machen die erläuterte flächensparende und gleichzeitig umweltschonende Siedlungsweise volkswirtschaftlich erforderlich. Der Nutzen weiterer Ausgleichsleistungen untermauert dies zusätzlich. Der Beitrag zur Reinigung der Oberflächengewässer, der verstärkte Schutz für das Grundwasser sowie dessen vermehrte Neubildung durch die Versickerung stellen nur einige Teilaspekte dar. Alleine auf seiten der Biotop- und Artenerhaltung, die durch die Vernetzung im besiedelten Bereich wesentlich unterstützt wird, werden die jährlichen Kosten für die BRD auf eine Milliarde DM geschätzt /120, S. 107/. Durch die geforderte Ergänzung der Vorgaben, z.B. zur Brauchwasserklärung oder zur Heranziehung alternativer Energiegewinnungssysteme sowie schadstoffarmer Heizungen, können diese Kostenentlastungen für die Allgemeinheit noch weiter verstärkt werden. Dadurch kommt die umweltschonende Konzeption in noch umfassenderer Weise zur Anwendung.

Dieser **angestrebte Gesamtausgleich ist an größere Kompensationsflächen gebunden,** die aber den Bruttobaulandbedarf gegenüber einer nur an flächensparenden Aspekten orientierten Bauweise erhöhen. In den Gebieten mit dem erwarteten Siedlungsdruck, den Randbereichen von Verdichtungsräumen und speziell den ländlich geprägten Regionen kommt es aber im Zuge der vorherrschenden offenen Bauweise nach wie vor zu großen Grundstücksparzellierungen. Gegenüber dieser muß die umweltschonende Reihenhausbebauung konkurrenzfähig sein, die zudem einen geringeren Flächenverbrauch ermöglicht, der zum Zentrum von

Verdichtungsräumen hin weiter abnimmt. Die Grundstücksgrößen werden zwar reduziert, lagen aber 1984 bei Einfamilienhäusern im Bundesdurchschnitt bei 565 m² /21, S. 29/. Diese Differenz zu den vorgeschlagenen stark begrenzten Parzellen von ca. 150 m² in überwiegend ebenem und beispielsweise 200 m² in hängigem 10° geneigtem Gelände (S. 276) ist für die großen gemeinschaftlichen Regenerationsflächen heranzuziehen. Die Finanzierung dieser dem Ausgleich dienenden Bereiche führt aufgrund der gegenüber Ballungszentren wesentlich geringeren Bodenpreise zu vertretbaren Kostenbelastunen für den einzelnen Bauherrn. Die Differenzierung der Vorgaben für den Versiegelungsgrad, der im BP-Konzept nach der Lage des Baugebietes vom ländlichen Raum zum Ballungszentrum hin von 20 % auf 30 % ansteigen kann, und dem damit zusammenhängenden geringeren Baulandbedarf wird außerdem den zum Verdichtungsraum hin steigenden Bodenpreisen gerecht. Eine gezielte Bodenvorratspolitik der Kommunen kann zusätzlich Bodenspekulationen entgegenwirken.

Bei der Umsetzung kleiner Parzellen zur Freihaltung großer öffentlicher Bereiche zur Begrenzung der Umsetzungsdefizite sind Probleme in der Planungspraxis zu erwarten, die auch vor dem Hintergrund der dadurch gewährleisteten hohen Wohnqualität für den einzelnen Bauherrn zu sehen sind. Diese ist trotz der verdichteten Reihenhausbebauung mit den Vorzügen einer offenen Bauweise, die sehr weitläufige Grundstücke aufweist, vergleichbar. Neben dem klimatischen Ausgleich kommt dies besonders in der erhöhten landschaftlichen Vielfalt zum Ausdruck. Dadurch sind nicht nur die Störungen für das Landschaftsbild verringert, sondern es kann auch gegenüber der Ausgangssitution zu einer landschaftlichen Bereicherung kommen. Dies bewirkt für die Anwohner angrenzender Bereiche eine höhere Wohnqualität, die auch finanziell zum Ausdruck gebracht werden kann. Bei der angestrebten Größe der grünvernetzten Bereiche, die im Falle von Konzept II bei einer Umsetzung der diesbezüglichen Orientierungswerte ca. 2,1 ha ausmacht, sind auch klimatische Verbesserungen in den angrenzenden Bereichen zu erwarten, so daß Wohnumfeldverbesserungen nicht oder nur in geringerem Umfang erforderlich werden.

Das Problem der **Finanzierung der Ausgleichsflächen** ist auch im Zusammenhang mit der derzeit laufenden Diskussion einer Naturschutzabgabe zur Umsetzung des Verursacherprinzips bei der Bodenversiegelung zu erörtern. Eine Betrachtung nur unter dem quantitativen Aspekt und der absoluten Begrenzung des Baulandbedarfs auf das mögliche Mindestmaß ist, wie in der Arbeit dargelegt, nicht nur ökologisch, sondern auch aufgrund der Folgekosten für die Allgemeinheit nicht mehr vertretbar. Diesbezügliche Abgaben sollten dementsprechend zur Einschränkung der Dimensionierung von Einzelparzellen sowie dem Versiegelungsgrad und zur Finanzierung des Gesamtausgleiches mit den dafür erforderlichen Flächen dienen. Abschließend ist auch die aufkommende Diskussion im Zusammenhang mit den in der Landwirtschaft freiwerdenden Flächen und der offenen Fragestellung nach deren anschließender Nutzung zur weiteren Untermauerung der Grundzüge dieser Arbeit, die Freihaltung größerer Ausgleichsflächen betreffend, zu erwähnen.

Bei der künftigen Siedlungsentwicklung, die durch ein ausgewogenes Verhältnis zwischen der erörterten Außen- und Innenentwicklung gekennzeichnet sein sollte, sind besonders innerhalb der bebauten Bereiche nicht nur aus ökologischer, sondern auch ökonomischer Sicht weitere Folgebelastungen zu untersagen. Daher ist hier von der Satzungsermächtigung nach § 34 Abs. 4 BauGB zur Umsetzung von Festsetzungen, siedlungsökologische Eckwerte betreffend, Gebrauch zu machen /vgl. 57, S. 592/. In Zukunft müssen **Festsetzungen** zu den einzelnen **Eckwerten** außerdem **zwingende Bestandteile von Bebauungsplänen** sein. So sind wenigstens die vorgeschlagenen Mindestanforderungen, die für andere Siedlungsformen nach Erfordernis abzuändern sind, grundsätzlich umzusetzen. In diesem Sinne sind die bestehenden gesetzlichen Rahmenbedingungen zu ergänzen, damit es nicht dem Zufall überlassen bleibt, ob und in welchem Umfang diese Vorschläge zur Anwendung kommen. Der Zeitraum bis zur nächsten Novellierung der BauNVO ist daher zur Verringerung des Forschungsbedarfes zu verwenden. Dabei ist ein wesentlicher Beitrag aus der Anwendung der Orientierungshilfen in der Planungspraxis zu erwarten, die nachfolgend angesprochen wird.

D Ausblick

Bei den Ausarbeitungen zu diesem umfassenden siedlungsökologischen Regelwerk stand die **Anwendung in der Planungspraxis im Vordergrund.** Diese wird anhand der zunehmenden Verwendung von **EDV** beispielsweise durch den Einsatz von **Informationssystemen,** die es ermöglichen, eine Datenbank mit einem graphischen Softwarepakt zu kombinieren, erleichtert /36; 104/. Dadurch kann direkt auf geographische aber auch flächenbezogene Daten zugegriffen werden. Für den sehr zeitaufwendigen Aufbau solcher Datenbanken, die in zunehmendem Maße für die Landschaftsplanung relevante Informationen z.B. Biotopkataster beinhalten, sind wesentliche Impulse durch die Weiterentwicklung der Satellitenbildauswertung, speziell auf seiten der Datenerhebung, zu erwarten. In absehbarer Zeit wird ebenso der Grad der Bodenversiegelung für den städtischen Bereich in stärkerem Maße verfügbar sein aufgrund seiner zunehmenden Bedeutung für die Ermittlung von Vorranggebieten für Wohnumfeldverbesserungsmaßnahmen sowie ihrer Umsetzung. Diese Grundlagen sind auch über die Reihenhausbebauung hinausgehend zur Erweiterung der Vorgaben für andere Siedlungsformen heranzuziehen.

Neben der Einbeziehung von Grundlagedaten ist ihre Weiterverarbeitung und Verwendung im Rahmen von Bebauungskonzepten mit Hilfe der graphischen Softwarepakete möglich. Die **flächenbezogenen Auswertungsmöglichkeiten** bieten außerdem die Grundlage für den Vergleich unterschiedlicher Lösungen zur **Abwägung** zwischen der **quantitativen** und der **qualitativen Flächeninanspruchnahme.** Auf diese Weise wird die Auswahl jener Variante, die die Grundlage für den Bebauungsplan darstellt, wesentlich erleichtert, und es liegen nachvollziehbare Entscheidungsgrundlagen für die politische Meinungsbildung vor. In der Folge können die Eckwerte, wie im Rahmen der Folgerungen erläutert, in einem Grünordnungsplan umgesetzt werden. Ein wesentlicher Faktor bei der Ausfüllung des durch die vorgeschlagenen Mindestanforderungen und Orientierungswerte jeweils gegebenen Handlungsspielraumes ist die **Bereitschaft der politischen Entscheidungsträger,** die Umsetzung dieser Vorgaben in der Planungspraxis zu ermöglichen.

Die **Orientierungshilfen** gewährleisten ebenso durch die Erläuterung der getroffenen Festsetzungen die Umsetzung in der Objektplanung. Dabei können außerdem Lösungsmöglichkeiten - speziell zur **Aufnahme der Topographie** bei der Erschließung, im Gebäude und in der Folge im Außengelände - entnommen werden. Die umfassende Darstellung sichert die erforderliche Auseinandersetzung mit der gesamten Problemstellung. Bei entsprechender Berücksichtigung der gesamten Aspekte im Bebauungsplan, besonders der hangspezifischen Gesichtspunkte, bieten die Gestaltungshinweise die Grundlage für eine umweltschonende Bauweise.

Diese Anwendung kann mittlerweile auch im Sinne der vorgenommenen Untersuchung mit Hilfe **weiterentwickelter Informationssysteme** durch die **dreidimensionale Darstellung** einer **Überlagerung der geplanten mit der ursprünglichen Geländesituation** unterstützt und veranschaulicht werden /34; 36; 59/. Dabei können verschiedene Planungsvarianten mit der Ausgangssituation verglichen werden. So können beipielsweise die Baukörper verschoben und unterschiedlich angeordnet werden. Ebenso ist eine quantitative Auswertung der Geländeveränderungen dabei grundsätzlich möglich. Der derzeit noch auf Großgeräte beschränkte Einsatz ist aber in absehbarer Zeit aufgrund der rasanten Entwicklung auf diesem Sektor mit einem vertretbaren Kostenaufwand für die breitere Anwendung zu erwarten.

Das komplexe Wirkungsgefüge der durch Siedlungsmaßnahmen betroffenen Umweltfaktoren erfordert eine umfassende, umweltbezogene Planung. Diese kann mit Hilfe der geforderten Eckwerte festgesetzt, durch Heranziehung der Orientierungshilfen in der Objektplanung umgesetzt und mit Hilfe der durch die EDV-Anwendung gegebenen Möglichkeiten mit einem vertretbaren Planungsaufwand realisiert werden.

V. Zusammenfassung

Zur Umsetzung des gesetzlichen Auftrages ist entsprechend § 1 Abs. 5 BauGB das **Vorsorgeprinzip** bei Bebauungsplänen anzuwenden. Dies erfordert eine **umweltschonende Siedlungsweise**, die flächensparend ist und gleichzeitig den erforderlichen Gesamtausgleich von Eingriffen sichert. Dazu sind **siedlungsökologische Eckwerte** für die durch Wohnbaumaßnahmen verursachten Veränderungen auf seiten von Boden, Vegetation und Wasser, die mit Hilfe von sieben Vergleichsgrößen erfaßt werden, ausgearbeitet. Es werden dabei alle Fragestellungen des Problemkomplexes "Bodenversiegelung", einschließlich den mit der zunehmenden Geländeneigung höheren Anforderungen an die **Berücksichtigung der Topographie,** einbezogen. Die erforderliche Geländeanpassung ist durch systematisch aufbereitete Gestaltungshinweise für die Erschließung, das Gebäude und das Außengelände, von überwiegend ebenem Gelände ausgehend für alle Neigungswinkel erläutert und anhand von Fotos dargelegt. Die Untersuchungen, die umfangreiche Fotodokumentationen sowie Plandarstellungen zur Veranschaulichung der Gebiete beinhalten, dienen ebenso der Demonstration und der Aufklärungsarbeit der mit Siedlungsmaßnahmen zusammenhängenden Problemstellungen. Ein Schwerpunkt lag auf dem bisher kaum beachteten hängigen Gelände. Auf der Grundlage des dazu analysierten **Wirkungsgefüges** zwischen den einzelnen zu berücksichtigen Aspekten wurden für die verbindliche Bauleitplanung, aber auch für die Objektplanung von Neubebauungen **Orientierungshilfen aufgestellt.** Diese richtungsweisenden Hilfen können größtenteils auch im Rahmen von Wohnumfeldverbesserungsmaßnahmen angewendet werden.

Die **Abwägung** zwischen einer **Begrenzung des Flächenverbrauchs** und dem **Gesamtausgleich** - bei einer mit zunehmender Distanz vom Verdichtungsraum steigenden Ausgleichsleistung - ist **nach der Lage des Baugebietes** im Ballungsraum, dessen Randzone oder im ländlichen Bereich **differenziert** worden. Diese Abwägung wurde an Reihenhausbebauungen in den Randlagen von Verdichtungsräumen aufgezeigt. Der in diesen und besonders in ländlichen Bereichen vertretbare größere Bruttobaulandbedarf pro Einwohner soll zu einer zunehmenden Verbesserung der Umweltbedingungen gegenüber der Ausgangssituation führen. Dies soll aber grundsätzlich bei einer Bebauung von intensiv landwirtschaftlich genutzen Flächen, die größtenteils dafür herangezogen werden, erreicht werden.

Die in der fachlichen Diskussion befindlichen **Verfahrensansätze** zum Bodenkennwert (BKW), der Bodenfunktionszahl (BFZ), der Grünvolumenzahl (GVZ) sowie dem biotischen Potential und dem Abflußbeiwert wurden zum Teil erheblich **weiterentwickelt**, ergänzt und in eine **umfassende Untersuchungsmethode** einbezogen. Diese ermöglicht, durch den Vergleich zwischen der Ausgangssituation und der Planung die Veränderungen zu erfassen. Gleichzeitig können auch verschiedene Bebauungsvarianten bezüglich der verursachten Veränderungen und dem zu schaffenden Ausgleich sowie dem Flächenbedarf miteinander verglichen werden. Die vorgeschlagenen unteren und oberen Abgrenzungen des Handlungsspielraumes zu den siedlungsökologischen Eckwerten der einzelnen Vergleichsgrößen dienen dieser Abwägung und ermöglichen die Gesamteinschätzung sowie die Auswahl des dem **Bebauungsplan zugrunde zu legenden Konzeptes.** Im Falle von **Reihenhausbebauungen** darf dabei der **Versiegelungsanteil 30 % des Baugebietes in überwiegend ebenem Gelände** sowie Gebäude unter den Vegetationsflächen bis zu max. weiterer 5 % nicht überschreiten. Mit **zunehmender Geländeneigung** ist das Befestigungsausmaß um die Hälfte der Gradzahl des Neigungswinkels zu **reduzieren,** und von Tiefgaragen etc. ist Abstand zu nehmen. Dadurch wird der höheren Sensibilität gegenüber Umweltbelastungen besonders auf seiten des Wassers Rechnung getragen. Außerdem ist grundsätzlich ein **Mindestanteil von 20 % der Freiflächen** für die **Grünvernetzung** vorzusehen. Dabei müssen größere Ausgleichsbereiche auf mindestens der Hälfte dieser Grünstruktur liegen, so daß die Grundlagen für die weitere Kompensation auf seiten der Vegetation sowie des Wassers gewährleistet sind. Durch extensiv genutzte Vegetationszonen in der Fallinie, die mit zunehmendem Gefälle breiter auszubilden sind, ist ein Teil der **Voraussetzungen für die Geländeaufnahme** gegeben.

Für die **Topographieanpassung** sind durchgehende Unterbrechungen mit Stützwänden über das gesamte Baugebiet zu unterlassen. Außerdem sind die Mindestdistanzen der Gebäude zur Grundstücksgrenze einzuhalten. In ebener Lage betragen diese Entfernungen bei mit Breithäusern errichteten einfachen Reihen 5 m bzw. 6 m bei Doppelzeilen. Für Langhäuser sind in beiden Fällen mindestens 7,5 m festzulegen. Diese Abstände nehmen mit steigendem Gefälle bei horizontaler und vertikaler Anordnung in unterschiedlichem Maße, entsprechend den höheren gestalterischen Anforderungen für die Aufnahme der Topographie, zu. Außerdem sind die erforderlichen Achsmaße der Baukörper bei Reihen in der Fallinie zu beachten. In Abhängigkeit von der Steigung weichen diese vom Mindestachsmaß von 5 m ab, nehmen auf 6 m zu und schwanken bei stärkerem Abfall je nach vorliegendem Neigungsspektrum zwischen 7,5 m und 8,5 m. Diese Mindestanforderungen und jene, die in weiterer Folge angeführt sind, sichern einen weitgehenden Ausgleich und führen somit zu einer Verbesserung gegenüber der vorherrschenden Planungspraxis. Es ist aber eine Ausrichtung an den wesentlich höher angesetzten Orientierungswerten zweckmäßig, die für einen effektiveren Gesamtausgleich richtungsweisend und nicht als absolute obere Grenzen zu verstehen sind. Sie sind nach Möglichkeit noch zu übertreffen. Grundsätzlich sind größere Distanzen zwischen den Zeilen anzustreben, die ein in allen Teilbereichen vernetztes Bebauungskonzept sichern.

Diese Anforderungen zum Bebauungskonzept sind durch entsprechende **Festsetzungen im Grünordnungsplan zum Bebauungsplan** abzusichern. Dabei ist in der Objektplanung die Befestigung auf das unumgänglich notwendige Ausmaß, das an den dem BP-Konzept zugrunde liegenden Größenordnungen auszurichten ist, zu beschränken. Dadurch soll die vorgegebene **maximale Gesamtversiegelung von 50 % wesentlich unterschritten werden**. Zur Erzielung flächensparender Bauweisen sind kleine Parzellen mit entsprechend angepaßter GRZ und Mindestabmessungen für die privaten Erschließungsflächen bei gleichzeitiger Freihaltung größerer öffentlicher Ausgleichsbereiche erforderlich. Für die Sicherung umweltschonender Oberflächenbeläge sind zusätzlich die Festsetzungen zur BFZ heranzuziehen, die zur Verringerung von Umsetzungsdefiziten in noch stärkerem Maße an den Orientierungswerten auszurichten sind. Bei diesen Werten wird auch die Aufstützung von Erschließungs- und Gebäudeflächen vorgesehen. Die **Baumasse ist mindestens durch das gleiche Volumen an Vegetation auszugleichen**, zu dem außerdem die **Grünmasse der Ausgangssituation hinzuzurechnen ist**. Die **Rückhaltung der Oberflächenabflüsse** erstreckt sich auf alle befestigten Flächen und wird an einem verstärkten Berechnungsregen von 20 Minuten, mit einer Wiederkehrwahrscheinlichkeit von 5 Jahren, bemessen. Bei diesen Mindestanforderungen ist ein gestaffeltes Rückhaltevolumen zusätzlich hinzuzurechnen. Dieses erstreckt sich von 25 %, bei einer guten Versickerungseignung bis auf 100 % bei diesbezüglich ungeeigneten Untergrundverhältnissen. Die auf den Gebäudenahbereich zu beschränkenden **Stützwände** sind in ingenieurbiologischer Bauweise zu errichten. Trotz der Vorgaben, die die Ansammlung von **Sickerwasser** in der Dränung vermeiden sollten, kommt es zu einer gewissen Anfallsmenge. Das angesammelte Wasser soll der Brauchwassernutzung dienen. Überschüsse sollen an Versickerungsanlagen abgegeben werden. Maximal die halbe Kapazität darf von der Dränung in den Kanal geleitet werden. Es ist aber eine vollständige Rückhaltung anzustreben.

Der **Ausgleich** führt zu einer erheblichen **Senkung der Folgekosten**, die von der Allgemeinheit und dem einzelnen Grundstückseigentümer zu tragen sind. Der Einzelne profitiert außerdem durch die höhere Wohnqualität. Die zunehmende Anwendung edv-gestützter Informationssysteme in Kombination mit graphischen Programmen gewährleistet den verstärkten Einsatz in der verbindlichen Bauleitplanung und dienen der Gegenüberstellung und Abwägung von Planungsvarianten. Die Umsetzung der umweltschonenden Siedlungsweise in der Objektplanung, die durch die Orientierungshilfen bzw. speziell durch die Gestaltungshinweise für die Berücksichtigung der Topographie erläutert worden ist, kann in absehbarer Zeit mit Hilfe von edv-gestützten dreidimensionalen Geländemodellen erleichtert und besser veranschaulicht werden. Diese für Reihenhausbebauungen erarbeiteten Vorgaben sind bei der weiteren Forschung für andere Siedlungsformen, der Erfordernis entsprechend, abzuändern.

VI. Summary

The **principle of forethougt** is to be applied for zoning plans according to § 1 Section 5 BauGB (Construction Code) in order to realize the statutory directions. This calls for an **ecological settlement type** which is both space-saving and at the same time guarantees the necessary overall balance of interferences. Basic settlement-ecological values for the changes in soil, vegetation and water caused by housing projects, which can be determined with the aid of seven reference quantities, must also be calculated. All questions concerning the complex of problems "soil sealing", including the greater demands on the **consideration of the topography** with an increasing slope of the ground, are hereby included. The requisite adaptation of the site is explained for all angles of a slope on the basis of systematically adjusted design instructions for the development, building and outside area, starting from a generally level site, and is shown in photos. The investigations, which contain extensive photo-documentation as well as layout plans of the areas, serve both as a demonstration as well as explanation of the problems associated with settlement projects. One emphasis was on gradients, which have as yet been given little consideration. On the basis of the **pattern of interaction** between the individual aspects which have to be taken into account, and which was analyzed in this connection, orientation aids were drawn up for the binding development planning, though also for the object planning of new buildings. Most of these trend setting aids can also be applied within the scope of residential environment improvement measures.

The **correlation** between a **limitation of the area** used and the **overall balance** - with an increasing equalization benefit the further away one moves from densely populated areas - can be classified as a conurbation area, its peripheral zone or a rural area according to the location of the building site. This correlation was shown on the basis of terraced houses on the edge of densely populated areas, in which one could expect the greatest settlement pressure. The greater gross requirement of building land per inhabitant which is justifiable in these, and in particular in rural areas, should lead to an increasing improvement in the environmental conditions compared to the initial situation. However, this can in principle be achieved through the development of intensively used agricultural areas which are generally taken for this purpose.

The **balance aspired** to leads to a considerable **reduction of the consequential costs** which have to be borne by the general public and individual site owners. The individual also profits from the better living quality. The increasing use of EDP-assisted information systems in combination with graphic programs will ensure their increased use in the binding development plans and will serve to compare and evaluate planning variations. The realisation of ecological settlement types in object planning, which has been explained by the orientation aids, and in particular through the design instructions for taking the topography into account, can be faciliated and better illustrated in the foreseeable future with the aid of EDP-assisted, three-dimensional site models. The references calculated for the terraced houses must be modified correspondingly for further research into other types of settlements.

Gesetze und Verordnungen:

BauONW	Bauordnung für das Land Nordrhein-Westfalen - Landesbauordnung - vom 26. Juni 1984
BauGB	Baugesetzbuch i. d. F. der Bekanntmachung vom 8. Dezember 1986 (BGBl. I S. 2253)
BBauG	Bundesbaugesetz i. d. F. der Bekanntmachung vom 18. August 1976 (BGBl. I S. 2257, ber. S. 3617), zuletzt geändert durch Gesetz vom 6. Juli 1979 (BGBl. I S. 949), ersetzt durch BauGB
BauNVO	Baunutzungsverordnung - Verordnung über die bauliche Nutzung der Grundstücke in der Fassung vom 26.1.1990, BGBL. I, S.133
BNatSchG	Gesetz über Naturschutz und Landschaftspflege (Bundesnaturschutzgesetz) vom 20. Dezember 1976 (BGBl. I S. 3574, ber. BGBl. I 1977 S. 650), geändert durch Gesetz vom 12. März 1987 (BGBl. I S. 889)
LBauO Rh-Pf	Landesbauordnung Rheinland-Pfalz, Neufassung vom 28.11.1986, Inkrafttreten 1.7.1989
ROG	Raumordnungsgesetz i. d. F. vom 19.7.1986, (BGBl I, S. 1462)
UVPG	Gesetz über die Umweltverträglichkeitsprüfung i. d. F. vom 12.2.1990 (BGBl. I S. 205)

Abkürzungen

ψ	Abflußbeiwert (siehe S. 28)
ARL	Akademie für Raumordnung und Landesplanung, Hannover
BFF	Biotopflächenfaktor (siehe S. 24, 25)
BFZ	Bodenfunktionszahl (siehe S. 24)
BGBl	Bundesgesetzblatt
BKW	Bodenkennwert (siehe S. 24)
BMZ	Baumassenzahl
BMBau	Bundesminister für Raumordnung, Bauwesen und Städtebau
BMFT	Bundesminister für Forschung und Technologie
BPZ	Biotoppotentialzahl (siehe S. 24, 25)
BP	Bebauungsplan
BP-Konzept	Bebauungskonzept (siehe S. 46)
DIN	Deutsche Industrie-Norm
FBW	Forschungsgemeinschaft "Bauen und Wohnen"
FNP	Flächennutzungsplan
GFZ	Geschoßflächenzahl
GVZ	Grünvolumenzahl (siehe S. 27)
GRZ	Grundflächenzahl
ID	Innere Dichte (siehe S. 46)
i. d. F.	in der Fassung
IzR	Informationen zur Raumentwicklung
kf	Durchlässigkeitsbeiwert (siehe S. 247)
KÖH-Wert	klimatologisch-ökologisch-hygienischer Wert (siehe S. 24, 27)
lfm	laufender Meter
LFZ	Landschaftsfunktionszahl (siehe S. 24, 25)
TA UVP	Technische Anleitung UVP
UVP	Umweltverträglichkeitsprüfung

302

Literaturverzeichnis

/1/ ADAM, K. 1982: Prägende Merkmale, potentielle Gefährdung und Schutzbedarf von Landschaftsbildern in der BRD. Marburg/Lahn.

/2/ AKADEMIE FÜR RAUMFORSCHUNG UND LANDESPLANUNG 1987: Veröffentlichungen der ARL, Forschungs- und Sitzungsberichte. Band 165 - Wechselseitige Beeinflussung von Umweltvorsorge und Raumordnung. Hannover.

/3/ AKTIONSPROGRAMM ÖKOLOGIE 1983: Abschlußbericht der Projektgruppe "Aktionsprogramm Ökologie", Argumente und Forderungen für eine ökologisch ausgerichtete Umweltvorsorgepolitik. Umweltbrief Nr. 29. Bonn

/4/ ARBEITSGRUPPE UMWELTBEWERTUNG, ESSEN (AUBE) 1984: Ökologische Planung Ruhrgebiet, Stand und Ziele (unveröffentlichter Forschungsbericht und Arbeitspapiere). Essen.

/5/ ATV - Arbeitsblatt 118/Regelwerk Abwasser - Abfall 1977: Richtlinien für die hydraulische Berechnung von Schmutz-, Regen- und Mischwasserkanälen. St. Augustin.

/6/ ATV - ARBEITSBLATT A 138   1986: Bau und Bemessung entwässerungstechnischer Anlagen zur Versickerung von nicht schädlich verunreinigtem Niederschlagswasser. St. Augustin.

/7/ AX, CH. 1982: Umweltfibel Hamburg.

/8/ BALDERMANN, J.; HECKING, G.; KNAUSS, E.; SEITZ, U. 1980: Wohnbaulandnachfrage und Siedlungsentwicklung. Schriftenreihe des städtischen Instituts der Universität Stuttgart, Nr. 12.

/9/ BAUMANN, R. 1980: Pflanzliche Verschattungselemente an der Gebäudeoberfläche als Maßnahme zur Reduzierung der Strahlenbelastung unter sommerlichen Bedingungen - "Pullover". Gesamthochschule Kassel.

/10/ BECKMANN, R. 1988: Vorlesungsskriptum zum Kartenseminar/Siedlungsökologie (WS 88/89). Universität Kaiserslautern.

/11/ BERLEKAMP, L. R.; PRANZAS, N. 1986: Methode zur Erfassung der Bodenversiegelung von städtischen Wohngebieten. In: Natur und Landschaft 61, Heft 3, S. 92 - 95. Stuttgart.

/12/ BLAB, J. 1985: Zur Machbarkeit von "Natur aus zweiter Hand" und zu einigen Aspekten der Anlage, Gestaltung und Entwicklung von Biotopen aus tierökologischer Sicht. In: Natur und Landschaft, Heft 4, S. 136 - 139. Stuttgart.

/13/ BLEY, W.; BENSEMANN, K.-H. 1974: Planungsgrundlagen für dichte Wohnbebauung in Hanglagen (Terrassenhäuser). Schriftenreihe 03.015 "Städtebauliche Forschung" des BMBau (Hrsg.). Bonn.

/14/ BLUM, A.; BENDISCH, E.; WENTE, E. 1979: Städtebauliche Verdichtung und ihre Bewertung. Querschnittsuntersuchungen von Demonstrativbauvorhaben. Schriftenreihe 01.067 "Versuchs- und Vergleichsbauten" des BMBau (Hrsg.). Bonn.

/15/ BÖCKER, R.; KOWARIK, I. 1984: Zur Vergesellschaftung und Einbürgerung des Götterbaumes in Mitteleuropa. In: Tuexenia, Heft 4, S. 9 - 29.

/16/ BÖHNKE, B.; SCHULZE-RETTNER, R.; FEYEN, H. A. 1979: Untersuchung der Verschmutzung des abfließenden Regenwassers. Opladen.

/17/ BOETTICHER, M.; FISCH, R. 1988: Zur Einführung des Biotopflächenfaktors (BFF) in die Landschafts- und Bauleitplanung. In: Das Gartenamt, Heft 1, S. 26-30. Hannover, Berlin.

/18/ BMBau (Hrsg.) 1976: Schriftenreihe 03.044 "Städtebauliche Forschung" - Zuordnung und Mischung von bebauten und begrünten Flächen. Bonn.

/19/ BMBau (Hrsg.) 1980: Schriftenreihe 06.044 "Raumordnung" - Wechselwirkungen zwischen der Siedlungsstruktur und Wärmeversorgungssystemen. Bonn.

/20/ BMBau (Hrsg.) 1986: Schriftenreihe "Städtebauliche Forschung" - Städtebaulicher Bericht "Umwelt und Gewerbe in der Städtebaupolitik", Sonderheft. Bonn.

/21/ BMBau (Hrsg.) 1986: Schriftenreihe 06.061 "Raumordnung" Raumordnungsbericht 1986. Bonn.

/22/ BMBau (Hrsg.) 1988: Materialien zur Baunutzungsverordnung. Bonn.

/23/ BMBau (Hrsg.) 1988: Städtebauliche Lösungsansätze zur Verminderung der Bodenversiegelung als Beitrag zum Bodenschutz. Schriftenreihe "Forschung", Heft 456. Bonn.

/24/ BMBau (Hrsg.) 1989: Schriftenreihe "Forschung", Heft 468 - Ökologische Planungskonzepte als Grundlage für die Bebauungsplanung nach dem Baugesetzbuch. Bonn.

/25/ BMFT 1989: Bodenbeanspruchung, bodenrelevante Aspekte und Veränderungspotentiale unterschiedlicher Wohnsiedlungsformen (Forschungsarbeit/Zwischenbericht). Bonn.

/26/ BUNGE, TH. 1989: Umsetzung der EG-Richtlinie: Stand der Forschung, Ergebnisse und offene Fragen. In: Hübler, K.H.; Otto-Zimmermann, K. (Hrsg.): UVP - Umweltverträglichkeitsprüfung. Gesetzgebung, Sachstand, Positionen, Lösungsansätze. S. 74-91. Taunusstein.

Literaturverzeichnis

/27/ BÜRO FÜR ARCHITEKTUR UND STADTLANDSCHAFTSPLANUNG - ASP - 1987: Landschaftsarchitektur heute. Bewertungsfragen zum Arten- und Biotopschutz in der Landschaftsplanung. In: Deutsches Architektenblatt 6/1987, Ausgabe Hessen/Rheinland-Pfalz/Saarland, S.161 - 164.

/28/ DELARBER, W. 1989: Praxisbericht in knapper Form über die Absicht einen umweltverträglichen Flächennutzungsplan für eine Stadt-Umland Region aufzustellen. Vortrag zur wiss. Arbeitstagung vom 3.4.-5.4. über "Kommunale Bauleitplanung und Umweltverträglichkeitsprüfung". Teil II: Fach- und Rechtsfragen der Erarbeitung von Zielvorstellungen für eine umweltverträgliche städtebauliche Entwicklung und ihre Einrichtung in der Bauleitplanung. Universität Kaiserslautern.

/29/ DER RAT VON SACHVERSTÄNDIGEN FÜR UMWELTFRAGEN 1985: Umweltprobleme der Landwirtschaft. Sondergutachten März 1985. Stuttgart und Mainz.

/30/ DIN 1986 (1979): Entwässerungsanlagen für Gebäude und Grundstücke. Teil 2. Bestimmungen für die Ermittlung der lichten Weiten und Nennweiten für Rohrleitungen für das Land Nordrhein-Westfalen. Deutsche Norm. Düsseldorf.

/31/ DITTRICH, G.; DITTRICH, L.; EPPENSTEINER, E. 1979: Auswirkungen der Verdichtung auf Wohnumwelt und Wohnverhalten in Demonstrativbauvorhaben. In: Schriftenreihe 01.063 "Versuchs- und Vergleichsbauten und Demonstrativbaumaßnahmen" des BMBau (Hrsg.) Bonn.

/32/ DRACHENFELS, C. v. 1983: Tierökologische Kriterien für die Sicherung und Entwicklung von vernetzten Biotopsystemen. Unveröffentlichte Studie im Auftrag des Landesamtes für Umweltschutz Rheinland Pfalz.

/33/ EBERLE, D. 1989: Umweltverträglichkeitsprüfung von Regionalplänen. In: Storm, P. Ch.; Bunge, Th. (Hrsg.): Handbuch der Umweltverträglichkeitsprüfung (HdUVP) 3. Lfg. XI. S. 1-14. Göttingen.

/34/ EBNER, H.; HOESSLER, R 1988: Hifi - Programmpaket für die Berechnung digitaler Höhenmodelle und abgeleiteter Produkte. Haar.

/35/ ENZENHOFER, R.; FANTL, K. 1973: Die Hangbebauung. Hangneigung - Aufschließung - Bauweisen - Wirtschaftlichkeit. Forschungsbericht 82 des österr. Institutes für Bauforschung. Wien.

/36/ ESRI DEUTSCHLAND (SCHALLER, J.) 1989: Arc/Info, Geographisches Informationssystem. Kranzberg.

/37/ ETN ERDBAULABORATORIUM TROPP/NEFF 1989: Gutachten für den Neubau der Friedhofsanlage in: 3550 Marburg-Cappel, Odenwaldstr. Baugrund- und tiefbautechnische Beurteilung. Hungen.

/38/ FINKE, L. 1987: Flächenansprüche aus ökologischer Sicht. In: Veröffentlichungen der ARL, Forschungs- und Sitzungsberichte. Band 165 - Wechselseitige Beeinflussung von Umweltvorsorge und Raumordnung, S. 179 - 202. Hannover.

/39/ FISCHER, K. 1984: Warum gibt es eigentlich keine Bodennutzungsverordnung? Plädoyer für ein Regelwerk zur Siedlungsentwicklung. In: Natur und Landschaft, Heft 3, S. 95 - 99. Stuttgart.

/40/ FISCHER, K. 1987: Von der Baunutzungsverordnung zu einer "Bodennutzungsverordnung" - Argumente und Vorschläge für einen wirkungsvolleren Bodenschutz. In: Veröffentlichungen der ARL, Forschungs- und Sitzungsberichte. Band 165 - Wechselseitige Beeinflussung von Umweltvorsorge und Raumordnung, S. 409 - 440. Hannover.

/41/ GAREIS-GRAHAM, F. J. 1989: Die "Technische Anleitung UVP". Referat auf dem 182. Seminar des Fortbildungszentrums Gesundheits- und Umweltschutz Berlin e.V. "Umweltverträglichkeitsprüfung (UVP): Konzept und Praxis in der BRD" am 30-31.1.1989. Berlin.

/42/ GASSNER, E. 1977: Die Grenzen der Verdichtung bei Wohngebieten. In: Vermessungswesen und Raumordnung, Heft 6, S. 273 - 299. Bonn.

/43/ GEISENDORF, CH. E.; SCHÜEPP, J. R.; STANESCU, A.; TÖNSHOFF, H. 1983: Dichte individuelle Wohnformen. Eine systematische Beispielsammlung. Zürich.

/44/ GÖDERITZ, RAINER, HOFFMANN 1957: Die gegliederte und aufgelockerte Stadt. Tübingen.

/45/ GOLWER, A.; SCHNEIDER, W. 1982: Belastung des Grundwassers mit organischen Stoffen im Gebiet von Straßen. In: Das Gas- und Wasserfach, Heft 7, S. 329 - 342. München.

/46/ GOLWER, A. 1985: Qualitätsaspekte der Versickerung. In: Mitteilungen des Institutes für Wasserwirtschaft, Hydrologie und landwirtschaftlichen Wasserbau der Universität Hannover, Heft 57 - Neue Aspekte der Regenentwässerung, S.175 - 196. Hannover.

/47/ HAHN, E.; THOMAS, P.; TAUBE; KRAFT, H.; LUZ, CH.; LOIDL, H. 1985: Pflanzenkläranlage Block 6. Integriertes Wasserkonzept zur dezentralen Abwasserentsorgung durch Pflanzen und zur Trinkwassersubstitution in einer innerstädtischen Wohnanlage. Vorstudie. Berlin.

/48/ HARD, G. 1982: Die spontane Vegetation der Wohn- und Gewerbequartiere von Osnabrück. In: Osnabrücker naturwissenschaftliche Mitteilungen 9, S. 151 ff.

/49/ GRAU, A. 1985: Entwässerungstechnische Versickerung - Einführung und Stand der Technik. In: Mitteilungen des Institutes für Wasserwirtschaft, Hydrologie und landwirtschaftlichen Wasserbaues der Universität Hannover, Heft 57 - Neue Aspekte der Regenentwässerung, S. 117 - 133. Hannover.

/50/ HAASE, R. 1986: Regenwasserversickerung in Wohngebieten. Flächenbedarf und Gestaltungsmöglichkeiten. In: Beiträge zur räumlichen Planung 14 - Schriftenreihe des Fachbereiches Landespflege der Universität Hannover.

Literaturverzeichnis

/51/ HARMS, R. W. 1985: Bemessung von Versickerungsanlagen. In: Mitteilungen des Institutes für Wasserwirtschaft, Hydrologie und landwirtschaftlichen Wasserbaues der Universität Hannover, Heft 57 - Neue Aspekte der Regenentwässerung, S. 145 - 170. Hannover.

/52/ HARMS, R. W. 1986: Auswirkungen der Urbanisierung auf den Hochwasserabfluß kleiner Einzugsgebiete. Verfahren zur quantitativen Abschätzung. Hamburg und Berlin.

/53/ HARTGE, K. H. 1985: Wechselbeziehungen zwischen Pflanze und Boden bzw. Lockergestein unter besonderer Berücksichtigung der Standortverhältnisse auf neu entstandenen Böschungen. In: Pflug, W.; Boeminghaus, D. - Gesellschaft für Ingenieubiologie (Hrsg.): Ingenieurbiologie 2, S. 23 - 34. Aachen.

/54/ HENTSCHEL, M. 1981: Erfassung des Geländeklimas und der potentiellen Besonnung. In: Landschaftsökologische Grundlagen zur Ortsplanung in Roetgen-Rott (Studienarbeit). Aachen.

/55/ HESSISCHES MINISTERIUM FÜR LANDWIRTSCHAFT, FORSTEN UND NATURSCHUTZ (Hrsg.) 1989: Grundlagen ländlicher Siedlungsplanung - Arbeitsanleitung. Maßnahmen zur Verbesserung der Siedlungsökologie und des Dorfbildes. Bearbeitung: Wüst, H.-St.; Beckmann, R.. Wiesbaden.

/56/ HEYDEMANN, B. 1983: Vorschlag für ein Biotopschutzzonenkonzept am Beispiel Schleswig-Holstein - Ausweisung von schutzwürdigen Ökosystemen und Fragen ihrer Vernetzung. In: Schriftenreihe des Deutschen Rates für Landespflege, Heft 41, S. 95 - 104. Bonn.

/57/ HOFFJANN, T. 1988: Instrumentelle Ansätze zur Begrenzung des Versiegelungsgrades in Bebauungsplänen. Beispiele aus der Praxis der Stadt Düsseldorf. In: IzR, Heft 8/9, S. 587 - 592. Bonn.

/58/ HUBER, W. 1982: Bericht über die Baugrunduntersuchung zur Einfamilienhausüberbauung an der Ruhsitzstraße in St. Gallen. Zürich.

/59/ INPHO GmbH 1989: Scop - Programmpaket für die Berechnung digitaler Höhenmodelle und abgeleiteter Produkte. Stuttgart.

/60/ KAULE, G. 1986: Anforderungen an einen Forschungsschwerpunkt - Bodenbelastung und Wasserhaushalt - aus planerischer Sicht. In: Spezielle Berichte der Kernforschungsanlage Jülich, Nr. 396 (1987) über das Statusseminar zum BMFT-Förderschwerpunkt "Bodenbelastung und Wasserhaushalt I" (Bodenforschung) vom 4. - 5. Dezember 1986.

/61/ KIEMSTEDT, H. 1989: Bewertung im Rahmen der UVP. Zur Rolle der Landschaftsplanung bei der Bestimmung von Umweltqualitätszielen und -standards. In: Raumforschung und Raumordnung, Heft 2/3, S. 94-100. Bonn.

/62/ KISTENMACHER, H.; WÜST, H.-ST.; BECKMANN, R.; DOMHARDT, H. J.; JACOBY, CH.; MEINERT, G.: Entwicklung von Modellen einer Plan-UVP für die Regionalplanung und die Bauleitplanung unter Einbeziehung der planungsprozessualen Implementationsproblematik. Teil I. (1988-1989): Grundlagen. Teil II: Vertiefung der Grundlagenprojekte (noch laufendes Forschungsprojekt). Universität Kaiserslautern.

/63/ KNAUER, P. 1989: Umweltqualitätsziele, Umweltstandars und "ökologische Eckwerte". In: Hübler, K.-H., Otto-Zimmermann, K. (Hrsg.): Bewertung der Umweltverträglichkeit. Bewertungsmaßstäbe und Bewertungsverfahren für die Umweltverträglichkeit, S. 45-67. Taunusstein.

/64/ KOCH, W. 1987: Aktualisierte Gehölzwerttabellen. Karlsruhe.

/65/ KOWALEWSKI, P.; NOBIS-WICHERDING, H.; SIEGERT, G.; KAMBACH, ST. 1984: Entwicklung von Methoden zur Aufrechterhaltung der natürlichen Versickerung von Wasser. Berlin.

/66/ KUNIK, W. 1982: Zonierung des Stadtgebietes von Berlin-West. Ergebnisse floristischer Untersuchungen. In: Landschaftsentwicklung und Umweltforschung 14. Berlin.

/67/ LANDESANSTALT FÜR ÖKOLOGIE, LANDESENTWICKLUNG UND FORSTPLANUNG 1984: Ökologischer Fachbeitrag zum Landschaftsplan 2 Ruraue, Kreis Düren. Düren.

/68/ LEHR, R. 1981: Taschenbuch für den Garten- und Landschaftsbau. Berlin, Hamburg.

/69/ LINHARDT, A.; KANDEL, L.; HÖFLER, H. 1984: Kosten- und flächensparendes Bauen. München

/70/ LOSCH, S. 1985: Städtebauliche Strategien zur Verminderung von Bodeninanspruchnahmen. In: IzR, Heft 1/2, S. 45 - 55. Bonn.

/71/ LOSCH, S. 1986: Voraussichtliche Entwicklung der Wohnbaulandnachfrage bis zum Jahr 2000 und Folgerungen für die Baulandausweisung. In: Informationsdienst und Mitteilungsblatt des Deutschen Volksheimstättenwerkes 17&18/1986, S. 123 ff.

/72/ LOSCH, S. 1988: Sparsamer und schonender Umgang mit Grund und Boden in der Stadtplanung. In: IzR, Heft 8/9, S. 485 - 497. Bonn.

/73/ LÖTSCH, B. 1981: Ökologische Überlegungen für Gebiete hoher baulicher Dichte. In: IzR, Heft 7/8, S. 415 - 433. Bonn.

/74/ LÜTKE-DALDRUP, E. 1989: Bestandsorientierter Städtebau. Möglichkeiten, Auswirkungen und Grenzen der Innenentwicklung. Dortmund.

/75/ MALTZ, A. 1984: Raumansprüche des Naturschutzes. Kritische Würdigung ausgewählter Konzepte zur wissenschaftlich-methodischen Forschung. Diplomarbeit des Institutes für Landschaftspflege und Naturschutz der Universität Hannover.

/76/ MARTENS, J. 1986: Kann durch Steuerung von Regenwassereinleitungen die Gewässergütebelastung im Vorfluter verringert werden? In: Wasser und Boden, Heft 11, S. 571 - 575. Hamburg, Berlin.

Literaturverzeichnis

/77/ McPHERSON, E. G. 1984: Planting Design for Solar Control. In: McPherson, E. G. - Energy-Conserving Site Design. S. 141 - 164. Logan (Utah).

/78/ MIESS, B.; MIESS, M. 1987: Materialien zur Grünordnungsplanung. Teil 1 - Siedlungsökologische und gestalterische Grundlagen. In: Untersuchungen zur Landschaftsplanung, Band 10. Karlsruhe.

/79/ MÜLLER, K. H. 1985: Umweltbericht - Marburg. Gutachten im Auftrag der Stadt Marburg.

/80/ NEUFERT, E. 1982: Bauentwurfslehre. Braunschweig, Wiesbaden.

/81/ NIKOLIC, V.; DÜTZ, A. 1983: Stadtplanung. Planungskriterien. In: Schriftenreihe 04.093 "Bau und Wohnforschung" des BMBau (Hrsg.), S.11 - 16. Bonn.

/82/ PFEIFFER, U. 1986: Zur Lage Flächenbedarf: Weniger verbrauchen, besser nutzen, ökologisch umrüsten. In: Stadtbauwelt 91/1986, S. 1331.

/83/ PFLUG, W.; WÜST, H. ST.; BIRKIGT, H.; BRAHE, P.; HORBERT, H.; VOSS, J.; WEDECK, H. 1978: Landschaftsplanerisches Gutachten Aachen.

/84/ PLANERVERBÄNDE BDA, BDLA, SRL, FLL 1988: "Nutzungsverordnung" als neues Instrumentarium der Bauleitplanung. In: Garten und Landschaft 10, S. 19 - 20. München.

/85/ PLEWNIA, M. 1987: Analyse photovoltaisch unterstützter Stromversorgungssysteme am Beispiel eines Einfamilienhauses. Diss. an der TU Stuttgart.

/86/ POHL, P. 1970: Richtwerte für die Erschließung von größeren Wohngebieten. In: FBW - Blätter, Folge 6/1970. Stuttgart.

/87/ PRINZ, D. 1980: Städtebau. Städtebauliches Entwerfen, Städtebauliches Gestalten. Stuttgart.

/88/ RACH, D. 1987: Landschaftsverbrauch in der Bundesrepublik Deutschland. In: IzR, Heft 1/2, S. 27 ff. Bonn.

/89/ REFERENTENENTWURF BNatSchG 1989.

/90/ REICHHOLF, J. H. 1987: Indikatoren für Biotopqualitäten, notwendige Mindestflächengrößen und Vernetzungsdistanzen. In: Veröffentlichungen der ARL, Forschungs- und Sitzungsberichte. Band 165 - Wechselseitige Beeinflussung von Umweltvorsorge und Raumordnung, S. 291 - 310. Hannover.

/91/ RIST, H. J. 1977: Baurechtliche Möglichkeiten positiver Gestaltung des Stadtklimas. In: Franke, E. (Hrsg.): Stadtklima. Ergebnisse und Aspekte für die Stadtplanung, S. 113 - 126. Stuttgart.

/92/ SCHMIDT, A.; REMBIERZ, W. 1987: Überlegungen zu ökologischen Eckwerten und ökologisch orientierten räumlichen Leitzielen der Landes- und Regionalplanung. In: Veröffentlichungen der ARL, Forschungs- und Sitzungsberichte. Band 165 - Wechselseitige Beeinflussung von Umweltvorsorge und Raumordnung, S. 239 - 290. Hannover.

/93/ SCHMIDT, K. 1987: Bebauungsplan für ein Wohngebiet in Oberbilk - Grundsätzliche Verfahrensweise und Einzelbeispiel einer Umweltverträglichkeitsprüfung. Praxisbericht (1) Stadt Düsseldorf. Vortrag im 232. Kurs des Institutes für Städtebau Berlin "Umweltverträglichkeitsprüfung und Bauleitplanung" vom 23. bis 25.09.1987 in Essen.

/94/ SCHMITZ, H.; OESTEREICH, R.; GERLACH, R. H. : 1984: Kostengünstiges Bauen in Beispielen. Köln

/95/ SCHNAUER, W. 1987: Betonbauteile als Energieabsorber in Verbindung mit neuartigen umweltfreundlichen Heizsystemen. In: Neues vom Bau, Heft 7/8, S. 12 - 16. Linz.

/96/ SCHÖNTHALER, K. E. 1972: Beziehungen zwischen der Schnitthöhe und dem Wachstum von Rasengräsern unter besonderer Berücksichtigung der Wurzelentwicklung. Diss. an der Universität für Bodenkultur, Wien.

/97/ SCHULTE, W. 1988: Auswirkungen von Verdichtungen und Versiegelungen des Bodens auf die Pflanzenwelt als Teil städtischer Ökosysteme. In: IzR Heft 8/9, S. 505 - 515. Bonn.

/98/ SCHULTE, W.; WINKELBRANDT, A. 1987: Bedingungen für "Biotopbau/Biotopentwicklung". In: Natur und Landschaft 62, Heft 1, S. 32-33, Stuttgart.

/99/ SCHULZ, A. 1982: Stadtökologisches Wirkungsgefüge und ihre Bilanzierung in einem praxisorientierten Bewertungsmodell. Diss. im Fachbereich Geowissenschaften an der Universität Mainz.

/100/ SCHULZE, H. D.; POHL, W.; GROSSMANN, M. 1984: Grünvolumenzahl (GVZ) und Bodenfunktionszahl (BFZ) in der Landschafts- und Bauleitplanung. In: Schriftenreihe der Behörde für Bezirksangelegenheiten, Naturschutz und Umweltgestaltung, Heft 9. Hamburg.

/101/ SIEKER, F.; FUCHS, L. 1985: Beispiel für die Anwendung der Versickerung als entwässerungstechnisches Konzept. In: Mittelungen des Institutes für Wasserwirtschaft, Hydrologie und landwirtschaftlichen Wasserbau der Universität Hannover, Heft 57. S. 201 - 224. Hannover.

/102/ SIEKER, F. 1986: Alternative Methoden der Regenentwässerung in Stadtgebieten. Vortrag vom 24.4.1986 an der Universität Kaiserslautern.

/103/ SIEKER, F. 1988: Maßnahmen zur Regenwasserversickerung und ihre Auswirkungen auf die technische Infrastruktur. In: IzR, Heft 8/9, S. 543 - 548. Bonn.

Literaturverzeichnis

/104/ SIEMENS AG, Bereich Datentechnik 1989: Sicad - Das Hybride Geo-Informationssystem auf der Workstation WS2000. München.

/105/ SÖNTGEN, M. 1988: Auswirkungen von Verdichtungen und Versiegelungen des Bodens auf die Tierwelt. In: IzR, Heft 8/9, S. 517 - 521. Bonn.

/106/ SPIELHOFER, H. 1985: Neue Wohnbauten in historischen Hauslandschaften. Graz.

/107/ STICH, R.; PORGER, K.-W.; STEINEBACH, G. 1986: Örtliche Landschaftsplanung und kommunale Bauleitplanung. Rechts- und Fachgrundlagen - Planungs- und Verwaltungspraxis. Band A 100. Berlin.

/108/ STICH, R. 1989: Politische, rechtliche und fachliche Probleme der Umsetzung der EG-Richtlinie vom 27. Juni 1985 über die UVP bei bestimmten öffentlichen und privaten Projekten in das Recht des Bundes und der Länder, unter besonderer Berücksichtigung der Regionalplanung, der Fachplanungen und der kommunalen Bauleitplanung. Vortragsskizze zur wiss. Arbeitstagung vom 3.4.-5.4.1989 über "Kommunale Bauleitplanung und Umweltverträglichkeitsprüfung". Teil II: Fach- und Rechtsfragen der Erarbeitung von Zielvorstellungen für eine umweltverträgliche städtebauliche Entwicklung und ihre Einrichtung in der Bauleitplanung. Universität Kaiserslautern.

/109/ STICH, R.; STEINEBACH, G.: Berücksichtigung stadtökologischer Forderungen in der Bebauungsplanung nach dem BauGB (noch laufendes Forschungsprojekt). Kaiserslautern.

/110/ STRICKLER; CHRIST; HUBER, H.; HUNZIKER, P. 1969: Wohnbebauungen in Hanglagen. Forschungsbericht im Auftrag des ORL-Institutes-ETH. Zürich.

/111/ SUKOPP, H. 1981: Grundwasserabsenkungen - Ursachen und Auswirkungen auf Natur und Landschaft Berlins. In: Wasser 81, Band 1: Die technisch-wissenschaftlichen Vorträge auf dem Kongreß "Wasser" Berlin.

/112/ SUKOPP, H. 1984: Geschichte der Vegetation/Die Einwanderer verschwinden wieder. RoteListen/Wer vertreibt Tiere und Pflanzen? In: Köhler, P.K. (Hrsg.): Naturraum Menschenlandschaft, S. 17 - 44. München.

/113/ SUKOPP, H.; AUHAGEN, H.; FRANK, H.; TREPL, L. 1984: Grundlagen für das Artenschutzprogramm Berlin, Band 1. In: Landschaftsentwicklung und Umweltforschung, Schriftenreihe des Fachbereiches Landschaftsentwicklung der TU Berlin, Nr. 23.

/114/ TESDORF, J. C. 1984: Landschaftsverbrauch. Begriffsbestimmung, Ursachenanalyse und Vorschläge zur Eindämmung. Dargestellt an Beispielen Baden-Würtembergs. Berlin.

/115/ UPPENBRINK, M.; KNAUER, W. 1987: Funktion, Möglichkeiten und Grenzen von Umweltqualitäten und Eckwerten aus der Sicht des Umweltschutzes. In: Veröffentlichungen der ARL, Forschungs- und Sitzungsberichte. Band 165 - Wechselseitige Beeinflussung von Umweltvorsorge und Raumordnung. S. 45 - 132. Hannover.

/116/ VERWORN, H. R.; HARMS, R. W. 1984: Urbanisierung und Hochwasserabfluß. In: Wasser und Boden, Heft 9, S. 418 - 425. Hamburg, Berlin.

/117/ WASHÜTTL, J. 1981: Untersuchung über die Bepflanzbarkeit und Begrünung von Flächen unter Brücken. In: Straßenforschung, Heft 156, S. 107 - 122. Wien.

/118/ WEEBER, H. 1986: In der Landschaft bauen. München.

/119/ WESSOLEK, G. 1988: Auswirkungen der Bodenversiegelung auf Boden und Wasser. In: IzR, Heft 8/9, S. 535 - 541. Bonn.

/120/ WICKE, l. 1986: Die ökologischen Milliarden. Das kostet die zerstörte Umwelt - so können wir sie retten. München.

/121/ WIRTH, W. 1988: Ökologische Grenzen der Versiegelung - Artenverdrängung auf unversiegelten Flächen. In: IzR, Heft 8/9, S. 523 - 527. Bonn.

/122/ WÜST, H. ST. 1981: Zum Verhältnis Phytomasse - Baumasse. In: IzR, Heft 7/8, S. 453 - 459. Bonn.

/123/ WÜST, H. ST. 1982: Ziele und Aufgaben der Landschaftsplanung als wichtiger Beitrag zur Raum- und Umweltplanung. In: Veröffentlichungen der "Schutzgemeinschaft Deutscher Wald" Nr. 4/1982. S. 6 - 56. Obermoschel/Pfalz.

/124/ WÜST, H. ST. 1989: Erarbeitung und Umsetzung von Zielvorstellungen zum Naturschutz und zur Landschaftspflege (einschließlich der Entwicklung der natürlichen Lebensgrundlagen). Referat bei der wissenschaftlichen Arbeitstagung am 3.4-5.4. 1989 "Kommunale Bauleitplanung und Umweltverträglichkeitsprüfung". Teil II: Fach- und Rechtsfragen der Erarbeitung von Zielvorstellungen für eine umweltverträgliche städtebauliche Entwicklung und ihre Einbringung in die Bauleitplanung". Universität Kaiserslautern.

Abbildungen:

Schnittfolgen:

Tabellen: